Mensch & Computer 2011

11. fachübergreifende Konferenz für interaktive und kooperative Medien.

über MEDIEN|ÜBERmorgen

herausgegeben von

Maximilian Eibl

Oldenbourg Verlag München

Prof. Dr. Maximilian Eibl ist Hochschullehrer für Medieninformatik an der Technischen Universität Chemnitz. Seine Forschungsschwerpunkte liegen in den Bereichen Multimediale Informationssysteme, Interaktives Fernsehen, Informationsvisualisierung und Ästhetik in interaktiven Systemen.

Bibliografische Information der Deutschen Nationalbibliothek

Die Deutsche Nationalbibliothek verzeichnet diese Publikation in der Deutschen Nationalbibliografie; detaillierte bibliografische Daten sind im Internet über http://dnb.d-nb.de abrufbar.

Rosenheimer Straße 145, D-81671 München
Telefon: (089) 45051-0
www.oldenbourg-verlag.de

Lektorat: Kathrin Mönch
Herstellung: Constanze Müller
Einbandgestaltung: hauser lacour
Gesamtherstellung: Grafik + Druck GmbH, München

Dieses Papier ist alterungsbeständig nach DIN/ISO 9706.

ISBN 978-3-486-71235-3

Programmkomiteevorsitz

Maximilian Eibl – Technische Universität Chemnitz

Programmkomiteemitglieder

Mathias Bauer – mineway GmbH
Astrid Beck – HS Esslingen
Wolfgang Beinhauer – Fraunhofer IAO
Arne Berger – Technische Universität Chemnitz
Udo Bleimann – Hochschule Darmstadt
Susanne Boll – Universität Oldenburg
Birgit Bomsdorf – Hochschule Fulda
Raimund Dachselt – Otto-von-Guericke-Universität Magdeburg
Markus Dahm – Fachhochschule Düsseldorf
Jochen Denzinger – ma ma Interactive System Design
Anke Dittmar – Universität Rostock
Maximilian Eibl – Technische Universität Chemnitz
Markus Eisenhauer – Fraunhofer FIT
Peter Forbrig – Universität Rostock
Jens Geelhaar – Bauhaus-Universität Weimar
Thomas Geis – ProContext Consulting GmbH
Stefan Göbel – Technische Universität Darmstadt
Tom Gross – Universität Bamberg
Kai-Christoph Hamborg – Universität Osnabrück
Marc Hassenzahl – Folkwang Universität der Künste
Rainer Heers – Visteon Innovation & Technology GmbH
Frank Heidmann – Fachhochschule Potsdam
Rüdiger Heimgärtner – Intercultural User Interface Consulting
Andreas M. Heinecke – Fachhochschule Gelsenkirchen
Michael Herczeg – Universität zu Lübeck
Thomas Herrmann – Universität Bochum
Paul Holleis – DOCOMO Euro Labs
Andreas Holzinger – Technische Universität Graz + MedUni Graz
Tim Hussein – Universität Duisburg-Essen
Reinhard Keil – Universität Paderborn
Martin Christof Kindsmüller – Universität zu Lübeck
Michael Koch – Universität der Bundeswehr München
Matthias Kranz – Technische Universität München
Jürgen Krause – Unternehmensberatung SETT, Hochschullehrer a.D.
Heidi Krömker – Technische Universität Ilmenau
Langheinrich – University of Lugano (USI)
Ulrich Leiner – Fraunhofer Heinrich-Hertz-Institut
Sandro Leuchter – Fraunhofer IOSB
Steffen Lohmann – Universidad Carlos III de Madrid
Stephan Lukosch – Delft University of Technology

Susanne Maaß – Universität Bremen
Rainer Malaka – TZI, Universität Bremen
Peter Mambrey – Fraunhofer FIT und Universität Duisburg-Essen
Thomas Mandl – Stiftung Universität Hildesheim
Florian Michahelles – ETH Zurich
Sebastian Möller – Deutsche Telekom Laboratories, Technische Universität Berlin
Kathrin Möslein – Universität Erlangen-Nuernberg
Jörg Müller – Universität Münster / T-Labs
Karsten Nebe – C-LAB Universität Paderborn
Jasminko Novak – European Institute for Participatory Media
Horst Oberquelle – Universität Hamburg
Reinhard Oppermann – Fraunhofer FIT
Hansjürgen Paul – Institut Arbeit und Technik
Volkmar Pipek – Universität Siegen
Bernhard Preim – Universität Magdeburg
Wolfgang Prinz – Fraunhofer FIT
Jochen Prümper – HTW Berlin
Harald Reiterer – Universität Konstanz
Andreas Riener – Johannes Kepler Universität Linz
Michael Rohs – Universität München
Enrico Rukzio – Universität Duisburg-Essen
Herbert Rüsseler – Fraunhofer Institut FIRST
Gabriele Schade – Fachhochschule Erfurt
Johann Schlichter – Technische Universität München
Albrecht Schmidt – Universität Stuttgart
Andreas Schrader – Universität zu Lübeck
Christian Stary – Universität Linz
Markus Stolze – HSR Hochschule für Technik Rapperswil
Friedrich Strauß – sd&m AG
Gerd Szwillus – Universität Paderborn
Manfred Thüring – Technische Universität Berlin
Manfred Tscheligi – Universität Salzburg
Rainer Unland – Universität Duisburg-Essen
Leon Urbas – Technische Universität Dresden
Kristof Van Laerhoven – Technische Universität Darmstadt
Hartmut Wandke – Humboldt Universität zu Berlin
Michael Weber – Universität Ulm
Christian Wolff – Universität Regensburg
Christa Womser-Hacker – Stiftung Universität Hildesheim
Volker Wulf – Universität Siegen und Fraunhofer FIT
Carmen Zahn – Institut für Wissensmedien – IWM, Tübingen
Jürgen Ziegler – Universität Duisburg-Essen

Organisation

Veranstalter

Unter dem Motto *überMEDIEN ÜBERmorgen* findet die Tagung *Mensch & Computer 2011* gemeinsam mit den Tagungen *Usability Professionals 2011* (UP11) der German Usability Professionals' Association e.V. und dem Thementrack *Entertainment Interfaces* statt.

Veranstalter der Tagung ist die Gesellschaft für Informatik e.V. (GI).

Lokaler Ausrichter der Tagung ist die Technische Universität Chemnitz.

Organisationskomitee

Maximilian Eibl (Technische Universität Chemnitz)
Katharina Einert (Technische Universität Chemnitz)
Robert Knauf (Technische Universität Chemnitz)
Thomas Wilhelm (Technische Universität Chemnitz)
Marc Ritter (Technische Universität Chemnitz)
Arne Berger (Technische Universität Chemnitz)

Kontakt

Technische Universität Chemnitz
Professur Medieninformatik
Straße der Nationen 62
09111 Chemnitz

Tel.: +49 (0) 371 - 531 25780
Fax: +49 (0) 371 - 531 25719
muc2011@tu-chemnitz.de
http://www.uebermedien.org

Inhaltsverzeichnis

Eingeladener Vortrag

Beiträge

Social Media

Verkehr / Navigation

Bürowelten

Interactive Displays

Kollaboratives Arbeiten

Visionen

Ausstellung

Kurzbeiträge & Poster

Entertainment Interfaces

Vorwort

Medien. Über Medien. Medien über. Medien morgen. Über Medien morgen. Über Medien über morgen. Über Medien übermorgen. Übermedien übermorgen? Brief, Buch, Zeitung, Telefon, Radio und Fernsehen haben Jahrzehnte, Jahrhunderte, Jahrtausende ohne große Veränderungen medial Wissen festgehalten und übermittelt. Ihre Zielsetzung und Handhabung war ebenso spezifisch wie einfach: Öffnen, aufschlagen, abheben, einschalten und schon ging es los.

Die Digitalisierung der Medienlandschaft bricht radikal mit dieser Tradition. Allein der Kauf eines Fernsehgerätes ist eine Aufgabe für Experten: HD, Full HD, HDMI, IP, DVB-T, DVB-C, DVB-S, 3D-TV, LCD, LED, Plasma, IEEE 802.3, USB, MP3, MPEG-1, MPEG-4, DivX oder Betrachtungswinkel sind technologische Begrifflichkeiten, die man vor 10 Jahren noch auf die Größe der Bildschirmdiagonale reduzieren konnte.

Daneben entstehen auf der anderen Seite völlig neue Möglichkeiten: sekundenschnelle weltweite Kommunikation, Zugang zu Information von jedem beliebigen Ort aus, Sicherheit, personalisierte Information oder bislang nicht erreichte technische Qualitäten ermöglichen ein Leben mit Medien, wie wir es längst nicht mehr missen möchten.

Die Mensch & Computer 2011 in Chemnitz spannt den Raum zwischen diesen Polen auf und stellt die Frage: Wird uns die Vielfalt der neuen Medien erdrücken, oder ermöglicht sie uns ein selbstbestimmtes, freies Leben?

Die seit 2001 stattfindende Konferenz Mensch & Computer geht in diesem Jahr in ihre elfte Runde. War es vor zehn Jahren noch mutig, eine jährliche deutschsprachige Veranstaltung zum Thema Mensch-Computer-Interaktion zu initiieren, so hat sie sich mittlerweile fest als größte regionale MCI-Konferenz in Europa etabliert. Ausgerichtet wird die Mensch & Computer vom Fachbereich Mensch-Computer-Interaktion der Gesellschaft für Informatik GI e.V.

Auch dieses Jahr findet wieder der Thementrack „Entertainment Interfaces“ statt. Er wird von Maik Masuch und Jörg Niesenhaus von der Universität Duisburg organisiert. Die Ergebnisse des Tracks sind in diesem Tagungsband enthalten.

Es ist nun schon eine gute Tradition geworden, dass parallel zur Mensch & Computer auch die Fachtagung der German Usability Professionals' Association e.V., die Usability Professionals 2011 (UP11) stattfindet. So treffen Hochschulforschung und Berufspraxis aufeinander und runden das Thema ab. Die UP11 steht unter dem Thema „Hören. Sehen. Interagieren.“ Die Ergebnisse sind in einem eigenen Tagungsband publiziert.

Die Mensch & Computer lebt von den vielfältigen und spannenden Beiträgen, welche die Community zur Konferenz einreicht und während der Veranstaltung präsentiert und diskutiert. Autoren waren aufgerufen, ihre Arbeiten in verschiedenen Beitragsformen zur Konferenz einzureichen: Klassische Lang- und Kurzbeiträge, Visionenpapiere, Ausstellungsbeiträge, Workshopproposals, Tutorien und Promotionsarbeiten wurden von 82 Gutachtern gesichtet und durch 7 Meta-Gutachter abschließend bewertet. Insgesamt gab es 114 Einreichungen, zu denen jeweils vier Gutachten und ein Meta-Gutachten verfasst wurden. Die Akzeptanzrate der Langbeiträge lag bei 50% und der Kurzbeiträge bei 77%.

Der Erfolg hat ja bekanntlich viele Väter. Um nicht alle an dieser Stelle aufzuführen - und dann doch einen zu übersehen - sei hier stellvertretend für alle Mitwirkenden und Unterstützenden dreien gedankt: Katharina Einert ist als Leiterin des Organisationskomitees wohl die entscheidende Person für das Gelingen der Konferenz. Marc Ritter hat den vorliegenden Konferenzband zusammengestellt und in mühevoller Arbeit die editorischen Schwächen und Finten der Autoren aufgespürt. Schließlich möchte ich noch Michael Herczeg danken, der nicht nur als Sprecher des Fachbereichs MCI, sondern auch als ehemaliger Ausrichter der Mensch & Computer 2008 in Lübeck mit zahlreichen Hinweisen und Ratschlägen zum Erfolg der Tagung beitrug.

Ich wünsche Ihnen eine interessante Konferenz, viele neue Anregungen und intensive Gespräche.

Chemnitz, im Juli 2011 Maximilian Eibl

Eingeladener Vortrag

Science Fiction and HCI/CHI: Past, Present, and Future

Aaron Marcus

Aaron Marcus and Associates

1 Introduction

Science fiction literature and media have informed, entertained, and inspired the public worldwide for centuries. Science-fiction imagery and storytelling specifically provide much challenging content for human-computer interface designers and analysts.

My own interest in science fiction began in early childhood. When I was about eight, my late brother and I would tell bed-time stories to each other at night in our bunk-beds in a darkened bedroom. I told tales about our teddy bears traveling to distant planets. One planet had a tree on it that would grow new teddy bears, which would emerge like ripe fruits from flowery buds, then drop off the tree and begin running. I also imagined a book of all knowledge that my teddy bear would consult to answer any question (an early imagining of the Internet and Google searches).

When I was about ten years old in 1953 and in the next few years, I would read popular magazine articles about "the world of tomorrow", look through comic books centered on science-fiction tales, view television shows like "Captain Video" and "Tom Corbett and his Space Cadets," and see movies like "Forbidden Planet." They all focused my attention on science-fiction narratives, imaginative imagery, exotic technologies, and future societies.

This multiple-media exposure inspired me to build a large rocket-ship control room in a corner of our family home's basement in Omaha, Nebraska. The walls were sheets hung from the ceiling, which my parents helped me to set up. The control panels were fashioned out of cardboard boxes, blinking light bulbs, and radio knobs and dials salvaged from broken equipment that I would find in trash bins and junk stores. I did not realize it then, but I was already a budding human-computer interface/interaction/communication designer.

2 A Science-Fiction Taxonomy

Let's fast-forward half a century or more. Now in the early 21st century, of which I once could only dream, we can look back to the past, around us in the present, and into the future from a more self-aware position. It is interesting to consider a taxonomy of human-computer interaction and communication in relation to a possible taxonomy of science fiction, including the traditional genres.

Literature analysts have constructed elaborate family trees of historical patterns and influences. What is science fiction? One blogger, Ron Hogan, places the emphasis culture, society, stories, and change:

"... science fiction is cultural criticism, ...the entire point of science fiction is to imagine social and cultural changes and then work out their ramifications on people's lives." What Newitz identifies as "world-building," then, is essentially laying down the story's parameters... setting up the dominos, let's say, pulling back to show you the pattern, and then cutting away just before the first one gets tipped over. Want to see how they fall? Read the book. When you look at it that way, giving you a peek at the environment isn't that much different from giving you a peek at the storyline."[1].

On what did "cyperpunk" science fiction re-focus our attention? On the hardware by which these changes were effected. Taking into account both of these views, we seem to discussing Claude Levy Strauss's distinctions of people as tool makers vs. sign-makers. Now, almost all of our human activities are connected to computers, which manage, control, or interact with us through multiplicities of tools and communication media.

If we consider a fairly simple taxonomy of human-computer interaction and communication (HCI), we might simply list:

- Hardware
- Software
- User community
- Content
- Metaphors
- Mental models
- Navigation
- Interaction
- Appearance

Under the subject of science fiction (SciFi), we might list the following types:

- Genre
- Story narrative
- Technology

[1] http://www.mediabistro.com/galleycat/towards-a-taxonomy-of-science-fiction-book-trailers_b7, 18 July 2008

- Society
- Temporal view
- Culture
- Hardware
- Software
- Medium of storytelling

By combining the world of HCI with SciFi, we would get enough complex interweavings of issues, examples, and challenges to understanding to keep many PhD students busy for years. Each storytelling medium, visual and/or verbal, has its charms and capabilities. What I want to focus on is a selected, eclectic view of what some science-fiction movies have chosen to demonstrate regarding HCI in their treatments.

Movies have had the challenge, and luxury, of building physical or computer-animated versions of future hardware, showing metaphors, navigation, interaction and appearance, and implying future software (which is harder to demonstrate in cinema) and mental models. Verbal literature can focus our attention on inner thoughts and details of perception that movies cannot easily demonstrate. Movies, on the other hand, have the burden, or delight, of showing thousands of details of a spacecraft flying by us that the novel might never have had the need or requirement to describe. Of course, movies, also, can convey action, scenery, lighting, and atmosphere, in ways that are difficult for verbal literature to accomplish. A picture is indeed worth a thousand words, and the pictures are flying by us in multi-megapixel detail at 30 frames per second.

Focusing on SciFi and HCI in the movies, we shall look briefly at the following topics:

- Assumptions of the users
- Connection
- Control panels
- Cultural diversity
- Hardware: phones, display terminals, heads-up displays, body suits, etc.
- Information visualization
- Speech/audio
- User-centered design
- Visual displays: transparency

3 A Brief History

The presentation is a sketch, not a rigorous academic analysis. I shall provide some older examples and brief comments on the following:

- Captain Video
- Flash Gordon
- Journey to the Center of Time
- Metropolis

- Neuromancer
- Superman: The Mechanical Monsters
- Voyage to the Planet of Preshistoric Women

Emerging themes include the following:

- What seems futuristic?
- What masculine/feminine themes emerge?
- People vs. machines
- Positive vs. negative views of technology

4 Some Examples from Recent Cinema

I shall provide examples and brief comments on the following:

- 2001
- Aeon Flux
- Avatar
- Brazil
- District 9
- eXistenZ
- Idiocracy
- Matrix, The
- Minority Report
- Star Trek
- Star Wars
- Terminator
- Total Recall
- Tron
- Ultraviolet

5 Some Closing Comments

Even as SciFi movies seem at times to have limited understanding of user-centered design and the "realities" of HCI, some HCI people, correspondingly, have been limited in their own future thinking. This situation suggests each could benefit by having some further contact with or interaction with "the other side" in development teams. I shall provide some examples and briefly comment on the following:

- Apple's "Knowledge Navigator" demo (about 1992)
- DARPA's "Augemented Reality" demo (about 2005)

Another closing issue is the relation of SciFi to culture. What are the differences not only of SciFi among Western, Chinese, or Indian cultures, as exhibited in movies or print literature, but specifically what differences and similarities can one observe in their attention to HCI issues? As Hollywood cinema in general has been influenced by Bollywood in the past decade, so might Hollywood SciFi be affected in future decades. Where might these additional threads of culture take us in the future?

The realm of science-fiction is constantly and rapidly unfolding new forms and new stories. With this brief analysis of the relation of SciFi to HCI, students, professionals, and devoted SciFi addicts can all appreciate new dimensions of achievement and challenge.

Contact Information

Aaron Marcus
Aaron Marcus and Associates
1196 Euclid Avenue, Suite 1F
Berkeley, CA 94708-1640, USA
Tel: + 1-510-601-0994
Web: http://www.AMandA.com

Beiträge

Cross-Media@Home: Plattformübergreifende Nutzung neuer Medien

Jan Hess, Benedikt Ley, Corinna Ogonowski, Lin Wan, Volker Wulf

Universität Siegen, Institut für Wirtschaftsinformatik

Zusammenfassung

Mit der Veränderung des Medienangebots durch den digitalen Wandel gehen neue Formen der Mediennutzung einher. Die wachsende Bedeutung von Video on Demand-Angeboten ermöglicht eine individuellere, zeitunabhängige Bewegtbildrezeption. Zudem wird durch die zunehmende Vernetzung neuer Fernsehgeräte die Nutzung neuer Angebote direkt am TV möglich. Um neue Konzepte zu entwickeln, die diesen Wandel unterstützen, ist es erforderlich, den in Haushalten vorherrschenden Medien- und Technikeinsatz besser zu verstehen. Hierfür haben wir empirische Studien durchgeführt, die zeigen, dass sich sowohl parallele als auch konvergente Mediennutzungen etabliert haben. Wir konnten klare Bedürfnisse nach besser integrierten Ansätzen, die nicht auf einzelne Plattformen begrenzt sind, identifizieren. Zudem sollten Inhalte und Dienste, angepasst an das jeweilige Endgerät, in einfacher Weise in die Mediennutzung integriert werden können.

1 Einleitung und verwandte Arbeiten

Die Digitalisierung der Medienlandschaft führt zu weitreichenden Veränderungen von Medien- und Technikangeboten sowie den damit verbundenen Rezeptions- und Nutzungsmustern der Anwender. Besonders das Massenmedium Fernsehen unterliegt einem deutlichen Wandel. Video on Demand-Angebote (VoD) gewinnen zunehmend an Bedeutung (Ridder & Engel 2010) und ermöglichen eine aktivere und selbstbestimmtere geräteübergreifende Mediennutzung. Neben dem TV-Gerät können Fernseh- und Videoinhalte heute auf unterschiedlichen Endgeräten wie PC, Smartphone oder Tablet konsumiert werden. Gleichzeitig ermöglicht die Netzwerkfähigkeit neuer TV-Geräte die Nutzung von Internetangeboten direkt am TV. Dies hat zur Folge, dass bestehende Rezeptionsmuster von neuen Handlungsweisen überlagert bzw. um diese ergänzt werden, z.B. die Nutzung von Mediatheken am PC oder Apps auf dem Smartphone. Im Rahmen dieser Arbeit wurde empirisch untersucht, wie sich diese Veränderungen in der Praxis wiederspiegeln, um daraus Erkenntnisse für die Entwicklung neuer Konzepte für eine flexiblere Mediennutzung und einen integrierten sozialen Austausch zu gewinnen.

Anhand einer in-situ Evaluation von „Unified EPG“, einer Anwendung die TV-Inhalte mit lokal gespeicherten und Online Medien integriert, zeigen Obrist et al. (2009b), dass ein zentraler und einfacher Zugang zu den verschiedenen Inhalten via TV auf großes Interesse seitens der Probanden stößt. Allerdings wird deutlich, dass z. B. für die Konfiguration und Verwaltung der Medieninhalte ein PC bevorzugt wird, da solche Aufgaben über den Fernseher zu umständlich seien. Der Vorteil einer kombinierten Nutzung von unterschiedlichen Geräten wird auch in einer Studie von Cesar et al. (2008) ersichtlich. Hier wurde gezeigt, dass die Verwendung eines mobilen Endgeräts als zweites Display, z. B. zur Darstellung von Vorschaubildern oder Zusatzinformationen, einen Mehrwert für die Nutzer bietet. Eine gebrauchstaugliche, geräteübergreifende Mediennutzung erfordert allerdings auch, dass Systemeinstellungen und Daten auf allen Endgeräten verfügbar seien müssten. Kane et al. (2009) haben in diesem Zusammenhang gezeigt, dass der automatisierte Austausch von Web-Nutzungsprofilen zwischen verschiedenen Endgeräten die Internetnutzung auf mobilen Endgeräten verbessern kann.

Infolge der fortschreitenden Digitalisierung und Vernetzung gewinnt auch die medienbezogene Unterstützung sozialer Prozesse verstärkt an Bedeutung. So orientieren sich beispielsweise Anwender bei ihrer Mediennutzung am Gruppenverhalten von Freunden und schauen z. B. digital aufgezeichnete TV-Inhalte noch am Tag der Ausstrahlung oder tauschen entsprechende Inhalte im Freundeskreis aus (Barkhuus & Brown 2009). Durch die heute verfügbaren Medientechnologien können Kommunikation und Austausch auch mit lokal voneinander getrennten Freunden und Bekannten sendungsbegleitend unterstützt werden. Frühe Arbeiten integrierten hierfür einen Chat-Kanal in das laufende TV-Bild (Abreu et al. 2002), sodass die Zuschauer sich auch auf diese Weise austauschen können. Auch bei derartigen Ansätzen, die in der Literatur häufig unter dem Begriff „Social TV“ subsummiert werden, gewinnen cross-mediale Lösungen über Plattformgrenzen hinweg immer mehr an Bedeutung. Obrist et al. (2009a) haben hierzu eine Plattform zur Unterstützung lokaler Communities entwickelt, die TV, Set-Top-Boxen, mobile Geräte und PCs integriert.

In unserer Arbeit fokussieren wir sowohl einen flexiblen Medienzugang als auch angelagerte Kommunikations- und Austauschmöglichkeiten über Plattformgrenzen hinweg. Um sinnvolle Designansätze explorieren zu können, ist es zunächst erforderlich, etablierte Praktiken paralleler, konvergierender und sozialer Mediennutzung besser zu verstehen, weshalb eine empirische Herangehensweise gewählt wurde. Mit Teilnehmern unseres Living Labs (Hess & Ogonowski 2010) wurde in einem ersten Schritt eine Tagebuchstudie durchgeführt, um Einblicke in die alltägliche Mediennutzung zu gewinnen. Im Anschluss daran wurden in Kreativworkshops neue Ideen für integrierte Cross-Media Konzepte gemeinsam mit den Teilnehmern erarbeitet und diskutiert.

2 Methodisches Vorgehen und Ergebnisse

Der Living Lab-Ansatz bietet geeignete Rahmenbedingungen, um Nutzer am Design von neuen gebrauchstauglichen Anwendungen zu beteiligen sowie die Interaktion und den Austausch zwischen Entwicklern und Nutzern zu fördern. Living Labs stellen eine realweltliche

Explorations- und Testumgebung dar, in der am Designprozess beteiligte Akteure aus Wirtschaft und Wissenschaft gemeinsam mit Endnutzern neue Technologien erforschen können (Almirall & Wareham 2008, Niitamo et al. 2006). Den Kern unseres „SocialMedia Experience and Design Labs“ (SMEDL) (Hess & Ogonowski 2010) bildet ein lokales Testbett (SMEDL.Local) bestehend aus 16 Haushalten (5 Familien, 5 Paare ohne Kinder, 4 Singles und 2 Alleinerziehende mit Kindern) mit 27 Teilnehmern (14m, 13w) aus dem Kreis Siegen-Wittgenstein. Die teilnehmenden Haushalte, die bereits Erfahrungen mit Mediacenter Systemen und/oder Smartphones sammeln konnten sowie die, die bisher wenig bis keine Berührungspunkte mit der Technik hatten, werden kontinuierlich und langfristig in Designprozesse eingebunden. Zudem werden die Haushalte mit marktgängigen Technologien (Mediacenter System, Smartphone und HDTV) ausgestattet, um ihre Technikaneignung sowie mittel- bzw. langfristige Veränderungen der Mediennutzung im Alltag zu explorieren. Die individuellen Erfahrungen, die die Teilnehmer mit den prototypischen Entwicklungen im realweltlichen Kontext sammeln, fließen kontinuierlich in weitere Designschritte ein.

In einem ersten Schritt erfolgte eine Tagebuchstudie, die mit Feedbackinterviews ergänzt wurde. Basierend auf diesen Ergebnissen wurden erste cross-mediale Konzepte erarbeitet und ebenfalls mit den Teilnehmern aus SMEDL.Local in Workshops diskutiert. Die Durchführung beider Studien erfolgte vor der Technikeinführung in den Haushalten.

2.1 Medientagebuch

Das Konzept der Tagebuchstudie ist ein interdisziplinär weit verbreiteter Ansatz, der mittels eines längeren Erhebungszeitraums und der Möglichkeit der Selbstdokumentation den Zugang zum Feld der Nutzer und somit die Erforschung von entsprechenden Nutzungs- und Verhaltensweisen im Kontext erlaubt. Aufgrund dieser Eigenschaften findet der Ansatz in unterschiedlichsten Formen und Kontexten seinen Einsatz (z.B. Brown et al. 2000, Grinter & Eldridge 2001, Hess & Wulf 2009). Entsprechend unseres Forschungsvorhabens haben wir eine Tagebuchstudie zur Analyse privater Mediennutzung und der damit im Zusammenhang auftretenden sozialen Interaktionen durchgeführt. Im Folgenden werden der Ansatz und die Ergebnisse der dreiwöchigen Studie präsentiert.

2.1.1 Methodisches Vorgehen

Für ein besseres Verständnis über die habitualisierte Mediennutzung der Teilnehmer aus SMEDL.Local und zum Aufbau von Vertrauen zwischen Forschern und Nutzern, wurden Boxen an die Haushalte verteilt. Diese waren mit einem gedruckten Medientagebuch für jeden der Teilnehmer, einer Digitalkamera, einer Datenschutzerklärung, einem Aufsteller mit Erinnerungskarte sowie Süßigkeiten zur Motivation gefüllt. Das Tagebuch, als wichtigstes Element, bestand aus teilstrukturierten Seiten, die für jede einzelne Mediennutzung ausgefüllt werden sollten. Es lieferte Angaben zu Datum und Uhrzeit der Nutzung, Anzahl der beteiligten Personen, genutzte Medien und parallele Tätigkeiten, Medieninhalt, Motivation der Nutzung und dem sozialen Austausch. Für weitere Informationen zur regionalen, nationalen und internationalen sozialen Vernetzung der Teilnehmer, deren Freizeitaktivitäten sowie vorhandenen ICT und deren Verteilung im Haushalt wurden entsprechende Aktionskarten eingefügt. Mit Hilfe der Digitalkamera konnten typische Nutzungsszenarien dokumentiert werden, die einen zusätzlichen Einblick in den Alltag der Haushalte erlaubten. Nach Ablauf des dreiwöchigen Erhebungszeitraums wurde die Box eingesammelt und mit jedem der Teilnehmer ein Feedbackinterview zur Studie selbst, der gegenwärtigen Mediennutzung und der individuellen Bedeutung von bestimmten Medien (TV, PC/Internet, Mobiltelefon) geführt. Rücklaufend erhielten wir 26 ausgefüllte Tagebücher mit insgesamt 669 Einträgen von 14 Männern und 12 Frauen und führten eben so viele Interviews. Eine Probandin war im Erhebungszeitraum nicht vor Ort, weshalb sich die Teilnehmerzahl um eins reduzierte. Für die anschließende Ergebnisauswertung wurden entsprechende anonymisierte Kürzel für ausgewählte Teilnehmer und deren Aussagen verwendet (siehe Tab. 1).

Abk.	Charakteristika der Teilnehmer	Abk.	Charakteristika der Teilnehmer
M1	m 27, Single, hohe technische Expertise	*W1*	w 35, Paar ohne Kinder, geringe technische Expertise
M2	m 36, Familie, hohe technische Expertise	*W2*	w 45, Single, geringe technische Expertise
M3	m 42, Single, geringe technische Expertise	*W3*	w 17, Tochter (Familie), geringe technische Expertise
M4	m 30, Paar ohne Kinder, hohe technische Expertise	*W4*	w 37, Alleinerziehend mit Kindern, geringe technische Expertise
M5	m 33, Single, hohe technische Expertise	*W5*	w 41, Alleinerziehend mit Kindern, geringe technische Expertise
M6	m 37, Paar ohne Kinder, hohe technische Expertise	*W6*	w 34, Paar ohne Kinder, geringe technische Expertise
M7	m 35, Single, geringe technische Expertise		

Tabelle 1: Abkürzung und Charakteristika in dieser Arbeit zitierter Teilnehmer

2.1.2 Ergebnisse: Konvergente Mediennutzung

Die Analyse der Medientagebücher und der Aussagen aus den Interviews spiegelte neben routinierten medialen Nutzungsweisen und sozialen Aktivitäten eine deutliche Affinität zu TV-begleitenden Tätigkeiten und insbesondere der Nutzung anderer Medien wider. TV und internetbasierte Anwendungen, wie z. B. Webbrowser, E-Mail-Client, Instant Message (IM) oder Social Communities werden parallel auf unterschiedlichen Endgeräten genutzt. Ein Teilnehmer vergleicht die Nutzung mit einer Art Ritual: *„Mit der einen Hand wird der Fernseher und mit der anderen Hand wird der Laptop angeschaltet. [...] Meistens Outlook gestartet, zum E-Mail abrufen [...] dann halt erst rumzappe und dann halt wenn ich was gefunden habe, das gezielt verfolge" (M1).* Es zeigt sich, dass TV und Internet bei (1) der Suche nach Informationen, (2) dem Austausch mit Freunden und (3) der Auswahl des Endgerätes für die jeweilige Mediennutzung eng miteinander verknüpft sind, worauf im Nachfolgenden eingegangen wird.

Informationssuche

Die Informationssuche stellt ein wesentliches Merkmal des Internets und dessen parallelen Nutzung dar. Zwei Teilnehmer nannten Beispiele, wobei sie während bzw. nach einer Fernsehsendung angeregt wurden, nach weiterführenden Informationen zu suchen *(M2, M3).* Ein Haushalt, der bereits ein Mediacenter System nutzt, wechselt nicht mehr zwischen den Geräten, sondern nur zwischen den Anwendungen am TV-Bildschirm, um beispielsweise Werbepausen zu überbrücken *(M4)*. Seine Verlobte nutzt jedoch weiterhin den Laptop, da ihr die Bedienung des Mediacenter Systems aufgrund der Vielzahl der Eingabegeräte zu kompliziert ist. Sie ergänzt, dass ein einziges Eingabegerät deutlich einfacher wäre *(W1)*. Andere Teilnehmer nutzen wiederum das Smartphone zum parallelen Informationsabruf *(M2, M5)*. M5 kritisierte jedoch die Displaygröße und könnte sich dafür eher ein iPad vorstellen. Sowohl er, als auch Teilnehmer mit geringerer technischer Expertise, sind an einer integrierten TV-Lösung interessiert, die aber nicht den Unterhaltungscharakter des Fernsehens zerstören dürfe *(W2, W4)*.

Sozialer Austausch

Die Teilnehmer verwenden unterschiedlichste Kommunikationsmöglichkeiten, um mit anderen in Kontakt zu bleiben. Der content-bezogene Austausch findet jedoch überwiegend per Telefon, Face-to-Face oder via IM statt. *M6* tauscht sich regelmäßig mit seinem Cousin über eine TV-Serie aus und trifft sich gelegentlich mit ihm zum gemeinsamen Schauen. Der Austausch über Social Communities hingegen erscheint einigen Teilnehmern als zu unpersönlich, da man nicht allen Freunden die gleichen Information zukommen lassen möchte. Aus diesem Grund wird auch nicht jede Information gepostet bzw. besteht auch kein Interesse, von allen alles zu lesen *(M7)*. Der synchrone Austausch während der TV-Rezeption hingegen variiert individuell. *M3* fühlt sich bereits durch ein Telefonat gestört, seine Tochter hingegen tauscht sich nicht nur asynchron per Telefon oder am nächsten Tag in der Schule über Gesehenes aus, sondern auch synchron via IM während der Werbepausen *(W3)*. Dabei kann die Konversation content-bezogen oder losgelöst davon erfolgen.

Endgeräte und Inhalte

Der TV ist nicht mehr nur die einzige Informations- und Unterhaltungsquelle im Wohnzimmer. Die Ergebnisse der Tagebuchstudie zeigen, dass er vor allem durch den PC bzw. Laptop ergänzt wird. Dieses Medium bietet eine größere Auswahl an Online-Content bzw. lokal gespeicherten digitalen Audio-/Videodaten und erlaubt individuelle Rezeptionszeitpunkte unabhängig von elaborierten Programmstrukturen. Es lässt sich daher ein Trend hin zu einem integrierten Nutzungsverhalten feststellen, das mit der Aussage von *M7* unterstrichen werden kann: *„Früher war es [Fernsehen] ein sehr wichtiges, weil es eins der Hauptmedien war und ich früher entlang des Fernsehens meinen Medienkonsum gestaltet habe. [...] jetzt ist es so, dass ich einen ähnlichen Medienkonsum mehr on-Demand mache und nicht mehr so den Restriktionen des Fernsehens unterworfen bin"*. Eine Probandin nutzt derzeit regelmäßig Online-Angebote, um vielfältigen englischsprachigen Content zu rezipieren, da dies nicht über den klassischen TV-Empfang möglich ist *(W4)*. Obwohl die Ausgabe über den Laptop nicht immer eine gute Alternative darstellt, wird eine Präferenz für diese Nutzungsweise deutlich. *„Wenn die Filmästhetik für mich wichtig wird, dann ist es eine Sache die ich nicht am Bildschirm gucken will, sondern am Fernseher. Wenn es um den Konsum an sich geht, reicht der Computer. Der Computer ist aufgrund seiner Multifunktionalität, Musik, Serie etc. [gut geeignet] das man es gleichzeitig machen kann" (M7)*. Somit ist nicht mehr nur der Inhalt ein interessantes Untersuchungskriterium, sondern auch das Endgerät über den der Content rezipiert wird und welche zusätzlichen Funktionalitäten es bietet, die parallel genutzt werden können.

2.2 Kreativ-Workshops

Im Anschluss an die Tagebuchstudie wurden zwei Workshops mit den Teilnehmern aus SMEDL.Local durchgeführt. Diese Methode wurde gewählt, um erste Konzepte und Ideen zur Integration von TV, PC und Smartphone auf Basis der Ergebnisse aus den Medientagebüchern und Interviews zu erarbeiten und zu diskutieren, und um dahingehend ein gemeinsames Verständnis aller Beteiligten zu entwickeln. Die Konzepte wurden hierfür hinsichtlich ihrer Funktionalität anhand der folgenden Dimensionen gruppiert: *Soziale Netzwerke* (Austausch über audiovisuelle Inhalte, Wahrnehmung des Nutzungsverhaltens von Freunden, Knüpfen neuer Kontakte), *Zusatzinformationen* (Bereitstellung von inhaltbegleitenden Zusatzinformationen), *Empfehlungen* (automatisierte und nutzergetriebene Weitergabe von Informationen über sehenswerte Inhalte) und *Personalisierung* (Einstellungsmöglichkeiten, was und auf welchem Gerät etwas dargestellt werden soll, Anpassung von Eingabegeräten). Die Diskussion wurde teilstrukturiert anhand dieser Themen moderiert. Beide Workshops wurden für die spätere Auswertung mit Videokameras und Audiogeräten aufgezeichnet.

2.2.1 Methodisches Vorgehen

Der erste Workshop bestand aus zwei Teilen und wurde mit 8 Teilnehmern (6m, 3w) aus 6 verschiedenen Haushalten mit vorhandener technischer Expertise hinsichtlich der Nutzung von Smartphones und Mediacenter Systemen durchgeführt. Im ersten Teil des Workshops sollten die Teilnehmer in einem Brainstorming-Prozess entlang der zuvor genannten Kategorien darüber diskutieren, wie existierende Technologien genutzt werden, welche Probleme hierbei auftreten und wie demnach zukünftige Konzepte gestaltet werden sollten. Die Teilnehmer wurden in zwei Gruppen aufgeteilt, um eine Einbeziehung aller in die Diskussion zu ermöglichen. Zudem wurden Papier und Stifte zur besseren Visualisierung von Ideen bereitgestellt. Im zweiten Teil des ersten Workshops wurden verschiedene Konzepte, die im Anschluss an die Tagebuchstudie entwickelt wurden, als Papier Mock-Ups und Powerpoint-Folien vorgestellt. Hierbei sollten die erwarteten Funktionalitäten beschreiben und diese kritisch diskutiert werden.

Der zweite Workshop wurde mit 10 Teilnehmern (5m, 5w) aus 6 Haushalten mit wenig bzw. ohne Erfahrung hinsichtlich der Nutzung von Smartphones oder Mediacenter Systemen durchgeführt. Aufgrund der fehlenden Erfahrung der Teilnehmer wurde auf das Brainstorming verzichtet und stattdessen eine interaktive Demonstration vorhandener Smartphone- und Mediacenter Technologien durchgeführt, um ein Basisverständnis zu vermitteln. Anschließend wurden die Teilnehmer in drei Gruppen aufgeteilt und die Mock-Ups und Powerpoint-Folien zur Diskussion gestellt.

2.2.2 Ergebnisse: Konzeptreflexion

Für die Darstellung der wichtigsten Ergebnisse aus den Workshops wurden diese in die Kategorien *Integrierte Konzepte und Gerätefunktionalitäten* und *Integrierte Informations- und Kommunikationsmöglichkeit* unterteilt.

Integrierte Konzepte und Gerätefunktionalitäten

In den Workshops konnten verschiedene plattformübergreifende Probleme identifiziert werden, mit denen wir uns weiter auseinandersetzen wollen. *M2* verdeutlichte dies mit seiner Kritik über fehlende Standards. Jede Informations- und Unterhaltungsplattform würde unterschiedlich aussehen und er wünsche sich daher eine Plattform, die alle Dienste integriert und auf jedem Endgerät gleich zu nutzen sei. Sehr deutlich wurde zudem der Wunsch nach einer Integration vorhandener Unterhaltungs- und Kommunikationstechnologie im Haushalt, insbesondere hinsichtlich der Darstellung von Zusatzinformationen zum laufenden TV-Programm oder von Chat-Tools auf einem Smartphone oder Tablet-PC. Dabei sollte die Möglichkeit bestehen, Zusatzinformationen bei Bedarf auch auf dem TV darzustellen *(M2)* oder auch parallel auf verschiedenen Geräten *(W4)*. Die Diskussion hierzu ergab, dass eine Entscheidung darüber, wo welche Informationen dargestellt werden soll, individuell und flexibel getroffen werden muss. Gleiches gilt für die Darstellung von persönlichen Nachrichten (Chat, E-Mail etc.), so sollen diese nicht auf dem TV dargestellt werden, wenn man z. B. mit anderen gemeinsam fernsieht *(M2)*. Einerseits kann die Anzeige hier die anderen Beteiligten stören, andererseits sind hierbei auch Aspekte welche die Privatsphäre betreffen relevant.

Ein weiterer wichtiger Diskussionspunkt war die Funktion des Smartphones als Fernbedienung. Unabhängig von ihrer technischen Expertise würden alle Teilnehmer ihr Smartphone gerne zur Steuerung des TVs verwenden. Dennoch kamen in der Diskussion einige Bedenken aufgrund des fehlenden haptischen Feedbacks und des kleinen Displays auf. Weiterhin wurde zu Bedenken gegeben, dass das Smartphone i .d. R. ein persönliches Gerät ist, die TV-Fernbedienung jedoch von mehreren Personen im Haushalt genutzt wird *(W5, M9)*. Trotz dieser Einschränkungen wird das Smartphone als Fernbedienung als ein sinnvolles Konzept eingeschätzt, das aufgrund der Flexibilität und Anpassbarkeit sowohl zur Steuerung des Mediacenter Systems, aber auch als zusätzliches Ausgabegerät verwendet werden kann *(M2)*.

Integrierte Informations- und Kommunikationsmöglichkeit

Zwei miteinander befreundete Teilnehmer haben im Workshop erwähnt, dass sie sich häufig über neue Filme und TV-Serien am Telefon austauschen *(M6)*. In diesem Zusammenhang wurden Ideen diskutiert, wie Soziale Netzwerke besser integriert werden können. So soll z B. eine Freundesliste auf allen Geräten in der gleichen Art dargestellt werden, wie man es vom PC gewohnt ist *(M2)*. *M6* würde zudem gerne sehen, wer von seinen Freunden welche Sendung im Moment anschaut, um mit den Freunden zu chatten, die dasselbe sehen. Diese Aussage führte zu einer kritischen Diskussion, da nicht jeder diese Information allen im Sozialen Netzwerk mitteilen möchte, sondern nur einer kleinen Auswahl an Personen, die man wirklich gut kennt *(M2)*. Es wurde hierbei auch über content-spezifische Gruppen diskutiert, in die entweder die eigenen Freunde eingruppiert werden können *(M6)* oder um neue Personen mit gleichen Interessen kennenzulernen *(M2)*.

Viele der Teilnehmer empfehlen interessante Videoinhalte bereits anderen weiter, jedoch sei auch hier eine bessere Integration in die bestehenden Geräte wünschenswert, da dies derzeit normalerweise nur persönlich (z. B. am Telefon) geschieht *(M2)*. Außerdem werden Online-Foren nach Bewertungen für Filme oder Serien durchsucht, die jedoch nicht immer treffend sind *(W6)*. Für ein integriertes Konzept solle daher zwischen Empfehlungen eigener Freunde und Empfehlungen anderer Communities unterschieden werden. *M2* fände auch ein automatisiertes Empfehlungssystem interessant, das basierend auf dem eigenen Sehverhalten, dem Sehverhalten der Freunde und allgemeinen Sendungsbewertungen passende Inhalte vorschlägt.

Ein weiterer Diskussionspunkt war die Integration und der Abruf von weiterführenden Content-Informationen. Dabei ist es *M2* wichtig, dass er selbst entscheiden kann, von welchen Quellen diese Informationen bezogen werden. *W5* wünscht sich zudem, dass die Suche nach weiteren Informationen automatisiert erfolgt, ohne, dass manuell Suchbegriffe eingegeben werden müssen. Interessant erschien auch das Konzept, dass Zusatzinformationen passend zur laufenden Szene eines Films oder einer Fernsehsendung abgerufen werden können. Interessante Informationen seien z. B. aktuelle Filmmusik, Schauspieler in der Szene oder Informationen zu dargestellten Gegenständen oder Produkten. Es sollte dabei auch die Möglichkeit bestehen, diese Information direkt mit passenden Webdiensten zu verknüpfen (z. B. Wikipedia, Google Maps, iTunes, Fanseiten der Schauspieler).

3 Diskussion und Ausblick

Im ersten Teil unserer empirischen Studie untersuchten wir die bestehende Mediennutzung unter Berücksichtigung verschiedener bereits vorhandener Geräte in den Haushalten. Die Ergebnisse zeigen, dass online und offline Medien gleichzeitig oder in Bezug zueinander genutzt werden. Ein solches cross-mediales Nutzungsverhalten ist durch einen Wechsel zwischen Angeboten aus verschiedenen Quellen und deren Nutzung auf unterschiedlichen Geräten gekennzeichnet. Die Motivation zu solchem Verhalten erfolgt aus ganz unterschiedlichen Gründen, indem z. B. der konsumierte Inhalt zur Suche nach weiterführenden Informationen im Internet motiviert (Informationssuche), Kommunikation per Telefon oder Laptop/PC mit Freunden oder Bekannten in den Mittelpunkt rückt (sozialer Austausch) oder die Medienrezeption auf einem anderen Gerät wie dem Laptop fortgesetzt wird (Wechsel des Endgerätes).

Als Ergebnis der Kreativworkshops identifizierten wir konkrete Bedürfnisse nach einer integrierten TV-zentrierten Medienplattform, deren Inhalte auf unterschiedlichen Geräten zugänglich sind. Der Wunsch nach mehr Flexibilität bezieht sich dabei sowohl auf besser abgestimmte Multi-Device Lösungen (im Sinne einer einfachen plattformübergreifenden Nutzung), als auch auf besser integrierte Ansätze auf einzelnen Geräten (z. B. im Sinne eines einfachen und flexiblen Wechsels von Fernsehen & Internet am TV). Diese Anforderungen bestärken die Fortführung und Erweiterung von Design-Ansätzen wie z. B. von Obrist et al. (2009b), die mit „Unified-EPG“ das Potential einer direkten Verknüpfung von TV und PC aufzeigen. Neben einer flexiblen Plattform wie z. B. beschrieben von Cesar et al. (2009), rücken Gestaltungsfragen für Teilaspekte wie Benachrichtigungsmechanismen, Umgang mit privaten Daten, kontext-basierte Empfehlungen, flexible Ein- und Ausgabeentscheidungen sowie dynamische Inhaltsauswahl in den Vordergrund. Im Detail sind hier noch viele Fragen unbeantwortet, z. B. das Design von Benachrichtigungen in Abhängigkeit individueller Präferenzen, die Erstellung von Empfehlungen für Haushalte mit mehreren Personen oder die kontextabhängige Einbindung von weiterführenden Diensten.

In aktuellen Arbeiten haben wir bereits damit begonnen, die identifizierten Anforderungen bezüglich flexibler und integrierter Konzepte zu berücksichtigen. Neben der Konzeption eines Frameworks als Basis zur cross-medialen Nutzung auf unterschiedlichen Geräten, experimentieren wir auch mit weiterführenden Ideen, z. B. in Form eines interaktiven Couch-Tisches. Ein solcher Tisch fungiert dabei als zweites öffentliches Display, das die Interaktion zwischen Familienmitgliedern, aber auch zwischen Haushalten in Ergänzung zur Rezeption am TV unterstützen kann. Anwendungsfälle sind beispielsweise die Anpassung der Bedienung zur Medienkontrolle oder Snapshot- bzw. Annotationsunterstützung (Wan & Tweer 2010). Zudem untersuchen wir neue Möglichkeiten zu kontextabhängigen Dienstangeboten. Eine bereits prototypisch umgesetzte Plattform ermöglicht die Erkennung und dynamische Einbindung lokaler Dienste und Geräte für einen Medienzugang via Smartphone (Ley & Stein 2010, Herbrechter et al. 2011).

Danksagung

Diese Arbeit wurde gefördert vom Ministerium für Innovation, Wissenschaft, Forschung und Technologie des Landes Nordrhein-Westfalen mit Mitteln der Europäischen Union.

Literaturverzeichnis

Abreu, J., Almeida, P., & Branco, V. (2002). 2BeOn-Interactive television supporting interpersonal communication. In: *Multimedia 2001: Eurographics Workshop in Manchester,* 199.

Almirall, E. & Wareham, J. (2008). Living Labs and open innovation: roles and applicability. *The Electronic Journal for Virtual Organizations and Networks*, 10(3), 21-46.

Barkhuus, L. & Brown, B. (2009). Unpacking the television: User practices around a changing technology. *ACM Transactions on Computer-Human Interaction (TOCHI)*, 16(3), 1-22.

Brown, B. A. T., Sellen, A. J., & O'Hara, K. P. (2000). A diary study of information capture in working life. In: *Proceedings of the ACM CHI'00*, 438-445.

Cesar, P., Bulterman, D., & Jansen, A. (2008). Usages of the secondary screen in an interactive television environment: Control, enrich, share, and transfer television content. In: *Proceedings of the EuroITV Conference 2008,* Springer, 168-177.

Cesar, P., Bulterman, D. C. A., Jansen, J., Geerts, D., Knoche, H., & Seager, W. (2009). Fragment, tag, enrich, and send: Enhancing social sharing of video. *ACM Transactions on Multimedia Computing, Communications, and Applications (TOMCCAP)*, 5(3), 1-27.

Grinter, R. E. & Eldridge, M. A. (2001). y do tngrs luv 2 txt msg? In: *European Conference on Computer Supported Cooperative Work*: Kluwer Academic Publishers, 219-238.

Herbrechter, M., Ley, B., & Stein, M. (2011). Kontextsensitive Service-Infrastruktur für die mobile Nutzung von Home-IT. In: *10. Internationale Tagung Wirtschaftsinformatik.*

Hess, J. & Wulf, V. (2009): Explore social behavior around rich-media: a structured diary study. In: *Proceeding of the EuroITV Conference 2009*, Leuven, Belgien, 215-218.

Hess, J. & Ogonowski, C. (2010). Steps toward a living lab for socialmedia concept evaluation and continuous user-involvement. In: *Proceedings of the EuroITV Conference 2010*, 171-174.

Kane, S., Karlson, A., Meyers, B., Johns, P., Jacobs, A., & Smith, G. (2009). Exploring Cross-Device Web Use on PCs and Mobile Devices. In: *INTERACT 2009*: Springer, 722-735.

Ley, B. & Stein, M. (2010). Ambient-Aware Service Infrastructure for Home IT Environments. In: *Workshop on Bridging among People, Places and Devices by Integrated, Ambient and Playful SocialMedia Approaches, 8th European Conference on Interactive TV.*

Niitamo, V. P., Kulkki, S., Eriksson, M., & Hribernik, K. A. (2006). State-of-the-art and good practice in the field of living labs. In: *International Conference on Concurrent Enterprising: Innovative Products and Services through Collaborative Networks. Italy: Milan*, 26-28.

Obrist, M., Miletich, M., Holocher, T., Beck, E., Kepplinger, S., Muzak, P., Bernhaupt, R., & Tscheligi, M. (2009a). Local communities and IPTV: Lessons learned in an early design and development phase. In: *Proceedings of the EuroITV Conference 2009*, 1-21.

Obrist, M., Moser, C., Alliez, D., Holocher, T., & Tscheligi, M. (2009b). Connecting TV & PC: an in-situ field evaluation of an unified electronic program guide concept. In: *Proceedings of the EuroITV Conference 2009*, 91-100.

Ridder, C. M. & Engel, B. (2010). Massenkommunikation 2010: Mediennutzung im Intermediavergleich. *Media Perspektiven*, 10, 523-36.

Wan, L. & Tweer, M. (2010). An Interactive Couch Table to support TV-centric Social Interactions between Households. In: *Workshop on Bridging among People, Places and Devices by Integrated, Ambient and Playful SocialMedia Approaches, 8th European Conference on Interactive TV.*

Kontaktinformationen

E-Mail: {vorname.nachname}@uni-siegen.de

Mo. Gemeinsam Musik erleben

Eva Lenz[1], Matthias Laschke[1], Marc Hassenzahl[1], Sébastien Lienhard[2]

Nutzererleben und Ergonomie, Folkwang Universität der Künste, Essen [1]
Projekter Industrial Design, Duisburg [2]

Zusammenfassung

Musik hat eine wichtige soziale Funktion. Besonders das gemeinsame Musikhören spielt dabei eine herausgehobene Rolle. Interessanterweise nimmt aber gängige Technik zum Abspielen von Musik die speziellen Anforderungen eines gemeinsamen Musikerlebnisses kaum auf. Die vorliegende Konzeptstudie präsentiert *Mo*, einen mp3-Player, dessen Funktionalität, Präsentation und Interaktion aus Überlegungen zu sozialen und emotionalen Aspekten des gemeinsamen Musikhörens abgeleitet wurden. *Mo* ist ein Beispiel für *Experience Design*, bei dem das intendierte, bedeutungsvolle Erlebnis der eigentliche Gegenstand der Gestaltung wird und das Produkt in all seinen Details der Materialisierung dieses Erlebnisses dient.

1 Einleitung

Musik berührt uns nicht nur emotional, sondern hat auch eine wichtige soziale Funktion (DeNora, 2006). Beim gemeinsamen Musikhören gibt und erhält man Einblicke sowohl in den eigenen Musikgeschmack, als auch in den der Anderen. So kann man die Anderen besser einschätzen und sich in einer Gruppe positionieren (Hargreaves & North, 1999). Dies macht das gemeinsame Musikhören zu einer psychologisch bedeutsamen Situation.

Momente des gemeinsamen Musikhörens gibt es viele, zum Beispiel bei einem Treffen zuhause, im Park oder im Büro (O'Hara & Brown, 2006). Meistens wird dabei Musik durch Technik vermittelt (z.B. iPod, Musikanlage, Computer etc.). Allerdings werden bei den vorhandenen Geräten soziale Erlebnisse (eine Party, ein Abendessen) weder in der Interaktion, noch in der Funktion oder formalen Gestaltung besonders berücksichtigt. Der vorliegende Beitrag exploriert daher zunächst kurz das gemeinsame Musikhören und diskutiert verfügbare Konzepte. Dann stellen wir *Mo* vor, einen mp3-Player, der in seiner Gestaltung explizit das Erlebnis des gemeinsamen Musikhörens adressiert.

2 Gemeinsames Musikhören

2.1 Phänomene

Um einen unmittelbaren Eindruck zu erhalten, welche sozialen Phänomene mit dem gemeinsamen Hören von Musik zusammenhängen, haben wir neun Personen im Alter zwischen 23 und 31 Jahren (vier Frauen und fünf Männer) zuhause besucht und mit ihnen ein halbstrukturiertes Interview zum Thema geführt. Dabei konzentrierten wir uns auf positive Erlebnisse mit Musik generell, die Variation von Situationen im Zusammenhang mit Musik und explorierten besonders die sozialen Phänomene des gemeinsamen Hörens von Musik. Es ließen sich drei Schwerpunkte erkennen:

Musik teilen. Die Teilnehmer betonen ihr Interesse an Personen, deren Musik man zu hören bekommt oder denen man seine Musik vorspielt: : *„Was ich immer ganz nett finde, ist, wenn man Leute kennen lernt, die man eigentlich nicht so gut kennt, und wenn es dann zu so Situationen kommt, in denen man so die Musik zeigt, die einem selber ganz gut gefällt, dann kann man die Menschen gleich sehr viel besser einschätzen bzw. zuordnen"* (T1). Musik wird dabei ganz selbstverständlich als soziale Botschaft betrachtet, wobei das Vorspielen von Musik eine fast schon "intime" Handlung ist, mit der man einen Teil seiner Persönlichkeit offen legt. Musik teilen ist also ein sensibles Thema, mit einigem Potential an sozialen Missverständnissen.

Musik beeinflussen. Da Musik als Stimulation mit sehr persönlicher Wirkung verstanden wird, besteht der Wunsch, laufende Musik beeinflussen zu können. Gleichzeitig wird die Verantwortlichkeit für Musik (z.B. das Erstellen einer Playlist für eine Party) als Bürde beschrieben und u.U. gerne abgegeben, was auf Ängste, wie beispielsweise die Zurückweisung der vorgeschlagenen Musik hinweisen kann. Ein teilnehmendes Paar beschreibt: *„Meistens war auch die Frage 'So, wer macht Musik?`und dann alle so 'pfff, boa, ne, mach du...`"*. [die Partnerin erwidert] *„Weil sich dann alle beschweren und man selber muss dann da rumsuchen und klicken bis das dann allen wieder passt"* (T2 und T3). Es wird aber sehr geschätzt, wenn Freunde ihre Musik vorspielen, sich Gedanken um die Musikwahl machen und die Anwesenden mit ihren Titeln "überraschen". Im besten Fall kommt es zu einer Art "Dialog" durch das abwechselnde Wählen von "passenden" Titeln: *"Das könnte zum Beispiel sein, wenn man die das erste Mal zuhause besucht oder so. [...] als ich da die Maren kennengelernt habe [...] haben wir uns gegenseitig so Lieder gezeigt, die wir halt sehr gerne mögen. [...] Sympathie wird da auch mit gezeigt"* (T1).

Musik als Souvenir. Bestimmten Titeln wird ein Bild, eine Situation, ein Erlebnis zugeordnet, so dass beim wiederholten Hören Erinnerungen auslöst werden. *"Das liefert dann immer voll den Gesprächsstoff, bei manchen Liedern vor allem. Das kennt dann halt echt jeder. So aus den 90ern zum Beispiel, wie Dieter Bohlen, Modern Talking. Also da verbindet fast jeder was mit"* (T3). Eine Vielzahl von bedeutungsvollen, gemeinsamen Momenten ist mit Musik verknüpft: *„So Sachen [Trash Pop Klamotten] gehen immer. Weil da hat jeder immer direkt so 'Ha, bei dem Lied... '"* (T3). Musik wird so zum Erinnerungsträger bzw. "Souvenir".

2.2 Vorhandene Konzepte

Die genannten Phänomene, Musik teilen, Musik beeinflussen und Musik als Souvenir, finden sich in den unterschiedlichsten Kontexten. Wir haben uns im Folgenden nicht auf Konzerte oder andere professionelle Events konzentriert, sondern auf kleinere, private Partys. Es gibt auch dort ganz unterschiedliche Arten, Musik für den Anlass bereitzustellen. Jede Art wirkt sich auf die Party – und damit das Erlebnis – aus. So kann sich beispielsweise eine einzelne Person (z.B. der Gastgeber, ein engagierter DJ) um die Musikwahl kümmern. Diese Person kann dadurch aber nicht an dem Event selbst teilnehmen und Partygäste könnten nur vermittelt (z.B. durch Musikwünsche) an der Auswahl teilhaben. Ein anderes Szenario wäre die Auswahl durch jeden einzelnen Teilnehmer, z.B. an einem bereitgestellten Computer. Da bestimmte Musikgenres bestimmte Stereotypen beim Publikum erzeugen (Rentfrow et al., 2009) setzt sich allerdings jeder Gast mit seiner Titelwahl der Beurteilung durch die Anderen aus, was als unangenehm und eine "Bürde" empfunden werden kann (siehe oben).

Andere Möglichkeiten der Musikauswahl ergeben sich durch den Einbezug von Technik, wie beispielweise der des Radios (z.B. einem bestimmten Sender oder einem Social Radio). Die direkte Einflussnahme des Gastes bleibt dabei aber aus, da auch gängige "Social Radios", wie *Last.fm*, zwar kumulierte Präferenzprofile ihrer Nutzer verwenden, um ähnliche Musik zu identifizieren und zu spielen, aber nicht in dem Sinne sozial sind, dass sie auf soziale Situationen besonders gut eingehen. Eine andere Möglichkeit sind Technologien, wie Apple's *iTunes DJ*, bei denen ein "Voting" der Partygäste die Musikauswahl bestimmen kann. Allerdings ist "Voting" hier ein eher ungeeignetes Modell, weil es Wettbewerb impliziert. So werden aus Partygästen schnell Verlierer und Gewinner. Jörg Peschel hat im Rahmen seiner Diplomarbeit (Peschel, 2010) zum Thema "Jukebox. Gemeinsam Musik hören" Personen zu der Möglichkeit des "Votings" befragt und ist auf eine eher ablehnende Haltung gestoßen. Ein Teilnehmer drückt es so aus: *„dafür muss man schon genug Affinität für diese Sache mitbringen, dass man [...] fieberhaft daran arbeitet, dass das nächste Lied [...] auch wirklich gut ist. Dann springen alle auf und schlagen ein: 'High Five wir haben's geschafft!' [...].“*

Das "Voting" ist ein Beispiel dafür, wie Technik – in diesem Fall *iTunes DJ* – Erlebnisse durch angebotene Funktionalität, Präsentation und Interaktion formt – und dabei eben auch ein unangemessenes, zu mindestens für Einige eher negatives Erlebnis erzeugen kann. Einen bewussteren Umgang mit dem Erlebnis des gemeinsamen Musikhörens schlugen Nora Helms, Anna Kuperski und Simon Pfarr in ihrem Konzept eines sozialen Musikplayers vor (siehe auch Hassenzahl, 2010, S. 64). Das Konzept sieht vor, dass Gäste einen speziellen Player mit Lieblingsmusik füllen und diesen dann mit zur Party bringen. Treffen mehrere Player aufeinander, erzeugen sie eine gemeinschaftliche Playliste aller Titel der einzelnen Player, die dann automatisch abgespielt wird. Dieser Player betont das gemeinsame Musikhören. Er verzichtet zum Beispiel auf eine "Weiter/Nächstes Lied" (Skip) Funktion, da hinter jedem "abgebrochenen" Titel auch ein Teilnehmer steht, der ggf. gekränkt oder verärgert ist. Auch eine Art Begrüßungsfunktion – bei Ankunft zur laufenden Party wird als nächster Titel einer des Eintreffenden gespielt – sind Überlegungen des Konzeptes. Wichtig ist, dass Funktionalität, Präsentation und Interaktion aus dem erwünschten Erlebnis abgeleitet wird.

Das Erlebnis bestimmt also das Produkt, und ist der eigentliche Gegenstand der Gestaltung (Hassenzahl, 2010).

Betrachtet man allerdings die oben beschriebenen Phänomene gemeinsamen Musikhörens und die Diskussion von *iTunes DJ* zeigt sich, dass das Konzept noch lange nicht optimal ist. Musik kann zwar geteilt, aber nicht mehr beeinflusst werden, und die Souvenir-Funktion von Musik ist nicht berücksichtigt worden. Auch ist der Player ebenso ausschließend wie das "Voting" mit *iTunes DJ*, denn es können nur die teilnehmen, die auch Musik mitgebracht haben, also einen Player besitzen. Im folgenden Abschnitt stellen wir *Mo* vor, ein neues Konzept, das all diese Punkte berücksichtigt und in Funktion, Interaktion und Präsentation ausarbeitet.

3 *Mo*

3.1 Konzept

Abbildung 1: Mo *in verschiedenen Ansichten und Farbvariationen.*

Mo (Abbildung 1) ist eine unabhängige Infrastruktur zum Abspielen von Musik. Treffen mehrere Geräte aufeinander, verbinden sie sich über eine Funkverbindung und geben synchron die mitgebrachte Musik in Form einer gemeinsamen, zufälligen Playlist wieder. Während des gemeinsamen Hörens stehen die eingebrachten Musikstücke gleichberechtigt nebeneinander und werden immer vollständig abgespielt. Der Player verzichtet auf herkömmliche Bedienelemente, wie Stop, Play, Weiter, Pause. Einen Titel zu unterbrechen wäre, als würde man einer anderen Person ins Wort fallen. Zusätzlich gibt es die Möglichkeit der Einflussnahme, indem die Musik auf einem Player durchstöbert werden kann, um gezielt einen Titel in die gemeinsame Playlist einzufügen (siehe dazu ein Video unter http://wp.me/pR04b-dE). Zum Durchstöbern der Inhalte auf einem *Mo* wird es hochgenommen. Die Lautstärke verringert sich und im "Reinhörlautsprecher" auf der Unterseite werden die auf diesem Gerät mitgebrachten Musikstücke angespielt. Durch eine Drehbewegung wird zwischen den Titeln navigiert. Durch eine Art "Druckknopf" an der Oberseite wird ein Titel bestätigt und als nächster nach Ende des aktuellen Titels gespielt (siehe Abbildung 2). *Mo* speichert die tatsächlich gespielte Playlist vom Anmelden bis zum Abmelden des Gerätes. Diese Playlist kann zuhause auf den eigenen Computer übernommen und abgespielt werden. Musikstücke, die nicht in der eigenen Sammlung vorliegen, werden durch Services, wie *grooveshark.com*, ergänzt. Die Playlist übernimmt hier die Rolle des Souvenirs, eines Mementos des gemeinsamen Abends.

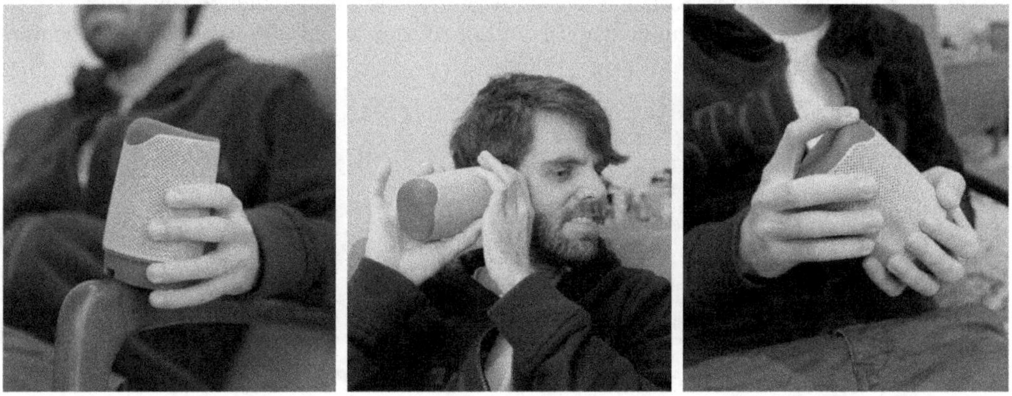

Abbildung 2: Mo *in der Nutzung: "Reinhören" und Musikwunsch.*

3.2 Konfrontation

Design Improvisation. Das Konzept wurde im engen Dialog mit potentiellen Benutzern entwickelt. Zunächst stellte sich die Frage, ob eine zentrale Stelle zur Manipulation der Playliste (wie bei einer Musikanlage) oder eine dezentrale Stelle (viele kleine Einheiten) zu favorisieren ist. Diese Fragestellung wurde durch eine *Design Improvisation* (Laurel, 2003, S. 49) exploriert. Es nahmen sechs Personen (2 Männer, 4 Frauen im Alter von 25-27 Jahren, hier TK) teil. Dazu wurde eine Partysituation in einer privaten Wohnung für jeweils 30 Minuten nachgestellt und gefilmt. Die Teilnehmer spielten eine zentrale (ein Gerät) und eine dezentrale Produktarchitektur (mehrere Geräte, wie durch *Mo* realisiert) mit Produktplatzhaltern durch (siehe Abbildung 3). Die Produktplatzhalter waren mehrere einfache Kartonrollen (dezentral) und eine mit Karton kaschierte Schreibtischleuchte, die Steckplätze für Speichermedien anbot und Titel von Stücken an die Wand leuchten würde (zentral). Dabei stellten die Teilnehmer sich vor, funktionsfähige Produkte zu nutzen und eine Party damit zu feiern. Während der Improvisation konnten aufkommende Fragen und Eindrücke (z.B. über Funktionsumfänge, Interaktion, etc.) geäußert werden. Anschließend beschrieben die Teilnehmer ihre Handlungen, Gedanken und Emotionen in einer offenen, fokusgruppenähnlichen Diskussionsrunde. Im Rollenspiel und der anschließenden Diskussionsrunde wurde deutlich, dass eine zentrale Architektur schnell zum Mittelpunkt des Geschehens werden kann und so den Charakter der Party verändert. *"Bei dem Aufbau muss man sich aktiv an dem Ort befin-*

den, wo auch das Ding steht und muss sich aktiv mit der Musik auseinander setzen" (TK3). Diese Dominanz wurde als die Gruppe spaltend empfunden. Plötzlich gibt es aktive und passive Gäste. Die Interaktion mit dezentralen Objekten wird zum Teil der Party, ohne sich als Mittelpunkt aufzudrängen. *„[...] Wenn man nicht im Mittelpunkt stehen will, dann wird man das zentrale nicht benutzen, denn sobald man da hin geht, steht man definitiv im Mittelpunkt"* (TK5). Des weiteren betont die Teilnehmerin *[...] "die kleinen Dinger, die stehen immer so dazwischen und dann denkt man bestimmt eher mal 'Och, da hör ich mal rein' oder nehm's mal in die Hand"* (TK5). Abschließen wurde von einem Teilnehmer bemerkt, dass er beim dezentralen Konzept das Gefühl hatte, eher eine intendierte Playlist für eine Party zu erstellen, als beim zentralen Konzept. Dieser beschriebene zurückhaltende Charakter, Vorteile bei der Souvenirfunktion und dem Beeinflussen von Musik favorisierte die dezentrale Produktarchitektur.

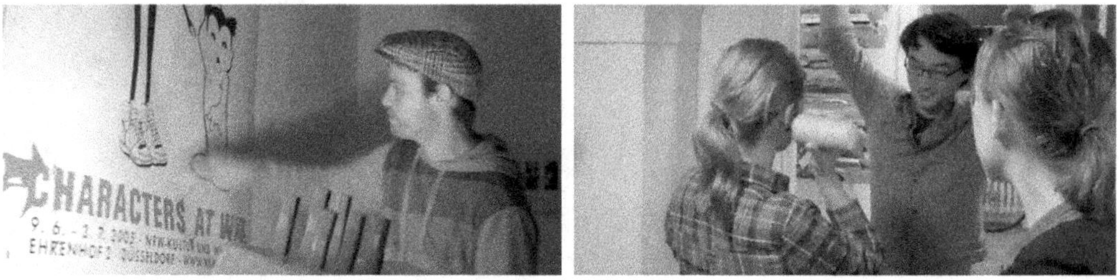

Abbildung 3: Zentrale Produktarchitektur (links); dezentrale Produktarchitektur (rechts)

Funktionaler Prototyp. Nach der Entscheidung für eine dezentrale Produktarchitektur wurde die detaillierte Interaktion mit Hilfe eines funktionalen Prototyps exploriert (siehe Abbildung 4). Der Prototyp basiert auf den Erkenntnissen und Anforderungen aus der *Design Improvisation.* Er wurde den Teilnehmern aus der Improvisation einzeln vorgestellt. Wichtige Punkte waren neben der Gebrauchstauglichkeit, eine Rückmeldung über ausgewählte Lieder und die Art des Durchstöberns der Musiktitel während der Party. Ein Kommentar aus der Improvisation war: *„Bei einer Liste mit Titeln und Namen hätte ich das Problem, dass ich das gar zuordnen könnte. Das mit dem Reinhören fand ich schon besser, weil dann ist es ja egal was das ist und von wem das ist - gefällt mir einfach"* (TK1). Ein anderer Teilnehmer stellte sich in der *Improvisation* vor: *„Willst du mal reinhören? Voll coole Musik. Ich weiß zwar nicht, von wem die ist, aber hört sich gut an"* (TK2). Diese Anforderung an das Reinhören greift der Prototyp durch einen Lautsprecher an seiner Unterseite auf. Zusätzlich kann die Musik durch eine Art Auswahlrad durchstöbert werden. Weiter ergaben sich aber auch neue Ansätze, wie ein zusätzliches Feedback durch den Bestätigungsknopf an der Oberseite. Ein Teilnehmer beschreibt es so: *„Das mit dem "Rausplöppen" find ich sehr witzig. [...] Ich stell mir jetzt einen kleinen Gumminöpsel vor, der dann am Ende so rauspöppt"* (TK2). In der Konfrontation konnten weitere Einsichten, wie die Feineinstellung des Auswahlrades, die Lautstärke des Reinhörlautsprechers oder andere Aspekt der Gebrauchstauglichkeit des Gerätes detailliert werden. Diese Erkenntnisse flossen dann in das endgültige Interaktionskonzept und die weitere formale Gestaltung ein.

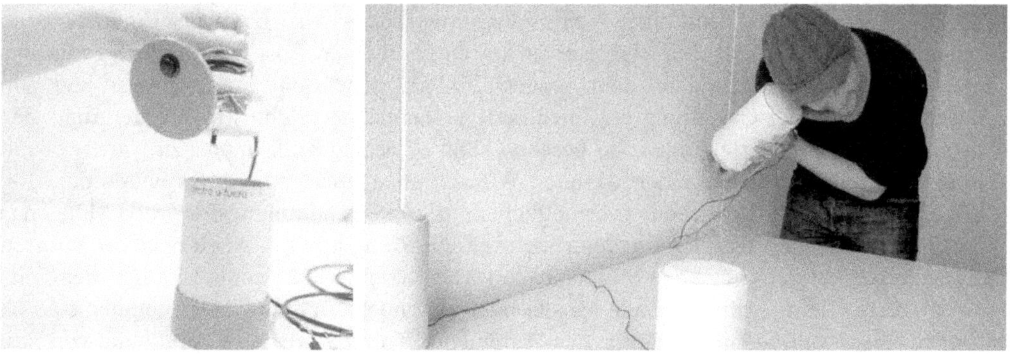

Abbildung 4: Funktionaler Prototyp (links); Prototypenkonfrontation mit Teilnehmern (rechts)

3.3 Einige ausgewählte Details

Im Folgenden möchten wir an einigen Details verdeutlichen, wie sich das intendierte soziale Erlebnis auch in der detaillierten Interaktionsgestaltung und der formalen Gestaltung *Mo*s widerspiegelt:

Das "Hochheben". Der zylinderförmige Körper aus festem Lautsprechergitter besitzt zwei Seitenflächen, auf denen sich das regelmäßige Lochraster auflöst (siehe Abbildung 5, links). Diese Bereiche sollen nicht als Funktionsbereiche gesehen werden, sondern durch das Aufheben von Geometrie und Symmetrie vermitteln, dass das Objekt dort angefasst und so hochgehoben werden kann. Diesem Aufforderungscharakter kommt besondere Bedeutung zu, da Lautsprecher im Allgemeinen passive Objekte sind, mit denen nicht interagiert wird. Beim Hochnehmen von *Mo* wird das Lochraster mit den Händen verdeckt. Diese Geste des Zuhaltens greift so auch den leiser werdenden Hauptlautsprecher auf. Größe und Proportionen des Zylinders basieren auf der Konfrontation mit dem *funktionalen Prototypen* und der *Design Improvisation*.

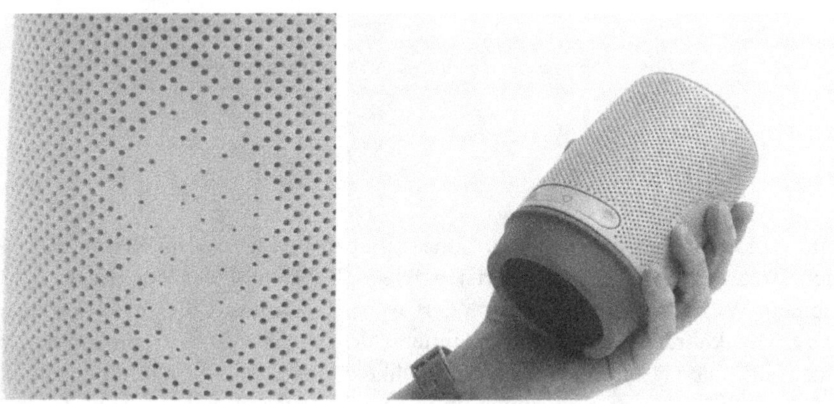

Abbildung 5: Sich auflösendes Lochmuster als Greiffläche (links); das Hochheben und Verdecken (rechts)

Der Musikwunsch. Die Bestätigung eines Musikwunsches wird über das Eindrücken der oberen Kappe ermöglicht. Sie verbleibt in der eingedrückten Position bis der gewünschte Titel gespielt wurde. Erst dann kann erneut ein Titel gewünscht werden. Auch hier wird deutlich, dass bei der Gestaltung das intendierte gemeinsame Erlebnis im Vordergrund steht und nicht Effizienzüberlegungen. So gesehen kann es nervig sein, immer zu warten bis das Gerät wieder frei wird, um einen weiteren Wunsch anzugeben. Allerdings würde die Möglichkeit auf Vorrat zu wünschen, es ermöglichen, dass Gäste hemmungslos große Mengen an Lieder vormerken, so dass kein anderer mehr an die Reihe kommt. Auch baut der Wunschmechanismus auf der Gunst des Momentes auf. Das intendierte Erlebnis ist eines, bei dem – wie in einem Dialog – die laufende Musik, oder ein anderes momentanes Ereignis, eine bestimmte Musikwahl inspiriert. Durch das Wählen auf Vorrat wäre diese Parallelität von Situation und Musikwahl nicht mehr gegeben. Tatsächlich wäre dann u.U. der Wünschende bei seinem Wunschtitel schon gar nicht mehr unter den Gästen.

Unterscheidbarkeit. Im ebenfalls weichen unteren Teil befindet sich der "Reinhörlautsprecher", der mit einer Abdeckung versehen ist. Die Abdeckung lässt sich austauschen, so dass immer neue Farbkombinationen erzeugt werden können und die Geräte unterscheidbarer werden. Durch ein kleines "Fenster" ist die Farbe der Abdeckung auch sichtbar, wenn *Mo* aufrecht steht (siehe Abbildung 6).

Abbildung 6: Unteres Sichtfenster der Hörschale (links); Mo *mit individualisierbaren Hörschalen (rechts).*

4 Schluss

Mo ermöglicht ein neues gemeinsames Erleben von Musik im Rahmen eines privaten sozialen Anlasses (z.B. einer Geburtstagsfeier). Dabei soll das eigentliche soziale Erlebnis in seinem Wesen nicht negativ verändert werden. *Mo* greift die Anforderungen des gemeinsamen Musikhörens – die des Musikteilens, des Musikbeeinflussens und der Musik als Souvenir – auf. Die Gäste erhalten die Möglichkeit Musik einzubringen, den musikalischen Ablauf zu beeinflussen, und als Erinnerung mit nach Hause zu nehmen. Die Gebrauchstauglichkeit von *Mo* folgt dabei in erste Linie dem gestalteten Musikerlebnis während eines sozialen Events.

Betrachtet man aktuelle Technologien, wie *iCloud* von Apple oder vergleichbare Angebote von Mitbewerbern wie Amazon und Google wird deutlich, dass ein erhöhter Zugang, das Teilen und Mobilität – in diesem Fall von Musik – geschaffen wird, die Gestaltung eines eigentlichen sozialen Erlebnisses aber außen vor bleibt. Nähert man sich der Gestaltung von Technik nicht aus der Perspektive eines problemzentrierten Designs, sondern aus der Perspektive bedeutungsvoller Erlebnisse, befriedigter Bedürfnisse und Emotionen (Hassenzahl 2010, Desmet & Hassenzahl, 2011), wird deutlich, welche neuen Möglichkeiten sich in einem oft als gesättigt empfundenen Gestaltungsfeld – hier der Unterhaltungselektronik – eröffnen. Das Innovationspotential der vorliegenden Arbeit liegt eben nicht in der verwendeten Technologie, sondern im gezielten Aufgreifen und Gestalten bedeutungsvoller Erlebnisse. Und während Verfechter benutzerzentrierter Gestaltung gerne darauf hinweisen, dass sie gerade dies tun, genügt ein Blick in aktuelle Publikationen und Fallstudien, um zu erkennen, dass sich diese Benutzerzentriertheit oft in der Interaktionsgestaltung erschöpft und die dahinterliegenden Konzepte rein technologiegetrieben bleiben. Das ist schon so, wenn man sich beispielsweise mit der benutzerzentrierten Gestaltung für Benutzungsoberflächen von 3D-Fernsehern beschäftigt, ohne zu bemerken, dass man damit an einer bedeutungslosen, rein technischen Spielerei arbeitet. Ziel sollte es aber sein, neue Technologien wie 3D-Displays lediglich als ein Material, eine Erweiterung des gestalterischen Repertoires zu verstehen, das dann von "benutzerzentrierten Gestaltern" oder "Experience Designern" eingesetzt werden kann, um bedeutungsvolle Erlebnisse zu kreieren oder zu vermitteln.

Literaturverzeichnis

DeNora, T. (2006). *Musik and Emotion in Real Time.* In K. O'Hara & B. Brown (Eds.): Consuming Music Together: Social and Collaborative Aspects of Music Consumption Technologies. Dordrecht, Niederlande: Springer. 19-33.

Desmet, P.M.A. & Hassenzahl, M. (2011). *Towards happiness: Possibility-driven design.* In Zacarias, M. and de Oliveira, J. V., (Hrsg.*): Human-Computer Interaction: The Agency Perspective.* Springer.

Hargreaves, D. J., & North, A. C. (1999). The Functions of Music in Everyday Life: Redefining the Social in Music Psychology. *Psychology of Music 27*(1), 71-83.

Hassenzahl, M. (2010). *Experience Design. Technology for All the Right Reasons.* San Francisco: Morgan Claypool.

Laurel, B. (2003). *Design Improvisation. Ethnography meets theater.* In Laurel, B. (Hrsg.): *Design Research: Methods and Perspectives.* Cambridge, MA: MIT Press. 49-54.

O'Hara, K., & Brown, B. (2006). *Consuming Music Together: Introduction and Overview.* In K. O'Hara & B. Brown (Hrsg.): *Consuming Music Together: Social and Collaborative Aspects of Music Consumption Technologies.* Dordrecht, Niederlande: Springer. 3-19.

Peschel, J. (2010). *Jukebox. Gemeinsam Musik hören* (Unveröffentlichte Diplomarbeit). Folkwang Universität der Künste, Essen.

Rentfrow, P. J., McDonald, J.A., Oldmeadow, J.A. (2009). You Are What You Listen To: Young People's Stereotypes about Music Fans. *Group Processes Intergroup Relations 12* (3), S. 329-344.

Kontaktinformationen

Dipl. Des. Eva Lenz
Folkwang Universität der Künste
Campus Universität Essen
Nutzererleben und Ergonomie
Universitätsstr. 12
D-45141 Essen

E-Mail: evalenz@gmx.de
WWW http://www.marc-hassenzahl.de

Grundzüge einer Pathologie medienbezogener Störungen im Web 2.0

Christian Schieder, Anja Lorenz

Professur Anwendungssysteme und Systementwicklung, Technische Universität Chemnitz

Zusammenfassung

Social Media birgt neben den vielen nutzenbringenden Anwendungsfeldern auch eine Reihe von Gefahren: Der ungefilterte und vor allem unreflektierte Umgang mit einer Vielzahl an Informationsquellen führt zu Phänomenen wie Information Overload oder Cybermobbing, die schließlich in realen gesundheitsgefährdenden Störungen resultieren können. Dabei unterscheiden wir zwischen Störungen der Partizipation und Störungen durch die Exposition und untergliedern diese gemäß pathologischer und sozialwissenschaftlicher Ordnungssysteme. Ebenso wie bei der Erforschung neuer Krankheitsbilder werden hier zunächst eine einheitliche Sprache und eine Taxonomie benötigt, mit der die gefundenen Krankheitsbilder, die *Pathologien*, korrekt beschrieben und eingeordnet werden können. Der Beitrag liefert hierfür einen ersten Ansatz und schafft damit Voraussetzungen zur Entwicklung informationstechnischer Präventionsmaßnahmen.

1 Einleitung

Die Gestalt heutiger Medien hat sich von den Medien *für* die Massen Anfang des letzten Jahrhunderts zu Medien *von* den Massen zu Beginn des 21. Jahrhunderts entwickelt. Der Einsatz und Nutzen von Blogs, Wikis und Social Networks wird für immer mehr Bereiche des privaten und beruflichen Alltags erschlossen (z.B. Buchem 2011). Eine zentrale Herausforderung im Kontext der Social Media ist die schier unfassbare Menge an produzierten Informationen: Im Mai 2009 wurden 20 Stunden Videomaterial pro Minute auf YouTube gespeichert (Junee 2009), im März 2011 berichtete Twitter von 177 Millionen Tweets pro Tag (Twitter 2011). Das Problem im Umgang mit Informationen besteht nicht mehr in deren Beschaffung, sondern in deren Filterung (Savolainen 2007). Ein wesentliches Merkmal ist dabei die fehlenden Instanzen zur Qualitätssicherung (vgl. Gaiser & Thillosen 2009). Die Möglichkeit für jeden, sich an Informationserstellung und -verbreitung zu beteiligen, ist gleichzeitig Segen und Fluch. Neben vielen positiven Nutzeneffekten lassen sich auch Schattenseiten identifizieren: die ungehinderte Verbreitung ethisch bedenklicher Meinungsäußerungen (Lischka 2011), Cybermobbing (Lüpke-Naberhaus 2011) oder Informationsvandalismus (Kopietz 2011) häufen sich. Mit Burnout durch Information Overload (Eppler & Mengis 2004, Lubowitz, J. & Poehling 2010) oder sog. Facebook Depressionen, die nachweislich durch Social Networking Services entstanden sind (Wright 2010, O'Keeffe & Clarke-Pearson 2011), wurden zudem erste Krankheitsbilder diagnostiziert, die direkt mit dem Konsum von Social Media in Verbindung stehen.

Für die nachhaltige Gestaltung der Medien von morgen ist es daher unerlässlich, ein Bewusstsein für Risiken, Nebenwirkungen und mögliche Störungen zu entwickeln, und Dysfunktionen entsprechend zu berücksichtigen. Hierfür wird eine gemeinsame Sprache und Taxonomie potenzieller und realisierter *Pathologien* (krankhafte Phänomene) benötigt, die Beobachtungen zur pathologischen Mediennutzung beschreibbar und fassbar macht. Ziel des Beitrages ist neben der Sensibilisierung für Problembereiche der Nutzung von Social Media die Grundsteinlegung für eine Pathologie medienbezogener Störungen im Web2.0. Dazu bedienen wir uns der Sprache der Medizin und der Psychopathologie.

Der Aufbau unseres Beitrags gliedert sich wie folgt: In Abschnitt 2 stellen wir unseren Ansatz vor und führen die medizinischen Begrifflichkeiten ein. Abschnitt 3 enthält Beispiele für in der Literatur beschriebene Symptome und deren taxonomische Einordnung. Abschnitt 4 fasst unser Vorgehen zusammen und beschreibt Herausforderungen und weiteren Forschungsbedarf.

2 Ansatz und Methode

Die Psychopathologie verfügt über eine ausgereifte Systematik und Sprache, um pathologische (krankhafte) Phänomene zu erfassen und zu beschreiben. Im Kontext der Beschreibung von Psychopathologien, die aus der Nutzung neuer Medien resultieren, fehlt eine solch differenzierte Sprache bislang (Payk 2007). Die Einordnung beschriebener medienbezogener Pathologien in die etablierte Systematik der Psychopathologie stellt damit einen ersten Schritt hin zu einer systematischen Dokumentation von Symptomen, Krankheitsbildern, Ursachen und Entstehung dar.

Die Erforschung und die Lehre von der Herkunft, der Entstehungsweise, der Verlaufsform und der Auswirkungen von krankhaften bzw. abnormen Einzelphänomenen gelten als Aufgaben der Pathologie (Wikipedia 2010). Krankhafte oder krankheitsbezogene Veränderungen von Vorgängen und Zuständen im Körper werden als Pathologien bezeichnet. Beschäftigt sich die Pathologie schwerpunktmäßig mit körperlichen Aspekten von Kranksein und Krankheit, obliegt der Psychopathologie die Untersuchung von Störungen seelischer Natur. Ziel der Pathologie ist die Erforschung und Abwehr von Krankheiten, die die Physiologie betreffen. Für die Psychopathologie bildet das Verständnis der Symptome, ihrer Ursachen (Ätiologie) und ihrer Entstehung (Pathogenese) die Grundlage für die Entwicklung von Verhaltenstherapien und prophylaktischen Trainingsprogrammen. Die Entstehung von Krankheiten wird zumeist auf eine mangelnde Anpassung(-sfähigkeit) in Bezug auf Umweltfaktoren zurückgeführt.

Als Basis für die Diagnose von Krankheiten müssen Symptome (Krankheitszeichen) korrekt identifiziert werden. Zur klinischen Diagnose und zur Erfassung des psychopathologischen Befundes (Gesamtschau beobachteter Symptome) kommt das AMDP-System zur Anwendung (AMDP 2007). Hierbei handelt es sich um eine international anerkannte Systematik zur Strukturierung psychopathologischer Störungssymptome. Erfasst werden der psychische Befund (seelische Symptome), der somatische Befund (physiologische Symptome) und die Anamnese (Erinnerung). Mögliche psychische Befunde sind: Bewusstseinsstörungen, Orientierungsstörungen, Aufmerksamkeits- und Gedächtnisstörungen, formale Denkstörungen, Befürchtungen und Zwänge, Wahn, Sinnestäuschungen, Ich-Störungen, Störungen der Affektivität, Antriebs- und psychomotorische Störungen, Circadiane Besonderheiten, andere Störungen.

Mit Hilfe eines Literaturreviews auf Basis einer Schlagwortsuche auf verschiedenen Publikationsaggregatoren wurden Beiträge zu den Themenbereichen Information Overload, Web 2.0 und Social Media identifiziert. Der gesammelte Pool an Arbeiten wurde mittels der Untersuchung zitierter Aufsätze ergänzt. Anschließend wurden die aus den Arbeiten beschriebene Symptome, Ätiologie und Pathogenese extrahiert. Für Störungen, die sich aus der Exposition von Individuen gegenüber Social Media ergeben, wurden die gefundenen Sachverhalte auf Grundlage der AMDP-Systematik kategorisiert. Die Störungen, die sich aus der Exposition der Gesellschaft ergeben, wurden mittels Kategorien der systemischen Sozialforschung klassifiziert. Die Ergebnisse und Details dieses Vorgehen beschreibt der folgende Abschnitt.

3 Pathologie medienbezogener Störungen

Für die Beschreibung der identifizierten Störungen müssen einerseits Störungen der Teilhabe an Social Media (aufgrund individueller und umweltinduzierter Prädispositionen) und andererseits Störungen, die sich aus der Teilnahme an Social Media (Exposition) ergeben, separat betrachtet werden. Die *Partizipation* an der medialen Welt selbst, also die *Aufnahme* und *Verarbeitung* der Informationen, kann bereits beeinträchtigt sein (siehe Tabelle 1).

Quelle der Störung	**Störung der Informationsaufnahme**	**Störung der Informationsverarbeitung**
Individuum	körperliche Beeinträchtigung	kognitive Beeinträchtigung
Umwelt	Infrastruktur, Zensur	Propaganda

Tabelle 1: Kategorien medienbezogener Störungen durch Partizipation

Ausgehend von dem *Nutzer* selbst können körperliche Beeinträchtigungen, wie Sehbehinderungen (Djamasbi et al. 2006) oder Schädigungen des Gehörs die Informationsaufnahme, und kognitive Einschränkungen, zum Beispiel Lese-Rechtschreib-Schwächen, Analphabetismus (Grotlüschen & Riekmann 2011), Aufmerksamkeitsdefizit- / Hyperaktivitätsstörung (ADHS) oder Autismus, die Informationsverarbeitung bestimmter Informationskanäle von vorn herein erschweren oder unmöglich machen (Kern 2008). Gleichermaßen kann der Zugang zu Informationsmedien auch durch die *Umwelt* der Nutzer gestört sein, beispielsweise durch fehlende Infrastrukturen (technische Geräte, Verbindungsmöglichkeiten zum Internet) oder Prägung durch propagandistisch oder kommerziell geprägte Inhalte (vgl. Martin & Smith 2008).

Bei ungehinderter Partizipation kann auf der anderen Seite auch die *Exposition* gegenüber der Allgegenwart von Informationen zu Störungen führen (siehe Tabelle 2).

Störung	Symptomgruppe	Symptome / Beispiele	Beitrag
Individuum	Aufmerksamkeits- und Gedächtnis-störungen	Gesteigerte Ablenkbarkeit, insb. durch Proaktive Informationsdienste	Hallowal 2005, Bawden & Robinson 2008, Anderson & De Palma 2009, Merz-Abt 2010, Smart 2010
	Formale Denkstörungen	Verzögerte Entscheidungen	Davis & Ganeshan 2009
	Befürchtungen und Zwänge	Informationsängstlichkeit, Informationssucht	Bawden & Robinson 2008
	Ich-Störungen	Identitätsverlust	Bawden & Robinson 2008, Passant et al. 2009, O'Hara 2010
	Antriebs- und psychomotorische Störungen	Prokrastination, Demotivation	Reuters, 1996, Benito-Ruiz 2009
Gesellschaft	soziologische Störungen	Anhänger- und Hetzgemeinschaften	Sobkowicz & Sobkowicz 2010, Bollen 2011,
	kulturelle Störungen	Amateurisierung von Kunst und Kultur	Keen 2007, Merz-Abt 2010, Lincoln 2011
	ökonomische Störungen	Eigendynamik in Mitarbeiternetzwerken	Kaplan & Haenlein 2010
	politische Störungen	Emotionalisierter Wahlkampf	Nielsen 2009

Tabelle 2: Kategorien medienbezogener Störungen durch Exposition

Die Gefahr für die Nutzer selbst entsteht dabei zumeist aus dem Überangebot an Informationen und Informationskanälen, die zu Ablenkungen („Distractibility", Hallowal 2005; „Procrastination", Benito-Ruiz 2009), und somit zu Störungen der Konzentrationsfähigkeit führen (Anderson & De Palma 2009). Dieser Sachverhalt wird insbesondere dadurch verstärkt, dass eine Vielzahl von Social-Software-Anwendungen auf Push-Mechanismen zur Informationsauslieferung, überwiegend RSS, bauen (Merz-Abt 2010, Smart 2010). Die permanente Unsicherheit, noch nicht alle relevanten Informationen für ein Problem zu kennen, führt zum Aufschieben von Entscheidungen („Delayed decisions", Davis & Ganeshan 2009). Die hiermit verbundene Ohnmacht, das steigende Informationsangebot bewältigen zu können, führt zur Hemmung der Informationsaufnahme („Information anxiety") oder verstärkten diese derart, dass das Suchen nach Informationen als suchtartig beschrieben werden kann

(„Infobesity", ebd.). Der mit der Digitalisierung sozialer Prozesse einhergehende Identitätsverlust („Loss of Identity", ebd.; Passant et al. 2009) ist insbesondere aus Social Networks bekannt, in denen die Gefahr besteht, den Bezug zu seiner eigenen, aber auch zu den realen Identitäten der anderen Personen zu verlieren (O'Hara 2010).

Gesellschaftlich betrachtet nimmt durch Social Software insbesondere die Personalisierung, Polarisierung und Emotionalisierung in allen Bereichen der systemischen Sozialforschung zu. In sozialen Netzwerken formieren sich vor allem dann Communities, wenn alle Mitglieder etwas mögen (Bollen 2011) oder entschieden dagegen sind (Sobkowicz & Sobkowicz 2010). Diese Polarisierung wirkt sich auch auf andere Bereiche aus und setzt beispielsweise die Politik bei Entscheidungen zunehmend unter Druck (Nielsen 2009), bei denen sonst längere Informations- und Abstimmungsprozesse nötig waren. Dieser Druck kann nötige Entscheidungen beschleunigen, dabei aber auch die Zeit für das Einholen und Prüfen entscheidungsrelevanter Informationen immens beschneiden, vgl. Trewavas 2008.

4 Fazit und Ausblick

Mit dem „Mitmachnetz" hat sich eine Eigendynamik entwickelt, die für viele Szenarien fraglos als positiv einzustufen ist. So steht beispielsweise durch die Wikipedia ein Zugriff auf eine immense Wissenssammlung bereit, mit der sich kein redaktionell erstelltes Lexikon mehr messen kann. Gleichermaßen wurde eine Reihe von Problemen aufgeführt, bei denen entweder durch den erschwerten Zugang oder die Teilhabe selbst Störungen auftreten können.

Unser Anliegen mit diesem Beitrag ist es, diese Problembereiche zunächst einmal benennen zu können und einen ersten Vorschlag für eine Klassifizierung zu unterbreiten. Auf dieser sprachlichen und taxonomischen Grundlage ist es nun möglich, die Pathologien selbst weiter zu erforschen, um Symptomatik, Möglichkeiten zur Diagnose und Therapien zu erschließen. Aus Sicht der Entwicklung von Informationssystemen sehen wir bei diesem Vorgehen einen weiteren entscheidenden Aspekt: die Prävention. Erkenntnisse über Ursachen und Begünstigung der Pathologien könnten Rückschlüsse auf die Gestaltung von Informationssystemen zulassen, um die „Erreger" für medienbezogene Störungen so gering wie möglich zu halten.

Literaturverzeichnis

AMDP (2007). *Das AMDP-System. Manual zur Dokumentation psychiatrischer Befunde (8., überarbeitete Auflage)*. Göttingen: Hogrefe.

Anderson, S. P., & De Palma, A. (2009), *Competition for Attention in the Information (Overload) Age, CEPR Discussion Paper No. DP7286.* Centre for Economic Policy Research. Online: http://papers.ssrn.com/sol3/papers.cfm?abstract_id=1433883 [02.04.2011].

Bawden, D., & Robinson, L. (2008). The dark side of information: overload, anxiety and other paradoxes and pathologies. *Journal of Information Science*, *35*(2), 180–191. Online: http://dx.doi.org/10.1177/0165551508095781 [02.04.2011].

Benito-Ruiz, E. (2009). Infoxication 2.0. In Thomas, M. (Hrsg.): *Handbook of research on Web 2.0 and Second Language Learning*. Pennsylvania: IGI-InfoSci, 60–79.

Bollen, J., Gonçalves, B., Ruan, G., & Mao, H. (2011). *Happiness is assortative in online social networks*. ArXiv e-prints. Online: http://arxiv.org/abs/1103.0784 [02.04.2011].

Buchem, I., Appelt, R., Kaiser, S., Schön, S., & Ebner, M. (2011). Blogging und Microblogging – Anwendungsmöglichkeiten im Bildungskontext. In Schön, S., & Ebner, M. (Hrsg.): *Lehrbuch für Lernen und Lehren mit Technologien*. Online: http://l3t.tugraz.at/index.php/LehrbuchEbner10/article/view/63 [02.04.2011].

Davis, J. G., & Ganeshan, S. (2009). Aversion to Loss and Information Overload: An Experimental Investigation. In *ICIS 2009 Proceedings*, 11. Online: http://aisel.aisnet.org/cgi/viewcontent.cgi?article=1194&context=icis2009 [02.04.2011].

Djamasbi, S., Tullis, T., Girouard, M., Hebner, M., Krol, J., & Terranova, M. (2006). Web Accessibility for Visually Impaired Users: Extending the Technology Acceptance Model (TAM). AMCIS 2006 Proceedings. Paper 367. Acapulco. Online: http://aisel.aisnet.org/amcis2006/367 [02.04.2011].

Eppler, M., & Mengis, J. (2004). The Concept of Information Overload: A Review of Literature from Organization Science, Accounting, Marketing, MIS, and Related Disciplines. *The Information Society*, *20*(5), 325–344. Online: http://dx.doi.org/10.1080/01972240490507974 [02.04.2011].

Gaiser, B. & Thillosen, A. (2009). Hochschullehre 2.0 zwischen Wunsch und Wirklichkeit. In Apostolopoulos, N., Hoffmann, H., Mansmann, V., & Schwill, A. (Hrsg.): *E-Learning 2009: Lernen im digitalen Zeitalter*. Münster: Waxmann, 185–196.

Grotlüschen, A., & Riekmann, W. (2011). *leo. – Level-One Studie. Literalität von Erwachsenen auf den unteren Kompetenzniveaus*. Presseheft, Hamburg. Online: http://blogs.epb.uni-hamburg.de/leo/files/2011/02/leo-Level-One-Studie-Presseheft1.pdf [02.04.2011].

Hallowell, E.M. (2005). Overloaded circuits: why smart people underperform. *Harvard Business Review 83*(1), 54–62.

Junee, R. (2009). Zoinks! 20 Hours of Video Uploaded Every Minute!. *Broadcasting Ourselves ;): The official YouTube Blog*. Eintrag vom 20.03.2009. Online: http://youtube-global.blogspot.com/2009/05/zoinks-20-hours-of-video-uploaded-every_20.html [02.04.2011].

Kaplan, A.M. & Haenlein, M. (2010). Users of the world, unite! The challenges and opportunities of Social Media. *Business Horizons, 53*(1), 59–68. Online: http://dx.doi.org/10.1016/j.bushor.2009.09.003 [02.04.2011].

Keen, A. (2007). *The Cult of the Amateur: How Today's Internet is Killing our Culture*. New York: Doubleday.

Kern, W. (2008). Web 2.0 – End of Accessibility? Analysis of Most Common Problems with Web 2.0 Based Applications Regarding Web Accessibility. *International Journal of Public Information Systems 4*(2), 131–154. Online: http://www.ijpis.net/issues/no2_2008/IJPIS_no2_2008_p2.pdf [02.04.2011].

Kopietz, A. (2011). *Wie ich Stalins Badezimmer erschuf*. In: Berliner Zeitung vom 24.03.2011. Online: http://www.berlinonline.de/berliner-zeitung/berlin/337069/337070.php [02.04.2011].

Lincoln, A. (2011). FYI: TMI: Toward a holistic social theory of information overload. *First Monday, 16*(3). Online: http://firstmonday.org/htbin/cgiwrap/bin/ojs/index.php/fm/article/view/3051 [02.04.2011].

Lischka, K. (2011). *Kommentare zur Japan-Katastrophe: Im Netz der Ignoranten*. Spiegel Online Netzwelt vom 18.03.2011. Online http://www.spiegel.de/netzwelt/web/0,1518,751611,00.html [02.04.2011].

Lubowitz, J. H., & Poehling, G. G. (2010). Information Overload: Technology, the Internet, and Arthroscopy. *Arthroscopy: The Journal of Arthroscopic and Related Surgery*, *26*(9), 1141–1143. Online: http://dx.doi.org/10.1016/j.arthro.2010.07.003 [02.04.2011].

Lüpke-Naberhaus, F. (2011). *Mobbing im Internet: „Die Täter kommen ins Kinderuommer". Interview mit Catarina Katzer.* Spiegel Online Schulspiegel vom 23.03.2011. Online: http://www.spiegel.de/schulspiegel/leben/0,1518,752738,00.html [02.04.2011].

Martin, K. D., & Smith, N. C. (2008). Commercializing Social Interaction: The Ethics of Stealth Marketing. *Journal of Public Policy & Marketing*, *27*(1), 45–56. Online: http://dx.doi.org/10.1509/jppm.27.1.45 [02.04.2011].

Merz-Abt, T. (2010). Medienwelt von morgen – Herausforderung für heute. *Medienheft*, September, 1–16. Online: http://www.medienheft.ch/uploads/media/2010_MerzThomas_01.pdf [02.04.2011].

Nielsen, R. K. (2009). The Labors of Internet-Assisted Activism: Overcommunication, Miscommunication, and Communicative Overload. *Journal of Information Technology & Politics*, *6*(3 & 4), 267–280. Online: http://dx.doi.org/10.1080/19331680903048840 [02.04.2011].

O'Hara, K. (2010). Narcissus to a Man: Lifelogging, Technology and the Normativity of Truth. In Berry, E., Byrne, D., Doherty, A. R., Gurrin, C., & Smeaton, A. F.: *Proceedings of the second annual SenseCam symposium (SenseCam 2010). 16-17 September 2010.* Dublin. Online: http://eprints.ecs.soton.ac.uk/21904/ [02.04.2011].

O'Keeffe, G. S., & Clarke-Pearson, K. (2011). Clinical Report – The Impact of Social Media on Children, Adolescents, and Families. *Pediatrics. 127*(4) 800–804. Online: http://pediatrics.aappublications.org/cgi/content/full/127/4/800 [02.04.2011].

Passant, A., Kärger, P. , Hausenblas, M., Olmedilla, D., Polleres, A. & Decker, S. (2009). Enabling trust and privacy on the social Web. *W3C Workshop on the Future of Social Networking*. Barcelona. Online: http://www.w3.org/2008/09/msnws/papers/trustprivacy.html [02.04.2011].

Payk, T. R. (2007). *Psychopathologie. Vom Symptom zur Diagnose*, 2. Auflage. Heidelberg: Springer.

Reuters, Hrsg. (1996). *Dying for information? An investigation into the effects of information overload in the UK and worldwide.* London: Reuters Business Information.

Savolainen, R. (2007). Filtering and withdrawing: strategies for coping with information overload in everyday contexts. *Journal of Information Science*, *33*(5), 611–621. Online: http://dx.doi.org/10.1177/0165551506077418 [02.04.2011].

Smart, P. (2010). Cognition and the Web. In Huynh, T. D., Smart, P. R., Braines, D. & Sycara, K. (Hrsg.): *Network-Enabled Cognition: The Contribution of Social and Technological Networks to Human Cognition*, 1–42. Raleigh: Lulu Press. Online: http://eprints.ecs.soton.ac.uk/21824/ [02.04.2011].

Sobkowicz, P., & Sobkowicz, A. (2010). Dynamics of hate based Internet user networks. *The European Physical Journal B*, *73*(4), 633–643. Online: http://dx.doi.org/10.1140/epjb/e2010-00039-0 [02.04.2011].

Trewavas, A. (2008). The cult of the amateur in agriculture threatens food security. *Trends in biotechnology*, *26*(9), 475–478. Online: http://dx.doi.org/10.1016/j.tibtech.2008.06.002 [02.04.2011].

Tungare, M. (2009). *Mental Workload in Personal Information Management: Understanding PIM Practices Across Multiple Devices*. PhD Thesis. Virginia Polytechnic Institute and State University.

Twitter (2011). *#numbers*. Online: http://blog.twitter.com/2011/03/numbers.html [02.04.2011].

Wikipedia (2010). *Stichwort „Pathologie"*. Aktuelle Version vom 21.12.2010, 22:25 Uhr. Online: http://de.wikipedia.org/w/index.php?title=Pathologie&oldid=82930963 [02.04.2011].

Wright, A. (2010). Stepping out of the shallows. *Interactions*, *17*(4), 49–51. Online: http://dx.doi.org/10.1145/1806491.1806503 [02.04.2011].

Nutzeradaptive Routenführung in Navigationssystemen

Daniel Münter, Tim Hussein, Timm Linder, Jens Hofmann, Jürgen Ziegler

Universität Duisburg-Essen

Zusammenfassung

In diesem Beitrag stellen wir die Ergebnisse zweier Studien zur adaptiven Generierung von Fahranweisungen unter Berücksichtigung der Ortskenntnisse vor. Es konnte gezeigt werden, dass angepasste Anweisungen durch die Nutzer präferiert werden. Ein entwickelter Generator für personalisierte Anweisungen wurde zudem signifikant besser bewertet als ein etablierter Onlinedienst (Google Maps).

1 Motivation für eine adaptive Routenführung

Aktuellen Erhebungen zufolge hat sich allein in Deutschland der Anteil von Navigationssystemen in Fahrzeugen innerhalb der letzten sechs Jahre von weniger als 6% auf fast 31% erhöht (Allensbach, 2010). Wenngleich der wirtschaftliche Erfolg als Bestätigung für die Beliebtheit solcher Geräte angesehen werden kann, zeigen Studien, dass die Gebrauchstauglichkeit durch die wachsende Funktionsvielfalt zunehmend leidet (Hipp et al., 2010). Die steigende Informationsflut, der wachsende Detailgrad in der Darstellung und die vielfältigen Interaktionsmöglichkeiten sind besonders bei kleinen Displays problematisch. Der Anwender muss sich stärker auf die Interaktion mit dem Gerät konzentrieren, obwohl die primäre Aufgabe darin besteht, sein Fahrzeug sicher im Straßenverkehr zu bewegen. Detaillierte Fahranweisungen oder die Präsentation von Zusatzangeboten können ablenken. Hier besteht Verbesserungspotenzial. Anwender wünschen eine einfachere Interaktion, da sie diese während der Fahrt als nicht sicher einschätzen (Al Mahmud et al. 2009).

Derzeitige Lösungen streben vornehmlich eine Routenoptimierung an, ohne das persönliche Vorwissen, die Erfahrung und die individuellen Präferenzen des Fahrers zu berücksichtigen und sind daher nicht personalisiert. Die vom System gegebenen Navigationsanweisungen weisen in allen Umgebungen und Situationen den gleichen (hohen) Detaillierungsgrad auf - selbst wenn der Fahrer Teile der Strecke sehr gut kennt. Die Berücksichtigung von fahrerspezifischen Informationen, insbesondere der Ortskenntnis, könnte die Routendarstellung erheblich verbessern. Bereits in einer früheren Untersuchung über Erstellung und Kommunikation von Routenbeschreibungen durch Menschen konnte gezeigt werden, dass die Erwähnung einzelner Segmente einer Route in bekannten Umgebungen weniger relevant ist (Lovelace et al., 1999). Forlizzi wies nach, dass sich die Mehrzahl von Probanden nur in ihnen unbekannten Bereichen explizit auf den Wegfindungsprozess konzentrieren (Forlizzi et al., 2010). Im Rahmen einer von Mahmud durchgeführten Nutzerstudie wurde die personalisierte Darstellung der Routenbeschreibung in Abhängigkeit von individuellen Anforderungen und Vorlieben des Fahrers als eine der Hauptanforderungen an moderne Navigationssysteme gesehen (Mahmud et al., 2009).

In diesem Beitrag stellen wir ein Konzept zur Anpassung der Routenpräsentation an die Erfahrungen des Fahrers vor. Zu diesem Zweck benutzen wir semantisch angereicherte Modelle der Routenbeschreibung. Im Ergebnis sieht der Benutzer anstelle jedes einzelnen Details nur die für ihn notwendigen und hilfreichen Informationen, die Präsentation wird also automatisch an seine Bedürfnisse angepasst. Weiterhin berichten wir die Ergebnisse zweier Nutzerstudien, mit denen wir zeigen konnten, dass Fahrer entsprechend ihrer Ortskenntnis angepasste Routenanweisungen präferieren.

2 Verwandte Arbeiten

Routenbeschreibungen bestehen aus einzelnen Fahranweisungen entlang einer Strecke vom Start- zum Zielort. Sie sollen den Fahrer bei der Richtungswahl an den relevanten Entscheidungspunkten ("decision points") einer Fahrstrecke unterstützen. Werden Routenbeschreibungen von Menschen gegeben, zeigt es sich, dass diese in starkem Maße von deren jeweiligem mentalen Modell der räumlichen Verhältnisse im Bezug auf den Zielort und die Route dahin abhängen (s. z. B. Tversky, 1993). Abhängig von den in diesem Modell repräsentierten raumbezogenen Kenntnissen können Routenbeschreibungen unterschiedlichste Formen von Anweisungen enthalten. So können sie sich z. B. auf Örtlichkeiten mit hohem Bekanntheitsgrad (Landmarks) beziehen, allgemeine Himmelsrichtungen angeben, oder die sequentiell vorzunehmenden Richtungsänderungen beschreiben. Navigationssysteme verwenden demgegenüber nur eine sehr eingeschränkte Menge an Orientierungskonzepten und präsentieren die Anweisungen meist im immer gleichen Detaillierungsgrad.

2.1 Formen der Routenbeschreibung

Fahranweisungen in Navigationssystemen werden dem Benutzer typischerweise an den Entscheidungspunkten einer Strecke präsentiert und informieren diesen über notwendige Richtungs- oder Fahrbahnwechsel. Derartige Anweisungen werden auch als "turn-by-turn directions" bezeichnet und beschreiben auf prozedurale Weise die Folge von Einzelschritten zum Zielort. Das ist insbesondere dann hilfreich, wenn der Fahrer über keinerlei Kenntnis über die Route verfügt. Dies betrifft jedoch in der Regel nur einen Teil der Strecke, da Routen zumeist in bekanntem Terrain (Wohnort, Arbeitsplatz) beginnen oder enden.

Reine "turn-by-turn"-Anweisungen entsprechen zudem nicht der intuitiven menschlichen Instruktionsweise. In persönlich kommunizierten Wegbeschreibungen wird in der Regel auf eine Vielzahl von Details verzichtet. Stattdessen wird zunächst räumliches Wissen über die

Umgebung aktiviert, relevante Informationen identifiziert und strukturiert sowie anschließend in verbalisierter Form kommuniziert (Lovelace et al., 1999). Dabei werden häufig mehrere aufeinanderfolgende Punkte zu einer übergeordneten Beschreibung zusammengefasst. Klippel bezeichnet dies als "spatial chunking" (Klippel et al., 2003). Als Beispiel dafür dient die Anweisung, "an der dritten Ampel rechts" zu fahren, wobei die beiden vorangehenden Ampeln nicht explizit genannt werden. Dabei handelt es sich um numerisches Chunking, also das Zusammenfassen einer Anzahl von Objekten gleichen Typs. Eine alternative Vorgehensweise bietet das Chunking auf Basis von Landmarks, also markanten Punkten entlang einer Route, etwa ein Gebäude oder eine Autobahn. Mögliche Anweisungen könnten lauten „Fahren Sie zunächst zum Stadttheater“ oder "Fahren Sie zur A3" (Klippel et al., 2009).

Eine weitere Vorgehensweise ist, das Fahrtziel anhand seiner übergeordneten Umgebung näher zu beschreiben. Das kann beispielsweise für einen Taxifahrer hilfreich sein, der sich zwar in seiner Stadt gut zurechtfindet, jedoch nicht jede einzelne Straße kennt. Wird ihm angegeben, dass sich die Zielstraße im Stadtteil Neudorf befindet, kann er seine Kenntnis der Ortsteile nutzen, auch ohne die Zielstraße zu kennen. Hierbei wird die hierarchische Organisation des räumlichen Wissens ausgenutzt (Stevens & Coupe, 1978). Die zuletzt genannten Ansätze werden als "destination descriptions" (Tomko, 2007) bezeichnet. Personen, die mit der Umgebung vertraut sind, können also Beschreibungen von Routen durch Referenzen auf ihnen bekannte Objekte liefern. Bei dieser Art der Beschreibung wird gewissermaßen angegeben, „wohin“ als nächstes gefahren werden soll. Es existiert demnach eine direkte Abhängigkeit zwischen der Umgebungskenntnis und dem Detailgrad der Routenbeschreibungen – ein Umstand, der bei computerbasierter Generierung bislang nicht ausreichend berücksichtigt wird. Diese Abstraktionsmöglichkeit stellt allerdings ein wichtiges Mittel zur kognitiven Verarbeitung komplexer Umgebungsinformationen dar (Klippel et al., 2009). Demgegenüber präsentieren aktuelle Navigationslösungen die Anweisungen für jeden möglichen Entscheidungspunkt, wodurch die kognitive Belastung unnötig ansteigt (Pettitt et al., 2005).

2.2 Existierende Adaptionsansätze

Mit "MyRoute" stellt Patel einen Ansatz zur Routenpersonalisierung vor, der eine Streckenbeschreibung in zwei Schritten komprimiert. Zunächst werden dem Benutzer bekannte Landmarks zusammen mit den Routeninformationen in eine gmeinsame graphbasierte Repräsentation überführt. Die Landmarks sowie ihre Verbindung untereinander müssen zuvor in einem separaten Prozess vom Benutzer aufwendig eingepflegt werden. Im zweiten Schritt nutzt die Anwendung das erstellte Profil zur Vereinfachung des Weges, indem als bekannt gekennzeichnete Landmarks in Routennähe als Zwischenziele fungieren, die der Benutzer auch ohne Navigationsunterstützung erreichen kann. Die Anweisungen werden anschließend an diese Landmarks angepasst (Patel et al., 2006). Unter Umständen verlängert sich die Route dadurch erheblich.

Richter stellt einen Ansatz vor, bei dem adaptive Routenanweisungen automatisch generiert werden, ohne dabei das individuelle räumliche Vorwissen einbeziehen zu müssen. Dazu wird initial für alle Benutzer die jeweilige Umgebung als bekannt angenommen. Benötigt ein Anwender detailliertere Informationen über einen Streckenabschnitt, muss er diese über einen Dialog explizit anfordern (Richter et al., 2008). Diese Vorgehensweise erfordert regelmäßige (unter Umständen permanente) Interaktion mit dem Endgerät zur Fahrtzeit. Dies birgt die Gefahr häufiger Ablenkung und ist kritisch zu sehen. Ein einfaches Ein- und Ausschalten des Navigationssystems bietet sich umgekehrt nicht an, da auf Verkehrsinformationen (Staus, Umleitungen) auch in bekannten Umgebungen nicht verzichtet werden sollte.

3 Adaptive Anpassung des Detailgrades

Der in diesem Beitrag vorgestellte Ansatz verbindet diese Konzepte. Eine optimale Routendarstellung sollte in bekannten Gebieten eher „destination descriptions“ angeben („fahre Richtung Köln“), in unbekanntem Terrain jedoch detaillierte „turn-by-turn“-Direktiven verwenden. In Anlehnung an das „chunking“-Konzept werden dazu Anweisungen, falls sinnvoll, zusammengefasst. Wir haben mit MIA („Mobile Intelligent Assistant“) einen Generator entwickelt, der abhängig von der jeweiligen Ortskenntnis des Fahrers für die unterschiedlichen Streckenabschnitte individuelle Fahranweisungen generiert (Münter & Hussein, 2011). MIA wurde als Java-Bibliothek entwickelt, welche auf einfache Weise in unterschiedliche Webanwendungen oder mobile Navigationssysteme integriert werden kann.

Die Personalisierung erfolgt in zwei Schritten: Zunächst wird eine über Google Maps erzeugte Routenbeschreibung mit zusätzlichen, über Geo-Services verfügbaren Informationen angereichert (z.B. Straßentyp, Stadtteil) und so in ein semantisches Modell transformiert. Um die Darstellung zu personalisieren, werden anschließend mit Hilfe der semantischen Abfragesprache SPARQL diejenigen Entscheidungspunkte (Wegpunkte) aus dem Routenmodell extrahiert, die nach dem Kenntnisstand des Fahrers mindestens erforderlich sind, um das Fahrziel erreichen zu können (Abbildung 1). So kann beispielsweise der Straßentyp einer Anweisung genutzt werden, um den Detailgrad zu steuern. Alternativ wäre aber auch eine Filterung nach Landmarks oder beliebigen anderen Informationen möglich.

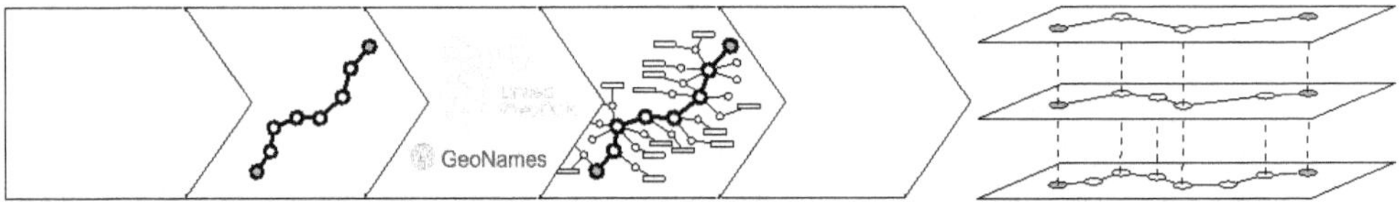

Abbildung 1: Eine über die Google Directions API bezogene Routenbeschreibung wird zu einem semantischen Modell transformiert, welches mit Hilfe der Koordinaten der Wegpunkte durch Informationen aus Geo-Datenbanken angereichert wird. Mit Hilfe der semantischen Abfragesprache SPARQL kann nun eine Untermenge der zu präsentierenden Wegpunkte identifiziert werden.

In dem von uns realisierten Prototyp wird zwischen drei Abstraktionsgraden unterschieden: Im niedrigsten Abstraktionsgrad werden alle Richtungsanweisungen angezeigt. Im höchsten hingegen nur sehr wichtige Wegpunkte wie Start und Ziel des Abschnitts sowie Autobahnen und deren Auf- und Abfahrten. Der mittlere Abstraktionsgrad enthält zusätzlich viel befahrene Hauptverkehrsstraßen. Die jeweiligen Anweisungen wurden falls notwendig transformiert: Für Anweisung A_i zu Wegpunkt i gilt: Ist i-1 der Originalbeschreibung ebenfalls im aktuellen Abstraktionsgrad enthalten, so wird die originale Anweisung A_i zum Punkt i verwendet („turn-by-turn"). Anderenfalls wird eine Anweisung generiert, die den Fahrer zu i führt (Chunking in Anlehnung an „destination descriptions"). Zur Vereinfachung und Minimierung der Interaktion wird die Gesamtstrecke in drei Abschnitte unterteilt, einen Start-Mittel- sowie einen Zielabschnitt. In Abhängigkeit der Kenntnis eines Bereichs (1=gering, 5=hoch), können nun individuelle Fahranweisungen generiert werden.

4 Empirische Untersuchungen

Es wurden zwei aufeinander aufbauende Studien durchgeführt, um einerseits die grundsätzliche Bewertung einer teilweise abstrahierten Routenbeschreibung zu evaluieren, andererseits um die Zufriedenheit der Nutzer mit den durch MIA generierten Anweisungen zu messen. Zunächst wurden reale Testfahrten mit unterschiedlichen Personen durchgeführt, die jeweils vom Beifahrer mit Fahranweisungen unterschiedlichen Detailgrades instruiert wurden. Darüber hinaus wurde eine Webanwendung entwickelt, die abhängig vom Kenntnisstand des Nutzers Routenanweisungen generiert, welche online bewertet werden konnten.

Es sollten folgende Hypothesen geprüft werden: Der bevorzugte Detailgrad einer Anweisung ist abhängig von der Kenntnis des jeweiligen Gebiets (Hypothese 1). Die vom entwickelten Assistenten gelieferten Routenanweisungen werden von Nutzern stärker präferiert als die von Google Maps generierten Fahranweisungen (Hypothese 2). Untersucht wurde der Einfluss des Abstraktionsgrades der Routenanweisungen und der Kenntnis der Probanden auf die Bewertung der unterschiedlichen Abstraktionsgrade. Der Abstraktionsgrad war dreifach abgestuft (Grad 1=detailreich bis Grad 3 = stark abstrahiert). Die Probanden gaben ihren Kenntnisstand zum jeweiligen Routenabschnitt und ihre Zufriedenheit mit dem gegebenen Abstraktionsgrad auf einer fünfstufigen Likert-Skala (1=gering, 5=hoch) an.

4.1 Untersuchung im Fahrzeug

In Testfahrten mit 19 Probanden (12 weiblich, 7 männlich, Durchschnittsalter 41,36 Jahre bei einer Standardabweichung von 16,55) wurde untersucht, in wie weit die durch MIA abstrahierten Anweisungen abhängig von der Ortskenntnis zur Navigation ausreichten. Es wurden unterschiedliche Routen (20-50 km) befahren, die jeweils in die drei Sektoren Startbereich, Mittelbereich und Zielbereich unterteilt wurden. Den Fahrern war entweder der Startbereich oder Zielbereich der befahrenen Route vertraut. Anstelle eines echten Navigationssystems fungierte in dieser Studie der Beifahrer als Instruktor, der im jeweiligen Streckenabschnitt zunächst eine stark abstrahierte Anweisung verlas („Fahren Sie zur A3"). Waren diese Informationen nicht ausreichend, wurden weniger stark abstrahierte Anweisungen gegeben. In Gesprächsform wurde ermittelt, wie gut sich der Fahrer im jeweiligen Abschnitt auskannte.

Abhängig von der Ortskenntnis (1=niedrig, 5=hoch) waren in allen drei Fahrtabschnitten erwartungsgemäß unterschiedliche Detailgrade notwendig bzw. ausreichend (Abbildung 2). In allen drei unabhängig voneinander bewerteten Abschnitten benötigten Probanden mit niedriger Ortskenntnis erwartungsgemäß viele Details während in allen drei Abschnitten bei hoher Kenntnis ein hoher Abstraktionsgrad ausreichte.

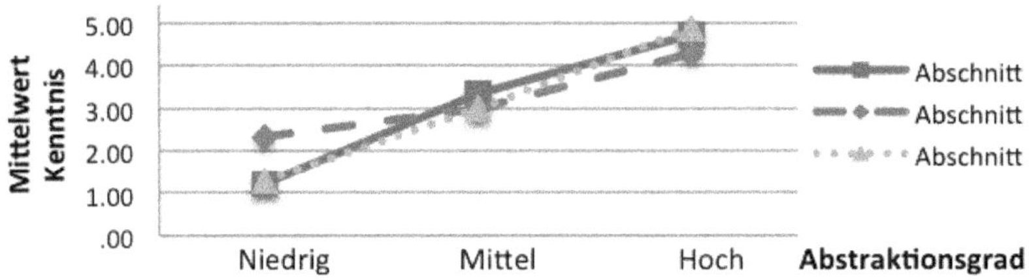

Abbildung 2:Benötigter Abstraktionsgrad in Bezug zur Ortskenntnis pro Abschnitt. Bei hoher Ortskenntnis reichte ein hoher Abstraktionsgrad aus, mit sinkender Kenntnis mussten detailreichere Anweisungen verlesen werden.

4.2 Online-Studie

Im Rahmen einer Online-Studie wurde untersucht, ob abstrahierte Anweisungen nicht nur hinreichend sind, sondern präferiert werden. An der Studie nahmen über einen Zeitraum von 14 Tagen 118 Probanden aus Deutschland und dem europäischen Ausland teil (37 Frauen. 81 Männer, Alter von 17 bis über 65), die über soziale Netzwerke und verschiedene Internetforen akquiriert wurden.

4.2.1 Aufgabenstellungen

Aufgabe 1 – Bewertung der Abstraktionsgrade in jedem Teilabschnitt: In einem für die Studie implementierten Testsystem auf der Basis von MIA gaben die Probanden jeweils eine Adresse in einem bekannten Umfeld an, so dass personalisierte Routen generiert werden konnten, deren Anfangs- oder Endbereich bekannt war. Dabei wurde systematisch zwischen kurzen (ca. 25 km) und langen Strecken (ca. 75 km) variiert sowie zwischen bekanntem Anfangs- und Endpunkt. Für jeden Teilnehmer wurden vom System zwei Routen generiert. Zu dem bekannten Bereich wurde zufällig ein beliebiger Start- bzw. Zielpunkt ermittelt. Für jede Route wurden die drei Sektoren (Start, Mitte, Ziel) abschnittsweise nacheinander präsentiert. Als abhängige Größe wurde die Bewertung der präsentierten Anweisungen auf einer fünfstufigen Skala erhoben (Abbildung 3). Zusätzlich stuften die Probanden für jeden Sektor ihre Ortskenntnis in diesem Bereich ein.

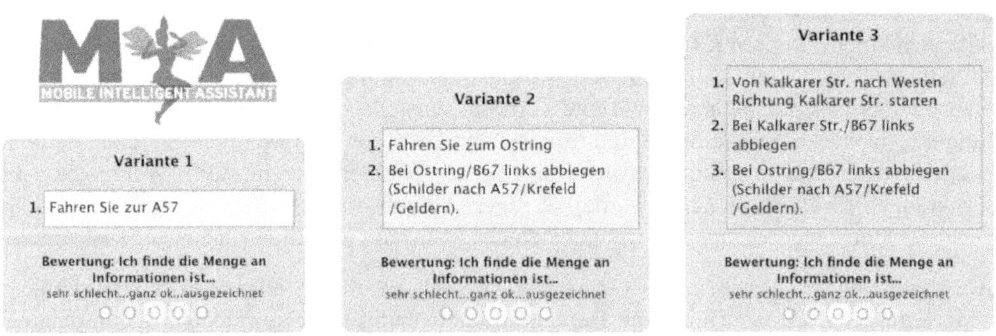

Abbildung 3: In der ersten Aufgabe wurde den Probanden für jeden Streckenabschnitt Beschreibungen mit unterschiedlichen Abstraktionsgraden gezeigt. Diese wurden in Abhängigkeit Ihrer Kenntnis bewertet.

Aufgabe 2 - Vergleich der personalisierten Route mit Google Maps: Auf Basis der in Aufgabe 1 erfassten Informationen wurde eine durch MIA personalisierte Route einer Originalanweisung von Google Maps gegenüber gestellt. Der Proband bewertete beide Varianten auf einer Likert-Skala von 1 (sehr ungeeignet) bis 5 (sehr geeignet).

Aufgabe 3 - Aktives Zusammenstellen der persönlichen Route: Wurde in der Live-Studie untersucht, welcher Abstraktionsgrad ausreichend ist, so hatten die Probanden nun die Möglichkeit, die Menge an Informationen zusammenzustellen, mit denen sie im jeweiligen Streckenabschnitt konfrontiert werden wollten. Ausgehend vom jeweils höchsten Abstraktionsgrad sollte in jedem Abschnitt durch Betätigen einer „-“ bzw. „+“-Schaltfläche der gewünschte Abstraktionsgrad ausgewählt werden (Abbildung 4).

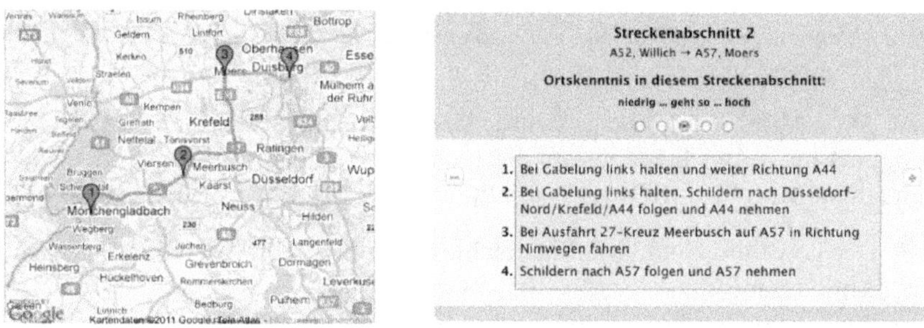

Abbildung 4: Aufgabe 3 bestand darin, für jeden Streckenabschnitt den gewünschten Abstraktionsgrad auszuwählen.

4.2.2 Ergebnisse

Aufgabe 1: Um zu analysieren, wie sich die Bewertungen der Abstraktionsgrade in den drei Abschnitten in Abhängigkeit vom Wissen der Probanden unterscheiden, wurde eine Kovarianzanalyse der Bewertung der drei Abstraktionsgrade mit Messwiederholung für die drei Abschnitte durchgeführt, wobei "Wissen über Abschnitt" als Kovariate diente (Tabelle 1).

Abschnitt	Innersubjekteffekt	F		df1	df2	η^2
1	Abstraktionsgrad	255,67	***	1,65	191,30	0,69
	Abstraktionsgrad*Wissen	160,44	***	1,65	191,30	0,58
2	Abstraktionsgrad	10,39	***	2,00	232,00	0,08
	Abstraktionsgrad*Wissen	3,73	*	2,00	232,00	0,03
3	Abstraktionsgrad	71,23	***	1,43	165,76	0,38
	Abstraktionsgrad*Wissen	88,58	***	1,43	165,76	0,43

*p≤0,05; **p≤0,01; ***p≤0,001

Tabelle 1: Ergebnisse pro Abschnitt für die Innersubjekteffekte des Abstraktionsgrades und der Interaktion aus Abstraktionsgrad und Wissen. In allen drei Abschnitten unterschieden sich die Bewertungen der Abstraktionsgrade signifikant und interagierten mit dem Kenntnisstand. Die Effektstärken waren in Abschnitt 2 geringer als in 1 und 3. In Abschnitt 1 und 3 ging ein höheres Wissen im Bezug auf den Abschnitt bei einem höheren Abstraktionsgrad mit einer besseren Bewertung und bei einem niedrigeren Wissen mit einer schlechteren Bewertung einher.

Dies wird auch durch den Parameterschätzer für die Kovariate Wissen (Tabelle 2) bestätigt: Ein geringer Abstraktionsgrad führt bei hohem Wissen in Sektor 1 und 3 zu einer schlechteren allgemeinen Bewertung und bei einem hohen Abstraktionsgrad in allen Abschnitten zu einer besseren Bewertung.

		Abschnitt 1				Abschnitt 2				Abschnitt 3			
niedrig	**C**	4,98	33,30	***	0,91	3,51	13,65	***	0,62	4,95	18,85	***	0,75
	Wissen	-0,50	-10,19	***	0,47	0,12	1,57	n.s.	0,02	-0,5	-7,60	***	0,33
mittel	**C**	2,48	18,80	***	0,75	4,01	14,09	***	0,63	3,24	15,43	***	0,67
	Wissen	0,17	3,92	***	0,12	0,06	0,72	n.s.	0,00	0,01	0,23	n.s.	0,00
hoch	**C**	0,38	2,70	**	0,06	3,12	11,96	***	0,55	0,54	1,98	*	0,03
	Wissen	0,70	15,22	***	0,67	0,23	2,81	**	0,06	0,73	10,89	***	0,51

*p≤0,05; **p≤0,01; ***p≤0,001

Tabelle 2: Parameterschätzer für die Kovariate Wissen für die Abstraktionsgrade in den drei Abschnitten.

Aufgabe 2: Wie Abbildung 5 zeigt, wurde die personalisierte Route mit 4,47 (SD=0,83) Punkten signifikant besser bewertet als die nicht personalisierte Route von Google, für die die Probanden im Mittel 2,8 (SD=1,17) Punkte vergaben (t(117)=11,89; p≤0,001).

Aufgabe 3: Der gewählte Detailgrad unterschied sich in allen Abschnitten je nach Kenntnis signifikant (Abbildung 6).

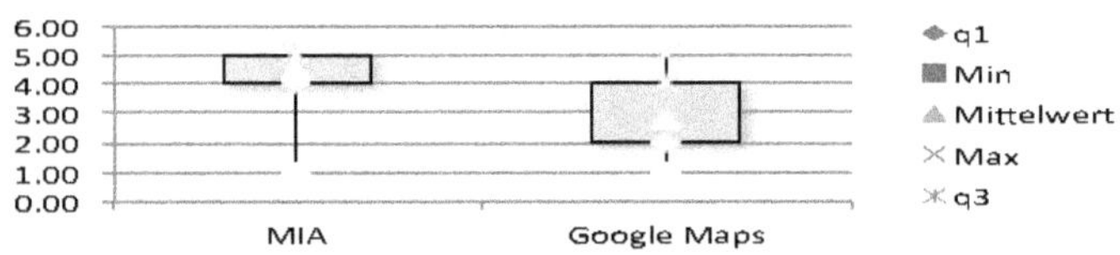

Abbildung 5: MIA wurde signifikant besser bewertet als Google Maps (Mittelwert 4,47 zu 2,8)

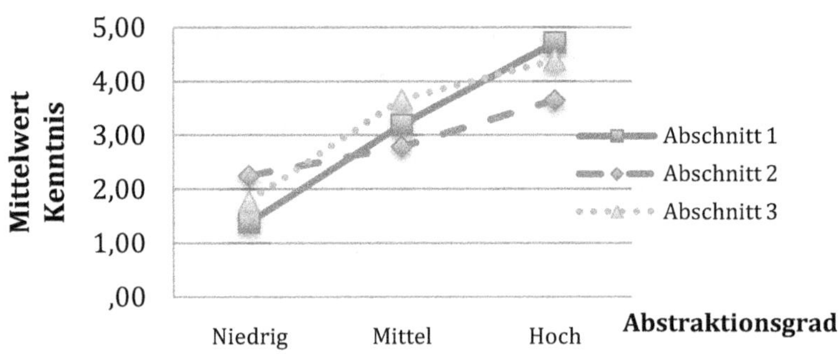

Abbildung 6: Kenntnisstand der Probanden in den einzelnen Abschnitten nach gewähltem Abstraktionsgrad im Online-Experiment. Kannten Probanden sich gut aus, wählten sie einen hohen Abstraktionsgrad und kannten sie sich schlecht aus einen niedrigen, analog zur Untersuchung im Auto.

In allen drei Abschnitten wählten Probanden mit geringer Ortskenntnis einen geringen Abstraktionsgrad und mit ansteigender Kenntnis einen dementsprechend höheren Grad (Abbildung 6). Für den mittleren Abstraktionsgrad ist der Effekt etwas schwächer, für niedrige und hohe deutlich sichtbar.

5 Diskussion

Die Hypothesen konnten bestätigt werden: Während der Fahrt reichen abhängig vom Kenntnisstand abstrakte Anweisungen aus. Dies wird auch vom Nutzer bevorzugt, wie die Online-Studie zeigte. Die Zusammenfassung mehrerer Anweisungen nach dem Chunking-Prinzip wurde in Kommentaren im Einklang mit der einschlägigen Literatur als positiv empfunden. In Bezug auf die Streckenabschnitte konnte gezeigt werden, dass eine Personalisierung insbesondere im Start- und Zielbereich sinnvoll ist. Offensichtlicher Grund scheint zu sein, dass mittlere Abschnitte häufig längere Autobahnfahrten beinhalten, die im Vergleich zu innerstädtischem Verkehr eher wenig Spielraum für Abstraktion bieten.

Darüber hinaus wurde der MIA-Generator signifikant besser bewertet als der nichtpersonalisierte Ansatz von Google Maps, einem der weltweit am häufigsten eingesetzten Dienste für Fahranweisungen. Dies sollte Wissenschaft und Industrie ermutigen, Konzepte wie die in diesem Beitrag beschriebenen, in zukünftige Navigationslösungen einfließen zu lassen. Herausforderungen liegen aus unserer Sicht in der unaufdringlichen und verlässlichen Erfassung der jeweiligen Ortskenntnisse. Hierfür bieten sich unterschiedliche, auf automatisch erfassten Positionsdaten operierende Lernverfahren oder ggf. explizite Eingaben durch den Fahrer an, sofern diese in unaufwändiger und intuitiver Weise vorgenommen werden können.

Literaturverzeichnis

Allensbach, Institut für Demoskopie (2010). *Innovationen treiben die Märkte.*

Al Mahmud, A., Mubin, O., and Shahid, S. (2009). *User experience with in-car gps navigation systems: comparing the young and elderly drivers.* In MobileHCI '09: Proceedings of the 11th International Conference on Human-Computer Interaction with Mobile Devices and Services, pages 1–2, New York, NY, USA. ACM.

Forlizzi, J., Barley, W., and Seder, T. (2010). *Where should i turn: moving from individual to collaborative navigation strategies to inform the interaction design of future navigation systems.* In Proceedings of the 28th intern. conf. on Human factors in computing systems, p. 1261–1270. ACM.

Hipp, M., Schaub, F., Kargl, F., and Weber, M. (2010). *Interaction Weaknesses of Personal Navigation Devices.* In Proc. of the 2nd intern. conf. on Automotive UI & interactive vehicular applications.

Klippel, A., Hansen, S., Richter, K., and Winter, S. (2009). *Urban granularities - a data structure for cognitively ergonomic route directions.* GeoInformatica, 13(2):223–247.

Klippel, A., Tappe, H., and Habel, C. (2003). *Pictorial representations of routes: Chunking route segments during comprehension.* Spatial cognition III, pages 1034–1034.

Lovelace, K., Hegarty, M., and Montello, D. (1999). *Elements of Good Route Directions in Familiar and Unfamiliar Environments.* Spatial Information Theory. Cognitive and Computational Foundations of Geographic Information Science, 1661:751–751.

Münter, D., Hussein, T. (2011). *Adaptive Routenbeschreibungen für Navigationssysteme.* i-com - Zeitschrift für interaktive und kooperative Medien 10(1), 11-17

Patel, K., Chen, M., Smith, I., and Landay, J. (2006). *Personalizing Routes.* In Proceedings of the 19th annual ACM symposium on User interface software and technology, pages 187–190. ACM.

Pettitt, M., Burnett, G., and Stevens, A. (2005). *Defining driver distraction.* In Proc. World Congress on Intelligent Transport Systems.

Richter, K., Tomko, M., and Winter, S. (2008). *A dialog-driven process of generating route directions.* Computers, Environment and Urban Systems, 32(3):233–245.

Stevens, A., & Coupe, P. (1978). *Distortions in judged spatial relations.* Cogn. Psych., 13, 422-437.

Tomko, M. (2007). *Destination descriptions in urban environments.* PhD thesis, Citeseer.

Tversky, B. (1993). *Cognitive maps, cognitive collages and spatial mental models.* In A. U. Frank & I. Campari (Hrsg.), Spatial Information Theory: A Theoretical Basis for GIS (Proceedings COSIT '93), Lecture Notes in Computer Science (Bd. 716, S 14-24). Berlin, Heidelberg: Springer.

Inhaltssensitive Navigation in der Verkehrsleitzentrale

Tobias Schwarz[1], Simon Butscher[2], Jens Müller[2], Harald Reiterer[2]

Siemens AG, München [1]
Arbeitsgruppe Mensch-Computer Interaktion, Universität Konstanz [2]

Zusammenfassung

Kontextsensitive Informationen sind für die Überwachung von Prozessen in Leitwarten von essentieller Bedeutung, werden jedoch in aktuellen Benutzungsoberflächen unzureichend beachtet. Dieser Beitrag stellt am Beispiel einer Verkehrsleitzentrale ein ganzheitliches Interaktionskonzept für die Navigation und Überwachung eines komplexen Netzes vor. Hierzu wird der Ansatz einer inhaltssensitiven Navigation verfolgt. Ziel ist es, sowohl die Navigation im Straßennetz zu verbessern, als auch die Verfügbarkeit kontextsensitiver Information zu gewährleisten. Weiterhin werden die Ergebnisse einer Evaluation des Interaktionskonzeptes berichtet.

1 Einleitung

Ziel des Forschungsprojektes „Holistic Workspace" ist die Gestaltung einer ganzheitlichen Arbeitsumgebung für Operatoren in Leitwarten. Im Rahmen des Projektes wurde eine domänenübergreifende Nutzungskontextanalyse in Leitwarten durchgeführt. Diese zeigte auf, dass die Operatoren bei der Arbeit in Informationsräumen mit netzwerkartiger Struktur, wie beispielsweise bei Straßen-, Strom- und Wasserversorgungsnetzen, nicht ausreichend unterstützt werden (Schwarz et al. 2010). Auf Basis dieser Erkenntnisse wurde eine weitere Verkehrsleitwarte zur Autobahnüberwachung untersucht. In diesem Kontext ist die ständige Überwachung des Verkehrsaufkommens fester Bestandteil der Arbeit von Operatoren. Hierfür stehen generell zwei Displays zur Verfügung: Ein großes Display, welches das zu überwachende Straßennetz zeigt, sowie ein kleines Display, welches eine detaillierte Darstellung des Verkehrsaufkommens eines Streckenabschnitts anzeigt. Die derzeitige Arbeitsumgebung sieht keine Verbindung zwischen den einzelnen Displays vor. Die Operatoren identifizieren auffällige Streckenabschnitte mit Hilfe der Übersichtskarte auf dem großen Display und wechseln anschließend manuell auf den entsprechenden Abschnitt in der Detaildarstellung des kleinen Displays. Aufgrund der begrenzten Fläche des großen Displays kann dabei stets nur ein Ausschnitt des Autobahnnetzes oder das gesamte Netz mit geringerem Detailgrad dargestellt werden. Um einen relevanten Streckenabschnitt (z. B. Stauanfang) zu identifizieren, ist der Operator darauf angewiesen, durch die Kartendarstellung zu navigieren. Die Navigation entlang des Straßenverlaufs ist bislang lediglich über ein vertikales/horizontales Scrollen oder Pannen möglich, wodurch der Navigationsprozess in künstliche Teilschritte zerlegt wird. In diesem Beitrag wird ein Navigationskonzept vorgestellt, welches dem Operator eine geführte Navigation entlang der Straßen (*inhaltssensitive Navigation*) ermöglicht. Um an Detailinformationen zu einem Streckenabschnitt zu gelangen, muss der Operator bei heutigen Systemen den Kontext durch eine erneute Interaktion anwählen. Eine *inhaltssensitive Navigation* hingegen schafft die Möglichkeit, Detailinformationen eines sich aktuell im Fokus befindlichen Straßenabschnitts bereits während der Navigation bereitzustellen. Unter Berücksichtigung der Kernaktivitäten von Operatoren wird im Beitrag ein Konzept vorgestellt, welches die Verfügbarkeit dieser Detailinformationen in Kombination mit der *inhaltssensitiven Navigation* gewährleistet.

Aufgrund der beschriebenen Situation und auf Basis der vor Ort durchgeführten Analyse ergeben sich folgende Fragestellungen: (F1) *Wie kann die Navigation entlang von Straßen optimiert werden?* (F2) *Wie können durch geeignete Visualisierungen Detailinformationen dargestellt werden?* Um diese Fragen zu beantworten, wurde das im Beitrag vorgestellte Konzept in einer experimentellen Benutzerstudie überprüft.

2 Verwandte Arbeiten

Navigation: Für die *Navigation in Informationsnetzen* und *Graphen* gibt es zahlreiche Herangehensweisen. Die am weitesten verbreitete Methode ist Pan&Zoom. Beim Pannen mit der Maus ist jedoch der Weg, welcher durch eine einzelne Pan-Operation zurückgelegt werden kann, begrenzt. Des Weiteren bedarf die Navigation in großen Informationsräumen mittels Pannen und Zoomen eines erhöhten zeitlichen Aufwandes (Moscovich et al. 2009). Zahlreiche Forschungsprojekte haben versucht, die Verbindung von Pan&Zoom zu optimieren (Igarashi & Hinckley 2000, Pietriga et al. 2007). Die meisten dieser Methoden stellen allerdings keine Verbindung zum Inhalt des Informationsraumes her. Im Gegensatz dazu stellen Moscovich et al. (2009) die zwei Konzepte *Bring&Go* und *Link Sliding* vor, welche die Vorteile der *inhaltssensitiven Navigation* in Netzen hervorheben. *Bring&Go* ist eine Technik, welche alle von einem Knoten ausgehenden Navigationsmöglichkeiten (Knoten) in den sichtbaren Bereich des Displays projiziert. Diese Navigationsmöglichkeiten können im folgenden Schritt direkt ausgewählt werden. Gerade im Kontext von Verkehrsleitwarten sind jedoch nicht nur die Knoten (Straßenkreuzungen), sondern insbesondere Detailinformationen, die auf den Pfaden (Straßen) liegen, relevant. Um an diese Detailinformationen zu gelangen, ist es zwingend erforderlich, auch zu jedem beliebigen Punkt zwischen zwei Knoten navigieren zu können. Bei der zweiten von Moscovich et al. (2009) entwickelten *Link Sliding* Methode wird das Pannen und Zoomen um eine im Kontext eines Pfades geführte Navigation ergänzt. Das Pannen muss somit nur grob in die Richtung des Pfadverlaufs ausgeführt werden. An den Knotenpunkten erfolgt eine Auswahl des nächsten zu verfolgenden Pfades. Das in diesem Beitrag vorgestellte Konzept kombiniert die Vorteile der beiden Techniken *Link Sliding* und *Bring&Go*.

Detailinformationen: Bei der Darstellung von *Detailinformationen* kann zwischen zwei Gruppen unterschieden werden: Darstellungen, die eine räumliche Trennung zwischen Detail- und Kontextinformationen vornehmen, und solche, die Detailinformationen in den Kontext integrieren. Bei Overview- und Detail-Visualisierungen, wie sie z. B. von Plaisant et al. (1995) vorgestellt werden, wird eine räumliche Trennung zu den Kontextinformationen vorgenommen. Ziel ist es, die visuelle Beeinträchtigung, welche durch eine Überdeckung entsteht, zu verhindern. Dies kann jedoch auf Kosten einer geteilten Aufmerksamkeit gehen (Posner & Petersen 1990). Ein weiterer Nachteil dieser Darstellungsart besteht darin, dass der Bezug zum Kontext abgeschwächt wird. FishEye Views hingegen gehören zur Gruppe der Fokus- und Kontext- Visualisierungen (Furnas 1986). Sie nutzen eine Verzerrung, um sowohl die lokalen Details, als auch den globalen Kontext kontinuierlich zu visualisieren. Die Ergebnisse der Studie in Gutwin & Skopik (2003) zeigen, dass FishEye Views bei einer deiktischen Aufgabe ebenso gut abschneiden, wie traditionelle Benutzungsschnittstellen. Andere Studien deuten jedoch darauf hin, dass diese Darstellungen Usability-Probleme beim Anvisieren oder Einprägen von Objekten auslösen können und somit je nach Aufgabe schlechter abschneiden können als Overview- und Detail-Darstellungen (Hornbæk & Frøkjær 2001). Eine weitere Möglichkeit der Darstellung von Detailinformationen sind Toolglass Widgets. Diese Elemente bieten eine angepasste Sicht auf selektierte Daten (Bier et al. 1993). Über Filter, sog. Magic Lenses, kann der Datenraum unter dem Toolglass z. B. vergrößert, oder mit zusätzlichen Informationen angereichert werden. Ziel dieses Beitrages ist es, die bestehenden Konzepte zur Navigation in Netzen, sowie zur Darstellung von Detailinformationen für das Verkehrsszenario zu kombinieren und zu erweitern. Des Weiteren wird jeweils eine Variante aus der Gruppe der Darstellungen mit *räumlicher Trennung* und der Gruppe der Darstellungen welche die *Detailinformationen* in den Kontext integrieren in Kombination mit einer *inhaltssensitiven Navigation* untersucht.

3 Inhaltssensitive Navigation

Basierend auf den beiden Forschungsfragen wird ein Konzept beschrieben, welches in zwei Teile gegliedert wurde: die *inhaltssensitive Navigation* (F1) und die *Visualisierung von Detailinformationen* (F2). Für die Navigation wird ein Eingabegerät (SpaceNavigator; www.3dconnexion.de) mit 6 Freiheitsgraden (degrees of freedom; DOF) eingesetzt. Die vom SpaceNavigator unterstützten Funktionen sind in Abbildung 1d-f zu sehen.

Inhaltssensitive Navigation: Im Rahmen des Konzeptes wird zwischen der *freien* und der *inhaltssensitiven Navigation* unterschieden. In der *freien Navigation* wird der Kartenausschnitt über ein Kippen des SpaceNavigators verschoben, d. h. der Ausschnitt bewegt sich entsprechend der Kipprichtung. Der Vorteil gegenüber dem mausbasierten Pannen liegt in der kontinuierlichen Bewegung, d. h. die Navigation muss nicht in einzelne Teilschritte zerlegt werden. Das Groß- bzw. Kleinzoomen des Kartenausschnitts ist über ein Drücken bzw. Ziehen möglich. In der Mitte des Bildschirms wird zusätzlich ein *polymodales Navigationselement* eingeblendet (siehe Abbildung 1a-c), welches den Operator bei der Navigation unterstützt. In der *freien Navigation* dient das Navigationselement als Fadenkreuz, um eine gezielte Navigation zu ermöglichen. Zusätzlich wird ein Richtungspfeil innerhalb des Navigationselements angezeigt, welcher die aktuelle Kipprichtung wiedergibt (siehe Abbildung 1a). In der *inhaltssensitiven Navigation* werden dem *polymodalen Navigationselement* weitere Funktionen hinzugefügt. Wird das Navigationselement über einer Straße positioniert, kann über eine Drehbewegung am SpaceNavigator, eine Verbindung zu dieser hergestellt werden. Das Navigationselement, welches sich nun fix im Zentrum des Displays befindet, markiert die aktuelle Position auf der zuvor vom Operator ausgewählten Straße (siehe Abbildung 1b). Um in der *freien Navigation* einzelne Straßen schneller und einfacher ansteuern zu können, wird das Navigationselement von diesen angezogen. Dies wurde über dynamische Kraftfelder (Dynamic Force Fields, Ahlström et al. 2006), welche über die Straßen gelegt werden, umgesetzt. Befindet sich das Navigationselement in der Nähe einer Straße, wird zusätzlich die Navigationsgeschwindigkeit reduziert und somit eine genauere Navigation ermöglicht.

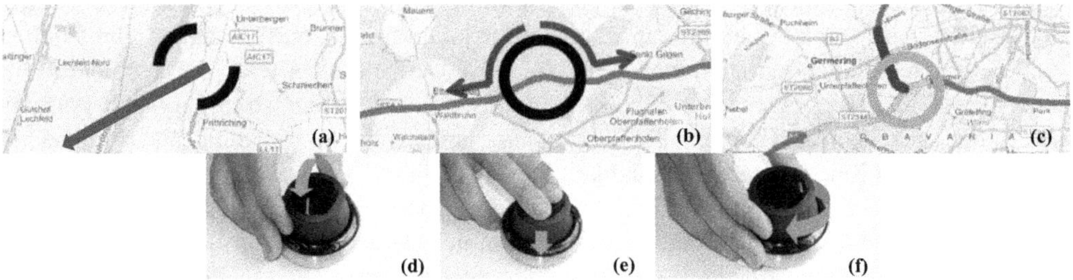

Abbildung 1: (a)Anzeige des Richtungspfeils (b)Anzeige der Drehrichtung; (c)Anzeige der Selektion an Kreuzungen (d) Kippen; (e) Drücken/Ziehen; (f) Drehen

Folgen der Straße: Bei einer bestehenden Verbindung zu einer Straße kann der Operator mit Hilfe des SpaceNavigators dem Straßenverlauf folgen. Hierfür wurden zwei Varianten entwickelt und in einer experimentellen Benutzerstudie miteinander verglichen. In der ersten Variante wird das Folgen der Straße über eine Kippbewegung (siehe Abbildung 1d) vollzogen. Es genügt diese Bewegung grob in Richtung des gewünschten Straßenverlaufs auszuführen. Bei der zweiten Variante kann der Operator durch eine Drehbewegung (siehe Abbildung 1f) dem Straßenverlauf in Abhängigkeit der Drehrichtung folgen. Die Drehrichtung und die Navigationsrichtung sind dabei abhängig vom Straßenverlauf. Straßen, welche sich zur vertikalen Bildschirmachse von der aktuellen Position nach rechts entfernen, kann durch Rechtsdrehen (im Uhrzeigersinn) gefolgt werden; entsprechendes gilt für Straßen, die sich nach links entfernen. Bei dieser Variante wird in das Navigationselement eine zusätzliche Visualisierung eingebunden, welche eine Unterstützung bei der Wahl der Drehrichtung bietet (siehe Abbildung 1b). Beide Varianten erlauben während der Navigation entlang der Straße, weiterhin eine Änderung der Zoomstufe durch Drehen und Ziehen (siehe Abbildung 1e). Bei der Navigation entlang einer Straße wird der Kartenausschnitt entsprechend dem Straßenverlauf unter dem Navigationselement hindurchgeführt, so dass der Operator dem tatsächlichen Straßenverlauf folgt und nicht, wie beim Pannen, geradlinige Distanzen zurücklegt. Ein weiterer Vorteil im Gegensatz zum Pannen ist, dass die Navigation bei dieser Interaktionstechnik nicht in Teilschritte (in Form von stetigem „Nachgreifen") zerlegt wird. Durch den Einsatz einer adaptiven Navigationsgeschwindigkeit (Igarashi & Hinckley 2000), welche sich je nach Zoomstufe ändert, ist es möglich, sowohl bei einer hohen als auch bei einer geringeren Zoomstufe praktikabel zu navigieren. Neben der beschriebenen orientierungsunterstützenden Funktion des Navigationselements wird durch die Fixierung des Elements im Zentrum des Displays garantiert, dass periphere Informationen zum Fokuspunkt (z. B. Straßenverlauf und Verkehrsaufkommen) nicht aus dem Bildschirmbereich rücken.

Sprungfunktion: Beim Springen zwischen Kreuzungen handelt es sich um eine Funktion, welche die schnelle Überbrückung großer Distanzen ermöglicht. Das Springen wird ausgelöst, indem die Funktion zum Folgen der Straße zweimal kurz hintereinander ausgeführt wird. D. h. wird der Straße über eine Kippbewegung gefolgt, kann die Funktion durch ein zweimaliges Kippen in die entsprechende Richtung ausgelöst werden. Dementsprechend kann in der anderen Variante durch eine doppelte Drehbewegung eine Kreuzung direkt angesteuert werden. Beim Springen zu Kreuzungen wird eine schnelle automatische Navigation entlang der Straße ausgelöst. Die Animation unterstützt die kontinuierliche Wahrnehmung des Nutzers (Robertson et al. 1993). Durch die Kombination aus der manuellen und der automatischen Navigation können die Vorteile beider in Moscovich et al. (2009) beschriebenen Navigationskonzepte *Bring&Go* und *Links Sliding* genutzt werden.

Straßenwechsel: An Kreuzungen wird die Navigation automatisch unterbrochen und das Navigationselement signalisiert durch einen Farbwechsel, dass der Kreuzungsmodus aktiviert wurde. Es gibt an Kreuzungen wiederum zwei unterschiedliche Varianten zur Selektion der Straße. Zum einen kann der antizipierte Straßenverlauf per Drehbewegung selektiert werden. Durch eine Drehung wird zwischen den einzelnen Straßen der Reihe nach durchgeschaltet. In der zweiten Variante wird die gewünschte Straße über eine Kippbewegung in die entsprechende Richtung ausgewählt. Die Bewegung muss hierbei nur grob in Richtung des antizipierten Straßenverlaufs ausgeführt werden, wobei prinzipiell die Straße gewählt wird, welche der Kipprichtung am ehesten entspricht. Durch eine farbige Hervorhebung des selektierten Straßenverlaufes wird dem Operator ein direktes visuelles Feedback bereitgestellt (siehe Abbildung 1c, blaue Hervorhebung der Straße). Aus den beschriebenen Varianten ergeben sich vier Kombinationsmöglichkeiten: (V1) Folgen des Straßenverlaufs und Straßenwechsel über ein Kippen des SpaceNavigators. (V2) Folgen des Straßenverlaufs und Straßenwechsel über eine Drehung des SpaceNavigators. (V3) Folgen des Straßenverlaufs über eine Kippbewegung und Straßenwechsel über eine Drehbewegung. (V4) Folgen des Straßenverlaus über eine Drehbewegung und Straßenwechsel über eine Kippbewegung.

Detailinformationen: Die *inhaltssensitive Navigation* birgt den Vorteil, dass der Zugriff auf Detailinformationen in Abhängigkeit der aktuellen Position auf der Straße jederzeit möglich ist. Für die Überwachung eines Verkehrsraums sind vor allem die Verkehrssituation auf den einzelnen Fahrspuren, sowie die Kamerabilder zu unterschiedlichen Streckenabschnitten relevant. Für die Darstellung dieser Detailinformationen wurden zwei Konzepte entwickelt. Bei der ersten Darstellungsform, wird eine räumliche Trennung zwischen Detail- und Kontextinformationen vorgenommen (siehe Abbildung 2, links). Die Detailinformationen zu der aktuellen Position auf der Straße werden am unteren Rand des Bildschirms visualisiert. Die räumliche Trennung der Detailinformationen zu den Kontextinformationen verhindert eine visuelle Beeinträchtigung durch eine Überdeckung. Bei der Navigation entlang des Straßenverlaufs verschiebt sich der in dieser *entkoppelten Darstellung* zu sehende Ausschnitt der Detailinformationen parallel zum Navigationselement.

Abbildung 2: (links) Entkoppelte Darstellung; (rechts) Hybride Magic Lens (HML)

Die zweite Visualisierungsvariante ermöglicht es dem Operator, markante Verkehrsbereiche genauer zu beobachten, ohne dabei den räumlichen Kontext zu verlieren. Hierzu wird eine *Hybride Magic Lens (HML)* eingesetzt (siehe Abbildung 2, rechts). Diese erlaubt sowohl eine semantische als auch eine grafische Vergrößerung von Kartenausschnitten. Um zu gewährleisten, dass eine grafische Vergrößerung nicht zu Lasten einer kontinuierlichen Darstellung geht, wird eine FishEye Verzerrung eingesetzt. Dies bietet den Vorteil, dass der Operator die Verläufe der Straßen, sprich die Kontextinformationen, nicht aus dem Auge verliert. Somit wird das Problem der geteilten Aufmerksamkeit umgangen. Es wird dabei ein Algorithmus für eine FishEye Lens eingesetzt, welcher den Fokusbereich der FishEye Lens lediglich vergrößert und nicht verzerrt. Nur innerhalb des Fokusbereichs der FishEye Lens werden über einen weiteren Magic Lens Filter Detailinformationen wie die Verkehrssituation auf einzelnen Fahrspuren und die Kamerabilder angezeigt. Die *HML* befindet sich immer in der Mitte des Bildschirms und ersetzt somit das Navigationselement – die Karte wird dabei unter der Linse hindurchgeführt. Der Detailgrad der zusätzlichen Informationen innerhalb der *HML* kann über das Zoomen gesteuert werden. Hierfür werden vier semantische Zoomstufen angeboten: 1. Keine Linse, 2. Kumulierte Darstellung, 3. Verkehr auf jeder Fahrspur, 4. Verkehrssituation auf jeder Fahrspur mit Kamerabilder (siehe Abbildung 2, rechts).

4 Evaluation

Im Rahmen einer experimentellen Benutzerstudie wurde das zuvor beschriebene Konzept im Labor evaluiert. Für die Evaluation wurde ein 64“ großes Display mit einer Auflösung von 4.096 x 2.160 Pixel eingesetzt. Neben dem Versuchsleiter waren zwei weitere Personen anwesend, die mit Hilfe von standardisierten Beobachtungsprotokollen Versuchsdaten erhoben. An der Studie nahmen 24 studentische Probanden teil. Die 14 weiblichen und 10 männlichen Probanden waren durchschnittlich 24.7 Jahre (SD = 2.52) alt. 76% der Teilnehmer hatten bereits im Vorfeld Erfahrung mit der Joystickinteraktion gesammelt, jedoch lag die Nutzungshäufigkeit bei M = 1.6 (SD = 1.08; 0 „sehr selten“ bis 4 „sehr häufig“). Alle Probanden gaben an, dass sie bereits Erfahrung im Umgang mit internetbasierten Routenplanern und Kartennavigation (z. B. Google Maps) haben. Des Weiteren nutzen 92% der Teilnehmer die Zooming- und Panningfunktion im Kontext von Karten. Um eine einheitliche Wissensbasis über alle Teilnehmer hinweg zu schaffen, erfolgte vor jedem der beiden Aufgabenblöcke (*inhaltssensitive Navigation* und *operatorspezifische Aufgaben*) eine standardisierte Einführung durch den Versuchsleiter. Die Versuchspersonen wurden bei der *inhaltssensitiven Navi-*

gation in zwei Gruppen eingeteilt. Durch ein Within-Subjects Design innerhalb dieser Gruppen wurde ein Vergleich von jeweils zwei Navigationskonzepten durchgeführt. Innerhalb des Versuchsdurchlaufs wurde bei Probandengruppe 1 die Bedingung, mit welcher der Straße gefolgt wurde, variiert (Vergleich von V1 mit V4 bzw. V2 mit V3). Bei Probandengruppe 2 wurde diese Bedingung konstant gehalten und stattdessen die Bedingung, um die Straße an einer Kreuzung zu wechseln, geändert (Vergleich von V1 mit V3 bzw. V2 mit V4). Nach den Aufgaben zum jeweiligen Navigationskonzept wurden die subjektiven Einschätzungen der Probanden mit Hilfe eines Fragebogens erfasst und abschließend anhand eines weiteren Fragebogens miteinander verglichen. In der Versuchsphase *operatorspezifische Aufgaben* hatten die Versuchsteilnehmer die Aufgabe, die Rolle des Operators zu übernehmen. Die Teilnehmer sollten z. B. bei der Navigation im Straßennetz das Verkehrsaufkommen beobachten oder dort anhalten, wo sich alle drei Spuren einer bestimmten Fahrtrichtung stauten. Beide Darstellungskonzepte wurden wiederum in einem Within-Subjects Design verglichen. Auch hier wurde nach den Aufgaben zum jeweiligen Visualisierungskonzept die subjektiven Einschätzungen der Probanden mit Hilfe eines Fragebogens erfasst und abschließend anhand eines weiteren Fragebogens miteinander verglichen. Im Anschluss an die zwei Versuchsphasen wurde den Teilnehmern die Möglichkeit zur Diskussion geboten.

Ergebnisse Forschungsfrage 1 (F1): Im Durchschnitt bewerteten die Probanden die Navigationskonzepte (V1 bis V4) in Verbindung mit dem SpaceNavigator mit M = 4.03 (SD = 0.64; Skala von 0 „sehr schlecht" bis 5 „sehr gut"). Die Verständlichkeit der Konzepte wurde mit M = 3.17 (SD = 0.9; Skala von 0 „sehr verwirrend" bis 4 „sehr verständlich") bewertet. Bei der Frage nach der Nützlichkeit der Funktion, um zur nächsten Kreuzung zu springen wurde ein Wert von M = 3.67 (SD = 0.66; Skala von 0 „sehr verwirrend „ bis 4 „sehr hilfreich") ermittelt. Die subjektiven Antworten der Fragebögen zeigten, dass die *freie Navigation* mit Hilfe des SpaceNavigators den Erwartungen der Probanden entsprach (M = 3.54; SD = 0.58; Skala von 0 „überhaupt nicht" bis 4 „absolut"). Die Anzeige der aktuellen Kipprichtung wurde dabei von 83% der Probanden als hilfreiches Feature beurteilt. Im Durchschnitt bewerteten die Probanden die *freie Navigation* mit dem SpaceNavigator im Vergleich zu ihren individuellen Erfahrungen mit der herkömmlichen Maus (wurde im Testsetting nicht angeboten) als besser (M = 2.63; SD = 0.81; Skala von 0 „wesentlich schlechter" bis 4 „wesentlich besser").

Die Navigationskonzepte bei denen ein Folgen der Straße über ein Kippen möglich ist (V1 & V3; M = 4.23; SD = 0.55; Skala von 0 „sehr schlecht" bis 5 „sehr gut"), wurden im Vergleich zu den Konzepten, bei denen über eine Drehung der Straße gefolgt wird (V2 & V4; M = 3.83; SD = 0.67), im Durchschnitt besser bewertet. Der Unterschied ist statistisch signifikant (t(24) = 2.02; p = 0.032). Dies spiegelt auch die subjektive Einschätzung der Probanden in Bezug auf die für die Navigation aufzuwendende Aufmerksamkeit wieder. Beim Folgen der Straße über Kippen (V1 & V3) wurde die nötige Aufmerksamkeit im Mittel mit M = 1.71 (SD = 0.98; Skala von 0 „sehr wenig Aufmerksamkeit" 4 „sehr viel Aufmerksamkeit") und damit im Vergleich zum Folgen der Straße über Drehen (V2 & V4; M = 2.5; SD = 1.04) als geringer bewertet. Die Unterscheide sind ebenfalls statistisch signifikant (t(24) = 2.01; p = 0.011). Im direkten Vergleich entschieden sich 83% der Probanden für die Varianten, bei denen der Straße über eine Kippbewegung gefolgt wird. Im Durchschnitt bewerteten die Probanden ein Wechseln der Straße über Kippen (V1 & V4; M = 2.92; SD = 1.11; Skala von 0 „sehr schlecht“ bis 4 „sehr gut“) im Vergleich zum Wechseln der Straße über Drehen (V2 & V3; M = 3.04; SD = 1.10) annähernd gleich. Der Unterschied ist deutlich nicht signifikant (t(24) = 2.01; p = 0.7). Die Aufmerksamkeit, welche zum Wechseln der Straße aufgewendet werden musste, wurde beim Straßenwechsel über Kippen (M = 1.83; SD = 1.03; Skala von 0 „sehr wenig Aufmerksamkeit“ 4 „sehr viel Aufmerksamkeit“) im Vergleich zum Drehen (M = 2.38; SD = 1.07) als geringer bewertet. Der Unterschied ist nicht signifikant (t(24) = 2.01; p = 0.087). Im direkten Vergleich bevorzugten 67% der Probanden einen Wechsel der Straße an Kreuzungen über eine Kippbewegung, 25% entschieden sich für das Drehen, um die Straße zu wechseln, 8% der Probanden bewerteten die Konzepte als gleichwertig.

Ergebnisse Forschungsfrage 2 (F2): Beide Visualisierungskonzepte wurden weitgehend positiv bewertet (*HML*: M = 2.67; SD = 1.14, *entkoppelte Darstellung*: M = 2.71; SD = 1.14; Skala von 0 „sehr schlecht“ bis 4 „sehr gut“). Der Unterschied ist dabei deutlich nicht signifikant (t(24) = 2.01; p = 0.902). Bei der Frage nach den Auswirkungen der Visualisierungskonzepte auf die Navigation konnte kein negativer Einfluss festgestellt werden (*HML*: M = 2.17; SD = 1.21; *entkoppelte Darstellung*: M = 2; SD = 1.22; Skala von 0 „negative Auswirkung“ bis 4 „positive Auswirkung“). Der Unterschied zwischen den beiden Darstellungen ist nicht signifikant (t(24) = 2.01; p = 0.645). Bei der Bewertung der Visulisierungen in Bezug auf die Unterstützung bei der Aufgabenerfüllung sind deutlichere Unterschiede zu erkennen. Die *HML-Darstellung* wurde im Mittel mit M = 3.83 (SD = 0.37; Skala von 0 „unterstützt überhaupt nicht“ bis 4 „unterstützt absolut“), die *entkoppelte Darstellung* mit M = 3.54 (SD = 0.71) bewertet. Dieser Unterschied ist jedoch statistisch nicht signifikant (t(24) = 2.03; p = 0.088). Im direkten Vergleich der beiden Darstellungskonzepte bevorzugten 58% die *HML-Darstellung*. Bei der Frage danach, welche Darstellung eine bessere Unterstützung zur Aufgabenerfüllung bietet, bewerteten 71% der Probanden die *HML-Darstellung* als bessere Variante. Die Tendenz in Richtung der *HML-Darstellung* kann des Weiteren über die Ergebnisse aus den Beobachtungen verstärkt werden. Die subjektiven Bewertungen der zwei Beobachter[1] ergaben, dass die Aufgaben unter Verwendung der *HML-Darstellung* zu 67% ohne Schwierigkeiten gelöst wurden - bei der *entkoppelten Darstellung* waren es lediglich 55%.

5 Diskussion und Ausblick

Das im Beitrag vorgestellte Konzept erweist sich als vielversprechende Möglichkeit, Operatoren in der Verkehrsüberwachung zu unterstützen. Die Ergebnisse zeigen, dass die Navigationskonzepte in Verbindung mit dem SpaceNavigator als Eingabegerät gänzlich den Erwartungen der Probanden entsprochen haben. Weiterhin zeigen die subjektiven Ergebnisse aus den Fragebögen, dass der SpaceNavigator im Kontext der Kartennavigation gegenüber

[1] Die Analyse des Interrater-Reliabilität Maßes der beiden Beobachter nach Cohens Kappa ergibt einen Wert von 0.69, was einer guten bis ausgezeichneten Übereinstimmung der Beobachter entspricht.

der Maus als bessere Eingabemodalität eingeschätzt wird. Dies ist umso bemerkenswerter, da die Probanden angaben, dass sie nur sehr selten mit einem joystickartigen Eingabegerät in Berührung gekommen sind. Die entwickelte Visualisierung der aktuellen Kipprichtung wurde von den Probanden als sehr hilfreiches Feature genannt, um schnell und gezielt einen spezifischen Punkt anzusteuern. Die *inhaltssensitive Navigation* erfordert nach Einschätzung der Probanden eine nicht allzu geringe Aufmerksamkeit. Jedoch zeigten die Beobachtungen, dass die Probanden, welche im Gegensatz zu den Operatoren mit dem Straßennetz nicht vertraut waren, sich zu einem wesentlichen Teil auf die Orientierung in der Karte konzentrieren mussten. Eine weitere Studie mit Operatoren kann möglicherweise diesem Effekt entgegenwirken. Die Studie zeigt weiterhin, dass beim Folgen einer Straße die Kippbewegung der Drehbewegung vorgezogen wird. Die Probanden begründeten diese Entscheidung damit, dass der Kipp- und Navigationsrichtung ein realweltliches Mapping (gängiger Richtungscode) zugrunde liegt. Die Sprungfunktion zwischen Kreuzungen wurde von den Probanden beinahe ausnahmslos als besonders wichtig empfunden. Über die Funktion können schnell große Distanzen zurückgelegt werden, ohne dabei die Inhaltssensitivität zu verlieren. Bei den *operatorspezifischen Aufgaben* wurden die beiden Darstellungskonzepte von den Probanden zunächst als gleichwertig beurteilt. Bei einer genaueren Betrachtung der Ergebnisse lässt sich dennoch eine klare Tendenz in Richtung der *HML-Darstellung* erkennen. Die Ergebnisse zeigen, dass die Probanden große Schwierigkeiten dabei hatten, die geradlinige *entkoppelte Darstellung* mental mit einem gebogenen Straßenverlauf zu verbinden. Dies bestätigt auch die subjektive Einschätzung zur Unterstützung bei der Aufgabenerfüllung. Die *HML-Darstellung* wurde der *entkoppelten Darstellung* gegenüber deutlich bevorzugt, da wichtige Detailinformationen wie z. B. Kamerabilder näher am Kontext angezeigt werden und mit Hilfe der Zoomstufen der Detailgrad je nach Bedarf bestimmt werden kann. Der größte Vorteil der *HML-Darstellung* gegenüber der *entkoppelten* Variante ist jedoch die Eindeutigkeit der Verbindung von Detail und Kontextinformationen. Den Probanden fiel es bei der *HML-Darstellung* deutlich leichter, eine Verbindung zwischen den Detailinformationen und dem Straßenverlauf herzustellen. In Bezug auf die Frage wie die Navigation entlang von Straßen optimiert werden kann (F1) erwies sich die *inhaltssensitive Navigation* als sehr gute Möglichkeit, die Interaktion in einer Karte auf die Bedürfnisse eines Operators anzupassen. Die implizite Darstellung von Detailinformationen (F2) über eine *HML-Visualisierung* ist gerade in Verbindung mit einer *inhaltssensitiven Navigation* zu empfehlen. Auf Basis der ersten Erkenntnisse aus der Benutzerstudie mit Studenten ist eine weitere Studie mit Operatoren aus dem Kontext der Verkehrsüberwachung geplant, um so die Validität der Ergebnisse zu verstärken. In einem weiteren Schritt wird geprüft, inwiefern die *inhaltssensitive Navigation* auch für andere Domänen, wie beispielsweise der Stromverteilung, eingesetzt werden kann.

Literaturverzeichnis

Ahlström, D., Hitz, M. & Leitner, G. (2006). *An Evaluation of Sticky and Force Enhanced Targets in Multi Target Situation.* In Proceedings of NordicCHI'06, S. 58-67.

Bier, E., Stone, M., Pier, K., Buxton, W. & DeRose, T. (1993). *Toolglass and Magic Lenses: The see-through interface.* In Proceedings of SIGGRAPH'93, S. 73-80.

Furnas, G. W. (1986). *Generalized fisheye views.* In Proceedings of CHI'86, S. 16-23.

Gutwin, C. & Skopik, A. (2003). *Fisheye Views are Good for Large Steering Tasks*. In Proceedings of CHI'03, S. 201-208.

Hornbæk, K. & Frøkjær, E. (2001). *Reading of electronic documents: the usability of linear, fisheye, and overview+detail interfaces*. In Proceedings of CHI'01, S. 293-300.

Igarashi, T. & Hinckley, K. (2000). *Speed-dependent automatic zooming for browsing large documents*. In Proceedings of UIST'00, S. 139-148.

Moscovich, T., Chevalier, F., Henry, N., Pietriga, E. & Fekete, J. D. (2009). *Topology-Aware Navigation in Large Net-works*. In Proceedings of CHI'09, S. 939-949.

Pietriga, E., Appert, C. & Beaudouin-Lafon, M. (2007). *Pointing and beyond: an operationalization and preliminary evaluation of multi-scale searching*. In Proceedings of CHI'07, S. 1215-1224.

Plaisant, C., Card, D. & Shneiderman B. (1995). *Image browsers: Taxonomy, guidelines, and informal specifications*. IEEE Software. 12, S. 21-32.

Posner, M. I. & Petersen, S. E. (1990). *The attention system of the human brain*. Annual Review of Neuroscience 13, S. 25-42.

Robertson, G. G., Card, S. K. & Mackinlay J. D. (1993). Information visualization using 3d interactive animation. *Communications of the ACM*, 36(4), S. 57-71.

Schwarz, T., Kehr, F., Oortmann, H. & Reiterer, H. (2010). *Die Leitwarte von heute verstehen - die Leitwarte von morgen gestalten!* In Mensch & Computer 2010. Interaktive Kulturen, S. 93-102.

Kontaktinformationen

Tobias Schwarz (Siemens AG)

E-Mail: schwarz.tobias.ext@siemens.com

Nutzerorientierte Visualisierung von Fahrplaninformationen auf mobilen Geräten im öffentlichen Verkehr

Christine Keller, Mandy Korzetz, Romina Kühn, Thomas Schlegel

Juniorprofessur Software Engineering ubiquitärer Systeme, Technische Universität Dresden

Zusammenfassung

Immer mehr Menschen nutzen Smartphones nicht nur für Telefonate oder SMS-Nachrichten, sondern auch zur E-Mail-Kommunikation, als Spiel- oder als Navigationsgerät. Durch die Nutzung mobiler Geräte werden alle Arten von Informationen mobil verfügbar und abrufbar. Im öffentlichen Personenverkehr (ÖPV) gilt dies zum Beispiel für Fahrplandaten, Abfahrtszeiten oder auch Informationen zu Verspätungen. Wir stellen in diesem Beitrag eine Nutzerklassifikation für Fahrgäste im öffentlichen Personennahverkehr (ÖPNV) und drei verschiedene Visualisierungen von Fahrplaninformationen für den mobilen Einsatz vor. Diese Visualisierungen wurden mit Benutzern auf ihre Gebrauchstauglichkeit und Verständlichkeit hin evaluiert. Die Evaluationsergebnisse werden in diesem Beitrag ebenfalls vorgestellt und diskutiert.

1 Einleitung

Mobile Geräte gehören mittlerweile zum Alltag vieler Menschen und werden für immer mehr und breiter gefächerte Zwecke eingesetzt. Mit sogenannten „Apps“ lassen sich Smartphones dabei für jeden Bedarf ausrüsten. So wird das Smartphone zum Spielzeug, zum mobilen Kalender oder zum Navigationsgerät, E-Mails können abgerufen und beantwortet oder Reisen geplant werden. Smartphones fungieren auf diese Art als mobiler Reisebegleiter und können so Auskunft über Verspätungen im Zugverkehr oder über Staus auf den Straßen geben. Viele Verkehrsverbünde realisieren daher mittlerweile im öffentlichen Personennahverkehr ihre Fahrplanauskunft als Smartphone-Anwendung. Viele solcher Apps werden auch von privaten Entwicklern zur Verfügung gestellt. Fast alle dieser Anwendungen setzen die Fahrplanauskunft ähnlich dem jeweiligen Webinterface um. Das heißt, nach der Eingabe der gewünschten Abfahrts- oder auch Ankunftszeit und dem Start- und Zielpunkt wird eine Auflistung möglicher Fahrten angezeigt. Diese Fahrtenübersicht wird meist als Tabelle dargestellt, was die Übersicht und damit die Fahrtenauswahl, besonders auf kleinen Smartphone-

Bildschirmen, oft erschwert. Zwei Screenshots solcher Anwendungen sind in Abbildung 1 dargestellt. Beide Anwendungen nutzen die tabellenbasierte Ansicht.

Abbildung 1: DBNavigator von der Deutschen Bahn (links), VVS-App vom Verkehrsverbund Stuttgart

Neue Ansätze zur aufgabengerechten Visualisierung von Fahrplaninformationen auf mobilen Geräten fehlen bisher. Um eine aufgabenangemessene Darstellung zu entwickeln, muss zunächst erhoben werden, in welchen Situationen ein Benutzer sein Smartphone zur Fahrplanauskunft und Reisebegleitung nutzt und welche Informationen für ihn dabei relevant sind. Wir erstellten im Rahmen unserer Arbeit zunächst eine Fahrgastklassifikation, um den Informationsbedarf im öffentlichen Verkehr zu erfassen. Auf Basis des ermittelten Informationsbedarfs wurden dann verschiedene Visualisierungen erstellt. In einer Benutzerstudie wurden diese Visualisierungen als Papierprototypen evaluiert.

2 Informationsbedarf im öffentlichen Verkehr

Im öffentlichen Personennahverkehr werden pro Jahr mehr als neun Milliarden Fahrgäste befördert (Verband deutscher Verkehrsunternehmen, 2009). Sehr viele Fahrgäste nutzen Zeitfahrausweise, das bedeutet, sie nutzen regelmäßig die Verkehrsmittel im ÖPNV. Andere Fahrgäste nutzen den ÖPNV hingegen nur sporadisch. Unter den regelmäßigen Nutzern bilden die Pendler eine große Gruppe, die per Bus oder Bahn zum Arbeitsplatz oder zur Ausbildungsstelle gelangen, aber auch im Tourismus und im anlassbezogenen Verkehr spielt der ÖPNV eine große Rolle. Abhängig von der Motivation zur Nutzung des Nahverkehrs unterscheidet sich dabei der Informationsbedarf der Fahrgäste deutlich, ebenso wie die Art der Nutzung einer Fahrplanauskunft auf dem Smartphone. Um den Informationsbedarf der Fahrgäste zu erfassen, ist es nötig, die verschiedenen Hintergründe, Motivationen und Ausgangssituationen für Fahrten im ÖPNV zu kennen. Hierzu wurde im Rahmen unserer Forschungsarbeit in Zusammenarbeit mit Verkehrsbetrieben eine Klassifikation von „typischen Fahrgästen“ erarbeitet. Wir beschränken uns zunächst darauf, den Vorgang der Fahrtenplanung und der Selektion einer gewünschten Fahrt genauer zu betrachten.

Die typischen Fahrgäste im ÖPNV lassen sich einteilen nach der Häufigkeit der Nutzung des ÖPNV, ihrer Ortskenntnis und der Kenntnis des Verbundes – wie beispielsweise der Zoneneinteilung oder der verfügbaren Verkehrsmittel und Linien. Die verschiedenen Nutzertypen sind in Tabelle 1 zu sehen. Für jeden dieser Nutzertypen wurde zunächst eine Persona modelliert, um die möglichen Informationsbedürfnisse der Nutzer herauszuarbeiten. Die Persona wurden dann dahingehend untersucht, wie ein jeweiliger Nutzer eine Fahrt im ÖPNV plant. Einige dieser Persona sollen im Folgenden kurz beschrieben werden.

Nutzertyp Kriterienausprägung	Power User	Pendler	Gelegenheitsnutzer	Tourist	Ad-hoc-Nutzer
Häufigkeit der Nutzung	++	++	+	-	-
Ortskenntnis	++	++	+	--	o
Verbundkenntnis	++	+	o	-	-

Tabelle 1: Klassifikation von Nutzertypen (++ sehr hoch, + hoch, o mittel, - wenig, -- sehr wenig)

Power User: Katharina P. ist Lehramtsstudentin in Hannover. Sie besitzt ein Semesterticket für den ÖPNV und nutzt den Nahverkehr daher sehr häufig. Einerseits fährt sie mit dem Bus zu Kursen und Vorlesungen an die Universität, andererseits nutzt sie Bus und Bahn aber auch, um sich mit ihren Freunden in der Stadt zu treffen oder zum Einkaufen. Sie kennt sich dementsprechend gut im Verkehrsnetz aus und ihre Standard-Verbindungen kennt sie auswendig. Daher ist es für sie besonders wichtig, schnell eine gute Übersicht über die verfügbaren Verbindungen zu bekommen. Sie benötigt kaum Informationen zu Linien und Haltestellen, dafür legt sie Wert auf wenige Umstiege und kurze Wartezeiten.

Ad-hoc-Nutzer: Walter K. ist Geschäftsmann und nutzt fast ausschließlich seinen Sportwagen als Verkehrsmittel. Ab und zu muss er allerdings sein Auto stehen lassen, so beispielsweise im letzten Winter, als häufig zu viel Schnee lag, um gut per Auto voranzukommen. Wenn Walter K. auf den ÖPNV umsteigt, ist es ihm wichtig, möglichst schnell und ohne Verzögerungen seine Geschäftstermine wahrnehmen zu können. Er kennt das ÖPNV-Netz kaum und braucht daher genaue Informationen, wo und wann er umsteigen muss. Walter K. braucht also einen schnellen Überblick über Fahrtmöglichkeiten und Zeiten.

Tourist: Simon B. studiert in Cambridge. Er besucht auf einer fünftägigen Städtereise Berlin. Dazu kauft er sich ein Touristen-Ticket, das fünf Tage lang im ganzen Netz gilt. Er war noch nie in Berlin und kennt daher weder das Nahverkehrsnetz noch die Stadt selbst. Ihn interessiert nicht so sehr, wie lange er für Fahrten im Nahverkehr braucht. Ihm ist wichtig, dass er in diesen fünf Tagen so viele Sehenswürdigkeiten wie möglich sehen kann. Er plant seine Tage so, dass er ausgehend von den Haltestellen die Touristenattraktionen in der jeweiligen Umgebung nacheinander besuchen kann. Als Tourist möchte Simon B. genau über Routen, das heißt Linien, Verkehrsmittel und Umstiege informiert werden. Wenn er eine Fahrt plant, geht er von Haltestellen und zu nutzenden Verkehrsmitteln aus. Außerdem braucht er möglichst viele unterschiedliche Kombinationen von Abfahrts- und Ankunftszeiten, um seine Aufenthalte an Sehenswürdigkeiten flexibel planen zu können.

Es ergeben sich nun auf der Basis dieser Betrachtung verschiedene Informationsbedürfnisse. Wir teilen diese Informationen ein in Zeitinformationen, Ortsinformationen und sonstige Informationen. **Zeitinformationen** betreffen die Abfahrtszeiten der Fahrten, die Wartezeiten dazwischen sowie die Fahrtdauer. Auch die Dauer und damit Länge der Fußwege zählen wir zu Zeitinformationen. Zu den **Ortsinformationen** gehören generell Informationen über die möglichen Routen zum Ziel. Das beinhaltet Start-, Ziel- und Umsteigehaltestellen sowie die Verkehrslinien. **Sonstige Informationen** sind die Barrierefreiheit der Haltestellen und die verwendeten Verkehrsmittel.

Aus der Auswertung der Persona ergaben sich auch verschiedene Planungsszenarien für die Fahrtenplanung im ÖPNV, die wir ebenfalls in drei Kategorien einteilen konnten. Diese Kategorien umfassen einerseits die **zeitbasierte Fahrtenplanung**, die sich stark auf den zeitlichen Verlauf der Fahrt konzentriert, die **ortsbasierte Fahrtenplanung**, die Routeninformationen und Ortsinformationen in den Vordergrund stellt, sowie die **überblicksbasierte Fahrtenplanung** auf Grund schneller Übersicht der relevanten, eventuell auch personalisierten Daten. Im Folgenden wird nun unser Ansatz erläutert, diese Planungsszenarien in drei verschiedene Visualisierungen von Fahrplaninformation umzusetzen. Dazu geben wir zunächst eine Übersicht über mögliche Visualisierungsformen und beschreiben dann, wie mit den einzelnen Visualisierungstechniken anhand der Fahrtenplanungsszenarien drei Visualisierungen von Fahrplaninformation für Smartphones entstanden.

3 Visualisierung von Fahrplaninformation für Mobilgeräte

Heute ist der Nutzer von einer Vielfalt und Fülle von Daten umgeben. Diese Datenflut zu analysieren und zu explorieren ist in einer rein textuellen Version mühsam und langwierig und insbesondere auf mobilen Geräten schwierig. Eine geeignete Visualisierung der Daten unterstützt den Nutzer bei der Analyse der Daten oder verhilft zum Überblick (Card et al. 1999; Keim, 2002). Die visuelle Aufbereitung von Daten erleichtert es dem menschlichen Wahrnehmungssystem, Informationen schnell zu verarbeiten und im Vergleich zu rein textuellen Darstellungen weitergehende Zusammenhänge zu erfassen, etwa sich wiederholende Muster (Ware, 2004). Mit Hilfe geeigneter visueller Repräsentationen wird es teilweise erst möglich, bestimmte Merkmale zu erfassen und zu vergleichen. Beispielsweise lässt sich der zeitliche Verlauf von Aktienkursen in einem einfachen 2D-Linien-Graph deutlich schneller erfassen als in Form von mit Zahlen gefüllten Tabellen.

Bei der Benutzung mobiler Geräte hat ein Benutzer häufig nur begrenzte Aufmerksamkeit für die Smartphone-Applikation. Dazu wechselt der Kontext der Benutzung, da das Gerät mobil ist. Das kleine Display begrenzt zudem die darstellbare Informationsmenge (Gong & Tarasewich, 2004). Es ist daher umso wichtiger, dass sich die Darstellung von Fahrplaninformation an der Aufgabenstellung des Benutzers und an der Art der nötigen Daten orientiert. Daher sollen zunächst die darzustellenden Daten kategorisiert werden. Zu visualisierende Daten lassen sich nach (Mazza, 2009) differenzieren in **zeitbasierte Daten**, dies sind Daten, die in einer zeitlichen Abhängigkeit stehen. Weiterhin werden **netzwerkbasierte Daten** unterschieden, Daten zwischen denen sich Relationen herstellen lassen. Dazu kommen **mehrdimensionale Daten,** eine Kategorie, in die Daten mit mehreren Attributen fallen. Je nach der Art der Daten bieten sich nun unterschiedliche Visualisierungstechniken an. Fahrplandaten können einerseits als zeitbasierte Daten gesehen werden, da jede Fahrt in einer zeitlichen Abhängigkeit zu anderen Fahrten und zum Fahrgast steht sowie die Fahrt für sich einen zeitlichen Verlauf darstellt. Sie können allerdings auch als netzwerkbasierte Daten gesehen werden: Haltestellen stehen in örtlichen Relationen zueinander und Routen stellen eine Folge von Orten dar. Auch die Sicht auf Fahrplandaten als mehrdimensionale Daten ist möglich: Indem eine Fahrt als Datum betrachtet wird und dann entsprechende Attribute zugeordnet werden – wie zum Beispiel die Dauer einer Fahrt und die Anzahl der Umstiege.

Diese Visualisierungstechniken eignen sich gut zur Umsetzung der bereits vorgestellten Fahrtenplanungsszenarien für **zeitbasierte**, **ortsbasierte** und **überblicksbasierte** Fahrtenplanung. Aufbauend darauf wurden daher drei Visualisierungen entwickelt, die die unterschiedlichen Planungsszenarien berücksichtigen und die verschiedenen Möglichkeiten zur Einordnung und Darstellung der Fahrplandaten nutzen. Ausgangspunkt aller Visualisierungen ist eine bereits reduzierte Datenmenge, da die für den Nutzer interessanten Fahrten durch vorherige Angabe des Start- und Zielortes, sowie der gewünschten Startzeit, bzw. alternativ durch vorherige Angabe der Ankunftszeit stark eingegrenzt werden können.

3.1 Balken-Visualisierung

Angelehnt an das Konzept von Plaisant et al. werden bei der Balken-Visualisierung die Daten als Lebenslinien repräsentiert (Plaisant et al. 1998). Dabei stellt eine Fahrt eine horizontale Lebenslinie dar. Ein farbiger horizontaler Balken zeigt an, dass hier eine Fahrt mit einem bestimmten Verkehrsmittel stattfindet. Die Art des Verkehrsmittels wird über die Farbe des Balkens kodiert (siehe Abbildung 2).

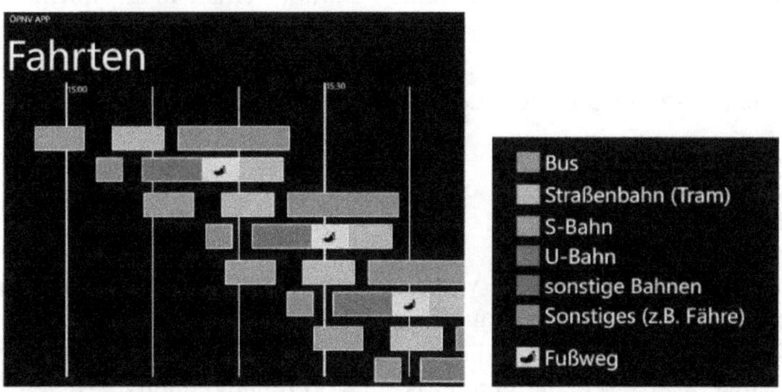

*Abbildung 2: Visualisierung von ÖPNV-Fahrten als **Balken** und Farbcodierung der Verkehrsmittel*

Die Balken werden in ein zeitliches Raster[1] eingeordnet, so dass sich Startzeit und Ankunftszeit für diesen Teilabschnitt der Fahrt ablesen lassen. Zwischenräume stehen für Wartezeiten. Mögliche Fußwege innerhalb der Fahrten werden ähnlich wie eine Fahrt mit einem Verkehrsmittel als Balken dargestellt, da auch hier eine Bewegung von Ort A nach Ort B stattfindet. Sie werden grau gefärbt. Abbildung 2 zeigt ein mögliches Beispiel für eine Suchanfrage. Der Betrachter kann hier erkennen, dass es sich um zwei gleiche Routen in periodisch wiederholten Zeitabständen handelt. Die Balken-Visualisierung stellt eine Repräsentation hauptsächlich zeitbasierter Daten und Zeitinformationen dar und kann daher gut für die zeitbasierte Fahrtenplanung genutzt werden. Sie eignet sich daher insbesondere für den Ad-hoc Nutzer, der vor allem an Zeitinformation interessiert ist.

3.2 Graph-Visualisierung

Betrachtet man die Datenmenge einer Suchanfrage, haben alle Fahrten Start- und Zielort gemein. Dieser Fakt wird bei dieser Visualisierung genutzt, um einen einfachen Graphen zwischen Start- und Zielort aufzubauen. Die Graph-Visualisierung greift Ortsinformationen als netzwerkbasierte Daten auf und unterstützt die ortsbasierte Fahrtenplanung. Start- und Zielort werden jeweils durch ein schwarzes Rechteck repräsentiert (vgl. Abbildung 3 links). Eine Verbindung von Rechteck zu Rechteck repräsentiert eine mögliche Route vom Start- zum Zielort. Auch hier findet sich die farbliche Kodierung der Verkehrsmittelart, die bereits bei der Balken-Visualisierung Anwendung gefunden hat. Zusätzlich zur Verkehrsmittelart erhält der Nutzer die Information, um welche Linie es sich handelt, in Form der Liniennummer auf der Verbindungslinie. Einzelne Teilabschnitte einer Route sind durch eine Uhrgrafik verbunden, die die Wartezeit an diesem Punkt veranschaulicht. Anders als bei der Balken-Visualisierung kann man bei dieser Art von Visualisierung die Struktur der unterschiedlichen Routen, d.h. Umstiege und Verkehrsmittel einschließlich ihrer Liniennummern gut miteinander vergleichen, was sich für den vorgestellten Fahrgast-Typen des Touristen eignet, dem die Verbundstruktur unbekannt ist und der genaue Informationen zu Umsteigepunkten und Verkehrsmitteln benötigt. Indem man eine Route auswählt, erhält man Informationen über Abfahrtszeiten und die Dauer der Teilabschnitte. Wird eine Route ausgewählt, werden in den beiden Kästen die möglichen Start- und Zielzeiten angegeben. Außerdem wird über den einzelnen Fahrtendarstellungen die Dauer der Fahrt mit dem jeweiligen Verkehrsmittel angegeben.

3.3 Matrix-Visualisierung

Angelehnt an Ideen pixelorientierter Visualisierungstechniken zur Darstellung mehrdimensionaler Daten (Keim, 2000) wurde auch eine Visualisierung von Fahrplandaten erarbeitet, die es dem Nutzer ermöglichen soll, die für ihn optimale Fahrt schnell zu finden. Sie ist daher optimiert auf Power User, die gute Orts- und Verbundkenntnis besitzen und eher einen schnellen Überblick benötigen. Es liegt hier die überblicksbasierte Fahrtenplanung zu Grun-

1 das Konstrukt „Zeit“ ist hierbei in horizontaler Richtung abgetragen

de. Auf Basis der vorliegenden Suchanfrage werden neun Fahrten präsentiert, angeordnet in einer 3x3-Matrix, (siehe Abbildung 3 rechts). Jede Zelle der Matrix enthält einen Datensatz, also eine Fahrt. Das Schema rechts in der Abbildung 3 zeigt den Aufbau eines Datensatzes. Der konkrete Wert eines Feldes in einem Datensatz wird über eine Farbskala von grün bis rot kodiert – ein bewährtes Farbkodierungssystem (Ware, 2004) auf Basis der Ampelmetapher.

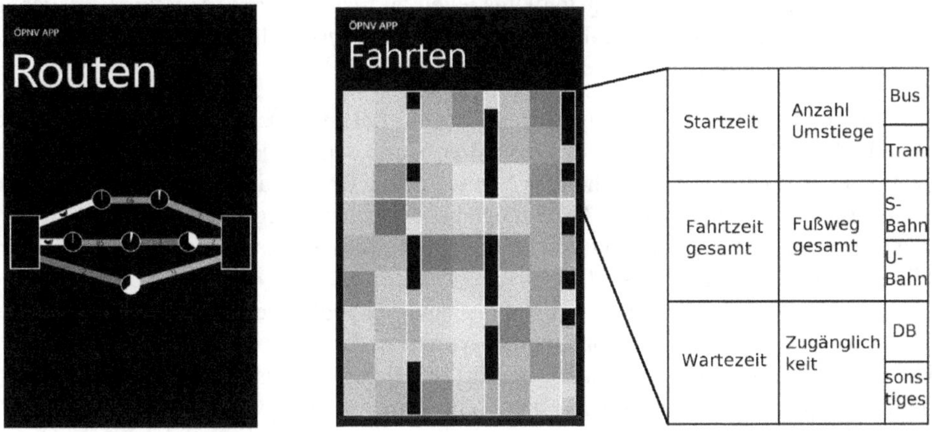

*Abbildung 3: Visualisierung von ÖPNV-Fahrten als **Graph** und als **Matrix***

Die erste Spalte dient der temporalen Bewertung, beginnend mit der Startzeit der Fahrt. Liegt die Startzeit nahe an der gewünschten Startzeit, findet sich hier ein grüner Farbwert. Im Feld darunter findet sich eine Angabe zur Dauer der Fahrt insgesamt. Grün steht hier für eine kurze Fahrtdauer, rot für eine lange. Die gesamte Wartezeit wird entsprechend im letzten Feld der ersten Spalte kodiert. Die zweite Spalte beginnt mit der Anzahl der Umstiege, wobei ein grüner Farbwert für keine bis wenige Umstiege steht. Beinhaltet die Fahrt einen langen Fußweg, besitzt das zweite Feld der zweiten Spalte einen Rot-Ton, wenig bis kein Fußweg wird entsprechend grün kodiert. Das letzte Element der Spalte zeigt die Barrierefreiheit aller in der Verbindung enthaltenen Ein- und Ausstiegspunkte. Ein sattes Grün steht hierbei für eine barrierefreie Fahrt. Die dritte und letzte Spalte des Datensatzes macht Angaben über die Verkehrsmittel, die zur Fahrt gehören. Hierzu zählen Bus, Tram, S-Bahn, U-Bahn, sonstiger Bahnverkehr und sonstige Verkehrsmittel wie z.B. Fähren. Ist ein Feld nicht schwarz, ist diese Art von Verkehrsmittel in der Fahrt enthalten. Ein gelber Farbton zeigt die häufige Nutzung des Verkehrsmittels an, grün bedeutet die weniger häufige Nutzung.

4 Benutzerstudie

Im Rahmen einer Benutzerstudie mit insgesamt 13 Probanden wurde die Gebrauchstauglichkeit und Verständlichkeit der drei Visualisierungen in Form von Papierprototypen bewertet. Mögliche Interaktionen wurden erläutert und zum Teil dargestellt. Die Befragung zielte aber auf eine Bewertung der Eignung der Visualisierungen zum Überblick über vorgeschlagene Fahrten im ÖPNV, nicht der Interaktionsmöglichkeiten. Bei den verwendeten Verbindungsdaten handelt es sich um reale Daten aus dem Dresdner Nahverkehr. Für die Studie wurden zwei Verbindungsanfragen konstruiert und für jede der drei Visualisierungen eine Abbildung für die Ergebnisse zu diesen Verbindungsanfragen realisiert. Die Aufgabe der Probanden bestand darin, jeweils die Verbindungen mit den kürzesten Wartezeiten, Wegstrecken, Fußwegen und den wenigsten Umstiegen zu identifizieren. Auf einem Fragebogen sollten die Versuchspersonen Angaben zu Kriterien wie Verständlichkeit oder Übersichtlichkeit der einzelnen Abbildungen machen.

Für die **Auswertung** der Studie wurden zunächst die Lösungen zu den Aufgaben untersucht. Der Großteil der Probanden konnte die gestellten Aufgaben mit Hilfe der Abbildungen richtig beantworten. Einzelne Abweichungen können auf unterschiedliche Betrachtungs-weisen, unterschiedliche Interpretation der Abbildungen aber auch auf ungenaues Arbeiten zurückgeführt werden. Für die Auswertung des Fragebogens wurden die Tendenzen der Antworten auf die einzelnen Fragen in Tabelle 2 zusammengefasst. Dabei wird deutlich, dass sowohl die Balken- als auch die Graph-Visualisierung von den Probanden verhältnismäßig gut eingeschätzt wurden. Die Graph-Visualisierung wurde insgesamt etwas besser beurteilt als die Balken-Visualisierung, was vermutlich darauf zurückzuführen ist, dass das Paradigma der Routendarstellung als Graph den meisten Benutzern aus dem ÖPNV bereits bekannt ist. Einige Probanden betonten im Freitext des Fragebogens dann auch die leichte Verständlichkeit dieser Visualisierung. Die meisten Probanden schätzten den Lernaufwand für die Matrix-Visualisierung als sehr hoch ein und konnten die gestellten Aufgaben nur mit Hilfe der beigelegten Legende lösen. In der Auswertung des Fragebogens ergibt sich generell ein neutrales Bild. Abschließende Gespräche mit den Probanden sowie die Auswertung der Freitexte auf den Fragebögen ergaben allerdings, dass diese Möglichkeit der Informationsanzeige großes Interesse geweckt hat. Insbesondere die Möglichkeit des schnellen Überblicks wurde positiv eingeschätzt.

Visualisierung ***Bewertungskriterium***	**Balken-Visualisierung**	**Graph-Visualisierung**	**Matrix-Visualisierung**
Verständlichkeit	+	+	o
Übersichtlichkeit	+	+	o
Ästhetik	o	+	o
Informationsgehalt	+	+	+
Lernaufwand	+	+	–
Eignung in mobilen Situationen	o	+	o
Ortsinformationen	o	+	–
Zeitinformationen	+	+	o
Überblicksinformationen	o	o	+

Tabelle 2: Auswertung der Visualisierungen nach verschiedenen Kriterien: gut (+), neutral (o), schlecht (-)

Die Balken-Visualisierung zeigte schlechte Vergleichsmöglichkeiten der Warte- und Fahrtzeiten, was die Probanden eher negativ bewerteten. Für die Graph-Visualisierung bestand das größte Hindernis der Probanden darin, dass die Länge der Kanten (Fahrten) nicht mit der Dauer der jeweiligen Fahrt korrespondiert. Der hohe Lernaufwand und die Ungenauigkeit der Vergleichswerte wurden für die Matrix-Visualisierung als Probleme gesehen. Für alle drei Visualisierungen gilt, dass das Fehlen genauer Start- und Ankunftszeiten auf einen Blick bemängelt wurde. Das nötige Einblenden der Zeiten in der Graph-Visualisierung wurde als zu aufwändig betrachtet. Da die vorliegenden Visualisierungen nur als Realisierung einer ersten Fahrtenübersicht vorgesehen sind, sollen im weiteren Verlauf unserer Arbeit Detailansichten und erweiterte Interaktionsmöglichkeiten entwickelt werden. Zusätzlich zu den genauen Abfahrts- und Ankunftszeiten wurde von den Probanden die Anzeige genauerer Warte- und Fahrtzeiten, sowie der Haltestellennamen auf der Route gewünscht.

5 Diskussion und Zusammenfassung

Um neuartige Visualisierungen von Fahrplaninformationen für Smartphones zu entwickeln, identifizierten wir typische Fahrgastgruppen. Daraus ließen sich verschiedene Informationsbedürfnisse und Vorgehensweisen zur Planung von Fahrten ableiten. Wir konnten drei verschiedene Darstellungen für Fahrtenübersichten erarbeiten. Im Rahmen unserer Benutzerstudie konnten die Probanden die ihnen gestellten Aufgaben zur Fahrtenplanung gut bewältigen und bewerteten die neuen Darstellungen überwiegend gut. Die Matrixvisualisierung, als diejenige Darstellung, die am entferntesten von üblichen Fahrplandarstellungen ist, schnitt am schlechtesten ab, wurde aber als interessanter Ansatz beurteilt. Insbesondere in diesem Fall wünschten sich die Probanden zusätzliche Informationen und Interaktionsmöglichkeiten. Es ist eindeutig, dass die vorgelegten Visualisierungen für die Nutzung zur Fahrplaninformation und Reisebegleitung nicht ausreichen. Wir planen daher die Erarbeitung von Detailansichten für die einzelnen Darstellungen, die im jeweiligen Paradigma der Informationsvisualisierung bleiben, den Benutzer aber umfassend und genau informieren. Ebenso in Planung ist, die Darstellungen mit zusätzlichen Interaktionsmöglichkeiten zu versehen, die dem Benutzer die Exploration der Daten ermöglichen. Hier sind sehr viele verschiedene Ansätze möglich. Im Falle der Balken-Visualisierung ist die Detailansicht der Fahrten so geplant, dass eine der Fahrten hervorgehoben und mit zusätzlichen Informationen versehen wird, während die übrigen Fahrten im Hintergrund verbleiben. Das Antippen von Umsteigehaltestellen soll die übrigen Fahrten hieran ausrichten und so beispielsweise den Vergleich von Fahrten ermöglichen, die denselben Umsteigebahnhof enthalten. Dieses interaktive Ausrichten der Fahrten ist auch für Zeitinformationen denkbar. Im Falle der Graph-Visualisierung muss über die Möglichkeit einer Korrelation zwischen Balkenlänge und Fahrtzeiten nachgedacht werden. Weitere Details sollten sich auf Wunsch einblenden und leicht vergleichen lassen. Für die Matrix-Visualisierung sind innovative und trotzdem erwartungskonforme Ansätze zur Unterstützung des Fahrgastes bei der Benutzung der Applikation gefragt, um den Lernaufwand zu verringern. Hier bieten sich weitere Interaktionsmöglichkeiten an, die jeweils eine bestimmte Information in den Mittelpunkt stellen und so die Vergleichbarkeit der Fahrten erhöhen.

Die vorgestellten Visualisierungen von Fahrplaninformation für mobile Geräte gehen neue Wege zur Fahrtenplanung und Reisebegleitung. Alle drei stellen vielversprechende Ansätze zur weiteren Entwicklung von Fahrplaninformationssystemen für Smartphones dar. Ausgehend von den Ergebnissen unserer Benutzerstudie werden sie im Verlauf unserer Arbeit weiterentwickelt werden. Die Integration zusätzlicher Informationen, Interaktionen und Dienste, sowie die Verarbeitung und Anzeige von Echtzeitinformationen, zum Beispiel im Falle von Verspätungen, stellen hier interessante Herausforderungen dar.

Danksagung

Teile dieser Arbeit wurden im Rahmen des Forschungs- und Standardisierungsprojekts „IP-KOM-ÖV“ vom Bundesministerium für Wirtschaft und Technologie (BMWi) unter dem Förderkennzeichen 19 P 10003O gefördert.

Literaturverzeichnis

Card, S. K.; Mackinlay, J. D. & Shneiderman, B. (1999). *Readings in Information Visualization: Using Vision to Think (Interactive Technologies).* Morgan Kaufmann.

Gong, J. & Tarasewich, P. (2004). Guidelines for handheld mobile device interface design.. *Proceedings / Annual DSI Meeting.*

Keim, D. (2000). Designing pixel-oriented visualization techniques: theory and applications. *IEEE Transactions on Visualization and Computer Graphics, 6*(1), 59-78.

Keim, D. A. (2002). Information Visualization and Visual Data Mining. *IEEE transactions on visualization and computer graphics, vol. 8 no.*, 1-8.

Mazza, R. (2009). *Introduction to Information Visualization.* Springer.

Plaisant, C., Mushlin, R., Snyder, A., Li, J., Heller, D., & Shneiderman, B. (1998). LifeLines: using visualization to enhance navigation and analysis of patient records. *Proceedings / AMIA ... Annual Symposium. AMIA Symposium*, 76-80.

Verband deutscher Verkehrsunternehmen. (2009). *VDV-Statistik.* Köln.

Ware, C. (2004). *Information Visualization: Perception for Design* (2. Ausg.). Morgan Kaufmann.

Kontaktinformationen

Dipl.-Inf. Christine Keller, Mandy Korzetz, Dipl.-Medieninf. Romina Kühn
Jun.-Prof. Dr.-Ing. Thomas Schlegel
Technische Universität Dresden
Juniorprofessur Software Engineering ubiquitärer Systeme
Nöthnitzer Straße 46
D-01187 Dresden

E-Mail: {Christine.Keller, Romina.Kuehn, Thomas.Schlegel}@tu-dresden.de, mandy.korzetz@gmail.com

Engineering Mobile User Experience: Think. Design. Fail. Iterate. Publish.

Markus Heckner[1], Tim Schneidermeier[1], Alexander Bazo[2], Thomas Wagner[1], Thomas Wilhelm[1], Christian Wolff[1]

Lehrstuhl für Medieninformatik, Universität Regensburg[1]
Lehrstuhl für Informationswissenschaft, Universität Regensburg[2]

Zusammenfassung

Der Vertrieb von Smartphone-Applikationen über zentralisierte Marktplätze wie *Android Market*, *Apple iTunes* oder *Nokia Ovi Store* ist heute fest etabliert. Dieser Vertriebsweg bietet Chancen, aber auch Risiken für die Entwickler: Die Nutzer erhalten einen direkten Feedbackkanal, auf dem sie Applikationen für alle anderen Nutzer sichtbar bewerten und kommentieren können. *User Experience* ist hier ein Schlüssel zum Erfolg einer App. Gleichzeitig erfordert die starke Konkurrenz durch die hohe Anzahl von Entwicklern ständig neue Produkte, um sich von bestehenden Angeboten abzuheben. In diesem Praxisbericht wird ein Vorgehensmodell vorgeschlagen, das den Nutzer ins Zentrum jeder mobilen Anwendungsentwicklung stellt, mit dem Ziel, effizient Software zu entwickeln, die tatsächliche Probleme der Nutzer löst und sich durch positive *User Experience* auszeichnet. Anhand eines konkreten Projekts wird der erfolgreiche Einsatz des Modells dokumentiert und abschließend diskutiert.

1 Einleitung

Bis vor wenigen Jahren spielten mobile Applikationen eine untergeordnete Rolle. Die Ursachen sind vielfältig, sind aber u.a. in mühsamen Zahlungswegen und großen Hürden bei der Beschaffung begründet. Beispielsweise gestaltete sich der Erwerb einer Applikation für die Windows Mobile-Plattform als mühsam: Nutzer mussten mit Hilfe eines PCs nach einer geeigneten Applikation im Web suchen, selbst zur Website des Anbieters navigieren und die Bezahlung nach Einrichtung eines Benutzerkontos vornehmen. Die eigentliche Installation auf dem Gerät erfolgte nach dem Download mit *ActiveSync* oder vergleichbaren Produkten[1].

Apple, Google, Nokia, Microsoft und RIM vereinfachen diesen Prozess und bieten mittlerweile jeweils einen zentralisierten Marktplatz für mobile Anwendungen an, die den Beschaf-

1 Ein Beispiel für diesen aufwändigen Prozess findet sich auf: http://pocketpccentral.net/help/softinstall.htm.

fungsprozess auf einen Klick reduzieren: Nach einer einmaligen Registrierung unter Angabe der Zahlungsdaten können Anwendungen direkt auf dem Gerät gesucht und mit einem „Tap" der Kauf und die Installation bestätigt werden. Die Einfachheit dieses Prozesses wird auch für die Anwendungen selbst gefordert: *User Experience* wird zunehmend als Muss angesehen, um Produkte und Dienstleistungen erfolgreich zu vertreiben (Accenture Technology Labs 2011). Für alle diese Marktplätze liegen umfangreiche Dokumentationen vor und öffnen durch geringe Hürden den Markt für eine Vielzahl von professionellen Entwicklern und Hobbyprogrammierern (Apple Inc. 2011a).

Dieser Beitrag schlägt ein effizientes Modell für die Entwicklung mobiler Applikationen vor, das die dabei auftretenden spezifischen Herausforderungen berücksichtigt: Zunächst werden Erfolgsfaktoren, die sich an die mobile Applikationsentwicklung ergeben, dargestellt (Kap. 2). Ausgehend von der Ideenfindung wird anschließend ein nutzerzentrierter Entwicklungsprozess beschrieben, der bis zur Veröffentlichung der App reicht (Kap. 3). Der Einsatz des vorgeschlagenen Modells wird abschließend anhand einer Fallstudie über die Entwicklung einer mobilen App zur Steuerung von Präsentationen veranschaulicht. Das Modell und die App entstanden während der Vorbereitung auf einen Android-Kurs an der Universität Regensburg im Studiengang Medieninformatik. Ziel dieses Kurses ist der Erwerb allgemeiner Grundlagen der Anwendungsentwicklung am Beispiel Android. Ein weiteres Lehrziel ist die Verbindung von Programmiertechniken mit Methoden des Usability Engineerings.

2 Erfolgsfaktoren für die Entwicklung auf Android Market, App Store & Co.

Der Wandel vom individuellen Vertrieb zu einer zentralisierten Verkaufsplattform erschließt ein großes Umsatzpotential für mobile Apps. Die folgenden Konsequenzen lassen sich aufgrund der Besonderheiten des Vertriebskanals erkennen:

- Erste User-Reviews bestimmen über zukünftige Verkäufe („make it or break it").
- Signifikante Umsätze werden aufgrund des meist geringen Produktpreises nur durch hohe Stückzahlen erreicht.
- Die Hürde für Alternativkäufe ist aufgrund des geringen Preises niedrig.
- Entwickler sind auf Empfehlungs- und virales Marketing infolge hoher Konkurrenz durch Parallelentwicklungen und der immensen Anzahl an Apps angewiesen.

Hieraus lassen sich die nachfolgend beschriebenen Erfolgsfaktoren herausarbeiten.

2.1 Bedarf

Jede Entwicklung sollte den Nutzer von Anfang an mit in die Überlegungen einbeziehen: Es muss identifiziert werden, welche Probleme und Bedürfnisse eine App lösen kann, bevor mit der eigentlichen Softwareentwicklung begonnen wird. Eine technisch fehlerfreie App, die niemand braucht, kann von Anfang an keinen Erfolg haben. Die tatsächliche Brauchbarkeit der angebotenen Apps schwankt: Viele Apps können viel, lösen aber nicht zwingend Probleme der Nutzer. Auch auf den ersten Blick sinnlose, aber erfolgreiche Scherz-Apps treffen immer auf ein Bedürfnis der Nutzer, und sei es auch nur der Wunsch nach Unterhaltung oder Außendarstellung.

2.2 Mobile User Experience

Usability Engineering und *User Experience Design* (UXD) gewinnen gerade in den letzten Jahren zunehmend an Bedeutung und durchdringen mittlerweile viele unterschiedliche Märkte und Lebensbereiche. Egal ob Software, Weckuhr oder Webseite – dem Benutzer soll ein bestmögliches Nutzungserlebnis bereitet werden (Klauser & Walker 2007; Norman 1988). Um dies zu erreichen, gilt es neben den (funktionellen) Anforderungen der Gebrauchstauglichkeit auch alle anderen Aspekte zu berücksichtigen, die die Wahrnehmung des interaktiven Systemen als Ganzes beeinflussen (Ästhetik, Emotionen, Joy of Use, (z.B. Alben 1996)).

Mobile Applikationen unterliegen neben allgemein gültigen Gestaltungsrichtlinien für Software (z.B. Shneiderman & Plaisant 2009) weiteren Herausforderungen (z.B. Apple Inc. 2011b; Ginsburg 2010; Google 2011), die für ein benutzerfreundliches Produkt im Sinne der *Usability* und *User Experience* (UX) berücksichtigt werden müssen: Unterschiedliche Hardware-Ressourcen, (vergleichsweise) kleine Displays, variierende Interaktionstechniken und der mobile Nutzungskontext bedürfen zusätzlicher Beachtung. Ein wesentlicher Faktor guter Bedienbarkeit mobiler Software ist die konsequente Erfüllung der Erwartung des Benutzers an Erscheinung und Benutzung. Ein konsistenter Übergang vom genuinen *User Interface* des Betriebssystems des Geräts zum *Interface* der eigenen App ermöglicht dem Nutzer eine intuitive Bedienung und soll ein positives Benutzererlebnis erzeugen. Die Interaktion innerhalb einer Applikation sollte auf solchen Prinzipien beruhen, die der Benutzer bereits aus dem Kontext des übergeordneten Systems bzw. von anderen Applikationen kennt. Seitens der Hersteller dieser Systeme besteht der Wunsch, durch die Verbreitung und Kommunikation bestimmter *User Interface Design Patterns* und *Guidelines* diese möglichst konsistente Erscheinung und Bedienbarkeit innerhalb der heterogenen Menge an Applikationen zu gewährleisten (Apple Inc. 2011b). Diese Dokumente sind aber häufig sehr umfangreich (vgl. z.B. RIM mit über 100 Seiten und Apple mit derzeit über 150 Seiten (Apple Inc. 2011b; Research in Motion Limited 2010), und werden somit mutmaßlich nur selten vollständig von den Entwicklern erfasst. Zusätzlich lösen diese Guidelines nicht das Transferproblem: Auch nachdem die Dokumente erarbeitet wurden, muss ein konkretes Problem im Benutzerinterface der Applikation umgesetzt werden. Hierbei werden die Entwickler nicht von den Guidelines unterstützt.

2.3 Effiziente Entwicklung

Zur Applikationsentwicklung sind nur geringe Hürden zu überwinden: Entwicklungsumgebungen und Plugins sind meist kostenlos, die Teilnahme am Entwicklerprogramm kostet häufig weniger als $ 100,- und die Frameworks sind auf einfache Entwicklung hin optimiert. Diese Faktoren führen zu einer hohen Anzahl von Entwicklern. Beobachtet man den Markt genauer, werden innovative Apps schnell kopiert und es existieren häufig mehrere konkurrierende Angebote. Dies erfordert einen schnellen Entwicklungsprozess, um sich am Markt zu etablieren und die Risiken für Fehlentwicklungen zu minimieren. Derzeit (Stand Juni 2011) sind mehrere Hunderttausend Apps auf dem *Android Market* verfügbar (Wikipedia 2011).[2]

2.4 Codequalität

Die Marktplattform erzeugt ein transparentes Meinungsbild über die Applikationen: Reviews werden unmittelbar veröffentlicht, und der Entwickler hat keine Möglichkeit, diese zu löschen oder Stellung zu nehmen. Abstürze und Bugs sind ein sicherer Weg zu schnellen negativen Feedbacks: Jeder Absturz erzeugt potentiell negative Reaktionen, die Nutzer bereitwillig als Kommentare äußern. Google versucht diesem Problem durch explizite Guidelines zur Konzipierung der Applikation auf Codeebene entgegenzutreten: Es werden *best practices* formuliert und *Design Patterns* ausgegeben. Beispielweise ergibt sich durch das Design der Plattform, das *model-view-controller*-Prinzip (MVC) für die Entwicklung aufzugreifen. Die Trennung von UI und Programmlogik ist durch die Architektur der Plattform vorgegeben. Weitere Patterns betreffen die lose Kopplung (*loose coupling*) einzelner Komponenten und die späte Bindung (*late binding*) zur Laufzeit.

2.5 Fazit

Die oben beschriebenen Erfolgsfaktoren lassen sich nach unseren Erkenntnissen wie folgt zusammenfassen (vgl. Abbildung 1):

- Der Nutzer muss im Zentrum der Entwicklung stehen (*Bedarf*)
- Nur positive User Experience kann langfristig Erfolg sichern
- Die hohe Innovationsgeschwindigkeit erfordert effiziente Entwicklungspraxis
- Hochwertiger Code kann Frustration und schlechte Bewertungen verhindern helfen

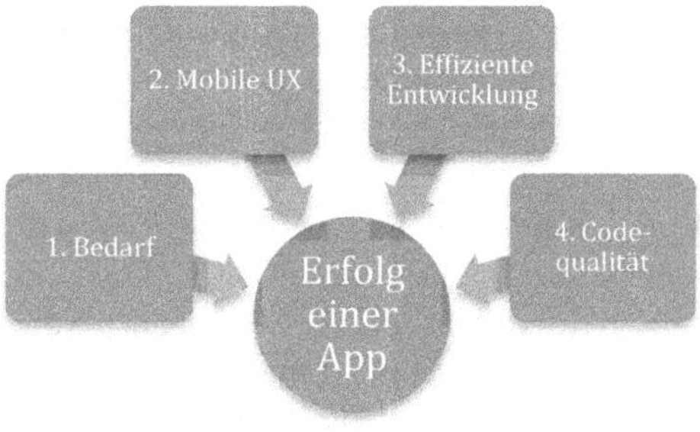

Abbildung 1: Fazit: Erfolgsfaktoren einer App

[2] Die Informationsplattform *AndroLib* geht für den Android-Markt von knapp 400.000 Apps und Spielen bei etwa fünf Milliarden Downloads aus, vgl. http://www.androlib.com/appstats.aspx [Zugriff Juni 2011].

3 Think. Design. Fail. Iterate. Publish.

Basierend auf den Erfolgsfaktoren aus den vorhergehenden Abschnitten schlagen wir ein Vorgehensmodell für die mobile Applikationsentwicklung vor, das von der Idee bis zur Veröffentlichung der Applikation reicht (vgl. Abbildung 2) und das mit leichten Anpassungen für die Entwicklung eigener Apps eingesetzt werden kann. Der Fokus liegt weniger auf der Produktion formaler Dokumente, sondern auf praxis- und ergebnisorientierter Entwicklung.

Viele Softwareprojekte scheitern an mangelhaft formulierten Anforderungen (Selby 2007). *Usability Engineering Frameworks* erkennen dieses Problem, setzen an diesem Punkt an und beziehen den Nutzer so früh wie möglich in den Entwicklungsprozess mit ein (vgl. z.B. Dahm 2008, 23). Unterschiedlichen Modellen ist die Konzentration auf die Nutzer und deren Anforderungen sowie die iterative Entwicklung eines Systems gemein: Es wird von Anfang an akzeptiert, dass ein perfekter Entwurf der Benutzeroberfläche nicht in einem Schritt möglich ist. Voraussetzung für die erfolgreiche Entwicklung ist, dass das Entwicklungs- und Designteam verinnerlicht haben muss, dass Scheitern ein wichtiger Teil des Entwicklungsprozesses ist, und jede Kritik eine Chance darstellt, ein optimales Produkt zu entwickeln.

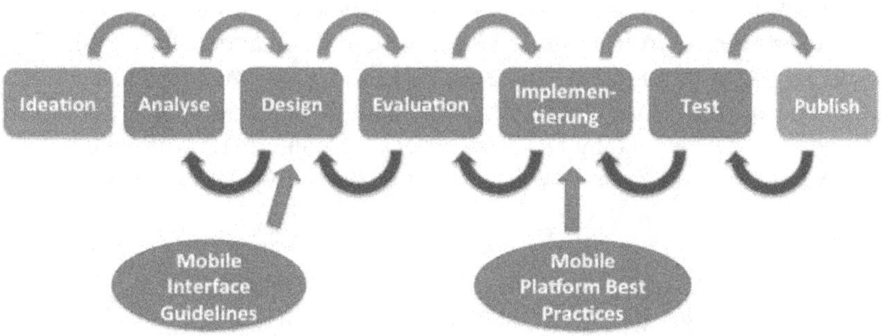

Abbildung 2: Mobile Usability Engineering Framework

Die Phasen sind durch Rücksprünge auch mit den Vorgängerphasen verbunden, eine Evaluationsphase verdeutlicht den Unterschied zu klassischen Modellen wie dem Wasserfallmodell im Software Engineering (Royce 1987): Ab der Designphase lässt jede Phase Rücksprünge zu, auch über mehrere Phasen hinweg. Vor dem eigentlichen Usability Engineering steht die Idee. In der Ideenfindungsphase (*Ideation*) erweisen sich unterschiedliche Methoden eines *Design Thinking*-Prozesses als effizientes Mittel zur Identifikation vielversprechender Ideen (Brainstorming, Beobachtungsstudien, etc.). Die Entwicklung sollte nicht vom Entwickler ausgehen („Was können wir?"), sondern von Beginn an auf die zukünftigen Nutzer ausgerichtet sein („Was brauchen die Nutzer?"). Die Erkenntnisse aus der Ideenfindungsphase fließen direkt in die Analyse ein und werden durch eine technische Analyse (z.B. als *Proof of Concept*) ergänzt. Sind Inhalt und grobe Zielrichtung des Projekts abgesteckt, werden die Apps erarbeitet. Für die funktionale Ausarbeitung des Konzepts eignen sich *Sketching* (schnelle Skizzen, vgl. (Craft & Cairns 2009) zum ersten Entwurf der Screens und *Paper Prototyping* (Snyder 2003) zur Evaluation des Applikationsverlaufs (Warfel 2009). Ziel ist die Ausarbeitung der Ideen und die sofortige Validierung durch das Team und Nutzer. Während der gemeinsamen Diskussion entsteht häufig erst der Mehrwert der App. In der Designphase werden bestehende UI-Richtlinien (Apple Inc. 2011b; Google 2011) beachtet und umgesetzt, um eine erwartungskonforme Darstellung zu erreichen. Der Fokus liegt aber auf der Erarbeitung und Evaluation der Ideen durch Einholen von Feedback. Während der Implementierung werden laufend neue Softwarestände generiert, die dann mithilfe informeller Usability-Tests weiter überprüft und ggf. angepasst werden können. Nach abgeschlossener Implementierung folgt die Testphase, welche alle Abläufe auf technische Korrektheit prüft. Diese abschließende Evaluation ermöglicht auch die Gesamtschau auf die Software. Erst jetzt können alle Komponenten im Zusammenspiel getestet werden. Nach erfolgreichen Tests erfolgt die Veröffentlichung der App. Auch nach Veröffentlichung lassen sich durch weitere Tests bzw. Kommentare der Nutzer gewonnene Erkenntnisse in die App integrieren und durch Updates einspielen.

4 Fallstudie: Entwicklung eines Android-Presenters

Dieser Abschnitt beschreibt die konkrete Anwendung des Modells am Beispiel einer Presenter-Software für Android-basierte Geräte, die über Bluetooth mit einem Rechner gekoppelt sind. Die App ermöglicht Nutzern, drahtlos die Folien ihrer Präsentationen durch Gestensteuerung auf dem Handy vor- und zurückzuschalten und ersetzt somit einen Hardware-Presenter oder die Benutzung der Tastatur des Computers. Es wurde bewusst auf Reduzierung und Aufgabenangemessenheit (i. S. der ISO 9241-110) der App gesetzt.

4.1 Ideation

Grundgedanke des Projekts war die Entwicklung einer App, die auf einen tatsächlichen Bedarf trifft. Die Ideenfindungsphase konzentrierte sich auf Methoden des *Design Thinking* (Meinel et al. 2009). Für eine erste Ideengenerierung wurde ein Brainstorming in zwei Durchgängen von je 10 Minuten durchgeführt. Das Ziel war es zunächst, sämtliche Ideen zu sammeln, die im Kontext mobiler Applikation einen Mehrwert für den Benutzer darstellen könnten. Die technische Machbarkeit bzw. die Wirtschaftlichkeit spielten in dieser Phase eine noch untergeordnete Rolle. Eine kurze Diskussion der Ergebnisse zwischen den beiden Phasen sollte die Ideenfindung zusätzlich anregen und die Erweiterung bestehender Ideen anregen. So konnten Ideen näher erläutert werden und Synergieeffekte für den zweiten Durchgang des Brainstormings gewonnen werden. In einer abschließenden Debatte einigten sich alle Teammitglieder auf die Umsetzung einer Idee. Im Anschluss wurde die Idee mehrfach in Form von *Elevator Pitches* (Gray et al. 2010) an potentiellen Nutzern evaluiert, um die Zielgruppe so früh als möglich in den Designprozess miteinzubeziehen. Die positive Resonanz zeigte den tatsächlichen Bedarf der Nutzer. Gleichzeitig konnte ein Bild des zukünftigen Nutzungskontexts gewonnen werden. Als Zielgruppe wurden der Bildungskontext (Universitäten, Schulen) sowie der Unternehmenskontext identifiziert.

4.2 Analyse

In der Analysephase wurde die technische Machbarkeit überprüft und eine Wettbewerbsanalyse ähnlicher Produkte durchgeführt.

4.2.1 Marktanalyse

Um weitere funktionale Anforderungen für die Applikation zu ermitteln, wurde der Android-Market auf vergleichbare Produkte hin untersucht. Dabei wurden vor allem der Verkaufspreis, vorhandene bzw. fehlende Features, *Usability* und technische Probleme betrachtet. Hierzu wurden die Konkurrenzprodukte kurzen informellen Evaluationen unterzogen und bestehende Reviews ausgewertet. Besonders letztere bestätigten die erarbeiteten und anhand kurzer Nutzerbefragungen überprüften Forderungen nach intuitiver Benutzbarkeit und technischer Einfachheit. Die Unterstützung aller verbreiteten Präsentationssoftwarepakete sowie die Unabhängigkeit vom Betriebssystem des Host-Computers konnten als weitere technische Anforderungen identifiziert werden. Die Überfrachtung mit Features und die Fehlerhaftigkeit bestehender Lösungen wurden als die größten Problemfelder ermittelt. Bei Bewältigung dieser Herausforderungen erschien dem Designteam die Platzierung der eigenen Software als innovativ und wirtschaftlich vielversprechend. Als Konsequenz dieser ersten Analyse sollte eine App entwickelt werden, die mit möglichst wenigen Features den Nutzerbedürfnissen und dem Nutzungskontext gerecht wird.

4.2.2 Technische Machbarkeit (Proof of Concept)

Ausgehend von der zur Verfügung stehenden soft- und hardwareseitigen Möglichkeiten zeitgemäßer Android-Smartphones (Matos & Grasser 2010) wurde die technische Machbarkeit einer Presenter-App untersucht. Zentraler Punkt war die Identifikation einer einfachen und weitverbreiteten Möglichkeit, Smartphone und Computer miteinander zu verbinden. Das Verwenden der Bluetooth-Technologie bot sich aufgrund der weiten Verbreitung und des relativ einfachen Pairing-Prozesses auf Nutzerseite an.

4.3 Design: Sketching

In einer ersten zehnminütigen Runde entwarf jeder der vier Teilnehmer selbstständig einige unterschiedliche mögliche Layouts. Da in dieser Phase das Ziel verfolgt wird, möglichst viele Ideen zu generieren, können auch Nicht-Experten im *UI Design* an diesem Workshop teilnehmen. Um die Entwürfe in realistische Bahnen zu lenken, wurde eine Palette von zulässigen Interface-Elementen für alle sichtbar als Referenz platziert. Anschließend präsentierten die Teilnehmer Ihre Entwürfe. Aus der Diskussion der Entwürfe entstand bei allen Mitwirkenden eine Vorstellung davon, wie die zukünftigen Screens aussehen könnten. Diese gemeinsame Vorstellung reduziert zukünftige Missverständnisse und Kommunikationsprobleme und gestaltet so Kommunikation innerhalb des Teams effizienter. Abbildung 3 zeigt das Resultat des *Sketching* für den Präsentationsbildschirm und das tatsächliche Endergebnis. Dieses ist um zwei Funktionen erweitert worden, welche sich in der begleitenden Evaluation als relevant herausgestellt hatten.

Abbildung 3: Ergebnis des Sketching (links) und Bildschirm bei Release (rechts)

4.4 Softwareentwicklung

Die Softwareentwicklung auf der Basis der Design-Entwürfe erfolgte mit Hilfe der für die Android 2-Plattform (Burnette 2010) verfügbaren Softwarewerkzeuge in einem kooperativen Arbeitsmodus innerhalb einer relativ kurzen Zeitspanne.

4.5 *Guerilla Usability Tests*

Ziel des Guerilla-Ansatzes ist eine möglichst kostengünstige und zeitsparende Evaluation der Software auf ihre technische Korrektheit sowie Identifikation der wichtigsten Usability-Probleme. Auf eine aufwendige Videoaufzeichnung und Auswertung wurde bewusst verzichtet: Zwei Beobachter protokollierten schriftlich auffällige Handlungen der Testpersonen sowie deren Verbesserungsvorschläge und Wünsche. Die aufgabenbasierten *Usability*-Tests wurden mit drei Versuchspersonen durchgeführt. (Krug 2009) stellt fest, dass bereits bei sehr geringen Probandenzahlen die wichtigsten *Usability*-Probleme beobachtbar werden. Tests müssen in ein konkretes Anwendungsszenario integriert werden, um exploratives und zielloses Umherklicken zu vermeiden. Als typische Szenarien für den Presenter wurde die selbständige Erstinstallation und Inbetriebnahme der Softwarekomponenten sowie das Navigieren durch eine vorgefertigte Präsentation gewählt. In den abschließenden Tests konnten Probleme festgestellt werden, die vom Entwicklerteam nicht vorhergesehen werden konnten: Handlungsabläufe für die Inbetriebsetzung waren den Testnutzern teils nicht eindeutig verständlich, Informationen wurden nicht oder nur spät identifiziert. Die Probleme wurden behoben und die Applikation anschließend auf dem Market veröffentlicht.

5 Fazit

Das hier beschriebene Entwicklungsverfahren bedient sich bei bestehenden Modellen (*User-Centered Design*, *Design Thinking*) und passt diese an die Anforderungen der mobilen App-Entwicklung, im speziellen dem noch jungen Distributionsweg der App-Märkte an. Die

Vorgehensweise ähnelt dabei den Design-Methoden, wie sie auch bei erfolgreichen Unternehmen wie Google zum Einsatz kommen (Au et al. 2008). Dabei ist wichtig, dass die Entwicklung von Apps schon in der Ideenfindungsphase scheitern kann, wenn ohne Bezug zu den Nutzern entwickelt wird. Ebenso entscheidend ist eine sorgfältige Testphase vor der Veröffentlichung, da anfänglich schlechte Bewertungen eine Applikation von Anfang an zum Scheitern verurteilen können. Nach einem nur insgesamt zweiwöchigen Entwicklungsprozess mit vier Teammitgliedern, die nicht in Vollzeit an der App arbeiteten, wurde die Applikation in einer kostenlosen Version bereits über 1200 mal heruntergeladen, die kostenpflichtige Version ohne Laufzeitbeschränkung konnte in den ersten zwei Wochen über 50 Verkäufe erzielen. Die Website zur Anwendung „Presenter" ist verfügbar unter der Adresse *http://www.small-worlds.de/presenter*.

Die Entwicklung wurde durch folgende Maßnahmen effizient gestaltet:

- Prototyp geht vor Dokumentation – Papierberge wurden vermieden, das Verständnis der Benutzeroberfläche wurde in Workshops bestimmt und auf Papier herausgearbeitet - eine gewisse Analogie zu den agilen Methoden in der Softwareentwicklung (Srinivasan & Lundqvist, 2009) ist nicht von der Hand zu weisen.
- Effizientere Kommunikation und Entwicklung durch frühe Klärung der funktionalen Anforderungen in der Designphase – Das Team profitiert von einer frühen Verständigung auf gemeinsame Ziele
- Interface Guidelines erleichtern Designentscheidungen – Diskussionen wurden vermieden, wenn klare Empfehlungen seitens des Plattformherstellers vorhanden waren
- Design Patterns auf Codeebene erleichterten Anpassungen, Test und Wartbarkeit des Codes
- Laufende informelle Usability-Tests kosten wenig Zeit und liefern gute Erkenntnisse.

Literaturverzeichnis

Accenture Technology Labs. (2011). Accenture Technology Vision 2011: http://nstore.accenture.com/technologyvision/data/pdfs/TechVision2011_Report_v6_090211_lores.pdf. - Letzter Aufruf am 28. März 2011.

Alben, L. (1996). Quality of experience: defining the criteria for effective interaction design. In: ACM Interactions, 3/1996, 11-15.

Apple Inc. (2011a). iOS Dev Center - Apple Developer: http://developer.apple.com/devcenter/ios/index.action. - Letzter Aufruf am 02. April 2011.

Apple Inc. (2011b). iOS Human Interface Guidelines: http://developer.apple.com/library/ios/#documentation/UserExperience/Conceptual/MobileHIG/Introduction/Introduction.html. - Letzter Aufruf am 28. März 2011.

Au, I., Boardman, R., Jeffries, R., Larvie, P., Pavese, A., Riegelsberger, J., et al. (2008). User experience at google. Proceeding of the twenty-sixth annual CHI conference extended abstracts on Human factors in computing systems - CHI '08 (p. 3681). New York, New York, USA: ACM Press.

Burnette, E. (2010). Hello, Android: Introducing Googles Mobile Devel opment Platform (Pragmatic Programmers). Pragmatic Bookshelf.

Craft, B., & Cairns, P. (2009). Sketching sketching: outlines of a collaborative design method. Proceedings of the 23rd British HCI Group Annual Conference on People and Computers: Celebrating People and Technology (p. 65–72). Swinton: British Computer Society.

Dahm, M. (2005). Grundlagen der Mensch-Computer-Interaktion. Pearson Studium.

Ginsburg, S. (2010). Designing the {iPhone} User Experience: A {User-Centered} Approach to Sketching and Prototyping {iPhone} Apps. Addison Wesley.

Google. (2011). User Interface Guidelines: http://developer.android.com/guide/practices/ui_guidelines/index.html. - Letzter Aufruf am 29. März 2011.

Gray, D., Brown, S., & Macanufo, J. (2010). Gamestorming: A Playbook for Innovators, Rulebreakers, and Changemakers. Sebastopol/CA: O'Reilly.

Klauser, K., & Walker, V. (2007). It ' s About Time : An Affective and Desirable Alarm Clock. Design, (August), 22-25.

Krug, S. (2009). Rocket Surgery Made Easy: The Do-It-Yourself Guide to Finding and Fixing Usability Problems (p. 168). New Riders Press.

Matos, V., & Grasser, R. (2010). Building applications for the Android OS mobile platform: a primer and course materials. J. Comput. Small Coll., 26(1), 23–29. USA: Consortium for Computing Sciences in Colleges.

Meinel, H., Weinberg, C., & Plattner, U. (2009). Design Thinking. Hasso Plattner Institut.

Norman, D. A. (1988). The Psychology Of Everyday Things (p. 272). Basic Books.

Research in Motion Limited. (2010). BlackBerry Smartphones UI Guidelines: http://docs.blackberry.com/en/developers/deliverables/17965/Constraints_of_designing_for_mobile_devices_1017065_11.jsp. - Letzter Aufruf am 26. März 2011.

Royce, W. W. (1987). Managing the development of large software systems: concepts and techniques. Proceedings of the 9th international conference on Software Engineering (p. 328–338). Los Alamitos: IEEE Computer Society Press.

Selby, R. W. (2007). Software Engineering: Barry W. Boehm's Lifetime Contributions to Software Development, Management, and Research (Practitioners). Wiley-IEEE Computer Society Pr.

Shneiderman, B., & Plaisant, C. (2009). Designing the User Interface: Strategies for Effective Human-Computer Interaction (p. 624). Pearson.

Snyder, C. (2003). Paper Prototyping: The Fast and Easy Way to Design and Refine User Interfaces (Interactive Technologies) (p. 408). Morgan Kaufmann.

Srinivasan, J., & Lundqvist, K. (2009). Using Agile Methods in Software Product Development: A Case Study. 2009 Sixth International Conference on Information Technology: New Generations (pp. 1415-1420). Washington: IEEE.

Warfel, T. Z. (2009). Prototyping: A Practitioner's Guide . Rosenfeld Media.

Wikipedia (2011). Android Market: http://de.wikipedia.org/wiki/Android_Market. - Letzter Aufruf am 03. April 2011.

Designing a User Study to Evaluate the Feasibility of Icons for the Elderly

Alexander Mertens, David Koch-Körfges, Christopher M. Schlick

Institute of Industrial Engineering and Ergonomics of RWTH Aachen University

Abstract

During employment of icons in order to represent system functions, specific user requirements from elderly people have not been scientifically gathered and thus will merely be considered during the process of system design. The survey, with explicit consideration of technology acceptance and experience of 120 elderly probands, looked into the comprehension of four different classes of non-animated graphical representations. It was shown that among elderly, the use of photos compared to pictograms or clip art leads to a significantly higher recognition rate. The mapping of actions rather than objects leads to a further reduction of the error probability and is thus, especially in the context of telemedicine, preferable for the target group.

1 Motivation

The efficiency, effectiveness and user satisfaction when interacting with IT systems is primarily dependant on the design of the user interface and consideration of the specific requirements of the target group (Mertens et al. 2009). Demographic change requires new approaches, as the significantly risen possibility of disease at a higher age and occurring multimorbidity (VDI/VDE 2006) arise new scenarios for deployment within the IT based assistance of telemedical supply. Special requirements exist for the ergonomic interaction of elderly people with computers. In addition to the frequent lack of experience in handling electronic devices also physical constraints such as for example visual impairment, slowing of reaction time or motor deficits must be compensated. Important for the acceptance of technical assistance systems by the elderly er users are therefore a more intuitive handling of the functionalities, adequate visualization and direct feedback, which makes the whole interaction process more transparent to the user and thus allows a subjective impression of control over the operations. The design of the user interface plays a crucial role, as this is perceived by many users as "the system" (Ijsselsteijn et al. 2007). Image and voice characters in the form of icons provide an information representation which is independent of the user's language skills and can be found even at low resolution and small display applications. The divergent understanding of icons as well as the different meaning of language signs for users from different cultures, regions and language areas in times of globalization and the Internet, is a well known and well-studied problem (Dreyfuss 1972). What differences exist, regarding the intuitive understanding of symbols and images for different age groups, or which adaptation is necessary in order to make visualizations for elderly target groups easier to understand, has not yet been studied in a final manner

The aim of this study is to evaluate what kind of non-animated graphical information enables elderly computer users the most intuitive interaction and offsetting typical age effects. Among a very high detection rate, the author's ambition is mainly to minimize input errors by incorrectly interpreted meanings, since this defines the robustness of the system operations decisively in emergency situations. For this purpose, 14 typical application scenarios of telemedical monitoring were identified (Mertens et al. 2009), which were assigned by the elderly probands to corresponding system functions using different symbol classes (see Fig. 1).

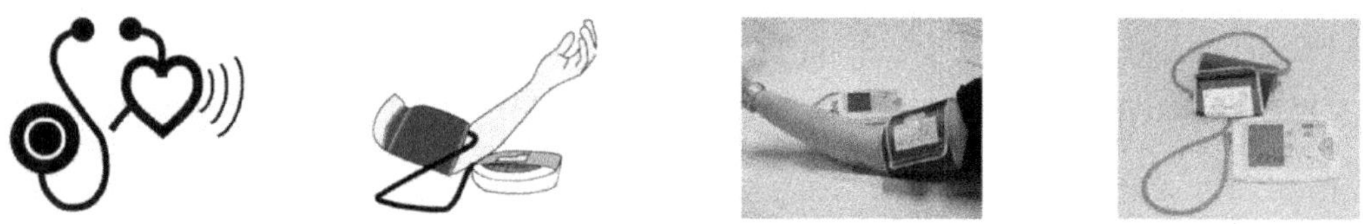

Figure 1: Exemplarily icons of each symbol class for the scenario of the blood pressure / heart rate (from left to right): pictogram, clip art, photo (action), photo (object)

2 State of Research

The term icon refers to small picture like symbols that are used in computers and technical equipment, replacing words on the program interface. They represent specific capabilities of the system and can be activated by the user to enable access to functionality. Here, a well-formatted, graphical display increases the productivity and safety at work, especially with inexperienced or anxious people (Horton 1994). The advantages in using icons for human-computer communication, which were described in the literature, are:

- Icons can easily be recognized and remembered (Weidenbeck 1999)
- Users prefer icons to text on problem solving, although their efficiency rate is equal to or less than in purely textual user interfaces (Kacmar & Karey 1991)
- Pictures provide a universal recognition, as fewer hurdles exist than with the use of colloquial terms (Lodding 1983 / Wickens 1992)
- Icons provide user references / calls to action (affordance) which enable an intuitive and natural use of IT systems (Lodding 1983 / Gaver 1991)

To make the obvious benefits of icons available, numerous factors in the selection and orchestration and the experience and knowledge of the user are decisive. Inappropriate pictures or unknown symbols, which do not correspond to their own culture, lead the user to incomprehensible systems and make it more difficult to allocate desired functions (Waterworth 1993). Symbolic images facilitate the transparency for the user, which may not be achieved in plain text (or acronyms) in a similar way (Gittins 1983). Here, the use of icons was not meant to be a substitution, but rather a supplement (Wilhelm 1998). Guastello showed in a study that this combination of different modalities allows an optimal information transfer (Guastello et al. 1989).

Especially for the symbolization of actions (verbs) strong age effects with understanding and processing speed occur. Experience with the stereotypes here is the most influential factor when dealing with the contextual interpretation of the meaning (Ma & Cook 2009). The use of indirect symbols as ♥ representing a „want“ reduces the recognition quota independently from the decision to use static or animated graphics (Guastello et al. 1989).

The basic use of information graphics as a mean to counteract deficiencies of the visual system of the elderly and compensate for lack of experience with IT-based systems have been evaluated in numerous studies Schneider et al. 2006). Thus, Arnott et al. (Arnott et al. 2004) have modified email programs in such a way that larger buttons and fonts were used, the icons were provided with an explanatory word and no further introduction of new symbols and metaphors between the processes was needed. It was found, compared to unchanged systems, a significant positive impact on the effectiveness and in particular to the satisfaction of the elderly users took place.

The use of icons in the menu design of small displays (e.g. mobile phones) and their positive effect on handling for elderly users with regard to concreteness and complexity on semantic transparency was also demonstrated (Ziefle & Bay 2004, Schroeder & Ziefle 2008). Kim and Lee found out that for younger mobile phone users, the cultural background plays a crucial role in the interpretation of different levels of abstraction and if the subjects have a clear preference for symbols which they already knew from other contexts and situations (Kim & Lee 2005). The distance between symbols following Lindberg et al (Lindberg & Nasanen 2003) does not affect the search time by users. The symbol size is a decisive time factor when finding specific icons, a visual angle of less than 0.7 ° leads to a significantly higher amount of time.

3 Methodology

3.1 Participants

A total of 120 probands (48 male, 72 female) participated in the user study. The participants were partitioned in five age groups: under 50 years (n = 23), 51-60 years (n = 26), 61-70 years (n = 19), 71-80 years (n = 29) and 81 - 95 years (n = 23). Most of the participants were recruited in the University Hospital Aachen; the acquisition of other participants was accomplished in nursing homes, senior homes and outpatient facilities such as sports groups and cardiac care services. With regard to health status, the participants reported to suffer, on average, from 3.7 of 14 (SD = 1.9) mentioned age-related symptoms.

The cognitive capacity for self-reliant processing of the task and the questionnaire was considered feasible for all subjects, so the results are transferable to unaffiliated interaction with equally designed telemedical systems. The social background of the participants was mixed and thus provides representative indicators for the target group (see Fig. 2).

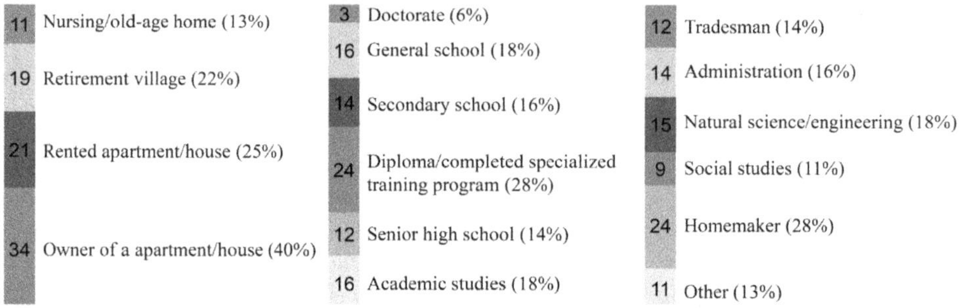

Figure 2: Living situation, highest educational qualification and working range of participants

3.2 Pretests and Inclusion Criteria for Participation

3.2.1 Acceptance of Technology

The acceptance of technology as an independent variable influencing the performance of human-computer interaction is determined a priori and thus enables a differentiated analysis of the results (Gittins 1986). Based on the works of Beier (Beier 2004) the attitudes of the elderly participants were evaluated with 15 strictly positive formulated statements that had to be rated according to a 4-point Likert Scale. These results represent the general attitudes for the seven ascertained dimensions (comfort, interest, efficacy, control, dehumanization, gender equality and value in use).

3.2.2 Computer Literacy

In order to measure computer literacy and evaluate the correlation with the test results a questionnaire from Sengpiel et al. (Sengpiel et al. 2008) with nineteen items was used. The survey is based on the symbol and term knowledge gained during human-computer interaction and is generally seen as an indicator towards a person's competence in handling a computer system. Experiences such as duration, frequency and quality of usage and availability of a computer are asked in general demographic section.

3.2.3 Near vision and color perception

The central visual acuity describes the ability of the eye, to differentiate two closely spaced points from each other. Full visual acuity is achieved at a visual acuity of 1.0 or 100 percent.

To participate in the study, the participants need a visual acuity – with the appropriate visual aid – of at least 0.75. Relevant is here the so-called near vision, which corresponds to a distance of about 30-40 centimeters and for example is needed to read. To study the visual acuity eye charts modified according to Snellen index were used. The probands had in each line a black number between four black letters on white background. They had to identify it and write it down. Crucial for determination of the near vision is line with the smallest font size in which the number was still detected correctly (Ferris et al. 1982).

As a color vision deficiency (Dyschromatopsie) has different effects on performance of the various symbol classes and thus plays an unquantifiable effect on the results, only test persons were included with accurate color perception in the study. The color vision test was carried out using a simple qualitative method, in which the participants were shown four pseudoisochromatic color plates. They were then asked to read one and two digit numbers displayed on the plates.

3.3 Study Implementation and Setup

For the above tests, a related questionnaire was created that has been extended to mapping functions between symbols and typical use cases when interacting with telemedical monitoring systems (see Table 3). From 64 Icons (16 per symbol class) 16 were chosen randomly for each questionnaire and also arranged in a random sequence.

Professional input from all relevant sources, including doctors, medical technicians, designers, nursing staff, information scientists and ergonomists was accumulated in order to gain a thorough knowledge on the design of icons for all categories. This was done in a workshop containing all personalities from the previously mentioned sources. The photos were either shot by the authors themselves or bought from a professional photo studio. The authors tried to create a consistent quality of expressiveness and recognizability of the designed icons. The aim of this work was explicitly not the evaluation of the used icons but rather the evaluation of different classes of non animated symbols. Thus, no case specific icons were used respectively icons that allow a universal semantic comprehension (e.g. “?”). This results in a reduced bias throughout the data collection, which may have been caused through previous knowledge as well as individual experience.

The icons were placed in 3x3 cm large, equally spaced areas, to cover a similar displaying area, keeping the size independent from the symbol properties. The possible answers for the tasks were constant in all questionnaires, with two answers and two symbols having no appropriate correlation, thus serving as control issues making possible contradictions visible. The questionnaires were handed out in different places, with an indication that there are no entry requirements in the form of technical training, possession of a computer, or experience in computer operation.

4 Results

4.1 Reliability

The reliability of the used measurement instruments was identified retrospectively on the basis of internal consistency (Cronbach's coefficient alpha). As the tests used to determine the computer literacy and the design of pictorial items used dichotomous items, Kudar Richardson formula 20 was used to determine reliability. For the questionnaire on technology acceptance, the analysis showed a Cronbach's alpha of 0.88, the test on visual signs showed a similar value of 0.86. The test for computer literacy gave a value of 0.92. Overall, the used scales and obtained data showed a generally high reliability.

4.2 Acceptance of Technology

The mean values and standard deviations on technology acceptance are shown in Fig. 3 for various subgroups. Over the entire sample the low interest ($M = 2.13$ $SD = 0.9$) and the fear of losing control ($M = 1.97$, $SD = 0.91$) are noticeable. A typical pattern in the sample was the extremely strong correlation between the dimensions of comfort and effectiveness ($r = 0.84$, $p <0 .001$). Generally, there was a negative relationship between the seven dimensions of the questionnaire on technology acceptance and frequency of computer use and the fact that computers were used during the work. With an increase in computer use a similar high value in the dimension comfort occurred. A one-way ANOVA indicated that among the dimensions comfort, efficiency, control and value significant differences between the different age groups exist. A post-hoc analysis showed that the age group of 80 - to 95-year-olds is different on the four dimensions relative to the other groups, and on average they score more than one point less for each dimensions. This shows that people who are beyond their 80th year feel less comfortable and self-efficient in using computers and less appreciate the practical benefits of computer technology.

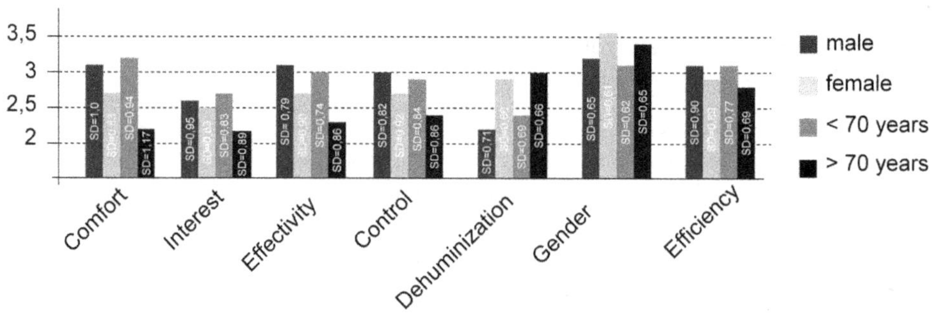

Figure 3: Attitude of the elderly towards Computers

Table 1: Correlation of the seven dimensions of attitudes towards computers

	Efficiency	Gender	Dehumani-zation	Control	Efficacy	Interest	Comfort
Comfort	0,825*	0,028	-.0,57*	0,708*	0,834*	0,755*	1
Interest	0,599*	0,048	-0,305	0,496*	0,757*	1	
Efficacy	0,760*	-0,100	-0,404*	0,808*	1		
Control	0,574*	-0,031	-0,318*	1			
Dehumanization	-0,585	0,086	1				
Gender	-0,141	1					
Efficiency	1						

* correlation is significantly on level $\alpha = 0{,}01$

4.3 Computer Literacy

On average, the subjects had about 7 years (SD = 5.1) experience in using computers. The use was largely private (8% professional, 45% private, 47% in both commercial and free). 60% of respondents said they do not use a computer more frequently than three times a week. Within the age groups above 70 years average experience in handling computers strongly decreases and lies at 2,8 (SD = 1.2) years, which is also reflected in the obtained data on computer literacy (see Tab. 2). Only 16% of the questioned individuals above 70 have access to a computer at home, whereas in the group below 61 years almost every second has access. The evaluation of the experience with operation symbols and IT terminology showed that on average 60% of the 19 items were correctly assigned. Individuals from the age groups above 70 years almost always achieved lower scores than their references from younger age groups, which was expected from their access ratio both at home and at work. This result was aggravated by the fact that elder probands were not willing to make a best guess when not knowing the correct answer.

Table 2: Average quotient of correct answers given while determining computer literacy of participants relative to age groups, educational standard and work fields in percentage.

Age groups	< 50 years	51-60 years	61-70 years	71-80 years	81-95 years	
	88.8	76.9	57.1	44.6	23.4	
Educational standard	General school	Secondary school	Diploma Spec. Prog.	Senior highschool	Acad. studies	Prom.
	43.3	59.9	60.2	63.4	75.9	64.9
Work field	Tradesmen	Admin.	Natural sc.	Homemaker	Social	Other
	48.2	63.1	75.7	14.9	60.4	57.6

4.4 Design of Visual Signs

The results from the tests on designing icons are depicted in Table 3. Overall it was shown that tested individuals were best able to assign system functions in a telemedical context with images of actions. Less successful was the assignment of photos representing objects alone, followed by pictograms and clip arts (see Figure 4). Due to the low probability of error for photos of actions they are particularly useful in critical situations and emergencies giving a robust shaping of the processes of human-computer interaction. It was proven, as expected, that arranging the use cases after decreasing overall hit rates shows that abstract functions have a generally lower reception.

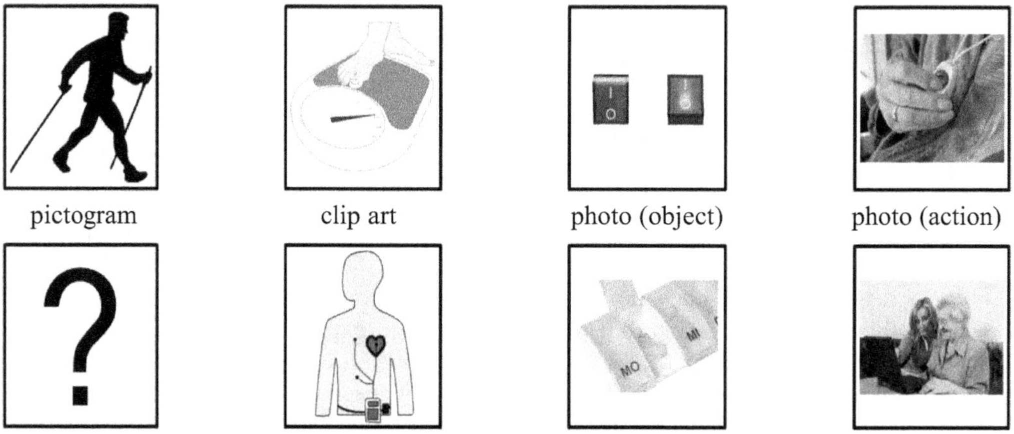

Figure 4: Exemplary icons used in the questionnaire representing the four symbol classes

It was shown that with elderly users, a purely symbolized representation of immaterial correlations is only partially useful. A chi-square test performed shows that the results are constant across the existing age groups and the distribution is not significantly ($\chi^2 = 14.83$, $p = 0.79$) different. The shown preference for photos is independent from the frequency of use ($\chi^2 = 15.2$; $p = 0.51$) as well as duration of use ($\chi^2 = 9.6$; $p = 0.65$) which enables an ageing friendly approach.

4.5 Inferential Statistics

A descriptive analysis, of the quantitative data from chapters 4.2, 4.3 and 4.4, using appropriate probability measures, enables to draw a conclusion on stochastic dependencies and correlations for the examined sample. The determined results must not be postulated into any causal chain. However, specific probabilities for negative or positive dependencies may be determined. The results allow to transport the observations from the study to other user groups and operational areas, outside of the telemedical sector.

Table 3: Distribution of correctly recognized [+], unassigned [/] and incorrectly recognized icons [-] in %

Symbol class →	Icon			Clip art			Photo (obj.)			Photo (act.)			Total		
Use case↓	[+]	[/]	[-]	[+]	[/]	[-]	[+]	[/]	[-]	[+]	[/]	[-]	[+]	[/]	[-]
Liquid intake	100	0	0	96	4	0	94	4	2	100	0	0	**97**	2	1
Weight measure	90	6	4	93	7	0	95	5	0	98	1	1	**94**	5	1
Well-Being	87	11	2	90	9	1	89	10	1	94	6	0	**90**	9	1
Record ECG	94	0	6	100	0	0	76	13	11	85	11	4	**89**	11	1
Blood press. & Pulse	85	15	0	87	11	2	89	10	1	91	8	1	**88**	11	1
System on/off	84	12	4	79	14	7	91	5	4	97	3	0	**88**	8	4
Emergency call	85	12	3	84	13	3	86	6	8	84	8	8	**85**	10	5
Identify activity	74	13	13	83	13	4	87	9	4	92	6	2	**84**	10	6
Switch off alarm	88	9	3	86	10	4	84	7	9	79	14	7	**84**	10	6
Medication	67	26	7	88	4	8	89	3	8	92	5	4	**84**	9	7
System log-in	72	22	6	80	19	1	79	11	10	87	11	2	**79**	16	5
Assistance	63	24	13	80	12	8	84	7	9	85	10	5	**78**	14	8
Back/Undo	63	26	11	65	30	5	73	21	6	94	5	1	**74**	20	6
Start screen	42	25	33	50	10	40	74	8	18	83	10	7	**62**	13	25
Total →	**78**	**14**	**8**	**83**	**11**	**6**	**85**	**9**	**6**	**90**	**7**	**3**			

A noticeable occurrence is the correlation between positive attitude towards computers and the overall high score on correctly assigned icons ($r = 0.85$; $p<0.05$). Only dehumanization and control see a reversed effect ($r = -0.68$; $p<0.13$; $r = -0.45$; $p<0.24$). An assimilating effect can also be seen among the work fields with an increased IT background. The correlation between a successful assignment of icons (>95%) and the work field is for the groups administration ($r = 0.92$; $p < 0.03$) and natural science ($r = 0.89$; $p < 0.02$) significant. A higher educational level correlates by trend with a higher number of correct assignments. However, this also, as the determined data for computer literacy, is not significant.

Concluding, the decisive factor, while correctly assigning a symbols intent, is previous experience with computers. This result, within subjective computer literacy, is clearly influenced by the probands professional experience. Further, it may be said that educational levels do not generally have any correlation. Principally, there are no correlations between the investigated symbol classes and parameters. The probands preferences towards photos is cluster independent regarding the question, which symbol class possesses the highest recognizing reliability in a direct comparison.

5 Conclusion

The importance of telemedicine for present and future medical care with regard to demographic change is undisputed. However, due to a lack of specifications for elderly users, today's systems do not adequately recognize requirements from elderly users. The results of this user study enable design suggestions for a visualization of icons considering the abilities and preferences of elderly people. The investigation was carried out using hard copies of all icons. This was done in order to accumulate the biggest possible control sample and the most objective and reliable recommendations for the target group. This approach reduces ergonomic parameters as native resolution, contrast, luminance spread and intensity of varying display technologies, which may not be fully integrated into the study and would have had a direct influence on the results.

The feedback from experiment probands on their experiences shows that success and sustainability of medical technology is strongly dependant on overcoming individual user barriers and the integration of medical technology in a home environment without stigmatizing. So far, no systematic integration of user perspectives and preferences of older users in the product development process exists, making it difficult to establish medical assistance technology. The utilization allows not only the quality of life of older people to increase significantly but is also strategically important for many companies entering the "senior market". In this study carried out surveys represent fundamental research in order to adequately design age-adapted systems, which respect the requirements and living conditions of the ordinary "best-ager", not least generating a positive stand towards technology.

References

Mertens, A.; Przybysz, P.; Kausch, B.; Dünnebacke, D.; Schlick, C. (2009). Adequate assistance for elderly people in Homely Rehab. In Proceedings of intelligent interactive assistance and mobile multimedia computing conference 2009, Communication in Computer and Information Science (CCIS). Berlin: Springer.

VDI/VDE (2006). Ambient Assisted Living – European Overview Report: Europe Is Facing a Demographic Challenge: Ambient Assisted Living Offers Solutions.

Ijsselsteijn, W.; Nap, H.; de Kort, Y.; Poels, K.(2007). Digital game design for elderly users. In Proceedings of the 2007 Conference on Future Play Future Play '07. ACM, New York, NY, 17-22.

Dreyfuss, H. (1972). Symbol Resources. New York: McGram-Hill.

Mertens, A.; Dünnebacke, D.; Kausch, B.; Laing, P.; Schlick, C. M. (2009). Innovation of homely rehab with help of telemedical services. In IFMBE Proceedings of World Congress on Medical Physics and Biomedical Engineering; Dössel, Schlegel (Hrsg.), Munich, Springer.

Horton, W. (1994). Das ICON-Buch: Entwurf und Gestaltung visueller Symbole und Zeichen. Bonn: Addison-Wesley.

Weidenbeck, S. (1999). The use of icons and labels in an end user application program: An empirical study of learning and retention. In Behavior and Information Technology 18 (2), 68-82.

Kacmar, P.; Carey, J.M. (1991). Assessing the usability of icons in user interfaces. Behavior and Information Technology 10 (6). 443-457.

Lodding, K. (1983). Iconic interfacing. In IEEE Computer Graphics and Applications 4 (12), 13-23.

Wickens, C.D. (1992). Engineering Psychology and Human Performance. New York: HarperCollins.

Gaver, W.W. (1991). Technology affordances. In Conference on Human Factors in Computer Systems. New Orleans: Addison-Wesley, 79-84.

Waterworth, J.A. (1993). Form icons to interface models: designing hypermedia from the bottom up. In International Journal of Man-Machine Studies 39 (3), 453-472.

Gittins, D. (1986). Icon-based human-computer interaction. In International Journal of Man-Machine Studies 24 (6), 519–543.

Wilhelm, H. (1998). Erfahrungen mit dem Einsatz anwendungsspezifischer Piktogramme zur partizipativen Anforderungsanalyse. In Informatik - Forschung und Entwicklung (13), 217–226.

Guastello, S.; Traut, M.; Korienek, G. (1989) Verbal versus pictorial representations of objects in a human-computer interface. In International Journal of Man-Machine Studies 31 (1), 99–120.

Ma, X.; Cook, P.R. (2009). How Well do Visual verbs Work in Daily Communication for Young and Old Adults? In Proceedings of CHI 2009 – Accessibility/Special Needs.

Guastello, S.J.; Traut, M.; Korienek, G. (1989). Verbal versus pictorial representations of objects in a human-computer interface. In International Journal of Man-Machine Studies, Volume 31 (1), 99-120.

Schneider, N.; Stöcker, S.; Grandt, M.; Schlick, C. (2006). Altersdifferenzierte Adaption der Mensch-Rechner-Schnittstelle, In Zeitschrift für Arbeitswissenschaft 60 (3), 171-180.

Arnott, J.L.; Khairulla, Z.; Dickinson, A.; Syme, A.; Alm, N. (2004). E-mail Interfaces for Older People. In IEEE International Conference on Systems, Man and Cybernetics, 111-117.

Ziefle, M.; Bay, S. (2004). Mental models of Cellular Phones Menu. Comparing older and younger novice users, Mobile Human Computer Interaction. Berlin, Heidelberg: Springer, 25-37.

Schroeder, S.; Ziefle, M. (2008). Effects of Icon Concreteness and Complexity on Semantic Transparency: Younger vs. Older Users. In Proceedings of the 11th international conference on Computers Helping People with Special Needs (ICCHP '08), Miesenberger, K.; Klaus, J.; Zagler, W.; Karshmer, A. (Eds.). Berlin, Heidelberg: Springer, 90-97.

Kim, J.H.; Lee, K.P. (2005). Cultural difference and mobile phone interface design: icon recognition according to level of abstraction. In Proceedings of the 7th international Conference on Human Computer interaction with Mobile Devices & Services New York, NY, 307-310.

Lindberg, T.; Nasanen, R. (2003).The effect of icon spacing and size on the speed of icon processing in the human visual system. In Displays 24 (3) 111-120.

Beier, G. (2004). Kontrollüberzeugungen im Umgang mit Technik: Ein Persönlichkeitsmerkmal mit Relevanz für die Gestaltung technischer Systeme. Dissertation. Berlin.

Gina, M.J.; Sherry, L. W. (1992). Influence of Direct Computer Experience on Older Adults' Attitudes Toward Computers, In Journal of Gerontology: Psychological Science 47 (4), 250-257.

Gaul, S.; Ziefle, M.; Wilkowska, W.; Arning, K.; Kasugai, K.; Röcker, C.; Jakobs, E.-M. (2010). Technikakzeptanz als integraler Bestandteil der Entwicklung medizintechnischer Produkte. 3. Ambient Assisted Living (AAL) Konferenz, Berlin: VDE Verlag.

Sengpiel, M.; Struve, D.; Dittberner, D.; Wandke, H. (2008) Entwicklung von Trainingsprogrammen für ältere Benutzer von IT-Systemen unter Berücksichtigung des Computerwissens. In Wirtschaftspsychologie, Alter und Arbeit 3 (2008), 94–105.

Ferris, F.L. 3rd; Kassoff, A.; Bresnick, G.H. (1982) New visual acuity charts for clinical research. In Journal of Ophthalmology 94:91-96.

Ishihara, S. (1998). Ishihara's Test for Colour Deficiency - Concise Edition. Tokyo: Kanehara & Co., LTD.

Contact Information

Dipl.-Inf. Alexander Mertens
Institute of Industrial Engineering and Ergonomics of RWTH Aachen University
Bergdriesch 27
52062 Aachen

Phone.: +49 (0)241 80 99 494
E-Mail: a.mertens@iaw.rwth-aachen.de
WWW http://www.iaw.rwth-aachen.de

Diversität im Blick: Ein Modell für die partizipative Software-Migration

Maike Hecht[1], Susanne Maaß[1], Yuliya Pysarenko[2], Carola Schirmer[1]

Fachbereich Mathematik/Informatik und Zentrum Gender Studies, Universität Bremen[1]
Zentrum für Multimedia in der Lehre, Universität Bremen[2]

Zusammenfassung

Open Source Betriebssysteme stellen zunehmend eine Alternative zu proprietären Betriebssystemen dar. Eine Betriebssystemmigration ist jedoch eine große Herausforderung für alle Beteiligten. Im Desktop-Bereich betrifft sie auch die FachanwenderInnen. Häufig stellt sich erst im Verlauf einer Migration heraus, dass es besonders die Schwierigkeiten dieser NutzerInnen sind, die den Erfolg gefährden. Vorgehensmodelle für Migrationsprozesse haben bisher vor allem technische Aspekte fokussiert und EndnutzerInnen im Zusammenhang mit deren potentieller „Widerständigkeit" thematisiert. Dieser Artikel stellt den Umgang mit FachanwenderInnen ins Zentrum und entwickelt ein Modell zur partizipativen Software-Migration. Es werden praktische Ansätze zur Umsetzung eines solchen Verfahrens skizziert und die besondere Bedeutung einer Analyse der Diversität der MitarbeiterInnen sowie der unterschiedlichen Arbeitsplätze für einen erfolgreichen Migrationsprozess erläutert.

1 Einleitung

Immer mehr Organisationen entscheiden sich für den Umstieg auf Open Source Software (OSS), speziell auf das Betriebssystem Linux. Niedrigere Kosten, höhere Sicherheit und größere Stabilität sind bei solchen Entscheidungen von großer Bedeutung. OSS eröffnet die Möglichkeit, die eingesetzte Software selbst weiter zu optimieren und sich aus der Abhängigkeit von Softwareherstellern zu befreien. Im Server-Bereich hat der Umzug des Betriebssystems häufig schon stattgefunden. Die Umstellung der Computerarbeitsplätze von EndnutzerInnen auf Linux haben dagegen erst wenige Organisationen vollzogen.

Der Prozess der Systemumstellung ist bei einem Betriebssystemwechsel ungleich aufwändiger als wenn „nur" eine einzelne Anwendung ausgetauscht wird. Der Arbeitsplatz einer jeden EndbenutzerIn verändert sich: FachanwenderInnen müssen nach der Migration mit einem neuen Betriebssystem und zumeist auch mit einer ganzen Reihe von anderen neuen Softwareanwendungen arbeiten, die ihre gewohnten Arbeitsroutinen verändern. Diese Situation führt häufig bereits im Vorfeld zu Verunsicherung und Widerstand der MitarbeiterInnen, die ihre erworbenen Fähigkeiten entwertet sehen, während sie für sich keine unmittelbaren Vorteile in der Veränderung erkennen. Es entsteht ein Ungleichgewicht zugunsten des Managements und der IT-Verantwortlichen, die in ihren Aufgabengebieten von der Systemumstellung profitieren und/oder sich fachlich weiter entwickeln. Die BenutzerInnen müssen dagegen zumindest temporär Einbußen in ihrer Produktivität und Arbeitsplatzergonomie hinnehmen.

Der vorliegende Beitrag stellt dar, wie diesem Ungleichgewicht durch einen Migrationsprozess entgegengewirkt werden kann, der sich bewusst an den Bedürfnissen der FachanwenderInnen orientiert. Aus empirischen Ergebnissen wird abgeleitet, dass die Partizipation der MitarbeiterInnen ein Schlüssel zu einem erfolgreichen Migrationsprozess ist. Dabei muss der Diversität der beteiligten Personen, ihrer Arbeitsplätze und der Rahmenbedingungen Rechnung getragen werden. Das vorgestellte Migrationsmodell rückt die Partizipation der Beschäftigten in den Vordergrund und gibt Hinweise für eine erfolgreiche Implementation.

2 Empirische Grundlagen

Dieser Beitrag fasst die Ergebnisse von zwei explorativen qualitativen Studien zur Migration auf Linux Desktops zusammen und setzt sie zueinander in Bezug. Die Grundlage bildet das Projekt *Linux-Arbeitsplätze erfolgreich einführen! Usability und Diversity im Fokus*, das von August 2009 bis Januar 2010 im Auftrag der Europäischen Akademie für Frauen in Politik und Wirtschaft von der Universität Bremen in Kooperation mit IBM Deutschland Research & Development durchgeführt wurde. Es untersuchte, wie unterschiedliche EndnutzerInnen derzeit in Migrationsprozesse einbezogen und welche Unterstützungsangebote ihnen unterbreitet werden. Dabei wurden bewusst Aspekte der Diversität und der Beteiligung der BenutzerInnen in den Fokus gerückt. 27 MitarbeiterInnen wurden anhand unterschiedlicher Methoden (Experteninterview, Interview im Kontext, Fokusgruppen) interviewt. Sie hatten in drei Organisationen den Umstellungsprozess in unterschiedlichen Positionen miterlebt oder befanden sich noch in einer Testphase für die Umstellung auf Linux am Arbeitsplatz. Die Studie kommt zu dem Ergebnis, dass der Fokus auf die Diversität der Personen dazu beiträgt, eine Vielfalt an Arbeitsplätzen und Bedarfen im Software-Migrationsprozess wahrzunehmen, und zeigt in einem Katalog von Best Practices auf, wie der Einbezug und die Unterstützung unterschiedlichster MitarbeiterInnen gelingen kann (Hecht et al. 2011).

An diese Studie schloss sich eine Untersuchung zweier weiterer Organisationen an. Zehn Personen wurden mit Hilfe derselben Methoden befragt. Im Zentrum des Interesses stand hier die Beteiligung der MitarbeiterInnen im Migrationsprozess. Dieser Aspekt wurde aus zwei unterschiedlichen Perspektiven beleuchtet: der Perspektive der Zuständigen für die Umstellung und der Perspektive der MitarbeiterInnen, die anschließend mit Linux arbeiten sollten. Auf dieser Basis entstand ein Vorgehensmodell für die Betriebssystemmigration unter Einbezug der EndnutzerInnen, das drei Phasen aufzeigt, zu denen relevante Fragestellungen und angemessene Methoden erarbeitet wurden (Pysarenko 2010).

3 Im Fokus: Partizipation und Diversität

Ein Bekenntnis zur Benutzerorientierung ist aus vielen Softwareentwicklungsprozessen nicht mehr wegzudenken. Häufig wird für die Einführung, Anpassung und Wartung von Software ungeplant ein Vielfaches des Budgets ihrer Entwicklung benötigt. Diese Problematik überzeugt neben der vermuteten Akzeptanzsteigerung als Argument für eine zunehmende Benutzerorientierung in der Entwicklung. Wie weit dabei jedoch tatsächlich zukünftige oder potentielle BenutzerInnen zu Wort kommen, ist sehr unterschiedlich. Erste Ansätze für die Partizipation von EndnutzerInnen bei der Entwicklung und Einführung informationstechnischer Systeme an ihren Arbeitsplätzen wurden bereits in den 1980er-Jahren in enger Kooperation zwischen (vor allem skandinavischen) InformatikforscherInnen und Arbeitnehmervertretungen erarbeitet und sind unter dem Stichwort „Participatory Design" (PD) kontinuierlich weiterentwickelt worden (u.a. Schuler & Namioka 1993, Bødker et al. 2004). Voraussetzung der Beteiligung, aber auch ihr Ziel, ist die gegenseitige Perspektivenübernahme und das gemeinsame Lernen von SoftwareentwicklerInnen und BenutzerInnen (Floyd 1987). Anspruch und Idee der partizipativen Softwareentwicklung lassen sich auf Softwareeinführungs- und Migrationsprozesse übertragen. Auch hier müssen die beteiligten Akteure ihre Perspektiven wechselseitig verstehen, um im Zuge der Migration lauffähige und aufgabenangemessene Arbeitsmittel und passende Organisationsstrukturen zu gestalten.

Die organisationsweite Umstellung von Betriebssystem und Anwendungen, wie sie in den untersuchten Organisationen stattgefunden hat, bedeutet erhebliche Veränderungen auf allen Ebenen. Verfahren, um einen solchen Veränderungsprozess erfolgreich zu begleiten, werden im „Change Management" beschrieben (u.a. Vahs 2007, Rank & Scheinpflug 2008). Die dort genannten Maßnahmen zum Einbezug von MitarbeiterInnen beschränken sich meist auf Information und Qualifizierung. Unsere Studienergebnisse deuten darauf hin, dass dabei häufig an den Bedürfnissen der MitarbeiterInnen vorbei geplant wird. Dagegen kann eine frühzeitige und kontinuierliche Beteiligung der FachanwenderInnen sowohl zu einer stärkeren Offenheit für die Migration als auch zu einer passgenaueren Gestaltung der unterstützenden Maßnahmen und der zukünftigen Systeme führen.

Im Vordergrund steht dabei das gemeinsame Erkennen und Erfüllen der Bedarfe unterschiedlicher Akteursgruppen. Bleiben sie unbeachtet, so werden sie zu möglichen Hindernissen für die erfolgreiche Software-Migration, und es besteht die Gefahr, dass die entstehenden Probleme auf den Willen oder Unwillen von Personen zurückgeführt werden (wie z.B. in der Typologie von Vahs (2007)). Insbesondere in großen Organisationen ist eine Auseinandersetzung mit der Heterogenität der Belegschaft und der Vielfalt ihrer Arbeitsplätze, -aufgaben und -prozesse notwendig. Wir halten es für einen unerlässlichen ersten Schritt, sich bei der Planung von Migrationsprozessen zunächst der bestehenden Diversität und Vielfalt bewusst zu werden und ihre Ausprägungen innerhalb der Organisation zu analysieren. In einem zweiten Schritt kann dann überlegt werden, welche unterschiedlichen AkteurInnen wie an einem Software-Migrationsprozess zu beteiligen sind und welche Unterstützungsmaßnahmen ihren jeweiligen Bedarfen entsprechen.

Das Konzept der Diversität eröffnet neue Perspektiven. Gardenswartz und Rowe (1998) unterscheiden die *inneren* Diversitätsdimensionen wie Alter, Geschlecht, soziale oder ethnische Herkunft von Diversitätsdimensionen auf drei weiteren Ebenen: der Ebene der *Persönlichkeit*, jener der *äußeren* Dimensionen wie Wohnort, Einkommen und Ausbildung und der Ebene der *organisationalen* Dimensionen, die sich auf den Arbeitsplatz beziehen, wie z.B. Ort, Aufgabe, Position. Diversität bezeichnet dabei nicht nur die Verschiedenartigkeit von Menschen, sondern ist auch ein Indikator für die soziale Ungleichheit, die sich aus der Zugehörigkeit zu Gruppen mit bestimmten Ausprägungen der unterschiedlichen Diversitätsdimensionen ergibt. Dabei haben sich die inneren Diversitätsdimensionen als besonders relevant erwiesen. Es wird beispielsweise von Geschlecht als „sozialem Platzanweiser" (Bereswill 2008: 102) gesprochen, da Frauen häufig einen niedrigeren sozialen Status innehaben, in bestimmten Tätigkeitsfeldern überproportional oft zu finden sind und andere, meist weniger wertgeschätzte Aufgaben übernehmen als Männer.

Die Analyse der in der Organisation vorhandenen Diversität der MitarbeiterInnen ermöglicht es, eine große Bandbreite unterschiedlicher Arbeitsplätze und -aufgaben wahrzunehmen, auch Bereiche traditionell eher „unsichtbarer Arbeit" (vgl. Star & Strauss 1999), die in Organisationsanalysen häufig unentdeckt bleiben oder für unwichtig gehalten werden. Auf diese Weise kommen die unterschiedlichen Anforderungen der Beschäftigten an unterschiedlichen Arbeitsplätzen ans Licht und können bei der Ausgestaltung neue Software und bei der Planung und Umsetzung der Migration berücksichtigt werden. Das Erkennen der Diversität dient dabei als Augenöffner für die Vielfalt an Bedarfen, die Menschen mit unterschiedlichen Aufgaben an eine Software und einen Umstellungsprozess herantragen. Es lässt sich dagegen kein direkter Zusammenhang etwa zwischen dem Geschlecht einer Person und ihren Anforderungen an Software herleiten, auch wenn Korrelationen mit anderen Aspekten, z.B. dass insbesondere Frauen häufig in Teilzeit oder in Sekretariatsfunktionen beschäftigt sind, diesen Eindruck aufkommen lassen. Eine Ausrichtung der Partizipationsstrategie in Software-Migrationsprozessen an der Diversität der MitarbeiterInnen bedeutet deshalb nicht, besondere Angebote für weibliche, alte oder Menschen mit Migrationshintergrund vorzuhalten, denn dies würde Stereotypen reproduzieren und birgt wenig Identifikationspotential. Stattdessen schlagen wir vor, eine Vielfalt an Partizipationsmöglichkeiten zu schaffen, die auf die unterschiedlichen identifizierten Bedarfe zugeschnitten sind und die MitarbeiterInnen weitgehend auf freiwilliger Basis nutzen können.

4 Modell der Software-Migration

Die Komplexität von Software-Migrationsprojekten verlangt eine gut durchdachte und strukturierte Vorgehensweise, wie sie verschiedene Leitfäden beschreiben (Almond et al. 2006, BMI 2008). Anders als diese rückt das hier vorgestellte Modell die Partizipation der MitarbeiterInnen in den Vordergrund. Es zeigt, woran gedacht werden muss, wenn die Betriebssystem-Migration sowohl aus der Perspektive der NutzerInnen als auch der des Managements und der IT-Verantwortlichen erfolgreich ablaufen soll.

Das Migrationsmodell (Abb. 1) umfasst drei Phasen: 1. Entscheidung, 2. Planung und Vorbereitung, 3. Umstellung und Neubetrieb. Für jede Phase werden – ohne Vorgabe einer Reihenfolge – Fragen aufgeführt, die wichtige Aspekte ansprechen. Zu jeder Frage werden auf einer weiteren Detailebene theoretische Lösungen und praktische Maßnahmen genannt, die insbesondere auf die Beteiligung der Linux-EndnutzerInnen ausgerichtet sind.

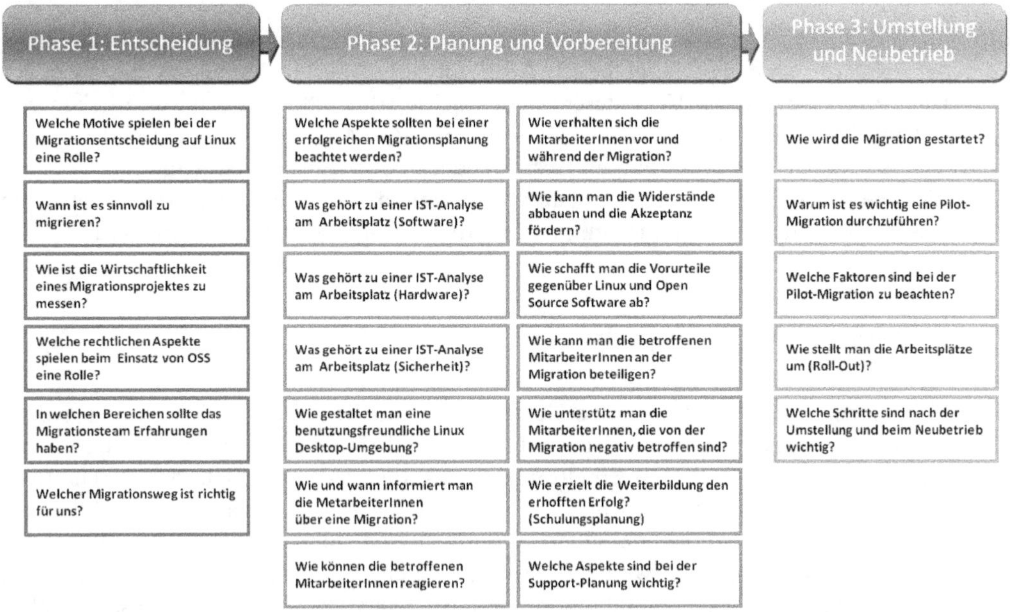

Abbildung 1: Modell einer partizipativen Linux-Migration (nach Pysarenko 2010, S. 68)

In der *ersten Phase* werden Faktoren identifiziert, die eine strategische Entscheidung für oder gegen eine Linux-Migration beeinflussen. Eine sorgfältige Wirtschaftlichkeitsanalyse und grobe Sichtung aller Bestandteile der IT-Infrastruktur auf Kompatibilität mit dem Linux-Betriebssystem liefern erste Aussagen über Vor- und Nachteile einer Migration in finanzieller und technischer Hinsicht. In dieser Phase ist es sinnvoll, IT- und Support-MitarbeiterInnen intensiv einzubeziehen, denn sie müssen über die Migration und die eingeführte Technologie Bescheid wissen. Wenn nötig, muss das Projektteam durch Personen ergänzt werden, die Erfahrungen zur Funktionsweise und Einsatzreife bestimmter OSS, Erfahrungen mit der Migration bei anderen Organisationen, Kenntnisse über die tatsächlichen Kosten des Linux-Einsatzes und Sparpotenziale, Erfahrungen in Change Management und benutzerorientierter Arbeits- und Softwaregestaltung haben. Auf Basis dieser Erfahrungen kann eine Entscheidung über die Migrationsstrategie getroffen werden. In der *zweiten Phase* werden technische und organisatorische Vorbereitungen getroffen und die Migration wird detailliert geplant. In dieser Phase spielen die Linux-EndnutzerInnen eine wichtige Rolle. Das Modell leitet dazu an, die MitarbeiterInnen über die Migration zu informieren und eine partizipative Ist-Analyse an den Arbeitsplätzen durchzuführen. Es werden Beteiligungsmaßnahmen und erfolgreiche Weiterbildungs- und Supportstrategien vorgestellt, auch um Ängsten und Vorurteilen gegenüber Linux und Open Source Software entgegen zu wirken. Im

Anschluss wird eine Feinplanung des Migrationsprozesses erarbeitet. In der *dritten Phase* findet die eigentliche Umstellung und der Neubetrieb statt. Diese Phase beinhaltet die Durchführung von Pilot-Migrationen, das eigentliche Roll-Out des Systems an den Arbeitsplätzen, die Support-Organisation im Neubetrieb sowie eine zeitnahe und nachhaltige Schulung der MitarbeiterInnen. Jetzt ist es wichtig, guten Kontakt zu ihnen zu halten, um alle Probleme rechtzeitig lösen zu können.

Im Folgenden betrachten wir speziell die Planungsphase. Sie beginnt mit der Bestimmung der Arbeitsplätze, an denen die aktuellen Arbeitsprozesse und -bedingungen, die dabei auftretenden Probleme und die Veränderungswünsche der Beschäftigten genauer erhoben werden sollen. Ein Blick auf die Diversität hilft bei der Auswahl. Im Folgenden werden exemplarisch anhand von drei Fragen Best Practices der partizipativen Migration beschrieben. Welche Maßnahmen in welchem Fall wichtig und durchführbar sind, kann nicht vorgegeben werden, sondern muss im jeweiligen Unternehmenskontext entschieden werden.

5 Diversität im Blick

Ein Migrationsprozess bietet stets eine Gelegenheit, aktuelle Arbeitsstrukturen und -abläufe zu überprüfen und zu optimieren. Häufig bilden sich bei der sukzessiven Einführung von Softwaresystemen über die Jahre Arbeitsabläufe aus, die weder aus Sicht der Beschäftigten noch aus Sicht der Organisationsplanung optimal sind. Dieser Ist-Zustand, seine Stärken und Schwächen sowie daraus folgende Veränderungswünsche sollten in enger Zusammenarbeit mit den Beschäftigten erhoben werden. Denn die Beschäftigten selbst sind ExpertInnen für ihre alltäglichen Arbeitsabläufe, und die Migrationsverantwortlichen müssen diese verstehen, bevor sie angemessene Veränderungen planen und gestalten können. Dabei wird stellvertretend eine begrenzte Zahl von Arbeitsplätzen untersucht. Eine Beteiligung der Beschäftigten an der Ist- und Sollerhebung sollte auf freiwilliger Basis geschehen.

Um diese auszuwählen, muss die betriebliche Abteilungsstruktur und Aufgabenverteilung betrachtet und überlegt werden, welche Dimensionen von Diversität im Unternehmen relevant sind (s.o. Abschnitt 3). Gerade innere Diversitäts-Dimensionen wie Geschlecht oder Alter helfen dabei, die Aufmerksamkeit nicht nur auf den vermeintlichen „Standardfall", sondern auch auf tendenziell unsichtbare Arbeitsbereiche zu lenken und so die in diesen Bereichen vorhandenen Bedarfe zu berücksichtigen. Die im Folgenden beschriebenen Maßnahmen stellen nur einen kleinen Ausschnitt des umfassenderen Maßnahmenkataloges dar, der im Forschungsbericht (Hecht et al. 2011) zu finden ist.

Wann und wie werden MitarbeiterInnen informiert?

Die Kommunikation mit den FachanwenderInnen ist genau zu planen: MitarbeiterInnen sollten rechtzeitig informiert und einbezogen, dabei aber auch nicht überfordert werden. Sie kommen auf unterschiedliche Art und zu unterschiedlichen Zeitpunkten mit der Migration in Berührung und haben verschieden starkes Interesse, den Migrationsprozess gut zu verstehen. In manchen Unternehmen wird sehr darauf geachtet, erst relativ spät über geplante Veränderungen zu informieren, damit nicht bereits in einem frühen Stadium Unruhe entsteht. Ein solches Vorgehen kann jedoch von den MitarbeiterInnen als fehlende Wertschätzung interpretiert werden. Je nach Struktur und Größe eines Unternehmens und abhängig von der Unternehmenskultur muss eingeschätzt werden, welche Kommunikationsstrategie sinnvoll ist. Wir empfehlen im Regelfall frühe und umfassende Informationsangebote für die MitarbeiterInnen, sodass der gesamte Migrationsprozess von einer offenen Informationspolitik begleitet wird. Auf diese Weise werden sie frühzeitig in den Prozess eingebunden. Dies erleichtert eine spätere Kooperation und eine Ausrichtung des Vorgehens sowie der Arbeitsstrukturen und der Software auf die Bedürfnisse der FachanwenderInnen wesentlich.

Ein wichtiges Instrument, um die Kommunikationsstrategie verschiedenen Bedarfen anzupassen, ist die Differenzierung zwischen Medien, über die Informationen aktiv an Menschen herangetragen werden („push"), und Medien, die Informationen betriebsöffentlich bereithalten und einen aktiven Zugriff durch die Beschäftigten erfordern („pull"). Push-Medien (z.B. Rundschreiben, Plakate, Informationsveranstaltungen) eignen sich besonders zur Verteilung von Informationen, die von allen zur Kenntnis genommen werden müssen. Nur global wichtige Informationen sollten über diesen Kanal fließen. Dies zeigt auch Respekt vor der Arbeitszeit und -last der MitarbeiterInnen, denn jede zusätzliche Information erfordert Aufmerksamkeit. Pull-Medien (z.B. Intranetplattform, Forum, virtuelle Bibliothek) eignen sich für Informationen, die nur Teile der Belegschaft betreffen. Ihre Verwendung impliziert, dass die Information nicht alle MitarbeiterInnen erreicht. Von daher dürfen hier keine relevanten Informationen „versteckt" werden, und die Zugänge müssen jederzeit transparent und offen gehalten werden. Die Informationen müssen die dringendsten Fragen der MitarbeiterInnen beantworten, z.B.: Aus welchen Gründen wird die Migration durchgeführt? Welche grundlegenden Veränderungen ergeben sich und in welchem Zeitraum? Welche Auswirkungen hat das auf einzelne Arbeitsplätze? Wie läuft der Umstellungsprozess für mich ab? Was wird von mir erwartet? An wen kann ich mich mit Fragen wenden? Wie werde ich nach der Umstellung unterstützt? Die Informationen selbst müssen immer korrekt sein und notfalls (begründet) aktualisiert werden, denn nur ehrliche Kommunikation fördert die Bereitschaft zur Zusammenarbeit.

Wie können MitarbeiterInnen an der Migration beteiligt werden?

Eine direkte Beteiligung von EndnutzerInnen führt dazu, dass ihre alltäglichen Arbeitsaufgaben und Probleme besser verstanden und sie nach der Migration durch die neuen Softwarelösungen angemessen unterstützt werden können. Mit einzelnen MitarbeiterInnen oder in kleinen Gruppen können die Mängel der bestehenden soziotechnischen Arrangements analysiert werden. Als Verfahren bieten sich unter anderem Interviews im Kontext (Beyer & Holtzblatt 1998) an, bei denen die Beschäftigten während ihrer Arbeit beobachtet und befragt werden. Auch die Support-MitarbeiterInnen haben durch ihre Mittlerposition Einblick in die Aufgaben, Arbeitsweisen und Probleme der EndanwenderInnen. Aus diesem Grunde ist auch ein starker Einbezug des Supportpersonals empfehlenswert.

Einzelne MitarbeiterInnen oder kleine Gruppen können auch einbezogen werden, um Ideen zur Umgestaltung von Arbeitsabläufen zu entwickeln, die dann durch die entsprechende Gestaltung der neuen Software umgesetzt werden können. Verschiedene Verfahren der partizipativen Softwareentwicklung kommen dafür in Frage (vgl. Bødker et al. 2004). In

Workshops können interessierte MitarbeiterInnen Prototypen testen. Aus diesen Tests können ebenfalls Ideen zur Verbesserung der Systeme generiert werden. Fragen, Kritik und Vorschläge zur Verbesserung der Arbeitsabläufe können den MitarbeiterInnen auch durch Foren und Ideenmanagement-Systeme ermöglicht werden. Wichtig ist jedoch, nicht nur technische Mittel bereitzustellen, sondern auch eine „Feedback-Kultur" innerhalb der Organisation sozial zu etablieren. Dazu gehört, dass der Umgang mit Rückmeldungen sichtbar gemacht und MitarbeiterInnen dafür Wertschätzung entgegengebracht wird. Dies kann durch Veröffentlichung der Beiträge und der Reaktion darauf geschehen und bis zur finanziellen Anerkennung für Vorschläge reichen. Einige MitarbeiterInnen können bei Interesse zu lokalen ExpertInnen („Paten") weitergebildet werden. So können sie einerseits ihren KollegInnen helfen und andererseits der IT-Abteilung wertvolle Hinweise auf Verbesserungsmöglichkeiten weitergeben. Sie sollten dafür eine sichtbare, monetäre oder nichtmonetäre Belohnung erhalten.

Wie werden MitarbeiterInnen unterstützt?

Schulungen anzubieten gehört zu den selbstverständlichen Maßnahmen bei gravierenden Softwareveränderungen. Art, Umfang und Inhalt von Schulungen müssen bedarfsgerecht ausgerichtet werden und dürfen keinesfalls „irgendeinem Praktikanten" überlassen werden. Im Falle der Migration ist es wichtig, gerade die Unterschiede zwischen alter und neuer Software zu behandeln. Schulungen sind auf freiwilliger Basis anzubieten, mit der Möglichkeit wiederholter Teilnahme, wobei die MitarbeiterInnen ihren Kenntnisstand selbst einschätzen – und von Seiten der Organisationsleitung signalisiert wird, dass ihnen das zugetraut wird. Die Support-MitarbeiterInnen müssen vor der Migration gut geschult werden, denn sie bilden für viele MitarbeiterInnen eine Brücke für den Übergang auf das neue System, auf deren Tragfähigkeit sie sich verlassen. Zum Zeitpunkt des Roll-Out müssen die Support-Leute bereits gut auf das neue System vorbereitet sein und bei Anfragen schnell weiterhelfen können. Für eine gewisse Zeit während und nach der Migration sollte eine verstärkte Unterstützung der EndnutzerInnen angeboten werden. Eventuell muss dafür vorübergehend mehr Personal eingeplant werden; Möglichkeiten des Fernsupports sollten genutzt werden. Einige MitarbeiterInnen aus den Fachabteilungen können zusätzlich als MultiplikatorInnen geschult werden (siehe oben), damit sie innerhalb ihrer Abteilungen die Schulung und Einarbeitung der KollegInnen unterstützen können. Sie benötigen eine feste AnsprechpartnerIn beim Support, um ihre Rolle als Bindeglied gut ausfüllen zu können.

Dokumentationen und Hilfstexte oder Grafiken (wie z.B. detaillierte Anleitungen für einzelne Aufgaben) sind sorgfältig auszuwählen und zu gestalten. Sie können über Push- und Pull-Medien angeboten werden. Wichtig ist, nicht zu viel Information auf einmal anzubieten. Die Texte müssen dementsprechend durchdacht formuliert werden, verständlich und eingängig sein. Es lohnt sich für die IT- oder Support-Abteilung, in diese Art der „Übersetzungsarbeit" zu investieren, um wichtige Informationen nachhaltig an die MitarbeiterInnen weiterzugeben. Sehr gut werden z.B. Vergleichstabellen aufgenommen, in denen die Funktionen und ihre Handhabung im alten und im neuen System gegenübergestellt werden.

Große Probleme beim Umstieg von Windows auf Linux macht die (parallele) Arbeit mit unterschiedlichen Dateiformaten, denn mit Linux ist häufig der Wechsel von Microsoft Office zu OpenOffice verbunden. In ihrer täglichen Arbeit haben die MitarbeiterInnen weiterhin auch mit Dateien im MS Office-Format zu tun, weil viele andere Organisationen weiter mit MS Word arbeiten. In einer der befragten Organisationen werden die BenutzerInnen beispielsweise dadurch unterstützt, dass sie Dateien an eine dafür bestimmte E-Mail-Adresse schicken können, um sie schnell und hochwertig konvertieren zu lassen.

6 Fazit

Große Veränderungen auf technischer Seite erfordern stets die Reflexion des organisatorischen und sozialen Umfelds, der eigenen Organisationskultur, der Zuständigkeiten und Abläufe, und erlauben in diesen Bereichen neue Weichenstellungen. Wir haben in diesem Beitrag ein Modell vorgestellt, das bewusst darauf abzielt, die unterschiedlichen Stakeholder in einer Organisation kontinuierlich an diesem Veränderungsprozess zu beteiligen. Darüber hinaus haben wir aufgezeigt, dass eine Orientierung an der Diversität der MitarbeiterInnen dazu beiträgt, ein sehr breites Bild der vorhandenen Bedarfe zu ermitteln und geeignete Vorgehensweisen für den Einbezug vieler Beteiligter zu erarbeiten.

Interviews, Arbeitsplatzbeobachtungen und Workshops, in denen FachanwenderInnen und IT-Fachleute (ggf. unter Einbeziehung der betrieblichen Interessenvertretung und von VertreterInnen aus dem Management) gemeinsam an Mängelanalysen und Problemlösungen arbeiten, ermöglichen ein Verständnis der Ist-Situation und der vorhandenen Bedarfe. Die Zusammenarbeit führt über die Analyse hinaus zu einem gegenseitigen Verständnis der Perspektiven, das dem Migrationsprozess und der zukünftigen Kooperation förderlich ist. Denn beide Mitarbeitergruppen erhalten Einblicke in die Arbeit, in die Fragestellungen, Anforderungen und Rahmenbedingungen der jeweils anderen. Dabei lohnt es sich, MitarbeiterInnen mit einer möglichst großen Vielfalt an Arbeitsplätzen einzubeziehen, um die Maßnahmen nicht auf den vermeintlichen Standardfall zu beschränken.

Eine weitgehende Offenheit gegenüber organisatorisch-technischen Neuerungen sollte verlangt und gefördert werden. Dazu gehört auch ein grundsätzliches Verständnis für die Notwendigkeiten des IT-Einsatzes. Die gemeinsame Planung und Bedarfsermittlung im Migrationsprozess kann dazu beitragen, dass einerseits die Arbeitsweisen der IT mit ihren inhärenten Unwägbarkeiten (unvollständige Planbarkeit, unerwartete Softwarefehler etc.) und andererseits die Haltung der MitarbeiterInnen mit ihrem strikten Fokus auf die Erledigung ihrer Arbeitsaufgaben, die eine problemlose Einsatzfähigkeit ihrer Arbeitsmittel voraussetzt, besser verstanden werden. Dies bahnt den Weg zu einer gegenseitigen fachlichen Wertschätzung als Grundlage für eine vertrauensvolle und tolerante Kooperation.

Literaturverzeichnis

Almond, Chris; van Hoof, Jeroen; Lassonde, Nick; Li, Ben; Taylor, Kurt (2006): *Linux Client Migration Cookbook, Version 2, A Practical Planning and Implementation Guideline*, IBM Redbooks.

Bereswill, Mechthild (2008): Geschlecht. In: Baur, Nina; Korte, Hermann; Löw, Martina; Schroer, Markus (Hrsg.): *Handbuch Soziologie*. Wiesbaden: VS Verlag, 97-116.

Beyer, Hugh B.; Holtzblatt, Karen (1998): *Contextual Design. Defining Customer-Centered Systems.* San Francisco: Morgan Kaufmann.

Bødker, Keld; Kensing, Finn; Simonsen, Jesper (2004): *Participatory IT Design.* Cambridge, MA: MIT Press.

BMI (2008): *Migrationsleitfaden. Version 3.0 - Leitfaden für die Migration von Software.* Berlin: Bundesministerium des Innern.

Floyd, Christiane (1987): Outline of a Paradigm Change in Software Engineering. In: Bjerknes, Gro; Ehn, Pelle; Kyng, Morten (Hrsg.): *Computers and Democracy – A Scandinavian Challenge.* Aldershot: Avebury, 191-210.

Gardenswartz, Lee; Rowe, Anita (1998): *Managing diversity: A complete desk reference and planning guide.* New York: McGraw-Hill.

Hecht, Maike; Maaß, Susanne; Schirmer, Carola (2011): *Diversity als Schlüsselfaktor. Best Practices für die Einführung von Linux-Arbeitsplätzen.* FB Mathematik/Informatik, Universität Bremen. ZGS Arbeitspapier 1/2011, www.informatik.uni-bremen.de/soteg/data/files/149/lindi_endbericht.pdf

Pysarenko, Yuliya (2010): *Software-Migration partizipativ gestalten. Ein Modell zur Migration auf Linux im Desktop-Bereich.* Masterarbeit, Fachbereich Mathematik/Informatik, Universität Bremen

Rank, Susanne; Scheinpflug, Rita (2008): *Change Management in der Praxis.* Berlin: Erich Schmidt.

Schuler, Douglas; Namioka, Aki (Hrsg.) (1993): *Participatory Design: Principles and Practices.* Hillsdale, NJ.: Erlbaum.

Star, Susan Leigh; Strauss, Anselm (1999): Layers of Silence, Arenas of Voice: The Ecology of Visible and Invisible Work. *Computer Supported Cooperative Work* 8, 9–30.

Vahs, Dietmar (2007): Organisation: *Einführung in die Organisationstheorie und –praxis.* Stuttgart: Schäffer-Poeschel.

Kontaktinformationen

Maike Hecht, Susanne Maaß, Carola Schirmer
FB Mathematik/Informatik und Zentrum Gender Studies der Universität Bremen,
Bibliothekstr. 1, 28359 Bremen
{hecht, maass, schirmer}@informatik.uni-bremen.de
http://www.informatik.uni-bremen.de/soteg

Yuliya Pysarenko
Zentrum für Multimedia in der Lehre, Universität Bremen, Bibliothekstr. 1, 28359 Bremen
pysarenko@zmml.uni-bremen.de

Predicting Perceived Screen Clutter by Feature Congestion

Chris Lafleur, Bernard Rummel

User Experience Research, Methods and Communication, SAP AG

Abstract

Adding functionality to a computer user interface frequently results in adding more visual features to the screen. The question of when, exactly, a screen becomes too crowded is often answered arbitrarily, or via expensive usability testing. The present study investigates an algorithm presented by Rosenholtz et al. to calculate "Feature Congestion" as a measure of visual clutter on the screen, and whether or not it can accurately predict users' experiencing a screen as being cluttered (2005, 2007a). Screenshots of websites which were equidistant in Feature Congestion were subject to a psychophysical paired comparison scaling experiment with 29 participants. Results from the experiment indicate that the Feature Congestion model can accurately predict perceptions of visual clutter on a computer user interface. Practical implications of the present findings are also discussed.

1 Introduction: Can Clutter Be Measured?

User interface designers and usability engineers frequently struggle with a common tendency to continually expand or add new features to a computer user interface, known in the industry as 'feature creep' (Elliott, 2008). While designers strive for an orderly and simple appearance of screens, adding features to the user interface to enrich its functionality will invariably lead to increasingly complex and cluttered screens.

Because our short-term memories are limited to holding about 4 items, overly complex and cluttered user interfaces likely constitute a problem for computer application users (Cowan, 2001). This is because a user's short-term memory is affected by the visual information load and the number of objects on a screen, which ultimately leads to a decrease in search performance and an overall degradation of usability (Alvarez & Cavanagh, 2004).

As developers are pushed to add an increasing number of on-screen features, the user is forced to search through more clutter, making it increasingly more difficult and time consuming to complete a required task with the application. When trying to find the right balance between an application's functionality and ease of use, design teams need decision criteria about costs and benefits of the various design solutions also in terms of usability.

Usability testing, which is certainly the most valid way to assess ease of use, is often unfeasible because of budget and time constraints. To focus effort and expenses, a screening tool for automatically detecting overloaded and needlessly complex user interfaces would be highly beneficial. A design team could easily identify critical parts of a user interface for further investigation and design work. Such a screening tool would have to provide a measure of screen complexity that can be derived automatically from any screen, while still correlating reasonably well to the subjective experience of real users.

As Rosenholtz, Li, Mansfield, and Jin point out, clutter can be defined as a state where there is an excess of items in a given space, where their representation and/or organization lead to degradation in task performance (2005). This model of visual clutter which they call "feature congestion," provides a potential framework to evaluate usability independent of usability testing. To characterize a state of clutter, Rosenholtz et al. introduce the concept of a feature space, where the various visual features present in a display create a vector space (2005). Each element in the display occupies a point in this space, whose coordinates are given by the respective values of the features exposed. All display elements together form a cloud of points with a given distribution (see Figure 1). Targets in the display are easy to spot if they are at the fringe of this cloud, or more technically, its covariance ellipsoid. Targets closer to the centroid of the distribution are hard or impossible to spot. Thus, *Feature Congestion* occurs when the covariance ellipsoid in the feature space of an image becomes so voluminous that there is basically no room left to place a salient target.

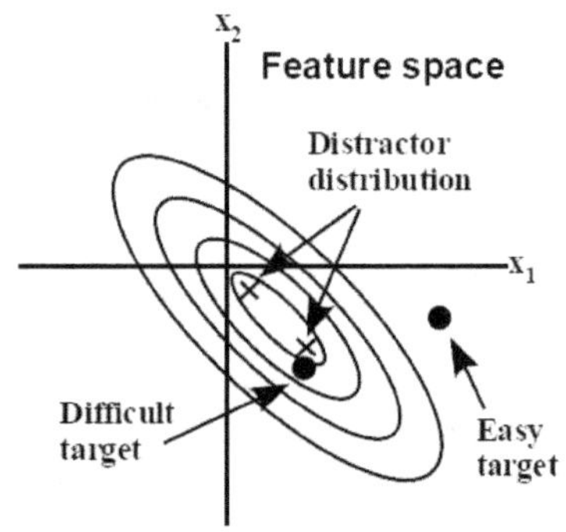

Figure 1: Example feature space of an image (Rosenholz et al., 2005).
The triangle located outside the ellipsoid is comparatively more salient than the square located within the ellipsoid.

The Feature Congestion model of clutter predicts an observer's perception of a display as cluttered whenever there is a high level of Feature Congestion in the display. The Feature Congestion measure indicates how hard it is to add a new, salient item. While Feature Congestion can occur locally at any given point in an image, it is possible to pool local Feature Congestion over the entire display in order to assess its overall level of clutter.

In a subsequent study, Rosenholtz, Li, and Nakano (2007a) implemented the Feature Congestion measure in a computer algorithm. The algorithm operates in 4 stages: 1) compute local feature (co)variance of color, contrast, and orientation for three scales; 2) combine across scale; 3) combine clutter across feature types; and 4) pool over space to get a single measure of clutter for each input image. The algorithm was validated in a series of search experiments involving maps and experimental "cluttered desk" displays, where it performed well at predicting mean search time, mean contrast thresholds, and subjective ranking of stimuli. This leads to the question of whether the Feature Congestion model will be an effective evaluator of clutter in computer user interfaces. That is the purpose of the present study.

One useful component of the Feature Congestion model is that the maps used by Rosenholtz et al. (2005) provide an excellent means of testing clutter due to the high information density typically present in the map's feature space. However, they differ from computer user interfaces in a number of ways. For example, in computer applications, text is used extensively for labeling purposes and information display. There are also structural conventions such as navigation areas, banners, toolbars etc., which are more or less universally followed. In any case, strict horizontal and vertical alignment of UI elements is considered "good style" and therefore a ubiquitous feature in user interface displays, which is unlikely to be present on any topographical map. At present, we do not know how well the current implementation of Rosenholtz et al.'s Feature Congestion model will evaluate the feature space of a computer user interface, given the increased structure and guidelines that are typically present on them.

Other questions arise to how the user's experience of clutter is actually being measured. Rosenholtz et al. establish subjective judgment of clutter with a simple rank-ordering procedure of stimuli, where they had a series of participants order 25 printed maps from least to most cluttered (2005, 2007a). While both of their experiments established a statistically significant correlation between observer judgments and the Feature Congestion model, the paradigm used by Rosenholtz et al., does not provide us with information on how sensitive humans are to subtle changes in Feature Congestion, which has particularly important practical implications when applying the algorithm to inform real-world design decisions.

2 Methods

2.1 Participants

A total of 29 SAP employees (6 females, 24 males) participated in the present experiment, in exchange for a small gift. Participants ranged in age from 29 to 54 years, with a mean of 39.17 years. All participants were naïve to the purpose of the study, and reported normal or corrected vision.

2.2 Apparatus

Three identical laptops were used to present the participants with the stimuli. Each laptop was equipped with a 15.6 inch colour monitor at resolution 1600*900px, a 2.53 GHz processor, and used a custom coded PXLab script to present the stimuli (Irtel, 2007). The screen was viewed at a distance of roughly 55cm (unrestrained). Responses were made using a mouse pointer to select the more cluttered stimulus on screen, which was then confirmed by pressing the space bar.

2.3 Stimuli

The stimuli were chosen out of a set of 121 websites (RandomWebsite.net, 2011). From the screenshots, we removed the browser frame and normalized the image size to 989*579px. We then ran the sets through the Feature Congestion model (Rosenholtz et al., 2007b). After computing the clutter ratings we then selected eleven, roughly equidistant colour website screenshots were selected, which ranged from 2.61 (lowest) to 13.15 (highest) in Feature Congestion. The spacing of the items was done by binning all of the items in the stimulus pool in to ranges of one. We then took all of the items in each of the individual bins, producing a mean value. The item in a given bin which was closest to the mean was subsequently taken for our stimulus set (see figure 2).

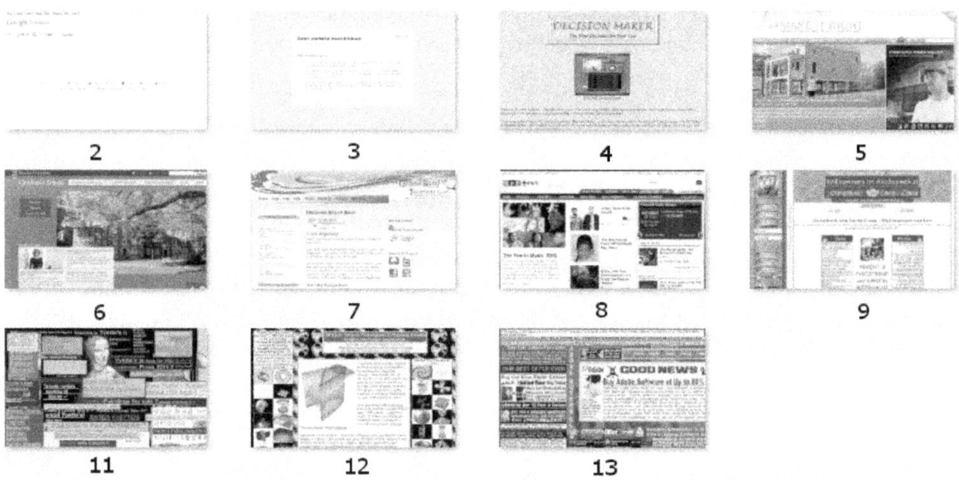

Figure 2: Stimuli, in order from lowest (top left) to highest Feature Congestion (bottom right), used during the experiment. Note that item 11 was removed from the final analysis.

2.4 Design and Procedure

In order to establish a measure of experienced clutter, we opted for a paired comparison paradigm, which allows us to estimate scale values on a ratio scale level (see section 2.5). Participants were presented with a single block of 55 comparisons ($\frac{n(n-1)}{2}$), which were randomized within block for both the pair presentation order, and right-left presentation of the stimuli during the decision making screen.

Participants were recruited and tested in a secluded area of an office, which had constant artificial lighting. The participants sat in front of the monitor and read the on-screen instructions, which was reinforced with a verbal explanation of the experiment. In the instructions, the participants were asked to evaluate a series of pairs of website screenshots, judging which website was more cluttered (Figure 3). [1] [2] Furthermore, the participants were encouraged to make a decision as quickly as possible, but not rush their decisions. If the participant did not have any questions at this point, the participant began the first trial with the experimenter looking on, in order to familiarize them with the experimental process. If the participant asked the experimenter if his or her choice was correct, the experimenter would respond, "If this is what you feel is the most cluttered item on the screen, then you may confirm your answer," in order not to bias the participant in one direction or another. A similar response was given to participants if they asked for help or commented on the difficulty of the task during the remainder of the experiment.

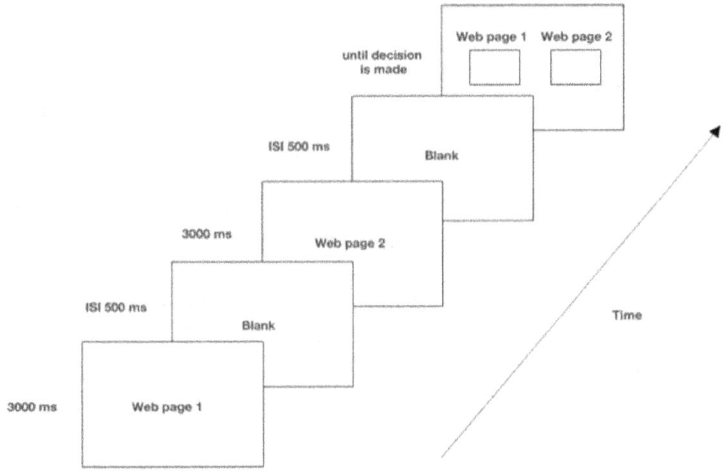

Figure 3: Illustration of the sequence of events in the experiment. Each trial was signaled by a blank screen with the phrase "next pair" at the center. The first webpage appeared for 3000ms, followed by an ISI of 500ms, and then the presentation of the second webpage for 3000ms. Finally both webpages were presented side-by-side to allow the participant to decide which of the two pages was more cluttered. The right-left ordering in the final display was randomly determined as a means of preventing ordering effects.

During each trial, the participants were presented with the first website screenshot for 3000ms, which was then followed by an ISI of 500ms. The second website screenshot was then shown for 3000ms, and again followed by a 500ms ISI. Finally, participants were

---

1 All participants in the present experiment were native German speakers, and the entire test procedure was administered in German.

2 There is no formal translation in German for the word clutter. Consequently, in order to cover the connotation of clutter to confusion (Rosenholtz et al., 2005), we decided to use the word, *unübersichtlich*, which is roughly translated as something that has been designed in a way that one cannot get a complete overview, and the content is hard to grasp (unübersichtlich, 2011)

shown a decision screen, where two scaled images (500*292px) were presented on screen at the same time. The decision screen remained visible until a decision by the observer was made.

2.5 Data Analysis and Results

From subjects' responses we derived a scale model based on the Elimination By Aspects (EBA) method (Wickelmaier, 2004). The result of the EBA procedure is a ratio scale, where stimuli can be localized with regard to the amount of a certain sensory property assumed to constitute a linear dimension. The paradigm allows us to focus on perceived clutter as a sensory property of screens, and also to assess via model tests the assumption that it actually does constitute a linear dimension. The ratio scale level allows us to draw more quantitative conclusions from the data than mere ranking.

Figure 4 shows estimated EBA scale values (in the following referred to as *perceived clutter*) as a function of the respective stimulus' Feature Congestion measure. One stimulus (11) constituted an outlier, and was hence removed. This stimulus differs from other stimuli in its treatment of, or actually blatant absence of, vertical alignment between colored text blocks. It was argued previously that such alignments are considered good design practice, so subjects might have reacted more sensitively to its violation by "punishing" this design with a higher clutteredness rating. The scale model, excluding stimulus 11, passes the likelihood ratio test for the EBA model ($p>0.12$). The relationship between Feature Congestion and perceived clutter values proves to be nonlinear, but linear in a logarithmic plot as depicted in fig. 5. Here, the linear regression is highly significant (ANOVA $F(1,8)= 44.54$, $p <.000$)) and shows a correlation coefficient of $r=0.92$, $R^2=0.85$.

3 Discussion

Our results indicate that Feature Congestion as calculated from the algorithm presented by Rosenholtz et al. (2007a) can quite accurately predict subjects' perception of a website as cluttered.

The exponential relationship we observe between Feature Congestion and perceived clutter (as being measured by paired-comparison scale values) obviously warrants further discussion and research. Fig. 6 shows a linear plot of perceived clutter by Feature Congestion (the exponential trend line corresponds to the linear one in the logarithmic plot in fig.5). Variations of Feature Congestion below a critical value of about 9 have only limited effect on the perceived clutter. Beyond this value, the perception of clutter raises rapidly. This is in line with results reported by Rosenholtz et al. (2007a), where the relationship of Feature Congestion to search time was also exponential.

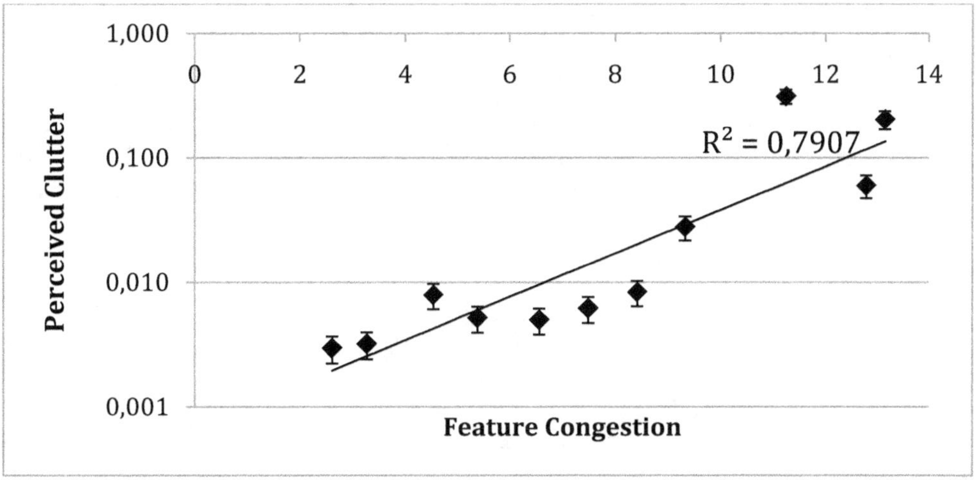

Figure 4: Estimated ratio scale values of perceived clutter by stimulus Feature Congestion (logarithmic plot), including the outlier with FC≊11. Error bars represent the standard error of the EBA parameter estimate

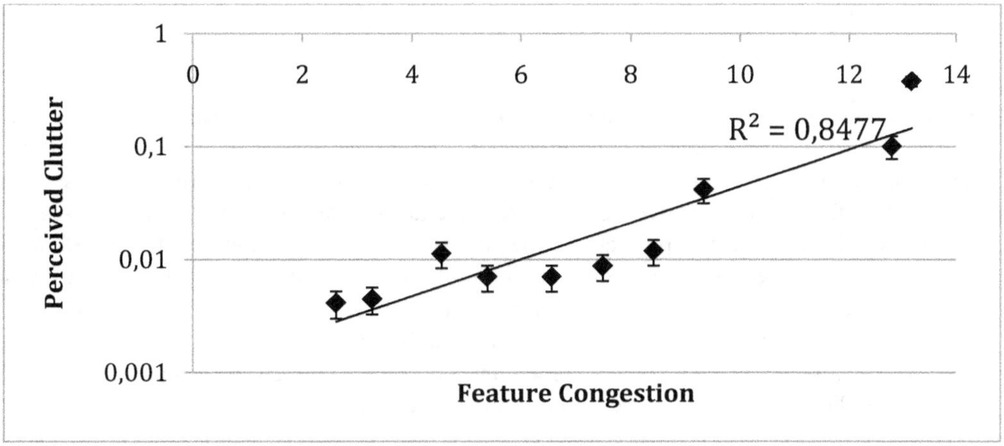

Figure 5: Estimated ratio scale values of perceived clutter by stimulus Feature Congestion, excluding the item with FC≊11. Error bars represent the standard error of the EBA parameter estimate.

For Feature Congestion as a screening measure for perceived clutter on computer user interfaces, there are two direct practical implications of the exponential curve. First, we can observe that there actually is a threshold value of Feature Congestion above which users' perception becomes critical. Fig. 6 further shows a histogram of an additional randomized sample of 333 websites within Feature Congestion intervals of FC=0.5, together with an approximated normal distribution (mean FC=5.90, SD=1.70). Considering this statistic, together with the approximated exponential curve of perceived clutter by Feature Congestion, we can observe that a substantial number of websites reaches or even exceeds the limit where perceived clutter becomes critical.

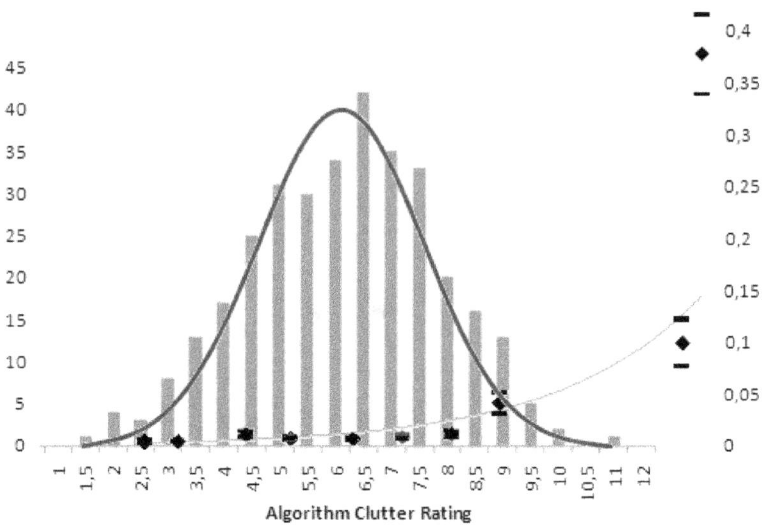

Figure 6: Perceived clutter by stimulus Feature Congestion (item 11 excluded), overlaid with number of websites with this Feature Congestion. Error bars represent the standard error of the EBA parameter estimate. Exponential trend line and normal distribution are approximated.

Second, below this critical value, the slope of the curve depicting the relationship between Feature Congestion and perceived clutter turns out to be rather shallow. In this "low-congestion" domain, it would take a difference of about 2 points of Feature Congestion to generate a difference in perceived clutter greater than the standard error of the EBA scale estimate. While we still can predict the mean scale value with some accuracy, individual variations of clutter perception have the potential to conceal differences, thereby limiting the practical usefulness of the Feature Congestion measure. Also, perceived clutter scale values in this domain still need to be calibrated with regard to the criticality of a given value, i.e. at which scale value exactly a screen becomes unacceptable. Only given those data would we be able to predict reactions in a given user population accurately.

Currently we can only speculate about the causes for the exponential relationship between Feature Congestion and perceived clutter, and its underlying physiological mechanisms. In fact, obviously both Feature Congestion and a person's subjective perception of something as being cluttered must have an upper limit – there certainly is a point where there is simply nothing to be seen on a display, where the curve is bound to reach an asymptote. Given the good exponential fit of our data, it seems like we are rather on the far left hand side of such a theoretical curve, which is the practically relevant branch for user interface design purposes.

Considering these findings, we can conclude that the Feature Congestion model provided by Rosenholtz et al. (2005, 2007a) is an excellent tool to automatically detect severely cluttered screens. Although correlations to perceived clutter are still high, it is less sensitive in the mid-range of Feature Congestion where individual variations in the perception of clutter have greater influence.

Open questions remain about the role of vertical alignment and structural conventions on screens, which we hypothesize might accounted for removing one outlier stimulus from the analysis. Also, the role of text in displays certainly warrants further investigation, since application user interfaces typically consist of text rather than images. In fact, dynamic alphanumeric data may or may not be present on an application screen depending on its state, but they don't indicate the clutteredness of an application per se. We plan to address these questions in follow-up experiments.

Acknowledgements

The authors would like to thank Patrick Fischer his assistance and Mike Dodd for his helpful comments on the paper. The authors also wish to thank the reviewers for their constructive feedback on this paper.

References

Alvarez, G. A., & Cavanagh, P. (2004). The capacity of visual short-term memory is set both by visual information load and by number of objects. Psychological Science, 15, 106–111.

Awh, E., Barton, B., & Vogel, E.K. (2007). Visual working memory represents a fixed number of items regardless of complexity. Psychological Science, 18, 622–628.

Cowan, N. (2001). The magical number 4 in short-term memory: A reconsideration of mental storage capacity. Behavioral and brain sciences, 24(01), 87–114.

Elliott, B. (2008). Anything is Possible: Managing Feature Creep in an Innovation Rich Environment. IEEE 978-1-4244-2146-6/08.

Irtel, H. (2007). PXLab: The Psychological Experiments Laboratory. Version 2.1.11. Mannheim (Germany): University of Mannheim.

RandomWebsite.net (2011). Retrieved December 9, 2010, from http://www.randomwebsite.net/

Rosenholtz, R., Li, Y., Mansfield, J. & Jin, Z. (2005). Feature Congestion: A Measure of Display Clutter. In: CHI 2005, April 2-7, Portland, Oregon, USA

Rosenholtz, R., Li, Y., & Nakano, L. (2007a). Feature Congestion and Subband Entropy measures of visual clutter. Software. Retrieved March 17, 2011, from http://dspace.mit.edu/handle/1721.1/37593

Rosenholtz, R., Li, Y., & Nakano, L. (2007b). Measuring visual clutter. Journal of Vision, 7(2):17, 1–22, http://journalofvision.org/7/2/17/, doi:10.1167/7.2.17.

Unübersichtlich. (2011). In Farlex, Inc. (Hrsg.): The Free Dictionary. Retrieved February 14, 2011, from http://www.thefreedictionary.com/

Wickelmaier, C. Schmid (2004): A Matlab function to estimate choice-model parameters from paired-comparison data. Behav. Res. Meth. Instr. Comp. 36 29-40.

Zur Gestaltung grafischer Benutzungsschnittstellen: Einflussfaktoren für das Nutzererleben

Marlene Vogel[1], Stefan Brandenburg[2], Uwe Drewitz[2]

Technische Universität Berlin, ZMMS, Graduiertenkolleg Prometei [1]
Technische Universität Berlin, Institut für Psychologie und Arbeitswissenschaft [2]

Zusammenfassung

Eine Zielstellung der Geräteentwicklung im Bereich mobiler Telekommunikation und Technikinteraktion ist die schnelle Erlernbarkeit und effektive Nutzung neuer Funktionen und Interaktionsformen durch den Anwender. Damit verbunden ist die Frage, wie grafische Benutzungsschnittstellen gestaltet sein müssen, um die kognitive Beanspruchung beim Anwender zu minimieren und das Interaktionserleben positiv zu gestalten. Drewitz & Brandenburg (2010) entwerfen mit dem *Model of User Experience* einen kognitionspsychologischen Ansatz, der das Konzept des unmittelbaren interaktiven Verhaltens (*Immediate Interactive Behavior*, Neth, Carlson, Gray, Kirlik, Kirsh & Payne, 2007) in den Mittelpunkt stellt. Der Ansatz beschreibt die Auswirkung des Auftretens unmittelbaren interaktiven Verhaltens sowohl auf das positive Erleben als auch auf die wahrgenommene Einfachheit der Interaktion. Es wird angenommen, dass die Manipulation von Affordanzen (=handlungsauffordernde Umwelteigenschaften) und die Lenkung der Aufmerksamkeit bei der Bedienung grafischer Benutzungsschnittstellen unmittelbares interaktives Verhalten fördert. Diese Faktoren wurden experimentell untersucht. Subjektive und objektive Maße zeigen an, dass beide Faktoren einen positiven Einfluss auf das subjektive Erleben, die Benutzbarkeit und Akzeptanz technischer Systeme haben und bei der Gestaltung berücksichtigt werden sollten.

1 Einleitung

Das Angebot an mobilen Endgeräten, von MP3-Playern über Smartphones bis hin zu Tablet Computern ist vielseitig und ihre Funktionalität zunehmend komplexer. Eine rasante Entwicklung der Technik in den letzten Jahren und der Trend zu tragbaren Multimedia-Geräten sind unverkennbar. Viele Geräte ermöglichen es dem Nutzer eines Mobiltelefons neben der Hauptfunktion, des Telefonierens, zusätzlich Nachrichten (SMS, MMS, Emails etc.), Fotos oder den Terminplan zu bearbeiten. In dem Maße, in dem die Zahl der Funktionen oder Interaktionsformen zunimmt, steigt jedoch auch der Aufwand zum Erlernen der Funktionsweisen und Bedienregeln sowie der Programm- bzw. Menüstrukturen. Für die Entwickler von Hardwareplattformen als auch von Softwareapplikationen stellt sich daher folgende Frage: Wie kann eine einfache Bedienung trotz hoher Funktionalität ermöglicht werden? Das von Drewitz und Brandenburg (2010) entworfene *Model of User Experience* (MUX) bietet als kognitionspsychologisches Stufenmodell ein Rahmenwerk zur Untersuchung dieser für Entwickler als auch Nutzer im Bereich der (mobilen) Mensch-Technik-Interaktion gleichermaßen bedeutsamen Fragestellung. Das MUX greift dabei auf eine Reihe bereits existierender Konzepte aus den Bereichen der Wahrnehmung- und Kognitionpsychologie, des Interface-Design und der kognitiven Ergonomie zurück und setzt diese zueinander in Beziehung. Das Modell fokussiert dabei lediglich die System-eigenschaften (vgl. CUE-Modell; Mahlke & Thüring, 2009) und die Frage, inwiefern durch die Gestaltung von System- bzw. Geräteeigenschaften der kognitive Aufwand und die mentale Belastung des Nutzers verringert werden kann. Im Mittelpunkt des MUX (siehe Abb. 1) steht das Konzept des unmittelbaren interaktiven Verhaltens (*Immediate Interactive Behavior, IIB)* nach Neth et al (2007).

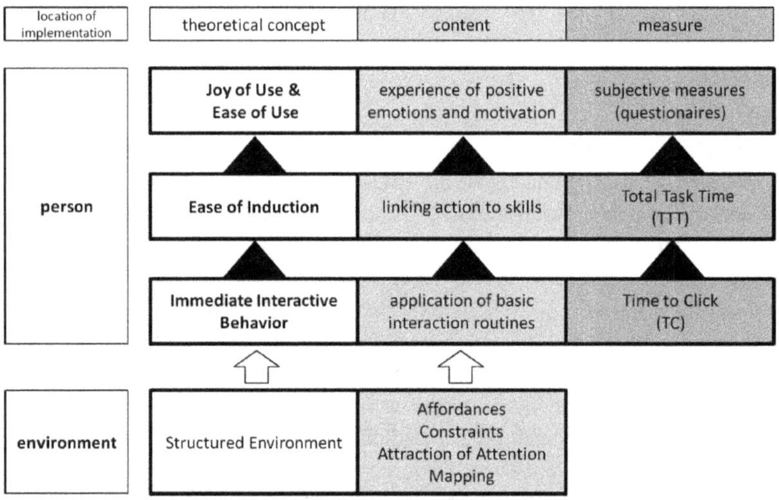

Abbildung 1: Model of User Experience (MUX, Drewitz & Brandenburg, 2010)

Der Ökologischen Wahrnehmungstheorie von James Gibson (1979) folgend geht dieser Ansatz davon aus, dass Menschen zur Erreichung ihrer Ziele routinemäßig auf die ihnen natürlich gegebenen und in ihrer konkreten Umwelt eingebetteten körperlichen Vermögen zurückgreifen. Dabei versuchen Menschen die sie jeweils umgebende Umwelt zur Erfüllung ihrer Ziele zu strukturieren und umzugestalten. Der Ansatz des IIB überträgt diese Sicht auf den Kontext der Mensch-Technik-Interaktion. Danach werden technische Geräte als Umwelt verstanden, welche durch die Nutzer zum Zweck der Umsetzung von Zielen oder auch Bedürfnissen unter Rückgriff auf interaktive Routinen (vgl. Gray & Fu, 2004) manipuliert werden. Die Manipulation der Umwelt zum Zwecke der Zielerreichung wird dem MUX zufolge maßgeblich durch Ihre Struktur bestimmt. Zwei Aspekte stehen dabei im Vordergrund. *Affordanzen* (Handlungsangebote) bieten die Möglichkeit zu bestimmten Handlungen und legen aufgrund Ihrer Eigenschaften wiederum Verhaltensweisen nahe. *Constraints* (Handlungsbeschränkungen) verhindern dagegen das Auftreten anderer Verhaltensweisen, bzw. lenken Verhalten in eine bestimmte Richtung. Das Zusammenspiel beider kann das Auftreten von IIB begünstigen. Darüber hinaus nimmt das MUX an, dass auch die Lenkung der Aufmerksamkeit (*Attraction of Attention*), sowie die Korrespondenz von Umwelteigenschaften mit dem (Vor-) Wissen bzw. Verständnis des Nutzers (*Mapping*) die Auftretenswahrscheinlichkeit von IIB positiv beeinflussen. Unmittelbares interaktives Verhalten bzw. interaktive Routinen, welche Wahrnehmungen und Aktionen direkt miteinander verbinden, werden dabei auf einer Zeitskala im Bereich von 300ms bis 1s (max. 3s) sichtbar. Die Kombination von solchen grundlegenden Routinen formt ein Verhalten von höherer Komplexität.

Das Konzept des *Ease of Induction* (Brandenburg, Drewitz, Minge, Thüring & Brune, 2009), das im MUX dem Konzept des IIB nachgelagert ist (siehe Abb. 1), trägt diesem Umstand Rechnung. Danach führt das Auftreten dem Ziel näher führender Aktionen, die unmittelbar nacheinander in kurzen zeitlichen Abständen auftreten, dazu, dass diese einzelnen Aktionen zu Handlungsketten miteinander verknüpft werden. Auf diese Weise wird neues (Handlungs-) Wissen gebildet. *Ease of Induction* (EoI) bezeichnet demnach die Einfachheit, mit der induktiv die Regeln zur Bedienung technischer Systeme erlernt werden und steht in engem Zusammenhang mit positiven emotionalen und motivationalen Reaktionen (vgl. Minge & Thüring, 2009). Im *Model of User Experience* ebenfalls dem IIB nachgelagert, ist das Konzept des *Ease of Use* (EoU, siehe Abb. 1). EoU bezeichnet das Erleben der Einfachheit in der Bedienung von technischen Geräten und ist eng verbunden dem empfundenen *Joy of Use* des Nutzers. Laut Hatscher (2001) bezeichnet *Joy of Use* (JoU) das freudvoll-genussreiche Erleben der Qualität der Interaktion. Dazu zählt vor allem das unauffällige, hervorragende Funktionieren eines Artefakts. JoU gründet jedoch auf weit mehr Ursachen und wird zum Beispiel auch durch die ästhetisch ansprechende Gestaltung einer Software oder eines Gerätes beeinflusst. Solche nicht-instrumentellen Qualitäten werden im Rahmen des MUX nicht berücksichtigt. Über die Verknüpfung der beschriebenen Konzepte hinaus, werden im MUX auch eine Reihe von Messungen bestimmt, welche die beschriebenen Konzepte operationalisieren (siehe Abb. 1). Auf Ebene des unmittelbaren Verhaltens (IIB) stellt die Zeit (*Time to Click, TC*), welche ein Nutzer benötigt, um eine zielgerichtete Handlung auszuführen, die passende Opera-tionalisierung dar. Durch die Vorgabe eines engen Zeitintervalls für das IIB von 300ms bis 1s (max. 3s) wird der Anteil der Klickzeiten an der Gesamtbearbeitungsdauer, welche in diesen Zeitraum fallen, als Maß für das Auftreten von IIB definiert. Für die nächste Betrachtungsebene des *Ease of Induction* (EoI) wird die Veränderung der Gesamtaufgabenbearbeitungszeit (*Total Task Time, TTT*) über die Zeit als Maß für EoI erfasst. Eine Veränderung der *total task time* für eine bestimmte Aufgabe über die Zeit, kennzeichnet einen Lerneffekt, welcher für den Erwerb und die Anwendung von regelhaftem Bedienwissen steht. Auf der Ebene des emotionalen Erlebens und der Motivation, die durch die Konzepte des *Ease-* und *Joy of Use* erfasst werden, stellen Fragebögen (z.B. für die Beanspruchungs- oder die Emotionserfassung) passende Instrumente dar.

Die Zusammenhänge und Vorhersagen des MUX wurden bisher nur in Teilen überprüft. Brandenburg et. al. 2009 konnten zeigen, wie die Manipulation des Faktors Handlungsbeschränkung (*Constraints*) die Bewertung eines Systems entsprechend der Konzeption des MUX beeinflusst. Im Rahmen der vorliegenden Arbeit wurde untersucht, inwieweit die Manipulation der Aufmerksamkeitslenkung (*Attraction of Attention*) und Gestaltung von Handlungsangeboten (*Affordances*) sich entsprechend der Vorhersagen des MUX auf die subjektive Bewertung von verschiedenen Systemvarianten eines mobilen technischen Gerätes auswirken.

2 Hypothesen

Auf Basis des MUX wurden im Rahmen der vorliegenden Untersuchung sowohl die Lenkung der visuellen Aufmerksamkeit (*Attraction of Attention*) als auch das Vorhandensein von Affordanzen bei der Gestaltung grafischer Schnittstellen betrachtet. Unterschieden wurde hierbei zwischen dem Funktionsaspekt und dem Handhabungsaspekt von Affordanzen. Der *Funktionsaspekt* verweist auf die durch ein Icon repräsentierte und durch das zugehörige Bedienelement aufzurufende Funktion. Im Rahmen der Untersuchung wurde dieser Faktor als *Semantik* bezeichnet. Der *Handhabungsaspekt* hingegen verweist auf die Art der Bedienung von Objekten bzw. Bedienelementen. Untersuchungsgegenstand dieser Arbeit war die Bestimmung des Einflusses dieser Faktoren auf das Auftreten von IIB, EoU, JoU. Es wurde ein signifikanter Einfluss der genannten Faktoren auf das Auftreten von IIB, das Erleben positiver Emotionen, geringeren subjektiven Beanspruchung und das Äußern positiver Produktbewertungen angenommen.

3 Methode

Der Versuch fand im Labor mit 38 Versuchsteilnehmern (18 m/ 20 w, Alter: M=28.50, SD=8.00) statt. Die Versuchspersonen nahmen freiwillig teil und erhielten keine Vergütung.

Versuchsdesign: Manipuliert wurden als Innersubjektfaktoren: 1. Attraction of Attention (AoA) mit den Faktorstufen: Farbliche Hervorhebung von Bedienelmenten (AoA+) und keiner farblichen Hervorhebung (AoA-), 2. Handhabungsaspekt der Affordanz (Aff) mit den Faktorstufen: Hohe Affordanz (Aff+) und geringe Affordanz (Aff-) relevanter Bedienelemente. Zusätzlich wurde als Zwischensubjektfaktor die Semantik (Sem) der verwendeten Icons auf den Bedienelementen mit den Faktorstufen: Hohe (Sem+) und geringe Repräsentativität (Sem-) der Icons variiert. Die im Experiment verwendeten Icon-Sets der beiden Semantikgruppen wurden im Rahmen einer zweistufigen Vorbefragung generiert und validiert.

Versuchsumgebung: Für die vorliegende Untersuchung wurde eine grafische Nutzerschnittstelle eines mobilen Multifunktionsgerätes in PHP umgesetzt. Die Steuerung des Multifunktionsgerätes erfolgte über ein sensitives 7-Zoll-Touchpad, welches sich im Hinblick auf die Untersuchung des Einflusses von *Constraints* auf das Auftreten von IIB und das Erleben von EoU und JoU als positiv bewährt hat (Brandenburg et al., 2009). Die Instruktionen zum Versuch wurden den Probanden auf einem zweiten 15-Zoll großen Bildschirm präsentiert. In Abbildung 2 wird die Manipulation der Faktoren AoA, Aff und Sem für jede

Faktorkombination beispielhaft anhand von Bedienelementen im Vergleich dargestellt. Durch die Kombination der Innersubjektfaktoren testete jede Versuchsperson im Experiment vier Systemvarianten.

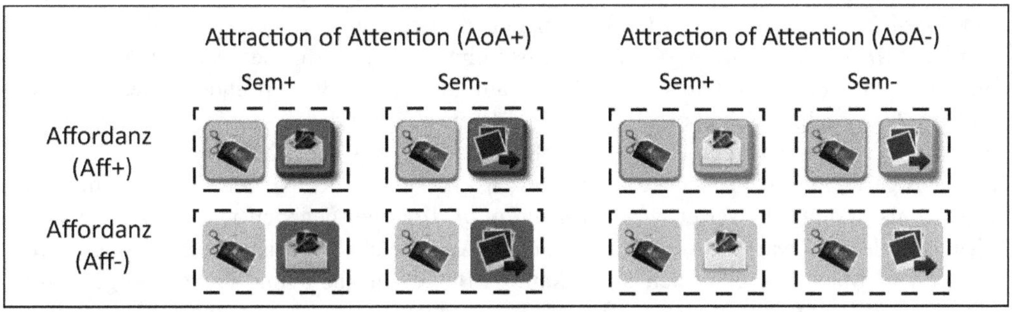

Abbildung 2: Manipulation der UV (AoA, Aff, Sem) anhand von Bedienelementen (Bsp.)

Versuchsablauf: Zu Beginn wurden den Versuchsteilnehmern allgemeine Instruktionen zum Versuchsaufbau und -ablauf auf dem 15-Zoll Computerbildschirm zur Verfügung gestellt. Jede Versuchsperson musste mit jeder Systemvariante jeweils die folgenden vier Aufgaben bearbeiten: 1. Verschicken eines Bildes aus dem Fotoalbum an einen vorgegebenen Kontakt aus der Kontaktliste, 2. Beantworten einer Nachricht aus dem Posteingang, 3. Ändern der Displayhelligkeit, 4. Eintragen eines Termins in den Arbeitskalender. Insgesamt bearbeiteten die Teilnehmer 16 Aufgaben, wobei die Aufgabenreihenfolge pro System gleich war. Die Reihenfolge der Systeme war für die Stichprobe ausbalanciert. Nach Ende eines Aufgabenblocks mit einer Systemvariante wurde die Versuchsperson aufgefordert einen Fragebogen am PC auszufüllen. Dieser beinhaltete die Erhebung subjektiver Maße für kurzfristige Emotionen (SAM, Bradley & Lang, 1994), subjektiv wahrgenommene Beanspruchung (NASA-TLX, Hart & Staveland, 1988) sowie das Abgeben von Einschätzungen für das zuvor genutzte System hinsichtlich länger anhaltender Emotionen (Mano, 1996). Für die Bestimmung der instrumentellen Qualitäten eines jeden Systems folgte nach der Bearbeitung der vier Aufgaben mit einer Systemvariante der Fragebogen zur Produktbewertung von Davis (1989). Zusätzlich wurden objektive Maße in Form von Reaktionszeiten gemessen. Im Anschluss wurde aus den Reaktionszeiten die *Time to Click* Rate (TC) bestimmt, um die Reaktionsgeschwindigkeit des Nutzers bis zur Interaktion mit der Bedienoberfläche und damit die Auftretenswahrscheinlichkeit von IIB zu ermitteln.

4 Ergebnisse

Die statistische Analyse der empirischen Daten erfolgte mittels zweier multivariater Varianzanalysen (MANOVA) mit Messwiederholung. Analysiert wurde der Einfluss der drei Faktoren (AoA, Aff, Sem) auf die abhängigen subjektiven und objektiven Maße. Die Erhebung der objektiven Daten (Reaktionszeit) erfolgte für jede Aufgabe. Für die subjektiven

Maße (Emotionen, Beanspruchung und Produktbewertung) wurden die Daten nach der Bearbeitung aller vier Aufgaben mit einem System gemessen.

Einfluss von Attraction of Attention (AoA): Hinsichtlich der kurzfristigen Emotionswerte (SAM) zeigte sich ein signifikanter Effekte des Faktors AoA bei der Valenz, $F(1,34)=7.20$, $p=0.01$, $\eta^2_{PART}=0.18$. Demnach fühlten sich die Nutzer positiver gestimmt, wenn die *Attraction of Attention* bei der Systeminteraktion vorhanden war (AoA+) als wenn dies nicht der Fall war (AoA-). In Bezug auf die subjektiv empfundene Beanspruchung (NASA-TLX) zeigte sich ebenfalls ein signifikante Effekte der AoA sowohl auf die Bewertung der geistigen Anstrengung ($F(1,34)=8.34$, $p=0.01$, $\eta^2_{PART}=0.20$) als auch auf die allgemeine Anstrengung ($F(1,34)=4.54$, $p=0.041$, $\eta^2_{PART}=0.12$) der Nutzer. Beide Dimensionen wurden als geringer bewertet, wenn *Attraction of Attention* gegeben war (AoA+), als wenn dies nicht der Fall war (AoA-). Im Rahmen der Analyse der langfristigen Emotionen (Fragebogen von Mano) zeigten sich signifikante Effekte für die Dimensionen Angenehmheit ($F(1,34)=7.75$, $p=0.009$, $\eta^2_{PART}=0.19$) und Gelassenheit ($F(1,34)=7.61$, $p=0.01$, $\eta^2_{PART}=0.19$). Versuchspersonen beurteilten ihren eigenen emotionalen Zustand als angenehmer und gelassener, wenn sie durch das Vorhandensein der *Attraction of Attention* (AoA+) durch die Aufgabe geleitet wurden. Die Analyse der Bewertungen im Bereich der wahrgenommenen Nützlichkeit (Utility) ($F(1,34)=10.29$, $p=0.003$, $\eta^2_{PART}=0.23$), Benutzbarkeit (Usability) ($F(1,34)=6.49$, $p=0.02$, $\eta^2_{PART}=0.16$) und Akzeptanz (Acceptance) ($F(1,34)=8.43$, $p=0.01$, $\eta^2_{PART}=0.20$) erbrachte weitere signifikante Haupteffekte des Einflusses des Faktors der Aufmerksamkeitslenkung (siehe Abb. 3). Dabei wirkte sich das Vorhandensein der *Attraction of Attention* (AoA+) positiv auf die Einschätzung der Nutzer bezüglich dieser Dimensionen aus. Hinsichtlich der objektiven Daten konnte im Rahmen der Analyse für Aufgabe 1 (Verschicken eines Bildes) ein signifikanter Einfluss des Faktors AoA auf das Auftreten von IIB (300ms bis 1s), $F(1,31)=4.15$, $p=0.05$, $\eta^2_{PART}=0.12$, beobachtet werden. Wobei der Anteil an IIB für die Systemvarianten mit AoA+ höher war als der Anteil an IIB für die Systemvarianten mit AoA-. Bei Aufgabe 3 (Helligkeit regulieren) konnte ein signifikant höherer Anteil von IIB (300ms bis 1s), $F(1,34)=4.49$, $p=0.04$, $\eta^2_{PART}=0.13$, ermittelt werden, wenn *Attraction of Attention* gegeben war (AoA+) im Vergleich zu Systemen mit AoA-. Ein ähnlich signifikanter Effekt zeigte sich bei der Analyse dieses Faktors und dieser Aufgabe für den Anteil von IIB für den Bereich von 300ms bis 3s, $F(1,34)=4.97$, $p=0.03$, $\eta^2_{PART}=0.13$.

Einfluss des Handhabungsaspekts der Affordanz (Aff): Im Rahmen der Analyse des Faktors des Handhabungsaspekts der Affordanz (Aff) konnte, hinsichtlich kurzfristiger Emotionen, ein signifikanter Effekt auf die Valenz ($F(1,34)=9.46$, $p=0.004$, $\eta^2_{PART}=0.22$) sowie auf die Erregung ($F(1,34)=7.10$, $p=0.01$, $\eta^2_{PART}=0.17$) der Nutzer festgestellt werden. Demnach sind die Versuchspersonen positiver gestimmt, wenn eine Unterstützung durch eine hoch affordante Gestaltung der Bedienelemente (Aff+) gegeben wurde, als wenn dies nicht der Fall war (Aff-). Im Rahmen der Analysen für die subjektiv empfundene Beanspruchung zeigte sich ein signifikanter Effekt für den Einfluss des Handhabungsaspekts der Affordanz auf die Anstrengung der Nutzer, $F(1,34)=5.43$, $p=0.03$, $\eta^2_{PART}=0.14$). Wobei die Nutzer mit hoch affordant gestalteten Systemen (Aff+) weniger beansprucht wurden als ohne Darstellung von Affordanzen (Aff-). Hinsichtlich der Produktbewertung wurde ein marginal signifikanter Effekt für den Einfluss des Faktors Aff auf die wahrgenommene Utility

($F(1,34)=3.19$, $p=0.08$, $\eta^2_{PART}=0.09$) und ein signifikanter Effekt für die wahrgenommene Usability ($F(1,34)=5.62$, $p=0.02$, $\eta^2_{PART}=0.14$) ermittelt (siehe Abb.3). Für beide Dimensionen wirkte sich das Vorhandensein einer Affordanz (Aff+) positiv auf die Einschätzung der Versuchspersonen auf diese Dimensionen aus. Bezüglich der Reaktionszeit (TC) konnte ein signifikanter Effekt des Einflusses von Affordanz auf das Auftreten von IIB (300ms bis 1s) in Aufgabe 4 (Eintragen eines Termins in den Arbeitskalender) analysiert werden, $F(1,31)=11.04$, $p=0.002$, $\eta^2_{PART}=0.26$. Die Versuchsteilnehmer zeigten jedoch mehr IIB bei den Systemvarianten mit geringer Affordanz (Aff-) als bei Systemen mit hoher Affordanz (Aff+). Daher ist dieser Effekt nicht in erwarteter Richtung ausgeprägt.

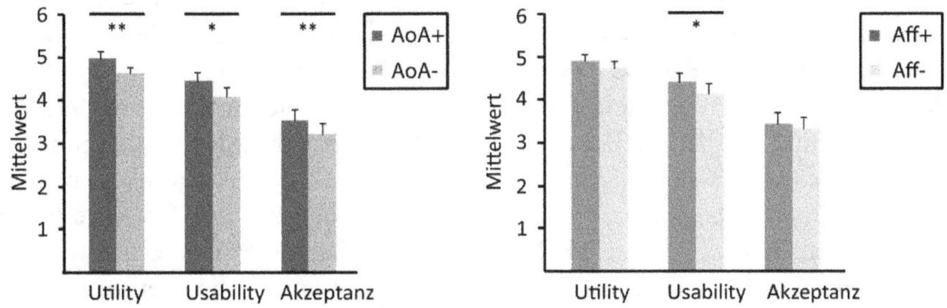

*Abbildung 3: Einfluss von AoA(links) und Aff (rechts) auf die Produktbewertung (**p<0.01, *p<0.05)*

Einfluss der Semantik (Sem): Im Rahmen der Analyse konnten keine Haupteffekte für den Einfluss des Faktors des Funktionsaspekts der Affordanz (Semantik, Sem) auf die subjektiv erhobenen Maße ermittelt werden. Bei der objektiven Datenanalyse wurde ein signifikanter Effekt ($F(1,34)=5.40$, $p=0.03$, $\eta^2_{PART}=0.14$) in nicht erwarteter Richtung für das Auftreten von IIB (300ms bis 3s) am gezeigten Gesamtverhalten der Versuchspersonen für Aufgabe 3 (ändern der Displayhelligkeit) ermittelt.

5 Diskussion

In der vorliegenden Arbeit wurden drei Faktoren auf Basis des MUX (Drewitz & Brandenburg, 2010) variiert: 1. Attraction of Attention (AoA), 2. Handhabungsaspekt der Affordanz (Aff) und 3. Funktionsaspekt der Affordanz (Semantik, Sem). Hinsichtlich der Aufmerksamkeitslenkung (AoA) konnten große, signifikante Effekte für die emotionalen Maße Valenz, Angenehmheit und Gelassenheit des Nutzers ermittelt werden. Die Systemvarianten mit einer Lenkung der visuellen Aufmerksamkeit (AoA+) wurden als positiver empfunden als die Systeme ohne farbliche Hervorhebung von Bedienelementen (AoA-). Bei den Systemvarianten mit AoA- wurde die mentale Beanspruchung und allgemeine Anstrengung signifikant höher bewertet als bei den Systemen mit AoA+. Im Rahmen der Produktbewertungen konnten die Systeme mit Aufmerksamkeitslenkung (AoA+) bessere Ergebnisse hinsichtlich wahrgenommener Utility, Usability und Akzeptanz erreichen. Die Versuchsteilnehmer empfanden diese Systeme als nützlicher, gebrauchs-tauglicher und zeigten ihnen gegenüber eine höhere Akzeptanz als gegenüber den Systemen ohne Aufmerksamkeitslenkung (AoA-). Bei der Analyse der Verhaltensdaten konnten ein signifikanter Effekt für den Einfluss des Faktors AoA für das Auftreten von unmittelbarem, interaktiven Verhalten (IIB bis 3s) in Aufgabe 3 und ein signifikanter Effekt für den Anteil von IIB (bis 1s) für Aufgabe 1 und 3 ermittelt werden, wobei der Anteil an IIB für die Systeme mit Aufmerksamkeitslenkung größer war.

Insgesamt zeigten sich beim Faktor AoA erwartungskonforme Effekte (vgl. Mullet & Sano, 1995) sowohl auf der höchsten, subjektiven als auch der ersten Ebene des Verhaltens. Auf Basis der vorliegenden Ergebnisse scheint es eindeutig, dass eine Lenkung der Aufmerksamkeit zu einem subjektiv positiveren als auch zu einem objektiv schnelleren Interaktionsverhalten führt. Einer uneingeschränkten Umsetzung dieser Ergebnisse in die Praxis stehen jedoch noch zwei Einwände entgegen. Zum einen wurde die Wirkung der Aufmerksamkeitslenkung auf das Erlernen der Bedienregeln (EoI) zum gegenwärtigen Zeitpunkt noch nicht überprüft. Da IIB allein sowohl positiv (IIB welches zum anvisierten Interaktionsziel führt) als auch negativ (IIB welches nicht zum Erreichen des Interaktionszieles führt) wirken kann, ist es von Bedeutung herauszufinden, ob die Nutzer korrektes regelhaftes Bedienwissen erworben haben. Nur in diesem Fall kommen sie mit fortschreitender Übung auch schneller zum Interaktionsziel, z.B. dem Verschicken eines Bildes aus dem Fotoalbum an einen Kontakt. Da durch eine farbliche Hervorhebung von Bedienelementen im Sinne der Zielerreichung das (Arbeits-) Gedächtnis entlastet wird und keine Gedächtnisabrufe getätigt werden müssen, kommt es zu einer geringeren kognitiven Beanspruchung des Nutzers (vgl. Gray & Fu, 2004). Zum anderen kann die Lenkung der Aufmerksamkeit, wenn diese nicht im Sinne der Zielerreichung realisiert ist, auch negative Folgen auf die subjektiven und objektiven Parameter einer Mensch-Technik-Interaktion haben. Wenn sich die Ziele des Nutzers nicht mit der Lenkung der Aufmerksamkeit decken, besteht die Möglichkeit von Irritationen, Frustration und Interaktionsfehlern. Weiterführende Untersuchungen sollten sich mit den Effekten von nicht zielführender Lenkung der Aufmerksamkeit auf sowohl objektive als auch subjektive Maße beschäftigen.

Anders als bei der Aufmerksamkeitslenkung (AoA) führte die Manipulation des Handhabungsaspekts der Affordanz (Aff) zu unterschiedlichen Resultaten. Bezüglich der subjektiven Daten wurden durchweg erwartungskonforme Ergebnisse erzielt. Die Nutzer waren bei den Systemen mit hoch affordanter Gestaltung von Bedienelementen (Aff+) insgesamt positiver gestimmt und weniger erregt, frustriert und erlebten eine geringere mentale Beanspruchung, als bei den Systemen mit niedriger affordanten Gestaltung (Aff-). Für die allgemeine Anstrengung wurden geringere Werte für die Systemvarianten mit Aff+ angegeben. Im Rahmen der Produktbewertung konnten ebenfalls signifikante Effekte des Einflusses der Affordanz auf die wahrgenommene Utility und Usability ermittelt werden. Im Hinblick auf die objektiven Daten zeigte der Faktor Aff einen signifikanten negativen Einfluss auf die Auftretenswahrscheinlichkeit von IIB (bis 1s) für eine der vier Aufgaben. Beim Eintragen eines Termins in den Arbeitskalender zeigten Versuchspersonen einen höheren Anteil von IIB wenn gering affordante Bedienelemente vorhanden waren (Aff-) im Vergleich zu deren hoher Affordanz (Aff+). Eine Möglichkeit diesen Befund zu erklären kann unter Umständen in der visuellen Komplexität der Versuchsumgebung liegen. Das Interface für das Eintragen eines Termins in den Arbeitskalender war das komplexeste im vorliegenden Experiment. Die

Versuchspersonen hatten sowohl einen Tag als auch eine Uhrzeit und einen Betreff für einen Termin auf einer vollständigen virtuellen Tastatur einzugeben. Möglicherweise hat die Umsetzung der Affordanzmanipulation mit einem 3-D-Effekts jedes Bedienelements (Aff+) zu einer höheren visuellen Komplexität der Szenerie geführt, als wenn die Bedienelemente nur zweidimensional (Aff-) dargeboten wurden. Es ist Aufgabe weiterer Untersuchungen sich mit den Effekten der visuellen Komplexität und deren Einfluss auf die objektiven Maße der Interaktion mit einem tragbaren Multimediagerät auseinander zu setzen.

Als dritter Faktor wurde in der vorliegenden Arbeit die Selbsterklärungsfähigkeit (Semantik) der Icons manipuliert (Funktionsaspekt der Affordanz). Jedoch zeigte die Variation des Funktionsaspekts der Affordanz (Semantik, Sem) keinen bedeutsamen Einfluss auf die subjektiven Daten. Lediglich bei den Verhaltensdaten konnte ein signifikanter Einfluss des Faktors Semantik für die Aufgabe „Ändern der Displayhelligkeit" ermittelt werden. Bei den semantisch nicht eindeutigen Systemen (Sem-) wurde ein erhöhter Anteil an IIB (bis 3s) gemessen. Eine Erklärung für das Ausbleiben von Effekten bei den subjektiven Daten könnte im experimentellen Design vermutet werden. Während der Faktor Semantik in der Voruntersuchung als Innersubjektfaktor variiert wurde, stellte er in der Hauptuntersuchung einen Zwischensubjektfaktor dar. Dies bedeutet, dass die Semantik der Icons im Vorversuch innerhalb einer Gruppe von Befragten ermittelt wurde. Daher hatten diese Personen den direkten Vergleich von eindeutig und nicht eindeutig semantischen Icons. Die Versuchsteilnehmer des Hauptexperiments bekamen jedoch nur ein Icon-Set. Es bestand für sie daher keine Möglichkeit ihr Urteil über ihr subjektives Empfinden bezüglich der Wirkung dieses Icon-Sets an einem Vergleichsset zu adjustieren. Eine Untersuchung, welche den Faktor Semantik als Innersubjektfaktor variiert, sollte daher zu anderen Ergebnissen bezüglich subjektiver Daten kommen.

Zusammenfassend zeigten die Ergebnisse der vorliegenden Untersuchung hohe Evidenz für die Validität der Annahmen im Rahmen des MUX. Zumindest auf der subjektiven, teils auch auf der objektiven Ebene, wirkten die Faktoren Attraction of Attention und der Handhabungsaspekt der Affordanz wie in den Hypothesen angenommen. Lediglich der Faktor Semantik (Funktionsaspekt der Affordanz) stellte sich nicht als wirkungsvoll heraus. Insgesamt reihen sich die Ergebnisse dieser Untersuchung in die Befunde früherer Arbeiten (Brandenburg et al., 2009; Drewitz & Brandenburg, 2010) ein, so dass sie als weitere empirische Fundierung des MUX gelten.

Literaturverzeichnis

Bradley, M., & Lang, P. (1994). Measuring emotion: the self-assessment manikin and the semantic differential. Journal of behavior therapy and experimental, 25(I).

Brandenburg, S; Drewitz, U., Minge, M, Thüring, M. & Brune, T. (2009). Touch Me, If You Can – Immediate Interactive Behavior als Bedienkonzept für mobile Multimediageräte. In A. Lichtenstein, C. Stößel & C. Clemens (Hrsg.), Der Mensch im Mittelpunkt technischer Systeme, 8. Berliner Werkstatt, Mensch-Maschine-Systeme, VDI-Verlag.

Davis, F. D. (1989). Perceived Usefulness, Perceived Ease of Use, and User Acceptance of Information Technology. MIS Quarterly, 13(3), 319.

Drewitz, U. & Brandenburg, S. (2010). From Design to Experience : Towards a Process Model of User Experience. Ergonomics for All: Celebrating PPCOE's 20 Years of Excellence: Selected Papers of the Pan-Pacific Conference on Ergonomics (pp. 1-6). Oxford: CRC Press.

Gibson, J. J. (1979). The ecological Approach to Visual Perception. Houghton Mifflin, Boston, 1979.

Gray, W., & Fu, W. T. (2004). Soft constraints in interactive behavior: the case of ignoring perfect knowledge in-the-world for imperfect knowledge in-the-head. Cognitive Science, 28(3) (pp. 359-382).

Hart, S. G., & Staveland, L. E. (1988). Development of NASA-TLX (Task Load Index): Results of empirical and theoretical research. In P. A. Hancock & N. Meshkati (Eds.), Human Mental Workload. Amsterdam: North Holland Press.

Hatscher, M. (2001). Joy of use – Determinanten der Freude bei der Software-Nutzung. Mensch & Computer2001 (pp. 445-446).

Mahlke, S. (2008). Visual aesthetics and the user experience. Human-Computer Interaction.

Mano, H. (1996). Assessing emotional reactions to TV ads: a replication and extension with a brief adjective checklist. Advances in consumer research, 1996(23) (pp. 63-69).

Minge, M., & Thüring, M. (2009). Erleben von Benutzbarkeit und Ästhetik in der Mensch-Technik-Interaktion. In A. B. Eder, K. Rothermund, S. R. Schweinberger, M. C. Steffens, & H. Wiese (Eds.), Beiträge zur 51.Tagung experimentell arbeitender Psychologen (p. 38). Lengerich: Pabst Science Publishers.

Neth, H., Carlson, R. A., Gray, W. D., Kirlik, A., Kirsh, D., & Payne, S. J. (2007). Immediate Interactive Behavior—How Embodied and Embedded Cognition Uses and Changes the World to Achieve its Goals. Cognitive Science Society (pp. 33-34).

Newell, A. (1990). Unified theories of cognition. (1st ed., p. 594). Boston, USA: Harvard University Press.

Norman, D. A., (1983). Some Observations on Mental Models. In D. Gentner & A.L. Stevens (Eds), Mental Models. NJ: Hillsdale.

Norman, D. A., (2004). Emotional Design: Why we love (or hate) everyday things. Basic Books.

Kontaktinformationen:

Dipl. Des. M.Sc. Marlene Vogel, mvogel@zmms.tu-berlin.de

Ästhetik der Interaktion: Beschreibung, Gestaltung, Bewertung

Sarah Diefenbach, Marc Hassenzahl, Kai Eckoldt, Matthias Laschke

Folkwang Universität der Künste, Fachbereich Gestaltung, Nutzererleben und Ergonomie

Zusammenfassung

So wie die Form eines Produkts hat auch die Interaktion mit einem Produkt eine Ästhetik, die gestaltet werden muss. Neuartige Technologien ermöglichen auch immer neue Arten der Interaktion, wie beispielsweise begreifbare oder auch berührungslose Interaktion. Für das resultierende Nutzererleben ist die verwendete Technologie allerdings zweitrangig. Entscheidend ist vielmehr, dass Interaktion und Erlebnis im Einklang stehen. Hierfür müssen die Eigenschaften der Interaktion (das *Wie*) aus der Bedeutung des Produkts in der Lebenswelt der Nutzer (dem *Warum*) abgeleitet werden. Der vorliegende Beitrag stellt einen ersten Ansatz zur systematischeren Beschreibung, Gestaltung und Bewertung der Ästhetik von Interaktion vor.

1 Einleitung

Auf den ersten Blick ist sie eine gewöhnliche Lampe, wie sie in vielen Haushalten über dem Schreibtisch oder dem Esstisch hängt. Lampen werden ein- und ausgeschaltet – etwas, das man zunächst als rein technischen Vorgang verstehen kann. In der Lebenswelt der Nutzer ist dieser Vorgang aber ein Teil umfangreicherer Aktivitäten, wie arbeiten oder essen, welche der Interaktion mit der Lampe Bedeutung verleihen. Mit dem Ausschalten der Schreibtischlampe einher gehen das Beenden des Arbeitstags und die Vorfreude auf den Feierabend. Das Einschalten der Esstischlampe signalisiert den Beginn des Abendessens und eine Unterhaltung über Geschehnisse im Kreis der Familie. Kai Eckoldt hat sich die Frage gestellt, wie diese Bedeutung in die Gestaltung der Interaktion einfließen kann. Ein Vorschlag ist die *Kerzenlampe*: Ein Wärmesensor dient zum "Anzünden" der Lampe mittels eines Feuerzeugs. Ein Geräuschsensor erlaubt das "Auspusten" der Lampe (siehe Abb. 1). Das Licht bleibt das gleiche wie bei der Originallampe *Foto* von Ikea, doch was sich im Vergleich zur Bedienung mittels Schalter verändert, ist die Interaktion mit der Lampe, die "Ästhetik der Interaktion". Wobei Ästhetik hier als Theorie des Schönen verstanden wird. Die ungewöhnliche, zeitintensivere Art des "Schaltens" betont den Moment und macht ihn dadurch bewusster. Das Bild der Kerze selbst wird möglichen Empfindungen, wie dem befriedigenden Gefühl nach getaner Arbeit, dem Glücksgefühl beim Zusammenkommen der Familie oder bei einem romantischen Abendessen mit dem Liebsten, gerechter. So schafft die *Kerzenlampe* den Rahmen für ein persönlich bedeutungsvolles Lichtschalten – welches allerdings nicht immer und überall gewünscht wird. Wahrscheinlich haben wenige Menschen das Bedürfnis, den Moment des Beladens einer Waschmaschine ausgiebig zu zelebrieren, daher mag für die Beleuchtung des Waschkellers der klassische Kippschalter weiterhin die angemessenere Lösung sein. Selbst für eine technisch gleiche Funktion scheinen also je nach Kontext und adressierten psychologischen Bedürfnissen unterschiedliche Interaktionsformen eher angemessen. Entscheidend für die Ästhetik der Interaktion ist immer der *Einklang von Interaktion und Erlebnis* (Hassenzahl 2010). Auch wenn sich über den Sinn oder Unsinn der *Kerzenlampe* trefflich streiten lässt, verdeutlicht ihr Beispiel, dass die Interaktion mit einem Produkt – genauso wie seine Form oder Materialität – Bedeutung vermittelt, welche zu einer Veränderung des gesamten Erlebnisses führen kann und entsprechend gestaltet werden muss. Der vorliegende Beitrag stellt einen ersten Ansatz zur systematischen Beschreibung, Gestaltung und Bewertung der Ästhetik von Interaktion vor.

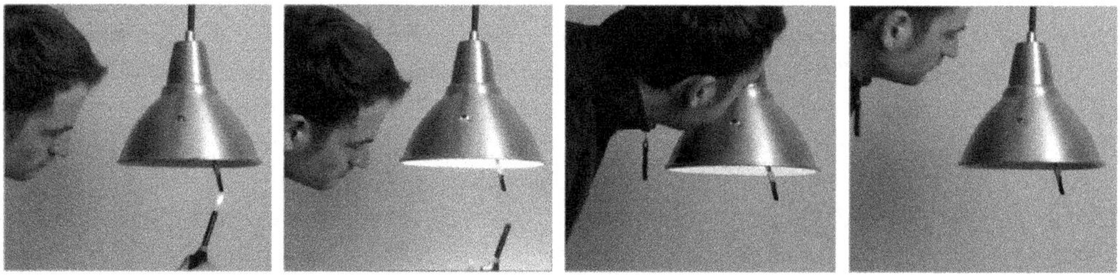

Abbildung 1: Anzünden und Auspusten der Kerzenlampe von Kai Eckoldt

2 Interaktion und Erlebnis im Einklang

Bei der Gestaltung von Interaktion im Einklang mit dem (intendierten) Erlebnis lassen sich drei Ebenen unterscheiden: *Warum*, *Was* und *Wie* (Hassenzahl 2010; 2011). Während die *Was*–Ebene Interaktion im Sinne von Handlungen wie "einen Telefonanruf tätigen" beschreibt, bezieht sich das *Wie* auf Operationen, wie das Wählen einer Telefonnummer mittels Wählscheibe, Nummernblock oder Spracheingabe, das eigentliche Betätigungsfeld der Interaktionsgestaltung. In der aufgabenorientierten Interaktionsgestaltung, wie sie aus Usability-Sicht gefordert wird, orientiert sich dieses *Wie* am *Was*. Erlebnisorientierte Interaktionsgestaltung hingegen fordert eine Orientierung des *Wie* und des *Was* am *Warum*, den Bedürfnissen, die hinter der Nutzung des Produkts stehen und dieser erst Bedeutung verleihen. Das Wählen einer Telefonnummer hat in sich keinen Sinn, erst die Möglichkeit, durch einen Telefonanruf ein Bedürfnis nach Verbundenheit zu erfüllen, macht diesen bedeutsam. Dieses *Warum* sollte auch im *Wie* Ausdruck finden (was beim Telefon allerdings nicht der Fall ist: ungeachtet der Bedeutung und des Bedürfnisses hinter einem Telefonanruf, sei es ein Anruf beim Pizzaservice, beim Chef oder dem Geliebten, die Interaktion bietet hierfür keinen Ausdruck und bleibt stets die Gleiche).

Eine Hilfe für die Gestaltung von Interaktion in Orientierung am *Warum* sind sogenannte *Experience Pattern* (Hassenzahl 2010; Eckoldt 2011), dies sind prototypische Beschreibungen positiver Erlebnisse. Ein hierfür passendes Bild kann ein Repräsentant für das Erlebnis und Grundlage für die Interaktionsgestaltung sein. So gestaltete Kai Eckoldt eine Interaktion inspiriert vom Bild der Kerze – als ein passendes Bild für "Licht mit positiver Bedeutsamkeit", das so im Interaktionskonzept der *Kerzenlampe* als Bindeglied zwischen *Wie* und *Warum* dient. Ein weiteres Beispiel ist der digitale Bilderrahmen mit Geheimnis (Hassenzahl 2010, S. 70 ff.). Die Grundlage bildet das Experience Pattern *Kleines Geheimnis*, das die Freude daran beschreibt, etwas zu tun, zu besitzen oder zu wissen, von dem andere keine Ahnung haben. Nicht, dass es wirklich schlimm wäre, wenn andere davon wüssten, der Wert liegt im Geheimhalten *an sich*. Dieser Wert entsteht aus der Befriedigung von Autonomiebedürfnissen. Per Definition schließen Geheimnisse andere Personen aus. Diese Abgrenzung stärkt das Ich-Bewusstsein, ist aber auch sozial sanktioniert, was eine "Freude am Verbotenen" beim Konsumieren von Geheimnissen entstehen lässt, einhergehend mit dem prickelnden Gefühl von Anspannung bei dem Gedanken daran, entdeckt zu werden. Diese Freude am Geheimhalten entsteht auch dann, wenn es sich nicht wirklich um etwas Verbotenes handelt, wie das Ansehen eines privaten Fotos. Aus diesen für das Experience Pattern *Kleines Geheimnis* wesentlichen Aspekten ergeben sich Anforderungen an die Interaktionsgestaltung, diese wurden in dem Interaktionskonzept von Kai Eckoldt, Marc Hassenzahl und Joonhwan Kim (siehe Abb. 2) aufgenommen.

Abbildung 2: Geste zum Lüften des kleinen Geheimnisses des digitalen Bilderrahmens von Kai Eckoldt, Marc Hassenzahl und Joonhwan Kim

Es gibt keinerlei sichtbare Hinweise auf etwas Verborgenes, wie etwa einen "Geheimnis-Button", ein Schloss oder einen Riegel. Eine Geste zum Lüften des Geheimnisses, hier, ein Anheben und leichtes Kippen des Bilderrahmens, welche das "öffentliche" Bild ins "private" Bild umkippen lässt, bleibt im "Interface" unsichtbar. So bleibt bereits die Existenz eines Geheimverstecks anderen verborgen. Auch besteht kaum Gefahr, dass dieses zufällig entdeckt wird, denn das Aufnehmen eines fremden Bilderrahmens gilt als zu intim (ähnlich, wie man auch kein fremdes Mobiltelefon, das auf dem Tisch liegt, aufnehmen und durchstöbern würde). Zudem steht die Interaktion, das an sich Heranziehen und Schützen des Bilds vor fremden Blicken, im Einklang mit dem eigentlichen Erlebnis, dem Geheimhalten. Die gestaltete Geste ist langsam und behutsam, was dem vorsichtigen Aufdecken eines Geheimnisses entspricht. Sie ist unauffällig, so dass Personen, die unerwartet den Raum betreten nicht auf das Geheimnis aufmerksam werden, sie ist direkt und unverzögert, so dass das geheime Bild bei Bedarf schnell wieder verborgen werden kann.

Auch die Interaktion mit *linked.*, einem Konzept von Matthias Laschke (2010) zum Ausdruck von Verbundenheit über die Ferne, hat eine besondere Ästhetik der Interaktion, die auf den Umgang von Jungs im Teenageralter abgestimmt ist. Mädchen "zelebrieren" ihre Freundschaft offen, durch explizite Gesten wie Händchenhalten, durch die Haare streichen oder das gegenseitige Beschreiben der Unterarme mit Chiffren oder Symbolen. Die Kommunikation von Verbundenheit über die Ferne in dieser expliziten Form, wie sie von Mädchen geschätzt wird, wird von bestehenden Konzepten wie beispielsweise Telefon, SMS oder E-Mail bereits gut unterstützt. Jungs hingegen zeigen ihre Verbundenheit auf eine rauere (auf den ersten Blick paradoxe) Art und Weise, in Form von kleinen Kabbeleien, Kämpfen oder Provokationen. Inspiriert vom Bild des "Kabbelns" auf dem Schulhof, werden mittels Internet verbundenen "Kissen" körperliche Signale wie Knuffe, Schläge oder Tritte an Freunde übertragen, und es kann in gleichermaßen kraftvoller und direkter Weise wie auf dem Schulhof kommuniziert werden (siehe Abb. 3). So ermöglicht *linked.* auch Jungs den Ausdruck von Verbundenheit in einer für sie adäquaten Art und Weise, es besteht ein Einklang zwischen Interaktion und Erlebnis.

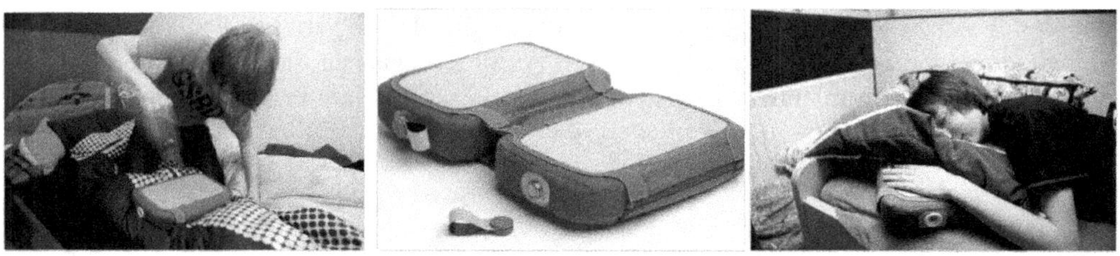

Abbildung 3: Interaktion mit linked. von Matthias Laschke

3 Beschreibung der Ästhetik von Interaktion

Die vorgestellten Konzepte verdeutlichen, dass Eigenschaften der Interaktion eine wesentliche Rolle für das bedeutungsvolle Erleben eines interaktiven Produkts spielen Anstelle eines vorsichtigen Kippens könnte auch ein wildes Schütteln des Bilderrahmens Auslöser für das Sichtbarwerden eines geheimen Fotos sein – das erzeugte Erlebnis wäre dann aber ein qualitativ anderes. Hinsichtlich der Frage, ob eine bestimmte Art der Interaktion "gut" oder "schlecht" gewählt ist, lassen sich aus unserer Sicht keine allgemeingültigen Bewertungsmaßstäbe anlegen. Es kommt immer darauf an, welches Erlebnis erzeugt werden soll. Sowohl die Definition des intendierten Erlebnisses als auch die Entwicklung eines Gefühls für die *Passung* von Erlebnis und Interaktion sind Aufgaben, die bei den Gestaltern verbleiben. Das Ziel der hier vorgestellten Werkzeuge ist somit auch nicht die Etablierung neuer Richtlinien hinsichtlich der Interaktionsgestaltung, sondern die Unterstützung von Gestaltern in ihrem kreativen Prozess durch Bewusstmachung der ihnen zur Verfügung stehenden "Zutaten". Es geht um das Aufzeigen von Möglichkeiten und nicht um das Nahelegen von Lösungen. Im Sinne dieser inspirierenden und nicht wertenden Haltung verfolgt unser Ansatz daher das Ziel einer Beschreibung der Ästhetik von Interaktion auf Basis *grundlegender Eigen-*

schaften, die *unabhängig von spezifischen Technologien* sind, und *keine Wertung* beinhalten, was einen Unterschied zu den meisten bestehenden Ansätzen darstellt.

Viele Autoren gehen über die Beschreibung grundlegenden Eigenschaften von Interaktion – in Analogie zu grundlegenden Dimensionen zur Beschreibung von "Dingen" wie Größe, Gewicht oder Symmetrie – hinaus, und beschäftigen sich mit Interaktion bereits auf der Bedeutungsebene. Sie vermischen sozusagen das *Warum* mit dem *Wie*. Beispielsweise diskutiert de Jongh Hepworth (2007) die Verankerung von Interaktion in persönlichen Erwartungen und Erfahrungen, und schlägt hierfür Attribute wie "unerwartet", "ungewöhnlich", "aufregend" oder "unnatürlich" vor; Dalsgaard und Hansen (2008) reflektieren Interaktion im Zuge eines sozialen Geschehens, was den Nutzer zum "Akteur" und andere anwesende Personen zu "Zuschauern" macht. Dieses Nachdenken über die Bedeutung von Interaktion auf individueller Ebene ist zweifelsohne wichtig, allerdings sollten die verschiedenen Gestaltungsebenen möglichst spezifisch adressiert werden. Wie oben beschrieben trägt in unserem Gestaltungsmodell das Experience Pattern die Bedeutung, die notwendigen passenden Eigenschaften einer Interaktion werden aus diesem erst abgeleitet. Andere Autoren konzentrieren sich auf eine spezifische Technologie, wie beispielsweise "Grafische User Interfaces" (Lim et al. 2007) oder "Gestensteuerung" (Saffer 2009). Unser Fokus liegt ganz auf der Wahrnehmung, dem Erleben der Interaktion, das sich am Ende auf Seiten des Nutzers einstellt. Die Frage, welche Technologie zum Einsatz kam, ist nur im Sinne eines gestalterischen Repertoires interessant. So sollte die Gestaltung eines Interaktionskonzepts für das Experience Pattern *Kleines Geheimnis* wahrscheinlich immer eher behutsam sein, egal ob es sich um ein Geheimnis in einem Bilderrahmen, in einem Handy, einem Computer oder auch einer Kiste handelt. Schließlich schlagen einige Autoren Wertmaßstäbe für besonders "gute", "intuitive" oder auch "natürliche" Interaktionsformen vor, wie beispielsweise die Übereinstimmung von Aktion und Reaktion hinsichtlich Zeit, Ort, Richtung, Dynamik, Modalität und Ausdruck (Wensveen et al. 2004) oder die Gestaltung von Interaktion in Hinblick auf die Vielfalt menschlicher Fähigkeiten, gemäß dem Prinzip der *Wholly Trinity of Interaction*: "To us, good interactive products respect all of man's skills: his cognitive, perceptual- motor and emotional skills" (Djajadiningrat et al. 2004, S. 97). Uns geht es hingegen weniger darum, ein Maß für die Güte von Interaktion zu entwickeln, sondern ein *Vokabular* anzubieten, das Gestaltern die Möglichkeit bietet, Interaktion an sich, das heißt ohne andauernde Referenz zu einer Technologie, und Unterschiede zwischen Interaktionsformen besser zu beschreiben.

Einen Ansatz zur Annäherung an die Beschreibung der Ästhetik von Interaktion anhand grundlegender Eigenschaften ist das *Interaktionsvokabular* (Diefenbach et al. 2010b). Es besteht aus elf Dimensionen: langsam - schnell, abgestuft - stufenlos, ungefähr - präzise, behutsam - kraftvoll, sofort - verzögert, stabil - sich verändernd, vermittelt - direkt, räumliche Trennung - räumliche Nähe, beiläufig - gezielt, verdeckt - offensichtlich, anspruchslos - aufmerksamkeitsbedürftig. In Orientierung an den zuvor beschriebenen Anforderungen wurde das Interaktionsvokabular auf Basis der Unterschiede zwischen alternativen Interaktionsformen entwickelt, die unabhängig von der verwendeten Technologie der Ausführung der gleichen Funktion dienen (hier: "Schalten einer Lampe"). Die hierfür vorliegende Sammlung von über 100 Interaktionskonzepten garantiert zwar keine Vollständigkeit, bietet jedoch eine gute Basis für die Identifikation relevanter Dimensionen zur Beschreibung der Ästhetik von Interaktion. In einem Expertenworkshop wurden die Unterschiede zwischen den Interaktionskonzepten diskutiert und als Gegensatzpaare formuliert, wie beispielsweise das Gegensatzpaar "abgestuft – stufenlos" zur Unterscheidung zwischen Kippschalter und Dimmer, oder die Dimension "behutsam – kraftvoll" zur Unterscheidung des "Anstreichelns" versus "Anboxens" einer Lampe mit Berührungssensor. In einem mehrstufigen Prozess wurden die Dimensionen auf Wertneutralität, Eindeutigkeit und Redundanz geprüft, einzelne Begriffe ausgeschlossen oder überarbeitet, und schließlich die oben genannten Dimensionen identifiziert. Weitere Informationen zur Entwicklung und Validierung des *Interaktionsvokabulars* finden sich bei Diefenbach und Kollegen (2010b).

4 Einsatzmöglichkeiten des Interaktionsvokabulars

Wir sehen das Interaktionsvokabular in erster Linie als ein Werkzeug für Gestalter. Es kann aber auch zu Bewertungszwecken eingesetzt werden, indem man die Wahrnehmung der Nutzer abfragt, die dann mit den zuvor spezifizierten und intendierten Eigenschaften abgeglichen werden kann. Dies verlangt, dass Gestalter sich mit den Konsequenzen verschiedener Möglichkeiten der Ausgestaltung beschäftigen und eine Vorstellung der intendierten Wahrnehmung entwickeln. So lässt sich zumindest die Übereinstimmung von wahrgenommenen und intendierten Interaktionseigenschaften bewerten. Die Bewertung der Passung von Interaktion und Erlebnis liegt hingegen außerhalb der Möglichkeiten des Interaktionsvokabulars und verbleibt beim Gestalter.

4.1 Gestaltung

Für die Unterstützung von Gestaltern bei der Exploration und Spezifikation von Interaktionskonzepten wurde die Workbench DESIGNi (Designing Interaction) (Nass et al. 2010) entwickelt. DESIGNi sieht eine Untergliederung der gesamten Interaktion in elementare Interaktionen vor, jeweils bestehend aus einer (einzigen) Aktion des Nutzers und der/den darauffolgenden Reaktion(en) des Systems. Diese werden anhand des Interaktionsvokabulars beschrieben. Hierbei können für jede Dimension bewusste Entscheidungen in Richtung des einen oder anderen Pols getroffen werden, in Hinblick auf die jeweiligen Konsequenzen einer Interaktionseigenschaft und deren Passung zu psychologischen Bedürfnissen und Anwendungskontext. Beispielsweise wurde für das Schalten des Lichts der *Kerzenlampe* hinsichtlich der Dimension "beiläufig – gezielt" die Eigenschaft "gezielt" gewählt, um die Funktion des Lichts als ein Signal für den Beginn/das Ende bedeutungsvoller Tätigkeiten zu unterstützen. Der klassische Kippschalter hingegen kann "beiläufig" betätigt werden, was eine hohe Aufmerksamkeit auf andere Aktivitäten und gut in Situationen passt, in denen Licht eine rein pragmatische Funktion erfüllt. All diese Überlegungen finden zunächst nur auf der Ebene grundlegender Eigenschaften (hier: beiläufig – gezielt) statt. Erst in einem zweiten Schritt folgt die Frage nach der (technischen) Realisierung der intendierten Eigenschaften. Die hier aufgeführten Beispiele von *Kerzenlampe* und Kippschalter verdeutlichen *eine* Möglichkeit für eine gezielte bzw. beiläufige Art des Lichtschaltens, denkbar wären aber auch noch viele andere.

Unter anderem wurde der Einsatz des Interaktionsvokabulars in der Interaktionsgestaltung in einem Workshop mit Studierenden der Folkwang Universität der Künste erprobt. Aufgabe war es, eine Interaktion für das "Öffnen einer Box" zu gestalten, deren Eigenschaften zum Inhalt der Box und dem intendierten Auspackerlebnis passen. Der Inhalt der Box war durch einen kurzer Beschreibungstext und ein entsprechendes Bild vorgeben, wie beispielsweise "Eine Box zur Aufbewahrung wertvoller Schmuckstücke" oder "Eine Box zur Aufbewahrung von lebensrettenden Blutkonserven, die bei einer Not-Operation schnell verfügbar sein müssen." Wie auch bei den zuvor beschriebenen Experience Pattern wurden zunächst die für das intendierte Auspackerlebnis zentralen Elemente beschrieben, und dann hierfür passende Interaktionseigenschaften anhand des Interaktionsvokabulars spezifiziert. Die auf Basis dieser Spezifikationen entwickelten Interaktionskonzepte wurden mittels Papierprototypen demonstriert. Julia Lackas gestaltete ein Interaktionskonzept für "Eine Box zur Überreichung des Verlobungsrings": In Anbetracht des kostbaren Inhalts und der besonderen Bedeutung dieses Moments für die Beziehung von Schenkendem und Beschenktem sollte das Öffnen etwas Vorsichtiges und Respektvolles ausdrücken, den feierlichen Moment unterstreichen und ihm eine Struktur verleihen, die es dem Schenkenden ermöglicht, die Überreichung des Ringes mit angemessenen Worten zu begleiten (… und dem Beschenkten ermöglicht, sich auf die folgende Frage vorzubereiten). Um dies zu erreichen wurden unter anderem die Interaktionseigenschaften "langsam", "behutsam", "abgestuft" und "verzögert" gewählt: Nachdem die Box behutsam aufgedreht wurde, ertönt zunächst das gemeinsame Lied des Paars. Erst nachdem das Lied verklungen ist, hebt sich der Deckel ein wenig, und die Box gibt ihren Inhalt preis (siehe Abb. 4).

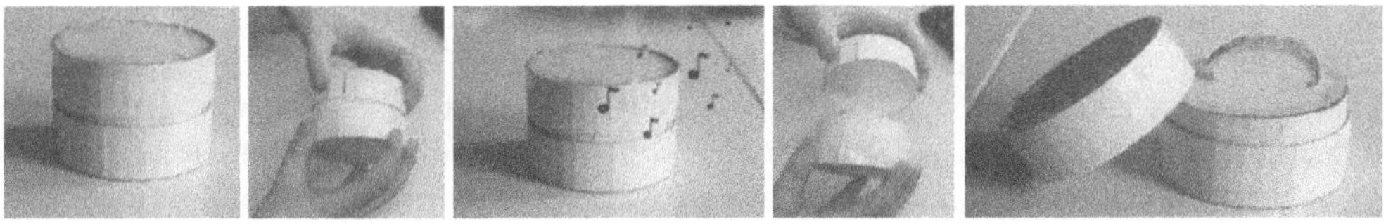

Abbildung 4: Interaktionskonzept für eine Box zur Überreichung des Verlobungsrings von Julia Lackas

Selina Maleska hingegen wählte für ihr Interaktionskonzept für "Eine Box für das Geburtstagsgeschenk für den Neffen zur Überreichung des langersehnten Lego-Raumschiffs" ganz andere Interaktionseigenschaften. Das Öffnen der Raumschiff-Geschenkbox sollte "schnell", "kraftvoll", "stufenlos" und "sofort" erfolgen. Anders als bei der Überreichung des Verlobungsrings ist hier nicht das Ziel, den Moment des Auspackens zu verzögern, sondern – zumindest aus Sicht des Beschenkten – möglichst schnell an den Inhalt der Box zu gelangen.

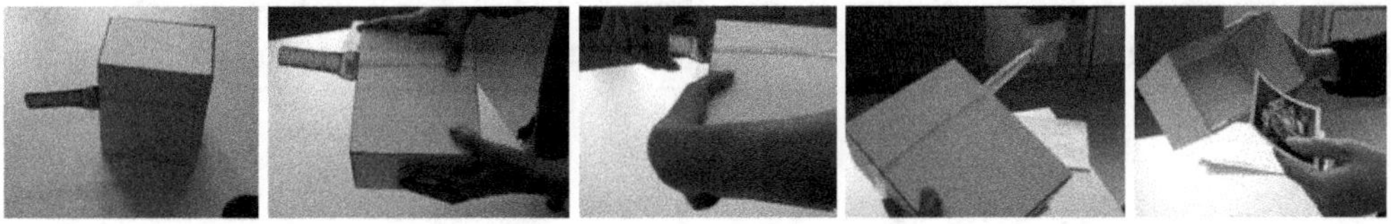

Abbildung 5: Interaktionskonzept für eine Box für ein Geburtstagsgeschenk für den fünfjährigen Neffen zur Überreichung des langersehnten Lego-Raumschiffs von Selina Maleska

In Anlehnung an das Raumschiff aus der StarWars Edition ist die Box mit einem "Lichtschwert" ausgestattet. Die Perforation ermöglicht ein schnelles, kraftvolles und stufenloses Öffnen, und sofort gibt die Box ihren Inhalt preis (siehe Abb. 5).

Die Konzepte zum "Öffnen einer Box" zeigen, wie der Einsatz des Interaktionsvokabulars eine gezieltere Gestaltung der Interaktion inspirieren kann. Ein weiterer Vorteil, der sich auch im Rahmen des beschriebenen Workshops mit Studierenden deutlich zeigte, liegt in der erleichterten Kommunikation über Interaktion. So kann das Interaktionsvokabular auch bei der Kommunikation innerhalb eines Teams von Gestaltern, mit Entwicklern oder hinsichtlich der Kommunikation mit Nutzern im Rahmen des partizipativen Designs hilfreich sein.

4.2 Bewertung

Für die Bewertung der Übereinstimmung von intendierten und wahrgenommenen Eigenschaften kann das Interaktionsvokabular als Fragebogen eingesetzt werden. Ein Nutzer wird gebeten für jede der Dimensionen anzugeben, welche der beiden Eigenschaften die Wahrnehmung besser beschreibt. Ein Beispiel für eine hohe Übereinstimmung der spezifizierten und wahrgenommenen Interaktionseigenschaften findet sich bei Nass und Kollegen (2010). Hier wurden die im Gestaltungsprozess spezifizierten und die von Nutzern wahrgenommenen Eigenschaften der Interaktion für die Bedienung einer Software mittels Multi-Touch-Monitor Gesten verglichen. Die insgesamt hohe Übereinstimmung ist ein Hinweis, dass die vom Gestalter intendierte Ästhetik der Interaktion durch die gewählte Form erfolgreich realisiert wurde. Interessant sind aber auch hier Abweichungen hinsichtlich einzelner Dimensionen, die Hinweise auf noch bestehendes Verbesserungspotential geben. Wichtig ist es hier, verschiedene Ursachen für eine geringe Übereinstimmung in Betracht zu ziehen: Eine Möglichkeit ist, dass sich Wahrnehmung und Maßstäbe des Gestalters schlicht von denen der Nutzer unterscheiden, und beispielsweise eine vom Gestalter als "eher schnell" bezeichnete Systemreaktion von Nutzern als "eher langsam" wahrgenommen wird. Ebenfalls möglich ist, dass die Vorstellung des Gestalters durch die verwendete Technologie nicht wie spezifiziert realisiert wurde. Dieser Fall zeigte sich bei der Entwicklung eines Interaktionskonzepts zur Gestensteuerung mittels iPod im Bereich Haustechnik. Intendiert war ein Öffnen des Rollladens synchron zum Anheben des iPods mit ausgestrecktem Arm. Bedingt durch technische Probleme beim Prototyping geschah dies der Evaluationsstudie jedoch erst mit einiger Verzögerung. Dies spiegelte sich anhand einer negativen Korrelation der Interaktionsprofile wieder ($r = -.59$). Dieses Ergebnis weist auf die spezielle Relevanz der Art des Prototyping bei der Evaluation von Produktkonzepten mit Fokus auf die Ästhetik der Interaktion hin (siehe auch Diefenbach et al. 2010a). Wichtig ist, dass eine "realistische" Vorstellung der Interaktion vermittelt wird. So liefert eine Wizard-of-Oz-Lösung wahrscheinlich validere Ergebnisse als ein funktionaler Prototyp, der aus technischen Gründen von der intendierten Lösung abweicht.

5 Schluss

Ein wesentlicher Teil der Gestaltung interaktiver Produkte ist naturgemäß die Gestaltung der Interaktion, mit immer neuen Möglichkeiten durch immer neue Technologien. Bedeutsamer als die verwendete Technologie ist für das Nutzererleben jedoch die Gestaltung der Interaktion im Einklang mit dem intendierten Erlebnis. Im Vordergrund muss daher das *Warum* stehen, die psychologischen Bedürfnisse von Nutzern und das zu erzeugende Erlebnis. Das *Wie*, die Art und Weise der Interaktion, muss sich hieran orientieren. Der vorliegende Beitrag zeigt, wie Experience Pattern und das Interaktionsvokabular diesen Prozess der Beschreibung, Gestaltung und Bewertung der Ästhetik von Interaktion systematisch unterstützen können. Es werden aber auch Grenzen modelltheoretischer Überlegungen und standardisierter Werkzeuge deutlich. Sicherlich können Mittel wie Experience Pattern und das Interaktionsvokabular Anforderungen und Freiheitsgrade in der Interaktionsgestaltung bewusst machen. Entscheidungen müssen aber weiterhin die Gestalter selbst treffen. Auch die Frage der "Validierung" des hier vorgestellten Ansatzes interessiert dementsprechend vorrangig aus Gestaltersicht: Empfinden Gestalter Experience Pattern und Interaktionsvokabular als Unterstützung, inspirieren sie zu neuen Ideen, erleichtern sie die Auswahl zwischen alternativen Möglichkeiten der Ausgestaltung von Interaktion? Die bisherigen Erfahrungen sind vielversprechend. Weiterhin hoffen wir auf Erkenntnisse für die Weiterentwicklung der hier vorgestellten Werkzeuge durch den zukünftigen Einsatz in neuen Kontexten, und freuen uns ebenfalls auf Rückmeldungen aus anderen Forschergruppen.

Danksagung

Die Arbeiten wurden durch das vom BMBF geförderte Projekt FUN-NI (fun-ni.org) finanziert (Förderkennzeichen: 01IS09007). Wir danken unseren Projektpartnern a3 systems GmbH, CIBEK technology + trading GmbH, Kerstin Klöckner, Claudia Nass und Andreas Maier vom Fraunhofer IESE und den Studierenden der Folkwang Universität der Künste.

Literaturverzeichnis

Dalsgaard, P. & Hansen, L. K. (2008). Performing perception—staging aesthetics of interaction. *ACM Transactions on Computer-Human Interaction, 15* (3), 1-33.

De Jongh Hepworth, S. (2007): Magical Experiences in Interaction Design. In *Proceedings of the 2007 conference on Designing pleasurable products and interfaces.* New York: ACM, S. 108-118.

Diefenbach, S., Hassenzahl, M., Eckoldt, K., & Laschke, M. (2010a). The impact of concept (re)presentation on users' evaluation and perception. In *Proceedings of the 6th Nordic Conference on Human-Computer Interaction.* New York: ACM, S. 631-634.

Diefenbach, S., Hassenzahl, M., Klöckner, K., Nass, C. & Maier, A. (2010b): Ein Interaktionsvokabular: Dimensionen zur Beschreibung der Ästhetik von Interaktion. In H. Brau, S. Diefenbach, K. Göring, M. Peissner & K. Petrovic (Hrsg.) *Usability Professionals 2010.* Stuttgart: German Chapter der Usability Professionals' Association e.V., S. 27-32.

Djajadiningrat, T., Wensveen, S. Frens, J. & Overbeeke, K. (2004). Tangible products: redressing the balance between appearance and action. *Personal and Ubiquitous Computing, 8*, 294–309.

Eckoldt, K. (2011). *Die Freuden beim Fahren – Gestalten mit Experience Pattern* (Unveröffentlichte Diplomarbeit). Folkwang Universität der Künste, Essen.

Hassenzahl, M. (2010). *Experience Design. Technology for all the right reasons.* San Francisco: Morgan & Claypool Publishers.

Hassenzahl, M. (2011). *User Experience and Experience Design.* http://www.interaction-design.org/encyclopedia/user_experience_and_experience_design.html, abgerufen am 21.03.2011.

Laschke, M., Hassenzahl, M. & Mehnert, K. (2010). linked. – a relatedness experience for boys. In *Proceedings of the 6th Nordic Conference on Human-Computer Interaction.* New York: ACM, S. 839-844.

Lim, Y., Stolterman, E., Jung, H. & Donaldson, J. (2007). Interaction Gestalt and the Design of Aesthetic Interactions. In *Proceedings of the 2007 conference on Designing pleasurable products and interfaces.* New York: ACM, S. 239-254.

Nass, C., Klöckner, K., Diefenbach, S. & Hassenzahl, M. (2010). DESIGNi – A Workbench for Supporting Interaction Design. In *Proceedings of the 6th Nordic Conference on Human-Computer Interaction.* New York: ACM, S. 747-750.

Saffer, D. (2009). *Designing Gestural Interfaces.* Sebastopol: O'Reilly.

Wensveen, S.A.G., Djajadiningrat, J.P. & Overbeeke, C.J. (2004). Interaction Frogger: a Design Framework. In: *Proceedings of the 5th conference on Designing interactive systems.* New York: ACM, S. 177 - 184

Kontaktinformationen

Sarah Diefenbach
Folkwang Universität der Künste
Nutzererleben und Ergonomie

sarah.diefenbach@folkwang-uni.de

Interaktive Reports für die Planung von Lungentumoroperationen

Steven Birr[1], Volker Dicken[2], Benjamin Geisler[2], Konrad Mühler[1], Bernhard Preim[1], Christina Stöcker[2]

Institut für Simulation und Graphik, Otto-von-Guericke-Universität Magdeburg[1]
Fraunhofer MEVIS Bremen[2]

Zusammenfassung

Interaktive medizinische Visualisierungen haben in den letzten Jahren an Bedeutung gewonnen. In diesem Beitrag wird ein automatisch generierbares und interaktives Befunddokument für die Verlaufskontrolle und Operationsplanung von Lungentumoren vorgestellt. Im Vordergrund stehen die Bereitstellung von interaktiven 3D-Darstellungen und die nahtlose Integration in den gewohnten klinischen Workflow eines Radiologen und Chirurgen. Die szenariobasierte Konzeption des Systems, das Visualisierungs- und Interaktionskonzept sowie die Vorzüge der ADOBE 3D-PDF-Technologie stehen im Mittelpunkt dieses Beitrages.

1 Einleitung

Computergenerierte 3D-Visualisierungen ermöglichen dem Arzt die präoperative Einschätzung von räumlichen Lage- und Größenbeziehungen zwischen Organen, Tumoren und Gefäßen. Insbesondere in der Leberchirurgie wurde die computergestützte Operationsplanung erfolgreich vorangetrieben (Lang et al. 2005). Der von MEVIS DISTANT SERVICES[1] angebotene Dienstleistungsservice wird weltweit von über 150 klinischen Partnern für die präoperative Planung eingesetzt. Teil der Dienstleistung ist die dreidimensionale Rekonstruktion der Bilddaten, die Berechnung der Tumorgröße sowie des individuellen Risikos der Lebergefäße und -territorien in Abhängigkeit vom Sicherheitsabstand zum Tumor. Der Bereich der Lungentumordiagnostik und -therapie ist dagegen ein noch recht junges Anwendungsgebiet. Viele Tumorarten bilden Tochtergeschwülste, die über das Blut- und Lymphsystem in die Lunge gelangen. Diese Lungenmetastasen werden oft zu spät diagnostiziert, was meist langwierige und belastende Behandlungskonzepte für den Patienten zur

[1] http://www.mevis.de/mms/Distant_Services.html

Folge hat. Eine computerbasierte Therapieunterstützung kann dem Arzt helfen, die Erkrankung sicherer einzuschätzen und zu behandeln. Die individuell auf den Patienten abgestimmte und interdisziplinäre Therapieentscheidung erfolgt dabei u. a. auf Grundlage eines radiologischen Befundes. Ein Befundbericht enthält typischerweise weder Annotationen in Bildern noch interaktive 3D-Modelle. Aufbauend auf den Vorarbeiten in (Birr et al. 2010) beschreiben wir, wie interaktive 3D-Visualisierungen mit Web-Technologien generiert werden können und wie diese Verfahren auf die OP-Planung zugeschnitten und erprobt werden. Für die Mensch-Computer-Interaktion ist insbesondere interessant, welche Anforderungen in diesem Anwendungsgebiet existieren und welche Lösungsideen adäquat mit den etablierten Workflows integriert werden können.

2 Stand der Forschung und Zielsetzung

2.1 Dokumentation und Patientenaufklärung im klinischen Alltag

Im klinischen Alltag erfolgt die Dokumentation von Erkrankungen zunehmend in digitalen Patientenakten. Die durch radiologische Untersuchungen gewonnenen Bilddaten werden zusammen mit den Befunden des Patienten im Krankenhausinformationssystem abgespeichert und stehen den behandelnden Ärzten klinikübergreifend zur Verfügung. Befundberichte sind meist im Fließtext formulierte, wenig strukturierte und statische Reports. Nach (Reiner & Siegel 2006) würden annotierte Befundberichte auf Seiten des behandelnden Arztes maßgeblich dazu beitragen, den Report des Radiologen sowie dessen Beurteilung besser zu verstehen. Annotationen können Markierungen, textuelle Hinweise oder Symbole sein, die in einzelnen Bildern eingebettet werden. Neben der Dokumentation von Krankheitsverläufen haben Arzt-Patienten-Gespräche in der modernen Medizin einen hohen Stellenwert. Der Patient wünscht sich verständlich aufbereitete Informationen zu seiner Krankheitssituation und zur geplanten Therapie.

2.2 Computergestützte Therapie von Lungentumoren

Typische Behandlungsformen bei Lungentumoren sind Chemotherapien, Bestrahlungen und Operationen. Für die Einschätzung des Therapieverlaufes werden in regelmäßigen Abständen Kontrolluntersuchungen durchgeführt. Dabei wird das Ansprechverhalten der Tumore auf chemo- und strahlentherapeutische Maßnahmen untersucht. Größer gewordene oder neu gewachsene Tumore müssen frühzeitig erkannt und das Behandlungskonzept ggf. geändert werden, um die Belastung für den Patienten und die Kosten der Therapie gering zu halten. In (Bornemann et al. 2007) wird eine Software vorgestellt, die eine robuste und reproduzierbare Vermessung von Lungentumoren und Lymphknotenmetastasen ermöglicht. Geringste Größenänderungen können somit festgestellt und dokumentiert werden. Die Analysen und Wachstumsänderungen der Tumoren sind jedoch nur in Form von statischen HTML-Reports exportierbar. In (Birr et al. 2010) wurde ein Web Interface entwickelt, das es dem Arzt ermöglicht, die hervorgehobenen Tumoren und umliegenden Risikostrukturen in Form von aufbereiteten Bildern online anzuschauen und zu kommentieren. Allerdings werden dabei keine interaktiv manipulierbaren 3D-Darstellungen der Lunge verwendet. Vor allem Chirurgen profitieren jedoch sehr von der dreidimensionalen Repräsentation der anatomischen und pathologischen Gegebenheiten des Patienten. In (Limmer et al. 2010) wurde gezeigt, dass interaktive 3D-Visualisierungen der Lungenstrukturen die Entscheidungsfindung des Thoraxchirurgen bzgl. der Operationsstrategie und eines optimalen Zugangsweges maßgeblich beeinflussen können.

2.3 Zielsetzung

In diesem Beitrag wird ein interaktives Befunddokument auf Basis der ADOBE 3D-PDF-Technologie vorgestellt. Zielsetzungen sind die zeit- und kostensparende Planung chirurgischer Eingriffe, der effektive Austausch von Befundinformationen zwischen den unterschiedlichen Fachgruppen sowie die Förderung der Patienten-Aufklärung mit Hilfe übersichtlicher und leicht verständlicher Visualisierungen. Im Folgenden werden die Vorzüge der neuartigen 3D-PDF-Technologie, die szenariobasierte Konzeption des Systems sowie geeignete Hervorhebungs- und Interaktionstechniken vorgestellt. Das System wird anhand von Lungentumoroperationen erprobt.

3 Technologie und szenariobasierte Konzeption

3.1 Adobe 3D-PDF

Ein PDF (*Portable Document Format*) kann verschiedene Inhalte, wie Texte, Bilder, Videos und Musik enthalten und diese genauso wie im Ursprungsformat originalgetreu wiedergeben. PDF hat sich als webfähiges Standardaustauschformat für Dokumente aller Art etabliert und kann mit dem weit verbreiteten und kostenlosen ADOBE READER dargestellt werden. Seit der Version 1.7 unterstützt der PDF-Standard die Integration von interaktiven Flash-Applikationen im SWF-Dateiformat und 3D-Modellen im U3D-Format. U3D (*Universal 3D*) ist ein universell einsetzbares Dateiformat für dreidimensionale Daten. Der Vorteil der 3D-PDF-Technologie besteht darin, komplexe 3D-Geometrien in Echtzeit mit Standardhardware darstellen zu können. Dank GPU-Unterstützung laufen aufwändige 3D-Berechnungen auf der Grafikkarte ab. Dies führt zu einem wesentlichen Performancegewinn bei der Exploration der 3D-Modelle. Die 3D-Inhalte können frei rotiert, gezoomt und animiert werden. Darüber hinaus unterstützt 3D-PDF definierbare Kamera-Ansichten, mehrere Darstellungsformen (z. B. Transparenz-, Drahtgitter- oder Konturlinien-Modi) sowie unterschiedliche Beleuchtungseffekte. Die Möglichkeit, Flash-Applikationen in PDF-Dokumente zu integrieren und mit der 3D-Szene zu verknüpfen, bietet viel Gestaltungsspielraum für Animationen und ansprechende User Interfaces. Außer einer aktuellen Version des ADOBE READERS sind keine weiteren Plugins notwendig, um ein 3D-PDF anzuzeigen. PDF-Dateien können mit iTEXT[2] oder LATEX[3] automatisch generiert werden.

3.2 Anwendung von Szenarien bei der Konzeption

Das Visualisierungs- und Interaktionskonzept ist in enger Zusammenarbeit mit einem Radiologen und zwei einschlägig spezialisierten Chirurgen entstanden. Beobachtungen bei Hospitationen sowie Gespräche mit weiteren medizinischen Experten ergaben ein genaues Bild des Ist-Zustandes bei der Befundung und Operationsplanung von Lungentumoren. So konnte das Potential möglicher Erweiterungen ausfindig gemacht werden. Basierend auf den Richtlinien für chirurgische Systementwicklungen von (Cordes et al. 2009) sind in szenariohaften Beschreibungen der klinischen Abläufe die Anforderungen und Präferenzen der Endanwender an das neue System diskutiert und validiert worden. Zusätzlich wurden von den beteiligten Ärzten Fragebögen ausgefüllt und in daran anschließenden persönlichen Gesprächen ausgewertet.

Mit Hilfe der klinischen Partner wurden zunächst ausgewählte Szenarien (*User Stories*) erstellt und typische klinische Tumorfälle sowie deren Diagnose- und Therapiemaßnahmen beschrieben. Diese Ist-Szenarien repräsentieren den Zustand vor der Entwicklung des neuen Systems. Sie enthalten Beschreibungen der zukünftigen Benutzer, ihrer Fähigkeiten und Wünsche sowie Informationen über die aktuelle Befundungs- und Behandlungssituation. Aus diesen Ist-Szenarien wurden in Soll-Szenarien die zentralen Anforderungen abgeleitet, die wiederum mit den Ärzten diskutiert und verfeinert wurden. Im Folgenden werden Auszüge einiger dieser Szenarien dargestellt.

Auszug aus User Story 1: Bei einem 59-jährigen Patienten wurde ein Gallengangskarzinom festgestellt. Die Diagnose des Tumors erfolgte erst sehr spät, sodass er bereits in die Lunge gestreut hat. [...] Die untersuchende Radiologin dokumentiert die insgesamt 18 Metastasen in dem radiologischen Befund, indem sie durch den Schichtdatensatz scrollt und vereinzelt Strukturen ausmisst. Die Messung erfolgt manuell mit der PC-Maus, was untersucherabhängig und bei vielen Patienten langwierig sein kann. [...] Zusätzlich zu den Messungen protokolliert die Radiologin die Positionen der Metastasen anhand der Schichtnummer und der Lage in der Lunge. Der Befund wird mit einem Diktiergerät erfasst, anschließend über eine Sprachsoftware digitalisiert und in der Patientenakte abgelegt. [...] Bei einer interdisziplinären Falldiskussion mit Radiologen, Internisten und weiteren Chirurgen werden die Bild- und Befunddaten vorgestellt und die Therapiestrategie diskutiert. Die Fälle müssen im Rahmen solcher Diskussionen zügig vorgetragen und präsentiert werden. Um kritische Punkte hervorzuheben, werden einzelne Schichten des Bildstapels auf einer Leinwand vergrößert dargestellt. Dabei entstehen Zeitverzögerungen, da die Bilddaten aus dem Kliniknetz geladen werden müssen und im Besprechungsraum nur eine langsame Internetverbindung vorhanden ist.

---

[2] http://www.itextpdf.com

[3] http://www.latex-project.org

Auszug aus User Story 2: Der behandelnde Chirurg bereitet die Operation des Metastasenfalls mit Hilfe der Bilddaten und des radiologischen Befundes vor. Auch er scrollt Schicht-für-Schicht durch den Datensatz und analysiert die von der Radiologin beschriebenen Auffälligkeiten. [...] Fragen zur Anzahl, Lokalisation und Ausdehnung der Metastasen sowie zum Befall von Organwänden oder Gefäßen können nur auf Basis der 2D-Bilddaten geklärt werden. Dem Chirurgen stehen keine interaktiven dreidimensionalen Darstellungen der Lunge und der Tumore zur Verfügung. Aus den 2D-Bildern rekonstruiert der Chirurg ein „mentales 3D-Modell" der Lunge und fertigt einige Skizzen an (Abbildung 1, links). Diese hängt er später im Operationssaal auf. [...] Der Patient wird vom Chirurgen über die operativen Maßnahmen aufgeklärt. Der Patient hat dabei Probleme, sich den komplexen Eingriff vorzustellen und stellt viele Fragen zur OP und zu den möglichen Komplikationen. Der Chirurg beantwortet die Fragen, jedoch ohne Verwendung bildlicher Darstellungen.

Auszug aus User Story 3: Der Radiologie-Oberarzt stellt im Rahmen einer routinemäßigen Nachsorgeuntersuchung bei einer 53-jährigen Brustkrebs-Patientin knotenartige Veränderungen in der Lunge fest. Im Rahmen einer CT-Untersuchung wird der Befund abgeklärt und in der digitalen Patientenakte dokumentiert. Sechs Wochen später wird eine Folgeuntersuchung vorgenommen. Der Radiologe schreibt in seiner Beurteilung, dass die vier Metastasen in der linken Lunge leicht gewachsen sind und dass im rechten Oberlappen ein unklarer Befund vorliegt. [...] Im Rahmen der OP-Vorbereitung muss der Chirurg ständig zwischen den Schichtbilddaten und dem radiologischen Befund wechseln, um die vom Radiologen beschriebenen Auffälligkeiten nachzuvollziehen. [...] Die Patientin wird erfolgreich an der linken Lungenseite operiert. Mehrere verschiedene Radiologen führen in den folgenden Wochen Verlaufskontrollen durch, um ein eventuelles Wiederauftreten der Metastasen frühzeitig festzustellen und ggf. behandeln zu können. Jeder Arzt verschafft sich einen Überblick über die Patientengeschichte, sichtet und analysiert die Bilder und schreibt einen Befund. Der Therapeut muss ebenso alle Befunde und zugehörigen Bilddaten zu Rate ziehen, um sich ein Bild vom Krankheitsstand der Patientin zu machen. [...]

Wünsche der Anwender: Radiologen wünschen sich automatische Segmentierungsalgorithmen für die objektive und exakte Vermessung der Tumore. Dies ermöglicht untersucherunabhängige und reproduzierbare Messungen.[4] Auffällige Strukturen sollten vom Arzt gekennzeichnet und kommentiert werden können. Statt in Form von langen Fließtexten sollten die Größenänderungen der Metastasen in grafischer und visuell aufbereiteter Form dem therapierenden Arzt übermittelt werden. Zur Hilfestellung bei der chirurgischen Entscheidungsfindung sowie für die effektive Informationsvermittlung bei Tumorfalldiskussionen und Patientengesprächen sollen aussagekräftige, vorbereitete und mit geringem Aufwand bedienbare 3D-Darstellungen genutzt werden. Einzelne Teile des 3D-Modells sollten dabei vom Benutzer ein- oder ausgeblendet werden können.

Auszug aus Szenario 1 (betreffend User Story 1): Der Chefarzt der Chirurgie stellt seinen Kollegen bei der Fallbesprechung den Metastasenfall vor und öffnet parallel dazu den PDF-Report. Das 3D-Modell der Lunge wird unmittelbar geladen und steht sofort zur Verfügung.

[4] Die Automatisierung der Tumorsegmentierung ist nicht Gegenstand dieser Arbeit.

Der Chirurg zeigt seinen Kollegen anhand der 3D-Visualisierung, dass der Patient viele Lungenmetastasen hat, die jedoch relativ klein sind, überwiegend peripher liegen und keine größeren, lebenswichtigen Strukturen befallen haben. Der Arzt rotiert die Szene gekonnt mit der Maus und zoomt an einigen Stellen in das 3D-Modell hinein. [...] Die Ärzte einigen sich auf ein Therapiekonzept (Laseroperation mit anschließender Chemotherapie) und gehen zum nächsten Tumorfall über.

Auszug aus Szenario 2 (betreffend User Story 2): Der behandelnde Chirurg möchte die Operation des Patienten am Computer planen. Dazu öffnet er den interaktiven 3D-PDF-Report und liest sich als erstes die Fallzusammenfassung der Radiologin durch (Abbildung 2, links). Ein Klick auf den Button „OP-Planung" führt den Benutzer direkt in den 3D-Modus. Der Arzt möchte einzelne Visualisierungsparameter anpassen, ist jedoch im Umgang mit 3D-Modellen unerfahren. Ein Wizard gibt dem Arzt eine Hilfestellung zur Bedienung der 3D-Szenen mit Tastatur und Maus und ermöglicht ihm die schrittweise Anpassung der 3D-Visualisierung entsprechend seinen Vorstellungen. [...] Der Chirurg klickt sich durch die Metastasenliste, wobei der in dem Menü ausgewählte Tumor in der 3D-Szene hervorgehoben wird. Durch die direkte Verlinkung von digitalem Befundbericht und 3D-Visualisierung entfällt der zeitaufwändige Abgleich zwischen beiden Systemen. Der interaktive Report bietet dem Benutzer die Möglichkeit, Standardblickrichtungen zu aktivieren sowie einzelne Objekte ein- und auszublenden. Neben der OP-Planung ist dies auch der Patientenaufklärung zuträglich. Mit wenigen Klicks zeigt der Arzt dem Patienten die kritischen Strukturen anhand des 3D-Lungenmodells.

Auszug aus Szenario 3 (betreffend User Story 3): Der operierende Arzt möchte sich einen Überblick über die bisherigen radiologischen Untersuchungen verschaffen. Die Beurteilungen seiner Radiologie-Kollegen wurden zuvor in ein PDF-Dokument exportiert, welches dem Arzt nun vorliegt. Das PDF wird automatisch mit einem Passwortschutz versehen, um die Patientendaten vertraulich zu behandeln. Der Chirurg möchte wissen, was bei den Untersuchungen festgestellt wurde und zu welchen Entschlüssen seine Kollegen gekommen sind. [...] Der Arzt klickt dazu einzelne Tumore an. Das System zeigt daraufhin den Durchmesser, das Volumen und weitere quantitative Angaben des selektierten Objektes an. Die Informationen werden dem Arzt strukturiert in Textform und als interaktive Diagramme präsentiert. Zusätzlich wird eine Beurteilung des Radiologen angezeigt.

3.3 Umsetzung des Visualisierungs- und Interaktionskonzeptes

Die Grundlage für die 3D-Visualisierungen bilden die Schichtbilddaten der Computertomographie. Der Radiologe identifiziert darin die darzustellenden Lungenstrukturen mit Hilfe der Bildverarbeitungs- und Visualisierungssoftware MEVISLAB[5]. Dieser Vorgang ist weitgehend automatisiert, sodass nur wenige Klicks nötig sind, um Lungenlappen, Tumore und ggf. weitere Strukturen wie Gefäße oder Lymphknoten zu segmentieren. Die segmentierten 2D-

[5] http://www.mevislab.de

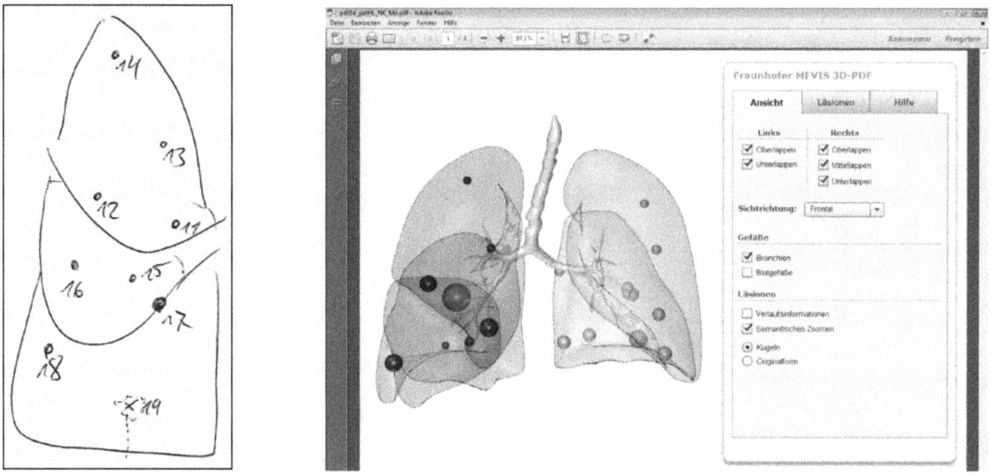

Abbildung 1: Links: Im Rahmen einer Operationsplanung vom Chirurgen angefertigte Bleistiftskizze vom rechten Lungenflügel und den darin liegenden Metastasen. Rechts: Interaktives 3D-Modell der Lunge in einem PDF-Dokument.

Objekte werden anschließend in 3D-Modelle überführt, denen Farb- und Transparenzwerte zugeordnet werden (Abbildung 1, rechts). Die Lungenlappen werden durch unterschiedliche Farben und zusätzlich mit Konturlinien voneinander separiert. Luftröhre und Bronchien werden zusätzlich als anatomische Kontextinformation abgebildet. Die segmentierten Metastasen werden entsprechend des Lungenlappens, dem sie zugeordnet werden, farblich dargestellt. Neben der Anzahl und Lokalisation der Metastasen ist die Infiltration von Gefäßen oder Organwänden entscheidend für die Operationsmethode. Für die Beantwortung dieser Fragestellung wird dem Chirurgen ein *semantisches Zoomen* ermöglicht. Zoomt der Arzt mit dem Mausrad oder über Schaltflächen in die 3D-Szene hinein, werden die Tumore in ihrer exakten Form, anstelle schematischer Kugeln, gezeigt. Zusätzlich werden dabei die zentralen bzw. benachbarten Blutgefäße dargestellt (Abbildung 2, rechts).

In festen Zeitintervallen (ca. 6–8 Wochen) werden Nachuntersuchungen vorgenommen und die Größenänderungen der Metastasen protokolliert. Die automatisch ermittelten Durchmesser der Tumore werden als Eingabe für die Generierung von Kugel-Oberflächenmodellen der Tumore genutzt. Abbildung 3, links zeigt die nach dem Ampelschema farbkodierte Darstellung des Tumorwachstums. Während rote Kugeln gewachsene Metastasen repräsentieren, zeigen grüne Kugeln geschrumpfte Metastasen. Tumore können direkt ausgewählt werden, um gezielt Maßangaben (z. B. Durchmesser und Volumina) abzurufen.

Neben den interaktiven 3D-Darstellungen enthält der PDF-Report zusätzlich animierte Tabellen und Diagramme (Abbildung 3, rechts). Sie bieten dem Arzt eine strukturierte Gesamtübersicht über Diagnosen, radiologische Untersuchungen, Tumorwachstumsänderungen und bisherige Therapiemaßnahmen. Die Daten sind zuvor vom Radiologen in Befunden protokolliert worden und werden automatisch in das PDF exportiert.

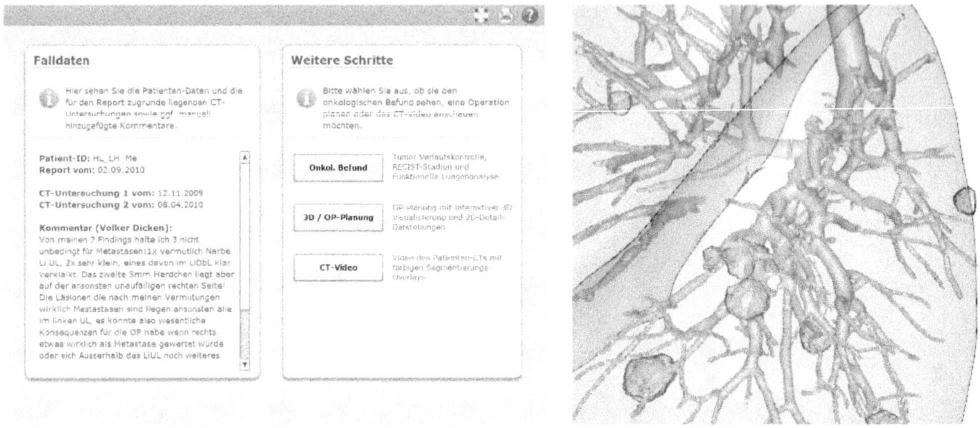

Abbildung 2: Links:Falldatenzusammenfassung und Navigationsstruktur innerhalb des PDF-Reports. Rechts: Semantisches Zoomen, bei dem die Blutgefäße eingeblendet und die Tumore in ihrer exakten Form transparent dargestellt werden.

Dazu wird vom System pro Untersuchungstag in der Tabelle eine neue Zeile generiert und die vom Radiologen vorgenommenen Messungen und Kommentare eingefügt. Parallel dazu wird das Säulendiagramm um einen zusätzlichen Balken für die Visualisierung eines Messwertes erweitert. Tabellen und Diagramme sind dabei so miteinander verknüpft, dass bei Klick auf eine Tabellenzeile der jeweilige Balken in der Grafik farbig hervorgehoben wird und umgekehrt. Anhand der animierten Diagramme kann der Therapieerfolg visuell auf einen Blick abgeschätzt werden. Unsere medizinischen Partner heben den hohen Nutzen dieser strukturierten Aufbereitung gegenüber der herkömmlichen Fließtextbefundung hervor.

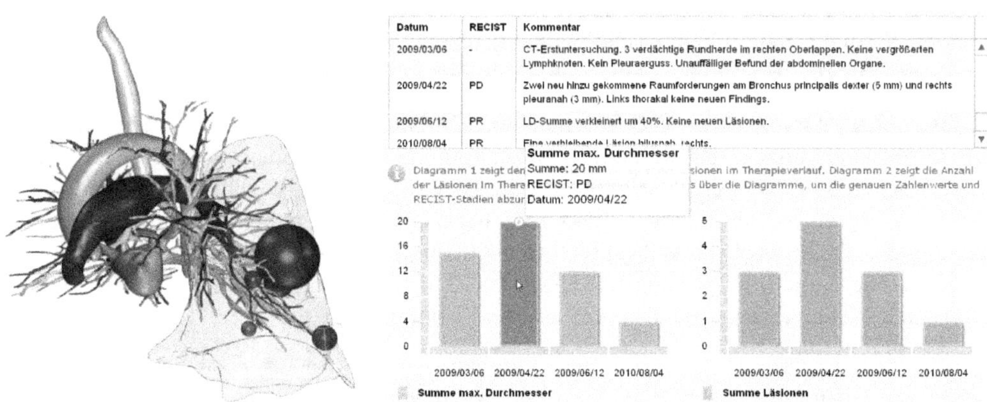

Abbildung 3: Links: Farbkodierte Darstellung der Tumor-Verlaufsdaten. Aorta, Bronchien, Arterien und Venen sowie der linke Unterlappen werden als anatomische Kontextinformationen präsentiert. Ein vom Benutzer selektierter Tumor wird hervorgehoben. Rechts: Visualisierung der Patientengeschichte und der Verlaufsuntersuchungen anhand von animierten Tabellen und Diagrammen.

4 Zusammenfassung und Ausblick

Gegenüber den bisherigen Lösungen zur computergestützten Therapie bietet der interaktive PDF-Report klare Vorteile. Die Analysen und Messungen müssen nur einmal vom Radiologen durchgeführt werden und lassen sich kombiniert mit den 3D-Visualisierungen und animierten Diagrammen in ein zusammenhängendes PDF-Dokument exportieren. Dieser Vorgang dauert insgesamt nur wenige Minuten und ist weitgehend automatisiert. Das generierte PDF lässt sich anschließend über entsprechende Software-Schnittstellen direkt im Befundverwaltungssystem der Klinik einbetten. Der 3D-Report kann an jedem beliebigen Computer mit Standard-Hardware ohne aufwändiger Software-Installation geöffnet werden.[6] Das im Durchschnitt ca. 5–10 MB große PDF-Dokument lässt sich per E-Mail versenden. Es kann auf einem Ärzte-Notebook oder Smartphone gespeichert und beispielsweise bei Patientengesprächen oder Falldiskussionen eingesetzt werden. Die geringen Hard- und Softwareanforderungen ermöglichen außerdem den Einsatz der 3D-Modelle im Operationssaal, wo oft nur Standard-PCs ohne Internetverbindung zur Verfügung stehen. Der Chirurg kann somit im OP anhand der 3D-Visualisierungen die präoperative Planung mit der intraoperativen Situation abgleichen.

Die automatische Generierung der PDF-Reports wurde auf vier unterschiedlichen Patienten-Datensätzen technisch erfolgreich und zur Zufriedenheit der Ärzte getestet. Mit der Aufbereitung weiterer Metastasenfälle soll das Verfahren bzgl. seiner Robustheit und Automatisierbarkeit geprüft werden. Der 3D-Report kann als visuelle Hilfestellung parallel zur konventionellen Dokumentation und OP-Planung eingesetzt werden. Die abstrakten 3D-Visualisierungen lösen die klassischen 2D-Schichtbilddaten jedoch nicht ab, da sie wichtige Bilddetails vorenthalten könnten. Eine interessante Alternative zu den segmentierten 3D-Modellen wird in (Ruthensteiner et al. 2010) vorgestellt. Darin wird beschrieben, wie Volumenrenderings in 3D-PDFs integriert werden können. Problematisch ist dabei jedoch die hohe Dateigröße aufgrund der großen darzustellenden Datenmengen. Des Weiteren sind derzeitige Entwicklungen im Bereich webbasierter 3D-Grafiken sehr vielversprechend. Auf Basis von HTML 5 und der browserintegrierten WebGL-Technologie sind 3D-Modelle mittlerweile ohne spezielle Plugins in einem aktuellen Webbrowser (z. B. Mozilla Firefox 4) abspielbar. Weitere Arbeiten konzentrieren sich darauf, wie aktuelle Web3D-Technologien, z. B. X3DOM von (Behr et al. 2010), für Aus- und Weiterbildungszwecke in webbasierten chirurgischen Lernplattformen genutzt werden können.

Danksagung

Wir danken der DFG, die Teile dieser Arbeit im Rahmen des Projektes PE 199/20-1 gefördert hat.

[6] Es ist lediglich eine aktuelle Version des kostenlosen ADOBE Readers (ab Version 9.4) notwendig.

Literaturverzeichnis

Behr, J., Jung, Y., Keil, J., Drevensek, T., Zoellner, M., Eschler, P. & Fellner, D. (2010). A scalable architecture for the HTML5/X3D integration model X3DOM. *Proceedings of the 15th International Conference on Web 3D Technology*. Los Angeles, USA: ACM, S. 185-194

Birr, S., Dicken, V. & Preim, B. (2010). Webbasierte Planungsunterstützung von Lungenoperationen. *Mensch und Computer 2010*. München, Germany: Oldenbourg, S. 113-118

Bornemann, L., Dicken, V., Kuhnigk, J.-M., Wormanns, D., Shin, H.-O., Bauknecht, H.-C., Diehl, V., Fabel, M., Meier, S. & Kress, O. (2007). OncoTREAT: A software assistant for cancer therapy monitoring. *International Journal of Computer Assisted Radiology and Surgery 1*(5), 231-241

Cordes, J., Dornheim, J. & Preim, B. (2009). Szenariobasierte Entwicklung von Systemen für Training und Planung in der Chirurgie. *i-com 8*(1), 5-12

Lang, H., Radtke, A., Liu, C., Sotiropoulos, G. C., Hindennach, M., Schroeder, T., Peitgen, H.-O. & Broelsch, C. E. (2005). Improved Assessment of Functional Resectability in Repeated Hepatectomy by Computer-assisted Operation Planning. *Hepatogastroenterology 52*(66), 1645-1648

Limmer, S., Dicken, V., Kujath, P., Krass, S., Stöcker, C., Wendt, N., Unger, L., Hoffmann, M., Vogt, F., Kleemann, M., Bruch, H.-P. & Peitgen, H.-O. (2010). Dreidimensionale Rekonstruktion von zentralen Lungentumoren basierend auf CT-Daten. *Der Chirurg 81*(9), 833-840

Reiner, B. & Siegel, E. (2006). Radiology reporting: returning to our image-centric roots. *American Journal of Roentgenology 187*(5), 1151-1155

Ruthensteiner B., Baeumler N. & Barnes D. (2010). Interactive 3D volume rendering in biomedical publications. *Micron 41*(7), 886

Desaster 2.0: Einbeziehung von Bürgern in das Krisenmanagement

Christian Reuter[1], Alexandra Marx[2], Volkmar Pipek[2]

Research School Business & Economics, Universität Siegen[1]
Institut für Wirtschaftsinformatik, Universität Siegen[2]

Zusammenfassung

In dieser Arbeit soll untersucht werden, wie die im Krisenmanagement beteiligten Akteure (wie Polizei, Feuerwehr, Hilfsorganisationen, Infrastrukturbetreiber) und die betroffenen Bürger mittels Social Software kommunizieren und kollaborieren können. Anhand unserer Literaturstudie stellen wir einen Überblick über vergangene Forschung in diesem Bereich dar. Hierauf aufbauend präsentieren wir unsere beiden Fallstudien zur Nutzung von Social Software in Krisen: Zum einen während der Flugausfälle im Zuge des Vulkanausbruchs auf Island im April 2010, zum anderen im Zuge des Loveparade-Unglücks am 24.07.2010. Anschließend stellen wir identifizierte Stärken und Schwächen dar und fassen identifizierte Potentiale in einer Klassifikationsmatrix für Social Software im Krisenmanagement zusammen.

1 Einleitung

Krisen und Katastrophen gab es zu allen Zeiten. Krisen sind Situationen, die mit der normalen Aufbau- und Ablauforganisation nicht bewältigt werden können (BSI 2008); unter Katastrophen werden Großschadensereignisse, die zeitlich und örtlich kaum begrenzbar sind und großflächige Auswirkungen auf Menschen, Werte und Sachen haben (BSI 2008), verstanden. In den letzten Jahren scheint deren Anzahl, nicht zuletzt aufgrund des Klimawandels, zugenommen zu haben. Aber nicht allein Naturkatastrophen, wie Tsunamis, Hochwasser, Erdbeben oder Waldbrände treten auf. Technische Störfälle, wie die Nuklearunfälle von Fukushima, der Ölaustritt im Golf von Mexiko oder durch Menschen verursachte Katastrophen, wie Amokläufe, Epidemien, und Terroranschläge zählen zu den Krisen der Menschheit. Für zuständige Behörden und helfende Organisationen ist es oft schwierig für den Einsatz notwendige Informationen zu erhalten, um das Ausmaß der Situation einschätzen zu können, um Menschen vor Ort Hilfe zu leisten oder um in Folge des Unglücks Ermittlungen durchzuführen. Durch die hohe Einbindung in die Krise sind betroffene Personen vor Ort verlässliche Quellen, um an krisenrelevante Informationen zu gelangen. Weiterhin spielen sie eine sehr große Rolle, da sie vor Ort die Initiative ergreifen und sich aktiv als Helfer beteiligen (Dynes 1970 zitiert nach Palen & Liu 2007). In Zeiten des Web 2.0 verwenden gerade diese engagierten Nutzer das Internet, um Familie, Freunde und Bekannte auf dem Laufenden zu halten. Über Soziale Netzwerke, Blogs, Twitter, Foto- oder Videoportale lassen sich schnell die wichtigsten Informationen der Ausnahmesituation verbreiten.

2 Vorüberlegungen

Social Software umfasst Anwendungen, die auf dem Internet aufsetzen und Kontakt und Austausch zwischen mehreren Personen ermöglichen (Hippner 2006). Die Basis für diese Dienste ist eine Community, die die Daten bereitstellt. Aufgrund ihrer Nutzung lassen sich verschiedene Klassen von Social-Software-Anwendungen benennen (Ebersbach et al. 2008):

Wikis dienen der kollaborativen Sammlung und Herstellung von Informationen und Wissen rund um einen bestimmten Themenkomplex, für den Recherchearbeit notwendig ist. Zur schnellen Kommunikation sind sie nur bedingt geeignet.

Blogs dienen der Publikation von Informationen und/oder Selbstdarstellung in Form eines eigenen Journals. Sie beinhalten meist längere persönliche oder informative Einträge und sind hierdurch nur eingeschränkt geeignet. Eine Alternative stellt *Microblogging* z.B. mittels Twitter dar. Microblogs verwenden Nachrichten mit nur 140 Zeichen, Wörter können als #Hashtags markiert, Nachrichten mit @Benutzername adressiert werden. Aufgrund der Einfachheit, der weiten Verbreitung (über 100 Millionen Nutzer weltweit) und der Möglichkeit zum mobilen Einsatz ist Twitter eine krisenrelevante Social Software.

Social Networks sind ursprünglich zum Beziehungsmanagement, zur Selbstdarstellung und Kommunikation gedacht, werden jedoch immer mehr um Funktionen des Blogs und des Informationsaustauschs erweitert. Durch die Verknüpfung des eigenen Profils mit Profilen von Freunden, Kollegen, Bekannten und Familie bieten sie die Möglichkeit Informationen an diese Personenkreise weiterzugeben. Dienste für Jedermann scheinen für das Krisenmanagement eher geeignet als themenbezogene Communities, wie z.B. berufsbezogene Personennetzwerke. Der bekannteste Vertreter ist Facebook: Neben dem Vernetzen von Personen lassen sich auch Verbindungen zu Seiten herstellen, die Organisationen, Unternehmen oder Prominente repräsentieren.

Social Sharing dient dem Informationsaustausch, der Bereitstellung von selbst erstellten oder fremden, digitalen Inhalten und dem Versehen der Inhalte mit Schlagworten. Die bekanntesten und am weitesten verbreiteten Dienste sind Flickr (Fotos-Upload) und YouTube (Video-Upload), beide ermöglichen eine mobile Nutzung und Verschlagwortung des generierten Materials mittels selbst gewählter Tags. Flickr bietet darüber hinaus die Möglichkeit, eigene Bilder auf einer Landkarte zu platzieren (Geotags) und weitere Bildinformationen aus EXIF-Daten anzuzeigen.

3 Literaturstudie

Die Nutzung von Social Software in Krisensituationen wurde in zahlreichen Publikationen thematisiert. Bereits 2001 im Zuge der Attentate des 11. Septembers wurden von Bürgern Wikis erstellt, um Informationen über vermisste Personen zu sammeln (Palen & Liu 2007). In einer Untersuchung über das Informationssuchverhalten bei den Waldbränden in Südkalifornien 2007 wurde herausgefunden, dass Betroffene neben dem Handy bei der Informationssuche und Kommunikation auch auf das Internet zurückgriffen, Blogs, News Sites oder Foren studierten und Photosharing-Dienste wie Flickr zur Informationsgewinnung nutzten (Stutton et al. 2008).

Am umfassendsten wurde in der Literatur die Nutzung von Twitter analysiert, beispielsweise während eines technologischen Störfalls (Sutton 2010), des Red River Hochwassers (Starbird et al. 2010), eines Anschlags auf Polizisten in Lakewood/Washington (Heverin & Zach 2010) und bei Wirbelstürmen (Hughes & Palen 2009). Gegenstände der Analyse waren z.B. die geographische Verteilung der Twitter-Nutzer um den Krisenherd, ihre Gruppenzugehörigkeit (Individualperson, Organisation, Journalist, Aktivist etc.), die tägliche Twitter-Aktivität, die Anzahl der Tweets (Nachrichten) pro Nutzer und die Anzahlen der Antwort-Tweets, Retweets (wörtlich wiederholte Tweets) und Broadcasts (Übertragung an alle Teilnehmer eines Netzes). Die Beobachtungen versuchten zu klären, was die Twitter-Nutzung in der Krise von der alltäglichen Nutzung unterscheidet (Hughes & Palen 2009):

In Krisen übernehmen Twitterer die Rolle der Medien, falls deren Berichterstattung für die Bürger nicht zufrieden stellend verläuft (Sutton 2010). Da man mit kurzen Nachrichten einen großen Personenkreis erreichen kann, ist Twitter gut geeignet, um auf eine Krise aufmerksam zu machen. Daher wird der Dienst oftmals als Broadcast-Medium genutzt (Hughes & Palen 2009). Vor der Verbreitung falscher Informationen schützt die kollektive Intelligenz der Nutzer (Gruppen- oder Schwarmintelligenz), die fehlerhafte Tweets berichtigt (Vieweg et al. 2008). Retweets dienen in diesem Kontext als informeller Bewertungsmechanismus für wichtige Informationen, d.h. Nutzer geben wichtige Tweets anderer Nutzer identisch weiter (Starbird et al. 2010). In Folge eines Amoklaufs wurde das Kommunikationsverhalten von Betroffenen in Facebook mit dem Fokus des dezentralen Problemlöseverhaltens der Studenten untersucht. Dieses nutzte eine Facebook Gruppe, um in unmittelbarer Folge der Attentate gemeinsam die Opfer zu ermitteln. Die kollektive Intelligenz der Beteiligten konnte zur korrekten Ermittlung der Opfer führen, da größter Wert auf verlässliche Quellen gelegt wurde (Vieweg et al. 2008). Eine Untersuchung der geographischen Verteilung von Twitter-Nutzern in Krisen ergab, dass nicht oder nicht so stark betroffene Nutzer häufiger twittern als betroffene Bürger und Organisationen. Die Außenstehenden generierten Informationen, von denen Betroffene wiederum profitieren konnten (Stutton 2010). Bei der Untersuchung einzelner Twitter-Nutzer fand man heraus, dass es so genannte „Information Broker" (Informationsvermittler) gibt (Hughes & Palen 2009): Diese Nutzer sammeln valide Informationen aus verschiedenen Quellen und stellen sie an anderer Stelle den Betroffenen zur Verfügung. Dieses Phänomen wird von anderen Untersuchungen bestätigt (Sutton et al. 2008; Vieweg et al. 2008). In diesem Zusammenhang sollen vor allem Ausnahmesituationen Broadcast und

Brokerage von Informationen unterstützen, während diese Phänomene im Vergleich zum normalen Twitter-Alltag nur geringfügig auftreten (Hughes & Palen 2009).

Andere Aufsätze enthalten Lösungsvorschläge zum Einbezug von bürgergenerierten Informationen in das Krisenmanagement. Der Twitter Earthquake Detector (TED) setzt auf Twitter auf und scannt Tweets nach (vorher definierten) krisenrelevanten Hashtags. Betreffende Tweets werden gefiltert und archiviert. Im Aufsatz vorgestellt ist die Anwendung bei Erdbeben, bei denen Tweets von Bürgern die Lücke zwischen dem Stattfinden des Bebens und der Publikation wissenschaftlicher Daten rund 20 Minuten nach dem Beben schließen sollen (Guy et al. 2010). Eine Möglichkeit der Verbesserung der Maschinenlesbarkeit liefern Starbird & Stamberger (2010), die vorschlagen, eine bestimmte Syntax aus Hashtags zu verwenden. Einen weiteren Vorschlag zur Aufbereitung nutzergenerierter Daten liefern Bellucci et. al. (2010): Ihr Projekt eStoryS ist ein Social Software Mashup, bei dem krisenrelevante Fotos über die Flickr-API identifiziert und auf einer Karte angeordnet werden. Eine ähnliche Funktion bietet das bereits genannte TED System, welches die Darstellung von Tweets auf einer Karte ermöglicht (Guy et al. 2010).

Zusammenfassend lassen sich folgende Erkenntnisse aus der Sichtung der vorliegenden Literatur ziehen: Die Twitter-Nutzung spielt in der bisherigen Forschung eine große Rolle, deswegen liegen hier die meisten Ergebnisse vor. Bezüglich der Twitter-Nutzung ist festzuhalten, dass Twitter in der Krise die *Rolle der Medien* übernehmen kann (Sutton 2010). Twitter wird dann als *Broadcast* genutzt, um Informationen an eine breite Öffentlichkeit weiterzugeben (Hughes & Palen 2009). Diese richten sich nicht nur an die Betroffenen, sondern an jegliche Leser und können so auf die Krise aufmerksam machen. Innerhalb der Nutzer schützt eine *kollektive Intelligenz* vor der Verbreitung von fehlerhaften Informationen (Vieweg et al. 2008). Durch einen großen Nutzerkreis werden Fehlinformationen schneller erkannt und korrigiert. *Retweets* können als Bewertungsmechanismus für relevante Informationen angesehen werden (Starbird et al. 2010). In Bezug auf die Nutzung jeglicher Social Software ist neben dem Broadcast von Informationen, auch *Brokerage* ein häufiges Phänomen in Krisensituationen (Hughes & Palen 2009). Nutzer werden als Information Broker identifiziert, wenn sie relevante Informationen sammeln, aufbereiten und anderen Nutzern zur Verfügung stellen.

4 Fallstudie zur Nutzung von Social Software

Da sich die vorhandene Forschung auf Vorfälle in den USA bezieht, ist es von Interesse den Blick auch auf Deutschland zu richten. Zu diesem Zweck wurden zwei relevante Krisen aus 2010 aufgegriffen und die Nutzung von ausgewählter Social Software (insb. Facebook, Twitter, YouTube, Flickr) im Vorfeld, während, und nach der Krise mit dem Fokus der Kommunikation zwischen Bürgern und Organisationen deskriptiv betrachtet.

4.1 Fallbeispiel 1: Eyjafjallajökull im April 2010

Der Ausbruch des Vulkans Eyjafjallajökull im April 2010 hatte Auswirkungen auf den Flugverkehr in weiten Teilen Nord- und Mitteleuropas. In unserer Untersuchung haben wir das Kommunikationsverhalten via Twitter und Facebook der Fluggesellschaften Lufthansa, EasyJet, AirBerlin und ihrer Kunden beobachtet. Für die Betrachtung wurde der Zeitraum vom 15. April 2010 (Vulkanausbruch erstmals erwähnt) bis zum 22. April 2010 (Wiederaufnahme des Flugverkehrs) gewählt. Betrachtet wurden Facebook-Pinnwand und Twitter-Seiten. Die Beobachtung der Twitter-Seiten zeigt, dass alle drei Fluggesellschaften Neuigkeiten zum Flugverbot und zur Vulkanasche auf Twitter bereitstellten. Meist enthielten die Tweets einen Link zu den Meldungen auf der eigenen Homepage. So wurden die Abonnenten ständig auf dem Laufenden gehalten. Dies bedeutet, dass Twitter als Broadcast-Medium in der Krisensituation von den Unternehmen genutzt wurde. Auch die Kommunikation mit dem Kunden zeigte sich auf allen drei Twitter-Kanälen. Tweets mit Kunden-Fragen wurden einzeln beantwortet. EasyJet beantwortete Fragen entweder sofort oder verwies Kunden an easyjetCare, den Twitter-Service-Kanal von EasyJet, in dem mehrere Mitarbeiter (durch Initialen erkennbar) auf jede einzelne Frage eingingen. Die Ausprägungen der Twitter-Aktivität waren bei den drei Unternehmen sehr unterschiedlich. Während AirBerlin 18 Tweets im Untersuchungszeitraum publizierte und nur ca. drei persönliche Fragen beantwortete, twitterte die Lufthansa 69 Mal und beantwortete 17 persönliche Kundenanfragen. EasyJet zeigte die größte Aktivität auf Twitter. Neben den Broadcasts der Neuigkeiten, wurden hier die meisten Tweets (allein 38 auf @easyJet) beantwortet und auf zwei Kanälen operiert. Bei der Betrachtung von Facebook fällt auf, dass AirBerlin zwar Neuigkeiten auf die eigene Pinnwand postete, Kommentare von Nutzern aber weitgehend ignorierte. Facebook wurde nicht als Kommunikationsmedium genutzt. Dies hatten auch die Facebook-Nutzer erkannt. Immer wieder teilten sie Fragenden mit, dass AirBerlin auf Facebook nicht antwortet. Bei EasyJet und Lufthansa wurde Facebook als Broadcast-Medium, aber auch als Kommunikationsmedium genutzt. Fast alle Fragen, die an die Pinnwand gepostet wurden, wurden von den Betreuern der Profile beantwortet.

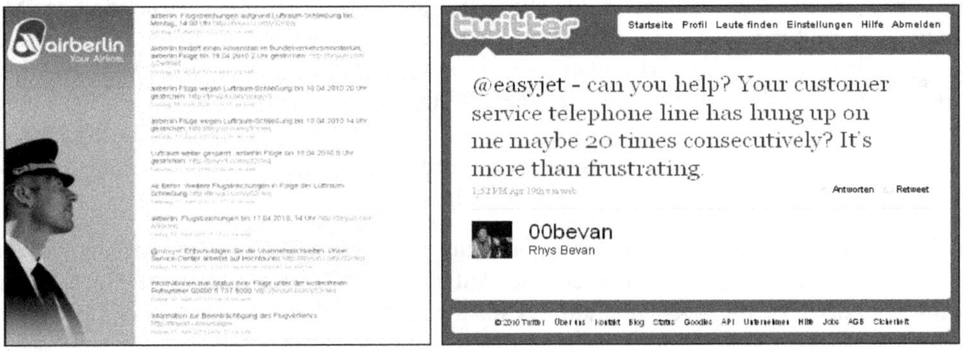

Abbildung 1: Beispiele der Social Software Nutzung während des Vulkanausbruchs auf Island 2010

Die Betrachtung der Twitter- und Facebook-Kommunikation innerhalb dieser Krise zeigt, dass Social Software von Unternehmen und Zuständigen vor allem noch als *Braodcast-Medium* verwendet wird. Einige Unternehmen sehen in den Anwendungen auch das Potenzial eines Kommunikationsmediums und bieten dem Kunden ihren Service über Social Software an. Aus der Sicht der Kunden betrachtet, sind Twitter und Facebook akzeptierte *Wege der Kontaktaufnahme* zum Unternehmen. Auch wenn viele Kunden angaben als erstes den Kontakt per Telefon oder Mail ausprobiert zu haben, wanden sie sich dann doch über Social Software an die Gesellschaften, um so an Hilfe zu gelangen.

4.2 Fallbeispiel 2: Loveparade-Unglück am 24.07.2010

Das Loveparade-Unglück ereignete sich am 24. Juli 2010 in Duisburg. Im Zugangsbereich zur Veranstaltung kam es zu einer Massenpanik, bei der 21 Menschen starben und über 500 Menschen verletzt wurden. In vielen TV-Berichten wurden schon kurz nach dem Unglück Handy-Bilder und -Videos gezeigt, die durch Social Software bereitgestellt worden waren. Wir haben die Aktivitäten auf Twitter, Flickr und YouTube nachvollzogen, um Einblicke in die Bereitstellung von Informationen durch und für beteiligte Organisationen und Besucher zu erhalten. Tweets wurden mittels Topsy (http://www.topsy.com) ermittelt (Such-Zeitraum von 09:00 Uhr bis um 22:00 Uhr am 24.07.2010). Die Suche nach vorwarnenden Bildern (Upload vor 18 Uhr am Unglückstag) erfolgte direkt auf Flickr. Videos (Upload Datum 24.07.2010) auf YouTube wurden mit Hilfe der Google Videosuche (http://video.google.de) herausgefiltert.

Die Suche nach Tweets lieferte 105 Ergebnisse zum Suchbegriff ‚Loveparade‘[1]. Die meisten Tweets wurden erst nach dem Unglück gepostet. Einige warnen im Vorfeld vor Chaos und Überfüllung. ‚Sektorkind‘ twitterte *„Polizei sagt, Gelände ist voll. Keine Möglichkeit mehr auf Einlass. #loveparade #duisburg“* um 16:47 Uhr, rund eine Stunde vor der Massenpanik. Hilfreiche Tweets wurden vom Nachrichtenportal ‚Der Westen’ verbreitet. Meldungen ihres Loveparade-News-Ticker wurden auch über Twitter mit dem Tag #loveparade publiziert. ‚Der Westen’ twitterte im Vorfeld des Unglücks über Zugverspätungen, Rückstau der Massen und Überfüllung des Geländes. Tweets nach dem Unglück sind durch die Medien gegangen: Einträge wie *„Besucher der #Loveparade müssen unbedingt Ruhe bewahren. Nicht zum Bahnhof gehen. Der ist gesperrt! Gebt die Info weiter!“* warnten Betroffene vor weiterem Chaos und Panik. Auch die Opfer-Zahl, Hinweise zur Rückreise und weitere Sicherheitsmaßnahmen wurden verbreitet. Auffällig waren Information Broker, die eine tragende Rolle bei der Verbreitung von Informationen über Twitter spielten.

Auf Flickr wurden im Vorfeld des Unglücks nur drei Fotos hochgeladen, die die Zustände auf der Loveparade zeigen: der überfüllte Aufgang, der Tunnel zum Festivalgelände und Menschen, die über die Böschung auf das Festivalgelände klettern. Weitere Bilder von Pri-

[1] Die Liste kann keinesfalls als vollständig angesehen werden, da an manchen Stellen zwar Retweets aber nicht die ursprünglichen Tweets angezeigt wurden

vatpersonen wurden mit Digitalkameras oder mit dem Handy aufgenommen und erst später auf Flickr online gestellt. Viele Fotos sind mit EXIF-Daten versehen, die Kameratyp und genaue Zeit der Aufnahme und des Uploads anzeigen.

Das Videoportal YouTube lässt nur ungenaue Recherchen zu, da zwar das Upload-Datum, aber nicht die genaue Uhrzeit bestimmt werden kann. Die Suche über Google auf youtube.com nach ‚Loveparade 2010' und ‚Panik' im Zeitraum 24.07.2010 ergab 73 Ergebnisse. Ein Teil der Ergebnisse zeigt TV-Berichte, Interviews mit Betroffenen oder Gedenk-Videos. Die restlichen Clips sind Handyvideos, die von Betroffenen vor und während des Unglücks aufgenommen wurden. In den Kommentaren befindet sich jeweils die Angabe des genauen Aufnahmezeitpunkts, eine Konvention, die sich durch das Unglück herausgebildet hat. Andere Nutzer agierten als Information Broker, die relevante Aufnahmen auf YouTube in einem eigenen Kanal sammelten. Die Clips sollten bei den Ermittlungen helfen und möglichst lückenlose Informationen rund um das Geschehen zusammenzustellen.

Abbildung 2: Beispiele der Social Software Nutzung während der Loveparade 2010

Die Betrachtung der Aktivitäten auf Twitter, Flickr und YouTube im Unglückszeitraum zeigt, dass nur *wenige Informationen im Vorfeld* bereitgestellt wurden. Bilder und Videos wurden erst am späten Abend oder später ins Netz gestellt. Tweets versuchten Besuchern zeitnah bei der Heimreise zu helfen. Die Informationsflut ist daher eine Folge des Unglücks. Im Fall der Loveparade verhinderte zudem eine Überlastung der Handynetze die Warnung der Besucher z.B. per SMS. Bei der Beobachtung von Twitter und YouTube kann weiterhin der Versuch einer *gemeinsamen Aufklärung und Trauerbewältigung* in der Zeit nach den Ereignissen festgestellt werden. Über Twitter wird die Entwicklung der Ermittlungen verfolgt, während auf YouTube Collagen mit Bildern und Eindrücken an die Opfer erinnern.

5 Diskussion

Aus unseren Vorüberlegungen und der Literaturstudie schließen wir, dass Dienste wie Facebook, Twitter, Flickr und YouTube generell große Potentiale zur Vermittlung von Informationen der Bürger haben. Diese Dienste können auch über mobile Geräte oder SMS genutzt werden. Tagging kann helfen, Informationen zu finden. Geotagging kann die Lokation von Artefakten vereinfachen, falls das sendende Gerät dies unterstützt. EXIF-Dateien ermöglichen die Zeit der Aufnahme eines Bildes festzustellen. Eine Hashtag-Syntax kann helfen, Informationen zu ordnen und an Individuen oder Gruppen zu adressieren. Retweets dienen der Bewertung von Informationen.

Neben diesen Potentialen konnten wir aus unseren Fallstudien auch einige Schwächen erkennen: *YouTube* bietet keinerlei Informationen bezüglich des Aufnahmeorts oder der Uhrzeit der Videoerstellung. Diese Daten müssten von den Nutzern beim Upload im Kommentar mit angegeben werden. *Flickr* hingegen unterstützt die Eingabe von Geotags, ist aber auch hinsichtlich des Aufnahmedatums und der Aufnahmeuhrzeit nicht verlässlich. Die EXIF-Daten sind gerätespezifisch und setzen eine korrekte Einstellung der Uhrzeit auf dem Gerät voraus. Bei *Twitter* kann die Lokation des Tweets mittels der Twitter API ausgelesen werden. Allerdings ist diese nur genau, wenn der Bürger ein Mobiltelefon zum twittern verwendet. Bei Tweets über den eigenen PC wird die Lokation verwendet, die der Nutzer in seinem Profil angegeben hat. In der Beobachtung zum Ausfall des Flugverkehrs wird deutlich, dass eine große Anzahl an Betroffenen diesen Weg zur Kommunikation nutzt. Ein Problem stellt häufig der Kommunikationspartner dar, da viele Organisationen und Unternehmen Facebook zwar als Broadcast - nicht aber als Kommunikationsplattform entdeckt haben. Ein weiteres Defizit an dieser Stelle ist, dass nur wenige Organisationen und Unternehmen, die als Ansprechpartner in der Krise fungieren, dort angemeldet sind. Dies zeigt auch ein eher generelles Problem in der Krisenkommunikation auf. Es gibt keinen Ansprechpartner, an den sich die Bürger mit ihren *digitalen Informationen* wenden können. Der einzige Weg ist die breite Öffentlichkeit der Internetnutzer. Dort wird das Potenzial des Bürgers als Informationslieferant nicht vollständig ausgenutzt, da ihm keine konkrete Ansprache und Anlaufstelle entgegenkommt. Ganz anders hier: Im Zuge des Hochwassers in Sachsen rief der MDR Zuschauerreporter auf, Bilder des Hochwassers auf die Seite des MDRs (2010) hoch zu laden. Es sammelten sich nach und nach über 1000 Bilder von Bürgern, die das Hochwasser in verschiedenen Städten dokumentierten. Eine Suche nach relevanten Fotos auf Flickr brachte hingegen nur wenige Ergebnisse, die Nutzer ohne Aufruf online gestellt hatten. Es scheint so, dass eine konkrete Motivation des Bürgers und eine zentrale Anlaufstelle größere Mengen an Informationen generieren können, als durch die Eigeninitiative gewonnen werden können.

Aus der Diskussion schlussfolgern wir, dass alle Potentiale von Social Software derzeit noch nicht ausgeschöpft werden. Mögliche Potentiale haben wir in einer Klassifikationsmatrix zusammengestellt, die in Abhängigkeit vom Sender bzw. Ersteller digitaler Inhalte (X-Achse) und deren Empfänger bzw. Nutzer (Y-Achse) eine Einordnung verschiedener Aktivitäten ermöglicht (Abbildung 3): Im Bereich der *Integration von bürgergenerierten Inhalten* können neben einem Monitoring mit relevanten Krisen-Tags (Guy et al. 2010; Bellucci et al. 2010) gezielte Aufrufe zur Bereitstellung relevanten Materials (MDR 2010), deren Aggregation (Starbird et al. 2010) und Archivierung für künftige Analyse- und Trainingszwecke (Reuter & Pipek 2009) hilfreich sein. Im Bereich von 6*Krisenkommunikation* können neben der Publizierung von Informationen auch Kommunikation mit Bürgern (Vieweg et al. 2008) zur Reduzierung der Last anderer Kanäle, die Unterstützung von Information Brokers (Hughes & Palen 2009) und die Empfehlung von Krisen-Tags (Starbird & Stamberger 2010) erfolgen. Weniger betrachtet wurde bisher die explizite Unterstützung von *Selbsthilfege-*

meinschaften, die sich über Social Software etablieren und die Nachbarschaftshilfen aktivieren können. Der Einsatz von Social Software im *Inter-organisationalen Krisenmanagement* wurde in unseren Fallstudien nicht thematisiert, könnte jedoch eine Verbesserung der organisationsübergreifenden Zusammenarbeit ermöglichen und explizites und implizites Wissen über die geplanten und ad-hoc notwendigen Kommunikationsstrukturen im Krisenmanagement sichtbar machen.

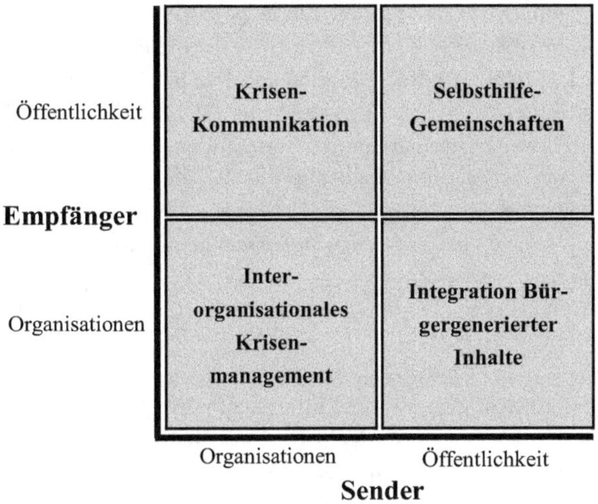

Abbildung 3: Kommunikationsmatrix für Social Software im Krisenmanagement (Eigene Abbildung)

6 Fazit

In dieser Arbeit wurde untersucht, wie Bürger mittels Social Software in das organisationsübergreifende Krisenmanagement mit einbezogen werden können. Basierend auf unseren Untersuchungen haben wir Stärken und Schwächen der aktuellen Nutzungspraxis aufgezeigt. Wir folgern, dass die Interaktion zwischen Bürgern und Organisationen durch den systematischen Einsatz von Social Software verbessert werden kann. Die von uns vorgestellte Klassifikationsmatrix für Social Software im Krisenmanagement soll helfen, zukünftige Aktivitäten zu clustern um Infrastrukturen und Informationssysteme für das Krisenmanagement weiterzuentwickeln.

Literaturverzeichnis

Bellucci, A., Malizia, A., Diaz, P. & Aedo, I. (2010). Framing the design space for novel crisis-related mashups: the eStoryS example, In *Proc. of the 7th Int. ISCRAM Conference.* Seattle.

Bundesamt für Sicherheit in der Informationstechnik (2008): *Notfallmanagement – BSI-Standard 100-4 zur Business Continuity.* Bundesanzeiger Verlag.

Dynes, R. (1970). *Organized Behavior in Disaster.* Heath.

Ebersbach, A., Glaser, M. & Heigl, R. (2008). *Social Web,* UVK, Konstanz.

Guy, M., Earle, P., Ostrum, C., Gruchalla, K. & Horvath, S. (2010). Integration and Dissemination of Citizen Reported and Seismically Derived Earthquake Information via Social Network Technologies In: Cohen, P. R., Adams, N. M. & Berthold, M. R. (Hrsg.): *Advances in Intelligent Data Analysis IX: Proceedings,* Lecture Notes in Computer Science 6065, Springer, 42-53.

Heverin, T. & Zach, L. (2010). Microblogging for Crisis Communication: Examination of Twitter Use in Response to a 2009 Violent Crisis in the Seattle-Tacoma, Washington Area, In *Proc. of the 7th Int. ISCRAM Conference.* Seattle.

Hippner, H. (2006). Bedeutung, Anwendung und Einsatzpotenziale von Social Software, In Hildebrand, K. and Hofmann, J. (Hrsg.): *Social Software.* Heidelberg: dpunkt, 6-16.

Hughes, A. L. und Palen, L. (2009). Twitter Adoption and Use in Mass Convergence and Emergency Events, In Landgren, J. & Jul, S. (Hrsg.): *Proc. of the 6th Int. ISCRAM Conference.* Gothenburg.

MDR (2010). Sachsenspiegel-Zuschauerreporter: Hochwasser in Sachsen, August 2010, http://www.mdr.de/galerie/sachsen/thumbnails.php?album=224

Palen, L. & Liu, S. B. (2007). Citizen communications in crisis: anticipating a future of ICT-supported public participation, In *Proc. of the Conference on Human factors in computing systems*, San Jose.

Reuter, C. & Pipek, V. (2009). Krisenkommunikation trainieren - Ein webgestützter Ansatz, In: Wandke, H., Kain, S. & Struve, D. (Hrsg.): *Mensch & Computer 2009: Grenzenlos Frei!?*, Oldenbourg-Verlag, München, 93-102.

Starbird, K., Palen, L., Hughes, A. L. & Vieweg, S. (2010). Chatter on The Red: What Hazards Threat Reveals about the Social Life of Microblogged Information, In: Quinn, K. I., Gutwin, C. & Tang, J. C. (Hrsg.): *Proc. of the ACM Conference on CSCW,* Savannah/Georgia, 241-250.

Starbird, K. & Stamberger, J. (2010). Tweak the Tweet: Leveraging Microblogging Proliferation with a Prescriptive Syntax to Support Citizen Reporting, In *Proc. of the 7th Int. ISCRAM Conference.*

Sutton, J. N. (2010). Twittering Tennessee: Distributed networks and Collaboration Following a Technological Disaster, In *Proc. of the 7th Int. ISCRAM Conference.* Seattle.

Vieweg, S., Palen, L., Liu, S. B., Hughes, A. L. & Sutton, J. (2008). Collective Intelligence in Distaster: Examination of the Phenomenon in the Aftermath of the 2007 Virginia Tech Shooting, In Friedrich, F. & Van de Walle, B. (Hrsg.): *Proc. of the 5th Int. ISCRAM Conference.* Washington D.C., 44-54.

Danksagung

Diese Forschungsarbeiten wurden durch die Research School Business & Economics der Universität Siegen ermöglicht sowie im Rahmen des Verbundprojektes 'infostrom' durch das Bundesministerium für Bildung und Forschung (Fö.-Kz. 13N10712) unterstützt.

Kontaktinformationen

christian.reuter@uni-siegen.de

diretto: A Toolkit for Distributed Reporting and Collaboration

Benjamin Erb, Stefan Kaufmann, Tobias Schlecht, Florian Schaub, Michael Weber

Institute of Media Informatics, Ulm University, Germany

Abstract

The goal of the diretto project is the creation of an extensible infrastructure and easy-to-use toolset for distributed on-site media reporting and collaborative event coverage in real-time. It empowers collocated users to participate dynamically in event reporting, and facilitates collaboration with remote users. For example, to cover public events or support disaster relief missions with on-site information. The diretto platform focuses on scalability to support large crowd participation. Our platform currently supports smartphone clients, a reporting solution for SLR cameras, and a rich web application for remote collaborators. diretto is easily extensible and can be tailored to mission-specific requirements.

1 Introduction

The popularity of smartphones with Internet connectivity has facilitated data transmissions from almost any point on earth. Camera phones allow instant uploads to photo sharing sites; journalists with high-end cameras only require a portable netbook in order to send pictures and commentary to any news desk worldwide. Already, public events are captured by a plethora of devices while they unfold. While emergency and police services might record their deployments to preserve evidence, normal people take snapshots and videos to preserve their impressions and increasingly share them online. Sometimes, citizens even provide the first distributed images of significant events, e.g., the 2008 Mumbai terrorist attacks (Arthur 2008). Eye-witnesses documented the events on social media services long before traditional reporters arrived to provide their viewpoint of the situation.

By making use of the extensive sensor capabilities found in current smartphones people can be seen as mobile nodes interacting in a multimedia sensor network. Cuff et al. term this *urban sensing* (Cuff et al. 2008). Sheth defines a citizen sensor network as "[an] interconnected network of people who actively observe, report, collect, analyze, and disseminate information via text, audio, or video messages." (Sheth 2009). But as long as participants know little about each other and conduct their coverage only within their own scope, network synergy effects may be lost. Furthermore, if reported information is spread across different platforms and sharing services, often with limited or none context information, obtaining a comprehensive view of the situation is inherently difficult. As a result, information that might have been critically important for involved parties directly after its creation, may fail to reach them in due time. Data may only be distributed hours later, or may be missed by parties that would benefit from it due to the number and heterogeneity of service outlets. Therefore, a citizen sensing network for collaborative distributed reporting should support the submission and collection of multimedia data annotated with machine-readable metadata, aggregate the provided information, and present a coherent picture of the situation.

In this paper, we propose *diretto, the distributed reporting toolkit* as such a scalable solution for collaborative event coverage. diretto is an extensible platform that can support a variety of use cases. diretto offers multimedia reporting capabilities from mobile devices, supporting image, video, audio, and text reports. Reported media items are annotated with context metadata and are instantaneously available to other users. The diretto platform offers multiple mechanisms to facilitate collaborative evaluation and interpretation of reported data between eye witnesses and remote users. Additionally, diretto also supports the live integration of external services like flickr or Twitter.

In the rest of this paper, we first discuss potential use cases and derive corresponding requirements in Section 2. In Section 3, we present the diretto architecture, followed by a description of our open source reference implementation in Section 4. Section 5 discusses related work and Section 6 concludes the paper.

2 Use Cases and Requirements

Collaborative reporting systems can be employed in different scenarios. In the development of diretto we focused on two general use case categories distinguished by their criticality and involved parties.

Rescue and relief missions. Rescue workers and police forces can use collaborative reporting to support coordination of help after a disaster, e.g. an earthquake. Currently, rescue organizations rely mainly on radio dispatches. Images and videos could give the control center a detailed picture of the situation that may be otherwise hard to convey with oral reports. If media items are automatically annotated with spatiotemporal information, dispatchers could be relieved from manually cataloguing and mapping radio dispatches. Field workers and civilian remote users can also collaboratively create and update information in a concerted effort, as shown by the Haiti mapping effort after the earthquake in 2010[1]. With a collaborative reporting system in place, these efforts can be properly supported. Furthermore, chains of events and their relations can be analyzed to inform decisions on where aid needs to be

---

[1] http://wiki.openstreetmap.org/wiki/WikiProject_Haiti

prioritized. A challenge for such systems is the potential destruction of communication infrastructure in the course of a natural disaster.

Public live events. Public events, such as festivals, demonstrations, or sports matches, commonly attract large crowds, but are also of interest to people not present. The utilization of collaborative reporting tools can offer an immersive experience to remote spectators, if content is available almost in real-time and presented in an accessible manner. Live coverage and real-time availability is also of interest to media corporations. So far, runners had to collect memory cards from mobile photographers and rush them to the news desk in order to achieve real-time publishing of imagery. With a collaborative reporting system, the picture desk would have instant access to shot material and could benefit from meta information supplied with the footage. Participants could also provide supplementary material from different vantage points.

In both use cases, information might also be of interest retrospectively. With data being tagged spatiotemporally, chains of events and probable causes can be reconstructed forensically. Possible applications include the evaluation of measures taken by relief organizations and their effects, or the documentation of police activities during demonstrations.

From these use cases, we can generalize requirements for a collaborative reporting platform:

- *Multimedia support.* Submitted reports may consist of text, photos, audio or video footage. The platform should provide generic mechanisms to handle various media types. Users should be able to augment raw footage with improved versions, e.g. video transcripts.
- *Spatiotemporal metadata.* Each media item should be associated with spatiotemporal metadata about its origin and the context of its creation to facilitate data analysis and presentation. The platform needs to take inaccurate metadata into account, and should provide mechanisms to enhance metadata quality a posteriori.
- *Live availability:* A collaborative reporting platform should provide almost instant access to reports while events are unfolding in order enable users to evaluate ongoing events.
- *Collaboration.* Users should be supported in contributing additional information to raw data, collaboratively analyzing and evaluating data, and enriching gathered information.
- *Accessible interfaces.* Gathered information must be easily accessible to be of use for users. Appropriate visualizations should facilitate exploration of reports within their spatiotemporal context. Query and filtering capabilities should also be provided.
- *Robust and lightweight communication.* Due to mobility of on-side reporters and potentially congested communication infrastructure, communication protocols should be robust against intermittent connectivity. Protocols should also be lightweight because of resource constraints of mobile devices, i.e., battery life and bandwidth.
- *Scalability.* Momentary situations on-site can cause short reporting bursts and high activity peaks. A platform must cope with highly concurrent submissions and requests and scale with large user bases in large-scale deployments.

3 diretto Architecture

Our architecture design takes the outlined requirements into account and focuses on a scalable, extensible and versatile distributed platform. Our modular platform design can be adaptable to various use cases and their domain-specific requirements. The diretto architecture only takes into account the application layer. While our communication protocols are robust against intermittent connectivity, we assume the existence of an underlying operational network infrastructure. The problem of providing such an infrastructure in disaster response scenarios, is being addressed by others (Manoj & Baker 2007), e.g., based on wireless ad-hoc communication (Portmann & Pirzada 2008).

Our architecture follows the client-server model. On-site clients collect and upload documents to a backend infrastructure, which manages user-provided content and handles redistribution to on-site and remote users. This limits local traffic for mobile nodes and allows outsourcing of expensive operations, such as content transcoding, to the backend.

A media report is represented by a *document*. A document consists of multiple *attachments* and *metadata*. The first attachment is the original unaltered footage. Alternative variants, such as color-corrected photos or stabilized video, can be added to the document as attachments to improve document quality. The metadata contains spatiotemporal context information, as well as the document's MIME type, file size, original author, and upload time. The diretto platform supports *metadata correction* to address inaccuracies. Users can suggest improved metadata information, eventually leading to more accurate values. For example, inaccurate position information can be updated based on objects depicted in the media item.

3.1 Collaboration Features

Collaboration support is the core feature of the diretto platform. Users can assign *tags* to any document. Based on tags, the large amount of gathered documents can be categorized and sorted. The tagging system allows arbitrary strings to support dynamic forming of folksonomies, rather than requiring strict ontology adherence. While adjacency can be derived from spatiotemporal document origins, diretto also supports *links* to model causal relations between documents.

In a system where users can add information to any document, the question of reliability of information arises, although a document's original data and metadata can only be amended and not changed. The diretto platform employs *voting* as a relatively simple yet powerful mechanism to assign credibility to user generated data. Users can vote whole documents, individual attachments, and metadata items, including tags and links, up or down, in order to convey their trust in the item's accuracy. Through the collaborative voting process valuable entries can emerge over time.

Further collaboration features support coordination and evaluation. Adding *comments* to documents facilitates discussion about the document's meaning. *Messages* can be exchanged independently of documents to enable organization of smaller groups and coordination of their efforts. *Tasks* extend on this concept by requesting reporting or media acquisition from on-site users. For example, reports on a distinct position or specific objects of interest not covered before.

3.2 Scalability and Communication

Assuming that the per device uplink bandwidth is sufficient to transport multimedia data, the platform only requires scaling on the server-side. We use a modularized server design to ease scalability. Document storage, metadata storage, a service endpoint for client-server interaction, and a client notification service are realized as independent modules. The storage services are built around operations with append-only semantics to facilitate convergence towards eventual consistency in replicated services deployment. Documents can be stored in local or distributed file systems; commercial cloud storage services could be used in large-scale deployments.

Our communication API for information exchange between clients and server is based on a HTTP-based web service following the REST paradigm (Representational State Transfer), which is more lightweight than "big" web services. See (Pautasso et al. 2008) for a detailed comparison. The advantage of a HTTP-based solution is the fact that most mobile platforms support it also enables reuse of caching components or reverse proxies in the backend when needed. Messages are encoded using a JSON format, also in accordance with our requirements for lightweight protocols.

The diretto platform uses a publish/subscribe mechanism to notify clients about new content in a timely manner. Due to the asynchronous nature of publish/subscribe, the paradigm is very suitable for mobile environments with intermittent connectivity (Huang & Garcia-Molina 2004). New documents and user generated entries are published into channels triggering instant notification of subscribers. Filtering functions and dedicated channels can be used for slicing document streams, i.e. depending on the spatial origin or the media type.

The publish/subscribe mechanism also enables auxiliary clients to carry out tasks automatically when new documents have been uploaded. Thus, auxiliary clients can encapsulate predefined workflows, such as creating thumbnail attachments for photo uploads. By outsourcing tasks and specific business logic to auxiliary clients, the core platform remains lean and manageable. Similarly, a registry for endpoints of third-party services enables integration of additional features and services. For example, a map provider that supplies specialized overlays.

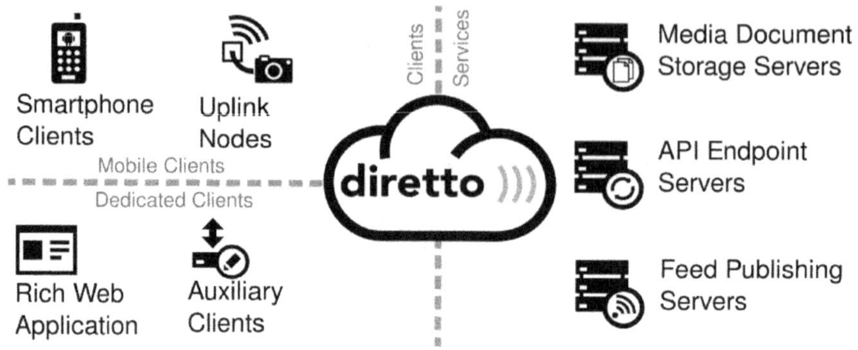

Figure 1: The architecture of the diretto platform. Icons courtesy of picol.org

4 Reference Implementation

In the following, we outline the diretto reference implementation. Our architecture is mainly based on standard web technologies to simplify integration of new features, services, or clients. The reference implementation is released open source on the diretto website.[2] Figure 1 illustrates the implementation of the diretto architecture.

4.1 Backend Services

The diretto server implementation consists of API, media storage and feed nodes. The API nodes expose the RESTful web service to clients. Media nodes accept, store, and provide access to documents. Feed nodes implement the publish/subscribe system and offer Atom and KML feeds for different channels. The nodes have been developed with node.js, an asynchronous I/O framework for highly scalable network applications.

The modular architecture allows for both horizontal and vertical scalability. For small deployments all three nodes and the database can be deployed on one server. Thus, relief workers could carry their own backend system with them, using a laptop as a dedicated diretto server. In large-scale deployments, on the other hand, heavy load can be met by adding additional servers and spawning new node instances. We achieve storage scalability by storing document metadata, tags, links, comments, and messages in CouchDB, a non-relational, eventual consistent database that supports replication between backend nodes. The media node currently stores documents in the local file system, but it would be straightforward to integrate an external cloud storage or content delivery network. The feed nodes use the open PubSubHubbub protocol for efficient and scalable notification dissemination to subscribers.

[2] diretto website: http://www.diretto.org

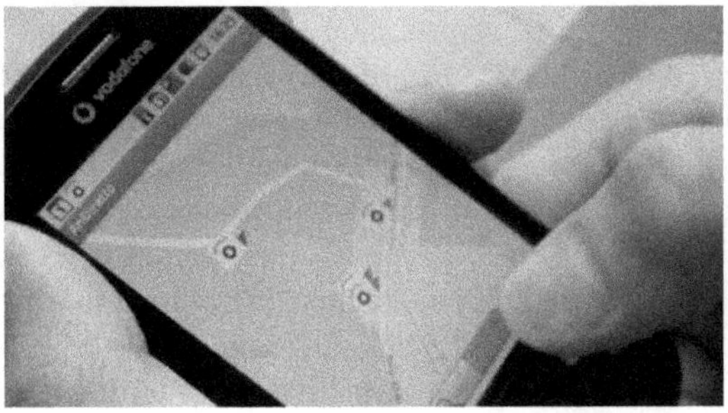

Figure 2: AnDiretto - Android-based smartphone client.

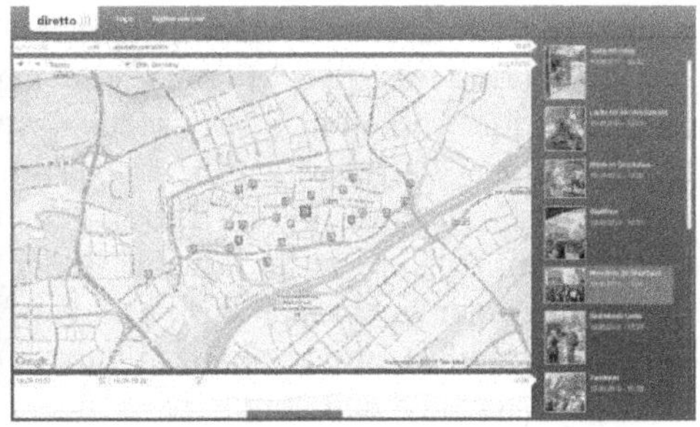

Figure 3: User interface of the rich web application.

4.2 Mobile Clients

Mobile clients facilitate collaboration of on-site users. Currently, the diretto reference implementation offers smartphone clients for Android and Java ME, as well as an upload node for SLR cameras. Mobile clients make use of a Java library that abstracts from diretto API interactions and eases development.

The mobile clients enable users to record and upload photos, video, and audio documents. Documents are automatically tagged with the current location and creation date. Users can also add relevant tags, tags used by other participants in proximity are provided as suggestions. The applications also provide a location-based view on the ongoing reporting process. Figure 2 depicts the Android client (Andiretto).

The SLR upload node is a prototype for the integration of professional cameras with diretto. An off-the-shelf digital SLR camera connected via USB to the uplink device in the photographer's backpack. When an image is taken it is automatically copied by the uplink node, tagged with geospatial metadata and uploaded to diretto. Currently, the uplink node runs on a Linux-based netbook with UMTS and GPS adapters. Inside the backpack, a foam padded metal case protects the uplink device against shocks and physical stress.

4.3 Rich Web Application

The rich web application enables collaboration with remote users. Besides uploading and displaying data, users can review, vote, and comment on documents and their metadata. Filtering capabilities help users to cope with massive data sets. Displayed documents can be reduced by applying dicing operations on an underlying data cube with the dimensions location, time, and tags. An example of the user interface's prototype is shown in Figure 3.

5 Related Work

Multiple systems exist that allow users to upload and share user-generated content or report incidents, but provide not the versatility offered by diretto. The microblogging service Twitter has proven itself as a valuable tool for fast sharing of information in crisis contexts, for instance during the 2008 Mumbai bombings (Arthur 2008). In order to make reports more accessible for evaluation, a prescriptive syntax for such events has been proposed (Starbird & Stamberger 2010), while others resort to analyzing the complete textual conversation for this purpose (Nagarajan et al. 2009). As a drawback, Twitter only supports short text messages, requiring links to multimedia items scattered on third party services, which makes it difficult to obtain a comprehensive view of a situation just from Twitter. In contrast to diretto, incorrect information is hard to correct once it has spread, since messages cannot be altered retroactively and might have been "re-tweeted" without verification by influential Twitterers with many followers. Mobshare (Sarvas et al. 2004), CoMedia (Jacucci et al. 2007), and mGroup (Jacucci et al. 2005) are systems focused on cooperative photo gathering and sharing. Micro-Blog (Gaonkar et al. 2008) is another collaborative system supporting audio and video uploads, which takes battery constraints of client devices into account. All three systems put little emphasis on the subsequent collaborative interpretation of the gathered data. In contrast, diretto allows remote participants to play a vital role in the evaluation and, if necessary, correction of the incoming data while the event still unfolds or from a forensic perspective.

In the support of humanitarian missions and disaster response, several projects have been focusing on the development of dedicated systems to facilitate collaborative response to disaster situations. Palen et al. describe a comprehensive vision for systems integrating public respondents and official response organizations (Palen et al. 2010). A notable real-world application in this area is the crisis mapping tool Ushahidi, which first received greater attention when Kenyan citizens used it to share information during the 2007-2008 Kenyan crisis (Okolloh 2009). Users can submit reports via text message or email to a Ushahidi server which displays them on an interactive map. Disasters2.0 (Camarero Puras & Iglesias Fernández 2009) is a crisis management system which already fulfills many of our requirements (cf. Section 2). But Disasters2.0 is specifically tailored to disasters and, therefore, built around entities like "firemen" and "injured persons", making it hard to adapt for other types of collaborative reporting. Also, apart from the specified entity types, no other visual information recorded on-site can be submitted.

This short overview of related work shows that many systems address specific aspects of collaborative reporting but do not provide a comprehensive and versatile approach. The diretto system provides a unified platform for collaborative reporting which could also integrate other systems, such as Twitter, as external information sources.

6 Conclusions

The diretto platform provides a generic toolkit for distributed reporting and collaboration between users on-site and remote ones. We based diretto on requirements generalized from the use cases public live event coverage and rescue and relief mission support, and believe that it can also be applied to other scenarios. The diretto architecture is designed for high scalability. A lightweight web service provides robust communication with backend services.

Publish/subscribe channels ensure instant notification of clients in case of new content. Automated processing of incoming data is performed by auxiliary clients. Mobile clients for smartphones and even SLR cameras already exist, and our rich web application supports participation of remote users in collaborative reporting activities. Users can enhance documents with comments, tags, and links to add semantic interpretation and organize available data. Different representations of the same item are encapsulated as attachments in a document. A rating system facilitates crowd-based relevance and credibility assessment of recorded information.

Our open-source reference implementation is a proof of concept of our design. Now, real world deployments and field studies are required to evaluate the performance in critical situations. We also plan to extend the architecture with domain-specific plugins in order to provide tailored services on top of the generic platform. We are currently developing such a plugin for disaster response scenarios. We plan to use collective intelligence and data mining approaches to support and automate extraction of relevant events and patterns from gathered data. Another important aspect is enhancing the presentation and visualization of gathered information and providing focused feedback to on-site users.

References

Arthur, C. (2008). How Twitter and Flickr recorded the Mumbai terror attacks. *The Guardian, 27 Nov 2008.*

Camarero Puras, J. & Iglesias Fernández, C. A. (2009). Disasters 2.0: Application of web 2.0 technologies in emergency. In *Proc. 6th Intl. ISCRAM Conference*. Gothenburg.

Cuff, D., Hansen, M. & Kang, J. (2008). Urban sensing: out of the woods. *Communications of the ACM, 51*, 24–33

Gaonkar, S., Li, J., Choudhury, R. R., Cox, L. & Schmidt, A. (2008). Micro-blog: sharing and querying content through mobile phones and social participation. In *Proc. Conference on Mobile systems, applications, and services (MobiSys '08).* ACM, New York, NY, 174–186.

Huang, Y. & Garcia-Molina, H. (2004). Publish/subscribe in a mobile environment. *Wireless Networks - Special issue: Pervasive computing and communications, 10,* 643–652.

Jacucci, G., Oulasvirta, A., Salovaara, A. & Sarvas, R. (2005). Supporting the shared experience of spectators through mobile group media. In *Proc. 2005 intl. ACM SIGGROUP conference on supporting group work.* ACM, New York, NY. 207–216.

Jacucci, G., Oulasvirta, A., Ilmonen, T., Evans J. & Salovaara A. (2007). Comedia: mobile group media for active spectatorship. In *Proc. conference on Human factors in computing systems (CHI '07).* ACM, Gaithersburg, MD, 1273–1282.

Manoj, B. & Baker, A. (2007). Communication challenges in emergency response. *Communications of the ACM, 50(3),* 51–53.

Nagarajan, M., Gomadam, K., Sheth, A., Ranabahu, A., Mutharaju, R. & Jadhav, A. (2009). Spatio-temporal-thematic analysis of citizen sensor data: Challenges and experiences. In *Web Information Systems Engineering (WISE '09).* Posen. S. 539–553.

Okolloh, O (2009). Ushahidi, or “testimony”: Web 2.0 tools for crowdsourcing crisis information. In *Change at Hand: Web 2.0 for development.* Nottingham: Russell Press. S. 65–70.

Palen, L., Anderson, K. M., Mark, G., Martin, J., Sicker, D., Palmer, M., & Grunwald, D. (2010). A vision for technology-mediated support for public participation & assistance in mass emergencies & disasters. In *Proc. ACM/BCS 2010 Conference on Visions of Computer Science.* British Computer Society, Edinburgh.

Pautasso, C., Zimmermann, O. & Leymann, F. (2008). Restful web services vs. “big” web services: making the right architectural decision. In *Proc. 17th international conference on World Wide Web.* ACM, New York, NY. 805–814.

Portmann, M. & Pirzada, A. (2008). Wireless mesh networks for public safety and crisis management applications. *IEEE Internet Computing, 12(1)*, 18–25.

Sarvas, R., Viikari, M., Pesonen, J. & Nevanlinna, H. (2004). MobShare: controlled and immediate sharing of mobile images. In *Proc. 12th Annual ACM international Conference on Multimedia.* ACM, New York, NY. 724–731.

Sheth, A. (2009). Citizen sensing, social signals, and enriching human experience. *IEEE Internet Computing, 13(4)*, 87–92.

Starbird, K. & Stamberger, J. (2010). Tweak the tweet: Leveraging microblogging proliferation with a prescriptive syntax to support citizen reporting. In *Proc. 7th International ISCRAM Conference.* Seattle.

Contact Information

Benjamin Erb, Stefan Kaufmann, Tobias Schlecht, Florian Schaub, Michael Weber
Institute of Media Informatics, Ulm University
James-Franck-Ring, 89073 Ulm, Germany
Email: <firstname>.<lastname>@uni-ulm.de

Inhaltsbasierte Tag-Vorschläge in Word-Dokumenten

Björn Joop, Oliver Hetzel, Jürgen Ziegler

Universität Duisburg-Essen

Zusammenfassung

Tagging-Systeme versehen ganze Dokumente und Ressourcen mit Tags. Diese Tags können für das Wiederaufinden von Dokumenten oder für die Empfehlung von Tags verwendet werden. Tag-Empfehlungssysteme setzen jedoch häufig voraus, dass entweder andere Benutzer das zu taggende Dokument bereits mit Tags versehen haben, Tags vorgegebenen Themen und Kategorien zugeordnet werden können oder aber extrahierte Schlüsselworte als Tags repräsentativ für ein ganzes Dokument sind. Dieser Beitrag präsentiert ein System, welches uns ermöglicht inhaltbezogene Tags zu generieren und an beliebigen Stellen in Word-Dokumenten anzubringen. In einer Studie haben wir das Tagverhalten der Probanden und die getaggten Textstellen untersucht. Zusätzlich wurde die Suche von Informationen mithilfe Tag-Suche betrachtet.

1 Einleitung

Die Organisation und Verwaltung von Informationen wird durch immer größere Datenmengen zunehmend schwerer. Abhilfe schaffen hier komplexe Indexierungsmethoden die häufig nur von Experten zu bedienen sind. Dem entgegen stehen Tagging-Systeme – insbesondere bei Web 2.0 Anwendungen – in denen eine große Anzahl von Personen gemeinsame oder persönliche Ressourcen mit frei wählbaren Begriffen (sogenannten: Tags) versehen. Das Prinzip des Taggings wird darüber hinaus auch von Desktopanwendungen, die Inhalte über die Zuordnung von Schlagwörtern organisieren, verwendet, um so die Suche nach Informationen zu erleichtern. Getaggt werden jedoch häufig nur vollständige Objekte wie Bilder oder Textdokumente.

Insbesondere große Textdokumente können durch ein inhaltsbezogenes Tagging innerhalb des Dokuments das Auffinden von Informationen erleichtern. Jedoch entwickeln Benutzer von Tagging-Systemen über die Zeit ein stark personalisiertes Vokabular (vgl. Wetzker et al. 2010), welches den Austausch von und die Suche in Dokumenten erschwert.

In diesem Beitrag stellen wir ein Tagging-System für Word-Dokumente vor, dass es den Benutzern ermöglicht, sowohl ganze Dokumente wie auch Dokumentteile beliebig zu taggen. Das System stellt eine Tag-Empfehlungsfunktion zur Verfügung, die auf Basis von selektierten Textstellen eine Schlüsselwortextraktion und Synonymsuche durchführt, um Begriffe als mögliche Tag-Kandidaten zu identifizieren und dem Benutzer zu präsentieren. Zusätzlich besteht die Möglichkeit, auf Basis von vergebenen Tags Informationen in einem oder mehreren Dokumenten gezielt zu suchen. Wir verbinden in dem vorgestellten System automatisierte Tagging-Verfahren mit Tag-Empfehlungsprozessen und explorieren die Möglichkeit feingranular auf beliebigen Dokumentstrukturen Tags zu vergeben.

Hierfür untersuchen wir in einer ersten Studie das Verhalten der Benutzer bei der Verwendung des Systems. Wir achten insbesondere auf die Begriffe, die für das Tagging verwendet werden und vergleichen diese mit den vom System generierten Vorschlägen. Zusätzlich untersuchen wir, welche Dokumentteile die Probanden bei der Verwendung des Systems präferiert taggen. Zuletzt vergleichen wir in dieser Studie die Tag-basierte Suche mit einer Textsuche für das Auffinden von Informationen in einem oder mehreren Dokumenten.

2 Stand der Forschung

Tag-Empfehlungssysteme versuchen neue Ressourcen oder neue Benutzer in der Wahl der Tags zu unterstützen. Hierfür orientieren sie sich an Tags anderer Benutzer, die gleiche oder ähnliche Ressourcen getaggt haben. Ein Beispiel für so ein System ist das Social Bookmarking System *Bibsonomy* (Jäschke et al. 2007, Jäschke et al. 2009), in dem neue Tags entweder auf Basis von bereits getaggten Objekten mithilfe von Collaborative Filtering und Graph-basierten Techniken, oder in Form von besonders populären Tags empfohlen werden. *AutoTag* (Mishne 2006) empfiehlt Tags für Blog-Einträge auf Basis von ähnlichen Einträgen. Sood et al. (2007) verfahren mit ihrem System *TagAssist* ähnlich, vermeiden jedoch Ambiguitäten von Tags durch die Reduzierung auf ihre Stammform und den Abgleich der Begriffe mit Wörterbüchern und Thesauri. *SparTag.us* (Hong et. al. 2008) hingegen ermöglicht es Benutzern Webdokumente an Paragraphen oder Satzteilen zu taggen.

Einen anderen Ansatz verfolgen (Medelyan et al. 2009). Sie kombinieren eine Schlüsselwortextraktion mit semantischen Informationen, um Tags für Dokumente vorzuschlagen. (Song et. al. 2008, Song et. al. 2011) erlenen Assoziationen zwischen Tags und Inhalten (Wörter) von Dokumenten um den Benutzern passende Tags zu empfehlen. (Heymann et al. 2008) extrahieren Schlüsselwörter aus Webdokumenten und verwenden ein Entropie-basiertes Ranking um Tag-Kandidaten zu identifizieren. Das System *TagHats* (Nishida & Fujimura 2010) verwendet Dokumente aus Question & Answers Communities, um ihnen automatisch Tags zuzuordnen. Mithilfe einer Schlüsselwortextraktion werden Begriffe identifiziert und auf Kategorien, Themen oder Schlüsselwörter abgebildet. Alle Ansätze (außer SparTag.us) haben gemein, dass sie sich auf das Tagging von ganzen Dokumenten konzentrieren.

Tag-basierte Empfehlungssysteme versuchen hingegen auf Basis von vergebenen Tags Objekte und Inhalte zu empfehlen. (Shepitsen 2008) und (Guo & Joshi 2010) clustern Tags und Objekte auf der Suche nach Themengruppen umso mithilfe eines Benutzerprofils Ressourcen zu empfehlen. (Tso-Sutter et al. 2008) und (Wetzker et al. 2009) integrieren Tags in Item- und User-basierte Collaborative Filtering Mechanismen um zusätzliche Informationen für eine höhere Präzision des Empfehlungsprozess verwenden zu können. (Cantador et al. 2010) untersuchen in ihrer Arbeit die Qualität von inhaltsbezogenen Empfehlungen unter Verwendung von Tagprofilen für Benutzer und Objekte. Die Suche von Informationen kann mithilfe von Tags ebenfalls verbessert werden (vgl. Bischoff et al. 2008). (Carmel et al. 2010) gewichten Tags von Dokumenten für eine Suchoptimierung. (Zanardi & Capra 2008) hingegen erstellen ein soziales Ranking der betroffenen Ressourcen auf Basis der Beziehung von Tags und Ressourcen unter- und zueinander.

3 Systemaufbau

Unser System ist ein Addon für Microsoft Office Word und ermöglicht es Tags an beliebigen Textstellen in Dokumenten anzubringen. Das Addon besteht im Wesentlichen aus zwei Kernkomponenten: Tag-Empfehlung und einer Tag-basierten Suche. Die Tags werden im *Office Open XML*[1] (.docx-Format) als Custom-XML in Form einer Ontologie gespeichert.

3.1 Tag-Empfehlung

Die Tag-Empfehlung basiert auf einer Schlüsselwort-Extraktion. In einer Vorverarbeitungsphase wird ein selektierte Text in einzelne Wörter zerlegt und anschließend von Sonderzeichen und Stopwörtern befreit, da diese vorwiegend grammatikalische oder syntaktische Funktionen haben. Durch einen Wörterbuchvergleich werden Begriffe, die nicht eindeutig zuzuordnen sind, identifiziert und mithilfe eines Porter-Stemmers auf die Stammform reduziert. Als Anhaltspunkt für die Relevanz der Wörter in Bezug auf den selektierten Abschnitt wird die relative Häufigkeit ihrer Vorkommen berechnet.

Für die Spezifität der Terme des ausgewählten Dokumentteils wird bei der Generierung der Tag-Empfehlungen ein modifiziertes TF-IDF-Gewicht eingesetzt. Anhand der Vorkommen der Tag-Kandidaten im Rest des Dokuments kann das Gewicht: $tfidf_t = \frac{\log(\frac{w}{t_D})}{\log(w)} * \frac{sel_t}{\max_{s \in C}(sel_s)}$ für ein Term *t* berechnet werden. Der erste Faktor berechnet den IDF-Wert der nicht-selektierten Wörter *w* im Rest des Dokuments und des Vorkommen t_D des Terms *t* im nicht-selektierten Teil des Dokuments. Der zweite Faktor beschreibt die relative Termhäufigkeit der zu indexierenden Textpassage sel_t. Als Bezugsgröße wird die maximale Termhäufigkeit aller Tag-Kandidaten *C* aus dem Gesamtdokument herangezogen.

Wenn einer der Tag-Kandidaten bereits als Schlagwort im Dokument vorkommt, dann werden der Tag und zusätzlich alle Tag-Kandidaten der betroffenen Textstellen als potentiell relevant angesehen. Für jeden Tag-Kandidaten wird die Menge der bedeutungsgleichen Wör-

[1] http://www.microsoft.com/germany/interop/openxml/ (Stand: 28.03.2011)

ter ermittelt und mit den bisher verwandten Tags im Dokument abgeglichen: Verwendet der Benutzer bereits Synonyme im aktuellen Dokument, so werden diese zusätzlich in die Liste der Tag-Kandidaten aufgenommen. Die vorgeschlagenen Tags werden in Form einer Tagwolke visualisiert.

3.2 Tag-basierte Suche

Der direkte Zugriff auf die Tags eines Dokuments erfolgt über eine Liste im Aufgabenbereich der Nutzerschnittstelle. Über die Auswahl von Tags lassen sich so entweder die als Tags verwandten Begriffe im Dokument markieren oder die mit den Tags annotierten Textpassagen hervorheben. Optional steht eine Ausblendung der nicht-selektierten Tagstellen zur Verfügung. Für eine gezielte Suche nach Informationen in getaggten Dokumenten stehen zwei Funktionen zur Verfügung: es können sowohl Tags innerhalb eines Dokuments oder in mehreren getaggten Dokumenten gesucht werden.

Die Suche in Einzeldokumenten verwendet Texteingaben des Benutzers als Suchbegriffe. Bei der Suche in mehreren Dokumenten werden relevante Such-Tags mithilfe einer Tagwolke und einer Filterfunktion ausgewählt. Eine Einschränkung auf Dokumentinhalte wie Text, Tabellen, Aufzählungen oder Bilder ist bei beiden Suchen möglich.

Die Suchergebnisse werden in Form einer Liste mit Angabe über die Art der getaggten Dokumentstelle (Bild, Text, Tabelle oder Liste) aufgelistet. Die Suche in mehreren getaggten Dokumenten erhält zusätzliche Informationen in der Ergebnisliste: Ein Indikator zeigt die Ausprägung der Überschneidung zwischen der Passage und der Anfrage anhand der Anzahl der enthaltenen Such-Tags relativ zur Gesamtheit aller ausgewählten Tags in der gesammelten Tagmenge der Dokumente dar. Zusätzlich wird bei Textstellen der Beginn des getaggten Texts angezeigt.

4 Evaluation

Um die Akzeptanz der vorgeschlagenen Tags und den Nutzen der Tagfunktion in Word-Dokumenten zu untersuchen wurde eine experimentelle Studie durchgeführt. An der Studie nahmen insgesamt 21 Probanden im Alter von 23 bis 35 Jahren teil (15 männlich, 6 weiblich). Die Probanden gaben an, keine Taggingsysteme zu verwenden. Jedoch war bis auf zwei Teilnehmern das Prinzip des Taggens bekannt. Eine Kontrollgrupe umfasste 9 Personen (8 männlich, 1 weiblich) im Alter von 23-33 Jahren.

Folgende Fragen sollten mithilfe der Studie geklärt werden:

1. Verwenden Benutzer mehr Tags wenn ihnen im Dokument inhaltliche Tags vorgeschlagen werden?
2. Welche Begriffe werden für das Tagging in Dokumenten verwendet?
3. Auf welcher Dokumentebene werden Tags vergeben?
4. Wie gezielt lassen sich Informationen in getaggten Dokumenten wiederfinden?

4.1 Aufgaben

Um die Fragestellungen untersuchen zu können wurden folgende Aufgaben definiert:

4.1.1 Aufgabe 1: Dokument Tagging (1)

Den Probanden wurde ein einseitiges Dokument mit 435 Wörtern (insgesamt 8 Absätze) aus der deutschsprachigen Online-Enzyklopädie Wikipedia[2] zum Thema „*Sonne*" vorgelegt. Nach der Lektüre des Inhalts taggten die Probanden das Dokument unter Verwendung des Test-Systems. Ihnen stand für diese Aufgabe die Tag-Empfehlung zur Verfügung.

4.1.2 Aufgabe 2: Dokument Tagging (2)

Die Probanden taggten das gleiche Dokument wie in Aufgabe 1. Hierbei stand ihnen jedoch keine Tagempfehlung zur Verfügung.

4.1.3 Aufgabe 3: Informationssuche in einem Textdokument

Den Probanden wurde ein 22-seitiger Auszug mit 9536 Wörtern aus der deutschsprachigen Online-Enzyklopädie Wikipedia zum Thema „*Geschichte Deutschlands*" vorgelegt. Die Paragraphen des Dokuments wurden zuvor unter Verwendung der Tag-Empfehlung von der Versuchsleitung getaggt. Die Probanden erhielten 11 inhaltsbezogene Fragen, die sie nach der Lektüre des Fragebogens mündlich mithilfe des Dokuments beantworten sollten.

Diese Aufgabe wurde entweder unter Verwendung der Tag-Suche oder unter Verzicht einer Suchfunktion bearbeitet.

4.1.4 Aufgabe 4: Informationssuche in mehreren Textdokumenten

Die Probanden erhielten vier Dokumente mit Auszügen aus der deutschsprachigen Online-Enzyklopädie Wikipedia zu den Themen „*Demographie*", „*Religion*", „*Wirtschaft*" und „*Geographie*" Deutschlands mit einer Länge von 1500 bis 2000 Wörtern. Analog zu Aufgabe 3 wurden die Paragraphen aller Dokumente vorab getaggt. Die Probanden erhielten 10 inhaltsbezogene Fragen die sie nach der Lektüre des Fragebogens mündlich mithilfe der Dokumente zu beantworten hatten.

Diese Aufgabe wurde entweder unter Verwendung der Dokument-übergreifenden Tag-Suche oder unter Verzicht jeglicher Suchfunktionen bearbeitet.

4.2 Gruppenzuordnung

Nach einer mündlichen und schriftlichen Einführung in die Aufgabenstellung und in das Test-System bearbeiteten die Probanden nacheinander die vier definierten Aufgaben. Für jede Aufgabe standen maximal 5 Minuten zur Verfügung. Da die Aufgabenstellungen von Aufgabe 1 und 2 (Anbringen von Tags) unabhängig von Aufgabe 3 und 4 (Informationssu-

[2] http://www.wikipedia.de (Stand: 28.3.2011)

che mithilfe von Tags) sind, wurden die Teilnehmer gleichmäßig auf vier Gruppen mit unterschiedlicher Bearbeitungsreihenfolge eingeteilt um Reihenfolgeneffekte zu vermeiden. Ein ′ kennzeichnet hier bei der jeweiligen Aufgabe die Verwendung von ungetaggten Dokumenten.

Gruppe 1: 1 2 3′ 4 *Gruppe 2: 2 1 3 4′*

Gruppe 3: 1 2 4′ 3 *Gruppe 4: 2 1 4 3′*

Zusätzlich hat die Kontrollgruppe Aufgabe 3 und 4 mithilfe einer Textsuche in alternierender Reihenfolge bearbeitet.

4.3 Auswertung

Für Aufgabe 1 wurde untersucht, wie häufig die Probanden die Tag-Empfehlung nutzten und wie viele vorgeschlagene und eigene Begriffe sie für die Tags verwandten. Die Probanden befragten durchschnittlich 7,47 Mal die Empfehlungsfunktion und verwandten im Testdokument durchschnittlich 17 vorgeschlagene und 6,14 eigene Begriffe für das Tagging (insgesamt durchschnittlich 23,14 Tags pro Person). Nur einer der betroffenen Probanden hat die Empfehlungsfunktion nicht verwendet. Auffällig war jedoch, dass 3 Probanden für 66,7% des Tagaufkommens für eigene Begriffe verantwortlich waren. Der Vergleich der verwendeten Begriffe mit denen, die an den betroffenen Textstellen von der Empfehlungsfunktion generiert werden, zeigt, dass 66,27% der verwandten Begriffe auch durch die Empfehlungsfunktion generiert werden können. Von diesen drei Probanden wurden trotzdem insgesamt 75,61% der Begriffe verwendet, die die Empfehlungsfunktion generiert hätte. Von allen in Aufgabe 1 vergebenen Tags lassen sich insgesamt 88,68% von der Empfehlungsfunktion generieren. Vergleicht man dieses Ergebnis mit Aufgabe 2, so lässt sich feststellen dass die Probanden nur durchschnittlich 18,81 Tags pro Dokument verwand haben. Von diesen Tags entsprechen 73,92% (durchschnittlich 13,9 Tags pro Proband) den Begriffen, die auch von der Empfehlungsfunktion an den betroffenen Textstellen generiert werden.

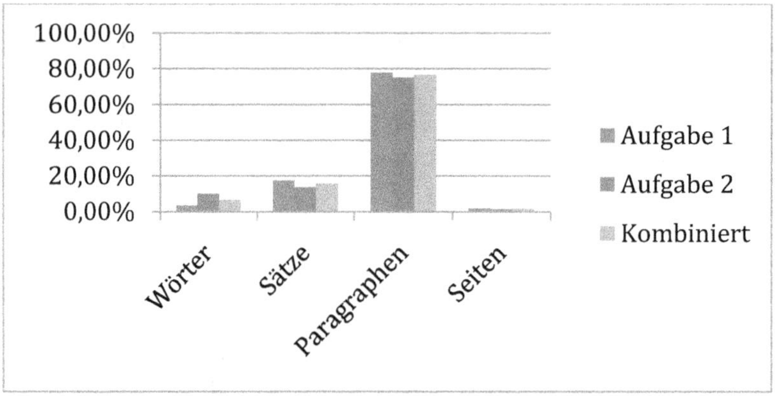

Abbildung 1: Verteilung von vergebenen Tags in Aufgabe 1 und 2 auf Dokumentteile.

Eine Analyse der in Aufgabe 1 und 2 getaggten Dokumente zeigt zudem, dass die Probanden nur selten Seiten taggten (3 bzw. nur 1 Proband). In beiden Aufgaben waren Paragraphen die am häufigsten getaggten Dokumentteile (insgesamt 76,53% aller Tags) gefolgt von Sätzen (15,58%) und Wörtern (6,32%). Nur 1,57% aller Tags wurden für Seiten verwendet.

Bei der Auswertung von Aufgabe 3 konnten wir feststellen, dass die Probanden inhaltliche Fragen in getaggten Dokumenten besser beantworten konnten als unter Verzicht auf Suchfunktionen (durchschnittlich 7,7 beantwortete Fragen mit Tag-Suche gegenüber 2,91 Antworten ohne Suchunterstützung). Die Ergebnis von Aufgabe 4 fällt ebenso eindeutig aus: unter Verzicht jeglicher Suchfunktionen konnten nur durchschnittlich 3,6 Fragen pro Proband beantwortet werden im Vergleich zu 6,36 Fragen unter Verwendung einer Dokumentübergreifenden Tag-Suche. Die Kontrollgruppe kam im direkten Vergleich auf ein nur geringfügiges schlechteres Ergebnis als die Tag-Suche von durchschnittlich 5,67 beantworteten Fragen für Aufgabe 3 und 6,33 Fragen pro Proband für Aufgabe 4 (vgl. Abbildung 2).

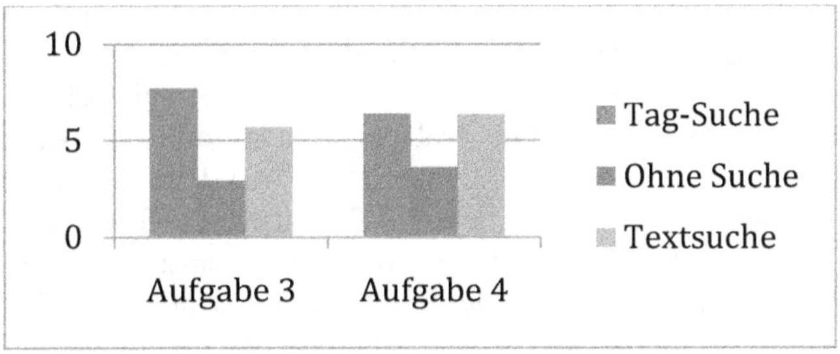

Abbildung 2: Durchschnittlich beantwortete Antworten bei Aufgabe 3 und 4 in unterschiedlichen Suchszenarien.

5 Diskussion

Die Studie zeigt eine eindeutige Tendenz bei der Frage, ob Benutzer mehr Tags vergeben, wenn sie eine Empfehlungsfunktion für Tags verwenden: Die durchschnittliche Anzahl der vergebenen Tags stieg von durchschnittlich 18,81 Tags pro Person und Dokument auf 23,14 Tags. Insbesondere die Wahl der Begriffe für Tags zeigt deutlich, dass Benutzer auf die im Dokument enthaltenen Begriffe zurückgreifen. Mehr als 73,92% der Begriffe aus Aufgabe 1 und 2 können durch die Tag-Empfehlungsfunktion, die sich auf eine Schlüsselwortextraktion und Synonymsuche beschränkt, vorschlagen werden. Die verbleibenden nicht-empfehlbaren Begriffe beschreiben unbekannte Synonyme und Kategorien (beispielsweise: „*Definition*“ oder „*Daten*“), oder beziehen sich auf die Dokumentstruktur („*Einführung*“, „*Zusammenfassung*“, usw.). Insgesamt bestätigt sich die Vermutung, dass beim Tagging von Dokumenten überwiegend auf Begriffe des Dokuments zurückgegriffen wird.

Die Verteilung der Tags auf Dokumentteile zeigt deutlich, dass die Probanden häufiger Tags auf Paragraphen (76,53% der vergebenen Tags) als auf Sätzen (15,58%) vergeben. Wörter und Seiten werden hingegen nur selten getaggt (6,32% bzw. 1,57% der vergebenen Tags). Obwohl eine deutliche Tendenz aufgezeigt wird, kann das Ergebnis durch den Versuchsaufbau begründet sein: Der Zeitdruck und die Länge des zu taggenden Textes (insgesamt eine Seite) kann bei der Erfüllung von Aufgabe 1 und 2 dazu geführt haben, dass die Probanden sich auf deutlich ausgezeichneten Dokumentstrukturen (hier: Paragraphen) konzentriert haben. Für eine endgültige Aussage müssen hier noch weitere Studien erfolgen die einerseits verschiedene Dokumentstrukturen unterschiedlicher Länge, und andererseits unterschiedliche Bearbeitungszeiträume verwenden.

Der Unterschied bei der Anzahl der beantworteten Fragen zwischen Tag-basierter und Textsuche ist hier nicht signifikant (T-Test mit unabhängige Stichproben: Signifikanz = 0,271, F = 1,293, α = 0,05), obwohl die Tag-basierte Suche im Mittelwert ein besseres Ergebnis liefert: durchschnittlich 7,7 gegenüber 5,67 beantwortete Fragen pro Proband.

Bei der Suche in mehreren Dokumenten ist der Unterschied zur Textsuche ebenfalls nicht signifikant (T-Test mit unabhängigen Stichproben: Signifikanz = 0,489, F = 0,499, α = 0,05), wobei hier nur ein geringfügig besseres Ergebnis vorliegt: durchschnittlich 6,36 gegenüber 6,33 beantwortete Fragen pro Proband. Es kann sein, dass die Stichprobe zu klein ist um ein signifikant besseres Ergebnis bei der Tag-Suche nachzuweisen. Zudem kann die hohe Zahl der beantworteten Fragen in der Kontrollgruppe (Textsuche) bei Aufgabe 4 in der Art der Aufgabenstellung begründet liegen: Die Probanden gaben an, dass der größte Teil der zu beantwortenden Fragen eindeutig einem Themengebiet und damit einem der vier Dokumente zugeordnet werden konnte. Dies vereinfachte die Textsuche insofern, dass die Probanden alle Fragen in einem Dokument beantworteten bevor sie mit dem nächsten fortfuhren. Im Vergleich dazu bearbeiteten alle Probanden der Studie mit der Tag-Suche die Fragen in der vorgegebenen Reihenfolge. Eine bessere Vergleichbarkeit der Ergebnisse lässt sich durch eine andere Wahl von Dokumenten und Fragen erzielen. Die Dokumente dürfen sich nicht in Kategorien einordnen lassen, sondern vielmehr nur ein Thema beschreiben und dabei Unterschiede im Detail und in der Art der Informationen beinhalten.

6 Zusammenfassung

In diesem Beitrag konnte gezeigt werden, dass Tagging in Dokumenten stark durch die in Dokumenten verwandten Begriffe und Worte geprägt wird. Es lässt sich vermuten, dass dies bei den Nutzern des Systems dazu führt, dass große Teile der verwandten Tag-Begriffe identisch sind. Es wurde zudem deutlich gezeigt, dass die meisten Tags an Paragraphen angebracht wurden. Zudem bestätigen die Ergebnisse der Studie die Tendenz, dass unterstütztes Tagging in Dokumenten einerseits zu der häufigeren Verwendung von Tags führt, andererseits für die Suche nach Informationen in getaggten Dokumenten geeignet ist. Die Probanden der Studie stimmten bei der Befragung alle überein, dass das System für sie einen Mehrwert sowohl beim Tagging-Vorgang wie auch bei der Informationssuche in Word-Dokumenten darstellt.

Allerdings ist die Stichprobengröße mit 21 Probanden zu klein, um signifikante Ergebnisse bei der Tag-Suche nachzuweisen. Daher können derzeit nur Tendenzen aufgezeigt werden. Es sind noch weitere Studien notwendig (und sind geplant), um die erzielten Ergebnisse zu verifizieren. Die aufgezeigte Tendenz, dass Benutzer viele Begriffe aus den zu taggenden Textstellen verwenden, lässt somit vermuten, dass auch fremd-getaggte Dokumenten leicht nach Informationen durchsucht werden können. Dies muss jedoch in weiteren Folgestudien nachgewiesen werden.

Literaturverzeichnis

Bischoff, K., Firan, C. S., Nejdl, W. & Paiu, R. (2008). *Can all tags be used for search?*. Proceeding of the 17th ACM conference on Information and knowledge management, S. 193-202.

Cantador, I., Bellogín, A. & Vallet, D. (2010). *Content-based recommendation in social tagging systems*. Proceedings of the fourth ACM conference on Recommender systems, S. 237-240.

Carmel, D., Roitman, H. & Yom-Tov, E. (2010). *Social bookmark weighting for search and recommendation*. The VLDB Journal 19(6), 761-775.

Guo, Y. & Joshi, J. (2010). *Topic-based personalized recommendation for collaborative tagging system*. Proceedings of the 21st ACM conference on Hypertext and hypermedia, 61-66.

Heymann, P., Ramage, D. & Garcia-Molina, H. (2008). *Social tag prediction*. Proceedings of the 31st annual international ACM SIGIR conference on Research and development in information retrieval.

Hong, L., Chi, E.H., Budiu, R., Pirolli, P., Nelson, L. (2008). *SparTag.us: a low cost tagging system for foraging of web content*. AVI '08 Proceedings of the working conference on Advanced visual interfaces.

Jäschke, R., Marinho, L., Hotho, A., Schmidt-Thie & L. Stumme, G. (2007). *Tag Recommendations in Folksonomies*. Proceedings of the 11th European conference on Principles and Practice of Knowledge Discovery in Databases, S. 50-514.

Jäschke, R., Eisterlehner, F., Hotho, A. & Stumme, G. (2009). *Testing and evaluating tag recommenders in a live system*. Proceedings of the third ACM conference on Recommender systems, S. 369-372.

Lu, C., Hu, X., Park, J. & Huang, J. (2011). *Post-based collaborative filtering for personalized tag recommendation*. Proceedings of the 2011 iConference.

Medelyan, O., Frank, E. & Witten, I. H. (2009). *Human-competitive tagging using automatic keyphrase extraction*. Proceedings of the 2009 Conference on Empirical Methods in Natural Language Processing, Volume 3.

Mishne, G. (2006). *AutoTag: a collaborative approach to automated tag assignment for weblog posts*. Proceedings of the 15th international conference on World Wide Web.

Nishida, K. & Fujimura, K. (2010). *Hierarchical auto-tagging: organizing Q&A knowledge for everyone*. Proceedings of the 19th ACM international conference on Information and knowledge management, S. 1657-1660.

Shepitsen, A., Gemmell, J., Mobasher, B. & Burke, R. (2008). *Personalized recommendation in social tagging systems using hierarchical clustering*. Proceedings of the 2008 ACM conference on Recommender systems, S. 259-266.

Sood, S. C. & Hammond, K. J. (2007). *TagAssist: Automatic Tag Suggestion for Blog Posts*. Proceedings of the International Conference on Weblogs and Social Media.

Song, Y., Zhuang, Z., Li, H., Zhao, Q., Li, J., Lee, W. & Giles, C. L. (2008). *Real-time automatic tag recommendation*. Proceedings of the 31st annual international ACM SIGIR conference on Research and development in information retrieval.

Song, Y., Zhang, L. & Giles, C. L. (2001). *Automatic tag recommendation algorithms for social recommender systems*. ACM Transactions on the Web 5(1).

Tso-Sutter, K. H. L., Marinho, L. B. & Schmidt-Thie, L. (2008). *Tag-aware recommender systems by fusion of collaborative filtering algorithms*. Proceedings of the 2008 ACM symposium on Applied computing.

Wetzker, R., Umbrath, W. & Said, A. (2009). *A hybrid approach to item recommendation in folksonomies*. Proceedings of the WSDM '09 Workshop on Exploiting Semantic Annotations in Information Retrieval.

Wetzker, R., Zimmermann, C., Bauckhage, C. & Albayrak, S. (2010). *I tag, you tag: translating tags for advanced user models*. Proceedings of the third ACM international conference on Web search and data mining, S. 71-80.

Zanardi, V. & Capra, L. (2008). *Social ranking: uncovering relevant content using tag-based recommender systems*. Proceedings of the 2008 ACM Conference on Recommender Systems.

Umgang mit Terminologien in interorganisationaler Krisenkooperation – eine explorative Empirie

Christian Reuter[1], Patrik Pohl[2], Volkmar Pipek[2]

Research School Business & Economics, Universität Siegen[1]
Institut für Wirtschaftsinformatik, Universität Siegen[2]

Zusammenfassung

Ziel dieser Arbeit ist es, die Auswirkungen terminologischer Mehrdeutigkeiten, d.h. unterschiedlicher Begriffs-Verständnisse heterogener Akteursgruppen, auf die Gestaltung organisationsübergreifender Kooperationssysteme herauszustellen. Nach einer Darstellung theoretischer Ansätze des Umgangs mit Terminologien stellen wir unsere explorative empirische Studie, die wir am Beispiel des organisationsübergreifenden Krisenmanagements durchgeführt haben, vor. Hierauf aufbauend präsentieren wir unsere Befunde, leiten Anforderungen ab und schlagen technische Lösungen vor. Auch diskutieren wir Ansätze des Terminologiemanagements bezüglich ihrer Anwendbarkeit und stellen kooperative Ansätze zum Umgang mit Terminologien in interorganisationalen Kooperationssystemen vor.

1 Einleitung

Funktionierende Kommunikation ist eine Voraussetzung organisationsübergreifender Zusammenarbeit. Das Auftreten von Kommunikationsproblemen ist hierbei eher die Regel, als eine Ausnahme. Diese beruhen beispielsweise auf kulturellen Differenzen, die durch Herkunft, Qualifikation oder Beruf entstehen können. In Kooperationssystemen, mittels derer über die Organisationsgrenzen hinweg kommuniziert und kooperiert werden soll, können diese Probleme verstärkt auftreten, da die Missverständnisse, die durch unterschiedliche terminologische Verständnisse von Sender und Empfänger entstehen in der technisch unterstützten Kommunikation - im Gegensatz zur persönlichen Kommunikation - nicht durch direktes Nachfragen ausgehandelt werden können. Die organisationale Kooperation im Bereich des Katastrophenmanagements bietet sich als Fallbeispiel an: In Katastrophen, wie Unwettern, die Personen- und Sachschäden sowie erhebliche Beeinträchtigungen im Energie- und Verkehrssektor hervorrufen, müssen Behörden und Organisationen mit Sicherheitsaufgaben (wie Polizei, Feuerwehr, Hilfsorganisationen), Infrastrukturbetreiber (wie Kommunikations- und Stromnetzbetreiber) und Betroffene (Unternehmen, Bürger) kooperieren. Diese Zusammenarbeit kann durch Kommunikations- und Informationssysteme unterstützt werden (Wiedenhoefer et al. 2011), die beispielsweise die kooperative Bearbeitung von Lagekarten oder die Integration von Bürgergenerierten Informationen (Reuter et al. 2011) beinhalten können. Beides sind Beispiele, in denen unterschiedliche Terminologien in der Entwicklung gemeinsamer Informations-infrastrukturen berücksichtigt werden sollten. Dieser Beitrag stellt ein Konzept für den Umgang mit terminologischen Unterschieden in Kooperationssystemen am Beispiel der Krisenkommunikation dar. Nach einer Analyse der aktuellen Praxis entwickeln wir ein Funktionskonzept und leiten Empfehlungen zum Umgang mit Terminologien ab.

2 Begriffliche und theoretische Grundlagen

Der Begriff *Kommunikation* bedeutet wörtlich übersetzt ‚Unterredung' bzw. ‚Mitteilung' und wird als Prozess des Zeichenaustausches verstanden. *Krisenkommunikation* ist die Kommunikation in der Krise, mit der Absicht dem steigenden Informationsbedürfnis von Führungskräften, Mitarbeitern, Stakeholdern sowie der Öffentlichkeit in Krisensituationen nachzukommen (Krystek 2007: 70). Ziel ist die Zusammenführung des Angebots und der Nachfrage im Kommunikationsprozess. Verbessert werden kann dies durch regelmäßiges Kommunikations-Training (Reuter & Pipek 2009). Dort können auch Probleme mit Terminologien aufgedeckt werden. Unter *Terminologie* versteht man den „Gesamtbestand der Begriffe und ihrer Benennungen in einem Fachgebiet" (DIN 2342, 1992). Terminologie ist ein wichtiger Teil einer Fachsprache, die im Gegensatz zur Gemeinsprache einen erweiterten und für das Fachgebiet spezialisierten Wortschatz beinhaltet. In der Kommunikation mit Akteuren außerhalb der Grenzen des Fachgebiets kann die Verwendung von Terminologien zu Verständnisproblemen führen. *Terminologiemanagement* beinhaltet den „zielgerichtete[n] Umgang mit terminologischer Information" (Wright & Budin 1997). Dies wird handlungsentlastend verstanden und besteht meist aus der Zusammenstellung und Analyse von Sprachressourcen, welche einen „kritischen Vergleich zwischen Sprachen und zwischen Fachgebieten" beinhaltet, sowie die Erfassung von Terminologien in Datenbanken und die anschließende Verbreitung und Anwendung in Terminologiemanagement-Systemen (Budin 2006). Thesauri können Begriffe eines Vokabulars miteinander verbinden, um automatische Abgleiche zu ermöglichen. Ontologien können Begrifflichkeiten formal darstellen und Beziehungen abbilden. Neben der Übersetzung von Terminologien kann eine Aushandlungsunterstützung zur Ermittlung der Bedeutung verwendeter Begriffe sinnvoll sein. Ob dies im Kontext des organisationsübergreifenden Krisenmanagements zweckmäßig ist, soll auf Basis einer explorativen empirischen Studie herausgestellt werden.

3 Explorative empirische Studie

Um den Bedarf der Berücksichtigung von Terminologien in Systemen für das organisationsübergreifende Krisenmanagement abzuschätzen, haben wir empirische Untersuchungen der Kommunikationspraxis durchgeführt. Fokus war nicht nur der Umgang mit Terminologien;

das übergeordnete Ziel war es, explizite und implizite Anforderungen für die Gestaltung eines Kommunikations- und Informationssystems zu erhalten, welches die gesamte Zusammenarbeit im Krisenmanagement verbessern soll (Wiedenhoefer et al. 2011).

3.1 Anwendungsfeld

Den empirischen Teil unserer Forschung haben wir in zwei Regionen in Deutschland durchgeführt. *Siegen-Wittgenstein* ist ein waldreicher Kreis in der Mitte Deutschlands und liegt im Grenzgebiet von drei Bundesländern - daher sind verschiedene Krisenmanagementstrukturen anzutreffen. Der *Rhein-Erft Kreis* besteht aus zehn wachsenden Städten westlich von Köln. Innerhalb der Kreise sind jeweils verschiedene Akteure der öffentlichen Verwaltung, Feuerwehr, Polizei, der Hilfsorganisationen und Energieversorger beteiligt. Diese agieren auf strategischer Ebene in einem Krisenstab, einer Einsatzleitung der nicht-polizeilichen sowie einer Einsatzleitung der polizeilichen Gefahrenabwehr. Jede Einsatzleitung ist typischerweise mit einem Vertreter der Organisation besetzt, der für die Übermittlung der Informationen zuständig ist. Neben diesen offiziellen Strukturen für außergewöhnliche Ereignisse findet auch ad-hoc, ohne institutionellen Rahmen, organisationsübergreifende Kommunikation statt.

3.2 Methodenwahl

Das Ziel der empirischen Untersuchungen war, das Anwendungsfeld zu verstehen und neue Erkenntnisse, die möglicherweise erst während des Datenerhebungsprozesses auftreten, mit einzubeziehen (Mayring 2002). Es wurden qualitative Methoden wie Dokumentenanalysen, Interviews, Beobachtungen sowie Gruppendiskussionen gewählt (vgl. Mayring 2002).

Das Ziel einer *Dokumentenanalyse* war, einen Überblick über die Organisationen in Krisensituationen und deren Begrifflichkeiten zu erhalten. Es wurden 19 Dokumente, welche die Arbeit im Krisenmanagement darstellen (Gesetze, Erlässe, Verordnungen, Richtlinien, Lehrgangsunterlagen) im Hinblick auf verwendete Begriffe analysiert.

Die *teilnehmenden Beobachtungen* dienten dazu, Erkenntnisse über praktische Arbeit im organisationsübergreifenden Krisenmanagement zu erhalten. Diese wurden in der Kreis-Leitstelle während eines normalen Arbeitstages (Beobachtungsdauer: neun Stunden), im Krisenstab und der Einsatzleitung einer Krisenkommunikationsübung (vier Stunden) und eines Großereignisses (sechs Stunden) durchgeführt.

Die *Gruppendiskussionen* ermöglichten uns, die kommunikative Praxis der organisationsübergreifenden Krisenkommunikation aufzufassen. Es wurden vier interorganisationale Gruppendiskussionen von einer Dauer von etwa vier Stunden mit leitenden Akteuren von Kreisverwaltung, Polizei, Feuerwehr und DRK durchgeführt.

3.3 Umgang mit Terminologien im Krisenmanagement

In unserer Dokumentenanalyse konnten wir bereits in Gesetztestexten terminologische Unschärfen im Hinblick auf wichtige Begriffe feststellen: Während in der Gesetzgebung Hessens (HBKG 1998) von Katastrophe als „*Ereignis, das Leben, Gesundheit oder die lebensnotwendige Versorgung der Bevölkerung, Tiere, erhebliche Sachwerte oder die natürlichen Lebensgrundlagen in so ungewöhnlichem Maße gefährdet oder beeinträchtigt, dass zur Beseitigung die einheitliche Lenkung aller Katastrophenschutzmaßnahmen sowie der Einsatz von Einheiten und Einrichtungen des Katastrophenschutzes erforderlich sind*" die Rede ist, wird in Nordrhein-Westfalen (FSHG 1998) nicht der Begriff Katastrophe an sich, sondern im Rahmen des Auftrags der Feuerwehr die Aufgabenfelder beschrieben, die im allgemeinen Verständnis als Katastrophe angesehen werden könnten: „*[...] Schadensfeuer zu bekämpfen sowie bei Unglücksfällen und bei solchen öffentlichen Notständen Hilfe zu leisten, die durch Naturereignisse, Explosionen oder ähnliche Vorkommnisse verursacht werden*". Neben generellen gesetzlichen Unterschieden, besitzt jede Organisation eigene Begrifflichkeiten. Die Fachtermini geben die Polizeidienstvorschrift (PDV100, 1995) und Feuerwehrdienstvorschrift (FwDV 100, 1999) vor. Die Problematik unterschiedlicher Terminologien ist auch der Arbeits-gemeinschaft der Leiter der Berufsfeuerwehren (2005) bekannt: „*Der Katastrophenschutz braucht eine einheitliche Terminologie: [...] Dies bedingt eine länder- und organisations-übergreifende Verabredung von Definitionen im Bereich des KatS [Katastrophenschutzes] bis hin zu einer einheitlichen Definition der Begriffe ‚Katastrophe' und ‚Katastrophenschutz'.*" Neben Begriffen können auch Zeichen als visuelle Darstellungsmöglichkeiten der Lage einen Freiraum für Interpretationen bieten. Die Bundeswehr verfügt über militärische Zeichen, die z.B. unterschiedliche Typen von Waffen darstellen, das THW über besondere Zeichen zur Darstellung ihrer unterschiedlichen Einsatzfahrzeuge und Hilfsmittel. Die einzelnen Organisationen verfügen zwar über einen gemeinsamen Zeichenstamm, dieser kann sich jedoch in Details unterscheiden: das Zeichen für eine Staffel ist nur bei der Feuerwehr zwei aufeinander liegende Punkte „:" (FwDV 100, 1999), während bei der Bundeswehr (BdV 1990) die Staffel aus vier nebeneinander liegenden Punkten „· · · ·" besteht. Ein Soldat würde bei der Deutung des Zeichens der Feuerwehr (ohne Vorwissen) von einer Gruppe, also einer kleineren zur Verfügung stehenden Anzahl von Helfern, ausgehen. Die Interpretation würde sich hier unterscheiden. Eine mögliche Lösung des Problems wäre ein gemeinsamer Zeichensatz. Die Ständige Konferenz für Katastrophenvorsorge und Katastrophenschutz (SKK) hat mit einem Vorschlag der organisationsübergreifenden Dienstverordnung 102 (DV 102, 2003) einen möglichen Ansatz aufgezeigt, welcher jedoch noch nicht umgesetzt wurde.

In unseren Gruppendiskussionen zeigen sich weitere praktische Herausforderungen. In der Kommunikation zwischen Behörden und Organisationen mit Sicherheitsaufgaben wurde herausgestellt, dass „*jede Organisation [...] eine eigene Arbeitsweise*" hat – und diese bedingen, dass unterschiedliche Begriffe verwendet werden. Dies kann zu Kommunikationsproblemen führen, in denen die Lagebeschreibungen drastischer verstanden werden, als sie gemeint werden: „*Es gibt jemand, der hat sich am Finger verletzt und ein Mitarbeiter des THW meldet die Verletzung. Das ist als fast Todesfall angekommen.*" Aufgrund unterschiedlicher Fokusse ist es „*sehr, sehr problematisch eine terminologische Angleichung hinzubekommen. Auch wenn Polizei mit Feuerwehr redet, gibt es ein ganz großes Gefälle untereinander und auch andere Wahrnehmung*". Diese Probleme können sogar innerhalb der gleichen Organisationsform, jedoch unterschiedlichen Gemeinden, auftreten. Als Beispiel wurden benachbarte Feuerwehren genannt, in denen „*vollkommen andere Regelungen, voll-*

kommen andere Philosophien" herrschen. In der Kommunikation mit anderen Organisationen, wie Unternehmen, können unterschiedliche Begriffsverwendungen noch verstärkter auftreten. Dies wird am Beispiel eines Brandes einer Industrieanlage deutlich. Dort wurden vom Werk 19 Verletzte gemeldet, gemeint wurden jedoch *„Verletzte im Sinne des Werkes, das sind 19 Leute, die von dem Arzt auch nur gesichtet wurden. Die müssen gar nicht verletzt sein"*. Dies unterscheidet sich deutlich von der Verwendung des Begriffs im öffentlichen Rettungsdienst: *„Wenn der [...] Rettungsdienst von Verletzten spricht, können sie versorgt werden und ins Krankenhaus gebracht werden.* Auch dort führen *„verschiedene Sprachweisen zu verschiedenen Ergebnissen*". Tatsächlich waren es im Verständnis des Rettungsdienstes *„zwei Leute, die gesundheitlich beeinträchtigt waren, die anderen wurden nur vom Werksarzt besichtigt"* .Problematisch war hieran auch, dass nicht allen diese begrifflichen Unterschiede bewusst waren.

Als Ergänzung hierzu wurde in der Beobachtung der Arbeit in der Leitstelle herausgestellt, dass in der Kommunikation mit Bürgern bei Absetzen eines Notrufs von einer umgangssprachlichen und sich stark unterscheidenden Verwendung von Begriffen ausgegangen werden muss. Daher ist dort ein qualifiziertes Interview, d.h. strukturierte Rückfragen mit dem Anrufer zwingende Voraussetzung zur Bewertung der Lage.

3.4 Interpretation und Diskussion

In weiten Teilen des interorganisationalen Krisenmanagements konnten wir eine gute Verständigung feststellen. Durch unterschiedliche Begriffe und ihre Definitionen ergibt sich aber auch eine große Anzahl an Möglichkeiten der Beschreibung einer Situation durch verschiedene Beobachter. Sozialer, kultureller und vor allem ausbildungstechnischer Hintergrund entscheiden über die Wahrnehmung und Beschreibung der Lage. Da sich Krise, Notfall oder Katastrophe nicht an Hand von Kategorien, wie z.B. Anzahl von Verletzten oder deren Verletzungsgrad, Publikumsverkehr oder Folgerisiken für alle Organisationen einstufen lassen, kann sich der Beobachter, im Besonderen auch ein Bürger, der ohne bewusste Grundlage von Definitionen eine Lage nach seinem persönlichen Eindruck beschreibt, sich nicht im Klaren sein, welche Schadenslage für welche Organisation vorliegt. Die Kommunikation solcher Situationen benötigt dementsprechend ständige Rücksprachen, damit beide Kommunikationspartner das gleiche Bild von der Lage vor Augen haben. Während eine Lage in einem Umfeld ‚Unfall' genannt wird, nennen es andere ‚Ereignis' oder ‚Krise', in der Öffentlichkeitsarbeit ‚Alarm', ‚Warnung' oder ‚Benachrichtigung' (Dwarkanath & Gusty 2010).

Die Grundlage für einen sinnvollen Umgang mit terminologischen Unterschieden ist ein Bewusstsein über deren Existenz. Dies macht die sinnvolle Bewertung von Informationen und die Identifikation möglicher Missverständnisse erst möglich. Um das Volumen potentieller Missverständnisse in Kooperationssystemen zu reduzieren, scheint es sinnvoll zu unterscheiden, welche über Terminologien beschriebenen Informationen für die Erledigung der eigenen Aufgaben von Relevanz sind und welche nicht benötigt werden und somit nicht angezeigt werden sollten. Bei Relevanz kann geprüft werden, welche Terminologien automatisch in die Zielsprache transformiert werden können. Andere Informationen benötigen möglicherweise ergänzende Meta-Daten zum Verständnis, die beim Sender einer Nachricht implizit vorausgesetzt werden. In unserer Studie haben wir festgestellt, dass unklare Informationen oftmals durch direkte Rückfragen ausgehandelt wurden. Auch Kooperationssysteme sollten dies ermöglichen.

4 Ein Konzept zum Umgang mit Terminologien in interorganisationalen Kooperationssystemen

Sowohl aus der im Rahmen dieser Arbeit betrachteten Theorie, als auch aus der empirisch untersuchten Praxis ergeben sich Anforderungen an den Umgang mit terminologischen Unterschieden in interorganisationalen Kooperationssystemen. Aus unseren Befunden haben wir Anforderungen abgeleitet und diesen wiederum technische Lösungsvorschläge zugeordnet. Folgende summarische Übersicht zeigt diese in komprimierter Form (Tabelle 1).

Nr.	Befund	Anforderung	Mögliche technische Lösung
A1	Heterogenes Bewusstsein über die Existenz und Bedeutung unterschiedlicher Begriffe	Transparenz der begrifflichen Mehrdeutigkeiten	Begriffsdatenbanken, Anzeige von Meta-Daten zu Begriffen und Nachrichten
A2	Nicht alle Terminologien anderer Organisationen müssen zur Erledigung der eigenen Aufgabe verstanden werden	Flexibilisierung und Individualisierung des Anwendungssystems	SO Architektur, Anpassbare Oberflächen, Zielgruppenspezifische Anzeige von Informationen
A3	Es existiert kein einheitlich verwendeter Zeichensatz; unterschiedliche Bedeutungen gleicher taktischer Zeichen	Automatische Transformation von Begriffen und taktischen Zeichen	Terminologiemanagement, Transformation und Anzeige der taktischen Zeichen abhängig von Benutzer-Rolle
A4	Vorausgesetztes implizites Wissen kann zu Verständnisproblemen führen	Kommunikationsprozesse, die auch implizite Informationen abfragen	Formulare mit Pflicht-Feldern, Übermittlung von Meta-Daten, Terminologie-Datenbanken
A5	Nicht alle Begrifflichkeiten können automatisch transformiert werden sondern müssen ausgehandelt werden	Etablierung von Rückfrageroutinen und Ermöglichung von Aushandlungsprozessen	Chat und Nachrichtenfunktionalitäten, Synchrone Rückfragemöglichkeiten, Anzeige von Kontaktdaten

Tabelle 1: Befunde, abgeleitete Anforderungen und mögliche technische Lösungen.

A1: Bewusstsein der unterschiedlichen Bedeutung von Begriffen: Als zwingende Voraussetzung für einen zielgerichteten Umgang mit Terminologien muss bei Benutzern ein Bewusstsein für die Existenz unterschiedlicher Bedeutungen gleicher Begriffe vorliegen. Dies dient der Schaffung von Transparenz begrifflicher Mehrdeutigkeit. Unklare Begriffe und Formulierungen können in der Datenbank oder mittels Thesauri nachgeschlagen werden, die über eine Suchfunktion erreicht werden kann. Ferner erscheint sinnvoll, dass die Rolle des Senders einer Nachricht oder eines Dokuments angezeigt wird, und somit dem Empfänger die Interpretation der Begriffe ermöglicht wird. Auch Tooltips, die zu identifizierten Terminologien auf Basis von Begriff und Autor mögliche Bedeutungen aufführen können, sind plausibel.

A2: Flexibilisierung und Individualisierung der Informationsdarstellung: Da jede Organisation unterschiedliche Informationen benötigt, kann eine Individualisierung der Informationsdarstellung auch zur Vermeidung von Missverständnissen hilfreich sein. Sinnvoll erscheinen anpassbare Oberflächen (Teege et al. 2001), die auf Grundlage der Arbeitsaufgaben vom Nutzer gestaltet werden oder eine Auswahl von benutzerspezifischen Services, die durch die flexible Realisierung z.B. als Serviceorientierte Architektur (SOA) ermöglicht wird. Aus einem Repository von Services könnte der Benutzer die für ihn richtigen aussuchen und in seiner persönlichen Oberfläche zusammenstellen (Dörner et al. 2009). Ebenso besteht die Möglichkeit den Informationstext eines Items anzupassen. Den Stromversorger interessieren an einem Kraftwerk zum Beispiel die Leistungsdaten, die Polizei ist hingegen lediglich an möglichen Maßnahmen in Bezug auf die Sicherheit interessiert. Durch gezielte Darstellung ausgewählter Informationen für die jeweilige Organisation und zielgerichtete Services können nicht nur vermeidbare terminologische Verwirrungen (durch Nichtdarstellung) umgangen werden, sondern auch ein effizienteres Arbeiten mit dem System ermöglicht werden.

A3: Automatische Transformation von Zeichen und Begriffen: Taktische Zeichen spielen eine entscheidende Rolle im Krisenmanagement. Solange die durch die SKK geforderten einheitlichen taktischen Zeichen (DV 102, 2003) nicht eingeführt wurden, könnte in kooperativen Lagekarten als klassische Anwendung des Terminologiemanagements (Budin 2006) eine automatische Transformation dieser erfolgen. Wenn kein entsprechendes Zeichen der anderen Organisation vorhanden ist, müsste geprüft werden, ob diese Kategorie von Zeichen für die aufrufende Organisation überhaupt von Relevanz ist oder unter Angabe der Organisation und einer Beschreibung angezeigt werden kann. Zur Transformation von Begrifflichkeiten haben Wuchelt et al. (2011) einen Ansatz für eine Ontologie des Krisenmanagements geschaffen, die hier Verwendung finden könnte.

A4: Strukturierung der Kommunikation: Wie herausgestellt wurde, kann es in der Kommunikation aufgrund vorausgesetztem impliziten Wissens zu Verständnisproblemen kommen. Einheitliche Formulare können schriftliche Kommunikation unterstützen, indem sie dem Benutzer Vorgabemöglichkeiten der Eingabe anbieten. Durch die Systematisierung der Nachrichten ist das eingesetzte Kooperationssystem in der Lage, die Formulare für den Empfänger zu verarbeiten und ggf. Texte vorbereitend für ihn anzupassen, sodass sie keinen Spielraum für Interpretationen lassen. Die Terminologie-Datenbank könnte Schlüsselwörter oder Abkürzungen erkennen und ersetzen. Die begrifflichen Unterschiede wirken sich in einem frei verfassten Text zwar stärker aus, können aber eingedämmt werden. Dies wäre insbesondere bei der Integration bürgergenerierter Inhalte (Reuter et al. 2011) relevant.

A5: Rückfrageroutinen und Aushandlungsprozesse: Kommunikation, ob durch Zeichen oder Sprache, sollte so unterstützt werden, dass auch in Kooperationssystemen stets die Möglichkeit von Rückfragen zum Abgleich von Verständnislücken gegeben ist. Voraussetzung hierfür ist eine Awareness (Dourish & Bellotti 1992) über die Aktivitäten anderer Akteure, um die fehlenden impliziten Aushandlungsmöglichkeiten persönlicher Kommunikation über möglichst synchrone Kommunikationsmittel zu reduzieren (DeSanctis et al. 1999). Die hierbei notwendige verbale Kommunikation ist schwerer zu unterstützen. Begriffliche Unterschiede müssen jedoch gerade in kritischen, nicht alltäglichen Prozessen aushandelbar werden, damit falscher Interpretation keine falsche Handlung folgt.

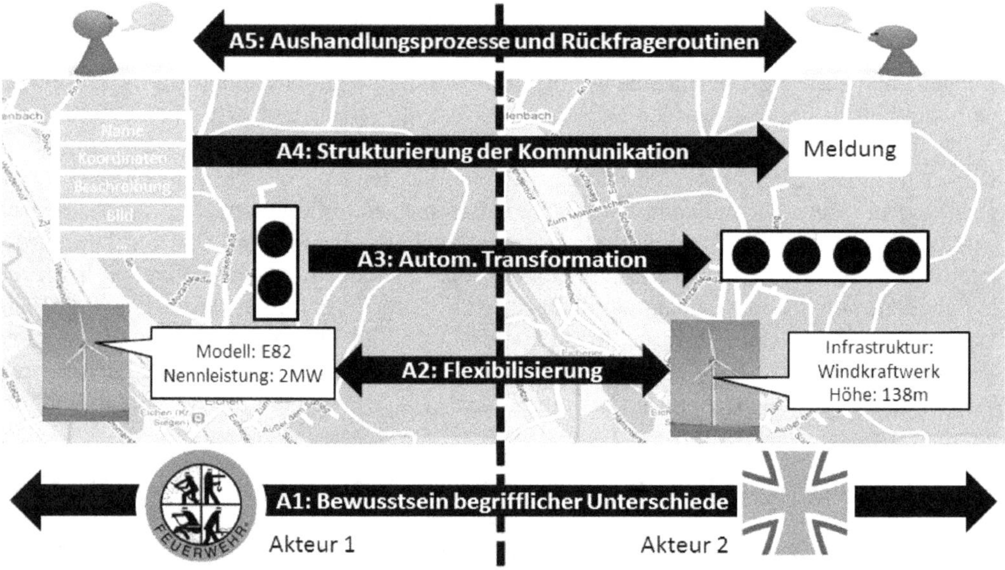

Abbildung 1: Konzept zum Umgang mit Terminologien im Krisenmanagement (Eigene Darstellung)

5 Fazit

Ziel dieser Arbeit war es, die Auswirkungen terminologischer Unterschiede und Unschärfen auf die Gestaltung von organisationsübergreifenden Kooperationssystemen aufzuzeigen. Hierzu haben wir Probleme im Umgang mit Terminologien am Beispiel eines sehr heterogenen Feldes, dem organisationsübergreifenden Krisenmanagement, explorativ empirisch betrachtet und einige dieser Probleme anhand unserer Beispiele exemplarisch illustriert.

Aus unseren Befunden haben wir Anforderungen abgeleitet und denen wiederum mögliche technische Lösungen zugeordnet. Aus unseren Untersuchungen schließen wir, dass neben automatischen Transformationsprozessen (A3) auch eine Flexibilisierung der Informationsdarstellung (A2), eine in Teilen strukturierte Kommunikation (A4) sowie vor allem manuelle Aushandlungsprozesse (A5) und die Schaffung eines Bewusstseins (A1) über terminologische Unterschiede sinnvoll durch IT unterstützt werden können.

Auch glauben wir, dass nur die Unterstützung ‚lokaler Besonderheiten‘ (Müller et al. 2010), wie lokaler Praktiken, verwendeter Terminologien und etablierter Zeichen, Benutzer dazu bewegen kann, ‚globale' IT-Infrastrukturen zu nutzen (Pipek & Wulf 2009). In unseren weiteren Forschungsarbeiten werden wir diesen Ansatz, insbesondere im Hinblick auf die speziellen Anforderungen im gewählten Anwendungskontext des Krisenmanagements, wie Kommunikation unter hohem Zeitdruck und erschwerten Bedingungen, erproben und auf seine Übertragbarkeit überprüfen.

Literaturverzeichnis

Arbeitsgemeinschaft der Leiter der Berufsfeuerwehren (2005). Führung und Leitung im Katastrophenschutz in Deutschland. http://www.dgkm.org/pdf.php?id=254&lang=de &name=F%FChrung%20und%20Leitung%20im%20Katastrophenschutz%20in%20der%20BRD

Budin, G. (2006). Kommunikation in Netzwerken – Terminologiemanagement. In: Pellegrini, T. & Blumauer, A. (Hrsg.): *Semantic Web – Wege zur Vernetzen Wissensgesellschaft*. Springer: Berlin.

Bundesministerium der Verteidigung (1990). *ZDV 1/11 "Taktisches Zeichen"*, Kapitel V. "Größenordnungszeichen", Nr. 225, Bonn.

DeSanctis G., Staudenmayer, N. & Wong, S. S. (1992). Interdependence in Virtual Organizations. In: Cooper, C. & Rousseau, D. (Hrsg.): *Trends in Organizational Behavior*, Wiley Computer Publishing, New York.

DIN 2342 (1992). *Begriffe der Terminologielehre*, Teil 1, S.3

Doerner, C., Draxler, S., Pipek, V. & Wulf, V. (2009). End Users at the Bazaar: Designing Next-Generation Enterprise-Resource-Planning Systems. In: *IEEE Software*, Vol. 26, No. 5, 45-45.

Dourish, P. & Bellotti, V. (1992). Awareness and coordination in shared workspaces. In *Proceedings of the 1992 ACM conference on Computer-supported cooperative work*, New York, 107-114.

Dwarkanath, S. & Gusty, D. (2010). Information Sharing: A Strategic Approach, In *Proceedings of the 7th International ISCRAM Conference*, Seattle.

DV 102 (2003). Ständige Konferenz für Katastrophenvorsorge und Katastrophenschutz. *Vorschlag einer Dienstvorschrift*: DV 102 - Taktische Zeichen. Köln.

FSHG (1998). *Gesetz über den Feuerschutz und die Hilfeleistung (FSHG) vom 04. Februar 1998*, §1 Abs.1 und 3, http://www.agn-online.de/fshg_nrw.html

FwDV 100 (1999). *Feuerwehr-Dienstvorschrift 100*. Führung und Leitung im Einsatz. Führungssystem vom 10.03.1999, NRW.

HBKG (1998). *Hessische Gesetz über den Brandschutz, die Allgemeine Hilfe und den Katastrophenschutz vom 17. Dezember 1998*, §24

Krystek, U. (2007). *Handbuch Krisen- und Restrukturierungsmanagement. Generelle Konzepte, Spezialprobleme, Praxisberichte*, Kohlhammer.

Mayring, P. (2002). *Einführung in die Qualitative Sozialforschung*. Beltz Verlag, Weinheim und Basel.

Müller, C., Pipek, V. & Reuter, C. (2010). Globale Infrastruktur - lokales Arbeiten: Praxis IT-gestützter Wartung bei einem Energieversorger, In: Ziegler J. & Schmidt, A. (Hrsg.): *Mensch & Computer 2010: Interaktive Kulturen*. Oldenbourg-Verlag, München. 37-46.

PDV 100 (1995). *Polizeidienstvorschrift 100*. Landesteil Nordrhein-Westfalen zur PDV 100 „Führung und Einsatz der Polizei" Teile A-G, RdErl d. Innenministeriums IV C 2 – 1591 vom 31.3.1995.

Pipek, V. & Wulf, V. (2009). Infrastructuring: Toward an Integrated Perspective on the Design and Use of Information Technology. In: *Journal of the Association for Information Systems*, 10(5), 447-73.

Reuter, C., Marx, A. & Pipek, V. (2011). Desaster 2.0: Einbeziehung von Bürgern in das Krisenmanagement. In: *Mensch & Computer 2011: Übermedien übermorgen*. Oldenbourg-Verlag, München.

Reuter, C. & Pipek, V. (2009). Krisenkommunikation trainieren - Ein webgestützter Ansatz, In: Wandke, H., Kain, S., Struve, D. (Hrsg.): *Mensch & Computer 2009: 9. fachübergreifende Konferenz für interaktive und kooperative Medien.* Oldenbourg-Verlag, München, 93-102.

Teege, G., Stiemerling, O. & Wulf, V. (2001). Anpassbarkeit, In: Schwabe, G.; Streitz, N.; Unland, R. (Hrsg.): *CSCW-Kompendium,* Springer, Berlin, 321 - 334

Wright, S. E. & Budin, G. (1997). *Handbook of Terminology Management.* Amsterdam/Philadelphia: Benjamins.

Wiedenhöfer, T., Reuter, C., Ley, B. & Pipek, V. (2011). Inter-organizational crisis management infrastructures for electrical power breakdowns. In: *Proceedings of the 8th International ISCRAM Conference.* Lisbon, Portugal.

Wucholt, F., Yildirim-Krannig, Y., Mähler, M., Krüger, U. & Beckstein, C. (2011). Cultural Analysis and Formal Standardised Language – a Mass Casualty Incident Perspective. In: *Proceedings of the 8th International ISCRAM Conference.* Lisbon, Portugal.

Danksagung

Diese Forschungsarbeiten wurden durch die Research School Business & Economics der Universität Siegen ermöglicht sowie im Rahmen des Verbundprojektes 'infostrom' durch das Bundesministerium für Bildung und Forschung (Fö.-Kz. 13N10712) unterstützt.

Kontaktinformationen

E-Mail: {christian.reuter, patrik.pohl, volkmar.pipek}@uni-siegen.de

Medien und Wissenschaft: Marktanalyse für wissenschaftliche Filme

Margret Plank

Digitale Bibliothek und wissenschaftliche Dienste, Technische Informationsbibliothek (TIB)

Zusammenfassung

Die TIB entwickelt ein innovatives AV-Portal, das einen webbasierten Zugang zu wissenschaftlichen Filmen aus dem Bereich Naturwissenschaften und Technik ermöglicht. Im Herbst 2010 hat die TIB in Zusammenarbeit mit der Firma InfraLive hierfür eine detaillierte Marktanalyse durchgeführt, die qualitative und quantitative Informationen darüber enthält, wer in Deutschland wissenschaftliche Filme aus Technik und Naturwissenschaften in welchem Umfang und in welcher Art produziert und wie diese bereitstellt werden. Die Ergebnisse der Marktanalyse sowie die Schlussfolgerungen für das AV-Portal werden hier vorgestellt.

1 Ausgangssituation

Aktuell und zukünftig entstehen neue Wege der wissenschaftlichen Kommunikation, die über die bisherigen Hauptinformationsträger, Artikel und Bücher, hinausgehen. Experimentelle Untersuchungsreihen liefern beispielsweise Forschungsprimärdaten, Visualisierungen, AV-Medien, 3D-Modelle, Animationen und Simulationen. Die EN ISO 14915-3 (Software-Ergonomie für Multimedia-Schnittstellen Teil 3: Auswahl und Kombination von Medien) beinhaltet Kategorien von multimedialen Objekten, die zur digitalen Darstellung von Informationen für die Benutzer verwendet werden. Hier findet man u.a. die Kategorie „Medium mit bewegtem Bild, realistisch oder unrealistisch (z.B. Videos, Filme, animierte Diagramme, Simulationen)". Medien mit bewegtem Bild können im Kontext des wissenschaftlichen Films folgende Ausprägungen haben: Aufzeichnung von Vorlesungen oder Konferenzbeiträgen, Aufzeichnungen von Projektergebnissen oder Testergebnissen, Computergenerierte Inhalte dynamischer Daten, Computeranimationen wie z.B. visualisierte Wetterdaten, Spezialaufnahmen (Zeitraffer- Zeitdehnung) die Phänomene aufzeichnen, die vom menschlichen Auge sonst gar nicht wahrgenommen werden könnten.

„Es ist anzunehmen„ dass der wissenschaftliche Film zunehmend eingebettet in Hyper- und multimediale Konfigurationen zum Einsatz kommt und dabei eher kürzere, stärker segmentierte und modularisierte Filmkomponenten Verwendung finden. Daraus lassen sich unmittelbar erhöhte Anforderungen an die Erschließung von Filmmedien auf Basis einzelner Sequenzen oder Szenen ziehen (Wolff, 2007 S.9)". Ein interessantes Beispiel hierfür ist das als App erschienene interaktive eBook *Wir haben die Wahl* basierend auf dem gleichnamigen Hardcover-Buch *Our choice* (Al Gore, 2009). Zentrale Themen des Buches sind die Klima-Veränderung und globale Erwärmung. Diese werden mit Texten, Bildern, Infografiken sowie mehrerer kurzer interaktiver Videoclips und einer einstündige Video-Dokumentation dargestellt.

Angebot, Nutzung und Bedeutung von wissenschaftlichen Filmen im Bereich Forschung und Lehre nehmen derzeit kontinuierlich zu und nur ein verschwindend geringer Teil des Materials ist recherchierbar und nutzbar. Angesichts dieser Entwicklung müssen nutzerorientierte Schnittstellen geschaffen werden, die den Benutzer bei der Veröffentlichung von und bei der Suche nach multimedialen Daten unterstützen. Zu diesem Zweck entwickelt die TIB gemeinsam mit dem Hasso-Plattner Institut für Softwaresystemtechnik ein innovatives AV-Portal, das einen webbasierten Zugang zu wissenschaftlichen Filmen aus dem Bereich Naturwissenschaften und Technik ermöglicht. Die AV-Medien sollen über das TIB-Fachportal GetInfo mit weitergehenden Forschungsinformationen verknüpft sein. In 2010 wurde die Analyse- und Konzeptionsphase abgeschlossen. Für 2011 ist ein teilfunktionaler Prototyp geplant, in 2012-2013 der Betabetrieb und in 2014 der Vollbetrieb.

Abbildung 1: Wireframe Startseite TIB AV-Portal

Aus der im Frühjahr 2010 durchgeführten Anforderungsanalyse (Plank, 2010) wurden u. a. folgende Leistungsbereiche für den Prototypen abgeleitet

- Kundenfreundliche Benutzeroberfläche
- Leistungsstarke textuelle Suchfunktionen (einfache Suche, erweiterte Suche)

- Visuelle Suchfunktionen (z.B. ähnlichkeitsbasierte Suche)
- Semantische Suche
- Visuelles Inhaltsverzeichnis auf der Basis von Shot-/Szenendetektion
- Klassifizierung auf der Basis von Genredetection
- Navigation über den Audiotext auf der Basis von Spracherkennung
- Kanäle (Fächer, Institutionen etc.) analog zu YouTube
- Einfaches Hochladen eigener Videos inkl. Vergabe von Nutzungsrechten
- Benutzergenerierte Web 2.0 Dienste wie Tagging und Bewertung
- Referenzierbarkeit der AV-Medien durch einen Zitierlink (DOI)
- Großer Grundstock an qualitativ hochwertigen Filmen

2 Fragestellung

Um mehr darüber zu erfahren, wer in Deutschland AV-Medien aus Technik und Naturwissenschaften produziert und wie diese erschlossen und bereitgestellt werden, hat die TIB in Zusammenarbeit mit der Firma InfraLive zwischen dem 28. Juni 2010 und 19. Juli 2010 eine Marktanalyse mit medienhaltenden Einrichtungen, wie z.B. Medienzentren-/archiven und medienproduzierenden Einrichtungen wie z.B. Hochschulinstituten durchgeführt. Ausgeschlossen waren Verlage, da deren Produkte über die kanonische Erwerbung der TIB bereits akquiriert werden. Als Ergebnis der Marktanalyse liegt jeweils ein Verzeichnis von Produzenten und Medienzentren vor, das Aufschluss gibt über Produktion, Bestände, Erschließung und Verfügbarkeit wissenschaftlicher Filme aus Technik und Naturwissenschaften.

Folgende Forschungsfragen sollten geklärt werden:

- Wer produziert wissenschaftliche Filme aus Technik und Naturwissenschaften in Deutschland?
- Welche Medienzentren gibt es für wissenschaftliche Filme aus dem Bereich Technik und Naturwissenschaften?
- Wie groß ist der geschätzte Bestand an wissenschaftlichen Filmen in Archiven und bei wissenschaftlichen Instituten in Deutschland?
- Um welche Materialien handelt es sich dabei und in welchem Umfang, in welcher Qualität und in welchem Format liegen diese vor?
- Wie können diese Materialien derzeit recherchiert werden?
- Wie hoch ist die Bereitschaft, mit der TIB zusammenzuarbeiten?

3 Untersuchungsansatz - Methodik

Befragt wurden 100 Medienzentren (Ausschöpfungsquote 47%, 47 Vollinterviews) und 326 Produzenten (Ausschöpfungsquote 34%, 111 Vollinterviews). Als Ergebnis der Befragung liegen je ein Handbuch „Produzenten“ und „Medienzentren wissenschaftlicher Filme aus Naturwissenschaft und Technik“ vor, die u. a. über Bestände, Erschließung und Verfügbarkeit der Medien Aufschluss geben.

Zunächst mussten die kompetenten Ansprechpartner bei Produzenten sowie Medienzentren, Medienarchiven bzw. Spezialbibliotheken im Vorfeld der Befragung identifiziert werden. Die Ermittlung potenzieller Adressen aus der wissenschaftlichen Forschung wurde dabei auf die Fächer Technik sowie Architektur, Chemie, Informatik, Mathematik und Physik beschränkt.

Zur Identifikation der entsprechenden Adressen und Ansprechpartner für die Produzenten wissenschaftlicher Filme wurde eine Reihe von Nachschlagewerken, wie zum Beispiel das „Vademecum – Stätten der Forschung“, eingesetzt. Ergänzt wurde diese Recherche in einschlägigen Handbüchern und Nachschlagewerken durch Recherchen im Internet.

Die Ermittlung der Medienzentren, Archive und Spezialbibliotheken mit umfangreichem audiovisuellem Medienangebot erfolgte auf der Basis des Handbuchs „Archive in Deutschland, Österreich und der Schweiz“ des Verbands Deutscher Archivare. Die Medienzentren aus dem Wissenschaftsbereich wurden zusätzlich über das „Handbuch der Bibliotheken Deutschland, Österreich, Schweiz 2009“ identifiziert. Ergänzt wurde diese Recherche ebenso durch qualifizierte Recherchen im Internet.

Die ermittelten Ansprechpersonen bei den Produzenten und Medienzentren wurden zunächst per Post mittels Motivationsschreiben der TIB kontaktiert und auf einen Online-Fragebogen geleitet. Diejenigen Befragten, die die Teilnahme auch grundsätzlich nicht verweigerten, aber nicht an der Online- Befragung teilnahmen, wurden in einem zweiten Schritt telefonisch befragt. Ein Vollinterview wurde nur dann durchgeführt, sofern Produzenten oder Medienzentren angaben, Filme aus dem Fächerspektrum der TIB produzieren oder vorzuhalten und sie zumindest zum Teil der Öffentlichkeit bereitstellen. Dabei wurden das Angebot, die Inhalte, die Filmtechnik, die technische Bereitstellung sowie die Kooperationsbereitschaft mit der TIB erfragt.

Als Ergebnis liegt sowohl ein Produzentenverzeichnis wissenschaftlicher Filme als auch eine Liste der Medienzentren für Filme aus dem technisch-naturwissenschaftlichen Bereich vor.

4 Ergebnisse

4.1 Bestand, Fachliche Abdeckung, Aktualität, Zugänglichkeit

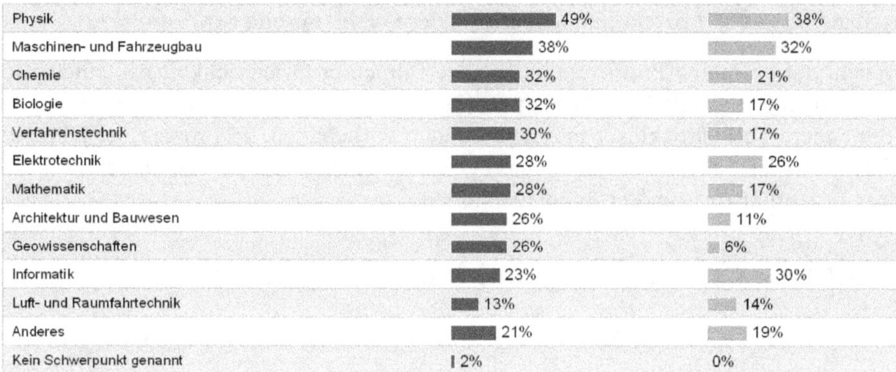

Quelle: InfraLive, 2010 | Medienzentren (n=47) | Produzenten (n=111)

Frage: In welchen der folgenden Themengebiete liegen die fachlichen Schwerpunkte Ihrer Filme? Mehrfachnennung möglich

49 Prozent der Medienzentren haben einen Bestand von unter 100 Filmen. Die Medienzentren besitzen durchschnittlich 288 Filme. Insgesamt kann der Bestand der befragten Medienzentren auf 28.800 Filme geschätzt werden. Das Filmangebot der Medienzentren konzentriert sich auf Physik (49 %) sowie Maschinen- und Fahrzeugbau (38 %) und auf Chemie und Biologie (je 32 %). Die Filme sind meist neueren Datums, 74 Prozent der Medienzentren archivieren Filme aus den letzten 5 Jahren, 68 Prozent aus den Jahren 2000 bis 2004. 57 Prozent der Filme liegen digital, 32 Prozent analog vor, 47 Prozent der digitalen Filme haben eine Lauflänge zwischen 10 und 60 Minuten. Zu 60 Prozent liegen die digitalen Filme in mittlerem Standard, zu 23 Prozent in hochauflösender Qualität vor.

Bei 43 Prozent der befragten Medienzentren sind die archivierten Filme der Öffentlichkeit uneingeschränkt zugänglich, bei 34 Prozent steht nur ein Teil des Filmbestandes öffentlich zur Verfügung. Bei elf Prozent sind die Filme intern sowie für externe Personen aus Forschung und Lehre zugänglich. Weitere neun Prozent können sich vorstellen, ihre bisher nur intern zugänglichen Filme in absehbarer Zeit öffentlich zugänglich zu machen.

Ebenso wie die Medienzentren produzieren die Filmhersteller überwiegend Filme in den Bereichen Physik (38 %) sowie Maschinen- und Fahrzeugbau (32 %). Im Fach Informatik hingegen werden deutlich mehr Filme produziert (30 %) als Medienzentren vorhalten. Darüber hinaus entstehen zu 19 Prozent Filme in weiteren Bereichen wie Astronomie, Arbeitswissenschaften, Geographie, Gesundheitswesen, Hydrologie, IT, Jura, Klimaforschung, Küstenforschung, Lasertechnik, Materialprüfung, Umweltschutz, Materialwissenschaften, Mechatronik, Medizin, Schicht- und Oberflächentechnik, Strömungsphysik, technische Logistik, Umweltschutz, Werkstoffwissenschaften, wissenschaftliche Spieletheorie. Im Durchschnitt hat jede der Befragten wissenschaftlichen Einrichtung 18 Filme in den letzten zwei Jahren produziert. Bei 326 relevanten Einrichtungen wurden somit schätzungsweise insgesamt 5.868 Filme hergestellt. Es wird zu 77 Prozent bereits digital produziert, 72 Prozent der digitalen Filme sind kürzer als 10 Minuten. Zu 50 Prozent werden die digitalen Filme mit mittlerem Standard, zu 35 Prozent in hochauflösender Qualität produziert.

Bei 24 Prozent der befragten Produzenten sind die Filme der Öffentlichkeit frei zugänglich. Bei dem überwiegenden Anteil der Befragten (39 %) ist nur ein Teil des Filmbestands öffentlich, der andere Teil ist exklusiv internen Kunden vorbehalten. 24 Prozent der Befragten können sich vorstellen, ihre bislang nur intern zugänglichen Filme in absehbarer Zeit auch der breiteren Öffentlichkeit zur Verfügung zu stellen.

4.2 Inhaltliche Erschließung und Metadaten-Standard

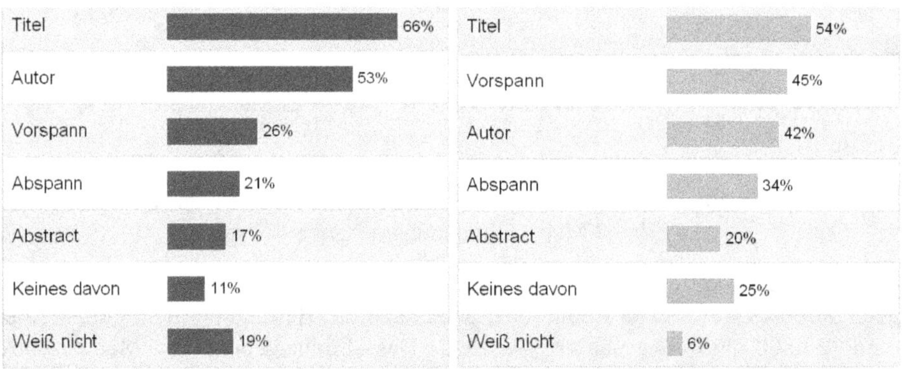

Quelle: InfraLive 2010 | Medienzentren n=47 | Produzenten n=111

Frage: Wie sind Ihre Filme inhaltlich erschlossen? Bitte geben Sie an, welche der folgenden Elemente Ihre Filme üblicherweise beinhalten. Mehrfachnennung möglich

Eine tiefgehende inhaltliche Erschließung erfolgt weder bei den Medienzentren noch bei den Produzenten. Bei den Medienzentren vergeben 66 Prozent einen Titel, 53 Prozent geben die Autorin oder den Autor an; 26 Prozent der Filme verfügen über einen Vorspann, Abstracts werden nur in 17 Prozent der Fälle verfasst. Ganz ähnlich bei den Produzenten 54 Prozent vergeben einen Titel, 45 Prozent erstellen einen Vorspann, 42 Prozent geben den Autor an. Abstracts werden nur in 20 Prozent der Fälle verfasst.

Ein Drittel der Medienzentren verwendet keinen Metadaten-Standard, ein Drittel verwendet RAK oder MAB2, Dublin Core wird in 11 Prozent der Fälle eingesetzt. Hingegen können 60 Prozent der Produzenten zum verwendeten Metadaten-Standard keine Angaben machen. Zehn Prozent nutzen MPEG 7, drei Prozent Dublin Core und zwei Prozent MPEG 21.

4.3 Recherchemöglichkeiten

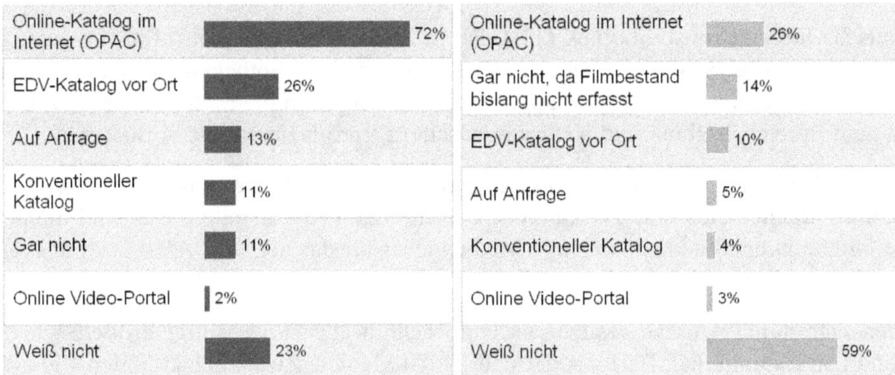

Quelle: InfraLive, 2010 | Medienzentren n=47 | Produzenten n=111

Frage: Welche der folgenden Möglichkeiten können die Nutzer Ihrer Einrichtung nutzen, um nach wissenschaftlichen Filmen zu recherchieren? Mehrfachnennung möglich

Die Recherchemöglichkeiten nach wissenschaftlichen Filmen sind bislang eher konventionell. In den meisten Fällen können Filme zwar über einen Online-Katalog (OPAC) gesucht werden (72 %), aber ein Online Video-Portal steht nur zu zwei Prozent zur Verfügung. 26 Prozent stellen EDV gestützte Kataloge zur Suche vor Ort zur Verfügung, 13 Prozent recherchieren bei Bedarf im Auftrag ihrer Kunden. Ein konventioneller Zettelkatalog steht noch in elf Prozent zur Verfügung. Weitere elf Prozent geben an, dass der Filmbestand nicht recherchierbar ist, da er nicht erfasst wird.

Ein ähnliches Bild ergibt sich bei der Frage nach den Recherchemöglichkeiten bei den Produzenten. 59 Prozent können keine Angabe dazu machen, ob und wie die Filme recherchiert werden können. Ein Viertel der Produzenten gibt an, dass ihre Filme über einen Online-Katalog im Internet (OPAC) recherchierbar sind. 14 Prozent erschließen den Filmbestand bislang nicht, zehn Prozent verfügen über einen EDV-Katalog vor Ort, vier Prozent über den Zugang mittels konventionellem Katalog. Nur drei Prozent geben an, ein Online Video-Portal zu benutzen.

4.4 Publikationsformen

Die Hersteller nutzen die unterschiedlichsten Möglichkeiten, um ihre Filme zu publizieren, wobei Verlage (24 %) am häufigsten genannt wurden. Sechs Prozent stellen ihre Filme auf die Homepage der eigenen Arbeitsgruppe, 5 Prozent publizieren die Filme auf unterschiedlichen Plattformen wie Lern- und Lehrplattformen, das Intranet oder firmen- bzw. institutsinterne Seiten, Arbeitsgruppenserver bzw. auch der persönliche Austausch von Filmen mit Kollegen, z.B. über E-Mail. Ein Viertel der Befragten nutzt andere Publikationskanäle, beispielsweise Landesfilmdienste oder Fernsehsender.

5 Zusammenfassung

Die Technische Informationsbibliothek (TIB) hat in Zusammenarbeit mit InfraLive erstmals eine Erhebung und Analyse der Medienzentren, Archive und Bibliotheken sowie der wissenschaftlichen Hochschulen und Institute in Deutschland vorgenommen, die wissenschaftliche Filme aus dem Bereich Technik und Naturwissenschaften produzieren und vorhalten.

82 Prozent der Befragten wissenschaftlichen Hochschulen und Institute und 55 Prozent der Medienzentren könnten sich eine Zusammenarbeit mit der TIB vorstellen. Das sind mindestens 117 Einrichtungen, die als potenzielle Mediengeber für das geplante AV-Portal in Frage kämen.

Die Medienzentren und Archive besitzen im Durchschnitt 288 Filme, einige größere wie die Zentral- und Landesbibliothek Berlin sogar über 1.000 Medien. Zusätzlich kommen alle zwei Jahre etwa 6.000 neue dazu, die allein an den Befragten wissenschaftlichen und technischen Hochschulen und Instituten produziert werden. Diese Filme sind bisher inhaltlich kaum erschlossen. Bei den Medienarchiven verfügen zwar 66 Prozent über einen Titel, aber Abstracts werden nur in 17 Prozent der Fälle verfasst. Bei den Produzenten haben nur 54 Prozent einen Titel und nur 20 Prozent einen Abstract. 72 Prozent der Medienarchive verfügen über einen Online-Katalog im Internet (OPAC), aber nur zwei Prozent über ein Video-Portal. Bei den Produzenten verfügen 26 Prozent über OPAC, jedoch nur drei Prozent über ein Videoportal.

Es ist geplant, die Fragebögen für Medienzentren und Produzenten auf der Webseite der TIB weiterhin zur Verfügung zu stellen, damit die Verzeichnisse weiter fortgeschrieben und aktualisiert werden können. Schließlich ist mit der vorliegenden Befragung erst der Grundstein gelegt worden. Auf der Basis der Marktanalyse wird nun ein Akquisekonzept für wissenschaftliche Filme entwickelt. In einem nächsten Schritt werden die kooperationsbereiten Medienzentren und Produzenten kontaktiert und Bedingungen für die Zusammenarbeit ausgearbeitet.

6 Schlussfolgerung

Die Studie zeigte, dass die Filme inhaltlich kaum erschlossen sind. Allein durch manuelle Verschlagwortung und Annotation die Daten zu erschließen, ist angesichts der stark ansteigenden Datenmengen unrealistisch. Dies gilt sowohl für die Erzeugung von Metadaten durch Informationsexperten (Skalierbarkeitsproblem) als auch für die Annotation durch die Benutzergemeinde selbst (fehlende Qualitätskontrolle bei sogenannten Community-basierten Ansätzen). Ein weiteres Problem der manuellen Metadatenerzeugung besteht zudem darin, dass die Metadatenstandards grundsätzlich statischer Natur sind und sich, sobald sie einmal erfasst wurden, nur aufwändig an sich ändernde Nutzeranforderungen anpassen lassen. Eine Lösung besteht in der automatischen Extraktion von Metadaten durch Methoden der automatischen Daten- und Medienanalyse. Diese erlauben eine automatische Extraktion von Metadaten in Form von sogenannten Merkmalsvektoren oder anderen inhaltsbeschreibenden

Strukturen. (vgl. Lews et al. 2005) (vgl. Petkovic, Jonker 2004). Solche Strukturen sollen im TIB AV-Portal durch Verfahren der automatischen Shot-, Szenen-, Kontext-, Genre-, und Spracherkennung sowie OCR gewonnen werden.

Die Studie zeigte zudem, dass sich Such- und Präsentationsverfahren immer noch überwiegend an textuellen Dokumenten orientieren. Bei der Suche in AV-Datenbeständen spielen neben einer textuellen Suche visuelle Eingabeschnittstellen eine entscheidende Rolle. Gemeint sind hierbei etwa Editoren, mittels derer Beispielsskizzen eingegeben werden können (Query by Sketch) oder Features, die die Navigation und Selektion anhand von Beispielobjekten (Query by Example) ermöglichen (vgl. Hearst, 2000). Eine medienspezifische Ergebnispräsentation ist ebenfalls von großer Bedeutung, damit die Nutzer das Ergebnis einer Suchanfrage beurteilen können. Für den Bereich der AV-Medien liegt eine Reihe von Verfahren vor, die es den Nutzern erleichtert gezielt innerhalb dieses Medientyps zu recherchieren (vgl. Lews et al. 2005). Im TIB AV-Portal soll ein visuelles Inhaltsverzeichnis, das auf der Basis von Strukturerkennung das AV-Medium in Szenen und Shots unterteilt, den Benutzern die Navigation innerhalb der Objekte ermöglichen (vgl. www.shotdetection.de). Darüber hinaus ist die Abbildung des Sprechertextes auf der Basis von automatischer Spracherkennung zum Auffinden einer konkreten Bildsequenz geplant (vgl. sciencecinema).

Durch die Integration der vorgestellten Techniken in das TIB AV-Portal werden die Bedingungen für den Zugang zu und die Nutzung von wissenschaftlichen Filmen in Forschung und Lehre optimiert und neue Formen der Nutzung vorhandener Bestände ermöglicht.

Literaturverzeichnis

Al Gore : Wir haben die Wahl. Riemann Verlag (München) 2009. Dt. Erstausg., 1. Auflage. ISBN 978-3-570-50115-3. App: http://itunes.apple.com/de/app/our-choice/id432753658?mt=8

EN ISO 14915-3 (Software-Ergonomie für Multimedia-Schnittstellen Teil 3: Auswahl und Kombination von Medien). Beuth, Berlin

Hearst, M. (2000): User Interfaces and Visualization. In: Baeza-Yates, R.; Ribeiro-Nato, B. (Hg.): Modern information retrieval. Harlow: Addison-Wesley.

Kalkofen, H. (2002): Kommunikative und ästhetische Funktionen des aktuellen Wissenschaftsfilms In: Leonhard, Joachim-Felix / Ludwig, Hans-Werner/ Schwarze, Dietrich / Straßner, Erich (Eds.), Medienwissenschaft. Ein Handbuch zur Entwicklung der Medien und Kommunikationsformen 1813-1820. 3. Teilband. Berlin, New York. (Walter de Gruyter)

Lews, M. S.; Sebe, N.; Djeraba, C.; Jain, R. (2005): Content-based Multimedia Information Retrieval: State of the Art and Challenges. In: ACM transactions on multimedia computing, communications, and applications.TOMCCAP. New York, NY: ACM, Bd. 2/1, S. 1-19.

Petkovic, M.; Jonker, W. (2004): Content-based video retrieval. A database perspective. Boston, Mass.: Kluwer Acad. Publ.

Strasser,A. (1972): The Work of the Science Film Maker. London, New York

Wolff, Ch. (2007): Medienarchiv für Wissenschaftlichen Film an der TIB und die Medienlandschaft in Deutschland, Universität Regensburg (Expertise anlässlich der Sonderevaluierung des Konzepts eines Kompetenzzentrum für nicht-textuelle Materialien an der TIB im Dezember 2009, unveröffentlicht)

Internetquellen (Verifizierungsdatum: 9. Juni 2011)

Fraunhofer-Institut Nachrichtentechnik Heinrich-Hertz-Institut http://www.shotdetection.de

OSTI (Office of Scientific and Technical Information des DoE) http://www.osti.gov/sciencecinema/index.jsp

Plank, M. (2010) Abschlussbericht: Anforderungsspezifikation AV-Portal für wissenschaftliche Filme, Technische Informationsbibliothek (TIB) http://www.tib-hannover.de/fileadmin/kmo/Abschlussbericht_Studie_AVPortal.pdf

TIB Prototyp AV-Portal http://www.tib-hannover.de/de/die-tib/kompetenzzentrum-fuer-multimediale-objekte-kmo/

TNS-Infratest / InfraLive http://www.tns-infratest.com/

Evaluating a User-Elicited Gesture Set for Interactive Displays

Jens Heydekorn, Mathias Frisch, Raimund Dachselt

Otto-von-Guericke Universität Magdeburg
User Interface & Software Engineering Group

Abstract

Recently, many studies were conducted which focused on eliciting gestures from users in order to come up with gesture sets for surface computing. However, there are still many questions to clarify concerning the value of this method regarding to the usability of such gesture sets in real systems. In this work, we contribute a usability test of an implemented gesture set based on user suggested pen and hand gestures for node-link diagram editing on interactive displays. The results of the usability test gave valuable insight in how users interact spontaneously with such a gestural interface. In particular, we found that the methodology of eliciting gestures from users reveals *what kinds* of gestures users prefer but that it does not necessarily show *how* they are applied. Beyond that, we observed how participants differentiate between touch and pen within complex workflows.

1 Introduction

In recent years, several studies have been conducted applying the gesture eliciting approach (Nielsen et al. 2004) (Epps et al. 2006) (Wobbrock et al. 2009) (Micire et al. 2009). This means gestures are suggested by users. Thereby, the effect of a gesture is shown to participants and after that they are asked to perform the respective gesture. The general goal of this approach is to create more intuitive and natural gestural interfaces. However, users are not interaction designers and therefore they have no insight in new modalities and appropriate concepts (Hinckley et al. 2010). Moreover, during the eliciting process gestures are investigated separated from each other and usually no feedback is given to the participants. Because of that, there are several open research questions concerning user- elicited gestures. How useful are those gestures in a running application? Do users behave differently during the eliciting process and when they apply gestures during a real workflow with visual feedback? How do users differentiate between modalities in real workflows compared to the eliciting process?

As a contribution of this work, we present the results of a usability evaluation of an implemented gesture set which is based on the user eliciting approach. In particular, for the study we applied a gesture set presented in our previous work (Frisch et al. 2010). It was designed to support manual editing of node-link diagrams on interactive surfaces and consists of multi-touch and pen gestures. The results show that most of the gestures are spontaneously discovered and easily remembered. Furthermore, we found that many of the available gestures were performed in different ways, depending on the context. This behavior was never observed during the eliciting process. However, it should be considered when respective gestures shall be implemented in a real world application. Finally, we observed how touch and pen gestures are phrased together within complex workflows (Buxton 1995). Based on these findings, we reflect about the pros and cons of the user eliciting approach and could improve our prototype.

2 Related Work

2.1 Design of Gestures for Interactive Displays

In recent years various technical approaches for interactive multi-touch enabled displays have been introduced (e.g. (Dietz & Leigh 2001), (Rekimoto 2002), (Han 2005)). They allow the realization of gestural user interfaces and several one- and two-handed gestures were developed to manipulate digital content. The majority of these systems apply gesture sets defined by experts (e.g. (Wu & Balakrishnan 2003), (Wu et al. 2006), (Brandl et al. 2008)). To come up with natural and intuitive gestures, in some cases users are involved in the design process, usually by observing them “in the wild”, e.g. while they are manipulating physical objects (Cao et al. 2008) (North et al. 2009) (Hinkley et al. 2010).

Another approach to come up with natural gestures is the user-elicitation method. Here, users propose gestures for concrete given tasks. The participants are aware of the respective input and output devices but do not get any feedback from the system. A general process for the user-elicitation method is presented by Nielsen et al. (Nielsen et al. 2004) and was applied in several works (Frisch et al. 2009) (Wobbrock 2009) (Micire et al. 2009). Recently, Morris et al. (Morris et al. 2010) compared user preferences of user-authored and expert gestures. The result of this comparison showed that participants mainly favored gestures suggested by users. Beyond that, further observations such as the preference for simple gestures or physical discomfort of multi-touch gestures are described. However, during these studies the given tasks and observed gestures are treated in an isolated way. Compound tasks and respective interactions are not considered. In contrast to that, the experiment presented in this paper evaluates a prototype application which implements user-suggested gestures. Amongst others, we investigated how users interact spontaneously with such a system and how gestures are linked together in workflows.

2.2 Combination of Touch and Pen

Several works investigate the combination of pen and multi-touch input on interactive displays. Brandl et al. (Brandl et al. 2008) suggest general design principles based on the theoretical framework of Guiard (Guiard 1987). They found that the combination of pen and touch is superior against other combinations in terms of speed, accuracy and user preference. Zeleznik et al. (Zeleznik et al. 2010) developed an algebra system, and Hinckley et al. (Hinckley et al. 2010) presented a digital drafting table application. Both systems support hybrid pen and touch input. In particular, Hinckley et al. introduced an interaction principle which they summarize with *pen writes, touch manipulates and pen + touch yields new tools*. Both systems are designed by experts and were evaluated by informal usability studies. The gesture set evaluated in this paper is based on the results of a user-elicitation study which is described in our previous work (Frisch et al. 2009). It also considers pen and touch input. However, we did not observe the spontaneous distinction of both modalities during the elicitation process. As a consequence, we treated both modalities equally in the resulting gesture set. The observations presented in this work clearly show in which way users spontaneously differentiate pen and touch. These results allowed us to consider combinations of touch and pen which are intuitively performed by users and to adopt the gesture set in the respective way.

3 Usability Evaluation

The usability evaluation presented in this paper is based on a collection of multi-touch and pen gestures suggested by users (Frisch et al. 2009). It covers nine basic diagram editing tasks. In (Frisch et al. 2010) we analyzed these gestures to create a consistent gesture set from this collection[1]. During the analysis, occurring ambiguities were resolved. To achieve that, a semi-transparent border region around every node was introduced. The border can be used for inserting edges in different ways (e.g., by sketching or tapping sequentially). In that way, slight adoptions were made but no further gestures were added. Instead, the most popular ones were reused for different tasks and users can still interact directly with the content (e.g., without invoking menus). Furthermore, the gesture set supports two prevalent mental models - *sketching* and *structural editing*.

For the usability evaluation, some visual feedback was added to the prototype. When a touch is recognized, a circle (slightly bigger than the finger or pen) appears. Beyond that, a node and an interactive border respectively is highlighted when its interior is touched by finger or pen. A group of nodes is visualized by an enclosing semi-transparent bounding rectangle, which can be used in the same way as single nodes. Furthermore, if single or grouped nodes are deleted by dragging them off screen, their color is set to gray as soon as they cross the

[1] an overview is available on *http://wwwisg.cs.ovgu.de/uise/Forschung/Projekte/DiagramInteraction/index.php.en*

border of the display. When the finger or pen is lifted the respective node is deleted and disappears.

3.1 Design of the Study

The study applied a within subject design consisting of two phases. In phase one, participants were asked to solve diagram editing tasks without explanation. Our goal was to see which gestures users would detect without help, how many attempts they would need for that and if they are able to solve given tasks without knowing the system. For the second phase, all gestures were explained to the participants and they were asked to train them. During the following tasks they could freely apply all available gestures. In that way, we were able to make thorough observations of their behavior during longer workflows. In both phases they could chose freely which modality (touch or pen) they want to apply.

Ten participants (2 female, all right-handed) took part in the study. Nine of them are employees of the computer science department and one is a student. All of them have knowledge about node-link diagram notations such as UML, but they are not everyday modelers. None of them is an HCI expert. Two of the participants are regular users of touch- enabled devices such as iPhones. Four of them are using devices with pen input such as TabletPCs. The study was conducted at a self-made FTIR multi-touch tabletop (resolution: 1280x800 pixels, size 100x80cm). The aim of the respective task was shown by a projection on the wall in front of the tabletop during the whole task. All activities were captured with a video camera from above the table. Furthermore, the participants stood in front of the interactive display.

3.2 Measurements & Procedure

We mainly analyzed the captured video material. The log files of recognized gestures (including modality, screen coordinates and timestamp) were only used in unclear situations. For the first phase we counted the attempts to accomplish the given task, considered used approaches – *sketching* and *structural editing* – and the applied modalities. For the second phase we counted how often a certain gesture was performed and the used modalities. Beyond that, we measured the completion time for both tasks. All counting was done by at least two observers.

At the beginning, every participant got a short demonstration of the general touch and pen handling at the tabletop. After that, participants practiced with a simple photo application. It allows translating, rotating and scaling images by simple touch or pen gestures such as dragging or pinching. After the participants became familiar with the surface and the usage of this application the initial training ended.

In the **first phase** of the usability test the participants were asked to work with the diagram editor without any help or explanation. Furthermore, they should speak aloud about their activities. The phase consisted of four sub-tasks: "Create a simple diagram consisting of three nodes, two undirected and one directed edge" (T1.1), "Select and copy two nodes" (T1.2), "Create a dashed directed edge" (T1.3) and "Delete the copied nodes" (T1.4). We set a time limit for each task to prevent frustration of the participants (6 minutes for T1.1. and 2 minutes for T1.2-T1.4) and interrupted them when the time limit was exceeded.

Before the second phase of the usability test, participants got an introduction to the gesture set. Each gesture was explained to them and had to be performed with touch and pen. In a second training phase, participants were asked to do a workflow consisting of five sub-tasks in a guided way. Thereby, they were allowed to ask for gestures. The final diagram for training contained 21 nodes, 10 undirected edges, 8 directed edges and 2 dashed edges. The whole gesture set was required to successfully create the final diagram.

The **second phase** of the test consisted of two similar tasks (T2.1 and T2.2). For each of them, participants were asked to recreate a given node-link diagram on their own. Again, the diagram was projected to the wall in front of the tabletop. The complexity of the diagrams was similar to the one of the training task (18 nodes, 8 undirected edges, 7 directed edges, 2 dashed edges). Five of the nodes differed from standard size and had to be scaled. At the end of the second phase, participants filled in a questionnaire with 14 questions. They rated the available gestures and the usability of the system on 5-point Likert scales (see Figure 1). A whole procedure had an average duration of 45 minutes.

4 Results

4.1 Observations from Phase One

Mental models and spontaneously found gestures. All participants succeeded in creating the small diagram of T1.1. Thereby, spontaneously found gestures were mainly based on the *sketching approach*. Seven participants drew outlines of the nodes with respective sizes. However, five participants scaled nodes by spontaneously applying a pinch gesture. During T1.2 the grouping of nodes was also achieved by all the participants mainly by encircling the nodes using the pen. Only one participant created a group by tapping. Corresponding to our expectations on the rather abstract copy function, five participants gave up on the subsequent copying task. They mainly tried different variants of tapping or tried to invoke a menu. In T1.3 six participants gave up while trying to create a dashed edge. Four of them performed the sequential crossing gesture too fast, so that it was not recognized by our system. Only two participants performed the rake gesture. All participants were able to delete nodes (T1.4), in the majority of cases by dragging them off the screen. Only two participants performed wipe gestures. This functionality was often discovered before the actual task was given to the users. For example, when participants dragged nodes created by accident aside to the edge of the display.

Interactive Border Region. All of the participants rather quickly understood the role of the interactive border region of a node. At least after four attempts all of them understood the concept and were able to sketch edges (exception was one user who needed 10 attempts). However, we observed that several users hit the border region when the view was zoomed out and they tried to quickly reposition tiny nodes. As a result, they started to draw a stroke instead of dragging the node.

Applied modalities. Participants started drawing nodes and edges mainly with the pen (see Figure 2 centre). This behavior applies also for grouping nodes. Two participants ignored touch interaction completely, even when it came to the copying task which could only be solved bimanually. In general, combinations of touch and pen were hardly used spontaneously. For copying nodes, only one participant applied a touch+pen combination.

4.2 Observations from Phase Two

Gestures and Mental Models. The gestures were easily remembered by the participants. They already applied them without further asking during the training tasks. An exception was the gesture for creating directed edges by holding the node and dragging a rubber band from the interactive border with finger or pen. Three participants asked again how to perform it and then applied it repeatedly. In all, this gesture was performed 43 times during Task 2.1 and 2.2. Some participants were unsure how to perform the proper gesture for creating edges by tapping sequentially on the border of the source and target node. However, they did not request help but needed some attempts to perform the gesture properly. All participants applied *sketching and structural editing* interchangeably. For example, in some cases standard-sized nodes were created by tapping and nodes of different size were sketched and then copied. Other users sketched nodes and scaled them afterwards to the proper size. Furthermore, some created undirected edges by tapping and changed them to directed edges by drawing an arrow head.

Applied modalities. Sketching nodes and grouping nodes by encircling was mainly performed with the pen (in 86% and 61 % of the cases, respectively). In contrast to that, tasks based on *structural editing* were mainly done by touch. This could be observed for dragging nodes in order to reposition or delete them (92% of the cases), creating edges by tapping (81% of the cases) and selecting nodes by tapping (75% of the cases). In these cases, users often tucked the pen between the fingers or temporally swapped the pen to the non-dominant hand. The same behavior could be observed for bimanual gestures such as pinch gestures or holding and dragging for copying nodes. The copying gesture, for example, was applied 82 times, but only in one case it was performed with a combination of touch and pen. However, no clear preference for a particular modality was found for deleting elements by means of a wipe gesture and creating dashed edges by sequential crossing.

Further Observations. The majority of participants created sub-graphs of about 6 to 10 nodes. They created the nodes first at the proper positions and then connected them. After that, they continued to create another part of the diagram in the same way. We also observed that participants zoomed out rather quickly: four of them did that right at the beginning of the task. However, participants did then not zoom in again. They continued working with rather tiny nodes, although it was hard for them to hit the border of a node accurately. However, participants did not switch to the pen to get a higher precision (see Figure 2 right).

Completion Times. To get an insight of the learning effects, we compared the completion times for both tasks in the second phase of the test. The mean completion time for the first task was 5:25 minutes and for the second task 4:00 minutes, which corresponds to a reduction of 26%. However, a Wilcoxon signed rank test did not reveal a significant effect ($z=-1.599$, $p>.05$). In the best case the completion time halved on the second try (three participants). In contrast to the mostly better completion times, no clear change in the prevailing mental model of the used gestures was observed.

User Satisfaction. The participants were asked to rate the system by a questionnaire at the end of the test (see Figure 1). It is clearly recognizable that users were not satisfied regarding the feedback of the system, what we also observed during the study. However, the pen got a better rating than touch, due to the "fat finger" problem and because users often worked with small nodes by applying fingers. Although not all resulting errors are due to the used technology, users did not realize their imprecise touches at all. All in all, the participants perceived the combination of pen and touch as acceptable and beneficial.

5 Discussion

Variations of Gestures. As we observed during the usability test, the same gesture can occur in different ways. In most cases, variations took place in terms of *speed* and *precision*. For example, positioning nodes was usually achieved by rather carefully performed dragging gestures. In contrast to that, deleting nodes by moving them off screen was often done by flicking away respective nodes. When users quickly wanted to get rid of a node created by accident, they acted too hastily for the system or they hit the interactive border of the node. As a result, participants had to drag more carefully and slower again. We see the reason for these "inaccurate" gestures in the circumstance that during a particular workflow some gestures have less valuable contribution than others for achieving the goal of the task. Similar situations were observed for changing a solid edge to a dashed one by sequentially crossing the edge. Again, many users performed rather quick and short movements which were not correctly recognized. In this case, users simplified the gesture in order to be faster. Beyond that, repeating the same gesture several times (such as crossing the edge) leads to imprecision due to fatigue effects. Therefore, simplified gestures should be considered in the implementation. For example, deleting nodes should also be possible by a flick gesture. Flicking a node should result in moving it towards the edge of the display, where it stays visible for a few seconds until it is deleted. In this way, deletion by accident could be prevented. Concerning the change of a solid edge to a dashed one we also suggest sequential flick or even

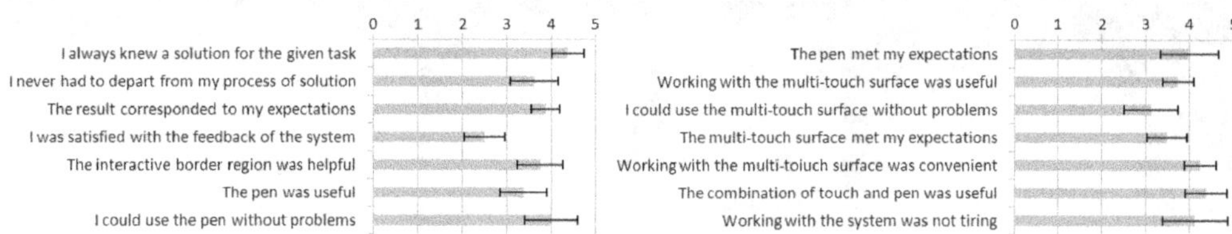

Figure 1: Results of the questionnaire.

tap gestures. They should be used in addition to the rather slow gestures currently implemented.

The user-elicitation methodology is certainly valuable to find *what kinds* of gestures are preferred. It can be applied to get a feeling for gestures in a new unexplored domain (such as diagram editing). However, as we have seen from our study, eliciting gestures from users does not necessarily reveal the *different ways* a gesture is performed (e.g., concerning *speed* and *precision*). This depends on particular situations within compound tasks. Observing gestures isolated from each other – as it was done in recent work on user-elicited gestures – may not be sufficient to create easy to use applications.

Separation of modalities. In contrast to the eliciting process we observed how users spontaneously differentiate between pen and touch interaction. The pen served for *sketching* diagram elements or for encircling nodes. Touch interaction was applied for activities based on *structural editing,* such as dragging and copying nodes and creating edges by tapping. The latter is done by holding the node with one finger and dragging the copy off from it with a finger of the preferred hand (according to Guiard (Guiard 1987)) (see Figure 2 left). This stands in contrast to the concept of Hinckley et al. (Hinckley et al. 2010) who suggest copying with a combination of touch and pen. We think that there is one more ergonomic reason against this method. If dragging off a copy is allowed only with the pen held in the preferred hand, then copies can only be dragged to one side in a comfortable way (e.g., to the right for right-handed users). Otherwise, users would have to cross over their arms, which is inconvenient. Repositioning objects for copying them is unfavorable for diagram editing as it could destruct the layout. For deleting diagram elements by wiping and creating dashed edges, we did not observe any preference of modalities. We assume that the reason for this lies in the similarity to physical interaction. Sketches on paper can be scratched out with the pen and on whiteboards they can be erased by wiping with fingers.

The observed distinction of modalities can be easily integrated in our prototype. This allows users to sketch edges in a more ad hoc way, as they do not have to care if they hit the interactive border of a node. However, the border is still necessary to distinguish dragging nodes from creating edges by sequentially tapping with fingers.

6 Conclusion and Future Work

We contributed an evaluation of user-suggested gestures. The results showed that users are

Figure 2: Pictures from the study. Left: User bimanually copies a group of nodes. Center: Participant draws an edge with the pen. Right: Participant pinches on small node with the pen tucked between the fingers.

able to work with such a system spontaneously. In our opinion this is a strong indication for the intuitiveness of systems following the user-elicitation method. Nearly the whole gesture set was utilized after a short training to achieve complex editing tasks. Nevertheless, we also found correlations of commands, mental models and modalities which were not observed during the elicitation process. One example is the distinction of modalities: the pen is applied for *sketching*, whereas *structural editing* is done by touch. Moreover, we found that users can suggest *what kind of* gestures they would prefer. However, a working system is necessary to observe *in which way* these gestures are applied during compound tasks. This should be considered to implement easy to use applications. For future work, we will adopt the prototype according to our findings. More comprehensive usability studies will be conducted concerning user acceptance and experience.

References

Brandl, P., Forlines, C., Wigdor, D., Haller, M., and Shen, C. (2008). Combining and measuring the benefits of bimanual pen and direct-touch interaction on horizontal interfaces. In: Proc. AVI '08, ACM, pp. 154-161.

Buxton, W. A. (1995). Chunking and phrasing and the design of human-computer dialogues. In Human-Computer interaction: Toward the Year 2000, Eds. Morgan Kaufmann Publishers, pp. 494-499.

Cao, X., Wilson, A.D., Balakrishnan, R., Hinckley, K., Hudson S. E. (2008). ShapeTouch: Leveraging Contact Shape on Interactive Surfaces. In: Proc. of TABLETOP '08, IEEE, pp. 139-146.

Dietz, P. and Leigh, D. (2001). DiamondTouch: a multi-user touch technology. In: Proc. of UIST 2001, ACM, pp. 219-226.

Epps, J.; Lichman, S. & Wu, M. (2006). A study of hand shape use in tabletop gesture interaction, In: Proc. of CHI 2006 Ext. Abstracts , ACM, pp. 748-753.

Frisch, M., Heydekorn, J., Dachselt, R. (2009). Investigating Multi Touch and Pen Gestures for Diagram Editing on Interactive Surfaces. In: Proc. of IST '09, ACM, pp. 167-174.

Frisch, M., Heydekorn, J., Dachselt, R. (2010). Diagram Editing on Interactive Displays Using Multi-Touch and Pen Gestures. In Proc. of Diagrams 2010, Springer, pp. 182-196.

Guiard, Y. (1987). Asymmetric Division of Labor in Human Skilled Bimanual Action: The Kinematic Chain as a Model, The Journal of Motor Behavior, 19(4), pp. 486-517.

Han, J. Y. (2005). Low-cost multi-touch sensing through frustrated total internal reflection. In: Proc. of UIST'05, ACM. pp. 115-118.

Hinckley, K., Yatani, K., Pahud, M., Coddington, N., Rodenhouse, J., Wilson, A., Benko, H., and Buxton, B. (2010). Manual deskterity: an exploration of simultaneous pen + touch direct input. In: Proc. of CHI EA '10. ACM, pp. 2793-2802.

Micire, M., Desai, M., Courtemanche, A., Tsui, K., Yanco, H. (2009). Analysis of Natural Gestures for Controlling Robot Teams on Multi-touch Tabletop Surfaces. In: Proc. of IST '09, ACM, pp. 41-48.

Morris, M.R., Wobbrock, J.O. and Wilson, A.D. (2010) Understanding users' preferences for surface gestures. In Proc. Graphics Interface 2010. Canadian Information Processing Society, pp. 261-268.

Nielsen, M., Störring, M., Moeslund, T.B. and Granum, E. (2004). A procedure for developing intuitive and ergonomic gesture interfaces for HCI. In: Int'l Gesture Workshop, LNCS vol. 2915, Springer, pp. 409-420.

North, C., Dwyer, T., Lee, B., Fisher, D., Isenberg, P., Robertson, G., and Inkpen, K. (2009). Understanding Multi-touch Manipulation for Surface Computing. In: Proc. of IFIP TC 13, Part II. LNCS, vol. 5727. Springer, pp. 236-249.

Rekimoto, J. (2002). SmartSkin an infrastructure for freehand manipulation on interactive surfaces. In Proc. CHI '02, ACM, pp. 113-120.

Wobbrock, J. O., Morris, M. R., and Wilson, A. D. (2009). User-defined gestures for surface computing. In: Proc. of CHI '09, ACM, pp. 1083-1092.

Wu, M. & Balakrishnan, R. (2003). Multi-finger and whole hand gestural interaction techniques for multi-user tabletop displays. In: Proc. of UIST'03, ACM, pp. 193-202.

Wu, M.; Shen, C.; Ryall, K.; Forlines, C. & Balakrishnan, R. (2006). Gesture Registration, Relaxation, and Reuse for Multi-Point Direct-Touch Surfaces, In: Proc. of TABLETOP '06, IEEE, pp. 185-192.

Zeleznik, R., Bragdon, A., Adeputra, F., Ko, H. (2010). Hands-on math: a page-based multi-touch and pen desktop for technical work and problem solving. In: Proc. of UIST'10, ACM p. 17–26.

Contact Information

Jens Heydekorn
Otto-von-Guericke-Universität Magdeburg
Universitätsplatz 2, 39106 Magdeburg

Liquid: Library for Interactive User Interface Development

Georg Freitag[1], Dietrich Kammer[2], Michael Tränkner[1], Markus Wacker[1], Rainer Groh[2]

Fakultät Informatik und Mathematik, Hochschule für Technik und Wirtschaft Dresden[1]
Fakultät Informatik, Technische Universität Dresden[2]

Abstract

Developing multi-touch applications is a great challenge for developers: they have to adopt a novel interaction paradigm, but lack suitable tools and reliable design guidelines. The goal of *Liquid* consists in introducing the concept of visual programming to multi-touch technology, implementing a promising approach to overcome the difficulties in developing applications for multi-touch devices. As a novel feature, Liquid allows the development of multi-touch applications with the help of the technology itself. This contribution illustrates the application of visual programming in the multi-touch context, presents related work, and explains the workflow of Liquid with the help of an instructive example.

1 Introduction

In recent years, hardware with multi-touch interfaces has become readily available to both, researchers and consumers. In addition to direct and natural interaction (Shneiderman & Plaisant, 2010), this technology enables multi-user and multi-input scenarios. Due to the numerous fields of application, multi-touch devices are nowadays used e.g. in mobile phones, tablet computers, and interactive installations. Software programming and the design of user interfaces (UI) are already complex and challenging tasks. With the emergence of multi-touch technology, these tasks have become even more intricate (Hoste, 2010). It is noticeable that particularly for multi-touch applications, there is a lack of visual editors and toolkits, which meet the additional requirements or unify the process of designing and programming in one application.

Due to the variety of different devices, guidelines, and application scenarios, there is currently no universal design principle that combines the diverse aspects of multi-touch (Norman & Nielsen, 2011). As a result, developers have to choose self-developed or proprietary criteria to evaluate their designs and interfaces. This additional work is a complex, time consuming, and iterative process, which includes programming, user studies, and evaluation.

This paper proposes an approach to optimize the iterative development process by means of a library for interactive user-interface development (Liquid). Liquid is a multi-touch application itself, thus unifying the process of development and developed applications on one and the same medium. Liquid combines a multi-touch framework with an editor and a runtime, which executes the developed applications, where the editor is based on a visual programming approach. Its advantages are explained in Section 2. Section 3 covers related work in the field of visual programming and is followed by a requirements analysis of Liquid and its design in sections 4 and 5, respectively. Conclusions and future work are discussed in Section 6.

2 Visual Programming

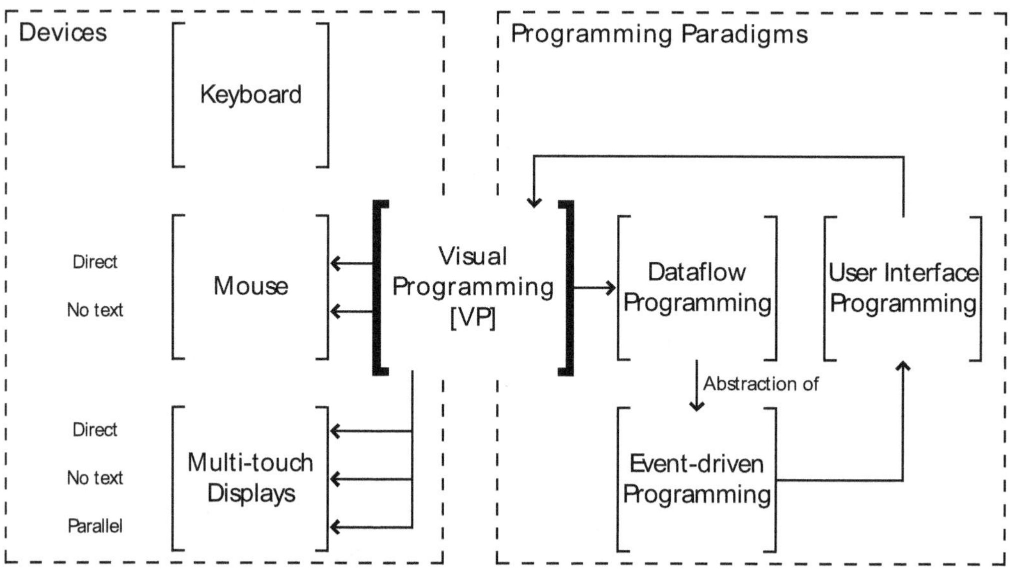

Figure 1 - Visual Programming depends on programming paradigms and devices

This section introduces visual programming (VP) and explains the basic principle behind its application in the case of multi-touch software development (cf. Figure 1). VP is beneficial to get an overview of the architecture and the available elements of an application. It visualizes dependencies between discrete objects in a spatial layout, which activates visual and spatial memory. This leads to an arguably improved performance in remembering structures and relationships (Kirsh, 1995). Moreover, visual programming permits easy and constant refinement of structures. Due to its immediate and abstract nature, it lends itself to social and multi-user programming. In addition, it is easy to learn, even for "non-programmers", e.g. designers and architects (Green & Petre, 1996).

The key elements of VP are preselected components, which ensure functionality and consistency. VP is commonly used for data-flow programming, which allows focusing on data while programming. This is supported by a pipe system architecture that permits data exchange by simply connecting input and output ports. VP facilitates the creation of structures and combinations between the contained elements; however, definition of complex application logic and algorithms is hardly feasible with this programming paradigm. Well-known visual programming environments are LabView (LabView, 2011), MAX/MSP (MAX/MSP, 2011) and VVVV (vvvv, 2011).We suggest that the application of VP in the context of multi-touch development is especially effective based on the following reasoning. Event-driven programming is about the interaction of components using separated or permanent events that are passed between them. Due to the similarity to dataflow programming, we suggest that events can be interpreted as dataflow. Consequently, event-driven programming should be feasible with VP. But since UI programming is event-driven by nature, UI programming for multi-touch displays should be realizable by VP as well (cf. Figure 1). Another argument for the application of VP to multi-touch displays is that they are mainly based on direct interaction and little text input. Moreover, parallel input is more feasible with the graphical approach of VP than with traditional code editors. Thus, we propose that VP can be performed even more effectively with multi-touch displays compared to traditional input devices such as a mouse. In addition, the strengths of the keyboard with regard to text input are less relevant for VP. As a result of these considerations, multi-touch actually fits VP best and the keyboard is the least suitable device for VP (cf. Figure 1).

3 Related Work

As mentioned above, there is a lack of visual tools for multi-touch based software development. Nevertheless, visual programming languages are already used in diverse research projects and editors. This section presents representative examples of these projects and specifies similarities and differences with regard to Liquid.

3.1 Squidy

Squidy is an interaction library for immediate development of so called *natural user interfaces* (König et al., 2009). The library allows combination of a variety of input and output devices via a pipe system. The modification or separation of data in the data-flow is achieved by filters and self-defined objects. Any component of Squidy is a separate node with predefined ports, which encapsulate the logic and algorithm. Furthermore, Squidy uses a zoomable user interface to hide and structure detailed information of components and pipes. Another notable feature is live programming, which allows the adaptation of components during runtime.

3.2 MaggLite

Another VPL Toolkit for user interface prototyping is MaggLite (Huot et al., 2004). MaggLite considers hardware as well as design aspects. Therefore, different views of a UI, which is under construction, are distingiushed. Users visualize the interface by drawing it in the main view of the MaggLite application. At this point, no functionality is defined. The second view is the scene graph of the application, in which the user structures the drawn interface components into a hierarchy. The last view contains an interaction graph (cf. Figure 2). It allows combination of input devices in the form of components as well as modification of the data-flow using meta-objects. The combination of these three views enables an incremental way of application development.

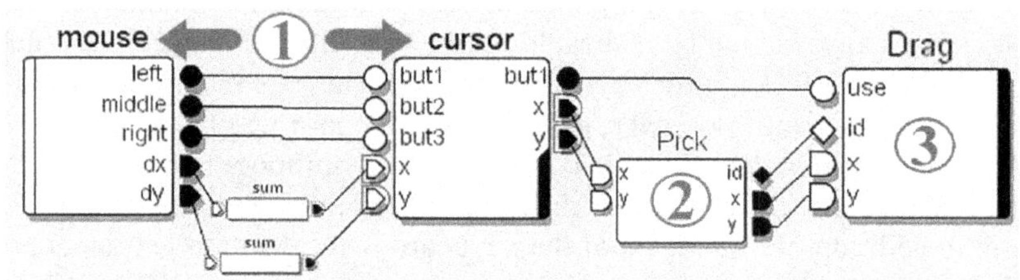

Figure 2 – MaggLite interaction graph combines hardware input with a cursor object

3.3 Comparison

One main difference of these approaches is its area of application. While Squidy focuses on hardware and software architecture, MaggLite offers an entire prototyping toolkit for design, structure, and behavior. Hence, MaggLite is based on the same idea as Liquid, realizing the entire development process within one program, but focuses on other aspects apart from interaction design. Moreover, Squidy is similar to Liquid with respect to the implementation of a live programming approach, which allows direct testing and adaptation during runtime. Each of the presented projects distinguishes between its input devices to consider and implement different kinds of input. In contrast, Liquid combines different input to offer a unified interaction style.

Relevant similarities of the presented projects compared to Liquid are the combination of VPL and components as well as a focus on a simple pipe system. To ensure a flexible and adaptable VPL, standard ports and defined data sets are used. Another similarity is the visualization of additional information of components and pipes, either by a separate view (MaggLite), a zoomable user interface (Squidy) or an overlay (Liquid).

4 Requirements and Design Decisions

There are a lot of requirements for an editor that is used to create multi-touch based applications using a visual approach. Furthermore, Liquid focuses on the development of multi-touch applications on multi-touch enabled devices. This multi-touch approach leads to additional requirements for the VPL-based editor, which are discussed in this section.

4.1 Multi-Touch

Multi-touch as the primary input of an application results in a variety of requirements for software development. Contrary to conventional applications and operation systems, a multi-touch application enables parallel processing of interactions and leads to novel interaction techniques. Such applications allow users to interact with both hands simultaneously. Due to the use of fingers or pens as input devices, the size of interactive elements has to be adapted (Sears & Shneiderman, 1991). Moreover, input areas as well as gestures should be well-defined to ensure the usability of such an application. Furthermore, suitable forms of feed-forward and feedback ensure that a user understands the interaction with elements of the user interface (Widgor, et al., 2009).

However, direct input has drawbacks such as the lack of tactile feedback, the challenge of text input without keyboard (Buxton et al., 1985), or the occlusion of content by direct use of hands (Vogel et al., 2009). Direct input is associated with a lack of established feedback mechanisms, like the different shapes of the cursor icon or tooltips when hovering over a user interface element. These challenges and disadvantages have to be considered when designing an editor and its corresponding VPL.

4.2 Visual Programming Language

The requirements of a VPL depend on its application scenario. If the development of algorithms is the primary use case, a VPL has to offer a variety of control flow elements (e.g. statements, loops, and function calls). In contrast, the development of UIs focuses on the combination of discrete components. These components offer predefined input and output ports to connect the data-flow with an algorithm, which is encapsulated in a component. To control the flow of data, the user connects ports with the help of a pipe system. While a direct combination of visual (UI) components is preferred, filtering and manipulation of the dataflow is sometimes required. This can be achieved using external manipulators which are invisible to the user at runtime.

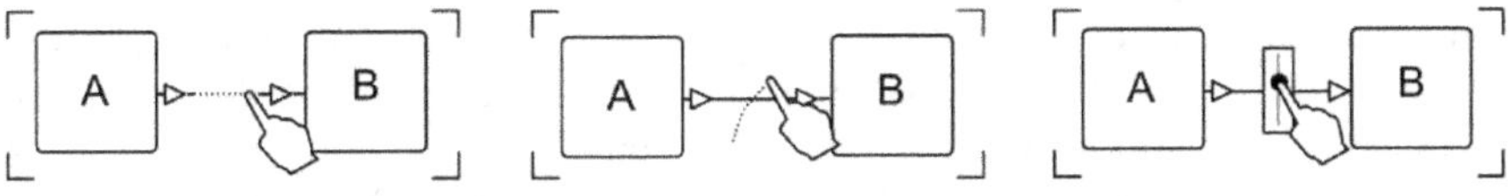

Figure 3 - Basic interaction between components: connect, disconnect, and manipulate

In conclusion, the VPL has to support three basic interactions: The connection of two ports by a pipe, the disconnection of two ports, and the manipulation of existing pipes (cf. Figure 3). To ensure the data exchange between connected ports, a type system has to be used. Because of the multi-touch requirements, the design of the ports as well as the design of the interaction has to be adapted. On the one hand, comprehensible and explicit gestures for each of the three basic interactions have to be identified. On the other hand, the size of ports has to be designed carefully. Moreover, feed-forward mechanisms need to be implemented, which visualize interaction using gestures. An approach, which is exploited by Liquid, is the use of the icon based *gesturecons* (Gesturecons, 2011). They contain subsets of icons or small images as a graphical abstraction of gestures to hint at interaction possibilities.

4.3 Editor

Liquid introduces the immediate creation and modification of multi-touch based applications. To this end, the editor provides live programming, which allows development and testing at the same time. As a consequence, a touch input has to be differentiated between editor (programming) and application (testing). To solve this issue, the editor can be implemented as an overlay or as a separated part of the interface. By choosing the overlay approach, the user interacts either with the editor or the application. In contrast, separation of the editor allows testing and programming at the same time, but requires more screen real estate (cf. Figure 4). Additionally to the distinction of input, the editor visualizes supplemental editing information of each UI element (e.g. ports and gestures).

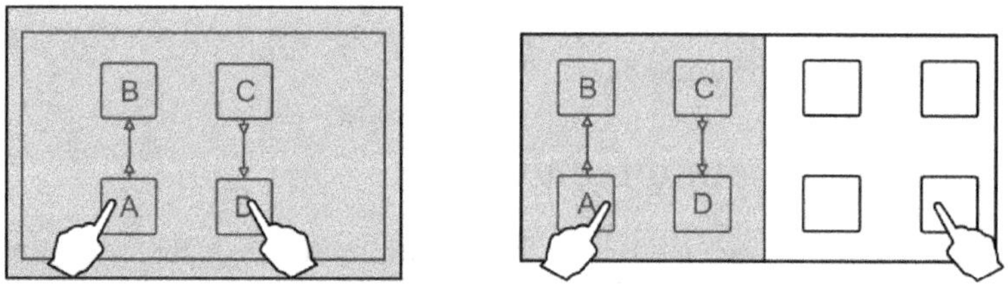

Figure 4 – Separation of editing and testing mode: Left: the editor overlays the application (implemented by Liquid); Right: the editor uses a part of the entire interface

Further requirements of the editor are the creation and adaptation of components as well as the extension of components by ports and gestures. The definition of input and output ports is required for every VPL. Ports define data access to the component, whereas gestures encapsulate recognition algorithms. Gestures and ports can be connected via the pipe system. Fundamental requirements of the multi-touch framework, which is integrated into the editor, are described by (Kammer et al., 2010a). For instance, platform and hardware independence and a suitable event system to process multi-touch input are necessary. Liquid relies on the flash runtime to establish platform and hardware independence. The library, which already contains a variety of predefined components, ports, and gestures, requires an extensible and adaptable design to allow the straightforward implementation of further elements. For this purpose, predefined interfaces and factories are implemented in the underlying framework.

5 Workflow and Interaction

In this chapter, the typical workflow of Liquid is explained by means of a simple example: the implementation of a touch controlled scrollbar. In summary, we illustrate the visual programming steps where the vertical position of one object is manipulated by another. Figure 5 (top left) shows the Liquid application with an editor as overlay. Three buttons are displayed on the left side: *Components*, *Ports*, and *Gestures (from top to bottom)*. When pressing and holding the buttons, the program switches to a separate interaction mode. Due to the dependencies between user interaction and mode, Jef Raskin established the term *quasimode* (Raksin, 2000). Pressing a button is a support task that needs no visual attention and is performed by the non-dominant hand (Owen et al., 2005). In our example, the left hand is expected to be non-dominant. Hence, the buttons are oriented to the left side. In contrast to the non-dominant hand, the dominant hand is responsible for complex and precise interaction (e.g. selection and manipulation of objects). The use of modes and its execution with the non-dominant hand leads to a well structured application and efficient interaction design (Ruiz et al., 2008).

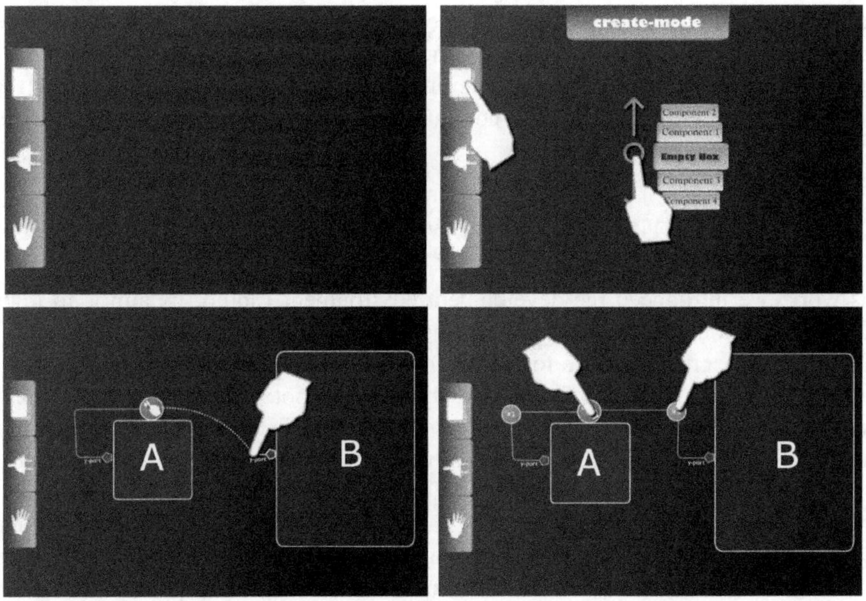

Figure 5 - Top left: the three main buttons of Liquid: Components, Ports, and Gestures; Top right: while switching the mode with the non-dominant hand, the dominant hand opens an interactive menu and selects a new component; Bottom left: drawing a pipe between the drag-gesture and the entry-port; Bottom right: redefine the manipulation value of a pipe.

Without pressing a button, both hands can be used to interact with already created components. The selected instance of a component can be moved with one finger, or rotated and scaled with two fingers. To create a new instance, the non-dominant hand presses and holds the topmost button to switch into the quasimode for component creation. The dominant hand taps on an empty area of the interface to open an interactive menu, which contains all available components (Figure 5, top right). After a menu item is selected, an instance will be created precisely at the last position of the dominant hand. In Figure 5 (top right) a component with no predefined ports was chosen (component A). The element is extended with ports and gestures by pressing the button for port (second) or gesture (third) with the non-dominant hand while the dominant hand presses and holds the element. Again, an interactive menu opens and presents the available ports and gestures. In this example, the empty element becomes the vertical scrollbar. Such a scrollbar needs a port to manipulate its vertical position as well as a gesture to drag it vertically. In Figure 5 (bottom left) the appropriate y-port and the vertical drag-gesture of component A were added and connected to each other.

A second component is needed whose position can be manipulated (component B). We again create an empty object, adapt its size, and add the y-port. However, a separate drag-gesture is not required. To manipulate the position of both elements by only dragging the first one, the drag gesture and both ports must be connected. This is achieved by drawing a line between gesture and ports as shown in Figure 5 (bottom left). As a result, the vertical movement of component A is the same as component B. To create a scrollbar, where the movement direction is inverted, the pipe between the gesture and the y-port of component B has to be adjusted. For this purpose, the gesture is selected and the manipulation values of the pipes become visible. By dragging the value of the pipe between gesture and component B, the manipulation is changed to `-1`. This is the inverse of the former dragging value (Figure 5, bottom right). Now, both objects move contrary to each other.

6 Conclusion and Future Work

In this work, we introduced the development environment Liquid. Its aim is to immensely simplify the creation, modification and testing of multi-touch based UI applications. Liquid provides a task-specific interface for simultaneous testing and programming of applications by incorporating a viable VPL. This approach offers the potential to develop practical applications more directly and effectively. Moreover, VP appeals to non-experts in programming, which promises to include professionals from other domains into the development process (Kaindl, 2010). In contrast to the variety of multi-touch frameworks, which focus only on the programming part, Liquid aims towards a unification of framework, editor, and runtime in one tool on one device. Hence, programming, designing, and testing are merged smoothly into one another. As described in Section 5, an easily drawn and adapted network of pipes is instantly transformed into a multi-touch application. Such software benefits from the use of multi-touch devices during the development process, because related interaction principles and gestures are used by the programmer as well. Due to the simplified iterative development process, generated feedback of an evaluation can be immediately taken into consideration. Another aspect is the extension of predefined ports and gestures. Since ports are an external representation of an internal algorithm, an immediate customization is a considerable challenge. In contrast to ports, automated gesture recognition is a conceivable task, especially for *offline gestures,* as defined by (Kammer et al., 2010b). In this paper Kammer et al. present an approach to formalize gestures, which will be implemented in Liquid in the future. Faster and more efficient development of multi-touch UIs by using a visual programming approach compared to a textual approach has to be proven. Hence, a setup of a user study is required, which measures the task time and error rate.

References

Buxton, W., Hill, R., & Rowley, P. (1985). Issues and techniques in touch-sensitive tablet input. *Computer graphics and interactive techniques* (pp. 215-224). San Francisco, USA: ACM.

Gesturecons. (2011). Retrieved March 20, 2011, from http://gesturecons.com/

Graham, N., Morton, C., & Urnes, T. (1996). ClockWorks : Visual Programming of Component-Based Software Architectures. *Journal of Visual Languages & Computing* (Volume 7, Issue 2), 175-196.

Green, T., & Petre, M. (1996). Usability Analysis of Visual Programming Environments: A Cognitive Dimensions Framework. *Journal of Visual Languages & Computing* (Volume 7, Issue 2), 131-174.

Hoste, L. (2010). Software engineering abstractions for the multi-touch revolution. *International Conference on Software Engineering* (pp. 509-510). Cape Town, South Africa: ACM.

Huot, S., Dumas, C., Dragicevic, P., Fekete, J., & Hégron, G. (2004). The MaggLite post-WIMP toolkit: draw it, connect it and run it. *User interface software and technology* (pp. 257-266). Santa Fe, NM, USA: ACM.

Kammer, D., Freitag, G., Keck, M., & Wacker, M. (2010a). Taxonomy and Overview of Multi-touch Frameworks: Architecture, Scope and Features. *Workshop on Engineering Patterns for Multitouch Interfaces.* Berlin: EICS.

Kammer, D., Taranko, S., Wojdziak, J., Keck, M., & Groh, R. (2010b). Towards a Formalization of Multi-touch Gestures. *ACM Interactive Tabletops and Surfaces 2010* (pp. 49-58). Saarbrücken: ACM.

Khaindl, G. (2010). Towards a flexible software framework for multi-touch. *A workshop of the ACM SIGCHI Symposium on Engineering Interactive Computing Systems.* Berlin, Germany: EICS.

Kirsh, D. (1995). The intelligent use of space. *Artificial Intelligence* (Volume 73, Issue 1-2), 31-68.

König, W., Rädle, R., & Reiterer, H. (2009). Squidy: a zoomable design environment for natural user interfaces. *Proceedings of the 27th international conference extended abstracts on Human factors in computing systems* (pp. 4561-4566). Boston, MA, USA: ACM.

LabView. (2011). *The LabVIEW Environment.* Retrieved March 20, 2011, from http://www.ni.com/labview/

MAX/MSP. (2011). *Cycling 74 - Tools for Media.* Retrieved March 20, 2011, from http://cycling74.com/

Norman, D. A., & Nielsen, J. (2011). *Gestural Interfaces: A Step Backwards In Usability.* Retrieved March 20, 2011, from http://www.jnd.org/dn.mss/gestural_interfaces_a_step_backwards_in_usability_6.html

Owen, R., Kurtenbach, G., Fitzmaurice, G., Baudel, T., & Buxton, B. (2005). When it gets more difficult, use both hands: exploring bimanual curve manipulation. *Graphics Interface* (pp. 17-24). Victoria, British Columbia: Canadian HC Communications Society.

Raksin, J. (2000). *The Human Interface.* USA: Addison Wesley.

Ruiz, J., Bunt, A., & Lank, E. (2008). *A model of non-preferred hand mode switching.* Windsor, Ontario, Canada: Canadian Information Processing Society.

Sears, A., & Shneiderman, B. (1991). High precision touchscreens: design strategies and comparisons with a mouse. *Int. J. Man-Mach. Stud.* (Volume 34, Issue 4), 593-613.

Shneiderman, B., & Plaisant, C. (2010). *Designing the User Interface.* Upper Saddle River: Pearson Addison-Wesley.

Vogel, D., Cudmore, M., Casiez, G., Balakrishnan, R., & Kelih, L. (2009). Hand Occlusion with Tablet-sized Direct Pen Input. *Human factors in computing systems* (pp. 557-566). Boston, USA: ACM.

vvvv. (2011). *vvvv - a multipurpose toolkit.* Retrieved March 20, 2011, from vvvv.org

Widgor, D., Williams, S., Cronin, M., Levy, R., White, K., Mazeev, M., et al. (2009). Ripples: utilizing per-contact visualizations to improve user interaction with touch displays. Victoria, BC, Canada: ACM.

Multi-User Participation on Large-Screens – The Example of Collaborative Voting

Thomas Herrmann, Alexander Nolte, Marc Turnwald

Informations– und Technikmanagement, Ruhr-Universität Bochum

Abstract

The features of a prototype are presented to demonstrate how multi-user touch-interaction on a single interactive large screen can be practically employed for complex design tasks. The prototype refers to the field of collaborative modeling and supports the decision phase where relevant elements of a process have to be identified. Developing and using the prototype leads to a list of recommendations and proposals for improvement which serve as heuristics for the development of similar solutions where large interactive surfaces can be collaboratively used.

1 Introduction

Although large touchable displays became relevant for HCI-research during the last decade, it can be observed that introducing them for realistic applications does not advance at the same speed, as technical progress does. During recent years, development clearly aimed at detecting as many touches and gestures as possible on single surfaces. This trend is motivated by the idea of a more natural interaction for single users with virtual objects, like e.g. sizing or rotating photos. Additionally allowing multiple users to interact with onscreen-objects at the same time can be considered another trend (Morris et al. 2006).

Meanwhile the question arose for which kind of real-world scenarios, these new technologies and interfaces might become useful (Seow et al. 2009). While the aspects of personal information management, communication and entertainment are well examined for and occupied by small touchable displays like e.g. the Apple iPhone™ and iPad™, larger touchable displays like e.g. Smart Technologies SmartBoard™ or Microsoft Surface™ table, are oftentimes only used in information sharing and education. They have very little relevance in most people's everyday life, especially in people's business or work-life. According to our observations this is caused by a lack of appropriate applications that feature seamless integration of large touchable interfaces into existing workflows.

Based on our experiences with the collaborative development of graphical models in several cases (Herrmann 2009), the facilitation of touchable interfaces appears to be reasonable as it enables participants to directly interact with displayed materials, providing positive impact on the modeling process and thus the model itself (Rouwette et al. 2000). Especially when complex models are being developed, process owners, stakeholders and domain experts have to be integrated into the modeling process. This approach known as collaborative modeling (Renger et al. 2008) has been widely discussed in literature.

Furthermore a typical modeling application has many key features that make it affine for usage through touch interfaces. A modeling tool usually facilitates a modeling notation based on graphical representations of symbolic elements rather than complex textual representations. These elements are usually simple two-dimensional geometric objects like rectangles or circles, labeled with short textual descriptions. Complex situations can be described by adding elements of different types and captions as well as through bringing them in a spatial order on the screen or describing their relations to other model elements by lines or arrows. The creation and modification of graphical models like SeeMe (Herrmann 2006) contain two key affinities to touch screen interaction. First graphical objects can easily be manipulated by touch. Second graphical modeling limits the necessity of text input to rather short descriptions. Therefore switching to secondary input devices like keyboards or mice (Benko et al. 2009), or using virtual keyboards can be incorporated to a certain extent thus not disturbing the creative flow (Csikszentmihalyi 1997).

Additionally to modeling being an appropriate field of application even for single user touch interfaces, the size of the display comes into account, when models are developed collaboratively in collocated settings. During collocated collaborative modeling sessions, direct communication between the participants is very important. Furthermore it is feasible to provide manipulation techniques that can be used by every participant in parallel to ensure equal involvement. Having a look on earlier work (see e.g. Guimbretiére et al. 2001) reasonable tasks are presented in the area of handling multiple ideas for design but not under the condition of simultaneous multiple user collaboration.

In the remainder of this paper we will describe experiences with collocated modeling (section 2) and show why collaborative voting by touch can be used as a primal approach towards multi-user participation. Furthermore we will discuss its advantages and disadvantages compared to other technical solutions (section 3). In section 4 we will describe requirements for the implementation of a prototype. Afterwards we will show the interface that was developed and provide an analysis (section 5). Finally we will describe requirements for the development of interfaces for other activities in the context of collaborative modeling (section 6).

2 Previous Experiences with Collaborative Modeling on Interactive Large-Screens

Since 2007 we conducted several workshops (e.g. Herrmann & Nolte 2010) in a special special facilitation collaboratory called ModLab. Its centerpiece is a large, high-resolution interactive screen (4.80m x 1.20m; 4320x1050 pixels) consisting of three seamlessly integrated rear projection boards (see Figure 1). Touches are recognized through six cameras with overlapping angles ensuring seamless interaction over the whole width of the wall. For further interaction between audience and the displayed materials we provide a wifi network for capable devices like laptops or smart phones.

Figure 1:The ModLab – University of Bochum

During these workshops we use a self-developed graphical modeling tool supporting the development of socio-technical processes according to the modeling notation SeeMe[1]. The workshops are conducted according to the method of the socio-technical walkthrough (Herrmann 2009). During these workshops a moderator manages the communication while an additional modeler chauffeurs the modeling tool. We usually start these workshops by asking the participants which activities are conducted at a certain time, who conducts them and what is needed in order to finish them successfully. The moderator picks up these contributions and asks the modeler to enter them into the model, leaving all modifications on the displayed material solely to the modeler. The availability of touch interaction however enables the moderator to take over operations such as moving elements around or creating new elements, changing the modeler′s role to a typist for longer captions. Only complex operations especially those that require additional keys are still executed by the modeler.

---

[1] Please visit http://www.seeme-imtm.de for more information on the SeeMe Editor

Nevertheless having to rely on a moderator / modeler team remains a bottleneck of the modeling process, especially during early phases, where lots of new elements have to be created and labeled in a short amount of time. We also observed that the audience got bored more quickly, when the moderator interacted intensely with the large-screen, decreasing the audience's immersion in the development process. We even observed participants standing up and joining the moderator at the large-screen to directly interact with the displayed materials. Similar observations are described by Hawkey et al. (Hawkey et al. 2005). So we started exploring new ways to involve participants more directly.

3 Collaborative Voting as a Primal Approach

Collaborative modeling is a key activity in system conceptualization and process design and therefore a particular field of interest for us. Renger et al. (Renger et al. 2008) developed a framework for collaborative modeling showing that group composition, interactive process and the underlying modeling method provide key influences to the overall model quality. In the course of this paper, we focus on improving the interactive process through the integration of multi-user cooperation on an interactive large screen.

The collaborative process can roughly be divided into divergent and convergent tasks. Divergent tasks cover aspects such as the generation of new ideas through e.g. brainstorming while convergent tasks focus on consensus finding, decision making or the preparation of such. Andersen and Richardson (Andersen & Richardson 1997) developed scripts for a set of key activities like brainstorming and voting. During several workshops where processes had to be newly developed it became obvious that our previous approach – the socio-technical walkthrough (STWT) – proved to be problematic due to its forced sequentiality. Therefore we integrated electronic brainstorming into our modeling tool in order to support parallel contributions by multiple participants (Herrmann & Nolte 2010). During brainstorming however usually a lot of contributions are produced, leaving the problem of coping with them. So we integrated a voting phase afterwards, in order to limit the options and to assess a direction for further process development.

According to our experiences voting however isn't the only activity in the context of collaborative modeling that could benefit from the facilitation of an interactive large screen. There are several other activities like collaborative sorting or letting different people develop different parts of a model at the same time. Multi user voting however appeared to be a reasonable first approach because it is relatively easy to implement and it provides some significant advantages over other technical voting solutions.

The first advantage is that the concept of placing votes by touch is easy to learn and to apply by the participants, because they can interact with items by directly touching them. Compared to other technical solutions like e.g. laserpointers (Wissen et. al 2001) there is no difference between motor space and visual space. The second advantage is that the number of parallel voting interactions is only limited by the space in front of the large-screen and not by the number of additional input devices. Although not yet empirically proven, it can be expected that the overall time required to prepare and execute a voting under the described circumstances will be shorter than any other current electronic solution. The third advantage it that direct interaction with a common collocated artifact can foster communication and can thereby improve consensus on the final outcome of the task as well as shorten the time to achieve a common result.

Beside its advantages, the collocated work on a common artifact without individual replication is also the most obvious disadvantage of the setting, because all participants have to share a single perspective. This restricts the size of a common artifact to the size of the shared display, because otherwise all participants have to come to an agreement which parts of the model is to be shown and when perspective is to be changed.

4 Requirements to Implement Collaborative Voting

In the course of this section we will describe requirements that have to be met by a voting system in a collaborative modeling environment under the facilitation of an interactive large screen. This list is in no way complete. It rather provides a first set of requirements that we derive from our findings in literature (see section 3) as well as our previous experiences in the joint creation of models (Herrmann 2009).

1. Parallel voting has to be supported

Parallel voting process should be preferred as sequential voting may lead to falsified results and possibly failed consensuses, because there will most likely be one or more dominant participants (Shaw 1981) especially when participants from different managerial levels are present. Furthermore working in parallel is reasonable as it proves to be up to ten times faster than working in a plenary group (Dennis et al. 1994).

2. Every participant has to be identifiable

In order to keep the voting process balanced each participant may use an equal number of votes, thus meaning that it has to be possible to identify them. It is not necessary to sustain the identification during post-processing as this compromises their anonymity and would possibly lead to the domination effect described previously. To ensure an equal number of votes, users only have to be distinguished in the moment of the interaction.

3. Participation has to be as intuitive as possible

In order get the participants involved into voting it has to be easy to learn and use. Furthermore user identification has to be easy to prepare and to apply. Errors are also likely to occur as we are dealing with a highly interactive task involving multiple people interacting on the same surface at the same time. Therefore every participant must have a possibility to remove erroneous votes when she needs to.

4. Different visualizations for different purposes have to be provided

There has to be a visual feedback in the moment of the interaction to ensure users that their vote has been recognized. For post-processing purposes, other visualizations are required that support the moderator during this task. An overview of the voting result when viewing the screen from larger distances has to be provided, as well as means for an accurate numerical analysis of voting results.

The described set of requirements led to the implementation of a prototypical solution that will be described in the following section.

5 Prototype / Implementation

A panel on the side of the SeeMe-Editor contains the controls to set up a voting (see Figure 2 left), containing controls to activate voting as well as to set up visualizations and multi-user options. The panel also contains a list of elements that have received votes, sorted by the number of votes they received. In the following we will describe it´s functionality in detail.

General Operation (Requirements 1, 2 and 4)

Voting can be activated through a single button in the voting panel (see top left corner of Figure 2). The tool distinguishes between multi-user-anonymous-mode and multi-user-distinctive-mode. We start by explaining the anonymous mode, explaining the multi-user-distinctive mode afterwards.

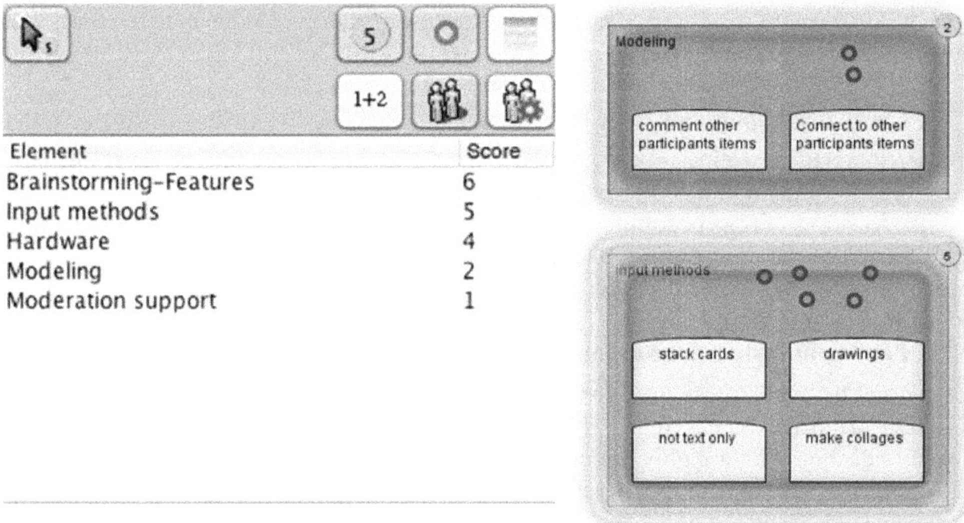

Figure 2: Voting user interface (left) and different visualizations (right)

Multi-User-Anonymous mode

In order to make voting as simple as possible we restricted interactions to short touches (taps) for the voting task. We also provide an error-detection mechanism to enable multi-user voting on single-touch interfaces. Multi-user voting on single-touch surfaces might sound paradox at first but as the voting activity is restricted to a very short interaction (a single tap) it is actually possible to enable multi-user voting on single-touch interfaces. When two users tap at different positions at the same time an error-detection mechanism measures the distance between the detected Tap Down and Tap Released Events. If these positions differ significantly, both votes are rejected and a small error-message is displayed at both-positions for a short period of time. According to our observations this provides sufficient feedback for users to become aware of the conflict and to repeat their action.

Multi-User-Distinctive mode (Requirements 1, 2 and 3)

In multi-user-distinctive mode, voting and user identification require a two-stage interaction. The first tap defines the position of the intended vote as well as the position of the user identification menu. The second tap – inside the user identification menu – relates the vote to the user. The identification menu is designed as a clock face with a maximum of 12 user signatures consisting of a single letter distributed around it (see Figure 3). The signatures are given easily distinguishable colors. The design of the menu was specifically chosen to ensure a simple setup with good memorability and thus low learning effort. Corresponding to the number of voting participants, several of these menus can be displayed at the same time.

Upon the beginning of the voting session, every user is assigned a signature with a corresponding letter on the clock face. The bottom right button inside the voting panel (see left side of Figure 2) provides access to a multi-user setup window. To match the group size, some of the user signatures may also be deactivated completely which leads to e.g. only four letters remaining on the clock face (see right side of Figure 3).

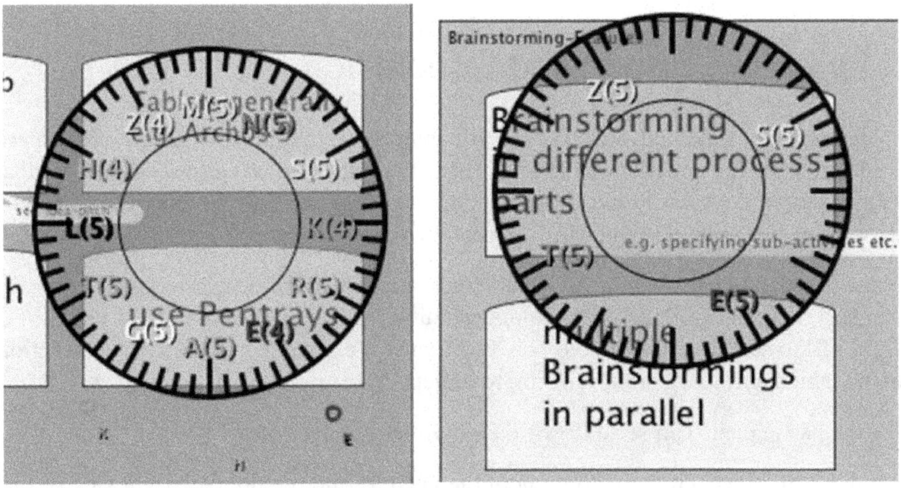

Figure 3: User identification menu for 12 participants (left) and 4 participants (right)

The user distinction mechanism also allows the assignment of individual voting quotas. When a user places a vote, the user's voting quota is decreased by one vote. When the allowed number of votes of a specific user reaches zero, the corresponding signature is no longer available on the clock face, whereby this user may not place further votes.

Voting visualization (Requirement 4)

There are several different requirements for the visualization of voting results leading to three different visualization techniques. Each visualization techniques may be activated separately thus allowing their combination (see Figure 2).

Direct feedback to confirm the success of a voting action is provided by a *dot* on the position of the intended vote. In multi-user-anonymous-mode these dots are colored red, while in multi-user-distinctive-mode their color is chosen corresponding to the user´s color (see Figure 3). Each dot provides a direct feedback to a users tap and thus enables her to recognize if her tap was correct. In multi-user-distinctive mode, the user's signature is also shown at the bottom-right of each dot in the users color (see left side of Figure 3). Additionally, these dots can be tapped in order to remove the corresponding vote.

In order to provide means for easy quantitative analysis, the *Badges* visualization shows small badges in the upper right corner of each element (see right side of Figure 2), containing the current voting count of the element as a numerical value. As stated before, the list of voted elements in the voting panel also provides means for a quantitative analysis (see left side of Figure 2). To provide a quick overview from a distance, we implemented another visualization technique called *Heat maps*, which creates a glowing aura around voted elements, similar to the images produced by infrared cameras (see right side of Figure 2). The brightness, color and intensity of them are related to the amount of votes that the corresponding element received. This enables the users to quickly distinguish between elements that are *hot* and elements that remain *cold.*

6 Lessons Learned and Conclusion

This paper describes the integration of the collaborative, simultaneous usage of an interactive large screen with the practical task of voting. Through our observations and feedback of workshop participants we found a number of requirements that have to be fulfilled when people work together on voting tasks (see section 4).

In contrast to the usage of interactive tabletops, these requirements are partially to the fact that the large screen offers much more opportunities for every participant, to work on different areas of the screen and to move between them. We consider the presented solution as a prototype which still leaves room for improvement, e.g.:

- that the participants can see a list of their own individual votes
- that they can carry out an undo without the need to find the dot (see right side of Figure 2 and left side of Figure 3) which is assigned to their vote

- that an option can be activated with which the dots will disappear after a short feedback has been given to the user or after she has given the next vote. This will help to reduce the influence of the ongoing voting results on other users.

We do not suggest that the current prototype represents a mature solution for voting in the context of the collaborative modeling. However, we consider it as an instrument for further research in this area as it helps to answer questions by experiments and case studies such as:

- How do the voting results differ if the participants give their votes in solitude using their own laptop without observing the behavior of others or communicating with them?
- Which differences can be observed if the votes won´t stay visible after the interaction?
- Does the work on a common artifact intensify the communication between participants and are there any further effects?
- How important is it – and under which conditions – that the users belonging to a touch are identified. How does the identification influence the outcome of the task?

We have only covered one task where multi-user interaction might be feasible in the context of collaborative modeling and creative identification of relevant items of process models. We suggest to develop more applications demonstrating how collaborative, simultaneous work with interactive surfaces can be employed and which allow for further detailed research within practical case studies.

References

Andersen, D. & Richardson, G. (1997). Scripts for group model building. *System Dynamics Review 13* 2, 107-129.

Benko, H., Morris, M., Brush, A. & Wilson, A. (2009). Insights on Interactive Tabletops: A Survey of Researchers and Developers. *Technical Report*

Csikszentmihalyi, M. (1997). *Creativity: Flow and the psychology of discovery and invention.* Harper-Perennial: NewYork, USA.

Dennis, A., Hayes, G. & Daniels Jr, R. (1994). Re-engineering business process modeling. In: *Proceedings of the Twenty-Seventh Hawaii International Conference on System Sciences.* IEEE. S. 244-253.

Guimbretière, F., Stone, M.C. & Winograd, T. (2001). Fluid interaction with high-resolution wall-size displays. In: *Proceedings of the 14th annual ACM symposium on User interface software and technology.* ACM Press. S. 21-30.

Hawkey, K., Kellar, M., Reilly, D.F., Whalen, T. & Inkpen, K.M. (2005). The proximity factor: impact of distance on co-located collaboration. In: *Proceedings of the 2005 international ACM SIGGROUP conference on Supporting group work.* ACM Press. S. 31-40

Herrmann, T. (2006). SeeMe in a nutshell - the semi-structured, socio-technical Modeling Method.

Herrmann, T. (2009). Systems Design with the Socio-Technical Walkthrough. In Whitworth, B. and de Moor, A. (Hrsg.): *Handbook of Research on Socio-Technical Design and Social Networking Systems.* Information Science Publishing. S. 336-351.

Herrmann, T. & Nolte, A. (2010). The Integration of Collaborative Process Modeling and Electronic Brainstorming in Co-Located Meetings. In Kolfschoten, G., Herrmann T. & Lukosch S. (Hrsg.): *CRIWG 2010, LNCS* 6257. Heidelberg: Springer. S. 145-160.

Morris, M. R., Huang, A., Paepcke, A. & Winograd, T. (2006). Cooperative gestures: multi-user gestural interactions for co-located groupware. In: *Proceedings of the SIGCHI conference on Human Factors in computing systems*. ACM Press. S. 1201-1210.

Renger, M., Kolfschoten, G. & De Vreede, G. (2008). Challenges in collaborative modeling: a literature review and research agenda. *International Journal of Simulation and Process Modelling 4* 3, 248-263.

Rouwette, E., Vennix, J. & Thijssen, C. (2000). Group model building: A decision room approach. *Simulation & Gaming 31* 3, 359-379.

Seow, S.C., Wixon, D.R., MacKenzie, S., Jacucci, G., Morrison, A. & Wilson, A. (2009). Multitouch and surface computing. In *Extended Abstracts CHI 2009*. ACM Press. S. 4767-4770.

Shaw, M. (1981). *Group dynamics: The psychology of small group behavior*, McGraw-Hill College.

Motivationssteigerung in Wikis durch systemneutrales Feedback

Athanasios Mazarakis[1], Clemens van Dinther[2]

FZI Forschungszentrum Informatik [1]
Karlsruher Institut für Technologie (KIT) [2]

Zusammenfassung

Wikis sind sehr auf die Beteiligung der angemeldeten Nutzer angewiesen, um eine erfolgreiche Wissensteilung zu erreichen. Zu diesem Zweck wird im vorliegenden Artikel die Wirkung von systemneutralen Feedbackmechanismen auf die Motivation, Beiträge zu schreiben, untersucht. Im Rahmen eines mehrmonatigen Feldexperiments wurden verschiedene Feedbackmechanismen in einem vorlesungsbegleitenden Wiki untersucht. Die Studierenden sollten so motiviert werden, sich aktiv mit Beiträgen zum Inhalt der Vorlesung im Wiki einzubringen und so eine höhere Zahl eigener Beiträge zu schreiben. Alle Feedbackbedingungen führten hierbei zu einem Anstieg der aktiven Beteiligung.

1 Einleitung und verwandte Arbeiten

Ein weit verbreitetes Problem beim Einsatz von Wikis ist die mangelnde Bereitschaft, eigenes Wissen im Wiki bereitzustellen (vom Brocke et al., 2008). Dabei hängt der Erfolg von Wikis sehr stark von der Anzahl und Qualität des Inhalts ab (Ebner et al., 2008). Zur Nachbereitung des in Vorlesungen vermittelnden Wissens ist der Austausch unter den Studierenden sehr wichtig (Seifert et al., 2010). Aber auch hier ist es beim Einsatz von Wikis in der Hochschullehre durchaus ein häufiges Problem, dass kaum Beiträge geschrieben werden (Ebner et al., 2008; Seifert et al., 2010). In diesem Beitrag gehen wir der Frage nach, ob die Teilnehmer mit sogenannten „Feedbackmechanismen" zur Mitarbeit motiviert werden können und ob bestimmte Feedbackmechanismen eher zur Mitarbeit motivieren als andere.

Zwar existieren viele Studien über das allgemeine Nutzungsverhalten im Web 2.0, aber die Motivation der Nutzer zu deren Beteiligung an kollobarativen Werkzeugen, wie zum Beispiel bei Wikis, ist bisher nur notdürftig erforscht (Happel et al., 2010). So haben Majchrzak et al. (2006) anhand von Umfrageergebnissen, Wikinutzer in zwei Kategorien eingeteilt, um deren Verhalten kategorisieren zu können: „Hinzufüger", welche neues Wissen erstellen und „Organisierer", die vorhandene Abschnitte zum Beispiel umformulieren oder Wikiseiten zusammenführen.

Die Autoren beschreiten mit systemneutralem Feedback einen anderen Weg im Bereich der Motivation bei Wikis. Cheshire und Antin (2008), und Ling et al. (2005) haben bereits Feedbackmechanismen zur Erhöhung der Beitragsaktivität in Foren angewendet. Feedback ist auch ein essentieller Bestandteil vieler psychologischer Motivationstheorien, wie z.B. bei der Zielsetzungstheorie von Locke (2001). Feedback hilft außerdem auch beim Zugewinn von deklarativem Wissen in Lernsettings (Chai, 2003). Systemneutrales Feedback wird hierbei als Information definiert, welche auf Logdateidaten basiert und z.B. ohne Nutzerwertung zur Qualität versehen ist. Zur grundsätzlichen Verwendung von Anreizen bei Wikis in der Hochschullehre, wird auf die Arbeit von Seifert, Krämer & Mazarakis (2010) verwiesen.

2 Rahmenbedingungen des Experiments

Die vorliegende Forschungsarbeit stellt die Ergebnisse eines Feldexperiments am Karlsruher Institut für Technologie (KIT) dar. Das Ziel war es zu untersuchen, ob ein neutrales Systemfeedback, beziehungsweise die von uns verwendeten Feedbackmechanismen, zu mehr Beiträgen in einem vorlesungsbegleitenden Wiki führen. Dieses Experiment erörtert hierbei offene Fragen, welche in den vorherigen Studien von Seifert et al. (2010) und Mazarakis und Krämer (2010) entstanden sind und wissenschaftlich beantwortet werden sollen. Die Studie von Seifert et al. (2010) argumentiert hierbei, dass generell Anreize für eine höhere Beitragshäufigkeitsmotivation notwendig sind. Die Studie von Mazarakis et al. (2010) hat hingegen bereits allgemein, Feedbackmechanismen mit deutlich weniger Nutzern untersucht. Aufgrund der bisherigen Ergebnisse, wurde dieses Feldexperiment geplant und durchgeführt.

2.1 Beschreibung der Vorlesung

Um den Hörern der Vorlesung „Grundzüge der Informationswirtschaft" (GZI) den Austausch von Vorlesungsmitschriften zu ermöglichen, wurde ein vorlesungsbegleitendes Wiki aufgesetzt. Die Vorlesung GZI ist eine einführende Veranstaltung in die Informationswirtschaft für Masterstudierende an der Fakultät für Wirtschaftswissenschaften des KIT. Ziel des vorlesungsbegleitenden Wikis ist es, die Qualität der von den Studiereden erstellten Vorlesungsmitschriften zu verbessern, um so den Lernerfolg der Studierenden zu erhöhen. Dazu gehört die prinzipielle Bereitschaft, Notizen in der Vorlesung zu machen, die über das bereitgestellte schriftliche Lernmaterial hinausgehen und die mündlichen Erklärungen des Dozenten zusammenzufassen. Die Teilnahme am Wiki ist prinzipiell freiwillig und durch drei Aktivitäten geprägt: (1) Verfassen eines eigenen Beitrags (d.h. Bereitstellung der eigenen Vorlesungsmitschrift), (2) Redigieren vorhandener Beiträge und (3) Lesen der vorhandenen Beiträge. Zur Steigerung der Partizipation am Wiki wurde ein Anreizsystem etabliert, das auf die ersten beiden Aktivitäten abzielt.

Durch aktive Beteiligung am Wiki konnten Studierende einen Punktebonus für die schriftliche Prüfungsleistung zur Vorlesung sammeln. Dieser Bonus bestand aus je zwei Klausurpunkten für aktives Erstellen eines Vorlesungsprotokolls in Gruppenarbeit und für individuelles Redigieren vorhandener Beiträge. Die Hörer der Vorlesung konnten sich in

Gruppen von bis zu vier Personen zusammenschließen. Die Qualität dieses in der Gruppe erstellten Vorlesungsprotokolls war entscheidend für die Zuteilung des Zwei-Punkte-Bonus. Das Vorlesungsprotokoll musste spätestens zur nächsten Veranstaltung fertiggestellt sein. Ab diesem Zeitpunkt konnten von allen Wiki-Nutzern Veränderungen vorgenommen werden. Die Qualität der Veränderung und Ergänzung bestehender Protokolle wurde auf individueller Basis bewertet und mit bis zu zwei Punkten für die Prüfung belohnt. Typischerweise sind drei Prüfungspunkte für einen Notenschritt um 0,3 bzw. 0,4 notwendig, d.h. von 2,0 auf 1,7 bzw. von 1,7 auf 1,3.

2.2 Die Feedbackmechanismen

In Anlehnung an Cheshire et al. (2008) wurden vier Feedbackmechanismen verwendet, von denen vermutet wird, dass sie zu einer Steigerung der Beitragshäufigkeit führen (in Klammern die Ursprungsbezeichnung): 1. „Dankeschön"-Anzeige (Gratitude); 2. Anzahl der bisherigen, eigenen Beiträge (Historical Reminder); 3. Anzeige eines relativen Rankings der eigenen Beitragshäufigkeit, im Vergleich zu anderen Nutzern (Relative Ranking); 4. Anzeige eines „Peer-Group"-Vergleichs als soziales Ranking. Es werden hierbei nur Personen angezeigt, die ähnlich viele Beiträge geleistet haben (ohne Entsprechung bei Cheshire und Antin). Das Feedback wird immer angezeigt, nachdem die Wiki-Seite verändert und abgespeichert ist. Eine Aktualisierung der Seite, ein Wiederaufrufen der Seite oder auch nur ein versehentliches Speichern der Seite führt hingegen zu keiner Anzeige des Feedbacks. Die Abbildungen 1 bis 4 stellen die vier Feedbackmechanismen vor.

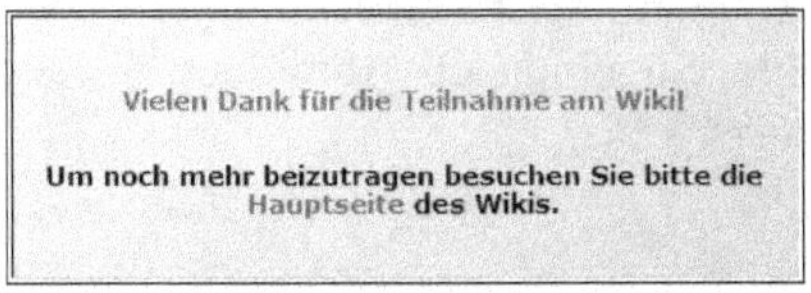

Abbildung 1: „Dankeschön"-Anzeige (Gratitude)

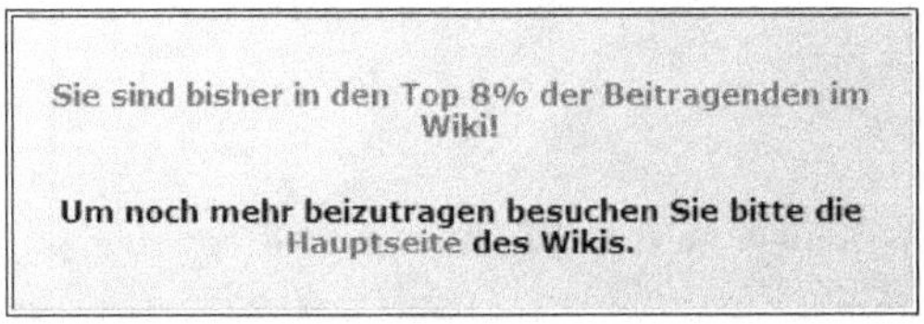

Abbildung 2: Relatives Ranking (Relative Ranking)

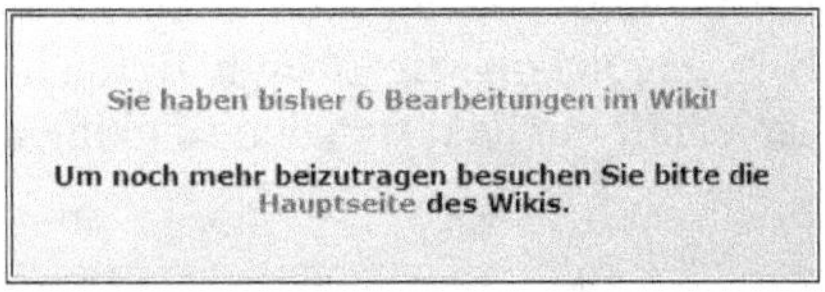

Abbildung 3: Anzeige der Anzahl der bisherigen Beiträge (Historical Reminder)

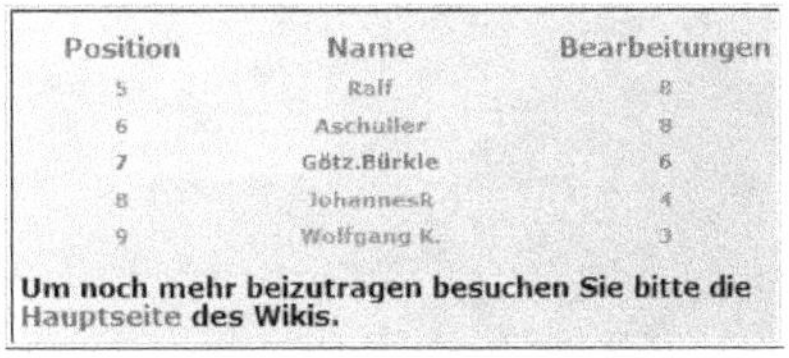

Abbildung 4: Soziales Ranking

Der Zusatz eines sozialen Rankings ist an die Annahme geknüpft, dass die Darstellung von Personen mit ähnlichem Rang, eher zu einem sozialen Wettbewerb führt und somit positiv beeinflussend auf die eigene Beitragshäufigkeit wirkt. Im Gegensatz zu einer absoluten Rangliste, bei der die vorderen Plätze in den meisten Fällen unerreichbar sind und der eigene Einfluss auf das Ranking daher vielleicht als geringfügig wahrgenommen werden könnte, induziert das soziale Ranging möglicherweise den Eindruck von Nähe und Relevanz.

3 Die Feldstudie

Der für diese Studie relevante Erhebungszeitraum liegt zwischen dem 21. Oktober 2009 und dem 19. März 2010. Während dieses Zeitraums konnten sich die Studierenden jederzeit für das Vorlesungswiki registrieren und sich aktiv am Wiki beteiligen. Das Wiki blieb auch über diesen Zeitraum hinaus noch aktiviert, weitere Beiträge konnten aber danach nicht mehr für den Punkte-Bonus gewertet werden. Im berichteten Zeitraum haben sich insgesamt 72 Studierende für das Wiki registriert. Von diesen haben 37 Personen mindestens einen Beitrag im Wiki geleistet, was einer Wiki-Nutzungsquote von 51% entspricht. Das Durchschnittsalter der 37 Studierenden lag bei 23,5 Jahren, die Standardabweichung bei exakt einem Jahr. Die Geschlechter waren ungleich verteilt, mit neun weiblichen Studentinnen (24%), beziehungsweise 28 männlichen Studenten (76%). Die Klausur haben insgesamt 60 Studierende mitgeschrieben und bestanden, worin auch alle Wiki-Nutzer enthalten sind, was damit einer relativen Wiki-Nutzungsquote von 62% ergibt.

Bei der Registrierung für das Vorlesungswiki wurden die Studierenden zu Beginn, zufällig und dauerhaft während der Nutzung des Wikis, einer von sechs Versuchsbedingungen zugewiesen: Jeweils eine Versuchsbedingung bestand aus einem Feedback wie in den Abbildungen 1-4. Das Feedback wurde immer nur unmittelbar nach der Speicherung eines eigenen Beitrags angezeigt. Zusätzlich bestand eine Versuchsbedingung aus der zufälligen Anzeige eines der Feedbacks der Abbildungen 1-4 („Zufälliges Feedback"). Hiermit soll überprüft werden, ob die präsentierte Feedbackart einen Einfluss hat oder nicht. In der Kontrollgruppe (KG) wurde zu keinem Zeitpunkt ein Feedback gezeigt. Das Feedback wurde neben dem Inhaltsverzeichnis, im oberen Bereich der Wikiseite eingeblendet. Abbildung 5 zeigt dies beispielhaft mit dem sozialen Ranking aus Abbildung 4.

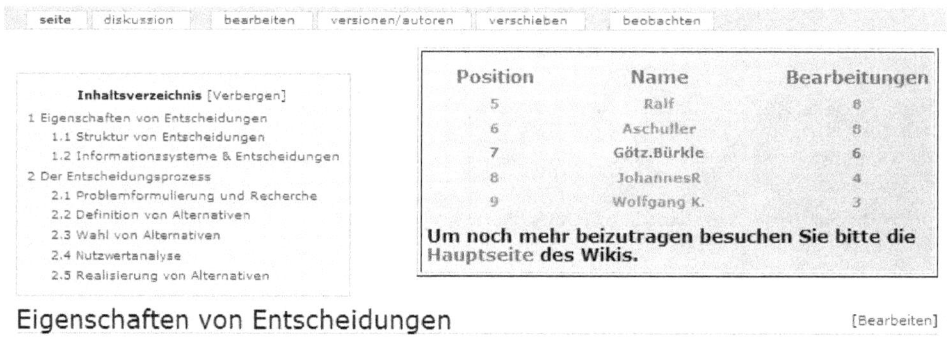

Abbildung 5: Teilweise Darstellung einer Wikiseite mit Anzeige des sozialen Rankings

Zusätzlich war das Feedback farblich so eingebettet, dass es nicht als etwas Besonderes wahrgenommen wird, sondern als zur Wikiseite zugehörig. Damit soll ein sogenannter farblicher Pop-out-Effekt verhindert werden, welcher zu mehr Aufmerksamkeit und damit zu nicht beabsichtigter und zusätzlicher Wahrnehmung führen könnte (Treisman und Gelade, 1980; Treisman, 1998). Außerdem führt eine Aktualisierung der Seite zu keiner wiederholten

Anzeige des Feedbacks. Hiermit ist vom Experimentdesign her sowohl das bereits skizzierte Sechs-Gruppen-Design auswertbar, als auch ein Zwei-Gruppen-Design, zwischen der Kontrollbedingung vs. einer aggregierten Experimentalbedingung mit allen Feedbackmechanismen.

4 Ergebnisse

4.1 Deskriptive Ergebnisse

Insgesamt fanden 641 „echte" Bearbeitungen im Wiki statt. Die Gesamtanzahl an Bearbeitungen im Wiki während des Erhebungszeitraums lag bei 782 Bearbeitungen. 141 Bearbeitungen wurden nicht gewertet, da diese innerhalb von einer Minute nach einer eigenen vorherigen Bearbeitung getätigt wurden oder weil die Wikiseite ohne Änderung neu gespeichert wurde. Eine höhere Beitragszahl würde zu einer Verfälschung der Ergebnisse führen, da diese unter Umständen zu höheren Beitragswerten in den Versuchsbedingungen mit Feedbackmechanismen führen könnten. Aus experimenteller und methodischer Sichtweise dürfen diese daher nicht in Betracht gezogen werden. Tabelle 1 zeigt die deskriptiven Ergebnisse zu den Feedbackmechanismen.

Feedbackvariante	N	M	SD
Kontrollgruppe (KG)	9	8.22	6.48
„Dankeschön"	4	10.00	10.13
Beitrags-Anzeige	6	23.83	34.40
Relatives Ranking	5	20.20	28.05
Soziales Ranking	7	28.14	24.75
Zufälliges Feedback	6	14.33	12.57
Nur Feedback-Gruppe	28	20.25	23.56
Gesamt	37	17.32	21.28

Tabelle 1: Deskriptive Ergebnisse mit Angabe der Feedbackvariante, Anzahl der randomisiert zugewiesenen Teilnehmer, sowie Mittelwert und Standartabweichung der Beiträge im Vorlesungswiki

Aus den Ergebnissen wird deutlich, dass die Studierenden in der Kontrollgruppe im Schnitt 8 Beiträge verfasst haben. Die schwächste Feedbackvariante war die Anzeige eines Dankeschöns mit exakt 10 Beiträgen im Mittel. Die Studierenden in der Versuchsbedingung mit dem sozialen Ranking, haben hingegen mit Abstand die meisten Beiträge im Durchschnitt verfasst, nämlich etwa 28. Alle 28 Studierenden, welche ein Feedback angezeigt bekommen haben, haben im Mittel 20 Beiträge geschrieben.

Zur Klärung von signifikanten Ergebnissen ist aufgrund der geringen Anzahl von Personen in den einzelnen Versuchsbedingungen eine inferenzstatistische Auswertung notwendig. In einer vorherigen Studie wurde bereits der positive Effekt der Feedbackmechanismen in vorlesungsbegleitenden Wikis nachgewiesen, weswegen nun an dieser Stelle gerichtet, einseitig getestet wird, das Signifikanzniveau liegt bei 5% (Mazarakis et al., 2010).

Die Ungleichverteilung von Personen zu den einzelnen Gruppen ist insofern problematisch, weil möglicherweise vorhandene Effekte nicht statistisch bestätigt werden können. Die inferenzstatistische Auswertung, im vorliegenden Fall mit einem t-Test, führt damit zu konservativeren Ergebnissen (Bortz, 1999). Dieser Sachverhalt erschwert damit zusätzlich die Feststellung einer statistischen Signifikanz, da somit nur extrem deutliche Unterschiede eine Chance haben, statistisch signifikant zu werden.

4.2 Inferenzstatistische Ergebnisse

Gruppenvergleiche	**N**	**T**	**r**	**p**
KG vs. „Dankeschön“	13	0.39	.12	0.35
KG vs. Beitrags-Anzeige	15	1.35	.35	0.10
KG vs. Relatives Ranking	14	1.26	.34	0.12
KG vs. Soziales Ranking	**16**	**2.34***	**.53***	**0.02**
KG vs. Zufälliges Feedback	15	1.25	.24	0.12
KG vs. Nur Feedback-Gruppe	37	1.50	.25	0.07

Tabelle 2: Inferenzstatistische Ergebnisse mit Angabe der Gruppenvergleiche, Anzahl der randomisiert zugewiesenen Teilnehmer, T-Wert und Korrelationskoeffizient, sowie der Signifikanz-Wert

Zur Absicherung der deskriptiven Ergebnisse, werden diese nun inferenzstatistisch geprüft. Dabei wird immer gegen die Kontrollgruppe getestet und es wird sowohl eine Korrelation, als auch der t-Test für unabhängige Stichproben berechnet. Die Korrelation bei der Testung zwischen Experimental- und Kontrollgruppe soll den Zusammenhang zwischen den Beiträgen und dem Feedbackmechanismus darstellen.

Was bereits in Tabelle 1 deutlich geworden ist, bestätigt sich nun in Tabelle 2. Alle Feedbackarten haben gegenüber der Kontrollbedingung ohne Feedback zu höherem Beitragsverhalten geführt. Die meisten Feedbackvarianten scheitern knapp an der statistischen

Signifikanz auf dem 5% Niveau. Die einzige Ausnahme hiervon bildet die Feedbackvariante mit dem sozialen Ranking. Das soziale Ranking ist statistisch signifikant mit einem t-Wert von 2.34. Die Korrelation zwischen der Anzahl der Beiträge und der Feedbackvariante im Vergleich zur Kontrollbedingung liegt bei .53 und ist auch signifikant. Cohens d zur Berechnung der Effektstärke beim sozialen Ranking führt zu einem Ergebnis von d=1.10. Dieser Effekt kann als stark in seinem Einfluss bezeichnet werden, da er größer als .80 ist (Cohen, 1988).

Ergebnisse in Bezug auf die Notengebung

Neben den bisher dargestellten deskriptiven und inferenzstatistischen Ergebnissen, stellt sich natürlich auch die Frage, in wieweit diese Ergebnisse von praktischer Bedeutung für die Notengebung sind. Hierbei wurden 60 Klausurteilnehmer in zwei Gruppen unterteilt, nämlich in die Gruppe mit aktiver Nutzung des Wikis (37 Studierende) und in die Gruppe ohne aktive Nutzung des Wikis (23 Studierende).

Im Mittel lag die Endnote für die Wiki-Nutzer bei 2,1 mit einer Standardabweichung von 0,57 Notenpunkten, für die andere Gruppe hingegen lag die Endnote im Schnitt bei 2,6 mit einer Standardabweichung von 1,02 Notenpunkten. Ein zweiseitiger t-Test für unabhängige Stichproben zur Überprüfung des Mittelwerts führte zu einem t-Wert von 2.68, welcher mit p=0.01 signifikant ist. Die beiden Gruppen unterscheiden sich damit signifikant in ihrer Endnote. Cohens d zur Berechnung der Effektstärke führt zu einem Ergebnis von d=.68. Dieser Effekt kann als mittelstark in seinem Einfluss bezeichnet werden, da er größer als .50 ist (Cohen, 1988).

Man könnte nun argumentieren, dass dieser Unterschied nur dadurch zustande kommt, weil die aktiven Nutzer des Wikis einen Klausurbonus wie in Abschnitt 2.1 beschrieben, erhalten haben. Um hier nun Gewissheit zu erlangen, wurde der Bonus heraus gerechnet und nochmals ein t-Test gerechnet. Nun lag im Mittel die Endnote für die Wiki-Nutzer bei 2,2 mit einer Standardabweichung von 0,57 Notenpunkten. Für die andere Gruppe bleibt es hingegen bei einem Endnotenschnitt von 2,6 und einer Standardabweichung von 1,02 Notenpunkten. Ein zweiseitiger t-Test für unabhängige Stichproben zur Überprüfung des Mittelwerts führte zu einem t-Wert von 2.04, welcher mit p=0.05 signifikant ist. Die beiden Gruppen unterscheiden sich damit noch immer signifikant in ihrer Endnote, der Klausurbonus ist nicht statistisch signifikant.

5 Fazit

Der Wissensaustausch über Wikis kann nur funktionieren, wenn auch genügend Beiträge geschrieben werden. Da dies typischerweise auf freiwilliger Basis geschieht, haben wir in diesem Beitrag untersucht, wie verschiedene Feedbackarten, die nach Einstellung eines Beitrags angezeigt werden, die Bereitschaft beeinflussen, weitere Beiträge zu verfassen. Dazu wurde eine Feldstudie mit Master-Studierenden der Vorlesung „Grundzüge der Informationswirtschaft“ am KIT durchgeführt. Die Studierenden konnten im Wiki ihre Vorlesungsmitschriebe und vorlesungsstoffergänzenden Informationen einstellen und so miteinander teilen.

Die Studierenden wurden unterschiedlichen Gruppen zugelost, denen jeweils ein bestimmter Feedbackmechanismus zugeordnet wurde. So war es möglich, den Einfluss der Feedbackart auf die Bereitschaft zur Bereitstellung von Wissen zu untersuchen.

Insgesamt wurden im Versuchszeitraum mehr Beiträge in der Versuchsbedingung mit Feedback, als in der Versuchsbedingung ohne Feedback geschrieben. Die Anzeige des Feedbacks hatte keinen negativen Einfluss. Im Gegenteil, die Gruppen mit Anzeige von Feedback erstellten im Durchschnitt mehr als doppelt so viele Beiträge als die Kontrollgruppe ohne Feedback. Besonders viele Beiträge wurden dabei von der Gruppe geschrieben, die ein soziales Ranking angezeigt bekam. Bemerkenswert ist auch, dass die Teilnehmer im Wiki im Durchschnitt bessere Klausurnoten erzielten als ihre Kommilitonen, die nicht im Wiki registriert waren. Diese Erkenntnis muss jedoch keine Kausalität darstellen, sondern kann sich auch aus einer Korrelation mit weiteren Erklärungsmöglichkeiten ergeben: Es ist durchaus denkbar, dass sich insbesondere die „besseren" Studierenden mit dem Wiki beschäftigt haben und somit von den offensichtlichen Vorzügen von Wikis profitiert haben und so der positive Effekt des Wikis verstärkt wurde (Moskaliuk et al., 2008).

Denkbar ist auch, dass bestimmte Studierende stärker auf den angebotenen Anreiz reagiert haben als Studierende, die weniger extrinsisch motiviert sind. Im ungünstigsten Fall könnte es zu einem Korrumpierungseffekt kommen, also dem Nachlassen von eigenständiger Motivation durch die Darbietung extrinsischer Anreize. Der Effekt wird jedoch nur in seltenen Situationen beobachtet und in der vorliegenden Studie findet sich darauf kein Hinweis (Deci et al., 2001).

Insgesamt motivieren die Ergebnisse der Studie dazu, die Rolle von Feedback im Web 2.0-Kontext weiter zu erforschen. Die Anwendbarkeit ist zum Beispiel auch im Bereich des Semantischen Webs, auch Web 3.0 genannt, gegeben (Mazarakis et al., 2011). Zusätzlich sind die Ergebnisse im Einklang mit der bisherigen Forschung zu Feedbackmechanismen in vorlesungsbegleitenden Wikis. In früheren Studien wurden diese aufgrund von zu geringen Stichprobengrößen nicht statistisch bedeutsam, was in der vorliegenden Studie nicht mehr der Fall ist (Mazarakis et al., 2010).

Bemerkenswert ist zusätzlich, dass viele Feedbackmechanismen nur sehr knapp nicht statistisch signifikant werden. Das knappe Scheitern lässt darauf schließen, dass eine geringfügig größere Stichprobe je Versuchsbedingung zur entsprechenden statistischen Bestätigung führen würde. Davon abgesehen, war das Ergebnis für das soziale Ranking eindeutig und bedeutsam, wie sich durch den großen berechneten Effekt gezeigt hat. Von Vorteil dürfte für diese Studie sowohl der mehrmonatige Zeitraum gewesen sein, als auch die Durchführung als Feldexperiment, um so eine möglichst hohe externe Validität zu gewährleisten.

Allerdings muss auch an dieser Stelle erwähnt werden, dass der Mitarbeitsbonus für die Beteiligung am Vorlesungswiki ebenso zu einer Verzerrung der Ergebnisse führen könnte. Hierbei haben Seifert et al. aber gezeigt, dass ein solcher Bonus notwendig ist, damit ein vorlesungsbegleitendes Wiki akzeptiert wird (Seifert et al., 2010).

Zusätzlich ist relevant, dass nur auf die Quantität geachtet wurde. Ob die Inhalte qualitativ auch für die anderen Studierenden hilfreich waren, wurde in diesem Experiment nicht primär untersucht. Die Beiträge wurden durch den Dozenten auf ihre Qualität geprüft und der Bonus entsprechend vergeben, was die Qualität der Beiträge sicherstellte. Ein Teil der Studierenden kannte sich persönlich, was auch vorteilhaft auf das Beitragsverhalten gewesen sein kann.

Die hier vorgestellte Studie zeigt, dass neben dem allgemeinen Setzen von Anreizen für Vorlesungswikis (Seifert et al., 2010) und der Verwendung von Feedbackmechanismen (Mazarakis et al., 2010), die Auswahl des Feedbackmechanismus relevant sein kann. Es wurden in den Versuchsbedingungen mit systemneutralem Feedback, im Schnitt mehr als doppelt so viele Beiträge geschrieben, als in der Kontrollgruppe ohne Feedback. In der Versuchsbedingung mit sozialen Ranking ist es statistisch signifikant über das Dreifache mehr.

Weitere Studien zur Absicherung der bisherigen Ergebnisse sind in Planung und Durchführung. Der Fokus wird u. A. darin liegen, die erfolgreich identifizierten Feedbackmechanismen auf Korrelationen mit Persönlichkeitseigenschaften und mit noch größeren Vorlesungen (bezogen auf Teilnehmerzahl) zu untersuchen. Während die größeren Vorlesungen primär zur weiteren Absicherung der statistischen Signifikanz relevant sind, ist die Untersuchung von Persönlichkeitseigenschaften und Beitragsverhalten, ein aktuell relevantes Forschungsthema, um noch bessere Möglichkeiten zur Motivation der Studierenden zu erreichen (Meishar-Tal et al., 2010). Die bislang erzielten Resultate geben damit Anlass für weiteres Forschungs- und Erfolgspotential im Web 2.0.

Literaturverzeichnis

Bortz, J. (1999). *Statistik für Sozialwissenschaftler.* Heidelberg: Springer Medizin.

vom Brocke, J., Grob, H., Buddendick, C. & Simons, A. (2010). Anreizsysteme für die E-Learning-Integration: Entwicklung eines Vorgehensmodells für die leistungsorientierte Budgetierung an Hochschulen. In Breitner, M., Lehner, F., Staff J. & Winand, U. (Hrsg.): *E-Learning 2010. Aspekte der Betriebswirtschaftslehre und Informatik*,. Heidelberg: Springer.

Chai, L. (2003). *To Have or Have Not: An Examination of Feedback, Learner Control and Knowledge Type in Online Learning.* In Proceedings of the 36th Hawaii International Conference on System Sciences.

Cheshire, C. & Antin, J. (2008). The Social Psychological Effects of Feedback on the Production of Internet Information Pools. *Journal of Computer-Mediated Communication, 13,* 705-727.

Cohen, J. (1988). *Statistical Power Analysis for the Behavioral Sciences.* Hillsdale: Lawrence Erlbaum Associates.

Deci, E., Koestner, R. & Ryan, R. (2001). Extrinsic Rewards and Intrinsic Motivation in Education: Reconsidered Once Again. *Review of Educational Research, 71,* 1-27.

Ebner, M., Kickmeier-Rust, M. & Holzinger, A. (2008). Utilizing Wiki-Systems in higher education classes: a chance for universal access? *Universal Access in the Information Society, 7,* 199-277.

Happel, H. & Mazarakis, A. (2010). *Considering information providers in social search.* In Proceedings of the 2nd Workshop on Collaborative Information Seeking at the CSCW, 1-5.

Ling, K. et.al. (2005). Using social psychology to motivate contributions to online communities. *Journal of Computer-Mediated Communication, 10,* 2005.

Locke, E. (2001). Motivation by Goal Setting. In Golembiewski, R. (Hrsg.): *Handbook of Organizational Behavior*. New York: Dekker.

Majchrzak, A., Wagner, C. & Yates, D. (2006). *Corporate wiki users: results of a survey*. In Proceedings of the International Symposium on Wikis, WikiSym '06. New York: ACM, S. 99-104.

Mazarakis, A. & Krämer, J. (2010). *Feedbackmechanismen zur Steigerung der Beteiligung im Web 2.0 – Ergebnisse einer Feldstudie zu Vorlesungswikis*. In Proceedings of Workshop-Tagungsband der Konferenz DELFI 2010, S. 187-192.

Meishar-Tal, H. & Gorsky, P. (2010). Wikis: what students do and do not when writing collaboratively. *Open Learning: The Journal of Open and Distance Learning, 25,* 25-35.

Moskaliuk, J. & Kimmerle, J. (2008). *Wikis in der Hochschule – Faktoren für den erfolgreichen Einsatz.* Verfügbar unter http://www.e-teaching.org/didaktik/kommunikation/wikis/08-11-19_Moskaliuk-Kimmmerle_Wikis.pdf [19.03.2011]

Seifert, S., Krämer, J. & Mazarakis, A. (2010). *Anreize zur Nutzung von Wikis in der Hochschullehre: Ergebnisse eines Pilotprojekts.* In Proceedings of. Mensch & Computer 2010. München: Oldenbourg, S. 179-188.

Treisman, A. (1998). The perception of features and objects. *Visual attention. Vancouver studies in cognitive science, 8,* S. 26-54.

Treisman, A. & Gelade, G. (1980). A feature-integration theory of attention. *Cognitive Psychology, 12,* S. 97-136.

Kontaktinformationen

Athanasios Mazarakis
FZI Forschungszentrum Informatik
Bereich IPE
Haid-und-Neu-Str. 10-14
76131 Karlsruhe

E-Mail: mazarakis@fzi.de

Ein hybrider Ansatz zur Unterstützung kollaborativer Designtechniken

Florian Geyer, Ulrike Pfeil, Anita Höchtl, Jochen Budzinski, Harald Reiterer

Arbeitsgruppe Mensch-Computer Interaktion, Universität Konstanz

Zusammenfassung

Dieser Artikel stellt einen hybriden Ansatz zur Unterstützung kollaborativer Designtechniken vor. Die anhand der Designtechnik Affinity Diagramming beschriebenen Interaktionskonzepte werden aus einer Literaturrecherche und einer empirischen Studie abgeleitet. Diese Analyse zeigt, dass die Nutzung von Papierartefakten insbesondere in divergenten Phasen von Vorteil ist. Des Weiteren wird aufgezeigt, welche Auswirkung häufige Wechsel zwischen Arbeitsflächen in konvergenten Phasen haben können. Die auf Basis dieser Erkenntnisse entwickelten Interaktionskonzepte kombinieren Papierartefakte mit interaktiven Displays zur Unterstützung kreativer Arbeitsabläufe.

1 Einleitung

Hybride Benutzerschnittstellen (Kirk et al. 2009) vereinen direkt-manipulative Interaktion auf Displays (z.B. Multi-touch) mit physischen Objekten (z.B. Tokens). Dieser Ansatz besitzt ein großes Potential für kollaborative Anwendungsdomänen, da er einer Gruppe von Benutzern einen flüssigen und unkomplizierten Zugang zu digitalen Informationen ermöglicht. Zugleich fördern begreifbare Benutzerschnittstellen (TUIs) gleichberechtigte und spielerische Explorationen und können daher auch einen positiven Einfluss auf die Motivation der Benutzer und die Sichtbarkeit von Aktionen haben (Hornecker 2002). Gerade für kreative Gruppenarbeiten wird daher besonders viel Potenzial gesehen, da in diesem Umfeld Technologie bisher eher hinderlich war. Desktopsysteme erzwingen zum Beispiel einen extremen Wechsel zwischen Gruppenaktivität und Einzelinteraktion, was zu einer Störung kreativer Arbeitsabläufe führt (Terry & Mynatt 2002). Hybride interaktive Anwendungen setzen jedoch auch immer einen sinnvollen Übergang zwischen physischer und digitaler Interaktion voraus. Es ist eine große Herausforderung beide Welten sinnvoll in einen Arbeitsablauf zu integrieren und dabei auch die Stärken und Schwächen der jeweiligen Technologien zu berücksichtigen.

Der in diesem Artikel vorgestellte Ansatz zeigt beispielhaft auf, wie hybride Interaktionstechniken zur Unterstützung von Designaktivitäten eingesetzt werden können. Die Interaktionskonzepte werden aus einer Literaturrecherche und der empirischen Beobachtung und Analyse einer kollaborativen Designtechnik abgeleitet und anhand einer prototypischen Umsetzung aufgezeigt (siehe Abb. 1). Im Folgenden werden zunächst verwandte Arbeiten vorgestellt. Anschließend werden die Ergebnisse der Literaturrecherche und der Analyse beschrieben. Daraufhin wird das resultierende Interaktionskonzept erläutert, bevor weitergehende Forschungsarbeiten diskutiert werden.

Abbildung 1: Das in diesem Artikel vorgestellte Interaktionskonzept (rechts) basiert auf einer Beobachtung und Analyse der kollaborativen Designtechnik Affinity Diagramming (links).

2 Verwandte Arbeiten

Ein richtungweisendes Konzept zur Unterstützung von Gruppenarbeiten an Website-Strukturen wurde mit *The Designer's Outpost* vorgestellt (Klemmer et al. 2001). Das System kombiniert Haftnotizen mit einem interaktiven Whiteboard. Durch eine über dem vertikalen Display angebrachte Kamera können die Notizen digitalisiert und daraufhin um virtuelle Verknüpfungen ergänzt werden. In ähnlicher Weise werden bei *DigiPost* (Jiang et al. 2007) Haftnotizen für die kollaborative Annotation von digitalen Karten auf einem horizontalen Display verwendet. Das System verwendet für die Interaktion mit der Software und für die Digitalisierung der Notizen die *Digital Pen & Paper*[1] Technologie. Haller et al. (2006) zeigen mit dem *Shared Design Space* weitere Möglichkeiten zur Integration von Papier auf stiftbasierten digitalen Tischen auf. Eine optische Markererkennung ermöglicht hier eine direkte Kombination von digitalen Bildern und Papier zur Erstellung von Zeichnungen. Auf ähnliche Art werden in *Pictionaire* (Hartmann et al. 2010) digitale Bilder auf Papier projiziert um Annotationen zu ermöglichen. Neben papierbasierten Interaktionstechniken sind auch Konzepte für die Gestaltung der physischen Arbeitsumgebung relevant für diese Arbeit, da diese einen direkten Einfluss auf den Arbeitsablauf und die sozialen Aspekte von Gruppenarbeit haben. So wurde gezeigt, dass eine Kombination aus mehreren interaktiven Displays für kreative Gruppenarbeit von Vorteil sein kann. *BrainStorm* (Hilliges et al. 2007)

[1] www.anoto.com

kombiniert einen stiftbasierten, interaktiven Tisch mit einer großflächigen Wandprojektion zur Unterstützung von Brainstorming-Prozessen. Digitale Notizzettel werden auf dem Tisch erstellt und können anschließend an der Wandprojektion mittels Stiftinteraktion verteilt und gruppiert werden. *TeamStorm* (Hailpern et al. 2007) kombiniert mobile Tablet PCs mit einem interaktiven Whiteboard für die kollaborative Erstellung und Diskussion von digitalen Skizzen.

Eine bisher weniger beachtete Fragestellung ist jedoch, wie *hybride Benutzerschnittstellen* in den *Arbeitsablauf* kollaborativer *Designtechniken* integriert werden können und welche Mehrwerte dadurch in Bezug auf typische Merkmale kreativer Prozesse entstehen können.

3 Analyse

Um eine Anwendung in einem realistischen Kontext zu erforschen, wurde eine Analyse durchgeführt, deren Ergebnisse im Folgenden beschrieben werden. Basierend auf einer Literaturrecherche werden einige wichtige Charakteristiken kollaborativer Designaktivitäten herausgearbeitet. In einem zweiten Schritt werden diese Ergebnisse für eine Beobachtung der Designtechnik Affinity Diagramming herangezogen. Durch eine quantitative und qualitative Analyse werden schließlich konkrete Probleme aufgezeigt, die als Basis für das Design eines Interaktionskonzepts dienen.

3.1 Charakteristiken kollaborativer Designaktivitäten

Kreative Aktivitäten werden oft als eine rapide, iterative Abfolge von Ideen-Generierung und Ideen-Bewertung beschrieben (Terry & Mynatt 2002). Dabei wird die Phase der Generierung oft auch als *divergent* charakterisiert, da dort eine Vielzahl von unterschiedlichen Ideen entwickelt wird. Daraufhin folgt üblicherweise eine *konvergente* Phase, in der durch eine Bewertung aus übereinstimmenden oder ähnlichen Ideen eine *Synthese* erzielt werden sollte (Herring et al. 2009). Der schnelle Wechsel zwischen diesen zwei Aktivitäten wird von Schön (1983) als *Reflection-in-Action* bezeichnet und als kritisches Merkmal erfolgreicher kreativer Arbeitsweisen beurteilt. Im Kontext von kollaborativen Designaktivitäten wird die divergente Phase oft individuell und parallel durchgeführt, während die konvergente Phase ein gemeinsames Verständnis und Abstimmung unter Gruppenmitgliedern voraussetzt. Dabei haben soziale Faktoren, wie Bewertungsangst oder gegenseitige Blockierung, einen erheblichen Einfluss auf die Effektivität (Warr & O'Neill 2005). Deshalb werden von professionellen Designern oft Methoden und Designtechniken bevorzugt, die durch einen strukturierten Ablauf eine Kontrolle über soziale Interaktionen ermöglichen (Herring et al. 2009; Beyer & Holtzblatt 1998). Die physische Umgebung und die Art der Interaktion mit Artefakten spielen dabei eine wichtige Rolle, da diese als Werkzeuge zum Ideen-Austausch verwendet werden. So beschreibt eine ethnographische Studie von Vyas et al. (2009), welche Rolle physische Arbeitsflächen in Design Studios für die Kommunikation und Koordination spielen. Aus der Studie geht hervor, dass in der Praxis vertikale und horizontale Arbeitsflächen (sog. *Live Surfaces)* unterschiedliche Charakteristiken aufweisen, die einen direkten Einfluss auf die Qualität der Kollaboration haben können. In diesem Zusammenhang stellen Cook und Bailey (2005) durch eine umfangreiche Befragung von Designern fest, dass Papier, als flexibles und einfach zu handhabendes Artefakt in Gruppenaktivitäten eine hohe Akzeptanz genießt. Dies ist unter anderem durch die unkomplizierten Eigenschaften von Papier zu erklären, die den kreativen Fluss einer Gruppenaktivität genauso unterstützen wie die sozialen Interaktionen innerhalb der Gruppe. Zusammenfassend betonen wir folgende Charakteristiken: i) die Rolle sozialer Interaktion in divergenten und konvergenten Phasen, ii) der Einfluss der physischen Arbeitsumgebung auf die Designaktivität und iii) den Umgang mit Papierartefakten.

3.2 Beobachtung der Designtechnik Affinity Diagramming

Auf Basis einer Literaturrecherche alleine ist es nur schwer möglich konkrete Interaktionskonzepte abzuleiten. Es ist daher nötig ein tieferes Verständnis dafür zu erlangen, wie sich die beschriebenen Charakteristiken in der Praxis manifestieren und miteinander interagieren. Daher wurden die oben genannten Merkmale anhand einer typischen Designtechnik genauer untersucht. Als ein geeignetes Beispiel stellte sich *Affinity Diagramming*, beschrieben von Beyer und Holtzblatt (1998), heraus. Diese Methode ist eine weit verbreitete Designtechnik, die in ähnlicher oder abgewandelter Weise in Gruppen praktiziert wird. Beyer und Holtzblatt (1998) empfehlen für diese Technik explizit die Verwendung von Papierartefakten. Der grundsätzliche Arbeitsablauf besteht aus drei Phasen: In der ersten Phase werden von den Teilnehmern individuell Ideen oder Anregungen zu einem zuvor festgelegten Designproblem auf Haftnotizen geschrieben (divergente Phase). In der zweiten Phase werden diese Ideen rundenbasiert den anderen Teilnehmern präsentiert und auf eine gemeinsame Arbeitsfläche übertragen. Die dritte Phase dient dazu, die Haftnotizen auf Basis ihrer Ähnlichkeit (Affinität) so anzuordnen, dass ein gemeinsames Verständnis ermöglicht wird (konvergente Phase). Aufgrund dieses Ablaufs kann die Technik als typisch für eine Reihe von kollaborativen, papierbasierten Designtechniken betrachtet werden, die ein tieferes Verständnis eines Designproblems und dessen Lösung zum Ziel haben (Herring et al. 2009). Des Weiteren ist diese Technik durch ihre Rahmenbedingungen besonders geeignet, um die oben genannten Charakteristiken genauer zu untersuchen.

Es wurden drei Gruppen von Studenten (4-6 Studenten pro Gruppe, N=15) im Rahmen einer Vorlesung mit praktischer Übung zum Thema Interaktionsdesign beim Ausführen der Designtechnik beobachtet. Die Arbeitsumgebung (siehe Abb. 1, links) bestand, unter Berücksichtigung der Ergebnisse von Vyas (2009), aus einer horizontalen (Tisch) und einer vertikalen Arbeitsfläche (Pinnwand). Des Weiteren wurden verschiedenfarbige Haftnotizen und Stifte als Arbeitsmaterialen zur Verfügung gestellt. Nach einer Einführung in die Ziele und die Vorgehensweise der Designtechnik sowie das Designproblem (Gestenbasierte Interaktion mit einem Infotainmentsystem im Auto) führten die Studenten die Technik selbstständig aus. Die Gruppenaktivitäten wurden auf Video aufgezeichnet und zusätzlich von zwei Versuchsleitern mit Hilfe eines strukturierten Beobachtungsprotokolls erfasst. Eine Sitzung dauerte zwischen 1,5 und 2 Stunden. Basierend auf den Prinzipien von *Interaction Analysis* (Jordan & Henderson 1995) und der qualitativen Inhaltsanalyse nach Mayring (2000), wurden für die in Kapitel 3.1 genannten Charakteristiken konkrete Kategorien entwickelt (Interaktion mit Papier, Aufmerksamkeit auf Arbeitsflächen und Soziale Interaktionen) und durch ein iteratives Verfahren in ein Kodierschema übertragen (siehe Abb. 2 und Abb. 3). Die Videoaufzeichnungen wurden aufgrund der identifizierten Phasen in Blöcke aufgeteilt, welches zusätzliche Information über die Unterschiede zwischen konvergenten und divergenten Aktivitäten liefert. Die jeweiligen Einzelaktivitäten der Teilnehmer wurden in Teilen von zwei Versuchsleitern kodiert. Eine Analyse der Interrater-Reliabilität ergab ein Cohens Kappa von 0.86, was als ausreichend angesehen wird. Die Frequenz der kodierten Aktivitäten gibt Aufschluss über die jeweilige Wichtigkeit in Bezug auf die drei Phasen der Designtechnik. Nach der Kodierung wurde die Videoaufzeichnung nach besonders auffälligen Kategorien gefiltert, um die betreffenden Videoausschnitte für eine qualitative Inhaltsanalyse heranzuziehen. Diese zweite Analyse ermöglichte es, Erklärungen für das Verhalten der Teilnehmer zu identifizieren (z.B. Warum halten die Teilnehmer Haftnotizen in der Hand?). Im Folgenden werden die wichtigsten Ergebnisse der Analyse innerhalb der Kategorien *Interaktion mit Papier* und *Arbeitsflächen und Aufmerksamkeit* zusammengefasst. Auf die Beschreibung der Ergebnisse aus der Kategorie *Soziale Interaktionen* muss aus Platzgründen verzichtet werden.

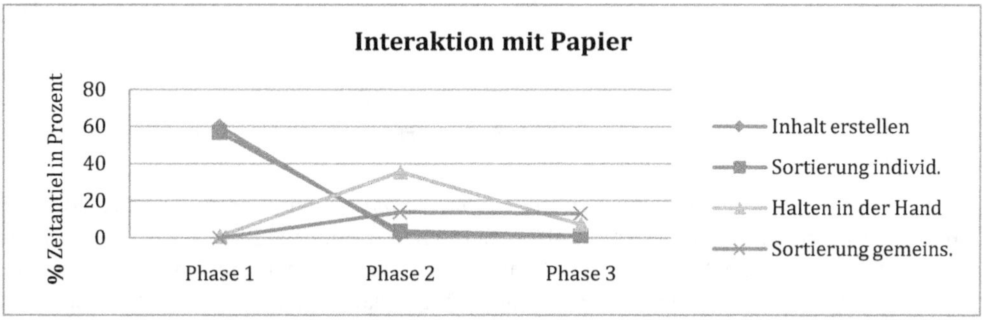

Abbildung 2: Frequenz und Art der Interaktionen mit Papier, verteilt auf die drei Kernphasen der Designtechnik.

Die Kategorien innerhalb des Aspektes *Interaktion mit Papier* waren: Die Erstellung von Inhalten, die Sortierung von Inhalten in einem persönlichen Arbeitsbereich, das Halten von Notizen in der Hand und die räumliche Anordnung von Papier an der Pinnwand. Abb. 2 zeigt die Frequenz dieser Aktivitäten, verteilt auf die drei Phasen der Designtechnik. Der Wert beschreibt den Anteil der Zeit in Prozent, den diese Aktivität für jeden Teilnehmer im Durchschnitt in der jeweiligen Phase eingenommen hat. So verbrachte ein Teilnehmer während der ersten Phase beispielsweise etwa 60 Prozent seiner Zeit für die Erstellung von Inhalten. Da die Kodierung der Aktivitäten nicht exklusiv durchgeführt wurde, überlappen sich diese Werte teilweise. Es konnte so jedoch festgestellt werden, dass die Erstellung von Inhalten untrennbar mit einer Sortierung im persönlichen Arbeitsbereich einhergeht. Eine inhaltliche Analyse dieser Aktivität ergab, dass die Teilnehmer die Sortierung in einem persönlichen Arbeitsbereich nutzen, um sich auf die Phase der Präsentation vorzubereiten oder um nach Inspiration zu suchen. Es konnte zudem beobachtet werden, dass diese Vorsortierung zu Problemen in der zweiten Phase führte, in der die Haftnotizen auf die gemeinsame Arbeitsfläche übertragen werden mussten. Hände, Teile der Arme und andere Objekte (z.B. Notiz-blöcke oder Bücher) wurden dazu verwendet, eine Reihe von Haftnotizen zwischen den Arbeitsbereichen zu transportieren. Diese Problematik führte dazu, dass die Teilnehmer in dieser Phase eine erhöhte Aufmerksamkeit auf Arbeitsflächen und Artefakte legten, und dadurch die Konzentration auf andere Gruppenmitglieder während der Präsentation gering blieb (siehe Abb. 3). Die Interaktion mit Haftnotizen in der dritten Phase war geprägt von Sortierungen in beiden Arbeitsbereichen und entsprechenden Transfer-Aktionen. Auch hier zeigten sich Probleme aufgrund des Abstandes zwischen den Arbeitsflächen. Es war zudem eine *gegenseitige Blockierung* der Teilnehmer durch eine eingeschränkte Sichtbarkeit und Erreichbarkeit der Haftnotizen auf der Pinnwand zu beobachten.

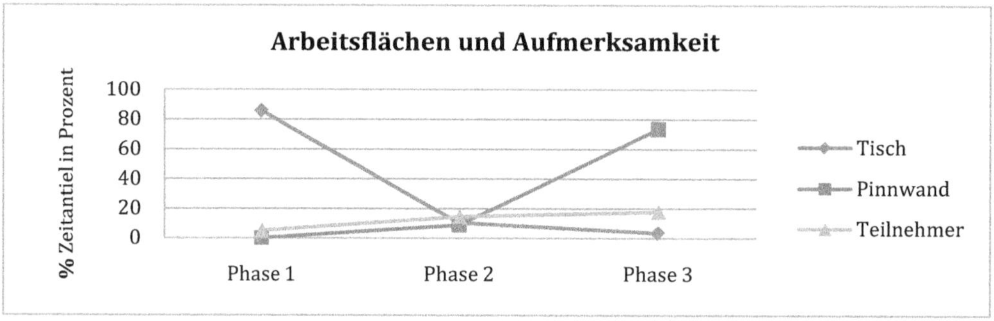

Abbildung 3: Verteilung der individuellen Aufmerksamkeit auf die drei Kernphasen der Designtechnik.

Innerhalb des Aspektes *Arbeitsflächen und Aufmerksamkeit* wurde zwischen der Aufmerksamkeit der Teilnehmer auf die Arbeitsflächen Tisch und Pinnwand sowie auf andere Personen unterschieden (siehe Abb. 3). Während in der ersten Phase meist still in den persönlichen Arbeitsbereichen gearbeitet wurde (86%) und kaum soziale Interaktionen stattfanden, dominierte dagegen in der dritten Phase die Pinnwand als gemeinsamer Arbeitsbereich (74%), begleitet mit erhöhter Aufmerksamkeit auf Gruppenmitglieder (17%) während der Diskussion und Anordnung der Haftnotizen. Alle Gruppen verwendeten die Pinnwand als gemeinsamen Arbeitsbereich während der konvergenten Phase. Auffallend waren außerdem ein *häufiger Wechsel* der Aufmerksamkeit zwischen dem persönlichen und gemeinsamen Arbeitsbereich während der zweiten Phase und ein häufiger Wechsel zwischen Sortierung auf der Pinnwand und Diskussion unter den Teilnehmern in der dritten Phase. Es wurde zudem festgestellt, dass die Teilnehmer durch alle Phasen hinweg vom persönlichen Arbeitsbereich (Tisch) Gebrauch machten (siehe Abb. 2). Die Teilnehmer hatten teilweise Probleme der Gruppenarbeit zu folgen, wenn sie sich kurzzeitig in den persönlichen Bereich zurückgezogen hatten oder der gemeinsame Arbeitsbereich von anderen Teilnehmern verdeckt wurde. Während der Diskussion an der Pinnwand wurden zudem häufig Positionen gewechselt, um zwischen aktiver Sortierung der Haftnotizen, Betrachtung einer bestimmten Anordnung oder dem Überblick über die restlichen Haftnotizen zu wechseln. Dies führte jedoch zu einem *erhöhtem Koordinationsaufwand* in den Gruppen, der meist von einer Person übernommen wurde.

Aus der Analyse ergaben sich zusammengefasst folgende Erkenntnisse: (i) *Papier* ist besonders in *divergenten Phasen* nützlich, da es Ideen-Generierung in einem *semi-privaten Arbeitsbereich*, sowie *individuelle Reflektion* effizient unterstützt (siehe Abb. 2); (ii) Der *Transfer* zwischen den Arbeitsbereichen und die Interaktion in *konvergenten Phasen* können jedoch mit *visueller Blockierung* verbunden sein; (iii) Die Aufmerksamkeit auf Arbeitsflächen und auf Personen ist vor allem in der *konvergenten Phase* durch einen *häufigen Wechsel* gekennzeichnet. Die physische Trennung der Arbeitsflächen kann dabei zu einem *erhöhtem Koordinationsaufwand* und einer *unausgeglichenen Beteiligung* der Teilnehmer führen.

4 Ein hybrides Interaktionskonzept

Im Folgenden wird ein hybrides Interaktionskonzept vorgestellt, das auf Basis der Erkenntnisse der Analyse in einem iterativen Designprozess entwickelt wurde. Es beschreibt konkrete Möglichkeiten den Gestaltungsfreiraum von hybriden Benutzerschnittstellen für die Unterstützung der Designtechnik Affinity Diagramming zu nutzen, um die gewohnten Abläufe physischer Praxis mit den Vorteilen digitaler Technologie zu vereinen. Der Ansatz umfasst drei grundlegende Konzepte:

Einsatz von Papier in divergenten Phasen. Unsere Ergebnisse zeigen, dass die Handhabung von Papier besonders in der ersten Phase von Vorteil ist. Zur Unterstützung *individueller Arbeitsbereiche* während divergenter Phasen und zur *Erleichterung des Transfers* in einen gemeinsamen Arbeitsbereich könnte daher *Digital Pen & Paper* verwendet werden. Es bewahrt die gewohnte Möglichkeit der Erstellung und Vorsortierung in einem *semi-privaten Arbeitsbereich*. Durch eine direkte Digitalisierung der Handschrift oder von Handzeichnungen ist es zudem möglich, digitale Kopien ohne *physische Einschränkungen* in den gemeinsamen Arbeitsbereich zu übertragen. Dies kann beispielsweise durch ein Auflegen der Papierartefakte auf ein interaktives Display realisiert werden (siehe Abb. 4, links). Das Papier verbleibt anschließend für *individuelle Reflektion und Manipulation* im persönlichen Arbeitsbereich. Da die Stifte getrennt voneinander identifiziert werden können, ist es zusätzlich möglich, die Herkunft der digitalen Notiz nachzuverfolgen und eine Suche nach dem Autor der Notiz über ein personalisiertes Symbol anzubieten. Dies kann insbesondere in der konvergenten Phase für das *gegenseitige Verständnis* und zur *Förderung* der *individuellen Beteiligung* genutzt werden.

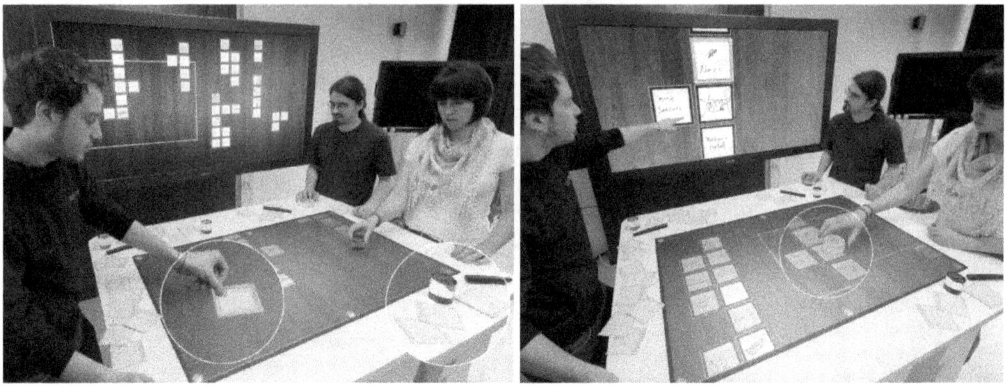

Abbildung 4: Persönliche Arbeitsbereiche am Tischrand ermöglichen individuelle Arbeit in divergenten Phasen; der Tisch bietet einen gemeinsamen Arbeitsbereich für konvergente Phasen; ein gekoppeltes, vertikales Display ermöglicht einen schnellen Wechsel zwischen Übersicht und Detail (links) sowie Aktion und Reflektion (rechts).

Vereinigung von horizontalen und vertikalen Arbeitsflächen. Wie unsere Beobachtung zeigte, können durch häufige Wechsel zwischen physisch getrennten Arbeitsbereichen *gegenseitige Blockierung* und *Koordinationsprobleme* entstehen. Durch einen gekoppelten Arbeitsbereich zwischen interaktiven Displays kann jedoch ein *schnellerer Wechsel* zwischen *Aktion und Reflektion* sowie *Übersicht und Detail* erreicht werden. Diese Vereinigung von Arbeitsflächen kann beispielweise durch die Kombination eines Multi-touch Tisches mit einem großen, hochauflösenden Wanddisplay (siehe Abb. 4, links) erfolgen. Der Tisch zeigt dabei nur einen verschiebbaren Ausschnitt des gesamten Arbeitsbereiches, der auf dem Wanddisplay vollständig dargestellt wird. Auf diese Weise kann, durch eine explizite Trennung der Arbeitsbereiche für Aktion und Reflektion, *visuelle Blockierung* reduziert werden. Der gemeinsame Arbeitsbereich bleibt so stets für alle Teilnehmer sichtbar. Die Verknüpfung der Arbeitsflächen muss jedoch durch entsprechende Visualisierungen deutlich gemacht werden um den kognitiven Mehraufwand dieser duplizierten Ansicht zu kompensieren. Dies kann durch eine Hervorhebung von fokussierten Artefakten (*Highlighting*) und durch eine Visualisierung des Fokusbereichs auf dem Kontextdisplay erreicht werden. Während Diskussionsphasen könnten zudem interaktive *Detailansichten* integriert werden, die beispielsweise durch Auflegen eines physischen Tokens auf den Tisch aufgerufen werden (siehe Abb. 4, rechts). Die Vergrößerung eines Ausschnittes des Arbeitsbereiches kann so als *Koordinationswerkzeug* genutzt werden.

Fokussierung der Interaktion in konvergenten Phasen. Wie unsere Studie zeigte, führt die physische Trennung der Arbeitsflächen besonders in der dritten Phase zu einer *unausgeglichenen Beteiligung* der Teilnehmer. Daher kann während konvergenter Phasen eine von allen Teilnehmern gut erreichbare Arbeitsfläche zur Förderung *gleichberechtigter Beteiligung* beitragen. So können Interaktionen, die eine gemeinsame Diskussion voraussetzen, durch eine räumliche Beschränkung der Arbeitsfläche und durch die Verwendung physischer Werkzeuge von den Teilnehmern *besser nachverfolgt* werden. Zum Beispiel kann ein Multitouch Tisch zur Fokussierung der Interaktion verwendet werden (siehe Abb. 4). Dies erlaubt eine realitätsnahe Anordnung der digitalen Kopien durch Multi-touch Interaktion. So können direkt-manipulative Interaktionstechniken und Gesten zur Manipulation (z.B. Farbänderung der Notizen) und Gruppierung eingesetzt werden. Physische Token (siehe Abb. 4, links) können zudem verwendet werden um typische Aufgaben wie das Löschen, Einsammeln und Weitergeben von Notizen aktiv zu unterstützen. Die hybride Digitalisierung dieser Aufgaben durch physische Token kann eine *erhöhte Sichtbarkeit* der Aktionen erreichen.

5 Ausblick

Dieser Artikel demonstriert am Beispiel einer kollaborativen Designtechnik die Herleitung eines hybriden Interaktionskonzepts zur Unterstützung kreativer Gruppenaktivitäten. Die vorgestellten Interaktionstechniken können in angepasster Weise für ähnliche Designmethoden verwendet werden (z.B. Sketching). Zudem adressieren die Kernkonzepte generische Phasen und Charakteristiken kreativer Gruppenarbeit. Der Artikel liefert jedoch keinen empirischen Nachweis über positive Auswirkungen der beschriebenen Interaktionstechniken. Es ist daher eine tiefergehende Evaluationsstudie nötig, um die Auswirkungen auf Effizienz, Effektivität und soziale Koordination in der Praxis zu untersuchen.

Danksagung

Wir danken der DFG für die Förderung dieser Arbeit (RE 1843/3-1). Dank gilt auch Hans-Christian Jetter und Michael Zöllner für die Entwicklung des Softwareframeworks ZOIL, das als technische Basis für die Umsetzung des Prototypen verwendet wurde.

Literaturverzeichnis

Beyer, H. & Holtzblatt, K. (1998). *Contextual design: defining customer-centered systems.* San Francisco: Morgan Kaufmann.

Cook, D. J. & Bailey, B. P. (2005). *Designers' use of paper and the implications for informal tools.* Proceedings of the 17th Australia Conference on Computer-Human Interaction: Citizens Online: Considerations for Today and the Future. ACM Press.

Hailpern, J., Hinterbichler, E., Leppert, C., Cook, D. & Bailey, B. P. (2007). *TEAM STORM: demonstrating an interaction model for working with multiple ideas during creative group work.* Proceedings of the 6th ACM Conference on Creativity & Cognition. ACM Press. 193-202.

Haller, M., Leithinger, D., Leitner, J., Seifried, T., Brandl, P., Zauner, J. & Billinghurst, M. (2006). *Shared design space: sketching ideas using digital pens and a large augmented tabletop setup.* Advances in Artificial Reality and Tele-Existence. Lecture Notes in Computer Science. Springer. 185-196.

Hartmann, B., Morris M.R., Benko H. & Wilson, A.D. (2010). *Pictionaire: supporting collaborative design work by integrating physical and digital artifacts.* Proceedings of the 22nd ACM Conference on Computer Supported Cooperative Work. ACM Press. 421–424.

Herring, S. R., Jones, B. R. & Bailey, B. P. (2009). *Idea generation techniques among creative professionals.* Proceedings of the 42nd Hawaii International Conference on System Sciences. IEEE Computer Society. 1-10.

Hilliges, O., Terrenghi, L., Boring, S., Kim, D., Ritcher, H. & Butz, A. (2007). *Designing for collaborative creative problem solving*. Proceedings of the 6th ACM Conference on Creativity & Cognition. ACM Press. 137-146.

Hornecker, E. (2002). *Understanding the benefits of graspable interfaces for cooperative use*. Cooperative Systems Design: A Challenge of the Mobility Age. IOS Press. 71 -87.

Jiang, H., Yeh, R. B., Winograd, T. & Shi, Y. (2007). *DigiPost: writing on post-its with digital pen to support collaborative editing tasks on tabletop displays*. Adjunct Proceedings of the 20th Annual ACM Symposium on User Interface Software and Technology. ACM Press.

Jordan, B. & Henderson, A. (1995). *Interaction analysis: foundations and practice*. The Journal of the Learning Sciences, Vol. 4(1). 39-103.

Kirk, D., Sellen, A., Taylor, S., Villar, N. & Izadi, S. (2009). *Putting the physical into the digital: issues in designing hybrid interactive surfaces*. Proceedings of the 23rd British HCI Group Annual Conference on People and Computers. British Computer Society. 35-44.

Klemmer, S.R., Newman, M.W., Farrell, R., Bilezikjian, M. & Landay, J.A. (2001). *The Designers' Outpost: A tangible interface for collaborative web site design*. Proceedings of the 14th Annual ACM Symposium on User Interface Software and Technology. ACM Press. 1-10.

Mayring, P. (2000). *Qualitative content analysis*. Forum: Qualitative Social Research / Forum Sozialforschung FQS, Vol. 1(2). Art. 20.

Schön, D. A. (1983). *The reflective practitioner: How professionals think in action*. Basic Books.

Terry, M. & Mynatt, E. D. (2002). *Recognizing creative needs in user interface design*. Proceedings of the 4th ACM Conference on Creativity & Cognition. ACM Press. 38-44.

Vyas, D., Van Der Veer, G., Heylen, D. & Nijholt, A. (2009). *Space as a resource in creative design practices*. Proceedings of the 12th IFIP TC13 Conference on Human-Computer Interaction: INTERACT 2009. Springer. 169–172.

Warr, A. & O'Neill, E. (2005). *Understanding design as a social creative process*. Proceedings of the 5th ACM Conference on Creativity & Cognition. ACM Press. 118-127.

Future Interfaces

Rolf Kruse, Paul Grimm[1]

Fachrichtung Angewandte Informatik, Fachhochschule Erfurt

[1] seit Juni 2011: Hochschule Fulda

1 Einleitung

Die Form der Interaktion mit digitalen Inhalten verändert sich anhaltend rasant: Erweiterte Anwendungsgebiete, neue Einsatzsituationen, veränderte Zielgruppen, höhere Akzeptanz erfordern und ermöglichen neue Konzepte und Technologien.

Die Fachhochschule Erfurt bietet im Bachelor-Studiengang Angewandte Informatik den Schwerpunkt Medieninformatik an. Im 6. Semester, kurz vor Ihrem Abschluss, erarbeiten die Studierenden innerhalb von drei Wochen in Teams von 3-4 Personen Konzepte und Vorstellungen für den Umgang mit Digitalen Medien in der Zukunft: Ausgangsbasis für die Überlegungen sind aktuelle Forschungen in den Gebieten wie Natürliche Interaktion, Augmented und Mixed Reality, Immersive Displays, Ubiquitous Computing, Avatare, Gesten- und Gedankensteuerung, Physical Computing, e-Inclusion u.ä.m.

Der Zeithorizont für die Realisierbarkeit und Verbreitung ist mit 5-10 Jahren etwas enger gesetzt, um nachvollziehbare Bezüge zu aktuellen technischen Entwicklungen und Forschungsansätzen herstellen zu können. Die Visualisierung der Vorschläge erfolgt in Form von Videos als Hauptabgabeleistung.

Für den Workshop haben wir von 6 Visionen zwei Vorschläge herausgesucht, die Basis für interessante Diskussionen seien könnten. Auch wenn die Visionen im Rahmen eines Informatik-Studienganges vorrangig vor dem Hintergrund der technischen Machbarkeit entstanden sind, thematisieren sie doch auch Aspekte des gesellschaftlichen Umgangs mit digitalen Anwendungen und Informationen: „AirView“ berührt als technisch logische Fortentwicklung von Webcam und Panorama-Diensten Fragen der Privatsphäre; „vaDynamics“ ermöglicht den schnellen und fließenden Wechsel zwischen individuellem und gemeinsamem Erleben und Agieren – wir sind damit gleichzeitig hier und dort, zusammen und allein.

2 Visionen

2.1 Zebresel AirView

Martin Gessert, Steven Lüttig, Tobias Schwandt, Henning Witzel

Die Vision „AirView“ beschreibt eine Hard- und Softwarelösung für die Steuerung eines Flugobjekts via World Wide Web. Dieses Konzept soll eine Erweiterung des bestehenden Angebotes von Webcams auf der ganzen Welt sein. Gleichzeitig soll durch die Kommunikation über das Internet eine Schnittstelle entstehen, welche alternative Eingabemedien, wie beispielsweise Gestensteuerung oder mobile Endgeräte, ermöglicht.

Abb. 1: Zebresel AirView Anwendung mit Kamerabild der Flugeinheit und grafischer Oberfläche.

Bei der Vision kann sich jeder Nutzer bei dem Flugobjekt anmelden und bekommt ein Zeitfenster für die Steuerung zugeordnet, ähnlich wie es bei steuerbaren Webcams gehandhabt wird. Dadurch ist gewährleistet, dass bei einer Vielzahl an Nutzern jeder Einzelne dieses Flugobjekt für eine bestimmte Zeit bedienen kann, insofern er in der Warteschleife bleibt.

Abb.2: Startseite der AirView iPhone Applikation.

Abb.3: Steuerung der Flugeinheit über Smartphone

Die Steuerung erfordert einige Sicherheitsfeatures, über welche das Fluggerät verfügen muss. Unter anderem erkennen Sicherheitsalgorithmen Hindernisse, um eventuelle Kollisionen mit z. B. Personen, Bäume, Möbel oder Gebäuden zu verhindern. Grundsätzlich darf sich das Flugobjekt in den Zielgebieten nur in bestimmten Bereichen bewegen, innerhalb derer der Nutzer frei steuern kann. Wichtig ist die Zielgebietseingrenzung vor allem auch, um zu gewährleisten, dass das Flugobjekt jederzeit seine Ladestation anfliegen kann.

Für den Flugbetrieb stehen gleichzeitig Points of Interest (POI) zur Verfügung, die automatisiert angeflogen werden können, ohne selbst die Steuerung übernehmen zu müssen. Beim Livestream werden diese POIs erkannt und grafisch interaktiv im Bild eingeblendet. Bei Touchdisplays kann der User dann direkt im Bild seine Zielpunkte wählen, welche angeflogen werden sollen. Hierbei sind verschiedene AR-Szenarien denkbar.

Weiterhin ist denkbar, diese Interaktion nicht über das Web alleine durchzuführen, sondern Touristen vor Ort die Möglichkeit zu geben, sich mittels einer 3D Brille ihr Ziel direkt von aus der Luft live ansehen zu können.

Parallel zur technischen Entwicklung sind Maßnahmen zum Schutz von Daten und Privatsphäre zu entwickeln, um dem System die notwendige soziale Akzeptanz zu verschaffen. Dazu zählen beispielsweise die Unkenntlichmachung von Personen, Objekten und Grundstücken. Weiterhin basiert die Nutzung der Standorterkennung von Personen auf der freiwilligen Angabe der benötigten Positionsdaten.

Die hier vorgestellte individuelle Steuerung von intelligenten Flugobjekten ist über den vorgeschlagenen Einsatzzweck hinaus vielseitig einsetzbar. Denkbar wäre hierbei der Einsatz des Systems in Krisengebieten, sodass Experten nicht direkt vor Ort sein müssen, um sich ein Bild von der Lage machen zu können.

In einer darauffolgenden Phase der Lehrveranstaltung wurde ein Teilaspekt der Vision als interaktiver Prototyp entwickelt, mit dem es möglich ist, einen Mikrokopter, einschließlich der darauf montierten Foto-Kamera per Ganzkörper-Gesten und Video-Livestream zu steuern.

Videos von Zebresel Air View befinden sich auf Youtube (HD-Qualität):
Vision: http://www.youtube.com/watch?v=im6-mc4tglc (4:07 Min.)
Prototyp: http://www.youtube.com/watch?v=8oGRTp73eOs (4:12 Min.)

2.2 vaDynamics - Multi-Use(r) Home-Entertainment System

Stefan Drehmann, Stefan Sachse, Nancy Werner

Die steigende Nachfrage nach stereoskopischen Displays und verbesserter Surround Technik trieb die Entwicklung solcher Technologien in den vergangenen Jahren stark an. Mit Beginn der Produktion von Kinofilmen in 3D stieg das Bedürfnis nach dreidimensionalen Inhalten auch im Heimbereich an. Viele stereoskopische Fernsehgeräte bedürfen noch zusätzlicher Technik, wie das Verwenden einer 3D-Brille. Andere Fernsehgeräte besitzen ein eingeschränktes Sichtfeld. Auch im Audio-Bereich werden Entwicklungen angestrebt, die sich von dem aktuellen 5.1 Dolby Surround System distanzieren. Die im Folgenden dargestellte Vision eines auditiven und visuellen Home-Entertainment Systems ermöglicht die Verwendung dieser Technologien ohne jegliche Einschränkung. Es beinhaltet die uneingeschränkten Funktionalitäten eines Computers, TV-Systems, sowie Telefons.

Abb. 4: Multiviewer-Modus mit individueller Virtual Surround Sound Einstellung

Die Vision stellt die multimediale Interaktion mit einem Home-Entertainment System basierend auf den stereoskopischen Technologien in den Vordergrund. Besonderheit des Systems liegt in der Unterstützung multimedialer Inhalte. Damit wird unter anderem ermöglicht, dass eine simultane Darstellung unterschiedlichster Inhalte (Browsen im Internet, Spiele, Fernsehen) für die Anwender erfolgen kann.

Abb. 5 Kommunikation über holografische Interfaces

Abb. 6 Steuerung der Ausbreitung der Schallwellen durch Wellenfeldsynthese

Durch die Verwendung der Wellenfeldsynthese kann in Kombination mit der stereoskopischen Bildübertragung die Wahrnehmung des räumlichen Hörens individuell an den Nutzer angepasst und verstärkt werden. Störgeräusche werden dabei durch Antischall ausgelöscht. Die umliegenden Geräusche werden somit kaum wahrnehmbar.

Holografie

Für die Steuerung des Entertainment-Systems, unabhängig von den Räumlichkeiten, können virtuelle Interfaces aufgerufen werden. Über diese Interfaces, welche auf der Hologramm-Technologie basieren, können einzelne Geräte gesteuert bzw. deren Inhalte aufgerufen werden. Das häusliche Telefon wird durch ein entsprechendes Interface ersetzt, so ist es beispielsweise möglich, an jedem Ort in der Wohnung automatisch Telefongespräche zu empfangen und zu beantworten. Auch für die virtuellen Interfaces wird auf die Wellenfeldsynthese zurückgegriffen. Der Schall breitet sich nicht im ganzen Raum aus, sondern nur in einen vom Nutzer festgelegten Bereich. Das System wird ausschließlich über Gesten und virtuelle Tastatureingaben angesprochen. Somit entfallen sämtliche ferngesteuerten Systeme.

Video von vaDynamics auf Youtube (2:04 Min., HD-Qualität):
http://www.youtube.com/watch?v=f2HrYNbTzx0

Kontaktinformationen

Dipl.-Ing. Rolf Kruse
Vertretungsprofessur Mediendesign
Fachhochschule Erfurt, Fachrichtung Angewandte Informatik
Altonaer Str. 25, 99085 Erfurt
Tel. (0361) 6700-646
E-Mail: rolf.kruse@fh-erfurt.de

Visionen für übermorgen: *Design Thinking the Future Lecture*

Alexander Bazo[1], Patricia Böhm[1], Martin Brockelmann[1], Manuel Burghardt[2], Isabella Hastreiter[1], Markus Heckner[2], Markus Kattenbeck[1], Patricia Liebl[2], Tim Schneidermeier[2], Thomas Wagner[2], Thomas Wilhelm[2], Christian Wolff[2]

Lehrstuhl für Informationswissenschaft, Universität Regensburg [1]
Lehrstuhl für Medieninformatik, Universität Regensburg [2]

Zusammenfassung

Wir stellen in diesem Artikel Visionen für die Vorlesung der Zukunft im Jahre 2020 bzw. 2050 vor, die systematisch mit dem *Design Thinking*-Ansatz erarbeitet wurden. Neben den so gewonnenen Erkenntnissen und Ideen für die „Vorlesung der Zukunft“ soll auch auf die Methode selbst und deren prinzipielle Eignung für das Erarbeiten von „Zukunftsvisionen“ eingegangen werden.

1 Einleitung

„Prognosen sind schwierig, besonders wenn sie die Zukunft betreffen.“ Dieses so unterschiedlichen Personen wie Mark Twain, Niels Bohr oder Winston Churchill zugeschriebene Zitat bringt die Schwierigkeit der Futurologie. Trotz der grundsätzlichen Unsicherheit haben Aussagen über Zukunft immer Konjunktur. Knappe Thesensammlungen wie die im Genre des Festschriftbeitrags gut aufgehobenen *60 Thesen* Hermann Maurers fokussieren dabei auf Prognosefragen à la *Wie wird die Zukunft sein* . Die 2010 als Buch des Jahres ausgezeichnete Neuauflage des Bestsellers „Die Welt in 100 Jahren“ aus dem Jahr 1910 zeigt auf eindrucksvolle Weise, dass futurologische Bemühungen bisweilen mehr über den Zeitraum ihrer Entstehung als über die Zukunft aussagen: Typografie, Sprache, Bildverwendung legen dort auf den ersten Blick den Entstehungszeitraum offen. Neben solch populärwissenschaftlichen Versuchen über die Zukunft existieren methodisch systematischere Ansätze, die sich eine höhere Prognosegüte zuschreiben als der sprichwörtliche Blick in die Kristallkugel: So versucht der „Futuretech-Scan“ eine bestehende oder innovative Technologie anhand definierter Kriterien auf ihre Zukunftstauglichkeit hin zu untersuchen. Dabei wird eine neue Technologie anhand der Treiber, Widerstände und Zugangsarten bewertet. Eine Technologie, die durch unterschiedliche Kräfte vorangetrieben wird, auf keine Widerstände trifft und für alle Nutzer zugänglich und benutzbar ist, hat dementsprechend beste Aussichten auf Erfolg. Dadurch kommt diese Methode der Prüfung auf Zukunftstauglichkeit einer bestehenden Technologie gleich und ist damit in ihrem Innovationsrahmen stark beschränkt. Einen weiteren Ansatz stellt die trendbasierte Exploration dar, welche von aktuell beobachtbaren Megatrends ausgeht und verschiedene Zukunftsszenarien entwirft, die sich aus diesen Trends herleiten und begründen lassen. Zweifelsohne lassen sich hierbei plausible Zukunftswelten entwerfen, die aber wenig visionären Charakter haben, da sie nur aus Beobachtungen hergeleitet sind. Eine andere Möglichkeit stellen szenariobasierte Ansätze dar, mit deren Hilfe verschiedene Entwicklungsszenarien ausgehend von einer bestehenden Situation entworfen werden. Im Gegensatz zum ungerichteten Brainstorming unterstützen sie das zielgerichtete Denken durch klar definierte Rahmenbedingungen.

Nach Alan Kays Maxime „Die beste Art, die Zukunft vorauszusagen, ist, die Zukunft zu erfinden“[1], formulieren wir mit einem kollaborativen Prozess, der auf Feedback und Iterationen beruht, eine Vision für die *Vorlesung der Zukunft*. Dabei war ausgehend von der Idee, Visionen für zukünftigen Mediengebrauch zu entwerfen, zunächst eine Eingrenzung auf das Themenfeld *Universität / Hochschule der Zukunft* erfolgt. In einer ersten Konzeptionsrunde zeigte sich dieses Thema aber noch als zu umfangreich, komplex und zu wenig fokussiert. Im nächsten Schritt ergab sich daher die Konkretisierung der Fragestellung auf die *Vorlesung der Zukunft* (*Future Lecture*) – ein Szenario, das sich auf Grund der Zusammensetzung des Teilnehmerkreises (Studierende und Dozenten) beim Visionsworkshop anbot.

Im Folgenden werden die Methode *Design Thinking* und die an ihr vorgenommenen Anpassungen zur Sicherstellung der Tauglichkeit von Zukunftsprognosen vorgestellt. Hierzu werden zunächst die Grundlagen des *Design Thinking*-Ansatzes erläutert. Im Folgenden zeigen wir, welche Methoden in welcher Phase zum Einsatz gekommen sind. Daran anschließend werden die beiden entworfenen Szenarien ausführlich vorgestellt. Abschließend werden die „lessons learned“ bezüglich der angewendeten Methode erläutert und kritisch betrachtet.

2 *Design Thinking* zur innovativen Konzeptentwicklung

Design Thinking ist ein Ansatz zur Problemlösung und zur kreativen Ideengenerierung. Die Vorläufer dieser Methode können bis ins letzte Viertel des 19. Jahrhunderts zurückverfolgt werden: Thomas A. Edison gelang es zu dieser Zeit, verschiedene Erfinderpersönlichkeiten im 1887 von ihm neu gegründeten Labor in West Orange (Poll, 2002) um sich zu scharen. Diese Konstellation war bis zu diesem Zeitpunkt einmalig und brachte viele der Edison zugeschriebenen Erfindungen hervor, was als Beleg für die kreative Fruchtbarkeit dieser Methode gelten kann. *Design Thinking* knüpft an dieser Tradition unmittelbar an (Brown, 2008). Bereits seit mehreren Jahrzehnten angewandt, wurde die Bezeichnung dieser Vorgehensweise im Jahr 2003 durch David Kelley endgültig etabliert (Meinert, 2010). Der Ansatz beschreibt eine Design-getriebene Denk- und Herangehensweise an Probleme, bei der ein bewusstes und absichtsvolles Erarbeiten von Lösungen und Innovationen im Vordergrund steht . Um dies zu erreichen, steht vor allem der praktische Teil, das frühzeitige Ausprobie-

[1] Zum Ursprung dieses Zitats vgl. http://www.smalltalk.org/alankay.html [Zugriff April 2011].

ren von Ideen z.B. durch einfache Prototypen, im Vordergrund der Methode. Ziel ist es, die Bedürfnisse späterer Benutzer schon während der Designphase zu erkennen und mit verschiedenen Lösungsansätzen zu experimentieren, bevor man das Produkt tatsächlich realisiert: Der Nutzer und seine Bedürfnisse stehen im Zentrum, so ist die Methode in der Nähe gängiger Verfahren des *usability engineering* angesiedelt. Zur systematischen Durchführung einer *Design Thinking*-Session empfehlen einen iterativen Prozess, der sich in sechs Phasen gliedert:

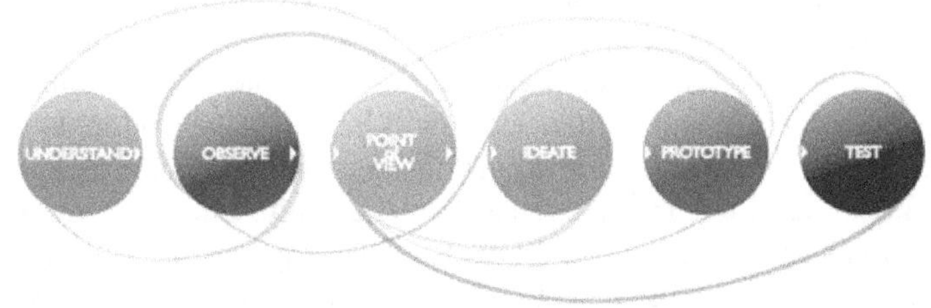

Abbildung 1: Iterativer Design-Thinking-Prozess nach Plattner et al. (2009, 114)

Abbildung 1 verdeutlicht die dynamische und iterative Natur des Design-Thinking-Ansatzes, bei dem in fast jeder Phase bei Bedarf zu entsprechenden Vorgängerphasen zurückgesprungen werden kann, und so bestimmte Parameter auch während des laufenden Prozesses angepasst und korrigiert werden können. Im Einzelnen stellen sich die Phasen wie folgt dar .

1. **Verstehen** (*understand*) | In der *design challenge* müssen das eigentliche Problem und der Problemkontext grundlegend erarbeitet und verstanden werden

2. **Beobachten** (*observe*) | Bezug / Kontakt zur Zielgruppe, also den Betroffenen bzw. den späteren Nutzern, wird durch Beobachtung, Interviews oder andere Methoden (z.B. *Empathy Maps*) hergestellt

3. **Standpunkte definieren** (*point of view*) | Auswertung und Gewichtung der in den beiden vorhergehenden Phasen gesammelten Erkenntnisse und Grundannahmen

4. **Ideen finden** (*ideate*) | Produktion von möglichst vielen Ideen in einem definierten, kurzen Zeitrahmen, mit Hilfe von Kreativtechniken wie *brainstorming*

5. **Prototypen** (*prototype*) | Abstrakte Ideen werden durch das Erstellen einfacher Prototypen (Pappmodelle, Legosteine, etc.) möglichst früh visualisiert, kommuniziert und damit nachvollziehbar gemacht

6. **Testen** (*test*) | Die späteren Nutzer testen die zunächst als Prototypen realisierten Ideen der *Design Thinker*

Diese Herangehensweise erinnert an die Methode der *Zukunftswerkstätten*, in den späten 1960er Jahren durch den Futurologen Robert Jungk begründet und als „Methode zur Förderung ‚sozialer Vorschläge' und ‚sozialer Erfindungen'" (Jungk, 1973, 16) propagiert, scheinen dem *Design Thinking* zunächst bezüglich der grundsätzlichen Herangehensweise stark zu ähneln. Zukunftswerkstätten gliedern sich in drei Phasen: Im Rahmen der Beschwerde-

und Kritikphase werden verschiedene Aspekte der Unzufriedenheit beispielsweise der Bewohnerinnen und Bewohner eines Stadtviertels erfasst und mit Hilfe von Rubriken aggregiert. Anschließend wird für ausgewählte Rubriken durch Umkehrung der Kritikpunkte eine Anzahl sog. „Faszinierender Ideen" entwickelt (entsprechend wird dieser Teil der Zukunftswerkstatt als Phantasie- und Utopiephase bezeichnet). In der Verwirklichungs- und Praxisphase schließlich werden aus diesen Ideen konkrete Forderungen kondensiert, die wiederum in die Beschreibung konkreter Projekte zur Lösung des jeweiligen Problems münden (Kuhnt & Müllert, 2000). Damit ergeben sich zwei wesentliche Unterschiede zwischen Zukunftswerkstätten und *Design Thinking*: Jene dienen zur Lösung gesellschaftlicher Probleme unter Einbezug der Bevölkerung und leben wesentlich davon, dass die unmittelbar betroffenen Personen einbezogen werden und „‚ihre' Sache wirklich anpacken" (Jungk, Müllert, Geffers, & Solle, 1990, 207). Am *Design Thinking* beteiligte Personen hingegen sollten – zumindest mehrheitlich – keine unmittelbar betroffenen Personen sein, um durch die Betrachtung von außen im Verständnis des Inneren (vgl. die Phase des Beobachtens) Lösungen zu erarbeiten, die bei den betroffenen Personen Akzeptanz finden (dies mag ein Grund sein, weshalb *Design Thinking* als Solches weniger zur Lösung sozialer Probleme beitragen kann als Zukunftswerkstätten). Hier liegt ein zweiter wesentlicher Unterschied zwischen beiden Herangehensweisen begründet: Die im Rahmen von Zukunftswerkstätten geübte Kritik am Status Quo und daraus abgeleiteten Anweisungen zur Überwindung der identifizierten Probleme bleiben zunächst abstrakt. Im Gegensatz dazu ist die Phase des Prototyping im Rahmen des *Design Thinking* dazu gedacht, den theoretischen Lösungsvorschlägen Gestalt zu verleihen. In Verbindung mit den entworfenen „Stories" wird hier durch eine konkrete Umsetzung die weitere Diskussion befördert. Im Vergleich dazu bleiben Zukunftswerkstätten in abstrakten Handlungsanweisungen zur Problemlösung verhaftet (vgl. (Kuhnt & Müllert, 2000) sowie die Ausführungen von Weinberg in (Faltin & Weinberg, 2010)).

Diese Unterschiede legitimieren den Versuch, *Design Thinking* zur Entwicklung zukünftiger Formen von Mediennutzung zu verwenden. Die im Rahmen von *Design Thinking* angewandte prototypische Umsetzung lässt die Ideen gewissermaßen „greifbar" werden. Ausgehend von den nachfolgend beschriebenen, veränderten technologischen und medialen Rahmenbedingungen sowie aktuellen Trends im Bereich HCI und digitale Medien, haben wir im Rahmen eines moderierten zweitägigen *Design Thinking*-Workshops (am 22. und 25. März 2011) systematisch Ideen und Visionen für *Future Interaction*-Szenarien und -Techniken im Vorlesungskontext gesammelt. Diese werden im nachfolgend vorgestellt und diskutiert.

3 *Design Thinking* the Future

Die grundlegende Herausforderung für das Erarbeiten von Zukunftsvisionen für ein beliebiges Szenario mag zunächst trivial klingen, liegt sie doch in der schlichten Tatsache begründet, dass die Zukunft höchstwahrscheinlich nicht das sein wird, was wir gegenwärtig als *state-of-the-art* kennen. Deshalb können realistische bzw. fundierte Prognosen nur schwer ad hoc generiert werden, und sollten vielmehr systematisch mit Methoden wie etwa dem hier verwendeten *Design Thinking*-Ansatz kreiert werden. Dieser Abschnitt beschreibt das Vorgehen für das spezifische Szenario *Vorlesung der Zukunft* und wurde anhand der bereits beschriebenen *Design Thinking*-Phasen gegliedert.

3.1 Phase 1: *Understand*

Die folgenden allgemeinen Rahmenbedingungen wurden den Teilnehmern als Einstieg in das Themenfeld „Visionen für die Zukunft digitaler Medien und Interaktionstechniken" noch vor Beginn des eigentlichen *Design Thinking*-Workshops zur Verfügung gestellt:

> *Seit der Verbreitung von Heimcomputern in den frühen 80er Jahren hat sich die Computerlandschaft was Nutzerzahlen und Technologie angeht rasant entwickelt. Die erhöhte Verfügbarkeit von Rechnern bereitete dem World Wide Web den Weg, das Konzept des Desktop Publishings (DTP) prägt das Produktions- und Nutzungsverhalten von Medien bis heute. Digitale Medien finden enorme Verbreitung und werden über ubiquitär vorhandene Computer (Desktop-Rechner, Notebook, Tablet, Mobile Devices) fast rund um die Uhr produziert (*Social Web*) und konsumiert. Im Bereich der technologischen Entwicklung von Rechnern besagt* Moores Gesetz*, dass sich die Komplexität von Computern und deren Schaltkreisen spätestens alle zwei Jahre verdoppelt. Trotz dieser konstanten Weiterentwicklung der Rechen- und Speicherleistung zeigt sich im Bereich der Interaktion zwischen Mensch und Maschine eine erstaunliche Konstanz bzw. Langlebigkeit verbreiteter Konzepte: Auch heute noch ist die 1968 von Doug Engelbart entwickelte Maus das Standardgerät zur direkt manipulativen Interaktion mit graphischen Objekten auf einem zweidimensionalen Bildschirm . Erst langsam zeichnet sich im Kontext eines immer weiter fortschreitenden ubiquitären Einsatzes von Computern ein Trend zu alternativen Interaktionsparadigmen wie Touch- oder Gestensteuerung, die übrigens schon seit längerem zur Verfügung stehen , ab. Einen wesentlichen Aspekt des* ubiquitous computing-*Ansatzes stellt die Vielzahl verschiedener und vor allem auch mobiler Computer und deren gegenseitige Vernetzung dar. Mobile Endgeräte wie Tablets oder Smartphones zeichnen sich dabei vor allem durch kleine Displays und fehlende Eingabegeräte wie Maus oder Tastatur aus, was alternative Interaktionskonzepte zwingend erforderlich macht.*

Für den *Design Thinking*-Workshop ergeben sich damit die folgenden Rahmenbedingungen, die es in der *Understand*-Phase von allen Workshop-Teilnehmern zu verinnerlichen galt:

- *Verändertes Mediennutzungsverhalten*, weg vom statischen Desktop-Rechner hin zur Nutzung mehrerer unterschiedlicher Geräte
- Größere Verbreitung und damit Bedeutung von *Mobile Devices* implizieren neue Interaktionstechniken (*Touch*, *Gesture*, *Speech*, …)
- *Mobile Social Computing* und *Location Based Services* berücksichtigen die räumliche/geografische Dimension der HCI (*Human-Computer-Interaction*)
- *Cloud Computing* und *Ubiquitous Computing* bringen neue Anforderungen an CCI (*Computer-Computer-Interaction*) mit sich
- Erhöhter Bedarf an *Natural User Interfaces* durch allgemein verfügbare Technologien (*„ubiquitous interaction"*, *Touch*-, *Gesture*- und *Sensor-Devices).*

3.2 Phase 2: *Observe*

Ziel der Observe-Phase ist die Beobachtung der Nutzer und die Identifikation konkreter Probleme, für die im weiteren Verlauf des *Design Thinking*-Prozesses eine Lösung gefunden werden soll. Diese Phase bildet somit die Basis für alle weiteren Überlegungen: Wenn die zukünftigen Lösungen aus Perspektive der Nutzer nicht sinnvoll sind, müssen diese Konzepte überdacht und angepasst werden. In dieser Phase begibt man sich „in die Höhle des Löwen", d.h. die Zielgruppe wird im Kontext der Problemstellung am besten über mehrere Tage observiert und ihr Verhalten systematisch dokumentiert.

Aufgrund zeitlicher Engpässe musste diese Phase im vorliegenden Projekt komprimiert werden. *Empathy Maps* (Abbildung 2) wurden wegen ihrer methodischen Nähe als geeignete Vorgehensweise identifiziert und im Workshop eingesetzt. In einem kollaborativen Prozess wird hierbei versucht, sich in den jeweiligen Nutzer zu versetzen und seine Situation herauszuarbeiten. Dabei stehen die folgenden Leitfragen im Vordergrund:

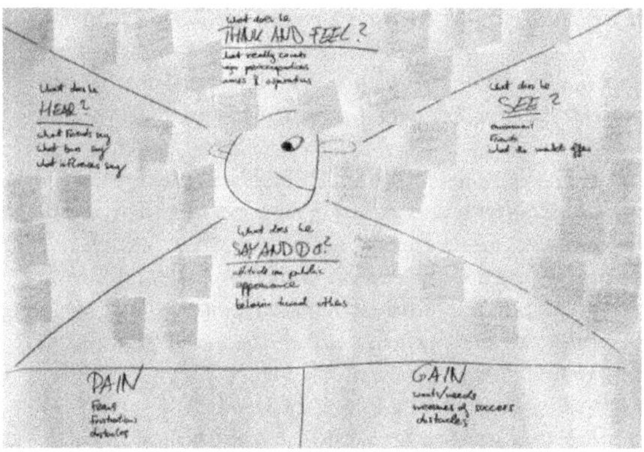

Abbildung 2: Empathy Map für die Zielgruppe Student.

- Was strömt auf den Nutzer ein?
- Was denkt der Nutzer in Bezug auf eine bestehende Situation?
- Welche Probleme hat er?
- Was sind für ihn Erfolge?

Es wurden zwei Gruppen gebildet, je eine für die Dozenten- bzw. die Studentenperspektive. Um keine unrealistischen Annahmen zu treffen, war in jeder Gruppe mindestens ein Vertreter der Zielgruppen vertreten, d. h. wenigstens ein Student bzw. Dozent.

3.3 Phase 3: Point of View

In der dritten Phase werden die gesammelten Beobachtungen interpretiert und gewichtet, um so einen Standpunkt für die weitere Lösungsfindung zu definieren. Die in den *Empathy Maps* erarbeiteten Sichtweisen (*pains & gains*) wurden von den Gruppen zu konkreten Aussagen zusammengefasst und in einer zweiten Abbildung festgehalten. Dieser Schritt hat sich im weiteren Verlauf als besonders positiv und wichtig herausgestellt, da ein permanenter und gut auszuwertender Fixpunkt für weitere Designentscheidungen geschaffen werden konnte.

3.4 Phase 4: *Ideate*

Im Ideenfindungsprozess sollen Ideen „Schlag auf Schlag" produziert und dokumentiert werden. Das schnelle Generieren von Ideen wurde anhand eines *Brainstormings* verwirklicht. Dafür wurde der Raum mit an den Wänden verteilten Papierbögen vorbereitet, um den reibungslosen Ablauf dieser Phase zu unterstützen und Raum für genügend Ideen zu schaffen. Beide Gruppen unternahmen ein getrenntes Brainstorming für die unterschiedlichen Zukunftsvisionen. Die Ideen wurden nummeriert und zunächst ohne Wertung auf den Flipcharts dokumentiert. Die Verwendung von Flipcharts unterstützte die visuelle Präsenz der

Ideen für alle Teilnehmer zu jeder Zeit. Nach Ablauf der Zeitvorgabe von 30 Minuten wurden die gesammelten Ideen gruppenintern in eine Rangfolge gebracht und die daraus resultierenden besten Ideen in einer fünfminütigen Feedback-Session der jeweils anderen Gruppe präsentiert. Das Feedback konnte in weiteren fünf Minuten umgesetzt und eingearbeitet werden. Am Ende der *ideate*-Phase standen konkrete Ideen zur Umsetzung bereit.

3.5 Phase 5: *Prototype*

In dieser Phase sollen Ideen schnell erlebbar und kommunizierbar gemacht werden. Bereits *low fidelity*-Prototypen aus Papier eignen sich zur Erklärung und Visualisierung von Ideen besser als eine rein textuelle Beschreibung. Die zuvor als am wichtigsten gewerteten Ideen wurden umgesetzt. Für die Erstellung von Prototypen wurde vielseitiges Material bereitgestellt (Lego, Papier, Stifte, Kleber, Schere, etc.) und bis auf eine zeitliche Vorgabe von einer Stunde keinerlei Grenzen benannt – jede Gruppe war frei in der Umsetzung. Es wurde bewusst *low fidelity*-Prototyping eingesetzt, da der Fokus auf einer schnellen Umsetzung der Idee im vorgegebenen Zeitrahmen liegt, die bei Bedarf iterativ verbessert werden kann.

Abbildung 3: Beispielhafte Lego-Prototypen für die Vorlesung der Zukunft

3.6 Phase 6: *Test*

Die Testphase beschließt die erste Runde des *Design Thinking*-Prozesses. Stärken und Schwächen der erarbeiteten Ideen können hier erkannt werden und darauf aufbauend die Richtung für die weitere Entwicklung der Idee gefunden werden. Zur besseren Kommunikation und zum Testen der im Prototypen umgesetzten Ideen wurde die Methode des *Storytelling* verwendet. Storytelling unterstützt durch ein lebendiges und schauspielerisches Erzählen die Vermittlung der Szenarien[2]. Das Verwenden von Lego-Steinen und -Figuren

2 Vgl. hierzu auch Storytelling: Geschichten, die das Unternehmen schreibt. In: managerSeminare, Heft 78, Juli/August 2004, S. 70-78.

eignete sich besonders gut für diese Methode. Mit Hilfe von Papier-Prototypen konnten einzelne Interaktionsschritte aus den umgesetzten Szenarien noch deutlicher simuliert und kommuniziert werden. Danach wurde um Feedback zu Unverständlichkeiten, Verbesserungen, aber auch Lob zu gut gedachten und umgesetzten Ideen gebeten, um diese iterativ verbessern zu können. Beide Gruppen haben sich entschieden, die *Vorlesung der Zukunft* mit Hilfe von Lego zu realisieren. Diese Methode eignet sich gut für die Erzählung kurzer Geschichten und zur Einbindung von Testpersonen. Diese wurden gebeten, in das Szenario einzusteigen und die Rolle eines Studenten bzw. Dozenten zu übernehmen. Das *Storytelling* wurde zur Dokumentation auf Video aufgenommen.

4 Ergebnisse: Zwei Zukunftsvisionen

Die grundlegende Problemstellung des durchgeführten Workshops war es, mögliche Szenarien für die Lehrveranstaltung / Vorlesung der Zukunft, ausgehend vom heutigen Verständnis, zu erarbeiten. Dabei wurden zwei Szenarien von zwei unterschiedlichen Gruppen bearbeitet. Die erste Gruppe arbeitete an einem realistisch umsetzbaren Vorschlag mit einem Zeithorizont bis ins Jahr 2020, gewissermaßen als Extrapolation auf der Basis des heute bereits Bekannten und Absehbaren. Eine zweite Gruppe war von allen Einschränkungen des „aktuell Machbaren" befreit und beschäftigte sich mit einem visionären Szenario für das Jahr 2050. Ausgehend von den Ergebnissen der *Observe*- sowie der *Point-of-View*-Phase (siehe oben Kap. 3.2 und 3.3) des Workshops wurden die folgenden Anforderungen von Dozenten und Studenten an ein Vorlesungsszenario der Zukunft erarbeitet:

Anforderungen der Studenten:

- „Ich möchte, dass die Vorlesungsmaterialien rechtzeitig (also vor Beginn der eigentlichen Vorlesung) zur Verfügung stehen"
- „Ich möchte eine informative und didaktisch gut aufbereitete Vorlesung"
- „Ich will den Lehrstoff verstehen und gute Noten schreiben"
- „Ich will die Motivation / den roten Faden einer Vorlesung verstehen (keine Veranstaltungen im Elfenbeinturm)"
- „Ich will jederzeit angstfrei nachfragen können, wenn ich etwas nicht verstanden habe"
- „Ich will die Möglichkeit haben alle Vorlesungen zu besuchen die mich interessieren"

Anforderungen der Dozenten:

- „Ich möchte mir keine Gedanken über Technik machen müssen"
- „Ich möchte in der Vor- und Nachbereitung der Lehre unterstützt werden"
- „Ich möchte das die Vorlesung *allen* etwas bringt"
- „Meine Arbeit in der Lehre soll mehr Wertschätzung erfahren"

Die Ergebnisse aus den Problemlösungsphasen (*Ideate* und *Prototype*) wurden in der abschließenden *Test*-Phase des Workshops vorgestellt (*Storytelling*) und per Videokamera dokumentiert. Die wesentlichen Ideen und Lösungsvorschläge werden im nachfolgenden Teil (ergänzend zu den Videoaufnahmen) kurz erläutert.

4.1 *Das Machbare:* Vorlesungsszenario für 2020

Sobald der Dozent den Vorlesungsraum betritt, wird automatisch die Beleuchtung hochgefahren, analog wird er abgedunkelt, wenn die letzte Person den Raum verlässt. An einem virtuellen Pult meldet sich der Dozent schnell und unkompliziert über eine berührungsempfindliche Oberfläche anhand seiner biometrischen Daten (z.B. durch Finger- oder Handabdruck) an. Nach erfolgreicher Anmeldung werden auf das Multitouch-Pult automatisch die vom Dozenten vorbereiteten Unterlagen und Materialien geladen. Zusätzlich kann mit dem Pult (bei Bedarf anonymisiert) mit den anwesenden Studenten kommuniziert werden, d.h. die Studenten haben beispielsweise die Möglichkeit anzuzeigen, dass etwas nicht verstanden wurde, oder dass der Dozent ein Thema zu schnell abhandelt. Damit ist eine zielgerichtete Evaluation der Vorlesung durch den Dozenten möglich. Außerdem können die Studenten jederzeit Anmerkungen und Fragen an das virtuelle Pult senden. Der Dozent kann hierauf entweder ad hoc eingehen, oder die Anmerkungen im Nachgang zur Vorlesung aufbereiten und evaluieren. Ebenfalls nach erfolgreicher Authentifizierung des Dozenten wird automatisch ein Stift freigegeben, mit welchem er auf dem Multitouch-Tisch den Vorlesungsunterlagen erläuternde Skizzen, Annotationen und Kommentare hinzufügen kann. Die Vorlesungsunterlagen werden auf einem großflächigen Präsentationsdisplay gespiegelt, der Dozent kann somit mehrere Folien und Bilder parallel und über den Raum verteilt darstellen.

Abbildung 4: Prototyp eines virtuellen Vorlesungsraums, mit virtuellem Pult, großflächigem Präsentationsdisplay und automatisch optimierter Sitzplatzverteilung.

Zum Vorlesungsende muss sich der Dozent wieder vom System abmelden, der Stift wird wieder in die vorgesehene Halterung zurück gelegt, andernfalls ertönt ein Warnsignal wenn der Dozent den Raum verlässt.

Um an einer Vorlesung teilnehmen zu können, müssen sich die Studenten im Vorfeld einmalig für die Veranstaltung anmelden. Dadurch weiß der intelligente Vorlesungsraum, wie viele der vorhandenen Plätze tatsächlich benötigt werden. Durch wechselnde Beleuchtung werden für die jeweilige Vorlesung freie Plätze angezeigt, die Plätze sind stets so gewählt, dass die Studierenden möglichst nah zusammen und nah beim Dozenten sitzen. Dadurch soll vermieden werden, dass sich Studenten in einem großen Raum sehr weit verstreuen, und der Dozent über mehrere leere Reihen hinweg zu seinem Publikum sprechen muss. Analog zum virtuellen Pult des Dozenten besitzen alle Studenten ein portables Tablet, über welches Sie mit dem Dozenten kommunizieren können. Eine Vorlesungs-App erkennt automatisch (über RFID, GPS, ...) welcher Student zu welcher Zeit in welchem Raum ist, und lädt automatisch die relevanten Vorlesungsunterlagen und Materialien.

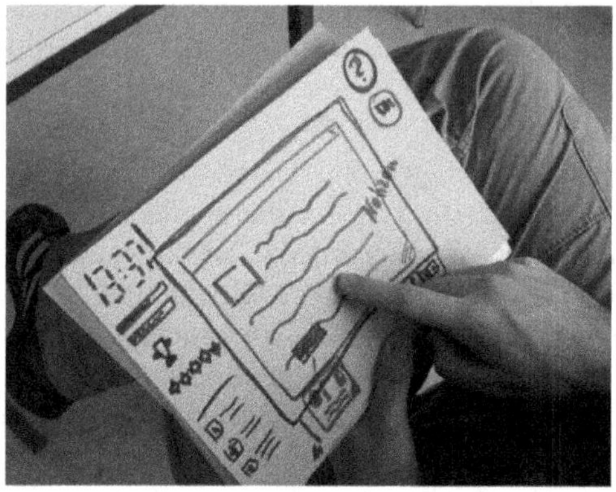

Abbildung 5: Tablet mit Vorlesungs-App für die Studenten, welche alle relevanten Unterlagen darstellt und Möglichkeiten zur Interaktion mit dem Dozenten sowie ein einfaches Motivations- und Belohnungssystem bietet.

Der Student kann über die Multitouch-Oberfläche seines Tablets Notizen und Annotationen zu den Vorlesungsunterlagen machen, welche dann automatisch mit seinem persönlichen Repository synchronisiert werden. Außerdem beinhaltet die App ein einfaches Motivationssystem, welches die Anwesenheit der Studenten automatisch erkennt, und diese durch z.B. zusätzliche Leistungspunkte am Ende der Vorlesung belohnt. Um die Interaktion und Aufmerksamkeit der Studenten zu fördern werden vorlesungsbegleitend kleine Aufgaben (z.B. Multiple-Choice) gestellt, die über das Tablet beantwortet werden können.

4.2 *Das Visionäre*: Vorlesungsszenario für 2050

Der Hörsaal der Zukunft hat interaktive Wände und eine großflächige, frontale Präsentationsfläche. Die interaktiven Wände erlauben ein immersives Erlebnis, d.h. durch gleichzeitiges Präsentieren z.B. einer Meeressimulation in einem Biologiekurs wird es den Studenten ermöglicht, tiefer in die Vorlesung „einzutauchen". Der Dozent muss nicht zwingend persönlich im Vorlesungsraum anwesend sein, sondern kann auch als Hologramm von einem beliebigen anderen Ort aus seinen Vortrag halten. Sobald der Dozent sich seinem interaktiven Pult nähert, wird er durch einen RFID Chip erkannt. Durch Hinzunahme der Uhrzeit wird der vormals statische Vortragsraum, z.B. ein Büro zur interaktiven Vorlesungsumgebung und die interaktive Wand zeigt das Auditorium an. Dies garantiert trotz physischer Abwesenheit die soziale Bindung von Lehrenden und Lernendem. Dem Dozenten werden auf seinem Pult automatisch seine Vorlesungsunterlagen und weitere Informationen je nach Bedarf angezeigt.

Die Vorlesung kann in unterschiedlichen Sprachen rezipiert werden. Die Ausgangssprache des Dozierenden wird in den intelligenten Hörsälen automatisch übersetzt und ermöglicht so einen (sprachlich) grenzenlosen Wissenstransfer. Ein weiterer Vorteil der Hologramm-Variante ist der gleichzeitige Vortrag in mehreren Räumen. Dies ist vor allem praktisch für Studenten, die aufgrund von zeitlichen, räumlichen oder körperlichen Barrieren nicht direkt vor Ort sein können. Sie können die Vorlesung dann als „Heimprojektion" empfangen und so an der Veranstaltung teilnehmen. Damit die Studenten dem Vortrag besser folgen können, sind alle Unterlagen und Materialien interaktiv, d.h. wenn der Dozent über ein ganz bestimmtes Thema ausführlicher referiert wird die entsprechende Stelle in den Unterlagen hervorgehoben, oder Links zu relevanten Zusatzinformationen angezeigt. Diese Informationen werden auf den interaktiven Tischen dargestellt, welche das herkömmliche Studentenpult ersetzt haben. Anhand von RFID-ähnlichen Chips oder durch automatische Multimedia-Datenanalyse (Bild, Audio, Olfaktorik) werden die Studenten individuell erkannt und die für die Vorlesung benötigten Unterlagen bereitgestellt. Mit Hilfe der interaktiven Flächen können anonymisiert Fragen über unklare Sachverhalte abgegeben werden, die dann an das Pult des Dozenten gesendet werden. Am Ende der Vorlesung stehen dem Dozenten verschiedene Statistiken zur Verfügung, anhand derer er die eigene Vorlesung evaluieren kann. Mit Hilfe dieser Statistiken kann der Dozent nachvollziehen, welche Stellen im Vortrag besonders spannend, langweilig oder schwer verständlich waren – ein automatisch generiertes Optimierungsprofil gibt Hinweise auf die einzelnen zu verbessernden Teile der Vorlesung und stellt dafür Material bereit. Die Daten für diese Statistik werden automatisch generiert indem Mimik, Gestik und weiteren Ausprägungen wie z.B. Pulsschlag der Studenten gefilmt und gemessen, und von einem intelligenten Algorithmus interpretiert, werden (multimodale Biosensorik). Die so gewonnenen Ergebnisse werden automatisch aufbereitet und dem Dozenten als Verbesserungsvorschläge angeboten, etwa zur Darstellung einzelner Sachverhalte.

Abbildung 6: Virtueller Dozent hält seinen Vortrag als Hologramm.

5 *Lessons learned*

Bei der Durchführung des Workshops ging es nicht nur darum, Zukunftsszenarien und Visionen systematisch durch *Design Thinking* zu generieren, sondern auch die Methode selbst zu erproben und zu beurteilen. Der Workshop dauerte insgesamt zwei Tage von der Einführung in die Methodik über die Ideengenerierung bis hin zum Prototyping und Test. Die damit einhergehenden Einschränkungen sind den Autoren bewusst, mussten aber aufgrund zeitlicher Vorgaben in Kauf genommen werden. Die wichtigsten Erkenntnisse zur Durchführung des Workshops seien an dieser Stelle kurz zusammengefasst:

- Das Problemfeld bzw. Themengebiet muss von Anfang an stark fokussiert werden, da sonst versucht wird, „die ganze Welt zu verbessern".
- Eine Arbeitsgruppe sollte aus mindestens drei Personen bestehen, denn nicht jeder ist auf Anhieb in der Lage, sofort als *Design Thinker* zu agieren.
- Zeitvorgaben müssen benannt und eingehalten werden (am besten konsequent mit Stoppuhr), da man sich sonst zu sehr in Details verliert und vom eigentlichen Kernthema abschweift. Zeitdruck unterstützt effizientes Arbeiten.
- Zur Einhaltung der Zeitvorgaben, aber auch als Motivationshilfe und Ansprechpartner bei Problemen und Unklarheiten, sollte ein Moderator mit *Design Thinking*-Erfahrung zur Verfügung stehen, der den Workshop im Vorfeld plant und konzipiert (Ablauf, Materialien, etc.).
- Um der Kreativität auf Flipcharts und beim *Prototyping* freien Lauf lassen zu können, aber auch um den Geräuschpegel parallel arbeitender Gruppen gleichmäßig zu verteilen, sollten ausreichend Platz, evtl. mehrere Räume vorhanden sein.
- Dadurch, dass alle Teilnehmer des Workshops entweder Studenten oder Dozenten waren, und damit die Zielgruppen direkt vertreten waren, haben sich *Empathy Maps* als Methode während der *Observe*-Phase gut bewährt. Ansonsten wäre eine „richtige" Beobachtung und Analyse der Situation und der Zielgruppe aus Drittperspektive sehr wichtig und hätte evtl. zu noch besserem Verstehen und entsprechenden Ideen geführt, allerdings mit deutlich erhöhtem Zeit- und Personalaufwand.
- *(Toy) Prototyping* und *Storytelling* haben sich sehr gut für die Kommunikation konkreter Ideen bewährt.
- *Alle* Ideen sollten in geeigneter Weise (Text, Bild, Film) dokumentiert werden.

6 Diskussion und Ausblick

Zu diesen Lehren, die aus der praktischen Durchführung der Workshoptage gezogen werden konnten, treten einige einschränkende Aspekte der Durchführung, die in diesem Abschnitt diskutiert werden. Erstens ergaben sich wesentliche zeitliche Einschränkungen in der Durchführung, die Beobachtungsphase im engeren Wortsinn unterblieb daher. Dieser Makel wurde allerdings insofern kompensiert, als dass die Teilnehmerinnen und Teilnehmer sich mit der Zukunft eines Aspekts ihres täglichen Lebens beschäftigten. Studierende und Dozierende kennen die Lehrform *Vorlesung* aus eigener Erfahrung so gut, dass die Beobachtungsphase hinfällig wird. Zugleich liegt in dieser Zusammensetzung des Teilnehmendenkreises ein weiteres methodisches Problem begründet: Grundsätzlich lebt *Design Thinking* von der Transdisziplinarität der beteiligten Personen – im engeren, fachlichen wie weiteren, professionellem Sinn. Zumindest die fachliche Bandbreite wurde im vorliegenden Fall gewahrt:

Verschiedene Fachrichtungen von Medien- über Politik- bis hin zur Informationswissenschaft und Medieninformatik waren durch die Zusammensetzung der Teilnehmenden vertreten. Besonders auf Grund der unterschiedlichen Auffassung und Ausgestaltung von Vorlesungen im engeren Sinn innerhalb der verschiedenen Fachrichtungen war diese Divergenz unabdingbar. Dennoch besteht Anlass zu der Vermutung, dass die Szenarien für die *Vorlesung der Zukunft* anders geartet wären, wenn auch Personen, die nicht unmittelbar Teil des Lehr-/Lernbetrieb einer Universität sind, am kreativen Prozess teilgenommen hätten. Die Ergebnisse des *Design Thinking* reflektieren notwendigerweise stets die Vorstellungskraft und die Einschätzung zukünftiger Entwicklungen durch die beteiligten Personen. Selbstverständlich kommt hier auch die inhaltliche Bewertung in Betracht – eine formale Bewertungsmetrik existiert für komplexe qualitative Szenarien nicht, aber die Interpretation der Szenarien wirft interessante Fragen auf: Warum wurde die grundsätzliche soziale Konstellation der Lehrsituation (Dozent doziert, Student rezipiert) nicht in Frage gestellt, evtl. weil die abendländische Bildungstradition diese schon über einen weit längeren Zeitraum bestätigt hat? Auch die räumliche Präsenz oder die Erzeugung wenigstens eines virtuellen Surrogats bleibt Teil des Bildes. Völlig neue Vermittlungskanäle wie etwa *brain computer interfaces* (BCI) tauchen nicht auf, von weitergehenden Szenarien, wie sie Ray Kurzweil im Kontext des *singularity movement* formuliert hat, ganz zu schweigen. Insgesamt jedoch hat sich die Methode des *Design Thinking*, trotz ihrer Anwendung in aus Zeit- und Kostengründen etwas abgeschwächter Form, als positiv und produktiv erwiesen und wird für uns auch in Zukunft eine wichtige Rolle bei Ideenfindungsprozessen haben. Besondern reizvoll ist dabei die Weiterentwicklung einer rein prognostischen Fragestellung (*Wie sieht die Welt in 100 Jahren aus?*) zu einer gestalterischen Lösungsentwicklung (*Welche Ideen können wir entwickeln, um diese Zukunft aktiv zu gestalten?).* Auch deshalb müssen die entwickelten Vorstellungen für zukünftige Vorlesungen in einem nächsten Schritt mit bereits in der Literatur diskutierten, möglichen Ausgestaltungen verglichen (zum Themenkomplex *Classroom of the Future* vgl. (Mäkitalo-Siegl, Zottmann, Kaplan, & Fischer, 2010)) und vor diesem Hintergrund kritisch hinterfragt werden. Ob die Szenarien Wirklichkeit werden, wird nur die Zukunft erweisen. „Nie vergesse der Dichter über der Zukunft, die ihm eigentlich heller vorschimmert, die Forderungen der Gegenwart und also des nur an diese angeschmiedeten Lesers“ (Paul, 1990).

7 Online-Material

Unter der Adresse *http://www.medieninformatik.it/designthinkingthefuture* findet sich umfangreiches multimediales Dokumentationsmaterial zum *Design Thinking*-Workshop:

- Workshop-Film im Zeitraffer
- Bilder der Lego-Prototypen und Papierprototypen
- Bilder der Workshopausstattung
- Einführende Foliensätze
- Präsentation der Prototypen (Storytelling)

Literaturverzeichnis

Brehmer, A. (2010). *Die Welt in 100 Jahren: Mit einer einführenden Essay "Zukunft von gestern" von Georg Ruppelt [Sondereinband]* (p. 319). Olms; Auflage: Nachdruck der Ausgabe Berlin 1910. Retrieved April 2, 2011, from http://www.amazon.de/Die-Welt-100-Jahren-einführenden/dp/3487083043/ref=sr_1_1?ie=UTF8&qid=1301757842&sr=8-1.

Di Blas, N., Paolini, P., & Sabiescu, A. (2010). Collective digital storytelling at school as a whole-class interaction. *Proceedings of the 9th International Conference on Interaction Design and Children - IDC '10* (p. 11). New York, New York, USA: ACM Press. Retrieved January 4, 2011, from http://doi.acm.org/10.1145/1810543.1810546.

Garis, H. de, Shuo, C., Goertzel, B., & Ruiting, L. (2010). A world survey of artificial brain projects, Part I: Large-scale brain simulations. *Neurocomputing*, *74*(1-3), 3-29. Amsterdam: Elsevier Science Publishers B. V. Retrieved March 23, 2011, from http://dx.doi.org/10.1016/j.neucom.2010.08.004.

Gray, D., Brown, S., & Macanufo, J. (2010). *Gamestorming: A Playbook for Innovators, Rulebreakers, and Changemakers*. Sebastopol/CA: O'Reilly. Retrieved April 3, 2011, from http://portal.acm.org/citation.cfm?id=1892172.

Horx, M. (2008). *Technolution*. Campus. Retrieved March 30, 2011, from http://www.amazon.com/Technolution-Horx/dp/3593385554.

Maurer, H. (1999). 60 Thesen. In G. Lausen, A. Oberweis, & G. Schlageter (Eds.), *Angewandte Informatik und Formale Beschreibungsverfahren. Festschrift zum 60. Geburtstag von Wolffried Stucky* (pp. 153-171). Stuttgart / Leipzig: B. G. Teubner.

Myers, B. A. (1998). A Brief History of Human-Computer Interaction Technology. *ACM interactions*, *5*(2). doi: http://dx.doi.org/10.1145/274430.274436.

Osterwalder, A., & Pigneur, Y. (2010). *Business Model Generation: A Handbook for Visionaries, Game Changers, and Challengers* (p. 288). Wiley. Retrieved March 29, 2011, from http://www.amazon.com/Business-Model-Generation-Visionaries-Challengers/dp/0470876417.

Plattner, H., Meinel, C., & Weinberg, U. (2009). *Design Thinking*. Hasso Plattner Institut. Retrieved March 30, 2011, from http://www.amazon.com/Design-Thinking-Christoph-Weinberg-Plattner/dp/3868800131.

Saffer, D. (2008). *Designing Gestural Interfaces: Touchscreens and Interactive Devices* (p. 272). O'Reilly Media. Retrieved April 1, 2011, from http://www.amazon.com/Designing-Gestural-Interfaces-Touchscreens-Interactive/dp/0596518390.

Ubiquity staff. (2006). Singularity: Ubiquity interviews Ray Kurzweil. *Ubiquity*, *2006*(January), 1:1–1:1. New York: ACM. Retrieved April 3, 2011, from http://doi.acm.org/10.1145/1117662.1117663.

Z_Punkt. (2008). Megatrends. *Megatrends*. Retrieved from http://www.z-punkt.de/fileadmin/be_user/D_Publikationen/D_Giveaways/web_megatrends_de_105x130.pdf.

Ausstellung

Multitouch-, Be-Greifbare- und Stiftbasierte-Interaktion in der Einsatzlageplanung

Karsten Nebe[1], Holger Fischer[1], Florian Klompmaker[1], Helge Jung[2]

Universität Paderborn, C-LAB [1]
Siemens IT Solutions & Services GmbH, C-LAB [2]

Zusammenfassung

In der vorliegenden Studie wird ein nutzungszentriertes Vorgehen beschrieben, welches am Beispiel der Einsatzlageplanung für den Katastrophenschutz die Verwendung von Multitouch-, Be-Greifbarer- und Stiftbasierter-Interaktion untersucht. Es wird gezeigt, dass eine intensive Auseinandersetzung mit einem potentiellen Einsatzszenario für diese neuen Interaktionsformen notwendig ist und durch eine systematische Herangehensweise in ein praxistaugliches Werkzeug für die Benutzer überführt werden kann.

1 Einleitung

Innovative Technologien entwickeln sich rasant, aber nur einige durchdringen den Markt und erreichen die Reife, um längerfristig zu existieren. Entschieden wird dies in der Regel durch die Endanwender. Erst wenn sich aus deren Perspektive ein wesentlicher Mehrwert in Bezug auf die Nutzung abzeichnet, entsteht die Bereitschaft von üblichen Handlungsweisen und bestehenden Systemen Abstand zu nehmen und Neues zu akzeptieren. Wichtig bei innovativen Themen ist daher nicht nur sie als Technologietrends zu erkennen, sondern diese ebenso aus unterschiedlichsten Perspektiven gleichermaßen kritisch zu betrachten: In Bezug auf die technologische Machbarkeit, in Hinblick auf die Nutzung bzw. Gebrauchstauglichkeit (Usability) und mit Perspektive hinsichtlich des Marktes (Nebe, 2011).

Multitouch ist ein Beispiel für eine innovative Technologie, deren Ursprünge bereits Anfang der 80er Jahre aufkamen. Multitouch ermöglicht die Interaktion auf einer berührungsempfindlichen Oberfläche und eröffnet den Benutzern gegenüber klassischen Bedienkonzepten, wie Tastatur und Maus, neue Eingabemöglichkeiten. So können beispielsweise Gesten zur Steuerung von Elementen auf einem Bildschirm verwendet werden, indem mehrere Finger oder Hände gleichzeitig zum Einsatz kommen. Durch die „anfassbare“ Benutzungsschnittstelle wird das System zu einem erlebbaren Gegenstand für mehrere, teilweise gleichzeitig agierende Benutzer. Spätestens seit dem iPhone von Apple hat sich diese Technologie etabliert (Rajkumar, 2009), der Markt wächst zunehmend und die gewonnenen Erkenntnisse lassen sich auf andere Bereiche und Produkte übertragen.

Ein weiteres Beispiel für aktuelle technologische Entwicklungen ist die Be-greifbare Interaktion (engl. *tangible interaction*). Darunter versteht man die Interaktion mit anfassbaren, greifbaren Gegenständen, welche als Repräsentanten für digitale Informationen fungieren. Die physische Interaktion ermöglicht eine direkte Manipulation der Daten, bei der die Schnittstelle nicht wie bisher zweidimensional und rein visuell, sondern dreidimensional und haptisch-taktil erfahrbar ist (Hornecker et al., 2008). Zusätzlich kann dadurch – zumindest teilweise – das so genannte „Fat-Finger"-Problem von Multitouch gelöst werden, welches die Überdeckung von Informationen durch Finger bzw. Hände beschreibt (Wang et al., 1992, Vogel & Balakrishnan, 2010). Vorteile dieser Interaktion sind im Wesentlichen das haptische Feedback und die so genannte Awareness – das Bewusstsein über den aktuellen Zustand Bescheid zu wissen. Dieses Wissen wird von der Person dadurch erzeugt, dass sie mit ihrer Umwelt interagiert (Müller, 2010). Interaktionen werden sichtbar und für alle Beteiligten „nachvollziehbar", zum Teil sogar „vorhersehbar". Be-greifbare Interaktion vollzieht derzeit eine zunehmende Präsenz auf wissenschaftlichen Konferenzen und gewinnt Einzug in den kommerziellen Markt, insbesondere auf Messen und in öffentlichen Bereichen.

Eine dritte Form der Interaktion ist die Verwendung von digitalen Stiften, welche als eine Variante der Be-greifbaren Interaktion betrachtet werden kann. Dazu existieren inzwischen unterschiedliche Ausprägungen, welche den Einsatz auf (kleinen und großflächigen) Bildschirmen bzw. Präsentationsflächen (Leitner et al., 2009) oder auch auf konventionellem Papier (z.B. Anoto) ermöglichen. Die erfassten Eingaben werden so in digitaler Form verfügbar und stehen für die weitere Verarbeitung bereit. Als wesentliche Vorteile einer stiftbasierten Interaktion sind die Präzision der Eingabe und der gewohnte Umgang mit dem Eingabegerät zu nennen. Außerdem ermöglicht sie die direkte Manipulation der Eingabe auf kleinstem Raum. Stiftbasierte Interaktion selbst ist bereits am Markt etabliert und durch die Benutzer akzeptiert, jedoch aus technologischen Gründen nicht immer mit anderen Eingabeformen (z.B. Multitouch) problemlos kombinierbar.

Eine wichtige Herausforderung speziell im Bereich neuer Interaktionsformen ist die Definition nachhaltiger Einsatzszenarien, welche die Vorteile und exklusiven Möglichkeiten dieser Technologien sinnvoll nutzen. Erst dann wird sich für die Benutzer ein Mehrwert abzeichnen und nur dann wird sich ein Erfolg am Markt einstellen. Das iPhone beispielsweise konnte hier überzeugen und hat insbesondere durch die Akzeptanz der Benutzer den Markt durchdrungen. Kommerziell existierende digitale Tische bieten Multitouch und Be-greifbare Interaktion, konnten nach Meinung der Autoren bisher aber keinen vergleichbaren Erfolg erzielen. Dennoch floriert dieses Geschäftsfeld und es ist eine zunehmende Anzahl an Anbietern zu verzeichnen, die entsprechende Hardware produzieren und anbieten. Die Frage nach sinnvollen Anwendungen diese Hardware bleibt allerdings unbeantwortet.

Die Gruppe Interactive Dialog Systems (IDS) im C-LAB erforscht aktuell die Möglichkeiten und Grenzen dieser neuen Interaktionsformen an einem eigens konstruierten Multitouch-Tisch in Kombination mit weiteren Eingabemöglichkeiten. Des Weiteren werden Szenarien entwickelt, die eben diese exklusiven Möglichkeiten solcher Geräte sinnvoll und nachhaltig sowohl in den wissenschaftlichen und in den Geschäftskontext (kommerzielle Ausrichtung), insbesondere aber in den Anwendungskontext der Benutzer überträgt. Nach umfangreicher Analyse unterschiedlicher Einsatzszenarien wurde im vorliegenden Fall in Zusammenarbeit mit dem Technischen Hilfswerk (THW) Detmold eine zukünftig mögliche Arbeitsumgebung, zur Koordination der Einsatzlagesituation im Katastrophenfall, erarbeitet und im Rahmen einer Studie umgesetzt.

Im Folgenden werden zunächst verschiedene Ergebnisse aus wissenschaftlichen Studien aufgeführt. Anschließend werden das nutzerzentrierte Vorgehen zur Entwicklung, sowie Auszüge der umgesetzten Lösung, beschrieben. Zum Abschluss wird ein Ausblick auf aktuelle und zukünftige Forschungsschwerpunkte und -arbeiten gegeben.

2 Hintergrund

In den letzten Jahren wurden zahlreiche und vielfältige Studien im Bereich von Multitouch-, Be-greifbarer- und Stiftbasierter Interaktion, in Kombination mit großflächigen Anzeigen und interaktiven Präsentationsflächen, durchgeführt. So wurden beispielsweise bekannte Gesten für Single- und Multitouch zur Bewegung und Rotation von visuellen Objekten entwickelt und evaluiert (Kruger et al. 2005). Wie bereits vermerkt, haben sich diese bereits bei den Benutzern durch kommerzielle Produkte (z.B. iPhone, iPad, Wii) etabliert, so dass der Lernaufwand bei neuen Produkten dementsprechend gering ausfällt. Des Weiteren konnte eine so genannte Awareness in Szenarien mit mehreren Benutzern nachgewiesen werden (Hornecker et al. 2008), da es für jeden offensichtlich ist, wer (*group awareness*) gerade welche Aktion (*interaction awareness*) ausführt. Die Awareness kann durch die Verwendung von Be-greifbarer Interaktion weiter verbessert werden, da die Interaktion dabei an ein physikalisches Objekt gebunden ist, welches auf der Oberfläche des digitalen Tisches platziert werden kann. Es wurden eine Vielzahl von exemplarischen Anwendungen auf diesem Gebiet entwickelt. Diese reichen von adaptierten Brettspielen bis hin zu komplexen Multi-User-Systemen und unterstützen eine kollaborative Entscheidungsfindung. „Anfassbaren" Nutzungsschnittstellen spiegeln digitale Informationen in physischer Gestalt wider und vereinen so eine physische Repräsentation und Steuerung in einem Gerät. Heutzutage sind Begreifbare Nutzungsschnittstellen gut erforscht. Dabei wurde festgestellt, dass sie wesentlich natürlicher und gebrauchstauglicher sind als Schnittstellen per Tastatur oder Maus (van den Hoven et al. 2007). Darüber hinaus wurden Empfehlungen für die generelle Gestaltung bzw. die kolokale Gruppenarbeit veröffentlicht (Müller, 2010).

Eine andere Form der anfassbaren Interaktion sind digitale Stifte. Da Menschen es gewöhnt sind mit Stiften auf Papier zu interagieren, stellen digitale Stifte ein ideales Werkzeug zur präzisen Eingabe auf interaktiven Oberflächen dar. Auch die Eingabe von Text geschieht mit digitalen Stiften auf gewohnte Art und Weise. Nutzerzentrierte Studien haben gezeigt, wie Stiftbasierte Interaktion auf Multitouch-Tischen verwendet werden kann und wie Interaktionstechniken untersucht werden können (Frisch et al., 2009).

Um die Erfordernisse von Benutzern zu erfüllen, bedarf es einer adäquaten Repräsentation der Informationen. So muss auch die Visualisierung sorgfältig gestaltet werden. Interaktive Bildschirme ermöglichen eine gemeinsame Sicht auf teils große Datenmengen. Die zuvor dargestellten Interaktionstechniken unterstützen dabei die Eingabe z.T. durch mehrere Personen und fördern die Zusammenarbeit. Da Menschen Information unterschiedlich interpretieren hat sich gezeigt, dass verschiedene Ansichten auf komplexen Strukturen hilfreich für das Verständnis sein können (Roberts, 1998). Solche verschiedenen Ansichten können entweder durch Software (bspw. mehrere Fenster auf einem Bildschirm) oder durch Hardware (bspw. mehrere kombinierte Bildschirme) ermöglicht werden. Speziell im Bereich der Entscheidungsfindung im Katastrophenfall stellt das schnelle Verständnis von Daten eine wichtige Aufgabe dar.

Im Bereich des Katastrophenmanagements (engl. *disaster control management*) existieren Studien, die Kollaboration und Koordination unter der Verwendung von Informationstechnologie fördern. Dennoch wurde bisher wenig Aufwand betrieben Systeme zu entwickeln, die reale Arbeitsabläufe von Katastrophenschutzorganisationen (z.B. Feuerwehr, Polizei, Rettungskräfte, usw.) abbilden. Die Verwendung neuer Interaktionsformen auf diesem Gebiet ist selten, da Stifte, Papier, papierbasierte Karten und Magnetplättchen (vgl. Abbildung 1) weit etabliert und ausfallsicher sind. Trotzdem wird die Idee eines interaktiven Systems zum Training von Katastrophenfällen in Veröffentlichungen adressiert und gilt als vielversprechend (Kobayashi et al. 2007). Das TNO[1] Forschungszentrum präsentiert die Idee, dass der Einsatz von Multitouch-Tischen bei der Entscheidungsfindung im Katastrophenfall effektiv unterstützen kann. Es wurde untersucht in welchen Abteilungen solche Technologien eingesetzt werden können und welche Arbeitsabläufe sinnvoll abgebildet werden können. Die Studie zeigt, dass sogar Personen mit wenig IT-Erfahrung Multitouch-Tische benutzen können und der Lernaufwand nur gering ausfällt. Des Weiteren war auch die Kollaboration über solche Technologien für die Testpersonen naheliegend. Dennoch gab es auch Fehlentwürfe im Systemdesign, die nach unserer Auffassung durch eine Integration der Benutzer in den Gestaltungsprozess verbessert werden können.

Schwerpunkt dieser Arbeit ist daher die Fokussierung auf die Einsatzlageplanung im Umfeld des THW – als konkreten Anwendungskontext – und die damit einhergehende Konzentration auf eine aufgabenangemessene Gestaltung. Im nachfolgenden Abschnitt wird der sinnvolle Einsatz dieser neuen Interaktionsformen dargelegt.

3 Anwendungskontext Einsatzlageplanung

Bei der Entwicklung alternativer bzw. neuer IT-gestützter Lösungen unter Verwendung innovativer Interaktionsformen bedarf es einer kritischen Betrachtung aus unterschiedlichsten Perspektiven, insbesondere in Bezug auf die Nutzung. Fragen der Ergonomie sind dabei ebenso wichtig, wie solche der Arbeitsorganisation und der Gebrauchstauglichkeit. Im Sinne

[1] http://www.tno.nl/

einer Optimierung des Arbeitsablaufes nehmen Fragen bezüglich des Arbeitskontextes eine zentrale Stellung ein. Ziel sollte es sein, die gegenwärtige Situation durch die Verwendung neuer, innovativer Technologien, insbesondere neuer Interaktionsformen, zu beschleunigen, zu vereinfachen und in ihrer Komplexität zu verringern.

Bei der Analyse existierender Anwendungen im Themenbereich Multitouch und Begreifbarer Interaktion ist jedoch festzustellen, dass diese hauptsächlich bestehende IT-Anwendungskontexte auf diese neuen Technologien übertragen, dabei aber das volle Potential nicht nutzen. Entsprechend überschreiten derzeit im kommerziellen Umfeld wenige Produkte die Grenze eines flüchtigen „Wow-Effekts" und können somit keinen Effizienzvorteil für diese Technologie nahelegen. Um diesem Effekt entgegen zu wirken, wurden zu Beginn unterschiedlichste Anwendungskontexte im Zusammenhang mit dem Einsatz dieser neuen Interaktionsformen eingehend untersucht, u.a. die industrielle Produktionsplanung, die Gebäude- und Bebauungsplanung oder das Management einer Feuerwehrleitstelle. Die Grundidee war, dass eine große Interaktionsfläche (unter Verwendung der verschiedenen Interaktionsformen) ein ideales Instrument zur Planung und Koordination einer Situation sein kann, an der insbesondere mehrere Personen beteiligt sind und gemeinsam Entscheidungen treffen müssen. In fast allen Fällen zeigte sich jedoch, dass sich durch die neue Technik kein wesentlicher Mehrwert für die Benutzer abzeichnet. Dies lag zum Teil an bereits hochgradig automatisierten Arbeitsabläufen. Aber auch der Einsatz neuer Interaktionsformen gegenüber konventionellen und gegenwärtigen Lösungen brachte keine weitere Qualität, insbesondere in Bezug auf die damit verbundenen finanziellen Aufwendungen, mit sich. Dennoch konnte ein Anwendungskontext identifiziert werden, dem ein ausreichendes Potential zugeschrieben wurde und wird. In Zusammenarbeit mit dem Technischen Hilfswerk (THW) Detmold wurden so Einsatzszenarien für eine mögliche Arbeitsumgebung zur Koordination der Einsatzlagesituation im Katastrophenfall konzipiert.

Basierend auf den Szenarien ließen sich schließlich Anforderungen für die Hardware und die Software ableiten. Analog zur gegenwärtigen Situation sollte das System zur Unterstützung des THWs in der Lage sein, mehrere Kartenansichten (Satellitenaufnahmen und topographische Darstellungen) als digitale und stufenlos skalierbare Schichten übereinander darzustellen. Es sollte außerdem die Möglichkeiten bieten, Schäden und Einheiten im Einsatz auf einer Lagekarte zu verorten, zu klassifizieren und nach bestimmten Kriterien zu filtern. Die Interaktion sollte, je nach Situation, durch eine Kombination aus Multitouch, Be-greifbarer-Interaktion und Stifteingabe umgesetzt werden. Das Ziel der Digitalisierung der Szenarien und der Verwendung der neuen Interaktionsformen sollte sowohl eine Optimierung der Arbeitsabläufe sein, als auch dem Beweis für einen effizienten und effektiven Einsatz dieser Technologien in einem realistischen Anwendungskontext dienen.

4 Nutzungszentrierte Realisierung

Um die Technologien in Bezug auf ihre sinnvolle Anwendung im Einsatzszenario bewerten zu können, wurden im Rahmen einer eigens für das C-LAB durchgeführten Übung des THW Detmold, die Abläufe und Tätigkeiten der Helfer in der Einsatzleitung ethnografisch erfasst und analysiert. Dabei wurden die Helfer mittels Kameras und Mikrofone beobachtet und mit dem Einsatzleiter live im Beobachtungsraum diskutiert. Anschließend wurden Anforderungen an die Hardware und Software spezifiziert und in einem iterativen Prozess in eine Lösung überführt. Dabei wurden die entwickelten Konzepte und Teillösungen regelmäßig mit Helfern des THWs evaluiert und in Bezug auf die Ergebnisse angepasst. Als Rahmenwerk für den Prozess wurde die ISO 9241-210:2010 zur Gestaltung gebrauchstauglicher interaktiver Systeme verwendet.

In der gängigen Praxis erfolgt die Darstellung der Einsatzlagesituation auf papierbasierten Karten, an der sogenannten Lagewand, bzw. auf dem Lagetisch. Dabei werden Vorkommnisse von Schäden (bspw. überflutete Areale, unzugängliche Bereiche, zerstörte Infrastruktur) erfasst und in so genannten Schadenkonten zusammenfassend dargestellt. Diese Schadenkonten werden einer Position oder einem Areal auf der Karte zugeordnet. Basierend auf dieser Lagedarstellung werden schließlich Einheiten mobilisiert und an die Einsatzorte gesendet. Durch die Zuordnung der im Einsatz befindlichen Einheiten zu Schadenskonten ergibt sich ein Überblick der aktuellen Lage (vgl. Abbildung 1).

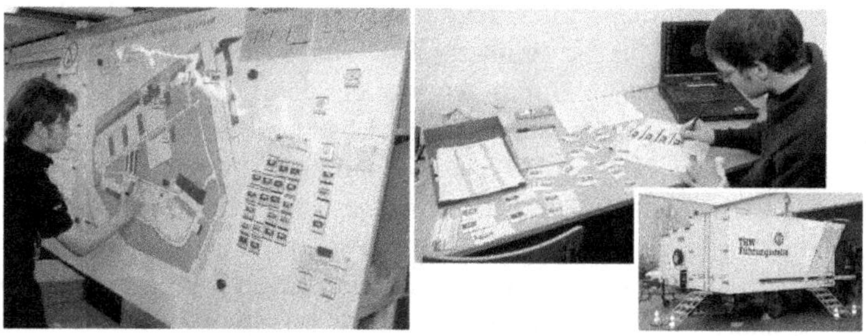

Abbildung 1: Lagedarstellung mit Papierkarten und Magnetplättchen (links), sowie klassische Werkzeuge Papier und Stift (rechts)

Basierend auf den gewonnenen und analysierten Erkenntnissen zum Nutzungskontext wurden Anforderungen an die Lösung und die notwendige Hardware definiert. Entsprechend wurde das Hardwarekonzept des Multitouch-Tisches useTable[2] entwickelt und erste Architektur- und Interaktionskonzepte erarbeitet. Anschließend wurden grundlegende Teile des Arbeitsablaufes der Helfer, im Falle einer Einsatz-Lage-Koordination, softwaretechnisch in einem evolutionären Prototypen umgesetzt.

Um den Anforderungen der Praxis gerecht zu werden, wurden die Arbeitsabläufe unter Berücksichtigung der technologischen Möglichkeiten auf die Hardware und Software übertragen. So wurde eine Einsatzumgebung geschaffen, die aus einem interaktiven Tisch und einer digitalen Lagewand besteht. Der useTable bietet eine Interaktionsfläche von 55“, auf der mittels Multitouch, physischen Objekten (engl. *Tangibles*) und durch präzise Stifteingabe interagiert werden kann (siehe Abbildung 2). Die Projektion erfolgt in Full-HD Auflösung.

[2] http://www.useTable.de

Auf der digitalen Lagewand ist es möglich zusätzliche Informationen digital zu projizieren und mit Hilfe eines digitalen Stiftes zu interagieren. Darüber hinaus ermöglicht die Wand, die beim THW üblichen Magnetplättchen auf ihr zu positionieren. Sie erlaubt außerdem das Schreiben mit Boardmarkern zur analogen Annotation.

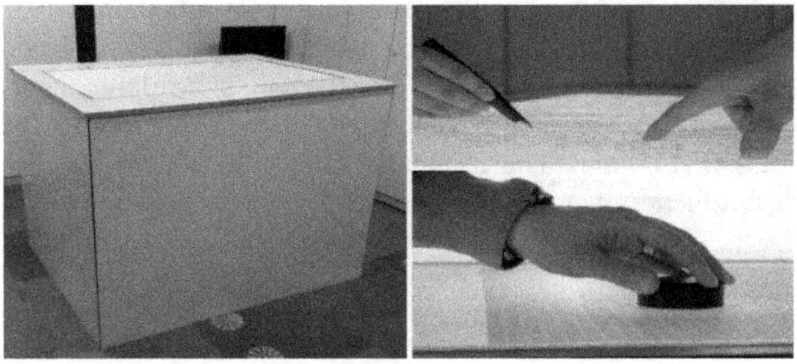

Abbildung 2: Der useTable: Ein interaktiver Tisch, der mit Fingern, Stiften und physikalischen Objekten bedient werden kann

Grundlegende Teile des Arbeitsablaufes der THW-Helfer im Falle einer Einsatzlagekoordination wurden bereits softwaretechnisch umgesetzt. So entspricht beispielsweise das Arbeiten auf und mit Karten der Grundarbeitsweise des THWs. Die Software ermöglicht es aktuell, Schadenkonten durch Finger- und Stifteingabe anzulegen, diese auf einer digitalen Lagekarte zu verorten und mit Detailinformationen (z.B. über Einheiten, Kontaktdetails, etc.) zu versehen (siehe Abbildung 3). Die Zuordnung der Einheiten zum Schadenkonto geschieht in Analogie zum aktuellen Ablauf durch Magnetplättchen an der Lagewand. Auch in der digitalen Version werden solche „Plättchen" erstellt, die dann über den Bildschirm bis zum entsprechenden Schadenkonto bewegt werden können. Jedem Schadenkonto kann zudem ein Areal auf der Karte zugewiesen werden, um den Einsatzradius der jeweiligen Kräfte abzubilden. Die Entscheidung, für die Magnetplättchen klassische UI-Elemente anstatt Be-greifbare Objekte zu verwenden, liegt in der hohen Anforderung an die Dynamik der Schadenkonten und Einheiten begründet. UI-Elemente lassen sich so unabhängig von der Kartenmanipulation stets georeferenziert visualisieren und auch minimieren. Insgesamt ermöglicht dieser Ansatz eine detaillierte Darstellung der Situation, was zu einer effizienteren Durchführung der Krisenbewältigung beitragen kann. Wichtig dabei ist es den kognitiven Lernaufwand für die Benutzer bei einem Wechsel zur digitalen Lösung möglichst gering zu halten.

Ein Vorteil, der sich durch die Digitalisierung der Lage ergibt, ist die wahlweise Anzeige unterschiedlicher Kartentypen, bei gleichzeitiger Erhaltung aller Informationen zu Einheiten und Schadenkonten (siehe Abbildung 3 a) und b)). Es ist anzunehmen, dass die Arbeit mit unterschiedlichen Kartentypen, je nach Einsatz, zur Effizienzsteigerung beitragen kann. Ein Wechsel von einer digitalen Straßenkarte zu einem aktuellen Satellitenbild kann beispielsweise helfen, das Ausmaß einer zerstörten Infrastruktur besser abzuschätzen. In Ergänzung dazu kann die Anzeige der Topographie helfen, das Auftreten möglicher Folgeereignisse zu beurteilen. Dies kann beispielsweise im Falle einer Wasseransammlung und Überschwemmung tiefer gelegener Bereiche vorkommen. Durch die Digitalisierung wurden hier neue Zugänge zu Information geschaffen, die in der aktuellen Praxis so nicht existieren. Ebenfalls stellt das geo-referenzierte Positionieren von einzelnen Einheiten auf der Lagekarte eine Erweiterung des bisherigen Ablaufs in der Praxis dar, wobei die Zuordnung zum zugehörigen Schadenkonto erhalten bleibt und visuell abgebildet wird. Zusätzlich können die Geo-Koordinaten an die Einheiten im Feld übermittelt und mit deren aktueller Position abgeglichen werden. Dies liefert ein stets aktuelles Bild der Einsatzsituation, wie es im bisherigen Ablauf ebenfalls noch nicht existiert. Auch die direkte Kommunikation wird dadurch vereinfacht bzw. ermöglicht. Des Weiteren kann das System geo-referenzierte Daten (Bilder, Nachrichten, etc.) empfangen, die sich über handelsübliche Endgeräte (PDA, Smart-Phone, etc.) verschicken lassen (Thillainathan, 2011). So können beispielsweise Fotos, welche von den Helfern vor Ort aufgenommen werden, zur besseren Einschätzung der Lage in der Einsatzleitstelle beitragen. Ziel dabei war es, existierende, einfache Technik für den Einsatz in komplexen Entscheidungssituationen nutzbar zu machen, anstatt die Helfer mit einer umfangreichen IT-Infrastruktur auszustatten.

In der Arbeitsweise des THW ist es wichtig zwischen der Darstellung der aktuellen Lage und der Planung von nächsten Schritten zu unterscheiden. Dies geschieht in der Praxis bereits durch die örtliche Trennung von Lagewand und Planungstisch. Auch dies wurde in der digitalisierten Repräsentation entsprechend berücksichtigt. So ist es möglich, eine Momentaufnahme festzuhalten und über einen Projektor an der interaktiven Lagewand darzustellen, während die Planung wie beschrieben auf dem useTable fortgeführt werden kann (siehe Abbildung 3 a)). Ein Wechsel bzw. Übertrag vom Planungsstand zur folgenden Lage ist jederzeit möglich. Des Weiteren werden zahlreiche Arbeitsaufgaben des THWs digital unterstützt. So wird beispielsweise für einen geplanten Pumpvorgang alternative Berechnungen von Arbeitsmaterial und Pumpparametern automatisiert und dargestellt. Die Interaktion erfolgt dabei in Form der Wegstreckenzeichnung, die mittels einem digitalen Stift auf der Oberfläche des Tisches durchgeführt wird (siehe Abbildung 3 e) und f)). Dadurch wird sowohl die Eingabe, als auch die Ausgabe im Vergleich zur gegebenen Situation in der Praxis optimiert.

Durch die Kombination aus Hardware und Software, verbunden mit den neuen Formen der Interaktion, wurde im Rahmen der Studie eine prototypische Umgebung geschaffen, die als eine zukünftig mögliche Arbeitsumgebung zur Koordination der Einsatzlagesituation im Katastrophenfall Einsatz finden könnte. Erste Live-Demonstrationen und Tests durch Helfer des THWs mittels *Cognitive Walkthrough* und *Think Aloud* bestätigen ein hohes Potential für die Praxistauglichkeit. Nach Aussage der Experten zeigt die Kombination aus Technologie und Softwareanwendung eine deutliche Optimierung im Vergleich zur derzeitigen Praxis auf. Ein Ziel der Studie war eine mögliche Effektivitäts- und Effizienzsteigerung durch die Verwendung der Interaktionstechniken Multitouch, Be-greifbarer- und Stiftbasierter-Interaktion aufzuzeigen. Die weitere, zukünftige Evaluation wird zeigen, ob sich dies objektiv messen lassen wird. Subjektiv kann jedoch ohne Zweifel behauptet werden, dass die nutzungszentrierte Ausrichtung des Vorgehens, die intensiven Auseinandersetzung mit dem Anwendungskontext, die bedarfsgerechte und aufgabenabhängige Nutzung der jeweiligen Interaktionsformen bereits dazu beigetragen haben, dieses Ziel zu verwirklichen.

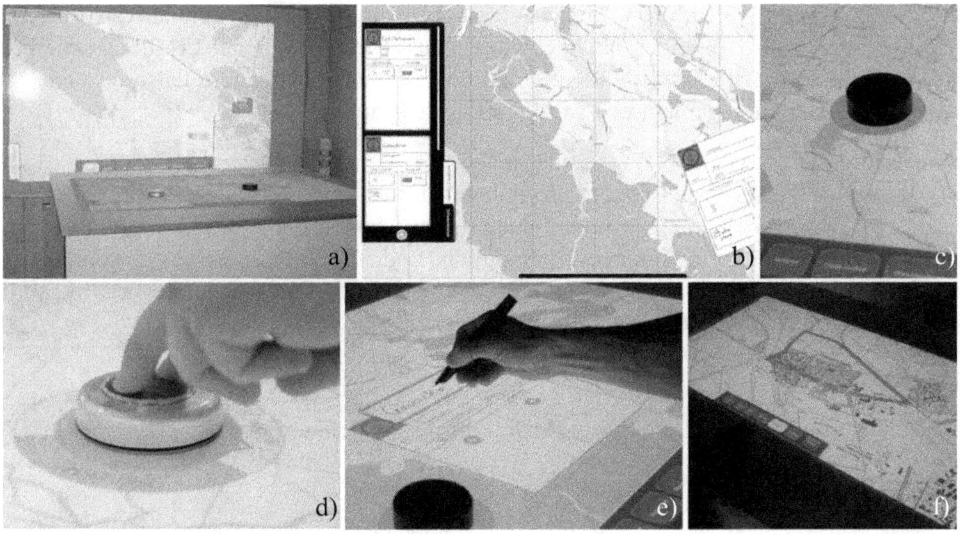

Abbildung 3: a), b) useTable mit Kartendarstellung und digitalisierter Lagewand, c) Kartennavigation über Tangibles, d) Auswahl des Kartenmaterials, e) Digitalisierte Schadenkonten, f) Berechnung von Pumpenparametern

5 Zusammenfassung und Ausblick

In der vorliegenden Studie wurde die nutzungszentrierte Entwicklung eines interaktiven Werkzeugs zur Koordination einer Einsatzlageplanungssituation im Katastrophenfall vorgestellt. Durch neue Interaktionstechniken, wie Multitouch, Be-greifbare- und Stiftbasierte-Interaktion, sollten existierende Arbeitsabläufe in angemessener Form unterstützt bzw. optimiert werden. In Zusammenarbeit mit Domänenexperten des Technischen Hilfswerks (THW) Detmold wurden realistische Einsatzszenarien für eine zukünftig mögliche Arbeitsumgebung der Einsatzlageplanung konzipiert und im Rahmen einer durchgeführten Übung durch das THW validiert. Daraufhin wurden Anforderungen an die Hardware und Software spezifiziert und in einem iterativen Prozess in eine prototypische Lösung überführt. Die entwickelten Konzepte und Teillösungen wurden regelmäßig mit Helfern des THWs bewertet und in Bezug auf die Ergebnisse angepasst.

Die Kombination der beiden Geräte, useTable und digitale Lagewand, erlaubt die aufgabengerechte Abbildung der aktuell vorherrschenden Situation, repräsentiert in digitaler Form. In Ergänzung zur Hardware wurden die gegenwärtigen Arbeitsweisen der Helfer entsprechend übertragen und unter Berücksichtigung angemessener Interaktionsformen und optimierter Vorgehensweisen softwaretechnisch umgesetzt.

Das Ziel der vorliegenden Studie war zweigeteilt. Zum Einen sollten, aus Perspektive der Nutzung, sinnvolle Anwendungsszenarien für die Verwendung der neuen Interaktionsformen identifiziert werden, zum Zweiten sollte durch deren Verwendung eine Optimierung gegenwärtiger Arbeitsabläufe erreicht werden. Obwohl bisher keine quantitativen Daten, in Form einer summativen Evaluation, vorliegen, lässt sich auf Basis der qualitativen formativen Evaluation durch die Helfer des THW vermuten, dass bereits ein hoher Erfüllungsgrad beider Ziele erreicht wurde. In Bezug auf die Praxistauglichkeit sind weitere entsprechende Maßnahmen zur Evaluation geplant und werden in Kürze stattfinden.

Aktuell wird das „Szenario THW“ und das System, sowohl um technische Details, als auch um weitere Arbeitsabläufe erweitert, die sich aus der laufenden Analyse ergeben. Zusätzlich wurde zwischenzeitlich eine Softwarearchitektur entwickelt, die eine plattformunabhängige, flexible Kopplung mobiler Endgeräte ermöglicht und, durch entsprechende Applikationen, den Helfern im Einsatzgeschehen dienlich sein soll. Die intensive Zusammenarbeit mit dem THW wird weiterhin Grundlage für die zu entwickelnde Lösung sein.

Danksagung

Wir danken Oliver Charles, Thorsten Meier, dem THW Detmold und der PG MUTTI (UPB).

Literaturverzeichnis

Frisch, M., Heydekorn, J., Dachselt, R. (2009) *Investigating Multi-Touch and Pen Gestures for Diagram Editing on Interactive Surfaces.* Proceedings of the ACM International Conference on Interactive Tabletops and Surfaces, 167-174

Hornecker, E., Jacob, R. J. K., Hummels, C., Ullmer, B., Schmidt, A., Hoven, E. & van den, Mazalek, A. (2008). *TEI goes on: Tangible & Embedded Interaction.* IEEE Pervasive Computing, 7(2), 91-96

Hornecker, E., Marshall, P., Dalton, N. S., Rogers, Y. (2008) *Collaboration and interference: awareness with mice or touch input.* Proceedings of the 2008 ACM conference on Computer supported cooperative work, 167-176

van den Hoven, E., Frens, J., Aliakseyeu, D., Martens, J.B., Overbeeke, K., Peters, P. (2007) *Design research & tangible interaction.* Proceedings of the 1st international conference on Tangible and embedded interaction, 109-115

Kobayashi, K., Kakizaki, T., Narita, A., Hirano, M., Kase, I. (2007) *Tangible user interface for supporting disaster education.* Proceedings of SIGGRAPH '07

Kruger, R., Carpendale, S., Scott, S. D., Tang, A. (2005) *Fluid integration of rotation and translation.* Proceedings of the SIGCHI conference on Human factors in computing systems, 3211-3216

Leitner, J., Powell, J., Brandl, P., Seifried, Th., Haller, M., Dorray, B. & To, P. (2009) *Flux: a tilting multi-touch and pen based surface.* Proceedings of the 27th international conference extended abstracts on Human factors in computing systems, 3211—321

Müller, T. (2010). *Untersuchung zur kolokalen, kollaborativen Wissensarbeit am Gegenstand von interaktiven Multi-Touch- und Multi-User-Tables.* Institut für Informatik, Universität Paderborn

Nebe, K. (2011). *Multitouch und be-greifbare Interaktion in der Einsatzlageplanung des THW,* C-LAB Jahresbericht 2010. http://www.c-lab.de/fileadmin/redactors/data/Services_Downloads/C-LAB_Annual_Reports/C-LAB_2010.pdf

Rajkumar, T. (2009). *Die Erfolgsfaktoren von Apple Inc.* Köln: Grin Verlag

Roberts, J. (1998) *On Encouraging Multiple Views for Visualisation.* Proceedings of the International Conference on Information Visualisation, 8-14

Thillainathan, N. (2011). *Entwurf einer Kommunikationsarchitektur zur flexiblen Kopplung unterschiedlicher Endgeräte: Am Beispiel eines vernetzten Einsatz-Lage- und Planungs-Werkzeugs.* Institut für Informatik, Universität Paderborn

Vogel, D. & Balakrishnan, R. (2010). *Occlusion-aware interfaces.* Proceedings of the 28th international conference on Human factors in computing systems, 263-272

Wang, F., Cao, X., Ren, X. & Irani, P. (2009). *Detecting and leveraging finger orientation for interaction with direct-touch surfaces.* Proceedings of the 22nd annual ACM symposium on User interface software and technology, 23-32

Nichtlineares Multiple Choice Quiz zur Unterstützung unterschiedlicher Lernniveaus

Britta Meixner, Sabine Gattermann, Harald Kosch

Lehrstuhl für Verteilte Informationssysteme, Universität Passau

Zusammenfassung

Computergestützte Multiple-Choice-Tests sind ein weit verbreitetes Mittel zur Überprüfung von Wissen. Lernunterstützende Tests können aufgrund ihrer linearen Abfolge kaum sinnvoll umgesetzt werden, da es an individueller Anpassung an den Lerner zur Laufzeit mangelt. In diesem Beitrag wird ein System aus Generator- und Auswertungs-Komponente vorgestellt, das zum Erstellen und Durchführen von dynamischen Testabläufen dient. Damit die Konzeption des zweigeteilten Systems den Ansprüchen fundierter Lernprogramme genügt, erfolgt zunächst eine Betrachtung des Multiple-Choice-Aufgabenformats. Abschließend wird die Umsetzung der Generator- und Auswertungs-komponente beschrieben.

1 Einleitung

Beim Multiple Choice (kurz: MC) Format können zwei grundlegend verschiedene Arten der Abfolge von Aufgaben unterschieden werden: Einerseits kann von einem linearen Testablauf gesprochen werden. Hierbei wird eine größtmögliche Objektivität hinsichtlich der Vergleichbarkeit von Testergebnissen erzielt. Somit ist dieser Typ von Testablauf ideal für leistungsbezogene Prüfungen (Gronlund 1982, S. 36 ff.). Einen anderen Typ stellt hingegen der dynamische (nichtlineare) Testablauf dar. Je nach erzieltem Aufgabenergebnis wird der Prüfling zu einer festgelegten Folgeaufgabe weitergeleitet. Dafür müssen bei jeder Aufgabe Bedingungen festgelegt werden, auf deren Basis entschieden werden kann, welches die nächste Aufgabe ist. Primär findet dieser Ablauf-Typ im lernunterstützenden Bereich Anwendung, da er unmittelbar auf Stärken und Schwächen des Probanden reagieren kann. Um MC-Tests vielfältiger, umfangreicher und interessanter zu gestalten ist es von Vorteil, Medien einbinden zu können. Diese ermöglichen es, Sachverhalte anschaulich darzustellen oder Fragen zu stellen, die sich auf die Inhalte der Medien beziehen.

2 Verwandte Forschung

Lütticke (Lütticke 2004) stellt eine "intelligente tutorielle Komponente zur Lösungsanalyse und Erzeugung des Feedbacks" bei der Kontrolle von Lernerfolg vor, die das Niveau dem Lernenden anpasst was eine Form der Nichtlinearität darstellt. Der "Frankfurter Adaptiver Konzentrationsleistungs-Test" (FAKT-II) (Moosbrugger und Goldhammer 2007) welcher computergestützt durchgeführt wird erlaubt eine "adaptive Messung der individuellen Konzentrationsfähigkeit". Die Programme TrainerSoft (OutStart Inc. 2010), LimeSurvey (Schmitz 2010) und Moodle (Lektionen) (Dougiams 2010), die einen nichtlinearen Testaufbau unterstützen, werden kurz verglichen. Die Medienunterstützung ist bei TrainerSoft am besten. Diese Software unterstützt eine Randomisierung von Antworten, es können positive und negative Punkte vergeben werden. Das Ergebnis kann als Punkt- oder Prozentwert angegeben werden. Limesurvey ist eher ein Tool für Online-Umfragen, dieses unterstützt sowohl die Randomisierung der Aufgaben als auch der Antworten. Bei Moodle (Lektionen) werden Punkte pro Antwort vergeben, verschiedene Arten der Testauswertung sind möglich. Es wird ersichtlich, dass keines der Tools in allen Kategorien die geforderten Funktionalitäten aufweisen kann, wobei TrainerSoft die meisten Anforderungen erfüllt.

3 Realisierung

Die ***Generator-Komponente*** dient dem Erstellen von Tests. Dazu werden verschiedene Werkzeuge benötigt, die es dem Autor ermöglichen, mit möglichst geringem Aufwand ansprechende Tests zu erstellen. Bevor mit der eigentlichen Test-Generierung begonnen werden kann, müssen beschreibende Eigenschaften eingegeben werden und charakteristische Eigenschaften wie linearer oder dynamischer Testablauf oder die maximale Punktzahl pro Frage festgelegt werden. Dem Konstrukteur wird die Einhaltung des Gronlund'schen Regelwerks (Gronlund 1982) ermöglicht. Eine hohe Anzahl an Antwortalternativen wird unterstützt. Ebenso ist das optionale Randomisieren von Antwortalternativen umgesetzt. Um Leistungstests generieren zu können, besteht die Möglichkeit zur Gewichtung einzelner Aufgaben. Es können Bild-, Video- und Audio-Dateien sowie Hyperlinks eingebunden werden. Die Generator-Komponente ist so konzipiert, dass sich mehrere Anwender eine gemeinsame Datenbasis teilen und dadurch ein unmittelbarer Austausch von Tests innerhalb des Programms durchführbar ist. Zum Editieren von Aufgaben wurde eine vertikale Anordnung der Antwortoptionen, sowie die Möglichkeit zum Kennzeichnen von Antworten als richtig oder falsch umgesetzt. Grundsätzlich müssen pro Aufgabe mindestens zwei Antwortoptionen durch den Autor angegeben werden, zusätzlich muss mindestens eine davon als korrekt markiert werden (siehe Abbildung 1, links). Zusätzlich wurde eine Funktion zum optionalen Hervorheben von Text innerhalb des Aufgabenstammes realisiert. Die Entwicklung und Umsetzung eines dynamischen Testablaufs beinhaltet Besonderheiten (siehe Abbildung 1, rechts). Für jede Verbindung zweier Aufgaben müssen die Bedingung in Form erreichter Punkte und die Anzahl der zuvor beantworteten Aufgaben ("Lookback"), auf die sich dieser Punkt-Wert bezieht festgelegt werden. Das Löschen von Kanten hat unter Umständen zur Folge, dass nicht miteinander verbundene Aufgabenbäume entstehen. Damit ein dynamischer

Test als konsistent bezeichnet werden kann, müssen bestimmte Grundregeln erfüllt sein. Erst dann kann der Speichervorgang erfolgreich durchgeführt werden.

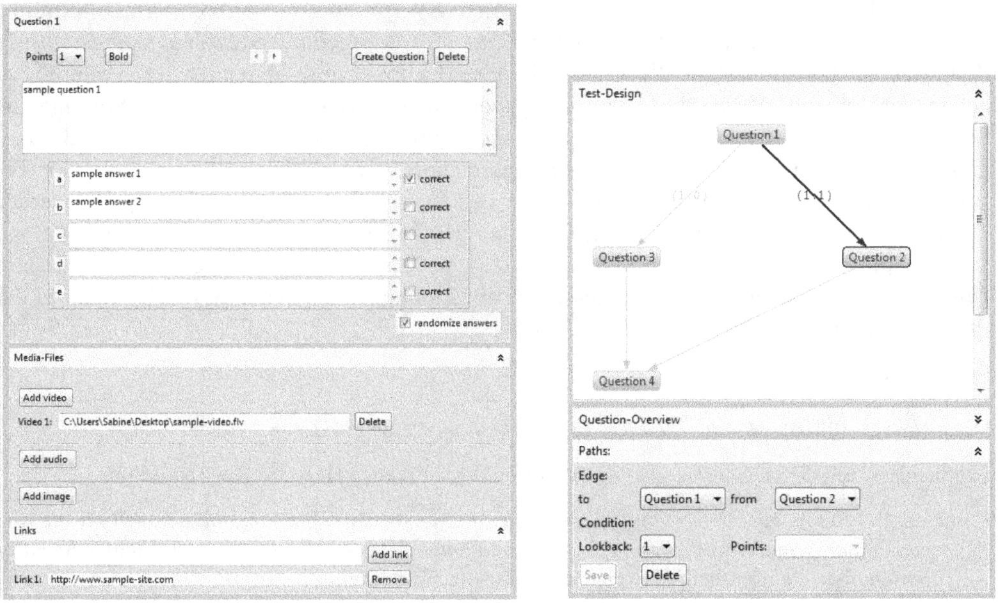

Abbildung 1: Teile der Generator-Komponente

Für die ***Datenübertragung*** wird ein nicht standardisiertes XML-Format verwendet. Für den Datenaustausch wird je Test ein Ordner verwendet, unter Umständen benötigte Media-Dateien befinden sich ebenfalls darin.

Um MC-Tests darstellen, durchführen und auswerten zu können, muss die ***Auswertungs-Komponente*** das Importieren eines Tests aus dessen Austausch-Format unterstützen. Es werden sowohl linearer als auch dynamischer Testablauf unterstützt. Bei Letzterem entscheidet die Programmlogik aufgrund der Benutzereingaben, welche Aufgabe es als nächstes zu präsentieren gilt, wobei verschiedene Bewertungssysteme realisiert werden. Die Unterscheidung zwischen einer Gesamt- und Einzelauswertung nach jeder Aufgabe wurde umgesetzt. Die graphische Darstellung von Aufgabenstellung und Antwortoptionen erfolgt gemäß des klassischen Aufbaus des Multiple-Choice-Formats untereinander. Im rechten Bereich des Fensters wird die Mediathek angezeigt, welche Links zu allen Zusatzinformationen der Aufgabe bereitstellt. Da es bei einem dynamischen Testablauf möglich ist, dass eine identische Aufgabe mehrmals gestellt wird, ist eine separate Liste der bearbeiteten Aufgaben unumgänglich. Am Ende eines Tests wird eine Liste aller bearbeiteten Aufgaben angezeigt, die mit einem Symbol für "richtig gelöst" oder "falsch gelöst" versehen ist. Im Anschluss daran werden die erzielten und maximal möglichen Punkte ausgegeben. Eine Weiterleitung zur detaillierten Ansicht der Auswertung ist möglich.

4 Zusammenfassung

In diesem Beitrag wurde ein Zwei-Komponenten-System zum Generieren und Durchführen von computergestützten Multiple-Choice-Tests mit Medienunterstützung vorgestellt. Im Zentrum der Testsuite steht die Entwicklung und Umsetzung "dynamischer" Abläufe, die neben der linearen Verbindung von Aufgaben auch Verzweigungen sowie Sprünge und Schleifen erlauben. Ihr Haupteinsatzgebiet sind lernunterstützende Tests, bei denen die Aufgaben optional mit Zusatzinformationen angereichert werden können. Dabei kann der Test zur Laufzeit den individuellen Bedürfnissen des Lerners bzw. Prüflings angepasst werden. Die Generator-Komponente wird derzeit in den SIVA-Producer (Meixner et al. 2010) eingearbeitet um in interaktiven nichtlineare Videos an Verzweigungspunkten ein nichtlineares Quiz anbieten zu können. Im Zuge dessen ist ein Einbau des Auswertungstools in den SIVA-Player erforderlich.

Literaturverzeichnis

Dougiams, M. (2010). *Moodle 1.9.9 (Quizzes)*. http://moodle.de/index.php [Stand: 06.06.2011].

Gronlund, N. E. (1982). *Constructing Achievement Tests*. Prentice Hall, 3rd Revised Edition.

Kamentz, E. (2006). *Adaptivität von hypermedialen Lernsystemen - Ein Vorgehensmodell für die Konzeption einer Benutzermodellierungskomponente unter Berücksichtigung kulturbedingter Benutzereigenschaften*. Doktorarbeit, Universität Hildesheim, Hildesheim.

Meixner B., Siegel B., Hölbling G., Lehner F. & Kosch H. (2010). SIVA Suite - Authoring System and Player for Interactive Non-linear Videos. Firenze, Italy: *Proceedings of ACM Multimedia 2010*, pp. 1563-1566.

Moosbrugger H., Goldhammer F. (2007). FAKT-II. Frankfurter Adaptiver Konzentrationsleistungs-Test, 2., überarbeitete und neu normierte Auflage des FAKT von Moosbrugger und Heyden (1997), Hogrefe Verlag, Göttingen

OutStart Inc. (2010). *Outstart Trainer*. http://www.funeducation.com/products/trainersoft/ OutstartTrainer/OutstartTrainer.asp [Stand: 06.06.2011].

Schmitz, C. (2010). *LimeSurvey 1.87*. http://www.limesurvey.org [Stand: 06.06.2011].

Kontaktinformationen

Dipl.-Inf. Britta Meixner
Universität Passau, Lehrstuhl für Verteilte Informationssysteme
Innstraße 43
D-94032 Passau
E-Mail: britta.meixner@fim.uni-passau.de

Hojoki: Eine Plattform für Enterprise Activity Streams

Martin Böhringer

Technische Universität Chemnitz

Zusammenfassung

600 Millionen Nutzer kennen Activity Streams aus Facebook. Längst zeigt dort der „News Feed“ nicht nur selbst erstellte Postings an, sondern beinhaltet Meldungen zu Nutzeraktivitäten („Peter hat ein Bild kommentiert“). Dieser „News Feed“ ist zum zentralen Einstiegspunkt in Facebook avanciert. Hieraus lässt sich leicht ableiten, dass Activity Streams positive Effekte für Communities bewirken. Außerhalb geschlossener Plattformen wie Facebook stellen Activity Streams jedoch eine Herausforderung für Technik und Visualisierung dar. Der Grund hierfür liegt in den verteilten Quellsystemen und den sehr heterogenen Activity-Typen, die in der Nutzeroberfläche zu verarbeiten sind. Dieser Beitrag diskutiert diese Probleme und stellt Lösungsansätze anhand unseres Prototypen für dezentrale, anwendungsübergreifende Activity Streams vor.

1 Überblick

Wissensarbeit besteht aus vielen Tätigkeiten, für die verschiedenste IT-Werkzeuge genutzt werden. Da wissensintensive Arbeit meist Teamarbeit voraussetzt, entsteht ein komplexes Abstimmungsproblem. Aus der Forschung zu computervermittelter Gruppenarbeit ist hierzu das Awareness-Konzept bekannt. Zu entsprechenden Fragen, die für einen Wissensarbeiter wichtig sind, gehören beispielsweise: „Hat meine Kollege schon die Teilaufgabe gelöst, um die ich ihn gebeten habe?“, „Wer arbeitet eigentlich gerade am Problem von Kunde ABC?“, „Wer im Unternehmen kann mir bei meinem Problem weiterhelfen?“, „Was passiert auf meiner Projektkostenstelle?“. Sobald die Arbeitsprozesse nicht über ein Mindestmaß an Standardisierung verfügen, können klassische IT-Ansätze wie Integration und Prozessorientierung hier nicht weiterhelfen (Hall & Johnson 2009, Rettig 2007). Die Geschäftsprozess-Forschung hat dies kürzlich mit ihrem Ruf nach einem neuen Paradigma („Case Management“) zum Ausdruck gebracht (Marjanovic 2009).

Ein Lösungsansatz für dieses komplexe Koordinationsproblem ist bei aktuellen Web 2.0-Diensten wie Facebook und Xing zu finden. Das zentrale Instrument sind dabei Activity Streams (Jeffery 2010). Nutzeraktionen auf einer Plattform führen automatisch zu Einträgen im persönlichen Aktivitätsstrom des Nutzers, welche dann im „News Feed“ der befreundeten Nutzer erscheint. Beispiele hierfür sind das Hochladen von Fotos, das Gründen einer Gruppe oder auch das bewusste Schreiben einer Stream-Nachricht (Microblogging). Verbunden mit den Interaktionsmöglichkeiten der Kommentare und des Like-Buttons organisieren sich Communities um den Activity Stream ihrer Nutzer und ermöglichen die Koordination von Millionen Teilnehmern.

Unser Forschungsansatz ist nun, das festgestellte Problem aus der Unternehmenswelt und die bereits stark verbreitete Lösung aus dem Privatumfeld zusammenzuführen. Darauf zielt unser Forschungsprojekt Hojoki (http://hojoki.com). Hier entsteht eine Plattform für Enterprise Activity Streams, welche Nutzeraktivitäten von Mitarbeitern aus den genutzten IT-Systemen extrahiert und im Web 2.0-Stil als Activity Stream zur Verfügung stellt.

2 Der Use Case

Der Transfer von Web 2.0-Ideen in das Unternehmensumfeld ist seit einiger Zeit zu beobachten. Jüngster Vertreter ist hierbei Enterprise Microblogging, womit das von Twitter bekannte Prinzip kurzer Statusmeldungen für professionelle Use Cases herangezogen wird (Böhringer & Richter 2009). Microblogging ist dabei auch konzeptuell ein Vorgänger von Activity Streams. Ersteres besteht aus manuell erstellten Meldungen, die z.B. Meinungen, Gefühle und Informationshappen enthalten können.

Activity Streams basieren nun auf der Beobachtung, dass für viele Tätigkeiten im Unternehmensumfeld spezialisierte Anwendungssysteme existieren. Beispiele hierfür sind Textverarbeitung, Informationsmanagement (z.B. Bookmarks, Wikis) sowie betriebswirtschaftliche Applikationen wie CRM und ERP. Ein manueller Bericht über solche Aktivitäten („Habe eben die Datei planung_vertriebsfeier.docx angelegt. Schaut mal, ob ihr etwas ergänzen könnt.“) hat Doppelarbeit zur Folge, welche folgerichtig durch viele Mitarbeiter abgelehnt wird (Barnes et al. 2010). Activity Streams zielen daher auf die automatische Erkennung und Integration dieser Aktivitäten in den Stream des Nutzers.

Der Fokus in unserem Hojoki-Projekt liegt dabei auf der Umsetzung dieses Use Cases im Cloud-Computing-Umfeld. Die wichtigsten Gründe hierfür sind a) die breite Verfügbarkeit von Standard-APIs sowie b) die „2.0-Affinität“ der Cloud-Nutzer. In einem ersten Schritt bindet Hojoki die Cloud-Dienste Google Docs (Tabellenkalkulation und Textverarbeitung), Delicious (Bookmarking), Twitter (Microblogging) und Dropbox (Netzlaufwerk) ein. Nutzer können sich in Teams organisieren und für jede Gruppe spezielle Sharing-Einstellung treffen. So gibt der Nutzer alle Aktivitäten des Google Docs-Ordners „Vertriebsfeier“ für die Hojoki-Gruppe „Vertrieb“ frei, woraufhin Aktivitäten wie das Erstellen und Bearbeiten von Dokumenten in diesem Ordner automatisch im Stream dieser Gruppe erscheinen.

3 Prototyp für Enterprise Activity Streams

Die Umsetzung von Activity Streams in Unternehmen stellt Herausforderung auf verschiedenen Ebenen. Zunächst muss ein technischer Ansatz für eine *Plattform* geschaffen werden, die aus verteilten und ganz unterschiedlich charakterisierten Systemen Aktivitätsinformationen extrahieren, speichern und verteilen kann. Wir nutzen hierzu die Ansätze des Semantic Web, um unabhängig flexible Informationsmodelle zu Aktivitäten aufbauen zu können (Champin & Passant 2010).

Um die Plattform mit Informationen zu füllen, sind *Konnektoren* zu Quellsystemen nötig. Dies sind beispielsweise klassische Unternehmenssoftware (CRM, ERP), Cloud-Dienste (Google Docs, Dropbox, Salesforce) und Desktopwerkzeuge (Text- und Tabellenverarbeitung). Die wohl kritischste Herausforderung stellt anschließend die *Nutzeroberfläche* dar. Zu den Schwierigkeiten zählen (1) Visualisierung von Aktivitäten mit möglichst wenig Text, (2) einfache Konfiguration komplexer Informationsströme (Rechtemanagement ist zu beachten), (3) Verständlichkeit für eine breite Basis von Mitarbeitern.

Abbildung 1: Mockup von Hojoki

Abbildung 1 zeigt einen aktuellen Entwurf der Alpha-Version. Feedback von nahezu 100 Alpha-Testern bestätigt das Konzept von Hojoki. Es zeigt allerdings auch, dass insbesondere die Nutzeroberfläche noch weiter zu verbessern ist, um die komplexe Funktionalität verständlich zu machen.

4 Fazit

Activity Streams zeigen großes Potenzial für die Nutzung in Unternehmen. Allerdings stehen dem Konzept große Herausforderungen bei Technik und Nutzeroberfläche gegenüber. In der Ausstellung der Konferenz möchten wir diese Punkte anhand unseres aktuellen Prototypens diskutieren.

Literaturverzeichnis

Barnes, S. J., Böhringer, M., Kurze, C., Stietzel, J. (2010). Towards an understanding of social software: the case of Arinia. In: *Proceedings of the 43rd Hawaii International Conference on System Sciences*, Koloa, Kauai, Hawaii, US.

Böhringer, M., Richter, A. (2009). Adopting Enterprise 2.0: A Case Study on Microblogging. In: *Mensch und Computer 2009: Grenzenlos frei?*, München, S. 293-302.

Champin, P. A., Passant, A. (2010). SIOC in Action Representing the Dynamics of Online Communities . In *I-SEMANTICS 2010*, Graz, Austria.

Jeffery, D. (2010). The Project Fragmentation Problem on the Web. In Proceedings *of the Irish Human Computer Interaction (iHCI)*, Dublin, Ireland.

Hall, J. M., Johnson, M. E. (2009). When Should a Process Be Art, Not Science. *Harvard Business Review*, 87(3), 58–65.

Marjanovic, O. (2009). Inside Agile Processes: A Practitioners Perspective. In: *Proceedings of the 42nd Hawaii International Conference on System Sciences,* Koloa, Kauai, Hawaii, US.

Rettig, C. (2007). The trouble with enterprise software. *MIT Sloan Management Review*, 49(1), S. 21-27.

Kontaktinformationen

Dipl.-Wirt.-Inf. Martin Böhringer
Technische Universität Chemnitz, Professur Wirtschaftsinformatik II
Thüringer Weg 7
D-09127 Chemnitz

Tel.: +49 (0)371 531-37769
E-Mail: martin.boehringer@wirtschaft.tu-chemnitz.de
WWW: http://www.tu-chemnitz.de/wirtschaft/wi2

Visuelle Analyse von RDF-Daten mittels semantischer Linsen

Steffen Lohmann[1], Philipp Heim[2], Davaadorj Tsendragchaa[2], Thomas Ertl[2]

DEI Laboratory, Universidad Carlos III de Madrid [1]
Institut für Visualisierung und Interaktive Systeme, Universität Stuttgart [2]

Zusammenfassung

Das Semantic Web hat zur Entstehung einer Vielzahl von RDF-Datensätzen beigetragen, die in strukturierter Form umfangreiche Informationen bereitstellen und damit ein enormes Nutzungspotenzial bergen. Um dieses Potenzial voll erschließen zu können, bedarf es Methoden und Werkzeuge, die auch vom Laien einfach zu verstehen und zu bedienen sind. Mit diesem Ziel haben wir einen Ansatz entwickelt, der die Analyse von RDF-Daten mit Hilfe von Streudiagrammen und semantischen Linsen visuell unterstützt. Die Linsen können generisch für beliebige Objekteigenschaften erstellt und über logische Operatoren miteinander kombiniert werden. Eine Umsetzung für den DBpedia-Datensatz illustriert die einfache Anwendbarkeit und leichte Verständlichkeit dieses Ansatzes.

1 Einleitung

Das Semantic Web hat in den letzten Jahren eine Vielzahl von Datensätzen hervorgebracht, die Informationen in standardisierter Form und für den strukturierten Zugriff bereitstellen. Eines der bekanntesten Projekte ist *DBpedia*, bei dem Informationen aus *Wikipedia*-Artikeln extrahiert, semantisch eindeutig repräsentiert und mit weiteren Semantic-Web-Daten verlinkt werden (Auer et al. 2007). Die so aufbereiteten und angereicherten Informationen bergen ein enormes Nutzungspotenzial, da sie komplexe Anfragen und automatisierte Schlussfolgerungen erlauben, die auf den ursprünglichen Quellen (wie beispielsweise den originalen Wikipedia-Artikeln) sehr aufwändig bis unmöglich sind. Die Formulierung solcher Anfragen geschieht in der Regel mittels *SPARQL*, einer formalen Anfragesprache für Datensätze, die auf dem *Resource Description Framework (RDF)* basieren – so wie DBpedia und die meisten anderen Datensätze des Semantic Web.

Da ein Erlernen dieser formalen Sprache vom durchschnittlichen Webnutzer nicht verlangt werden kann, bedarf es alternativer Zugriffsformen, die eine gleichermaßen intuitive wie effiziente Nutzung der Daten ermöglichen. Die spezifischen Eigenschaften von RDF-Daten sollten hierbei nicht nur berücksichtigt, sondern aktiv zur Bereitstellung innovativer Funktionalitäten und einer verbesserten Interaktion eingesetzt werden. Mit diesem Ziel haben wir einen anwenderorientierten Ansatz entwickelt, der die Analyse von RDF-Daten mit Hilfe von *Streudiagrammen* und *semantischen Linsen* visuell unterstützt. Die Streudiagramme geben eine *globale* Übersicht und unterstützen die Entdeckung von Mustern und Korrelationen auch in großen Datenmengen. Die semantischen Linsen ermöglichen die *lokale* Exploration und Filterung von ausgewählten Teilbereichen, wobei sie durch ihre Interaktionsmetapher einfach zu bedienen sind. Im Folgenden beschreiben wir diesen Ansatz ausführlicher und illustrieren dessen Potenziale am Beispiel des DBpedia-Datensatzes und der visuellen Analyse europäischer Staaten anhand verschiedener Faktoren.

2 Semantische Linsen

Unser Konzept der semantischen Linsen basiert auf einer Interaktionsmetapher, die in den neunziger Jahren von Bier et al. (1994) am *Xerox PARC* entwickelt und *magische Linse* genannt wurde. In ihrer ursprünglichen Definition besteht eine magische Linse aus einer Fläche beliebiger Form und Größe, die über der eigentlichen Benutzungsschnittstelle liegt und mit einem Operator versehen ist, der bestimmte Informationen filtert oder farblich kennzeichnet. Ähnlich einer optischen Linse in der realen Welt kann diese virtuelle Linse über verschiedene Stellen der Benutzungsschnittstelle geführt werden, um beispielsweise eine komplexe Visualisierung auf ausgewählte Informationsdimensionen zu reduzieren und somit fokussiert betrachten zu können.

In der Vergangenheit wurden eine Reihe von Variationen und Weiterentwicklungen des Konzepts der magischen Linse vorgeschlagen. Beispiele reichen von einer Variante zur Videoanalyse (Ryall et al. 2005) bis hin zu einer 3D-Umsetzung für Volumendaten (Viega et al. 1996). Unsere Umsetzung der magischen Linse haben wir „semantische Linse“ getauft, da sie die semantische Struktur von RDF-Daten ausnutzt, d.h. beliebige Objekteigenschaften und Datentypen interpretieren kann. Ein verwandter Ansatz sind die Linsen des *Fresnel*-Vokabulars, die eine Selektion von Eigenschaften bei der Anzeige von RDF-Daten ermöglichen (Pietriga et al. 2006). Eine zu Fresnel ähnliche Umsetzung findet sich außerdem im Semantic Web Browser *Haystack*, wo mittels Linsen bestimmte Aspekte bei der Anzeige von RDF-Daten gruppiert werden können (Quan et al. 2003). Darüber hinaus gibt es eine verwandte Arbeit von Rotard et al. (2007), in der mit Linsen markierte Textstellen innerhalb von Webseiten mit RDF-Daten semantisch angereichert werden.

Im Gegensatz zu diesen Arbeiten sind die semantischen Linsen in unserem Ansatz eine unmittelbare Umsetzung der Idee der magischen Linse für semantische Daten. Entsprechend dem Grundkonzept bestehen sie aus einer Fläche mit binärem Filter, den die durch die Linse betrachteten Objekte entweder erfüllen oder nicht. Die Objekte werden weder um Informationen angereichert, noch werden bestimmte Eigenschaften ausgeblendet oder gruppiert. Darüber hinaus erlaubt unsere Umsetzung eine generische Erstellung beliebiger Linsen durch die Nutzer, wohingegen in bisherigen Ansätzen lediglich vordefinierte Linsen verwendet werden konnten.

Eine semantische Linse kann in unserem Ansatz für prinzipiell jede Objekteigenschaft erstellt werden, die im RDF-Datensatz vorhanden ist, wobei der Datentyp der Objekteigenschaft das Filterkriterium bestimmt. Würde man beispielsweise in einer Visualisierung eines sozialen Netzwerkes alle nicht volljährigen Personen mit semantischen Linsen markieren wollen, so wären die Personen die Objekte, das Alter die interessierende Objekteigenschaft und die Volljährigkeit das Filterkriterium, für das man in Deutschland einen Schwellenwert von 18 Jahren festlegen würde. Darüber hinaus lassen sich auch mehrere semantische Linsen über Boolesche Operatoren miteinander kombinieren, so dass Filterketten realisiert werden können, wie sie für magische Linsen bei Fishkin und Stone (1995) beschrieben wurden. Anschaulicher wird der Ansatz an einem konkreten Anwendungsbeispiel, wie wir es im folgenden Abschnitt beschreiben.

3 Anwendungsbeispiel der visuellen Analyse

Um unseren Ansatz zu veranschaulichen und zu testen, haben wir die Webanwendung *SemLens* entwickelt. SemLens greift per SPARQL auf DBpedia zu und benötigt zur Ausführung lediglich einen Webbrowser mit installiertem Flash Player. Nach Auswahl einer geeigneten DBpedia-Klasse (wie z. B. „European Countries"), werden alle Objekte, die dieser Klasse angehören, als Punkte in einem Streudiagramm visualisiert (vgl. Abb. 1, A). Rechts neben dem Streudiagramm sind die Eigenschaften dieser Objekte gelistet (B). Als Diagrammachsen werden automatisch diejenigen Eigenschaften vorausgewählt, die die meisten Objekte miteinander teilen. Diese Vorauswahl kann der Nutzer anpassen, indem er den Achsen andere Eigenschaften aus der Liste zuweist. In Abb. 1 wurden beispielsweise die Objekteigenschaften „longitude" und „HDI rank" (HDI = Human Development Index) als Achsendimensionen gewählt (C1, C2), woraufhin sich die Streuung der Objekte im Diagramm sowie der Datentyp und Wertebereich der Achsen anpasst. Das Streudiagramm ermöglicht einen schnellen Überblick über die Verteilung der Objekte und unterstützt die Entdeckung von Mustern und Korrelationen in den Daten. Abb. 1 zeigt beispielsweise einen korrelativen Zusammenhang zwischen dem HDI-Rang eines europäischen Landes und seiner geographischen Länge. Auch wenn ein tendenziell geringerer HDI-Rang in den ehemaligen „Ostblock"-Staaten zu erwarten war, wird dieser Zusammenhang durch das Streudiagramm visuell veranschaulicht und die Identifikation von „Ausreißern" aus diesem Zusammenhang erleichtert. In diesem Fall weichen beispielsweise die Datenpunkte von Portugal (D1) und Zypern (D2) recht deutlich von der gegebenen Korrelation ab.

Für die genauere Untersuchung dieser Ausreißer und weiterer lokaler Diagrammbereiche eignen sich nun die semantischen Linsen. Im gegebenen Anwendungsfall unterstützen sie das explorative Austesten verschiedener Erklärungsansätze. Hierfür wurden, wie in Abb. 1 dargestellt, zwei semantische Linsen definiert: Die erste markiert alle Staaten, die ein Bruttoinlandsprodukt (BIP) pro Kopf von mehr als 25.000 Euro haben (Linse L1); die zweite alle Staaten mit Euro-Währung (Linse L2). SemLens unterstützt die Erstellung von semantischen Linsen, indem es den Benutzerdialog automatisch an den Datentyp der gewählten Objekteigenschaft anpasst. Für numerische Daten (wie im Fall von L1) werden beispielweise andere Filterkriterien angeboten als für textbasierte Daten (wie in L2).

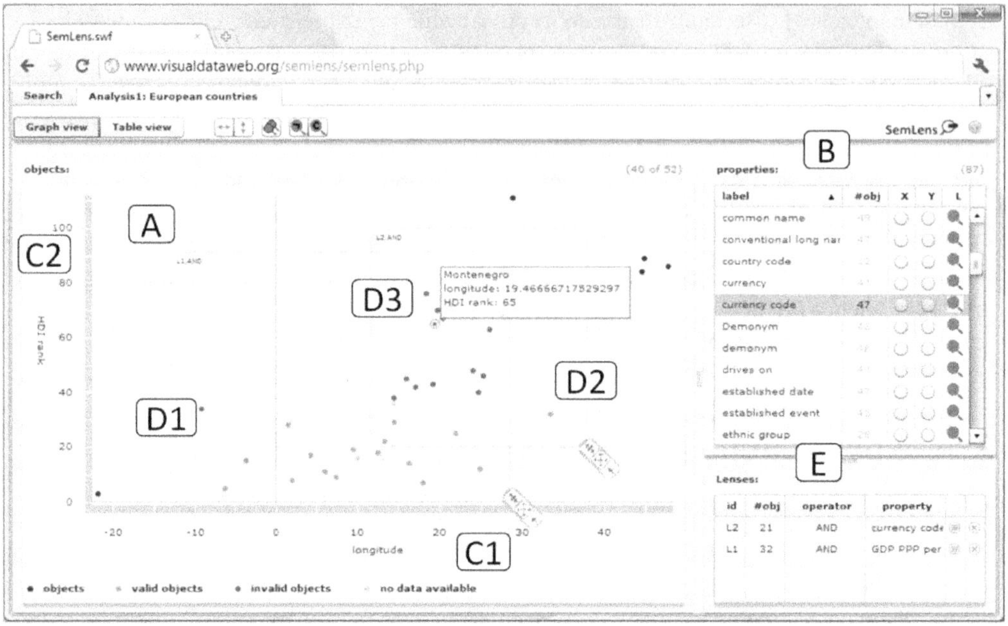

Abbildung 1: Visuelle Analyse von DBpedia-Daten mit SemLens (Live-Demo und weitere Informationen zu SemLens unter http://semlens.visualdataweb.org)

Die Rotfärbung des Datenpunkts von Portugal nach Positionierung von L1 im Streudiagramm deutet darauf hin, dass der vergleichsweise geringe HDI-Rang mit dem ebenfalls vergleichsweise geringen BIP pro Kopf zusammenhängen könnte. Die Grünfärbung von Zypern nach Positionierung von L2 deutet andererseits auf einen positiven Zusammenhang von Euro-Währung und HDI-Rang hin. Bei der weiteren Exploration dieses Zusammenhangs durch Vergrößern des Linsenbereichs von L2 fällt Montenegro auf, das zwar den Euro als Währung hat, aber nur einen HDI-Rank von 65 aufweist. Vergrößern wir nun jedoch auch den Bereich von L1, überlagern sich die beiden Linsen beim Datenpunkt von Montenegro und führen aufgrund ihrer UND-Verknüpfung zu einer Rotfärbung des Datenpunkts (D3) – ein klares Indiz, dass Montenegro ein zu geringes BIP pro Kopf aufweist, um einen HDI-Rang vergleichbar dem anderer Euro-Staaten zu erzielen. Die Einbeziehung zusätzlicher Faktoren über semantische Linsen erlaubt somit eine multidimensionale Exploration, die in unserem Fall idealerweise zu einer sauberen Abgrenzung von roten und grünen Datenpunkten innerhalb des Streudiagramms führt.

Neben dem standardmäßig vorausgewählten UND-Operator können die Filterkriterien verschiedener semantischer Linsen auch per ODER miteinander verknüpft werden. Darüber hinaus lassen sich NOT-Linsen definieren und mehrere Linsen zu einer aggregieren, so dass die Erstellung beliebiger Boolescher Ausdrücke möglich ist (vgl. Fishkin und Stone 1995). Da die Reihenfolge, in der die Linsen über der Visualisierung angeordnet sind, für die Boolesche Verknüpfung entscheidend ist, kann diese jederzeit im Streudiagramm angezeigt und durch Verschieben von Linsen im sogenannten *Lens Stack* (E) angepasst werden.

4 Fazit

Aufgrund der generischen Struktur von RDF lassen sich semantische Linsen für beliebige Datensätze und Objekteigenschaften definieren. Die semantisch eindeutigen Beschreibungsmöglichkeiten von RDF ermöglichen darüber hinaus eine automatische Anpassung des Dialogs zur Linsenerstellung an den Datentyp der jeweiligen Objekteigenschaft. Da jede Linse ein binäres Filterkriterium samt Booleschen Operator definiert, können durch Übereinanderlegen der Linsen nahezu jegliche semantische Anfragen interaktiv und visuell erstellt werden.

Wie das angeführte Beispiel der Analyse von DBpedia-Daten zeigt, ermöglicht die intuitive Umsetzung der Linsenmetapher in SemLens prinzipiell auch Laien, komplexe Analysen auf RDF-Daten durchzuführen – was vor dem Hintergrund einer steigenden Anzahl an interessanten Datensätzen im Semantic Web ein hohes Nutzungspotenzial verspricht. Letztlich ist der grundlegende Ansatz aber nicht auf RDF beschränkt, sondern kann auch auf strukturell ähnliche Datenmodelle angewandt werden. Voraussetzung ist jedoch, dass eine Objektmenge existiert, die mehrere Eigenschaften teilt, und dass der Datentyp dieser Eigenschaften wohldefiniert ist.

Ebenso müssen zur Visualisierung der Daten nicht notwendigerweise Streudiagramme eingesetzt werden, sondern lassen sich auch andere, stärker auf den Datentyp und das Analyseziel angepasste, Darstellungsformen zur Exploration mit semantischen Linsen verwenden. Beispielsweise können Karten für Geodaten oder Graphvisualisierungen für semantische und soziale Netze durchaus geeignete Visualisierungsalternativen bieten. Der Vorteil von Streudiagrammen ist jedoch ist die generische Anwendbarkeit auf nahezu beliebige Datentypen.

Literaturverzeichnis

Auer, S., Bizer, C., Kobilarov, G., Lehmann, J., Cyganiak, R. & Ives, Z. (2007). DBpedia: A Nucleus for a Web of Open Data. In: *Proceedings of ISWC '07*. Berlin/Heidelberg: Springer, S. 722-735.

Bier, E., Stone, M., Pier, K., Buxton, W. & DeRose, T. (1993). Toolglass and Magic Lenses: The See-Through Interface. In: *Proceedings of SIGGRAPH '93*. New York: ACM, S. 73-80.

Fishkin, K. & Stone, M. C. (1995). Enhanced Dynamic Queries via Movable Filters. In: *Proceedings of CHI '95*. New York: ACM, S. 415-420.

Pietriga, E., Bizer, C., Karger, D. and Lee, R. (2006). Fresnel: A Browser-Independent Presentation Vocabulary for RDF. In: *Proceedings of ISWC '06*. Berlin/Heidelberg: Springer, S. 158-171.

Quan, D., Huynh, D. and Karger, D. (2003). Haystack: A Platform for Authoring End User Semantic Web Applications. In: *Proceedings of ISWC '03*. Berlin/Heidelberg: Springer, S. 738-753.

Rotard, M., Giereth, M., & Ertl, T. (2007). Semantic Lenses: Seamless Augmentation of Web Pages with Context Information from Implicit Queries. In: *Comput. Graph.* 31(3), S. 361-369.

Ryall, K., Li, Q. & Esenther, A. (2005). Temporal Magic Lens: Combined Spatial and Temporal Query and Presentation. In: *Proceedings of INTERACT '05*. Berlin/Heidelberg: Springer, S. 809-822.

Viega, J., Conway, M. J., Williams, G. & Pausch, R. (1995): 3D Magic Lenses. In: *Proceedings of UIST '95*. New York: ACM, S. 51-58.

MCI-DL: Eine digitale Bibliothek für Mensch-Computer-Interaktion

Philipp Bohnenstengel, Martin Christof Kindsmüller, Michael Herczeg

Institut für Multimediale und Interaktive Systeme (IMIS), Universität zu Lübeck

Zusammenfassung

In diesem Beitrag wird die derzeit im Aufbau befindliche digitale Bibliothek des Fachbereichs MCI der GI vorgestellt. Inhalt der MCI-DL werden zunächst die Beiträge der Konferenzreihe Mensch & Computer und der Vorgängerkonferenz Software-Ergonomie seit 1983 sein. Es wird auf das zugrunde liegende Framework DSpace eingegangen und anhand von Beispielen gezeigt, wie die MCI-DL ganzheitliche Arbeitsabläufe unterstützen kann, welche über die Nutzung des Systems selbst hinausgehen.

1 Einleitung

Literatur-Recherche im World Wide Web ist heutzutage eine wichtige Informationsquelle im Rahmen der wissenschaftlichen Arbeit. Dazu beigetragen haben große Fachgesellschaften und Fachverlage, die – meist gegen Gebühr – die Publikationen ihrer Autoren im Web zugänglich machen. Auch die sich verbreitende Philosophie des Open Access, im Namen derer kostenfreier Zugang zu wissenschaftlichen Publikationen und liberale Nutzungsrechte gewährt werden (vgl. Suber, 2002; Bullinger et al., 2003), hat ihren Anteil daran. Eine der tragenden Säulen dieser Entwicklung sind digitale Bibliotheken (Digital Libraries), die wie ihre Gegenstücke in der physikalischen Welt einen Bestand von Publikationen sammeln, diesen pflegen und strukturierten Zugriff auf diesen ermöglichen. Neben dem offensichtlichen Vorteil, dass sich digitale Dokumente ohne Aufwand beliebig oft vervielfältigen lassen, kann eine digitale Bibliothek im Gegensatz zu einer physikalischen ohne großen Zusatzaufwand fast beliebig viele Perspektiven auf ihren Bestand bieten und semantische Beziehungen zwischen verschiedenen Dokumenten ausnutzen.

Der Aufbau einer solchen digitale Bibliothek für das Gebiet der Mensch-Computer-Interaktion (MCI-DL), insbesondere für Inhalte der Konferenz „Mensch & Computer" (M&C) und der Vorgängerkonferenz „Software-Ergonomie" (SE), wurde vom Fachbereich MCI der Gesellschaft für Informatik angestoßen, welche – im Gegensatz zu ihren US-amerikanischen bzw. internationalen Pendants, der ACM und dem IEEE – noch keine eigene digitale Bibliothek betreibt. Ziel ist es, die Konferenzbände, die derzeit zur Konferenz nur als

Papierversion erscheinen und erst ein halbes Jahr später als statische Website veröffentlicht werden, direkt vom Konferenzmanagementsystem in die MCI-DL zu transferieren. So können bereits auf der Konferenz alle Teilnehmer online auf die Beiträge zugreifen. Im Gegensatz zu einer statischen Website kann bei einer digitalen Bibliothek leichter sichergestellt werden, dass auch bei stetig wachsender Dokumentanzahl die Übersichtlichkeit erhalten bleibt. Gleichzeitig kann über das Bereitstellen von Such- und Filtermöglichkeiten ein deutlicher Mehrwert gegenüber einer statischen Website geschaffen werden. Die Grundlagen für die MCI-DL wurden sind in Bohnenstengel (2010) beschrieben. Aufbauend auf einer umfassenden Aufgaben-, Benutzer- und Kontextanalyse sowie einer umfangreichen Sichtung und Bewertung von Digital-Library-Frameworks wurde die MCI-DL konzipiert und die zentralen Use-Cases prototypisch unterstützt. Der vorliegende Beitrag orientiert sich im Aufbau an dieser Arbeit, setzt aber als „ausstellungsbegleitender Kurzbeitrag“ abweichende Schwerpunkte, um die Systemdemonstration theoretisch zu unterfüttern und zu motivieren.

2 Technische Basis: DSpace

Die Basisfunktionen einer digitalen Bibliothek sind klar abgesteckt: Die Inhalte müssen sich strukturiert präsentieren lassen, so dass sie per zielgerichteter Navigation erreichbar sind und es bedarf einer Suchfunktion, die sowohl Inhalte (Abstract, Volltext) als auch beschreibende Metadaten erfasst. Zusätzlich ist ein Unterbau nötig, der das Erzeugen und Verwalten der dafür notwendigen Datenstrukturen ermöglicht. Da es speziell auf diese Anforderungen zugeschnittene Frameworks gibt, die zudem im Bereich der digitalen Bibliotheken etablierte Standards implementieren, wäre eine Eigenentwicklung auf Basis eines allgemeinen Content-Management-Systems wie z.B. Drupal nicht sinnvoll gewesen. Von den Frameworks für digitale Bibliotheken haben sich in den letzten Jahren vor allem DSpace[1] und EPrints[1] breit etabliert, wobei DSpace nach unabhängigen Zählungen[2] eine deutlich größere installierte Basis aufweist. Da sich die Frameworks in ihrem Funktionsumfang nicht wesentlich unterscheiden, fiel die Wahl aufgrund der größeren Verbreitung und der als aktiver eingeschätzten Entwicklergemeinde auf DSpace.

DSpace ist eine Open-Source-Software, die ihrerseits unter anderem auf Java-EE (Apache Tomcat) und PostgreSQL aufbaut und auf eine Kooperation des MIT und der HP-Labs zurückgeht. DSpace ist auf den Betrieb sogenannter *Institutional Repositories* zugeschnitten und bietet einen großen Umfang an grundlegender Funktionalität für den Betrieb einer digitalen Bibliothek. Dies umfasst sowohl den Bereich der Verwaltung und Organisation von Dokumenten, als auch den des öffentlichen Zugriffs auf diese. Darüber hinaus werden eine Reihe von etablierten Standards wie *Dublin Core*, *Open Archives Initiative Protocol for Metadata Harvesting* (OAI-PMH) und *Open Search* unterstützt.

[1] DSpace: http://www.dspace.org Stand; EPrints: http://www.eprints.org /software

[2] University of Nottingham: http://www.opendoar.org

3 Die MCI-DL als Bestandteil komplexer Aufgaben

Eine digitale Bibliothek steht nicht für sich allein. Sie ist innerhalb des wissenschaftlichen Betriebs Teil eines „Ökosystems" von Software, Diensten und Arbeitsmethoden, die sich gegenseitig ergänzen und miteinander verwoben sind (vgl. Abbildung 1). Diese komplexen Zusammenhänge wurden im Rahmen der Aufgaben- und Benutzeranalyse durch strukturierte Interviews mit Wissenschaftlern und Studierenden untersucht, in denen Arbeitsabläufe und Gewohnheiten bei der Literaturrecherche im WWW, dabei auftretende Probleme und denkbare Erweiterungen bestehender Systeme zur Sprache kamen. Auf diese Weise wurden Erkenntnisse zu ganzheitlichen Arbeitsabläufen gewonnen. Diese bilden die Ausgangsbasis für die Konzeption der MCI-DL.

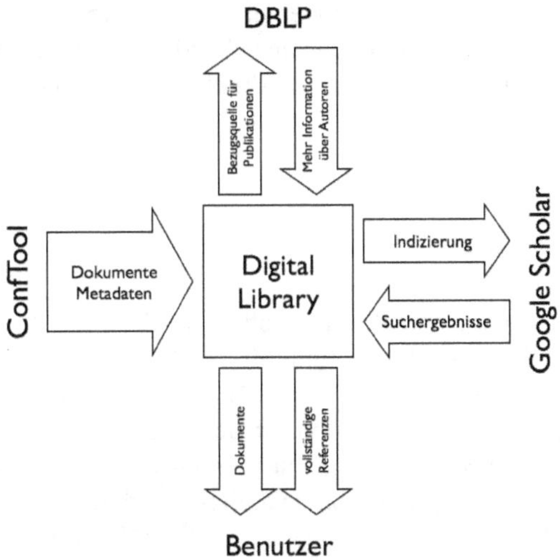

Abbildung 1: Die MCI-DL als Teil eines Ökosystems

Für die Organisation der M&C wird in der Regel die Software ConfTool[3] verwendet. Hier werden im Rahmen des Konferenzmanagements ein Großteil der für die MCI-DL relevanten Metadaten und auch die PDF-Versionen aller Beiträge erfasst. Für den Import in die MCI-DL wurde eine Schnittstelle zur direkten Datenübernahme einer mit ConfTool organisierten Konferenz entwickelt. Ein bedeutender Teil wissenschaftlicher Arbeit ist es, auf den Erkenntnissen anderer aufzubauen. Das korrekte Zitieren von Quellen wird durch die MCI-DL unterstützt, indem zu jedem Dokument vollständige Referenzen dynamisch aus den Metadaten erzeugt werden. Diese sind in verschiedenen Formaten wie BibTeX oder dem im Bereich der HCI-Forschung sehr verbreiteten APA-Style verfügbar und können so einfach weiterverarbeitet werden. Da eine digitale Bibliothek – ganz gleich, wie umfangreich sie auch sein mag – immer nur über einen beschränkten Bestand verfügen kann, ist es wichtig, den Nut-

[3] http://www.conftool.net

zern Verknüpfung zu weiterführenden Diensten jenseits des eigenen Bestands zu bieten. So wird beispielsweise neben der Möglichkeit, alle Artikel eines Autors in der MCI-DL anzuzeigen, ein Hyperlink zu DBLP (Ley, 1997) angeboten, wo i.d.R. umfassende Information zu weiteren Arbeiten des Autors verfügbar sind. Andererseits muss auch Zugriff von außen ermöglicht werden. Hier wird insbesondere eine Indizierung durch Dienste wie Google Scholar und CiteSeerX ermöglicht, da diesen in der Forschung und Lehre in zunehmendem Maße Vorzug vor dem direkten Zugriff auf die Anbieterrepositories gegeben wird. Auch die Verknüpfung mit den internationalen Standardnummernsystemen für Publikationen ISBN und ISSN sowie DOI werden unterstützt. Die MCI-DL soll als stark fachbezogene digitale Bibliothek auch mit einem Fachindex ausgestattet werden, der zusammen mit weiteren semantischen Markups erlauben soll, zielgerichtet und effizient fachliche Inhalte mit spezifischen Perspektiven zu erschließen. Die Verschlagwortung soll an übliche Standards (z.B. ACM) anknüpfen, diese aber im Fachgebiet MCI verfeinern. Umgekehrt kann diese Verschlagwortung die *Call for Papers* für anstehende Konferenzen und Workshops unterstützen und die Entwicklung des Fachgebiets durch eine Bestandsaufnahme und Strukturierung fördern.

4 Ausblick

Die MCI-DL ist in Grundzügen realisiert, wobei die Beiträge der M&C-Konferenzen seit 2001 bereits integriert sind. Da die Integration der Beiträge der SE-Konferenzen und die Arbeiten an der Benutzungsoberfläche bis zur M&C 2011 weitestgehend abgeschlossen sein werden, soll eine erste öffentliche Version dort präsentiert werden. Mit diesem Schritt wird begonnen die MCI-DL – im Sinne eines benutzerzentrierten Entwicklungsprozesses – in der gesamten Fachcommunity zu erproben, zu evaluieren und zu optimieren. Weiterhin müssen effiziente Arbeitsabläufe für die Aufnahme zukünftiger Inhalte etabliert werden. Eine zukünftige Version der MCI-DL könnte auch kollaborative Aspekte beinhalten – beispielsweise zur kollaborativen Generierung des im letzten Abschnitt beschriebenen Fachindex.

Literaturverzeichnis

Bohnenstengel, P. (2010). *Aufbau einer Digital Library für Mensch-Computer-Interaktion.* Bachelorarbeit am Institut für Multimediale und Interaktive Systeme (IMIS) der Universität zu Lübeck.

Bullinger, H.-J., Einhäupl, K. M., Gaehtgens, P. et al. (2003). Berlin Declaration on Open Access to Knowledge in the Sciences and Humanities. *Open Access to Knowledge in the Sciences and Humanities; 20.–22.10.2003, Berlin.*

Ley, M. (1997). Die Trierer Informatik-Bibliographie DBLP. In Jarke, M., Pasedach, K. & Pohl, K. (Hrsg.): *Informatik '97, Informatik als Innovationsmotor.* Berlin: Springer, S. 257-266.

Suber, P. (2002). Open access to the scientific journal literature. *Journal of Biology 1* (1), S. 3.1-3.3.

Kontaktinformation

Martin Christof Kindsmüller, mck@imis.uni-luebeck.de

TeaCoMobile: Webbasierte Terminkoordination für Smartphones

Amelie Roenspieß, Martin Christof Kindsmüller, Michael Herczeg

Institut für Multimediale und Interaktive Systeme (IMIS), Universität zu Lübeck

Zusammenfassung

TeaCoMobile ist eine für Mobilgeräte optimierte Version des webbasierten Terminkoordinationssystems TeaCo. Es wurde in einem verschränkten Entwicklungsprozess aus User Centered Design und Feature Driven Development konzipiert und realisiert. Einige der aufgestellten Konzepte können als beispielhaft für die Abbildung von Desktop-Systemen auf mobile Geräte betrachtet werden.

1 Einleitung

Für die Koordination von Terminen mit mehreren Beteiligten existiert mittlerweile eine Vielzahl an Werkzeugen, die Unterstützung von Smartphones ist jedoch bei vielen Systemen noch nicht zufriedenstellend an die Möglichkeiten und Beschränkungen dieser Plattformen angepasst. Mit TeaCo (http://teaco.imis.uni-luebeck.de) entwickelte Lohrenz (2009) eine webbasierte Anwendung zur Terminkoordination, die derart strukturiert ist, dass Erweiterungen – insbesondere andere Darstellungen, beispielsweise für die Nutzung auf Geräten mit kleineren Displays – auf einfache Weise modular ergänzt werden können. TeaCo stellt eine zentrale Übersicht für die Planung einzelner Termine beliebiger Gruppen bereit, in der nach dem Erstellen eines Meetings durch einen Initiator die gesamte Planung jederzeit von allen Teilnehmern eingesehen und ergänzt werden kann. Zentraler Aspekt ist hierbei die Möglichkeit, Terminvorschläge zu erzeugen und die Verfügbarkeit der einzelnen Teilnehmer abzufragen und zu visualisieren. Des Weiteren können Details wie z.B. die Agenda in Form von Kommentaren diskutiert und weitere Teilnehmer eingeladen werden. Zum Abschluss der Planung kann eine E-Mail mit den beschlossenen Eckdaten in Textform und als iCalendar-Attachment an alle Teilnehmer versandt werden.

Das im Rahmen dieser Systemdemonstration zu präsentierende System TeaCoMobile (Roenspieß, 2009) stellt eine webbasierte Erweiterung von TeaCo dar, die dessen Nutzung derzeit auf dem iPhone sowie dem iPod touch von Apple unterstützt.

2 Entwicklung

Für die Entwicklung von TeaCoMobile wurde ein Prozessmodell verwendet (Abb. 1), welches User Centered Design (UCD, Norman & Draper, 1986) und Feature Driven Development (FDD, Coad et al., 1999) verschränkt. Diese Vorgehensweise wurde auch für die Entwicklung von TeaCo genutzt, wodurch eine quasi-parallele Entwicklung von TeaCoMobile mit leichtem zeitlichem Versatz ermöglicht wurde: Nach der Umsetzung eines Features in TeaCo konnte so das mobile Äquivalent – sofern sinnvoll umsetzbar – direkt im Anschluss konstruiert, realisiert und evaluiert werden.

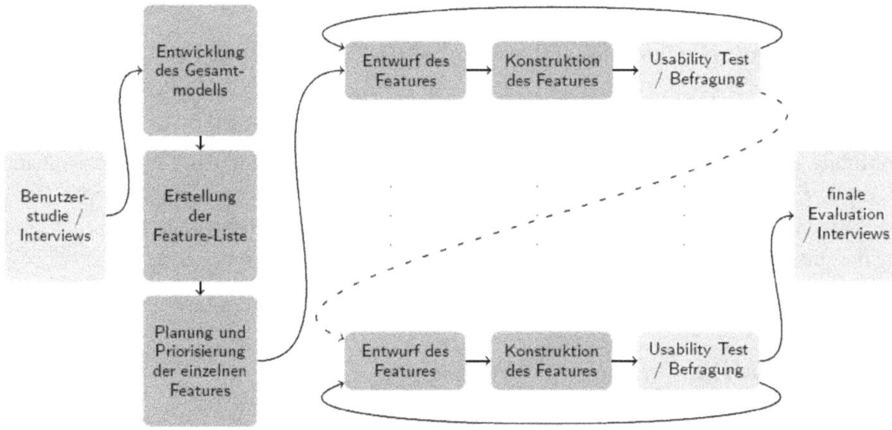

Abbildung 1: Prozessmodell (Roenspieß, 2009) unter Verwendung von UCD (hell) und FDD (dunkel)

Bei der summativen Evaluation nach Abschluss der Entwicklung wurde die Gebrauchstauglichkeit von TeaCoMobile auch vergleichend zu TeaCo evaluiert. Für die Nutzung auf mobilen Geräten ist aufgrund von Displaygröße und -format sowie der Interaktionsmöglichkeiten insbesondere eine Anpassung der Darstellung erforderlich, während die Funktionalität weitestgehend erhalten bleiben soll. Da die Desktop-Anwendung in einer MVC-Architektur (Reenskaug, 1979) realisiert wurde, konnten die Ablaufsteuerung (Controller) und die Geschäftslogik (Model) für TeaCoMobile direkt übernommen werden. Die Modifikationen beschränkten sich auf die Präsentationsschicht (View). Zusätzlich erleichtert wurde diese Erstellung eines alternativen Frontends durch die Verwendung des REST-Architekturmodell (Representational State Transfer; Fielding, 2000), bei dem Anwendungsdaten als adressierbare Ressourcen angesprochen werden.

Zentrale Designentscheidungen für die mobile Anwendung waren die zeitlich sortierte Anordnung der Terminvorschläge in einer Liste anstelle der Tag-Uhrzeit-Matrix der Desktop-Anwendung sowie die Aufteilung der Terminansicht in die einzelnen Bereiche zur Abstimmung und zur Terminerzeugung (Abb. 2), zwischen denen gewechselt werden kann. Hierdurch kann insbesondere für den häufigen Use Case eines Erstbenutzers, der eingeladen wurde und nur abstimmen möchte, eine bessere Übersichtlichkeit gewährleistet werden. Da diese aufgestellten Konzepte nicht gerätespezifisch sein sollten, wurden sie während des Entwicklungsprozesses im Sinne des User Centered Design formativ auch mit Probanden evaluiert, die noch keine Erfahrung im Umgang mit dem iPhone hatten.

Funktionale Einschnitte bei der Implementierung ergaben sich aufgrund der besonderen Interaktionsmöglichkeiten mit einem Touchscreen im Gegensatz zum Einsatz von Maus und Tastatur. Dies betrifft die Veränderung der Zeiten von Terminvorschlägen, die bei TeaCoMobile nicht mittels Drag&Drop, sondern durch eine Eingabemaske, ähnlich der Terminerzeugung, realisiert ist. Dies ist notwendig, da bei einer Web-Anwendung auf dem iPhone im Gegensatz zu einer nativen Anwendung, einer sogenannten iPhone-App, die entsprechenden Interaktionsgesten vom Webbrowser genutzt und nicht an die Anwendung durchgereicht werden.

3 Demonstration typischer Use Cases

Die Abstimmung über Terminvorschläge ist der häufigste Use Case bei der Nutzung von TeaCo und TeaCoMobile. Jeder Terminvorschlag ist mit drei Buttons versehen, anhand derer bei Betätigung die Verfügbarkeit des jeweiligen Teilnehmers durch Farbänderung des Abstimmungsbalkens und Hervorhebung des Buttons visualisiert wird (Abb. 3).

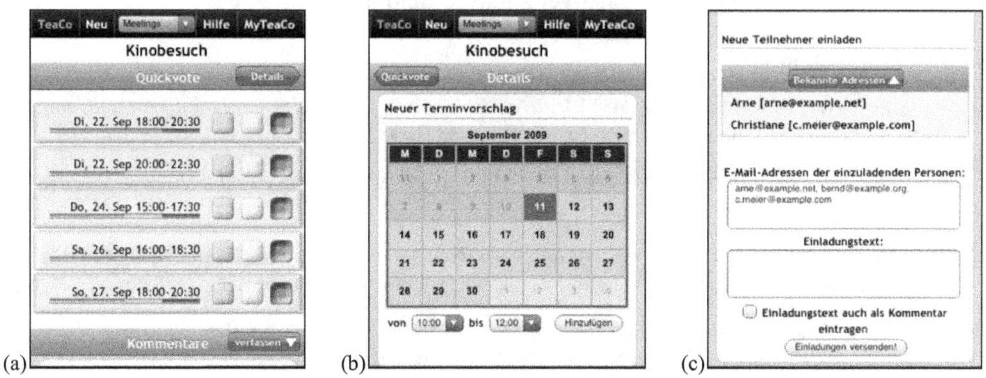

Abbildung 2: Terminansicht (a), Terminerzeugung (b)und Teilnehmerverwaltung (c) von TeaCoMobile

In der Listendarstellung der Terminvorschläge (Abb. 2a) lässt sich nach erfolgter Abstimmung aller Teilnehmer an den farbigen Balken schnell erkennen, welcher Vorschlag am besten geeignet ist. Der Kommentarbereich wird wie bei TeaCo unterhalb der Terminvorschläge angezeigt und kann bei Bedarf eingeblendet werden. Weitergehende Funktionen, wie das Erzeugen neuer Terminvorschläge (Abb. 2b) und das Einladen von Teilnehmern (Abb. 2c), wurden in separate Bearbeitungsbereiche ausgelagert.

Abbildung 3: Abstimmung zu einem Terminvorschlag durch Verwendung des entsprechenden farbigen Buttons

Der Versand der endgültigen Termine ist im unteren Teil des Bearbeitungsbereichs möglich, nachdem einer oder mehrere Terminvorschläge, wie in Abb. 2a sichtbar, als endgültige Termine ausgewählt wurden.

4 Zusammenfassung und Ausblick

Allgemein konnte im Rahmen der formativen und summativen Evaluation festgestellt werden, dass die realisierte Konzentration auf unmittelbar handlungsleitende Information bei der Anpassung der Views auf Geräte mit geringer Displaygröße geholfen hat, Einstiegshürden zu überwinden und die Benutzung deutlich zu erleichtern. Die Auslagerung zunächst vorenthaltener Information in Overlays oder ausklappbare Bereiche scheint nach unseren aktuellen Befunden das Mittel der Wahl. Diese Konzepte wurden bereits erfolgreich bei der Entwicklung einer nativen iPhone-App (Schröder, 2010) umgesetzt. Weitere empirische Überprüfungen erfolgen derzeit in den Kontexten einer universellen TeaCoMobile-Variante (Android, iOS, Web-OS, WinPhone7) sowie nativer Android- und iPad-Varianten.

Literaturverzeichnis

Coad, P., Lefebvre, E. & Luca, J. D. (1999). *Java Modeling in Color with UML: Enterprise Components and Process.* Upper Saddle River, NJ: Prentice Hall.

Fielding, R. T. (2000). *Architectural Styles and the Design of Network-based Software Architectures.* Dissertation. Irvine: University of California.

Lohrenz, A. (2009). *TeaCo - Entwicklung eines webbasierten Terminkoordinationssystems.* Bachelorarbeit am Institut für Multimediale und Interaktive Systeme der Universität zu Lübeck.

Norman, D. A. & Draper, S. W. (1986). *User Centered System Design: New Perspectives on Human-Computer Interaction.* Hillsdale, New Jersey: Lawrence Erlbaum Associates.

Reenskaug, T. (1979). *The Original MVC Reports.* Verfügbar unter: http://heim.ifi.uio.no/~trygver/2007/MVC_Originals.pdf, Stand: 08.03.2010.

Roenspieß, A. (2009). *Entwicklung einer mobilen Benutzungsschnittstelle für das Terminkoordinationssystem TeaCo.* Bachelorarbeit am Institut für Multimediale und Interaktive Systeme (IMIS) der Universität zu Lübeck.

Schröder, N. (2010). *Entwicklung einer nativen iPhone-Applikation für den Team- und Termin-Koordinator TeaCo.* Bachelorarbeit am Institut für Multimediale und Interaktive Systeme (IMIS) der Universität zu Lübeck.

Kontaktinformation

Martin Christof Kindsmüller, mck@imis.uni-luebeck.de

Multi-Touch zur Unterstützung agiler Softwareentwicklungsprozesse

Michael Krug, Hendrik Gebhardt, Martin Gaedke

Technische Universität Chemnitz

Zusammenfassung

Zur Unterstützung von agilen Softwareentwicklungsmethoden wird eine *Microsoft Surface* Multi-Touch-Anwendung vorgestellt, welche den Bewertungsprozess von User-Stories basierend auf der bewährten Technik namens *Planning Poker* aktiv unterstützt und vereinfacht. Dabei wird intuitive Gestensteuerung, die Erkennung von visuellen Codes und optisch ansprechendes Feedback zur Gestaltung eines motivationsfördernden Erlebnisses eingesetzt.

1 Einleitung

Agile Softwareentwicklung gewinnt immer mehr an Bedeutung. Sie ermöglicht einen flexiblen und leichtgewichtigen Entwicklungsprozess. Es wird versucht, die Entwurfsphase auf ein Mindestmaß zu reduzieren und im Entwicklungsprozess frühzeitig ausführbare Software zu erstellen. Oft eingesetzte Vorgehensmethoden sind *Scrum* und *Extreme Programming.* Beide Methoden setzen bei der Planung von Projekten auf User-Stories. Diese beschreiben einzelne Anwendungsfälle aus Sicht eines Akteurs. Im Gegensatz zu klassischen Entwicklungsmethoden wird der Aufwand zur Umsetzung von Funktionen nicht von einem Projektmanager oder Teamleiter abgeschätzt, sondern von den Entwicklern selbst. Der Prozess zum Abschätzen des Aufwands beziehungsweise einer relativen Größe einer Story kann durch Planungsspiele unterstützt werden. Ein beliebtes Hilfsmittel ist *Planning* Poker nach Grenning (Grenning 2002). Beim *Planning Poker* erhält jeder beteiligte Entwickler ein Set von Karten mit aufgedruckten Zahlenwerten. Häufig wird die unreine Fibonacci-Reihe nach Cohn (0, 1, 3, 5, 8, 13, 20, 40, 100) verwendet (Cohn 2005). Diese Nummern spiegeln die relative Größe bzw. den Aufwand wider. Nach der Auswahl einer Story und kurzer Vorstellung deren Inhalts, wird von jedem Entwickler verdeckt eine Karte ausgewählt. Sobald alle Entwickler ihre Schätzung abgegeben haben, werden die Karten aufgedeckt und das Ergebnis ausgewertet. Wenn die Abschätzung von zwei Beteiligten stark voneinander abweicht, wird eine Diskussion zur Erläuterung ihrer Meinung verlangt. Danach wird erneut abgestimmt, bis eine Einigkeit erreicht wird. Vorteil dieses Spiels ist die aktive Anregung von Diskussionen und die Bestimmung von weniger optimistischen und genaueren Abschätzungen in kürzerer Zeit

(Moløkken-Østvold & Haugen 2007). Häufig wird der agile Entwicklungsprozess durch Softwarewerkzeuge unterstützt. Es können Stories verwaltet und der Prozess geplant werden. Jedoch fehlt oftmals eine Unterstützung von Planungsspielen. So ist es zusätzlich nötig, ermittelte Werte manuell in ein Verwaltungswerkzeug einzutragen. Im Bereich der Multi-Touch-Anwendungen konnten keine vorherigen Arbeiten in Bezug auf Planungsspiele gefunden werden. Es existiert eine Auswahl an Online- und Desktop-Softwarelösungen, die *Planning Poker* unterstützen. So ist es bisher möglich, z.B. mittels der Webanwendung „Planning Poker“[1], eine verteilte Abschätzung am PC durchzuführen. Informationen zu den zu bewertenden Stories sowie die Ergebnisse müssen jedoch weiterhin per Hand eingetragen werden. Desweiteren existieren mobile Anwendungen[2], die zumeist nur als Ersatz für physische Poker-Karten verwendbar sind. Unterstützung der Kommunikation und eine Anregung zur Interaktion wird nicht geboten.

Ziel dieser Arbeit ist es, den Zeitaufwand des Abschätzprozesses zu minimieren, indem eine Multi-Touch-Anwendung zum Einsatz kommt. Dabei sollen Kommunikation und soziale Interaktion eine zentrale Rolle spielen. Durch die Verwendung von realen Pokerkarten soll der Spielcharakter bewahrt werden. Über eine Anbindung an eine existierende Datenverwaltungssoftware soll der Aufwand zur Informationseingabe eingespart werden.

2 Planning Poker auf dem Microsoft Surface

Der *Microsoft Surface*[3] ist ein, im Jahre 2007 von den Firma Microsoft entwickelter, Multi-Touch-Computer in Form eines Couchtisches, welcher Berührungen erkennen und auswerten kann. Das auf Infrarotkameras basierende System ist mit der Funktionsweise eines Touch-screens vergleichbar, ermöglicht jedoch komplexere Eingaben. So ist es möglich, viele Finger gleichzeitig zu benutzen, sowie Gesten oder Gegenstände zu erkennen. Dadurch kann der Nutzer Aktionen mit beiden Händen ausführen oder auch mit anderen Nutzern zusammen auf dem Bildschirm arbeiten. Diese Möglichkeiten erlauben es, Anwendungen zu entwickeln, die nicht nur einzelne Anwender ansprechen, sondern ebenso von einer Gruppe von Personen bedient werden können. Die gegebenen Voraussetzungen ermöglichen eine Umsetzung von *Planning Poker* unter den gesetzten Zielstellungen auf dem *Surface*.

Das Design der Anwendung orientiert sich am Aussehen eines Pokertisches. Über intuitive Gesten, wie das Verschieben von Objekten mit einem Finger, Drehungen mit zwei Fingern, die "Pinch-to-Zoom"-Geste, sowie lange und kurze Fingerberührungen wird eine einzigartige Mensch-Computer-Interaktion ermöglicht. Die Anwendung selbst hält keine Daten vor, sondern greift auf die API einer Webanwendung zu, welche den gesamten agilen Entwicklungsprozess unterstützt.

Im ersten Schritt muss ein Projekt ausgewählt werden, welches die zu bewertenden Stories

---

[1] Planning Poker: *http://www.planningpoker.com*

[2] Online Planning Poker: *http://mobileapps.crepido.com/cpp*

[3] Microsoft Surface: *http://www.microsoft.com/surface/en/us/default.aspx*

enthält. Dies geschieht über eine Liste mit allen im angebundenen System verwalteten Projekten. Nach Auswahl eines Projektes werden die verfügbaren User-Stories in zwei virtuellen Stapeln abgelegt. Zum einen schon bewertete Stories und zum anderen Stories, bei denen der Aufwand noch nicht abgeschätzt wurde. Die Darstellung der Stories ist an die physische Story-Karten-Form, wie es in Abb. 1 dargestellt ist, angelehnt. Es stehen dem Nutzer mehrere Vorgehensweisen zur Auswahl einer Story zur Verfügung. Die erste Möglichkeit besteht darin, dass er mit einer intuitiven Bewegungsgeste eine der dargestellten Karten aus einem Stapel in die Mitte des Tisches zieht und dort ablegt. Dabei wird die Karte deutlich vergrößert und mit zusätzlichen Informationen, wie der Beschreibung, dargestellt.

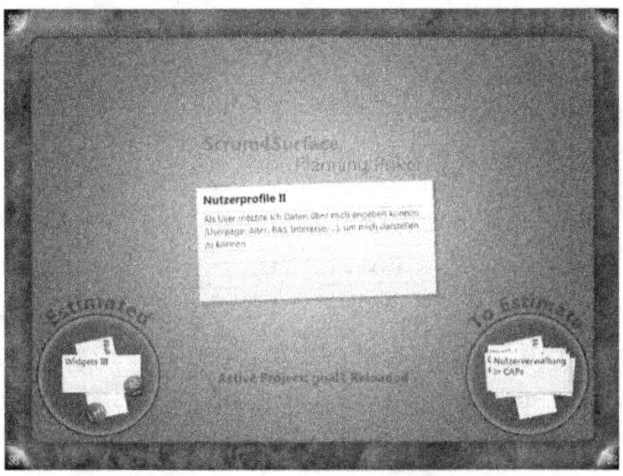

Abb. 1: eine User-Story wurde ausgewählt

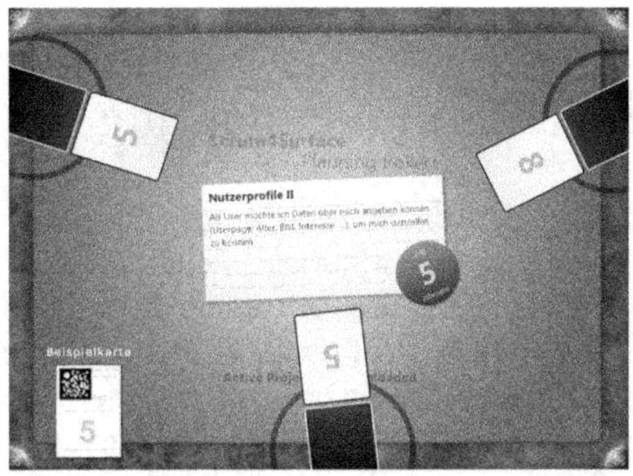

Abb. 2: Schätzwert durch aufgelegte Karten bestimmt

Mittels einer langen Fingerberührung auf dem jeweiligen Stapel kann eine Liste mit allen Story-Karten eingeblendet werden, die eine einfache Navigation und ein schnelles Auffinden ermöglicht. Da in vielen Teams zusätzlich zur digitalen Verwaltung und Planung des agilen Entwicklungsprozesses noch die klassische Abarbeitung mittels Story-Karten in Papierform Anwendung findet, kann man über die angebundene Webanwendung die verwalteten Stories ausdrucken. Dabei wird jede Karte mit einem speziellen grafischen Code versehen. Ein Auflegen der ausgedruckten Karte und die darauf folgende Auswertung des Codes selektiert automatisch die entsprechende Story in der Anwendung. Damit können auch physische Karten zur Auswahl einer Story verwendet werden. Der Bewertungsprozess erfolgt nach der Auswahl einer Story. Wie auch im herkömmlichen *Planning Poker* kommen reale Pokerkarten zum Einsatz. Diese sind ebenso mit einem vom *Surface* lesbaren Code ausgestattet. Durch verdecktes Auflegen der Karten wird der Wert registriert. Sobald die Anzahl aufgelegter Karten der vorher festgelegten Zahl an Mitspielern entspricht, wertet die Software automatisch das Ergebnis aus. Wie in Abb. 2 dargestellt, werden die Karten virtuell aufgedeckt. Bei einer Übereinstimmung der Werte wird der ermittelte Schätzwert direkt übernommen und anhand einer roten Plakette mit Zahlenwert dargestellt. Wurde eine stark abweichende Abschätzung entdeckt, wird diese visuell hervorgehoben. Die beiden betroffenen Karten werden markiert und durch eine Linie verbunden, so dass ersichtlich wird, welche Personen eine Diskussion beginnen müssen. Wurde ein Schätzwert ermittelt, kann die Story mit einer Bewegungsgeste in den Stapel der schon bewerteten Stories verschoben werden. Dies löst die Speicherung der Daten im angebundenen System aus. Die dargestellten Story-Karten können mittels einer "Pinch-to-Zoom"-Geste, dem Auseinander- oder Zusammenführen zweier Finger, in ihrer Größe angepasst werden. Eine lange Fingerberührung auf einer freien Fläche des Tisches bewirkt die Anzeige eines Menüs, welches Zugang zu verschiedenen Einstellungsmöglichkeiten bietet. Unter anderem stehen die folgenden Menüpunkte zur Verfügung: die Auswahl des aktiven Projektes, die Festlegung der Spieleranzahl und die Möglichkeit eine Time-Box einzurichten. Des Weiteren kann die maximale Differenz festgelegt werden, welche zwischen zwei Abschätzungen liegen darf, ohne das ein Konflikt dargestellt wird. Eine Korrektur der Bewertung ist ebenso möglich. Mittels einer langen Berührung auf der Plakette wird eine Softwaretastatur aktiviert, mit der man einen Wert manuell eingeben kann.

3 Zusammenfassung

Das beschriebene System unterstützt das Entwicklerteam aktiv im Planungsprozess, indem es das Bewerten von Stories anleitet, Abschätzungen automatisch auswertet und in einem angebundenen Softwarewerkzeug zur Unterstützung von agiler Projektentwicklung speichert. Dabei wird, wie im herkömmlichen *Planning Poker*, eine direkte Kommunikation angeregt und menschliche Interaktion gefördert. Der Bewertungsprozess wird für alle Beteiligten zu einem Erlebnis und erhält einen motivationsfördernden Spielcharakter.
In Team-internen Tests hat sich die Lösung als effizient und unterhaltsam herausgestellt. Der Schätzprozess wurde beschleunigt, die Beteiligten hatten Spaß am Vorgang und eine zusätzliche Dateneingabe im Verwaltungssystem wurde eingespart. Eine intensive und ausführliche Evaluation steht jedoch noch aus. In nachfolgenden Arbeiten sollte das System in Hinblick auf die Anbindung weiterer Datenquellen untersucht und erweitert werden. Ebenso kann untersucht werden, ob weitere Prozesse der agilen Softwareentwicklung durch Multi-Touch-Interaktion unterstützt und erleichtert werden könnten.

Literaturverzeichnis

Cohn, M. (2005). *Agile Estimating and Planning.* Addison-Wesley.

Genning, J. W. (2002). *Planning Poker or How to avoid analysis paralysis while release planning.*

Moløkken-Østvold, K., Haugen, N. C (2007). *Combining Estimates with Planning Poker - An Empirical Study.*

Kontaktinformationen

Michael Krug
Technische Universität Chemnitz
Professur Verteilte und Selbstorganisierende Rechnersysteme
Straße der Nationen 62
D-09111 Chemnitz

E-Mail: michael.krug@informatik.tu-chemnitz.de

Assemblee Virtuell

Carsten Frey,
Christoph Kutza,
Marcus Pflanz
Masterstudiengang „Angewandte Informatik", FH Erfurt

Rolf Kruse
Vertretungsprofessur Mediendesign, FH Erfurt

Paul Grimm
Prof. Graph. Datenverarbeitung, FH Erfurt (ab 6/2011: HS Fulda)

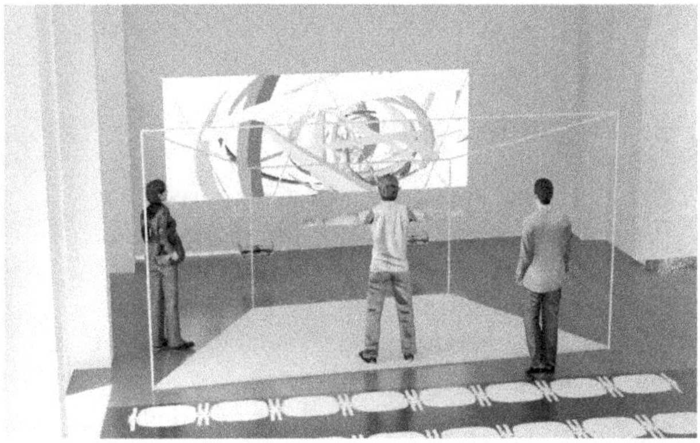

1 Einleitung

Natürliche intuitive Interaktion für breite Nutzergruppen ist ein aktuelles Thema der Forschung. Neben Multitouch-Anwendungen und haptischen Interaktionsformen steht vor allem die Weiterentwicklung von berührungslosen Steuerungen ohne weitere Eingabegeräte im Fokus.

Im Rahmen der Module Virtual Reality und Natural User Interfaces entwickelten knapp ein Dutzend Studierende des Masterstudienganges „Angewandte Informatik" unter der Leitung von Dipl.-Ing. Rolf Kruse (Vertretungsprofessur Mediendesign) und Prof. Dr. Paul Grimm (Graphische Datenverarbeitung) Prototypen für Anwendungen, die ohne jegliche Eingabegeräte, sondern allein durch die Bewegungen des Nutzers funktionieren.

Neben den o.g. Autoren waren an der Konzeption und Realisierung folgende Studierende beteiligt: Stephan Benischke, Joerg Federwisch, Thomas Filbry, Eric Jahn, Erik Müller.

Problem Based Learning

Hintergrund und besondere Herausforderung war hier, dass alle Teilnehmern gemeinsam eine einzelne Präsentation für die Ausstellung „Mediale Lebens(t)räume" der Thüringer Landesmedienanstalt (TLM) vom 27.6.-3.7. in Erfurt erstellen sollten. In Ergänzung zu Vorlesungen und Übungen ist die notwendige intensive Kollaboration und die öffentliche Erprobung in einem sehr realistischen Rahmen eine wertvolle Erfahrung und Vorbereitung für das Berufsleben.

2 Technischer Aufbau

Für die Realisierung werden verschiedene Medientechnologien wie u.a. Tiefenkameras, Avatare, generative Echtzeit-3D-Grafik, 3D-Rekonstruktion und Physiksimulation eingesetzt. Besondere Herausforderung ist hierbei der Einsatz solcher Technologien im Rahmen einer Ausstellung, bei der die Interaktivität für Menschen verschiedenen Alters und unterschiedlicher Medienkompetenz robust und intuitiv funktionieren muss.

2.1 Spielfeld und Hardware

Der technische Aufbau besteht aus einer Breitbild-Projektion, Tiefen- und Farbkamera (Microsoft Kinect), PC mit leistungsfähiger Grafikkarte, Lautsprecher-System und Markierung der Interaktionszone auf dem Boden (ca. B 4,0 x T 4,5 m). Um die Bewegungserkennung sowie die Bilddarstellung nicht zu stören, darf kein direktes Sonnenlicht auf die Projektionsfläche oder das Spielfeld treffen.

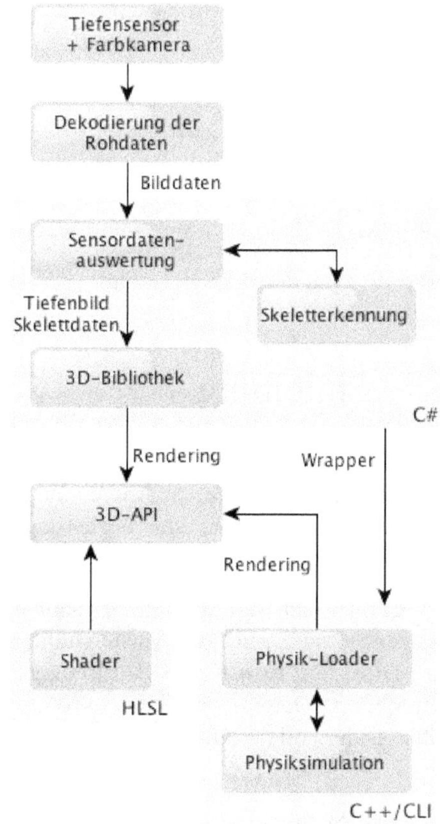

2.2 Softwareframework

Die Daten der Sensoren werden mit speziellen Bibliotheken aufbereitet und an die Anwendung übergeben. Mittels 3D-Bibliothek, Shader-Programmen und Physiksimulation können komplexe, grafisch anspruchsvolle Animationen und Simulationen umgesetzt werden. Zur Verarbeitung der Daten des Tiefensensors kommen die Treiber und Bibliotheken von OpenNI zum Einsatz. Microsoft C# und XNA/DirectX werden als 3D-Bibliothek/API genutzt. Die Physiksimulation basiert auf NVIDA Apex und PhysX.

2.3 Interaktionskonzept

Ohne weitere Eingabegeräte, nur mit Bewegungen Ihres Körpers tauchen junge und ältere Besucher virtuell in interaktive 3D-Welten ein und erleben so spielerisch die Möglichkeiten neuer Technologien im Kontext der Geschichte eines der ältesten Häuser der Stadt Erfurt. Die erste Anwendung dient dazu, Aufmerksamkeit zu erzeugen und die Besucher zu ersten Interaktionen mit der virtuellen Welt anzuregen. Nach der Erkennung des Skeletons kann der Nutzer aus unterschiedlichen Herausforderungen an Geschicklichkeit und Kreativität auswählen.

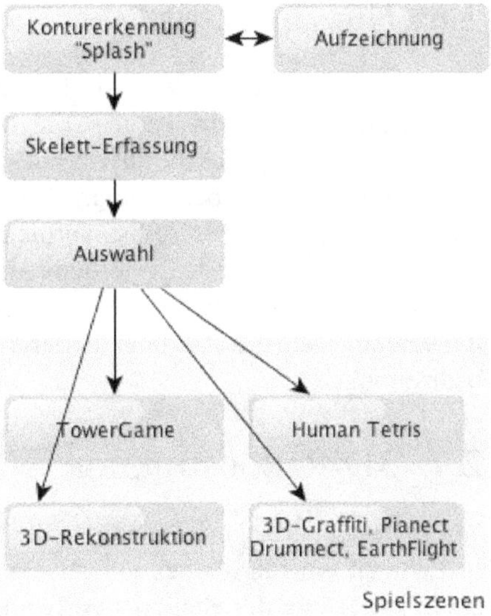

2.4 „Splash"-Fluid Simulation

Ziel des Teilprojektes „Fluid Simulation" ist es, jeden Passanten in Reichweite der Kinect zu einem aktiven Nutzer zu machen. Die Software erkennt automatisch die Silhouetten von einer oder mehreren Personen und versetzt diese in eine Echtzeit – Wassersimulation. Der Anwender kann durch Bewegung seines Körpers mit dem virtuellen Wasser interagieren. Die Berechnung des Wassers erfolgt mithilfe der Physiksimulation Physx und einem schnellen CUDA–fähigen GPU. Durch eine Geste kann der Anwender tiefer in die virtuelle Welt eintauchen und weitere Teilprojekte erkunden.

2.5 TowerGame

Beim Tower Game erfährt der Benutzer eine ganz neue Dimension der Interaktion, indem er seine virtuelle Umgebung dank Kinect frei und physikalisch korrekt manipulieren kann. Die Reaktion der Objekte auf den Nutzer wird von der Physik-Engine PhysX berechnet und mit eigenen HLSL-Shadern in Szene gesetzt. Die Anlehnung an das bekannte Spielprinzip von "Wackelturm" soll dem Benutzer dabei zur initialen Interaktion animieren. Mit einer speziellen Geste, deren Muster in einer Ecke eingeblendet wird, lässt sich der Turm zurücksetzen, um den ursprünglichen Zustand wiederherzustellen.

2.6 Human Tetris

Das berühmte Tetris des russischen Programmierers Alexei Paschitnow kennt wohl nahezu jeder. Nach dem Prinzip der Formvorgabe und der Anpassung muss sich bei Human Tetris allerdings dieses Mal der Nutzer selbst verbiegen. Bei den wildesten Verrenkungen werden nicht nur die eigenen Muskeln gedehnt, sondern bestimmt auch der Lachmuskel des ein oder anderen Zuschauers beansprucht.

2.7 3D-Rekonstruktion

Mit Hilfe von drei Tiefenkameras, die eine feste und bekannte Position im Raum haben, wird in Echtzeit ein räumliches Oberflächenmodell der erfassten Personen und Gegenstände erstellt. Die Bilder der ebenfalls vorhandenen Farbkamera werden zum einen für eine passende Textur genutzt als auch dazu, die Tiefenbilder aufeinander abzustimmen (Matching). Dazu werden mittels SURF-Algorithmus Merkmals-Punkte (Features) bestimmt, die in zwei Bildern zu sehen sind. Anhand dieser erfolgt anschließend ein Matching. Der Nutzer kann sich somit in Zukunft selbst in das Videospiel „beamen“ und Dinge tun, die er in der Realität nie tun könnte. Dieser Projektteil befindet sich derzeit noch in Bearbeitung.

2.8 Weitere Prototypen

Im Rahmen des Kurses sind weitere Ideen entwickelt und teilweise umgesetzt worden:

- „Kinect Graffiti“ macht den Benutzer zum Bildhauer, indem er Formen in den Raum „malen“ kann. Dabei wird mit grafischen Stilmitteln wie einem Feuereffekt gezeigt, welche Vorteile eine virtuelle Simulation gegenüber der Realität hat.
- Freunde klassischer Musik können mit „Pianect“ ihre Fähigkeiten am virtuellen Klavier unter Beweis stellen. Ganz ähnlich können mit „Drumnect“ all jene, denen ein reales Schlagzeug im Wohnzimmer zu groß ist, sich nun ihren Wunsch erfüllen.
- Per Ganzkörper-Geste steuert man virtuell über die Welt (auf Basis von Google Maps).

Kontakt

Dipl.-Ing. Rolf Kruse
Vertretungsprofessur Mediendesign
Fachhochschule Erfurt, Fachrichtung Angewandte Informatik
Altonaer Str. 25, 99085 Erfurt
Tel. (0361) 6700-646
E-Mail: rolf.kruse@fh-erfurt.de

Authentifizierte Eingaben auf Multitouch-Tischen

Helge Jung, Karsten Nebe, Florian Klompmaker, Holger Fischer

Universität Paderborn, C-LAB

Zusammenfassung

Im Bereich interaktiver Multitouch-Tische steht oftmals das Arbeiten mehrerer, gleichzeitig agierender Nutzer im Mittepunkt. Eine Herausforderung ist allerdings die Nachvollziehbarkeit der Interaktion. In dem vorliegenden Paper werden verschiedene existierende Technologien miteinander so kombiniert, dass eine personenbezogene, authentifizierte Interaktion möglich ist. Dazu werden RFID, das Tracking mittels Tiefenkamera und Multitouch verwendet. Im Rahmen einer prototypischen Umsetzung wurde die Machbarkeit bewiesen und es wird ein Ausblick auf zukünftige Aktivitäten gegeben.

1 Einleitung

Mit der Verbreitung von Smartphones und Tablets ist Multitouch populär geworden. Im Gegensatz zu traditionellen Eingabemethoden erlaubt diese Technologie die Interaktion durch mehrere Finger und Personen. Dieser Beitrag fokussiert auf stationäre Multitouch-Tische.

Schon durch die Größe der zur Verfügung stehenden Interaktionsfläche werden Multitouch-Tische häufig als mehrbenutzerfähig und besonders geeignet für kollaborative Aufgaben postuliert. Gegenwärtige Systeme sind - bis auf technisch relativ aufwändige Installationen, wie z.B. der Diamond Touch (Dietz & Leigh 2001) - nicht in der Lage zwischen Benutzern zu unterscheiden. Der Prozess einer kollaborativen Lösungsfindung ist dementsprechend im Nachhinein nicht nachvollziehbar. Personifizierte Eingaben und Aktionen sind in IT-Systemen jedoch notwendig, insbesondere aus Gründen des Rechtemanagements und der Sicherheit.

RFID-Chips sind inzwischen sehr günstig und stellen eine technisch ausgereifte Form der Authentifizierung bereit. Durch Tiefenkameras, wie sie z.B. Mircrosofts Kinect zur Verfügung stellt ergibt sich ferner die Möglichkeit Personen zu Erkennen und ohne zusätzliche Markierungen zu Tracken. Existierenden Veröffentlichungen beschäftigen sich zwar bereits mit der Interaktion an großflächigen Displays (Wilson & Benko, 2010, Benko & Wilson,

2008), nicht jedoch im Zusammenhang mit dem Tracking von personenbezogenen Eingaben und der Nutzeridentifizierung.

Im vorliegenden Paper vereinen wir daher die technischen Möglichkeiten zur RFID-gestützten Authentifizierung und das Tracking durch eine Tiefenkamera, um damit die Interaktion mehrerer Nutzer an einem Multitouch-Tisch nachvollziehen zu können.

2 Konzept

Zur Erkennung von Multitouch existieren verschiedene Verfahren und Technologien (NUI, 2009). Der useTable[1] ist ein eigens konstruierter mulittouchfähiger Tisch, der neben Fingereingabe die Verwendung von physikalischen Objekten und digitalen Stiften zur Eingabe ermöglicht.. Er verfügt über eine Interaktionsfläche von 55“ auf der in Full-HD projiziert wird. Diese Arbeit beschreibt die Kombination aus Personen-Tracking und der Multitouch-Eingabe, die eine authentifizierte Interaktion ermöglicht. Dazu werden personenbezogenen Positionsinformationen, welche von einer Tiefenkamera ermittelt werden den einzelnen Multitouch-Eingaben auf dem useTable zugeordnet. Zusätzlich soll jede Person individuell per RFID authentifiziert werden, sodass in der Kombination Multitouch-Eingaben via RFID personifiziert werden. Im Nachfolgenden wird die Arbeitsweise detailliert beschrieben.

2.1 Arbeitsweise

Die verwendete Tiefenkamera liefert Rohdaten, welche zur Weiterverarbeitung und Auswertung in Form einer Skelett-Tracking-Funktionalität durch das Framework OpenNI[2] verwendet werden. Dies ermöglicht das Erkennen und Verfolgen von Personen im Raum sowie die Identifikation bestimmter Gesten. Was hingegen für die Erkennung einer personenbezogenen Eingabe fehlt, ist (neben der Authentifizierung der Nutzer per RFID) die Kombination dieser Information mit den Multitouch-Eingaben auf der Oberfläche des Tisches. Dabei entsteht die Herausforderung, die perspektivische Verzerrung zu korrigieren, die dadurch entsteht, dass die Tiefenkamera schräg auf den Multitouch-Tisch „herab schaut“ und nicht senkrecht über der Projektionsfläche positioniert ist (Abbildung 1).

Hat sich ein Anwender zu Beginn einer Sitzung via RFID eindeutig dem System gegenüber identifiziert, so startet das Personentracking. Da durch die beschriebene Technologie jedem 2D Touchpunkt, wie in Abbildung 2 abgebildet, ein im Tiefenkamerabild erkanntes Skelett zugeordnet werden kann (Abbildung 3), ist dem System folglich stets bekannt, von welcher Person eine Multitouch-Interaktion ausgeführt wird.

[1] http://www.useTable.de

[2] http://www.openni.org

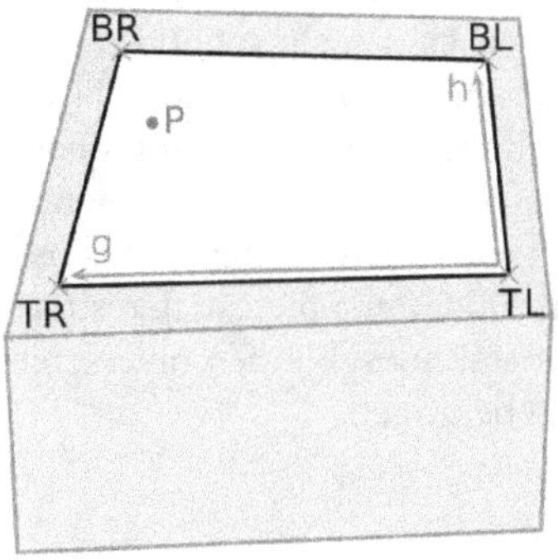

Abbildung 1: Kinect-Ansicht des Tabletops

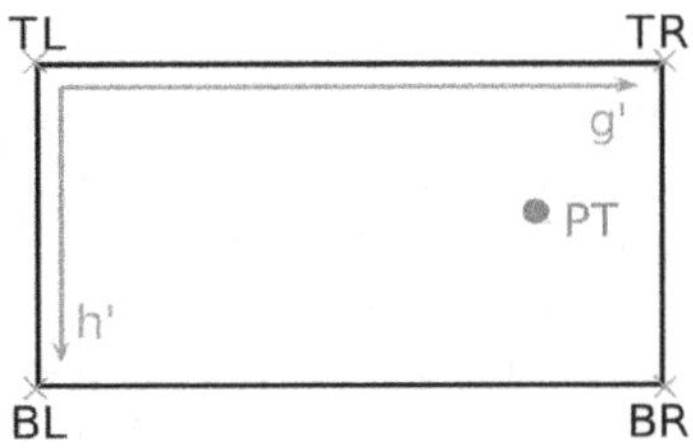

Abbildung 2: Ziel-Projektion

2.2 Prototypische Umsetzung

Die Authentifizierung der Person geschieht durch einen RFID-Leser, der an der Unterseite der Tischplatte des useTable angebracht ist. Anschließend wird der Bezug zwischen dem RFID-Tag und der Person, die von der Tiefenkamera optisch erkannt und verfolgt wird, aufrecht erhalten. Durch das Skelett-Tracking kann die Position einer Person inkl. Ihrer Hände nachverfolgt werden. Als Tiefenkamera wird bei diesem Prototypen die Kinect von Microsoft eingesetzt.

Die obigen Überlegungen wurden in einem in C++ implementierten Prototypen (siehe Abbildung 3) in der Praxis überprüft. Der Algorithmus überträgt die Position der erkannten Hände aus dem Tiefenkamerabild auf die Koordinaten der interaktiven Tischoberfläche.

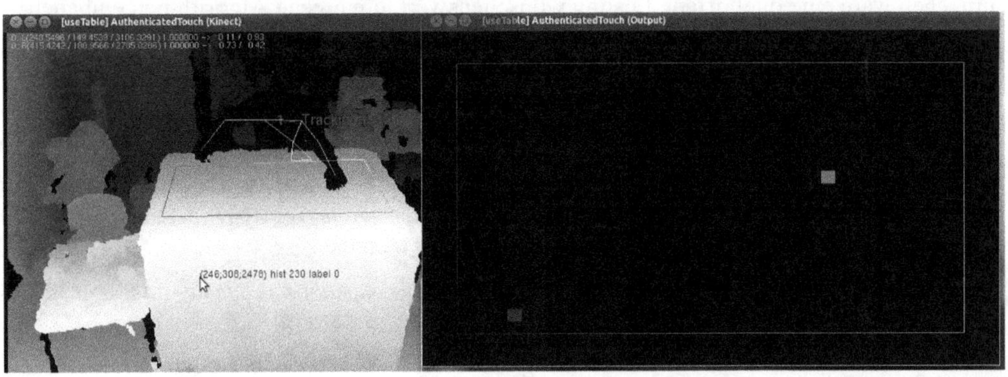

Abbildung 3: Die Tiefeninformationen, die von der Kinect zurückgeliefert werden, sowie das Skelett-Tracking (links) und die Authentifizierten Touches der beiden Hände auf der interaktiven Oberfläche (rechts)

Aufgrund der geringen Auflösung der Kinect ist die Genauigkeit der Handpositionen allerdings nicht sehr exakt und punktgenaue Interaktionen sind nicht möglich. Um diesem Zustand entgegen zu wirken, wird die Multitouch-Funktionalität des Tisches mit der Positionsbestimmung der Hände kombiniert. So wird eine präzise Multitouch-Eingabe ermöglicht, die gestützt durch das optische Tracking eine personifizierte Interaktion erlaubt. Dem System ist nun nicht nur bekannt, welche Person welche Eingabe auslöst, sondern es kann nun selektiv entscheiden, welche Eingaben einer Person gestattet sind und welche nicht. Ebenso denkbar ist das Protokollieren von Interaktionsabläufen unterschiedlicher Personen am Tisch, die gemeinsam zur Lösungsfindung beitragen.

3 Zusammenfassung und Ausblick

In der vorliegenden Arbeit wird ein Verfahren beschrieben, das eine authentifizierte Eingabe auf interaktiven Multitouch-Tischen ermöglicht. Dazu wurden die Technologien RFID, tiefenkamerabasiertes Skelett-Tracking und Multitouch kombiniert. In einer prototypischen Implementierung wurde die Umsetzbarkeit demonstriert.

Durch diese Art der authentifizierten Eingabe lassen sich Abläufe in der Interaktion selbst durch mehrere Nutzer nachvollziehen. Zusätzlich kann bereits während der Eingabe verifiziert werden, ob seitens des Nutzers die Berechtigung vorliegt eine bestimmte Funktion auszuführen. Interaktionen lassen sich an Individuen koppeln.

Insgesamt reicht der derzeitige Stand noch nicht für sicherheitskritische Systeme aus. Eine Möglichkeit die Tracking-Präzision zu erhöhen, könnte die Implementierung von *Shadow Tracking* (Echtler et. al 2008) sein. Die durch diese Technik erkannten Arme und Hände könnten mit den Kinect-Informationen abgeglichen werden. Um die Stabilitätsprobleme zu umgehen wäre eine quelloffene Lösung wünschenswert, um eigene Algorithmen einbauen.

Literaturverzeichnis

Benko, H. & Wilson, A. (2008). *DepthTouch: Using depth-sensing camera to enable freehand interactions on and above the interactive surface.* IEEE Workshop on Multitouchtischen and Interactive Surfaces.

Dietz, P. & Leigh, D. (2001) *DiamondTouch: a multi-user touch technology.* In Proceedings of the 14th annual ACM symposium on User interface software and technology

Echtler, F., Huber, M. & Klinker, G. (2008). *Shadow tracking on multi-touch tables.* In Proceedings of the working conference on Advanced visual interfaces, ACM, 388–391.

NUI (2009). *Multi-touch technologies.* http://nuicode.com/attachments/download/115/Multi-Touch_Technologies_v1.01.pdf

Wilson, A.D. & Benko, H. (2010). *Combining Multiple Depth Cameras and Projectors for Interactions On , Above , and Between Surfaces.* Proceedings of the 23nd annual ACM symposium on User interface software and technology. 272-283

Kurzbeiträge & Poster

Mobile IT-gestützte Arbeit und individuelle Beanspruchungen

Michael Bretschneider-Hagemes

Institut für Arbeitsschutz (IFA) der DGUV
Alte Heerstraße 111, D-53757 Sankt Augustin

Zusammenfassung

Mobile IT-gestützte Arbeit stellt eine branchen- und sektorenübergreifende Arbeitsform mit zunehmender Verbreitung dar. Anhand einer quantitativen Untersuchung von Belastungen und Beanspruchungen mobil arbeitender Technikergruppen werden Problem- und Regelungsfelder dieser Arbeitsform aufgezeigt. Die Differenzierung der Untersuchung in Belastungsdimensionen technischer sowie organisatorischer Art u.a. einerseits und Beanspruchungsfolgen andererseits, erlaubt die Ableitung konkreter Empfehlungen für die Berufspraxis. Die Reduktion von Fehlbelastungen und Fehlbeanspruchungen wird durch gezielte Maßnahmen angestrebt. Die aktuell ausgewerteten Ergebnisse werden durch den Konferenzbeitrag vorgestellt und durch laufende Untersuchungen bei verschiedenen Praxispartnern aus der Wirtschaft ergänzt. Eingeleitete Maßnahmen werden skizziert.

1 Einleitung

Die Welt befindet sich in einem anhaltenden Prozess der Digitalisierung. Die Konsequenzen der mobilen Nutzung digitaler Systeme in Form von mobiler IT-gestützter Arbeit sind vielfältig. Sie reichen von Auflösung tradierter Formen der Arbeitsorganisation und den schwindenden Möglichkeiten individueller Identifikation mit der traditionellen Erwerbsarbeit (vgl. Bretschneider-Hagemes, Kohn 2010), bis hin zu Sicherheitsgefährdungen durch die Integration mobiler Informations- und Kommunikationstechnologie (IKT) in Fahrzeuge. Um dem Mangel an quantitativem Material entgegen zu wirken, wurde eine quantitative Operationalisierung vorgenommen. Die Untersuchungsgruppe arbeitet intensiv mit verschiedensten Geräten mobiler IKT. Der Geräteeinsatz erfolgt organisationstragend, d.h. nicht mehr sporadisch unterstützend, wie es in der Anfangszeit mobiler IKT zu beobachten war. Die vermuteten Problemlagen werden durch die Erhebung von Einschätzungen zu Belastungen und Beanspruchung untersucht. Ziel der Untersuchung ist die Beratung von Unternehmen und begleitende Gestaltung von belastungsoptimierten Arbeitsplätzen.

2 Methode

Die Operationalisierung der Erhebung sieht die Unterscheidung von Belastungen und Beanspruchungen vor. Um den problematischen Ausprägungen auf die Spur zu kommen, wurden auf der Seite der Belastungen übergeordnete Dimensionen konstruiert, um die Analyse zu strukturieren (vgl. Abb.1).

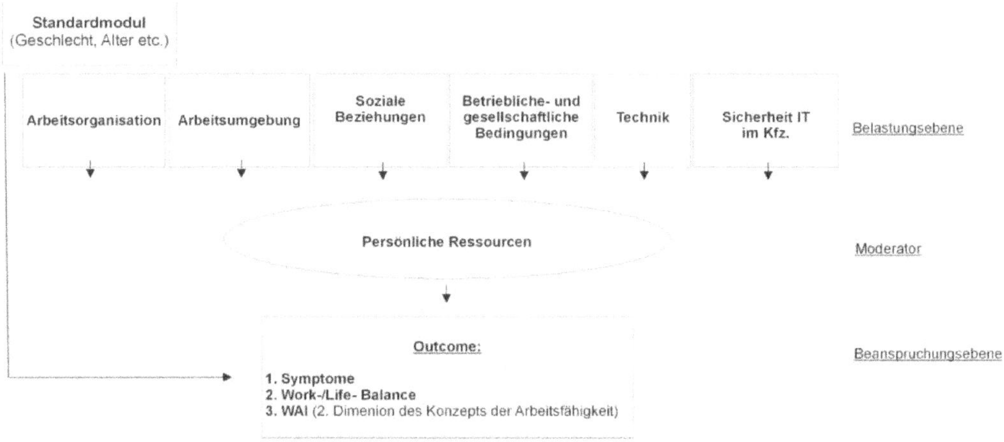

Abbildung 1: Operationalisierung

Detailliert handelt es sich um die Dimensionen Arbeitsorganisation, Arbeitsumgebung, Soziale Beziehungen, Betriebliche und gesellschaftliche Bedingungen und Technik die jeweils über vielfältige Items abgedeckt wurden. Dieser Ansatz wird einer grundlegenden Einsicht gerecht: Nicht die isolierte Betrachtung des Technikeinsatzes liefert Einsichten zu den Fehlbelastungen und Gefährdungen eines Arbeitsystems. Nur umfassende Betrachtungen würdigen die Binnenkomplexität des Betrachtungsgegenstandes. Die Ebene der Beanspruchungen wurde durch drei parallel eingesetzte Erhebungsinstrumente realisiert (vgl. Abb. 1). Neben dem Work Ability Index (2. Dimension - Selbsteinschätzung der Arbeitsfähigkeit in Relation zu den Arbeitsanforderungen; vgl. Hasselhorn, Freude 2007) kam ein erprobter Symptomindex (vgl. Ertel et al. 1991) zur Erfassung des Gesundheitszustandes und Items zur Work-/Life- Balance zum Einsatz.

Die vorliegende Darstellung bezieht sich vornehmlich auf die Belastungsebene.

Die bisherigen Daten wurden im Selbstausfüllverfahren eines Fragebogens nach einem einleitenden Vortrag im Rahmen einer Fachtagung erhoben.

3 Ergebnisse

3.1 Übergeordnete Ergebnisse

Die bisherige Untersuchung (noch andauernd, erwartete Fallzahl N=300) stützt sich auf eine Stichprobe (N=183, Rücklauf = 83,4%). Neben technischen Arbeiten selbst werden von den Befragten Dokumentationen, Kommunikationen und Navigation durch den Einsatz mobiler IT verwirklicht. Im Durchschnitt arbeiten die Befragten bereits seit 10 Jahren mit mobiler IT bei einer Einsatzintensität von 2,8 h/Tag. Ganze 51,1% sehen Ihre Arbeitssituation durch den Einsatz mobiler IT überwiegend als verbessert an, 17,3 % sehen (eher) verschlechterte Verhältnisse.

In diesem Zusammenhang konnte widerlegt werden, dass ältere Arbeitnehmer eine schlechtere Einschätzung zum Einsatz mobiler IT haben. Die Variablen wiesen keinerlei Zusammenhänge auf. Ebenso wenig weist weder die Einsatzdauer (in Jahren) noch die tägliche Nutzungsdauer mobiler IT einen signifikanten Effekt auf die Beanspruchungen auf. Demgegenüber finden sich durchweg schlechtere Einschätzungen zu Belastungen und Fehlbeanspruchungen bei den Personen mit einer negativen Grundeinschätzung zum Einsatz mobiler IT. Beispielsweise hängen sowohl negative Einschätzungen der Arbeitsorganisation als auch solche zur Work-/Life- Balance mit der negativen Grundeinschätzung (Aussage: *Situation hat sich durch mobile IT verbessert vs. verschlechtert*) zusammen. Derartige negative Einstellungen kommen nicht von ungefähr. In aller Regel werden anfängliche Motivationen bzgl. des Einsatzes neuer Technologien dann zerstört, wenn Technikversagen einsetzt und die individuellen Frustrationstoleranzen übersteigert werden (vgl. Hoppe 2010). Gerade die Einführungsphase neuer Technologien kann in diesem Lichte als entscheidend angesehen werden.

3.2 Einschätzungen der Belastungen

Die negativsten Ausprägungen erfuhren die Belastungsdimensionen *Arbeitsorganisation* und *Technik.* Im Bereich der Arbeitsorganisation sehen 35,5% der Befragten deutliche bis hohen Fehlbelastungen. Den stärksten negativen Einfluss auf diesen Gesamtwert *Arbeitsorganisation* hat die Variable *Betriebliche Förderung.* 42,1% geben einen deutlichen bis sehr hohen Belastungswert an. Als Beispiele wurden im Fragebogen fehlende Schulungsangebote zum Einsatz mobiler IT benannt, ebenso fehlende Kompetenzentwicklungsprogramme bezogen auf das notwendige Selbstmanagement der einzelnen mobilen Arbeiter. Die Variable *Kommunikationsbarrieren* fällt ebenfalls mit beachtlichen Werten im Bereich des deutlichen bis sehr hohen Belastungswertes auf: 39,5% treffen diese Aussage. Als Beispiele wurden die mangelnde Einbindung in Entscheidungen und ein schlechter Informationsfluss benannt. Oftmals wurde ergänzend die Intransparenz von Prozessen/Entscheidungen sowie eine unspezifische Email- und Informationsflut beklagt. Bereits jetzt deutet sich ein Effekt des Gesamtwertes *Arbeitsorganisation* auf die Beanspruchung Work-/Life- Balance an. Hier ergibt sich derzeit ein mittelstarker Zusammenhang ($r = ,431$; $\alpha = ,0$).

Die Belastungsdimension *Technik* fällt durch die deutlichsten negative Ausprägungen auf. 36,1% sehen deutliche bis sehr hohe Fehlbelastungen durch die eingesetzten Arbeitsmittel. Den negativsten Einfluss auf den Gesamtwert weist die Variable *Technikausfall* auf. 47,5% sehen deutliche bis sehr hohe Fehlbelastungen. Technikausfälle führen potentiell zum Erliegen der Arbeit und sollten besonders ernst genommen werden. Die frühzeitige Klärung, wie bei einem Technikausfall gehandelt werden soll, kann die Arbeitnehmer entlasten. Ebenfalls negativ wurde die Variable *Software* bewertet. 44,2% der befragten Personen sehen sich deutlichen bis sehr hohen Fehlbelastungen ausgesetzt. Der Schwerpunkt der Abfrage lag hier auf Kriterien der Usability. Entsprechende Hinweise und Empfehlungen wurden und werden an die Verantwortlichen IT-Dienstleister weitergeleitet.

Usabilitytests werden eine weitere Konsequenz der Ergebnisse sein. Mit 37,7% negativen Bewertungspunkten fallen die verwendeten Laptops, also die Hardwareseite der mobilen IT, ins Gewicht. Die angrenzenden Variablen *Displays* und *Eingabegeräte* fallen weniger deutlich aber mit 20-26% im negativen Bereich ebenfalls bedenklich aus. Es konnte festgestellt werden, dass die verwendeten Laptops u.a. über vergleichsweise leuchtschwache Displays verfügen. Diese machen eine Lesbarkeit bei ungünstiger Lichteinstrahlung im Außendienst beinahe unmöglich. Der Praxispartner wurde darauf hingewiesen, dass ein zu einfach organisierter Technikeinkauf und -einsatz zu erheblichen Problemen führt. Einkäufer sind gut beraten, die Belange und Anforderungen der Endnutzer in die Geräteauswahl mit einzubeziehen und realistische Pilotierungsphasen mit den Geräten durchzuführen. Konkrete Produkte werden nach Marktrecherchen empfohlen. Die zukünftigen Auswertungen sollen den Zusammenhang konkreter Belastungen und Beanspruchungen deutlicher herausarbeiten.

Literaturverzeichnis

Bretschneider-Hagemes, M., Kohn, M. 2010, Ganzheitlicher Arbeitsschutz bei mobiler IT-gestützter Arbeit. In: Brandt et al., PaPsD – Arbeitsschutz und Arbeitsgestaltung von mobiler Arbeit, 2010 ver.di, Berlin.

Ertel, M., Wilkening, W., Zwingenberger, J. 1991, Die Zeit ist weggelaufen – Servicetechniker in der Computerindustrie, DAG Ressort Bildungspolitik, Hamburg.

Hasselhorn, H.M., Freude, G. 2007: Der Work Ability Index – ein Leitfaden, baua, Dortmund.

Hoppe, A. 2010, Komplexe Technik – Hilfe oder Risiko? Darstellung ausgewählter Ergebnisse einer Grundlagenuntersuchung zu Technikstress, BTU Cottbus.

Kontaktinformationen

Dipl.-Soz. Michael Bretschneider-Hagemes
Institut für Arbeitsschutz der Deutschen Gesetzlichen Unfallversicherung (IFA)
Fachbereich 1 - "Informationstechnik, Risikomanagement"
Alte Heerstraße 111
53757 Sankt Augustin Germany
E-Mail: michael.bretschneider-hagemes@dguv.de
Tel.: +49 (0) 2241 231-2902

Akzeptanz und Geschwindigkeit von Animationen

Lisa Mattes, Martin Schrepp, Theo Held

Universität Heidelberg, SAP AG Walldorf

Zusammenfassung

Animationen werden zunehmend auch in betriebswirtschaftlichen Anwendungen verwendet. Allerdings gibt es im Moment nur relativ wenige Erkenntnisse zu Akzeptanz und optimaler Geschwindigkeit von Animationen in diesem Umfeld. Wir untersuchen in drei Online-Studien eine Reihe von Animationen in Unternehmenssoftware. Die Teilnehmer konnten hierbei für jede Animation die ihrer Ansicht nach optimale Geschwindigkeit einstellen. Zusätzlich konnten sie angeben, ob sie die Animation im beschriebenen Kontext für angemessen erachten. Die Ergebnisse zeigen eine hohe Akzeptanz von Animationen und eine generelle Präferenz für eine hohe Animationsgeschwindigkeit.

1 Einleitung

Animationen sind ein wichtiges Gestaltungselement in Computer-Spielen oder Web-Seiten, finden aber auch zunehmend Einsatz in betriebswirtschaftlichen Anwendungen. Es gibt eine Reihe von Befunden, die einen positiven Einfluss von Animationen auf die Usability einer Anwendung zeigen. Animationen können helfen, mentale Modelle eines Informationsraumes aufzubauen (Bedersen & Boltman, 1998), sie können einen Nutzer bei Entscheidungen unterstützen (Gonzalez, 1996) und sie können sich positiv auf die empfundene Attraktivität einer Web-Seite auswirken (Sutcliff & Namoune, 2008). Animierte Bereiche werden schneller lokalisiert, als nicht animierte Bereiche (Hong et al., 2004). Dies kann z.B. verwendet werden, um Systemmeldungen hervorzuheben.

2 Studien zur Gestaltung von Animationen

Animationen in betriebswirtschaftlichen Anwendungen dürfen die Effizienz der Aufgabenbearbeitung nicht beeinträchtigen. Wir untersuchen für mehrere solche Animationen einer CRM Web-Anwendung, welche Geschwindigkeit potentielle Benutzer als optimal empfinden. Zusätzlich betrachteten wir die Akzeptanz dieser Animationen.

2.1 Studie 1

Die 54 Teilnehmer wurden über einen Hinweis in einem Newsletter rekrutiert (Alter: 22,58 J., Geschlecht: 68% M, 30% W, 2% kA). Es wurden 6 verschiedene Animationen getestet.

Tabelle zuklappen (3 Ausprägungen): Eine Seite der Anwendung bestand aus mehreren Blöcken. Jeder Block beinhaltete eine Tabelle, die über eine Ikone animiert minimiert (siehe Abb. 1a) werden konnte. Die Länge des zugeklappten Bereichs wurde in drei Ausprägungen variiert, d.h. die Zahl der Tabellenzeilen betrug 5, 10 oder 20.

Suche speichern: Die Suchmaske der Anwendung erlaubt es, Suchanfragen zu speichern (siehe Abb. 1b) und an einer anderen Stelle der Oberfläche wieder aufzurufen. Nach Drücken von *Speichern* wurde die eingegebene Bezeichnung der gespeicherten Suchanfrage in einer linearen Bewegung an die Zielposition verschoben.

Informationsblock ausblenden: Informationsblöcke der Web-Anwendung können über eine Ikone im Kopfbereich des Blocks animiert geschlossen werden. Ein Klicken auf diese Ikone blendete den Block langsam aus (siehe Abb. 1c).

Tabellenzeile löschen: Durch Klicken einer Ikone kann eine Tabellenzeile gelöscht werden. Dabei wurde der Zeileninhalt erst ausgeblendet und die leere Zeile dann zusammengeschoben (siehe Abb. 1d). Die beiden Komponenten der Animation konnten jeweils über einen Slider unabhängig voneinander eingestellt werden.

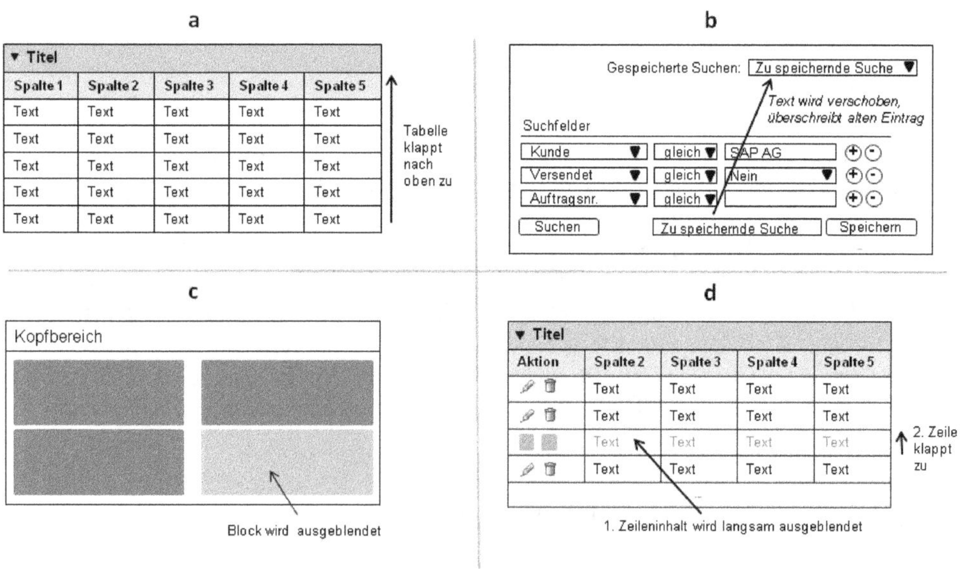

Abbildung 1: Skizze der Animationen aus Studie 1.

Vor jeder Animation wurde eine Instruktion präsentiert, die den Anwendungskontext beschrieb. Anschließend konnte die Animationsgeschwindigkeit[1] mithilfe eines Sliders (0 bis 3 Sek. mit 150 ms Schrittgröße) eingestellt werden. Die Instruktion sollte den Teilnehmern ermöglichen, eine geeignete Animationsdauer einzustellen und zu entscheiden, ob die Animation in diesem Kontext angemessen ist. Ein entsprechendes Urteil wurde nach Einstellen der Animation mit den Anwortmöglichkeiten *Ja, Nein, Nicht sicher* erfragt.

Insgesamt zeigte sich eine hohe Akzeptanz der untersuchten Animationen (Tabelle 1). Die eingestellten Animationsdauern lagen alle unterhalb von 400 ms.

Animation	Zeiten (ms)		Animation angemessen? (%)		
	MW	Std. Abw.	Ja	Nein	Unsicher
Block zuklappen (kurz)	261	199	71.7	17,0	11.3
Block zuklappen (mittel)	297	173	72,2	16,7	11,1
Block zuklappen (lang)	336	314	70,4	16,7	13,0
Block ausblenden	341	229	88,8	5,6	5,6
Suche speichern	384	245	55,6	33,3	11,1
Zeile löschen: Ausblenden	298	222	88,9	1,9	9,3
Zeile löschen: Zuklappen	245	192			

Tabelle 1: Eingestellte Zeiten und Zustimmung zu den Animationen in Sudie 1.

2.2 Studie 2

Wir untersuchen eine Animation zur Hervorhebung einer Fehlermeldung. Die 51 Teilnehmer wurden über einen E-Mail Verteiler rekrutiert (Alter: 28,7 J., Geschlecht: 76,5% M, 23,5% W). Der Versuchsablauf entsprach Studie 1.

Die Animation soll die Aufmerksamkeit eines Benutzers auf eine neue Fehlermeldung lenken. Diese wurde rot hinterlegt im oberen Bereich der Nutzungsoberfläche eingeblendet. Der rot unterlegte Bereich blendete dabei auf, blieb für ein Zeitintervall konstant, und wurde dann wieder ausgeblendet. Die drei Komponenten der Animation konnten jeweils über einen Slider unabhängig voneinander eingestellt werden.

Auch für diese Animation ergab sich eine recht hohe Akzeptanz (Angemessen: 60,8%, Nicht angemessen: 17,6%, Unsicher: 21,6%). Bzgl. der Animationsdauer wurden für die drei Komponenten der Animation folgende Werte eingestellt: Aufblenden 652 ms (SD = 560 ms), Stehenbleiben 2672 ms (SD = 1013 ms), Abblenden 924 ms (SD = 607 ms). Addiert man die Einzelkomponenten auf, so ergibt sich also eine Gesamtzeit von 4248 ms.

1 Geschwindigkeit bzw. Dauer werden im Folgenden synonym verwendet. Eine geringere Geschwindigkeit im Sinne einer langsameren Bewegung auf dem Bildschirm impliziert hier eine längeren Zeitdauer bis die Bewegung zum Ende kommt.

3 Diskussion

Generell wurden die von uns untersuchten Animationen von einer Mehrheit der Teilnehmer als angemessen erachtet. Der Grad der Zustimmung schwankt aber stark zwischen den einzelnen Animationen. Da aber selbst bei den stark akzeptierten Animationen ein gewisser Prozentsatz an Teilnehmern der Animation ablehnend gegenüberstand, sollten Benutzer die Möglichkeit haben, Animationen abzuschalten. Die hohen Standardabweichungen der eingestellten Zeiten weisen auf deutliche interindividuelle Unterschiede in der als angenehm empfundenen Animationsdauer hin. Deshalb sollten die Animationsdauern pro Animationstyp personalisierbar sein.

Die von uns untersuchten Animationen verfolgten zwei Intentionen:

- Veränderung zwischen Zuständen hervorheben (z.B. Zuklappen von Bereichen)
- Aufmerksamkeit auf einen Bereich lenken (Fehlermeldung)

Für Animationen des ersten Typs scheinen sehr kurze Zeiten angemessen zu sein. Bei einfachen Animationen wurden Werte zwischen etwa 260 und 390 ms beobachtet. Bei zusammengesetzten Animationen waren die Werte etwas länger. Die Animation sollte also insgesamt noch wahrnehmbar sein, aber den eigentlichen Arbeitsablauf nicht behindern.

Für Animationen des zweiten Typs liegt es nahe, dass diese nur so lange laufen sollten, wie der Benutzer zur kognitiven Verarbeitung des Signals benötigt. Eine kognitive Modellierung der Informationsverarbeitung für die animierte Fehlermeldung ergab eine geschätzte Verarbeitungszeit von 4750 ms. Dies liegt nahe an der eingestellten Zeit der Teilnehmer von 4248 ms. Es handelt sich allerdings nur um einen ersten Hinweis auf eine Verbindung zwischen kognitiven Prozessen und Animationsdauern, die in weiteren Untersuchungen näher betrachtet werden muss.

Literaturverzeichnis

Bederson, B. B. & Boltman, A. (1998). Does Animation Help Users Build Mental Maps of Spatial Information? HCIL Technical Report No. 98-11, http://www.cs.umd.edu/hcil.

Gonzalez, C. (1996). Does Animation in User Interface Improve Decision Making? In: Proceedings of ACM CHI 1996 Conference on Human Factors in Computing Systems, S. 27-34. ACM Press.

Hong, W.; Thong J. & Tam K.Y. (2004) Does Animation Attract Online Users' Attention? The Effects of Flash on Information Search Performance and Perceptions. Information Systems Research, 15(1), S. 60–86.

Sutcliffe, A., Namoune, A. (2008). Getting the message across: visual attention, aesthetic design and what users remember. **In:** Proceedings of the 7th ACM conference on Designing interactive systems, S. 11-20. ACM Press.

Kontaktinformationen

Lisa Mattes: l.mattes@stud.uni-heidelberg.de –
Dr. Martin Schrepp: martin.schrepp@sap.com – Dr. Theo Held: theo.held@sap.com

Player zur Wiedergabe von erweiterten Videos - Bewertung durch Guidelines

Britta Meixner[1], Klaus Kandlbinder[2], Beate Siegel[2], Harald Kosch[1], Franz Lehner[2]

Universität Passau

Lehrstuhl für Verteilte Informationssysteme [1],
Lehrstuhl für Wirtschaftsinformatik II [2]

Zusammenfassung

Interaktive, nichtlineare und mit Zusatzinformationen versehene Videos bieten dem Betrachter weiterführende Informationen und erweiterte Steuerelemente zur Navigation im Video. Dies stellt umfassendere Anforderungen an einen Player als es bei herkömmlichen Videos der Fall ist. Diese Arbeit wertet drei Player an 50 Guidelines mit zugehörigem Bewertungsschema zur Umsetzung und Gestaltung aus. Diese Guidelines werden in die Bereiche "Design", "Technik", "Navigation", "Suche" und "Benutzerfeedback und Fehlermeldungen" unterteilt. Im Anschluss erfolgt eine kritische Betrachtung des SIVA Players im Hinblick auf Verbesserungen.

1 Einleitung und Problemstellung

Interaktive nichtlineare Videos bieten dem Betrachter eine Möglichkeit zur aktiven Bestimmung des Videoverlaufs. Sind diese zusätzlich mit weiterführenden Informationen versehen, ermöglichen Sie es dem Betrachter, sich umfassend zu einem Thema zu informieren. Im Folgenden werden solche Videos als *erweiterte Videos* bezeichnet.

Ein Player für erweiterte Videos, wie der SIVA Player (Meixner et al. 2010) muss Anforderungen erfüllen, die über die Funktionalitäten eines gewöhnlichen Videoplayers hinausgehen. Zum einen ist mindestens ein Bereich notwendig, in dem Zusatzinformationen angezeigt werden. Ist das Video nichtlinear gestaltet muss eine Möglichkeit zur Auswahl einer der gebotenen Folgeszenen gegeben werden. Sind ein Inhaltsverzeichnis oder Schlüsselwörter nach denen gesucht werden kann definiert, muss im Player die Möglichkeit gegeben werden, diese auf einfache und intuitive Art und Weise zu nutzen. Neben herkömmlichen sind folglich erweiterte Steuerelemente zum Ein- und Ausblenden von Zusatzinformationen, zur Navigation im nichtlinearen Video, zum Aufrufen des Inhaltsverzeichnisses oder zum Ausführen der Suche nach Schlüsselwörtern nötig. Um diese Anforderungen umsetzen zu können sind speziell implementierte Player notwendig. Bei der Entwicklung und Gestaltung der Oberfläche eines Players für erweiterte Videos muss auf eine stimmige Anordnung der Steuerelemente und Informationsbereiche geachtet werden. Zusätzliche Steuerelemente müssen an geeigneter Stelle positioniert und mit intuitiven Icons versehen werden, da sie Benutzern nicht geläufig sind.

2 Verwandte Arbeiten

Eine Vielzahl an Playern für erweiterte Videos existiert. Zu nennen sind unter anderem: 5min Live Videopedia (5min LTD 2011), Quick.tv (Belldon Limited 2011), Viddix (VIDDIX B.V 2011), VideoAnt (Hosack et al. 2009), VideoClix (VideoClix Technologies Inc. 2011), YouTube Video Annotations (YouTube, LLC 2011) und ADIVI (InnoTeamS GmbH 2011). Diese bieten Funktionen zum Hinzufügen von Zusatzinformationen zum Video, es wird jedoch nur ein linearer Verlauf des Videos unterstützt. XIMPEL (Bhikharie et al. 2011) unterstützt einen nichtlinearen Videoverlauf, es können jedoch keine Zusatzinformationen zum Video hinzugefügt werden.

Da keine Design Guidelines für interaktive Videos gefunden werden konnten, wurde ein Guideline-Satz für diesen Zweck erstellt. Da der Aufbau eines solchen Videoplayers einer Webseite sehr ähnlich ist, wurden Design Guidelines für Webseiten analysiert und auf den Player angewandt. Dieser Guideline-Satz ist unter (Meixner et al. 2011) zu finden.

3 Überprüfung der verschiedenen Videoplayer

Im folgenden wird der SIVA-Player (siehe dazu (Meixner et al. 2010)) für erweiterte Videos anhand der Guidelines von (Meixner et al. 2011) analysiert. Weiterhin werden der ADIVI Player und der Player der 5min Live Videopedia gegenüber gestellt. Diese beiden Player wurden aufgrund der hohen Ähnlichkeit zum SIVA Player ausgewählt, obwohl sie nur ein lineares Hauptvideo anbieten. Das Ergebnis ist in Tabelle *1* zu finden. Eine grafische Darstellung der Ergebnisse zeigt Abbildung 1. Da die Suchfunktion beim jetzigen Stand der Implementierung im SIVA Player und im ADIVI Player (noch) nicht umgesetzt wurde, werden in dieser Kategorie keine Punktwerte vergeben. In den Bereichen "Design" und "Technik" liegt jeweils der 5min Player vor dem SIVA und dem ADIVI Player. Im Bereich "Benutzerfeedback und Fehlermeldungen" liegt der SIVA Player vor beiden anderen Playern. Dies ist damit zu Begründen, dass die Reaktion dieses Players bekannt ist und bei beiden anderen Playern keine Fehler generiert werden konnten, wodurch dieser Punkt schlecht getestet werden konnte. Im Bereich "Suche" konnte lediglich der 5min-Player bewertet werden, da nur dieser eine Suchfunktion aufweist. Hierbei ist anzumerken dass nicht im Video selbst sondern in der gesamten Videothek nach dem Begriff gesucht wird. Im Bereich "Navigation" liegt der SIVA Player derzeit auf Rang drei, dies ist damit zu begründen dass dieser als einziger der getesteten Player einen nichtlinearen Verlauf des Videos unterstützt, für den jedoch erweiterte Navigationsmöglichkeiten denkbar sind, die noch nicht vollständig umgesetzt werden konnten. Die unterschiedlichen Anzahlen der Antworten sind darauf zurückzuführen, dass nicht alle Funktionen bewertet werden konnten.

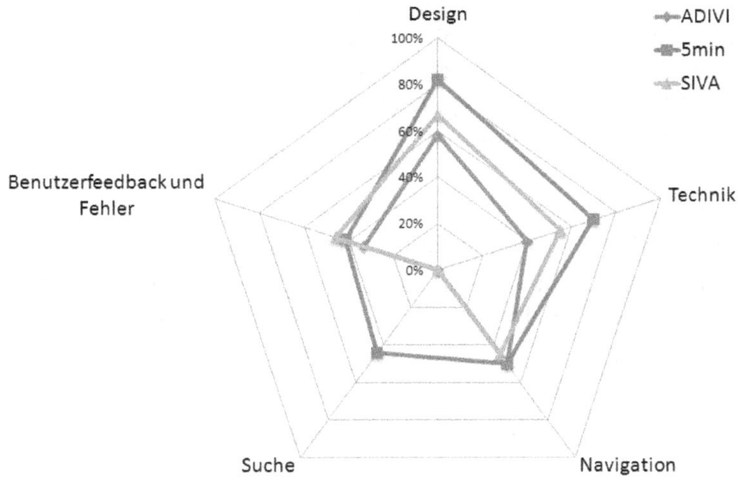

Abbildung 1: Netzdiagramm zu Tabelle 1

Kategorie	erreichbare Punkte	Rohwert *r*			# Guidelines *g*	# Antworten *a*			Ergebnis *E* in %		
		ADIVI	5min	SIVA	ADIVI 5min SIVA	ADIVI	5min	SIVA	ADIVI	5min	SIVA
Design	88	49	69	59	22	21	21	22	58	82	67
Technik	24	8	14	11	6	5	5	5	40	70	55
Navigation	20	10	8	9	5	5	4	5	50	50	45
Suche	44	0	16	0	11	0	9	0	--	44	--
Feedback u. Fehler	24	4	5	11	6	3	3	6	33	42	46
Gesamt	**200**	**71**	**112**	**90**	**50**	**34**	**42**	**39**	**45**	**58**	**53**

Tabelle 1: Ergebnisse ADIVI, 5min und SIVA Player

4 Zusammenfassung und Ausblick

Interaktive nichtlineare und mit Zusatzinformationen erweiterte Videos stellen verschiedene Anforderungen an einen Player. Neben Steuerelementen zur erweiterten Navigation sind Anzeigebereiche für Zusatzinformationen notwendig. Um dem Betrachter das Video ansprechend und benutzerfreundlich präsentieren zu können, wurden Richtlinien erstellt, die es ermöglichen, den Aufbau und die Gestaltung eines Players zu bewerten. Anhand der Guidelines wurden der SIVA, der ADIVI und der 5min Player überprüft. Dabei wurde festgestellt, dass der 5min Player in den Bereichen "Technik" und "Design" am besten abschneidet. Eine Suchfunktion wird lediglich von diesem Player umgesetzt. Im Bereich "Navigation" kann der SIVA Player, der einzige Player für nichtlineare Videos im Vergleich, deutlich verbessert werden. Die Navigation kann durch das Einfügen von Breadcrumbs oder einer Video-Map ausgebaut werden.

Literaturverzeichnis

5min LTD (2011). *5min Life Videopedia.* http://www.5min.com/ (Zugriff: 09.06.2011).

Adobe Systems Incorporated (2011). *Adobe Creative Suite 5.5 Master Collection.* http://www.adobe.com/de/products/creativesuite/mastercollection.html (Zugriff: 09.06.2011).

Belldon Limited (2011). *Quick.tv: viewer engagement in video.* http://www.quick.tv/ (Zugriff: 09.06.2011).

Bhikharie, W., Huurdeman, H., van de Watering, M., Eliën, A. (2011). *XIMPEL.* http://ximpel.net/ (Zugriff: 09.06.2011).

Hosack, B., Miller, C., Ernst. D. (2009). *VideoANT: Extending Video beyond Content Delivery through Annotation.* In Proc. of World Conference on E-Learning in Corporate, Government, Healthcare, and Higher Education 2009, Vancouver, Canada, October 2009. AACE, S.1654–1658

InnoTeamS GmbH (2011). ADIVI: add digital information to video. http://www.adivi.net/ (Zugriff: 09.06.2011).

Meixner, B., Siegel, B., Hölbling, G., Lehner, F. & Kosch, H. (2010). *SIVA Suite: Authoring System and Player for Interactive Non-linear Videos.* In Proceedings of the international conference on Multimedia (MM '10), ACM, New York, NY, USA, S. 1563-1566.

Meixner, B., Kandlbinder, K., Siegel, B. (2011) *Guidelines für interaktive Videos.* http://siva.uni-passau.de/sites/default/files/Guidelines_interaktive_Videos.pdf (Zugriff: 09.06.2011).

Microsoft Corporation (2011). *Microsoft Expression Studio 4.* http://www.microsoft.com/germany/expression/products/StudioUltimate_Overview.aspx (Zugriff: 09.06.2011).

VIDDIX B.V (2011). *Viddix: Mix video with the web.* http://www.viddix.com/ (Zugriff: 09.06.2011).

VideoClix Technologies Inc. (2011). *VideoClix.tv.* http://videoclix.tv/ (Zugriff: 09.06.2011).

YouTube, LLC (2011). YouTube-Videoanmerkungen. http://www.youtube.com/t/annotations_about (Zugriff: 09.06.2011).

Kontaktinformationen

Dipl.-Inf. Britta Meixner
Universität Passau, Lehrstuhl für Verteilte Informationssysteme
Innstraße 43
D-94032 Passau
E-Mail: britta.meixner@fim.uni-passau.de

Innovative Touch-Bedienung bei einer Protokoll- und Zeichen-Applikation

Jan Freitag, Christian Gewalt, Ralph Kölle, Thomas Mandl

Institut für Informationswissenschaft und Sprachtechnologie, Universität Hildesheim

Zusammenfassung

Touch-Gesten auf Tablet-PCs gewinnen zunehmend an Bedeutung. Der Beitrag beschreibt die Entwicklung und Evaluierung einer Anwendung zur Protokollierung, welche innovative Gesten einsetzt. Insbesondere die enthaltene Komponente zum Freihand-Zeichnen wird vorwiegend über Gesten bedient und realisiert mehrere innovative Bedienkonzepte. Dazu gehört eine Fünf-Finger-Geste zur Menüauswahl. Neben der Entwicklung erfolgt ein Überblick über die Evaluierung des Systems.

1 Gesten-Steuerung bei Tablet-PCs

Diese neuartige Geräteklasse der sogenannten Tablet-Touch-Geräte bietet Potenzial für innovative Bedienkonzepte. Die Interaktion erfolgt durch Touch-, Multi-Touch, sowie Gestensteuerung im Gegensatz zu tastaturgebundener Steuerung. Solche Interaktionsformen werden seit Jahren erforscht und teils positiv bewertet [Wang & Ren 2009]. Diese Bedienung ist zwar auf Smartphones etabliert, aber nicht ohne weiteres auf Tablets übertragbar.

2 Konzept und Realisierung

Durch das iOS SDK (Apples mobiles Betriebssystem und das dazugehörige SDK) sind zwar bereits viele Elemente für die Gestaltung einer Applikation auf dem iPad gegeben, diese schöpfen das volle Multi–Touch Potenzial aber bei Weitem nicht aus.

Zur Umsetzung und Bewertung innovativer Gesten wurde eine Anwendung entwickelt, welche das Protokollführen und Mitschreiben in Sitzungen und universitären Lehrveranstaltungen Kursen erleichtern soll. In einer Bedarfsanalyse mit einigen Studierenden durch eine Online-Umfrage und Interviews ergab sich, dass das Protokollieren bspw. in Vorlesungen eine relevante und erwünschte Funktion darstellt. Daneben wurden Detailwünsche identifiziert. Daraufhin wurden neben der Projektverwaltung, einem flexiblen Texteditor und einem Audio-Aufzeichnungs-Modul auch ein Editor und eine Komponente für das freie Malen entwickelt. Im Vordergrund stand die Nutzung von Gesten. Vor der Implementierung wurden auf Basis der identifizierten Nutzerbedarfe auf qualitativer Weise zwei Personas entwickelt, um typische Nutzungsszenarien zu visualisieren.

Abbildung 1 zeigt exemplarisch einen Screenshot der konzipierten „Fünf-Finger Auswahl", welche eine Menü-Auswahl abbildet. Der Benutzer legt dabei seine Hand auf den Bildschirm und bekommt dann an jedem Finger eine Option angeboten, wie z.B. die Freihand-Zeichnen oder die Textfunktion. Nicht gewünschte Optionen wählt der Benutzer durch Heben des entsprechenden Fingers ab. Dadurch konnte komplett auf fortwährend sichtbare Bedienelemente wie vollständig verzichtet werden.

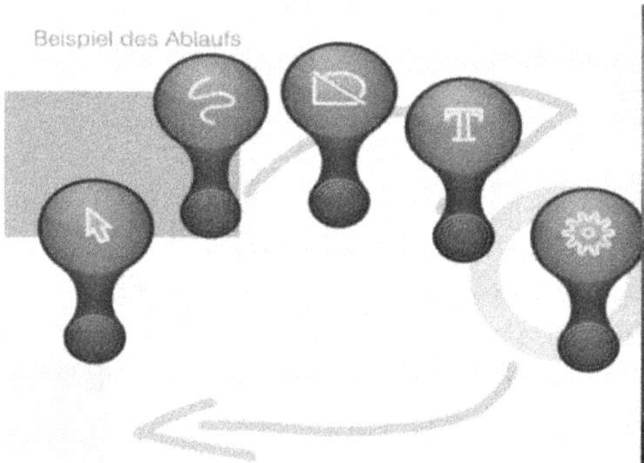

Abbildung 1: Bedienung mit Fünf-Finger-Geste

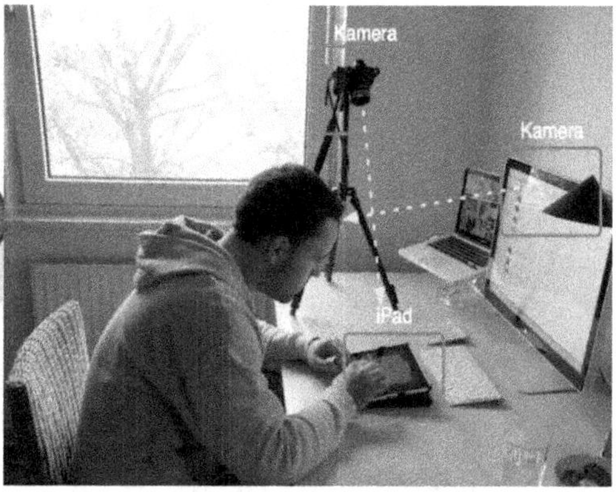

Abbildung 2: Benutzertest

Eine Herausforderung bei der Entwicklung der Gesten war auch das der „konkurrierenden Gesten". Viele Gesten können sich mit anderen überlagern. Ein Beispiel dafür ist die Zwei-Finger Rotations- und Zwei-Finger-Vergrößerungsgeste. Um das gleichzeitige Vergrößern und Drehen von gezeichneten Objekten zu ermöglichen, muss auch die Behandlung der Gesten simultan erfolgen. Folgende Gesten wurden realisiert:

- Einfacher Touch: Objekte malen, verschieben und deren Größe verändern.
- Rotations-Geste: Objekte drehen durch eine Drehbewegung mit zwei Fingern
- Zoom-Geste: Objekte durch Aufziehen vergrößern und verkleinern
- Bewegungs-Geste: Verschieben von Objekte mit zwei Fingern auch während des Zoomens oder Drehens.
- Langdauernder Touch: Aufruf der Einstellungen durch langen Touch auf Objekt
- Langdauernder Zwei-Finger Touch: Ein langer Touch mit zwei Fingern innerhalb der Malkomponente öffnet ein kleines Kontextmenü.
- Zwei-Finger Wisch-Geste: Durch eine Wisch-Geste mit zwei Fingern kann eine Aktion wiederholt bzw. rückgängig gemacht werden. Wischt der Benutzer nach links wird die letzte Aktion rückgängig gemacht. Wischt er nach rechts, so wird die zuletzt rückgängig gemachte Aktion wiederhergestellt.

- Fünf-Finger Bedienung: Mit Hilfe von fünf Fingern kann der Benutzer zwischen verschiedenen Modi der Zeichenkomponente wechseln

Für die Implementierung wurde das schon lange unter Mac OS genutzte System Xcode genutzt, das einige Werkzeuge für die Entwicklung von grafischen Benutzeroberflächen bereitgestellt [Woolbridge 2010]. Herausforderungen ergaben sich bei der Umsetzung des freien Zeichnens, bei dem Kurvenglättung unbedingt erforderlich ist. Dabei kamen der rekursive Algorithmus von Douglas und Peucker [Hershberger & Snoeyink 1994] sowie der Bezier-Algorithmus zum Einsatz.

3 Evaluierung und Ergebnisse

Benutzer wurden an mehreren Stellen mit in den Entwicklungsprozess integriert. Zunächst erfolgte eine Online-Vorbefragung zur Feststellung der Erfahrung mit Multi-Touch Geräten. Abschließend zeigten Benutzertests mit der Applikation, wie sich vor allem die neuartigen Bedienelemente bewährt haben.

Die Herausforderung lag vor allem in der Entwicklung eines geeigneten Testaufbaus. Dieser konnte aus dem Testumfeld für Mobiltelefone adaptiert werden kann. Abbildung 2 zeigt den verwendeten Aufbau, wobei sich die Aufnahmen der Frontkamera zur Gesichtsaufnahme im Nachhinein als wenig hilfreich erwiesen. Am Benutzertest waren sechs Testpersonen beteiligt, die jeweils drei Aufgaben absolvierten.

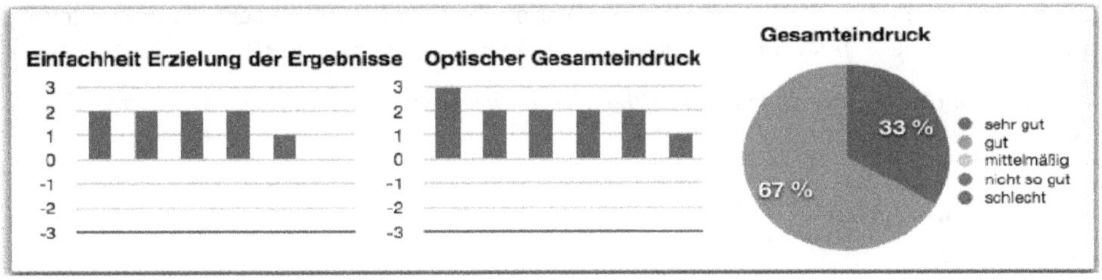

Abbildung 3: Auswertung der Ergebnisse des Benutzertests

Viele neuartige Gesten führen teilweise zur Ablehnung durch die Benutzer. Die Benutzertests haben gezeigt, dass die Lernkurve stark unterschiedlich ist und einige diese Bedienung auf Anhieb verstehen und problemlos einsetzen können. Andere dahingegen auch nach mehrmaliger Verwendung noch größere Probleme haben. Das Meinungsbild in den Benutzertests hat jedoch generell „pro“ „5-Finger-Auswahl“ und anderer Multi-Touch Gesten gesprochen. Eine ausführliche Darstellung des Systems und der Evaluierungsergebnisse findet sich in [Freitag & Gewalt 2010]. Interessanterweise bieten die Neuerungen im iOS SDK von Apple inzwischen u.a. auch eine „5-Finger-Geste“, um die aktive Applikation auszublenden und wieder einzublenden.

Die Einbeziehung der Benutzer gerade in der Phase, in der ein Gerät noch sehr neuartig ist, erweist sich als besonders wertvoll. Großer Evaluierungsbedarf besteht nach wie vor beim Problem der „konkurrierenden Gesten“.

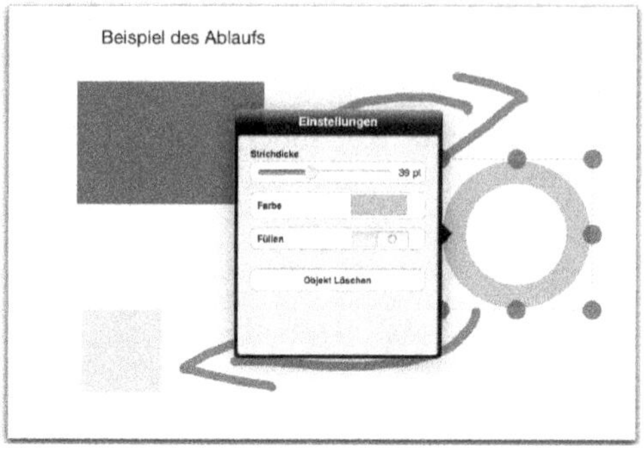

Abbildung 4: Aufruf des Objekt-Eigenschafts-Dialogs

Literaturverzeichnis

Freitag, J.; Gewalt, C. (2010): Evaluation innovativer Bedienkonzepte anhand einer Multi-Touch Applikation im Kontext eines benutzerzentrierten Entwicklungsprozesses. Master–Thesis Informationsmanagement & Informationstechnologie. Universität Hildesheim.

Hershberger, J.; Snoeyink, J. (1994): An O(nlogn) implementation of the Douglas-Peucker algorithm for line simplification. In: *Proc 10th Symp on Computational geometry (*SCG) ACM. S. 383 - 384

Wang, F.; Ren, Xiangshi (2009): Empirical evaluation for finger input properties in multi-touch interaction. In: *Proc 27th Intl Conf Human factors in computing systems* (CHI) ACM S. 1063–1072

Woolbridge, D. (2010): *The Business of iPhone App Development – Making and Marketing Apps that Succeed.* New York, NY, USA: Apress.

Kontaktinformationen

Thomas Mandl

Institut für Informationswissenschaft und Sprachtechnologie
Universität Hildesheim – Marienburger Platz 22
D- 31141 Hildesheim
Tel.: +49 (0) 5121-883-837
E-Mail: mandl@uni-hildesheim.de

Eyetracking in 3D Umgebungen: methodische, ergonomische und neurowissenschaftliche Perspektiven

Sascha Weber, Sebastian Pannasch, Jens Helmert, Boris M. Velichkovsky

Institut für Psychologie III, Ingenieurpsychologie und Kognitive Ergonomie

Zusammenfassung

Moderne stereoskopische Visualisierungstechniken ermöglichen eine wirklichkeitsgetreue Darstellung von Objekten bzw. Szenarien in Umgebungen der virtuellen Realität (VR). VR Umgebungen kommen beispielsweise im Zusammenhang mit Assistenzsystemen, im Entertainmentbereich oder bei Fahr- bzw. Flugsimulatoren zum Einsatz. Zur objektiven Analyse von Wahrnehmungsprozessen und visueller Informationsverarbeitung wird Blickbewegungsmessung eingesetzt. Die Kombination beider Technologien bietet vielfältige Möglichkeiten für Forschung und Anwendung. Für eine erfolgreiche Verbindung beider Verfahren ist es zunächst notwendig, den Einfluss der stereoskopischen Visualisierung auf die Messgenauigkeit bei der Blickerfassung zu prüfen. Zusätzlich ist die Entwicklung von Algorithmen für die Berechnung des dreidimensionalen Blickortes notwendig.

1 Einleitung

Für eine wirklichkeitsgetreue Darstellung virtueller Welten werden verschiedene stereoskopische Visualisierungstechnologien wie Shutterbrille, Anaglyph- oder Polarisationsfilter eingesetzt. Diese ermöglichen die getrennte Darstellung zweier Halbbilder für das jeweilige Auge und erzeugen somit einen Tiefeneindruck, der die dargestellte Szene realitätsnah erscheinen lässt. Derartige Technologien erfreuen sich in 3D-Kinos oder im Entertainmentbereich großer Beliebtheit und werden darüber hinaus auch in verschiedenen Forschungs- und Anwendungsbereichen eingesetzt. Durch die Simulation von Situationen mit hinreichender Vergleichbarkeit zur Realität, lassen sich unter anderem Fragen zu ergonomischen Aspekten der Visualisierungstechniken gezielt bearbeiten (Cölln et al., in press). Insbesondere für die Untersuchung sicherheitsrelevanter Aspekte bieten sich damit vielfältige Möglichkeiten zur Analyse von Fehlverhalten und Unfallvermeidung. Die planmäßige und systematische Erzeugung bestimmter Gefahrensituationen, beispielsweise im Straßenverkehr, ist in der Realität nicht möglich und ethisch nicht vertretbar, lässt sich aber in VR Umgebungen gezielt umsetzen und untersuchen. Dadurch eröffnen sich völlig neue Perspektiven zur Analyse von Aufmerksamkeitsparametern, insbesondere bei Fragen zu Sicherheit und Unfallvorbeugung.

In Abbildung 1 ist eine stereoskopisch dargebotene VR Fahrumgebung mit unterschiedlichen Sichtbedingungen dargestellt, wie sie unter anderem für Schulungszwecke eingesetzt wird.

Abbildung 1: Stereoskopisch dargebotene Fahrsimulation. Klare Sicht (links), Sichtbehinderung durch Nebel (rechts)

Zur Untersuchung von Aufmerksamkeitsprozessen bietet sich die Methode der Blickbewegungsmessung an, da das Sehen für uns Menschen die wichtigste Sinnesmodalität darstellt. Grundvoraussetzung für visuelle Wahrnehmung sind die Bewegungen des Auges (vgl. Hayhoe & Ballard, 2005), insbesondere vor dem Hintergrund, dass die Ausrichtung der visuellen Aufmerksamkeit und die der Augen sehr stark korrespondieren (Henderson, 2007). Für einen Chirurgen ist es während der Diagnose und der Operation von entscheidender Wichtigkeit, alle wesentlichen Informationen wahrzunehmen und entsprechend zu berücksichtigen (Burgert et al. 2007). Im Straßenverkehr ist es oftmals eine Frage von Sekundenbruchteilen, um relevante Aspekte der Fahrumgebung zu sehen und angemessen darauf zu reagieren (Velichkovsky et al. 2002). Weniger zeitkritisch, aber von dennoch wachsender Bedeutung ist die Anwendung der Blickbewegungsmessung im Bereich der Mensch-Maschine-Interaktion, insbesondere wenn es darum geht, Schnittstellen durch die Analyse des Benutzerverhaltens zu evaluieren (Weber et al. 2004).

Für die Erfassung von Blickbewegungen existieren verschiedene Methoden (vgl. Eggert, 2007). Bei videobasierten Eyetracking Systemen wird die jeweilige Blickposition zeitlich hochauflösend (bis 2000 Hz) und räumlich präzise (weniger als 0.5° Fehler) aufgezeichnet. Meist erfolgt die Messung relativ zu einer ebenen Fläche, wie beispielsweise einem Monitor oder einer Projektionsleinwand. Für eine exakte Datenerhebung muss der räumliche Bezug zwischen Benutzer, Eyetracking System und der Betrachtungsoberfläche hergestellt werden, wofür eine 2D-Kalibrierung notwendig ist. Aktuell verfügbare Eyetracking Systeme sind für die Berechnung von Blickbewegungen im dreidimensionalen Raum nicht ausgelegt. Folglich ist auch nicht bekannt, wie sich diese Messsysteme in einer VR-Umgebung verhalten und inwieweit anhand der verfügbaren Messdaten der Tiefenparameter des Blickortes ermittelbar ist.

2 Motivation

In der hier vorgestellten Arbeit sollen beide Technologien kombiniert werden, um die Wahrnehmung und Verarbeitung visueller Informationen in stereoskopisch dargebotenen VR-Umgebungen zu untersuchen. Die Blickbewegungsmessung erfolgt anhand von Videokameras die auf die Augen des Probanden ausgerichtet werden. Aus den aufgezeichneten Videobildern wird mittels spezieller Auswertealgorithmen und anhand spezifischer Parameter wie Pupillenmittelpunkt und Cornea-Reflektion der Blickort berechnet.

Eine stereoskopische Visualisierung erfordert die Zwischenschaltung einer Shutter- oder Polarisationsfilterbrille zwischen die Videokamera des Eyetracking Systems und das Auge des Probanden. Um Technologien stereoskopischer Visualisierung mit Blickbewegungsmessung kombinieren zu können, muss zunächst untersucht werden, ob und inwieweit die Visualisierungstechnologie einen Einfluss auf die Messung hat. Innerhalb einer Versuchsreihe erfolgte die Integration unterschiedlicher virtueller, dreidimensionaler Visualisierungstechniken mit Blickbewegungsmessung. Den Versuchsteilnehmern wurden Objekte dargeboten, deren Zentrum möglichst genau mit den Augen fixiert werden sollte. Dies erfolgte einerseits ohne Visualisierungstechnologien und andererseits unter Verwendung einer Shutter- bzw. einer Polarisationsfilterbrille. Die Messungen wurden an zwei unterschiedlichen Eyetracking-Systemen durchgeführt. Dabei sollen mögliche Abweichungen des gemessenen Blickortes von der Originalposition des jeweiligen Fixationsobjektes unter den verschiedenen experimentellen Bedingungen verglichen werden. Basierend auf diesen Ergebnissen erfolgt die Entwicklung von Algorithmen zur Berechnung des Blickortes im dreidimensionalen Raum. Damit wird die methodische Basis für die Erkennung von Fixationen und Sakkaden im dreidimensionalen Raum geschaffen. Im Rahmen der vorliegenden Arbeit sollen nächste Schritte dargestellt und Implikationen für verschiedene Anwendungsszenarien diskutiert werden.

3 Ausblick

Mithilfe der Erkennung von Blickbewegungen im dreidimensionalen Raum wird es möglich, dynamische Aspekte visueller Aufmerksamkeitsverteilung im Raum zu erfassen. Neben einer präzisen Zuordnung visueller Aufmerksamkeitsausrichtung zu Objekten im Raum gilt es zu untersuchen, inwieweit sich vorhandene Verfahren und Erkenntnisse über existierende Ansätze zu verschiedenen Stufen der Informationsverarbeitung vom zweidimensionalen auf den dreidimensionalen Bereich übertragen bzw. adaptieren lassen. Von besonderem Interesse ist hierbei der Ansatz zu den Ebenen visueller Informationsverarbeitung und deren Zusammenhang zu Parametern des Blickverhaltens (z.B. Velichkovsky et al. 2005). Erste Erkenntnisse aus diesem mehrstufigen Entwicklungs- und Analyseprozess wurden anhand entsprechender Experimente innerhalb systematischer Versuchsreihen getestet.

Literaturverzeichnis

Burgert ,O., Örn, V., Velichkovsky, B.M., Gessat, M., Joos, M., Strauß, G., Tietjen, C., Preim, B., Hertel, I. , *Evaluation of Perception Performance in Neck Dissection Planning using Eye Tracking and Attention Landscapes*, Medical Imaging 2007: Image Perception, Observer Performance, and Technology Assessment, (Jiang, Y.; Sahiner, B., ed.), vol. 8, Proceedings of SPIE Vol.6515, no. 34, Bellingham, WA, USA, 2007 p. 65150B

Cölln, M.C., Kusch, K., Helmert, J.R., Kohler, P., Velichkovsky, B.M., & Pannasch, S. (in press). Comparison of two types of engineering visualizations: Task-related manipulations matter. *Applied Ergonomics.*

Eggert, T. (2007). Eye movement recordings: Methods. In Straube A & U. Büttner (Eds.), *Neuro-Ophthalmology* (pp. 15-34). Basel: Karger.

Hayhoe, M.M., & Ballard, D.H. (2005). Eye movements in natural behavior. *Trends in Cognitive Sciences, 9*(4), 188-194.

Henderson, J. M. (2007). Regarding scenes. *Current Directions in Psychological Science, 16*(4), 219-222.

Velichkovsky, B.M., Joos, M., Helmert, J.R., & Pannasch, S. (2005). Two visual systems and their eye movements: evidence from static and dynamic scene perception. CogSci 2005: *Proceedings of the XXVII Conference of the Cognitive Science Society*. July 21-23 Stresa, Italy, pp. 2283-2288.

Weber S., Joos M. & Velichkovsky, B.M. (2004). *Aufzeichnung und Analyse von Augenbewegungen beim Betrachten von Internetseiten.* 46. Tagung experimentell arbeitender Psychologen, Gießen, April 4-7.

Verarbeitungsprinzipien des visuellen Systems in der Websitewahrnehmung

Meinald T. Thielsch[1], Gerrit Hirschfeld[2]

Institut für Psychologie, Westfälische Wilhelms-Universität Münster [1]
Vodafone Foundation Institute and Chair for Children's Pain Therapy and Paediatric Palliative Care, Children's Hospital Datteln, Witten/Herdecke University [2]

Zusammenfassung

Die Wahrnehmung grafischer Nutzer-Interfaces, zu denen auch Websites zählen, ist durch Verarbeitungsprinzipien des visuellen Systems determiniert. Im vorliegenden Beitrag möchten wir die Bedeutung verschiedener Raumfrequenzen für den ästhetischen Website-Ersteindruck untersuchen. Konkret möchten wir zeigen, welche Rolle niedrige Frequenzen bei sehr kurzen Darbietungen haben. Hierzu wurden 92 Probanden in einem Experiment mit 50 Website-Stimuli getestet, hierbei wurden die Stimuli nach verschiedenen Frequenzen gefiltert für 50 ms dargeboten. Es finden sich dabei gemäß der aufgestellten Hypothese lediglich Korrelationen zwischen Ästhetikbeurteilungen von tiefpass und ungefilterten Screenshots. Dies lässt darauf schließen, dass der erste Eindruck einer Website (nach 50 ms) stark auf magnozellulär verarbeiteten niedrigen Raumfrequenzen beruht.

1 Einleitung

Das Retina-Display des neuen iPhones hat eine Auflösung die, wenn man das Telefon auf normalen Abstand zum Auge hält, höher ist als das Auflösungsvermögen der Retina. Eine weitere Erhöhung der Auflösung des Displays hat also keine Auswirkung mehr darauf, wie scharf Nutzer das Bild wahrnehmen. Während solche *peripheren* Verarbeitungsbeschränkungen, die für alle visuellen Reize gelten (hier das Auflösungsvermögen der Retina), sehr direkte Implikationen für die Gestaltung von grafischen Nutzer-Interfaces haben, ist weniger klar, welche Rolle Mechanismen der *zentralen kortikalen Verarbeitung* zukommt. In unseren gegenwärtigen Arbeiten nutzen wir aktuelle Erkenntnisse der Neurowissenschaften zur Verarbeitung verschiedener visueller Raumfrequenzen um insbesondere die Entstehung des Ersteindrucks in der Wahrnehmung und Bewertung von Websites zu erklären (vgl. Thielsch & Hirschfeld, 2010).

2 Bedeutung visueller Raumfrequenzen

Visuelle Stimuli lassen sich durch verschiedene Filter in unterschiedliche Raumfrequenzen zerlegen. Hochpassfilter entfernen Informationen, die in niedrigen Raumfrequenzen (geringe Anzahl von Kanten pro Sehwinkel) kodiert sind, wie z. B. Farbverläufe im Hintergrund. Tiefpassfilter entfernen Informationen die in hohen Frequenzen kodiert ist, wie z. B. die Schrift.

Das menschliche visuelle System besteht aus zwei von einander getrennten Pfaden (vgl. Marr, 1982): Einem sehr schnellen magnozellulärem (M-Pfad) und einem langsameren parvozellulären (P-Pfad). Der M-Pfad arbeitet wie ein Tiefpassfilter und kann nur niedrige Raumfrequenzen auflösen, der P-Pfad hingegen arbeitet wie ein Hochpassfilter, der sehr feine Informationen wiedergibt. Bei unterschiedlichen Aufgaben sind Informationen entscheidend die entweder über den M- oder P-Pfad verarbeitet werden: P-Informationen sind wichtig für Klassifikationsaufgaben, die feine Unterscheidungen benötigen (Collin & McMullen, 2005); M-Informationen, sind wichtig, um die Konfiguration einer Szene schnell zu erfassen (Shyns & Olivia, 1994). Für den Bereich der Software-Ergonomie wurde deshalb auch vorgeschlagen, Ikons möglichst schon auf Basis von Informationen, die über den M-Pfad verarbeitet werden, unterscheidbar zu machen (Queen, 2006).

Das visuelle System verarbeitet jedoch diese räumlichen Frequenzen nicht durchgängig getrennt. Der Gesamteindruck entsteht aus dem Zusammenspiel beider Informationskanäle. So konnte gezeigt werden, dass unser Gehirn Informationen aus dem M-Pfad nutzt, um die Verarbeitung des P-Pfades zu erleichtern (Kverga et al., 2007).

3 Studie zu Raumfrequenzen

Mit der hier vorgestellten Studie wollen wir zeigen, dass der ästhetische Ersteindruck von Webseiten bei sehr kurzen Darbietungen von 50 ms (vgl. Lindgaard et al., 2006) stark auf niedrigen Raumfrequenzen fußt.

3.1 Methoden

Insgesamt 92 Probanden (81,5 % weiblich) im Alter von 19 bis 34 Jahren ($M = 22{,}12$; $SD = 3{,}17$) nahmen an einem Laborexperiment teil. Diese hatten durchschnittlich eine Interneterfahrung von 8,44 Jahren ($Min = 4$, $Max = 15$, $SD = 2.25$) und nutzen das Internet im Mittel 12,5 Stunden pro Woche ($Min = 3$, $Max = 42$, $SD = 7.22$).

Wir nutzten ein Set von 50 Website-Screenshots aus 10 inhaltlichen Domänen (vgl. Thielsch & Hirschfeld, 2010). Dieses wurde in drei verschiedenen Versionen dargeboten: Ungefiltert, nur niedrige Raumfrequenzen oder nur hohe Raumfrequenzen. Alle Screenshots waren in Graustufen dargestellt – die Filterungen erlauben keine Farben, die ungefilterte Version wurde angeglichen um selektive Farbeffekte zu vermeiden. Die Probanden wurden zufällig auf eines der drei Stimulus-Sets aufgeteilt und sahen jeden Stimulus unter kontrollierten

Bedingungen und entsprechend maskiert für nur 50 ms. Jeder Screenshot sollte auf einer Skala von 1 („sehr unästhetisch“) bis 7 („sehr ästhetisch“) bewertet werden.

3.2 Ergebnisse

Entsprechend unser Hypothese zeigt sich bei einer enorm kurzen Darbietung der Stimuli ein signifikanter Zusammenhang lediglich zwischen Stimuli mit niedrigen Raumfrequenzen und den Original-Screenshots (r = .33, p < 01). Bewertungen basierend auf Screenshots die so gefiltert waren, dass sie nur hohe Raumfrequenzen enthielten, weisen bei einer derartig kurzen Darbietungszeit keine Korrelation zum Ausgangsmaterial auf (r = .02, ns).

4 Diskussion

Die hohe Geschwindigkeit in der ästhetische Ersteindrücke von Websites entstehen wurde in der Forschung wiederholt behandelt (Lindgaard et al., 2006; Tractinsky et al., 2006) – in unserem Ansatz können wir durch die Integration kognitiver Verarbeitungsmodelle Ansatzpunkte für eine Erklärung dieser Effekte liefern. In unserem Experiment zeigte sich ein Zusammenhang des ersten Eindrucks einer Website (nach 50 ms) mit magnozellulär-verarbeiteten niedrigen und nicht mit hohen Raumfrequenzen.

Auch wenn dies nur einen kleinen Ausschnitt der Mensch-Computer-Interaktion abbildet bleibt zu beachten: Ob wir Medien gestern, heute oder morgen wahrnehmen – stets nutzen wir dabei ein interindividuell physiologisch weitgehend identisches visuelles Wahrnehmungssystem. Neben den Implikationen die periphere Prozesse für die Gestaltung von grafischen Benutzeroberflächen haben, sollten *zentrale Verarbeitungsmechanismen* daher genauer untersucht werden. Gerade Modelle, die das Zusammenspiel von niedrigen und hohen Raumfrequenzen in der visuellen Wahrnehmung beschreiben, beinhalten wichtige Implikationen für Gestaltung von GUI's.

Literaturverzeichnis

Collin, C.A., & McMullen, P.A. (2005). Subordinate-level categorization relies on high spatial frequencies to a greater degree than basic-level categorization. *Perception & Psychophysics*, 67 (2), 354-364.

Kveraga, K., Boshyan, J. & Bar, M. (2007). Magnocellular projections as the trigger of top-down facilitation in recognition. *Journal of Neuroscience*, 27, 13232-13240.

Lindgaard, G., Fernandes, G., Dudek, C. & Brown, J. (2006). Attention web designers: You have 50 milliseconds to make a good first impression! *Information Technology, 25* (2), 115-126.

Marr, D. (1982). *Vision*. New York: Freeman and Company.

Queen, M., 2006. Icon analysis: Evaluating low spatial frequency compositions. *Boxes and Arrows* [online journal]. Available from: http://www.boxesandarrows.com/view/icon_analysis [abgerufen am 02. Juni 2011].

Shyns, P.G. & Olivia, A. (1994). From blobs to bondary edges: Evidence for time- and spatial-scale-dependent scene recognition. *Psychological Science*, 5, 195-200.

Thielsch, M.T. & Hirschfeld, G. (2010). High and low spatial frequencies in website evaluations. *Ergonomics, 53* (8), 972-978.

Tractinsky, N., Cokhovi, A., Kirschenbaum, M. & Sharfi, T., 2006. Evaluating the consistency of immediate asthetic perceptions of web pages. *International Journal of Human Computer Studies,* 64, 1071-1083.

Kontaktinformationen

Dr. Meinald T. Thielsch, Dipl.-Psych.
Westfälische Wilhelms-Universität Münster
Institut für Psychologie
Fliednerstr. 21
D-48149 Münster
E-Mail: thielsch@uni-muenster.de
WWW: http://www.meinald.de

AGReMo: Filmempfehlungen für Ad-Hoc Gruppen auf mobilen Endgeräten

Christoph Beckmann, Tom Gross

Lehrstuhl für Mensch-Computer-Interaktion, Otto-Friedrich-Universität Bamberg

Zusammenfassung

Empfehlungssysteme unterstützen Benutzerinnen und Benutzer indem sie diesen Artefakte oder andere Benutzer vorschlagen. Sie tragen wesentlich zur Findung gemeinsamer Entscheidungen bei, jedoch wird dabei von den bestehenden Systemen oft wenig auf den Prozess der Entscheidungsfindung eingegangen. In diesem Beitrag stellen wir einen neuartigen Ansatz vor, der es ad-hoc gebildeten Gruppen ermöglicht mobil Filmempfehlungen unter Einbeziehung aller Gruppenmitglieder zu erhalten.

1 Einleitung

Empfehlungssysteme erleichtern die Entscheidungsfindung von Benutzerinnen und Benutzern indem sie spezifisch auf die individuellen Benutzerinnen und Benutzer zugeschnittene Anregungen vorschlagen (Resnick & Varian, 1997).

Häufig werden zur Generierung von Empfehlungen Collaborative Filtering-Ansätze verwendet (Monroe, 2009). Während die meisten Empfehlungssysteme Anregungen für Artefakte geben, empfehlen einige Systeme auch Personen mit ähnlichen Interessen (Resnick & Varian, 1997). Mit der Verbreitung von mobilen Geräten wie Mobiltelefonen und PDAs, sind auch mobile Empfehlungssysteme entstanden, wie das Restaurant Recommendation System (Park, Park & Cho, 2008). Empfehlungssysteme zielen in der Regel auf die Unterstützung der Entscheidungsfindung für einzelne Benutzerinnen und Benutzer ab. Das PolyLens System (O'Connor, Cosley, Konstan & Riedl, 2001) ist eine der wenigen Ausnahmen; es empfiehlt Filme einer Gruppe von Benutzerinnen und Benutzern.

In dem vorliegenden Beitrag stellen wir mit AGReMo einen neuartigen Ansatz für Empfehlungen von Kinofilmen für ad-hoc gebildete Gruppen vor. Der Ansatz leitet sich von einem grundlegenden Verständnis für den Entscheidungsprozess (Jameson, 2004) sowie für die Benutzerinteraktion (Cosley, Lam, Albert, Konstan & Riedl, 2003) ab. Nachfolgend stellen wir unser Prozessmodell zur Gruppenentscheidungsfindung vor und präsentieren einen darauf basierenden mobilen Prototypen.

2 AGReMo

Ad-hoc **Gr**oup **Re**commendation **Mo**bile (AGReMo) hat das Ziel, Gruppen von Personen, welche sich spontan bilden können, sich also nicht vorher kennen müssen und auch kein Vorwissen über aktuelle Kinofilme brauchen, mittels eines einfachen Prozessmodells und einer leicht zu bedienenden mobilen Anwendung im Entscheidungsprozess der Filmauswahl zu unterstützen.

Das *AGReMo Prozessmodell* folgt drei Phasen: Vorbereitung, Entscheidung und Handlung (siehe Abbildung 1).

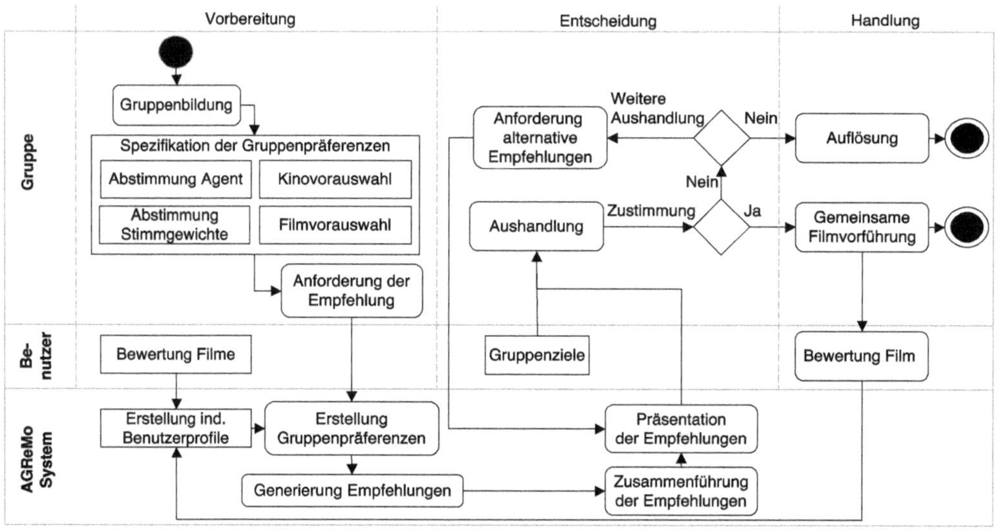

Abbildung 1: Das AGReMo Prozessmodell.

Die Gruppe startet mit der *Vorbereitungsphase*, in der die Präferenzen festgelegt werden. Bevor sich die Gruppe trifft, erstellen die Benutzerinnen und Benutzer ein persönliches Profil, indem sie individuell Filme, die sie bereits gesehen haben, bewerten – idealerweise immer im Anschluss an den Kinobesuch. Daraus werden die individuellen Benutzerprofile generiert. Wenn sich die Gruppe trifft, wird über einen Agenten oder eine Agentin abgestimmt, welche die Festlegung der Gruppenpräferenzen moderiert und im System erfasst. Die Gruppenpräferenzen umfassen essentielle Attribute (z.B.: Gruppenmitglieder, Stimmgewichte, Zeitpunkt des geplanten Filmbesuchs) sowie optionale Attribute (z.B.: kann eine standortbezogene Vorauswahl von Kinos oder Filmen getroffen werden). Die Vorbereitungsphase endet mit der Anfrage für eine Filmempfehlung.

Die *Entscheidungsphase* zielt auf eine Einigung der Gruppenmitglieder auf eine Empfehlung ab. Zur Zusammenführung der spezifischen Vorhersagen zu einer Gesamtempfehlung wird eine Social-Value-Funktion (O'Connor et al., 2001), welche die maximale Frustration unter den Gruppenmitgliedern minimiert (MaxMin), genutzt. Dazu wird der Film m_j aus allen Filmen M als Top-Empfehlung vorgeschlagen, dessen Gruppenvorhersagewert der Gruppe U maximal ist. Der Gruppenvorhersagewert berechnet sich als Maximum der minimalen individuellen Benutzervorhersagewerte $p(u_i,m_j)$ für jeden Film m_j und wird mit dem reziproken individuellen Stimmgewichten w_{u_i} multipliziert:

$$\underset{m_j \in M}{\operatorname{argmax}}\left\{\min_{u_i \in U}\left(w_{u_i}^{-1} \cdot p(u_i,m_j)\right)\right\}$$

Die Gruppe erhält dann die Top-Filmempfehlung einschließlich weiterer Informationen sowie einer Begründung.

In der finalen *Handlungsphase* einigt sich die Gruppe entweder darauf, diesen Film anzuschauen oder löst sich auf. Später, nach dem Film, können die Gruppenmitglieder den Film bewerten.

Die *AGReMo Mobile App* ist eine Apple iPhone Anwendung. Zu Beginn des neuen Empfehlungsprozesses gibt die Agentin die essentiellen und optionalen Attribute auf einer Bildschirm-Seite ein. Dann wählt die Agentin die Gruppenmitglieder aus der Freundesliste aus (siehe Abbildung 2 links). Ein Knopf am unteren Ende der Ansicht ermöglicht das Abschließen der Vorbereitungsphase.

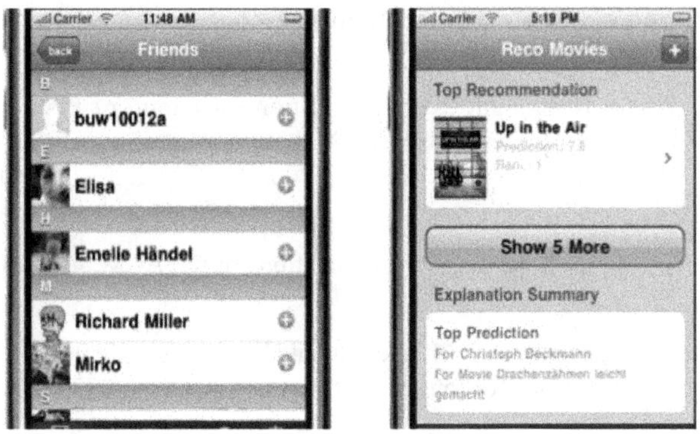

Abbildung 2: Screenshots der AGReMo Mobile App

Das System generiert die Empfehlungen und es werden die Top-Empfehlung zusammen mit kurzen Erläuterungen vorgestellt (siehe Abbildung 2 rechts). Auf Wunsch können weitere Empfehlungen für die Gruppe angefordert sowie alle verfügbaren Erklärungen angezeigt werden. Das System ist in Java 1.6.17, PHP 5.3 sowie Objective-C (iOS 4.2.1) implementiert. Eine ausführliche Beschreibung der technischen Details wurde in (Gross, Beckmann & Schirmer, 2011) veröffentlicht.

3 Fazit

AGReMo bietet mit einem fundierten domänen-spezifischen Prozessmodell Kinofilmempfehlungen für ad-hoc gebildete Gruppen auf mobilen Endgeräten. Das Prozessmodell wurde in der AGReMo Mobile App umgesetzt.

Eine erste informelle Benutzerstudie bestätigt die Tauglichkeit des Prozessmodells. Das Benutzerfeedback hat auch spannende neue Fragestellungen aufgeworfen. Beispielsweise werden die Erläuterungen der Empfehlungen in der Literatur als Schlüssel zur Akzeptanz von automatisch generierten Empfehlungen genannt (Tintarev & Masthoff, 2007); unsere Testpersonen erachteten diese jedoch als wenig hilfreich. Die Inhalte und Präsentation der Erläuterungen werden Gegenstand weiterer Forschung sein.

Literaturverzeichnis

Cosley, D., Lam, S. K., Albert, I., Konstan, J. A., & Riedl, J. (2003). Is Seeing Believing? How Recommender System Interfaces Affect Users' Opinions. Proceedings of the SIGCHI Conference on Human Factors in Computing Systems - CHI 2001, Ft. Lauderdale, FL, USA. pp. 585-592.

Gross, T., Beckmann, C., & Schirmer, M. (2011). GroupRecoPF: A Distributed Platform for Innovative Group Recommendations. Proceedings of the Nineteenth Euromicro Conference on Parallel, Distributed, and Network-Based Processing - PDP 2011, Ayia Napa, Cyprus. pp. 293-300.

Jameson, A. (2004). More Than the Sum of Its Members: Challenges for Group Recommender Systems. Proceedings of the Working Conference on Advanced Visual Interfaces - AVI 2004, Gallipoli, Italy. pp. 48-54.

Monroe, D. (2009). Just For You. Communications of the ACM, 52(8). pp. 15-17.

O'Connor, M., Cosley, D., Konstan, J. A., & Riedl, J. (2001). PolyLens: A Recommender System for Groups of Users. Proceedings of the Seventh Conference on European Conference on Computer Supported Cooperative Work - ECSCW 2001, Bonn, Germany. pp. 199-218.

Park, M.-H., Park, H.-S., & Cho, S.-B. (2008). Restaurant Recommendation for Group of People in Mobile Environments Using Probabilistic Multi-Criteria Decision Making. Proceedings of the 8th Asia-Pacific Conference on Computer-Human Interaction - APCHI 2008, Seoul, Korea. pp. 114-122.

Resnick, P., & Varian, H. R. (1997). Recommender Systems. Communications of the ACM, 40(3). pp. 56-58.

Tintarev, N., & Masthoff, J. (2007). Effective Explanations of Recommendations: User-Centered Design. Proceedings of the 2007 ACM Conference on Recommender Systems - RecSys 2007, Minneapolis, MN, USA. pp. 153-156.

Danksagung

Wir danken den Mitgliedern des Cooperative Media Lab, speziell Maximilian Schirmer sowie den Studienteilnehmern. Diese Arbeit wurde durch die Deutsche Forschungsgemeinschaft (DFG) gefördert: DFG GR 2055/2-1.

Kontaktinformationen

Prof. Dr. Tom Gross, tom.gross(at)uni-bamberg.de, T. 0951-863-3940

Usability sicherheitskritischer Software

Katharina Sachse, Manfred Thüring

Kognitionspsychologie und Kognitive Ergonomie,
Institut für Psychologie und Arbeitswissenschaft, Technische Universität Berlin

Zusammenfassung

Rechnerbasierte Sicherheitstechnik, wie sie z. B. in Leitwarten von Kraftwerken zum Einsatz kommt, muss nicht nur sicher sondern auch gebrauchstauglich sein. Einschränkungen der Benutzbarkeit können zu sicherheitskritischen Bedienfehlern führen. Basierend auf Normen zur Softwarequalität entwickeln wir deshalb ein Instrument zum *Re*chnerbasierten *M*ultiattributen *U*sability-*S*coring (ReMUS), mit dem sowohl die Benutzbarkeit als auch die Sicherheit von Software bewertet werden kann. Die Usability-Messung erfolgt mittels standardisierter Verfahren der Nutzerbefragung. Für die Erfassung der Sicherheit wird ein neues Instrument entwickelt, mit dem Nutzer befragt werden können. Sowohl die Usability- als auch die Sicherheitsbewertungen werden mit einem Gewichtungsverfahren kombiniert. Dadurch kann nicht nur die relative Wichtigkeit einzelner Aspekte bestimmt, sondern auch ein Score berechnet werden, mit dem verschiedene sicherheitskritische Softwareprodukte verglichen werden können . Eine erste Validierung von *ReMUS* ist derzeit in Planung.

1 Einleitung

In vielen Bereichen werden heute Computer eingesetzt, um sicherheitskritische Prozesse zu überwachen und zu steuern. An diese Systeme werden besondere Anforderungen gestellt, die in Normen geregelt sind und durch systematische Tests überprüft werden (z.B. DIN IEC 60880 für Software zum Einsatz in Kernkraftwerken). Die Gestaltung der Benutzerschnittstelle spielt dabei oft nur eine untergeordnete Rolle, obwohl Analysen zeigen, dass softwareergonomische Mängel oft eine Mitschuld an Unfällen tragen (Leveson, 1995). Bisher fehlt es allerdings an Verfahren, mit denen die Gebrauchstauglichkeit (engl.: usability) unter besonderer Berücksichtigung von Sicherheitsanforderungen bewertet werden kann. Diese sind notwendig, da es vorkommt, dass die Realisierung von Usability-Anforderungen im Widerspruch zu Sicherheitskriterien steht. So kann z.B. die Effizienz eines Systems zugunsten einer höheren Sicherheit eingeschränkt sein (Hussey, 1999). Ein Instrument zur Evaluation sicherheitsrelevanter Software muss daher nicht nur die Messung von Benutzbarkeit und Sicherheit erlauben, sondern auch eine Priorisierung dieser Kriterien ermöglichen. Basierend auf Normen zur Softwarequalität entwickeln wir ein Instrument zum *R*echnerbasierten *M*ultiattributen *U*sability-*S*coring (ReMUS), das diese Anforderung erfüllt.

2 ReMUS: Ein Verfahren zur Bewertung sicherheitsrelevanter Software

In ReMUS werden Verfahren kombiniert, mit denen die Benutzbarkeit und die Sicherheit erfasst werden können. Abbildung 1 zeigt eine Übersicht über die Bestandteile von ReMUS.

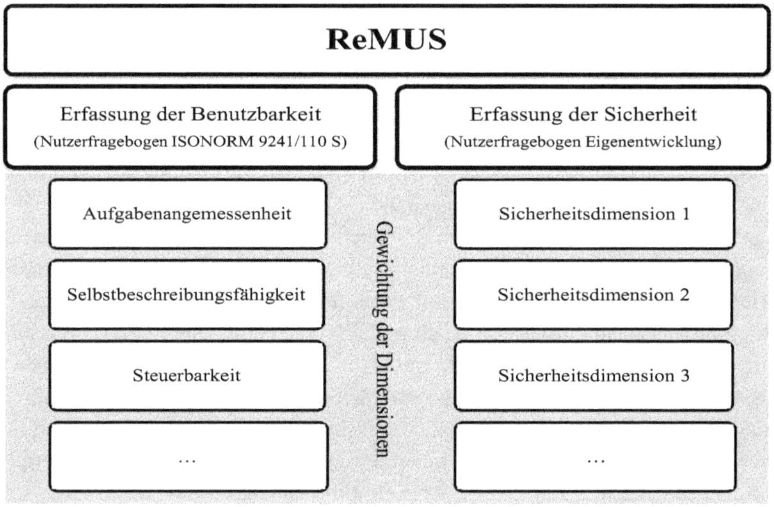

Abbildung 1: Übersicht über die Bestandteile von ReMUS

Zur Messung der Usability werden standardisierte Nutzerfragebögen eingesetzt, die bei Bedarf durch Instrumente zur Messung der User Experience ergänzt werden können. Zur Erfassung der Sicherheitskriterien wird ein neues Instrument entwickelt, mit dem Nutzer die sicherheitsrelevanten Eigenschaften einer Software in verschiedenen Nutzungskontexten beurteilen können. Sowohl die Usability- als auch die Sicherheitsaspekte werden gewichtet, um so prioritäre Merkmale zu identifizieren.

2.1 Messung von Benutzbarkeitskriterien

Die Messung der Benutzbarkeit erfolgt mittels standardisierter Usability-Fragebögen. Besonders geeignet erscheint der ISONORM 9241/110-S (Prümper, in Vorb.). Für jede seiner sieben Dimensionen (wie z.B. Aufgabeangemessenheit oder Erwartungskonformität) gibt es drei Items, die auf einer siebenstufigen Ratingskala eingeschätzt werden. Mit nur 21 Items ist der ISONORM 9241/110-S damit erheblich kürzer als vergleichbare Verfahren (z.B. IsoMetrics von Gediga & Hamborg 1999). Gegenüber dem noch kürzeren Fragebogen SUS

(Brooke 1986), der aus 10 Items besteht, bietet der ISONORM 9241/110-S den Vorteil, dimensionsspezifische Aussagen zu erlauben. Dies ist unerlässlich für die Priorisierung einzelner Aspekte bei der Evaluation sicherheitsrelevanter Software.

2.2 Messung von Sicherheitskriterien

Softwaresicherheit kann aus zwei Blickwinkeln betrachtet werden. Zum einen soll die Software vor unerlaubten Zugriffen oder Veränderungen geschützt sein. Hierbei handelt es sich um eine Produkteigenschaft, die als *Security* bezeichnet wird und die in ISO/IEC 25010 definiert wird als *„degree to which a product or system protects information and data so that persons or other products or systems have the degree of data access appropriate to their types and levels of authorization"* Zum anderen soll die Software keine Schäden in dem System anrichten, in dem es eingesetzt wird. Dieser Aspekt wird in ISO/IEC 25010 als *Freedom from Risk* bezeichnet und definiert als *„degree to which a product or system mitigates the potential risk to financial status, human life, health, or the environment"*.

Zur Erfassung der Sicherheitskriterien existieren keine standardisierten Verfahren. Es gibt domänenspezifische Normen, die Sicherheitsstandards beinhalten. Darin werden Maßnahmen beschrieben, durch die Softwaresicherheit gewährleistet werden soll (z.B. Konfigurationsmanagement, Zugriffsrechte). Diese müssen im Entwicklungs- und Installationsprozess getestet und dokumentiert werden, im normalen Einsatz treten sie in der Regel nicht in Erscheinung. Wir entwickeln ein Instrument, mit dem Nutzer sicherheitsrelevante Eigenschaften der Software im Nutzungskontext beurteilen sollen. Basierend auf Experten- und Nutzerinterviews wird ein Fragebogen konstruiert, mit dem relevante Sicherheitseigenschaften einer Software aus Nutzersicht eingeschätzt werden können. Mögliche Dimensionen werden faktorenanalytisch ermittelt, um anschließend die resultierenden Skalen testtheoretisch zu überprüfen.

2.3 Gewichtung von Benutzbarkeits- und Sicherheitskriterien

Die Gewichtung wird in ReMUS mit dem *Analytic Hierarchy Process* (AHP) von Saaty (1990) durchgeführt. Hierbei werden Aspekte paarweise miteinander verglichen. Deren relative Wichtigkeit ermittelt man, indem auf einer Ratingskala angegeben wird, wieviel wichtiger ein Aspekt im Vergleich zu dem anderen ist. Damit werden die Benutzbarkeits- den Sicherheitsaspekten direkt gegenübergestellt und der Beurteiler muss abwägen, welcher Aspekt in der konkreten Situation von größerer Bedeutung ist. Für die Gewichtung werden zunächst alle Fragebogenitems einer Bewertungsdimension paarweise miteinander verglichen, um itemspezifische Gewichte zu ermitteln. Anschließend werden dimensionsspezifische Gewichte ermittelt, indem die verschiedenen Dimensionen mit der gleichen Methode verglichen werden. Durch Multiplikation jedes itemspezifischen Gewichtes mit seinem zugehörigen dimensionsspezifischen Gewicht (sog. Hierarchische Gewichtung) werden Gesamtgewichte ermittelt, die anschließend mit den Ratings verrechnet werden können. Diese gewichteten Ratings werden dimensionsweise addiert, wodurch dimenssionspezifische Scores entstehen, die wiederum zu einem Gesamtscore summiert werden können. (Pataki, 2010), der für einen Vergleich verschiedener Systeme oder Nutzungskontexte genutzt werden kann.

3 Ausblick

ReMUS ist nicht nur eine Datenbank für Verfahren und Kriterien, sondern auch ein Tool, mit dem Nutzerbefragungen computerbasiert durchgeführt werden sollen. Dazu werden die Befragungsinstrumente als Rechnerversionen bereitgestellt, die neben der Beurteilung auch die Gewichtungsprozedur enthalten. Usability-Scores und Ergebnisse der Sicherheitsbewertung können so direkt berechnet und präsentiert werden. Die Datenerhebung und –auswertung kann dadurch sehr effizient erfolgen. Eine erste Validierung von ReMUS erfolgt, indem es für die Evaluation von sicherheitsrelevanter Software zum Einsatz in Kernkraftwerken genutzt wird.

Literaturverzeichnis

Brooke, J. (1996). SUS: a "quick and dirty" usability scale. In Jordan, P. W., Thomas, B., Weerdmeester, B. A. & McClelland, A. L. (Hrsg.): *Usability Evaluation in Industry*. London: Taylor and Francis.

DIN IEC 60880 (2006). *Kernkraftwerke – Leittechnik für Systeme mit sicherheitstechnischer Bedeutung. Softwareaspekte für rechnerbasierte Systeme zur Realisierung von Funktionen der Kategorie A*. VDE, Berlin.

Gediga,G. & Hamborg,K.-C. (1999). IsoMetrics: Ein Verfahren zur Evaluation von Software nach ISO 9241-10. In Holling, H. & Gediga, G. (Hrsg.): *Evaluationsforschung*. Göttingen: Hogrefe, S. 195 – 234.

Hussey, A. (1999). *Safety Analysis of the Druide User Interface. Technical Report 99-13*. Queensland, Australia: Software Verification Research Centre.

ISO/IEC 25010 (2011). *Systems and software engineering - Systems and software Quality Requirements and Evaluation (SQuaRE) - System and software quality models*. Berlin: Beuth.

Leveson, N.G. (1995). *Safeware, system safety and computers*. Amsterdam: Addison-Wesley.

Pataki, K. (2010). *Usability Scoring auf der Basis Multiattributer Entscheidungsverfahren: Gewichtung von Aspekten der software-ergonomischen Qualität*. Saarbrücken: VDM.

Prümper, J. (in Vorb.). Der ISONORM 9241/110-S: Kurzfragbogen zur Software-Ergonomie.

Saaty, L. (1990). How to make a decision: The Analytic Hierarchy Process. *European Journal of Operational Research, 48*, S. 9-26.

Nutzerkommentare in Onlinevideos

Peter Schultes, Franz Lehner

Lehrstuhl Wirtschaftsinformatik II, Universität Passau

Zusammenfassung

Onlinevideos bringen in heutigen Videoportalen eine enorme Menge an Nutzerkommentaren hervor. Die Meinungen über deren Mehrwert gehen dabei stark auseinander. Im Rahmen dieser Arbeit wurden mehrere tausend YouTube Kommentare auf ihr Präsentationsverhalten hin analysiert und ausgewertet. Es wurde untersucht, wie gut die Kommentare von YouTube-Videos von den anderen Nutzern wahrgenommen werden können und welche Leserzahl sich daraus für den einzelnen Beitrag ergibt.

1 Einleitung

Onlinevideos prägen von Jahr zu Jahr mehr das Bild unserer heutigen Medienwelt. Allein YouTube verzeichnet mehr als zwei Milliarden Videoaufrufe – pro Tag (Stand Mai 2010)! Der durchschnittliche Nutzer verbringt dabei 15 Minuten täglich auf den Seiten von YouTube (aus Website-Monitoring, 2010). Aber nicht nur das Verlangen nach immer mehr Onlinevideos scheint grenzenlos, auch das Mitteilungsbedürfnis der Nutzer ist schier unbegrenzt: 24 Stunden Videomaterial werden pro Minute allein auf YouTube von dessen Nutzern hochgeladen (aus Website-Monitoring, 2010).

Wie scheinbar kein anderes Medium polarisieren Onlinevideos unsere Gemüter. Unterhaltend oder abstoßend, gesellschaftlich hoch relevant oder doch völlig belanglos - die Meinungen zu Onlinevideos gehen dabei weit auseinander. Ähnlich wie die eigentlichen Videos gestaltet sich das Bild der Kommentare, die registrierte Nutzer auf den Videoplattformen zu den Videos hinterlassen. So schreibt beispielweise The Guardian zu YouTube-Kommentaren (aus The Guardian, 2009):

> *„Juvenile, aggressive, misspelled, sexist, [...], YouTube comments are a hotbed of infantile debate and unashamed ignorance – with the occasional burst of wit shining through"*

Nichtsdestoweniger stellen Kommentare einen essentiellen Bestandteil von Videoportalen dar. Beliebte YouTube-Videos bringen beispielsweise mehrere hunderttausend Kommentare hervor – Tendenz steigend. Aber warum hinterlassen Nutzer eine solche Masse an Beiträgen? Kann der Inhalt eines Kommentars von den anderen Nutzern überhaupt wahrgenommen werden? Zur Beantwortung dieser Fragen wurde eine Untersuchung von mehreren tausend YouTube Kommentaren durchgeführt. Mit Hilfe der Google Data API (siehe YouTube,

2011) war es möglich, die letzten 1000 erstellten Kommentare zu einem Video automatisiert einzusehen. Für die Untersuchung wurden in dem Zeitraum 03.06.2011 bis 06.06.2011 sämtliche Videos aus den Rubriken „most popular" und „most discussed" über die Schnittstelle angefordert und ausgewertet. Auf diese Weise konnten die Kommentare von 15 der beliebtesten YouTube-Videos auf vorher festgelegte Merkmale hin untersucht werden. Die Ergebnisse werden nun im Einzelnen erläutert.

2 Wie werden YouTube-Kommentare wahrgenommen?

Zum Thema Nutzerkommentare in Onlinevideoplattformen existieren derzeit nur wenige Forschungsarbeiten. In (Siersdorfer, 2010) beispielsweise analysierten die Autoren, inwiefern sich das Bewertungsverhalten bei Kommentaren auf YouTube vorhersagen lässt. Dabei fanden die Autoren heraus, dass die Abgabe von positiven und negativen Bewertungen in engem Zusammenhang mit der Kategorie des Videos steht.

Um feststellen zu können, in welchem Ausmaß ein erstellter Kommentar von den Betrachtern eines Videos wahrgenommen werden kann, muss zunächst ein Blick auf die vorhandene Darstellung geworfen werden: Bei YouTube werden Kommentare im Anschluss an das Video in einer linearen Liste visualisiert. Die ersten beiden Kommentare werden nach der höchsten Nutzerbewertung ausgewählt. Alle weiteren folgen sortiert nach dem Erstelldatum. Wie viele Kommentare auf der ersten Seite Platz finden hängt von mehreren Faktoren ab: Kommentarlänge, Vorhandensein von Vorschaubildern einer Videoantwort usw. Die Darstellung eines Kommentars am Anfang der Liste (und auf der ersten Kommentarseite) ist aufgrund des Leseverhaltens der Nutzer inhärent wichtig. In (Nielsen, 2010) wurde gezeigt, dass der Betrachter lediglich 20 Prozent seiner Aufmerksamkeit dem zu Beginn unsichtbaren Scrollbereich („below the fold") widmet. Es wurde sogar gezeigt, dass bei der Suche in einer Liste häufiger die nächste Resultatseite angefordert wurde als dass Ergebnisse im unteren Anzeigebereich begutachtet wurden. Dies lässt darauf schließen, dass Kommentare „below the fold", welche aufgrund ihrer textuellen Natur von Vorneherein wenig auffallen, nur unzureichend oder gar nicht wahrgenommen werden.

Um eine Aussage darüber treffen zu können, wie gut ein einzelner Kommentar wahrnehmbar ist, wurde untersucht, wie lange ein Kommentar den begehrten Platz am Anfang der Liste einnimmt. Zum Zeitpunkt der Evaluation waren wissenschaftliche Untersuchungen zum Leseverhalten von YouTube-Nutzern (sprich welche und wie viele Kommentare gelesen werden) nicht vorhanden. Dennoch stellt die Verweildauer eines Kommentars an erster Stelle zusammen mit einem Schätzwert für die Lesewahrscheinlichkeit einen ersten Anhaltspunkt dafür dar, wieviele Nutzer einen Kommentar tatsächlich gelesen haben. Abbildung 1 zeigt exemplarisch die Auswertung für das mit mehr als 300 Millionen Views wohl beliebteste YouTube-Video „Charlie bit my finger - again".

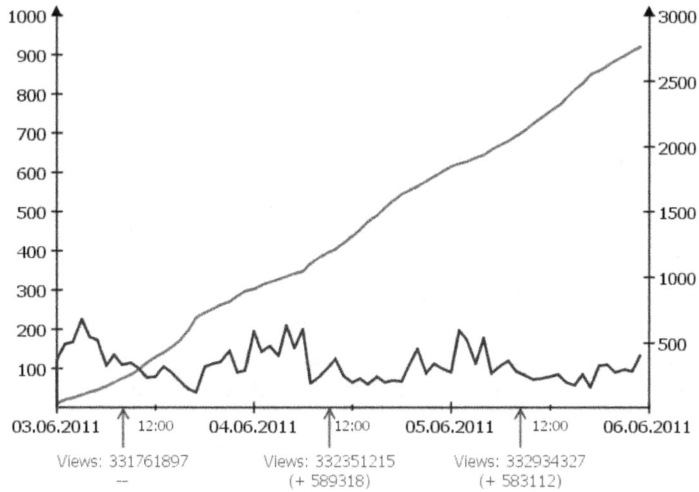

Abbildung 1: Durchschnittliche Verweildauer an erster Stelle in Sekunden (blau, linke Y-Achse), absolute Anzahl erstellter Kommentare (rot, rechte Y-Achse) von YouTube-Video „Charlie bit my finger - again"

Die Auswertung der 15 Auswahlvideos hat gezeigt, dass populäre YouTube-Videos (mit mehr als 10 Millionen Views) eine sehr ähnliche „Kommentarflüchtigkeit" aufweisen: Zu den Hauptzeiten bleibt ein Kommentar zwischen 30 und 200 Sekunden an der ersten Listenstelle. Somit verschwindet ein Kommentar innerhalb kürzester Zeit im Scrollbereich bzw. in den Tiefen der Historie. Die absolute Leserzahl des Kommentars während seiner Präsentationsdauer kann wie folgt abgeschätzt werden:

$$\#readers_{comment} = avg(d_{comment}) \times \frac{\#views_{video}}{t} \times e$$

Formel 1: Geschätzte Leseranzahl eines Nutzerkommentars. Dabei ist d die Verweildauer eines Kommentars an erster Stelle und e der prozentuale Anteil der Nutzer, die tatsächlich Kommentare lesen.

Aus Abbildung 1 geht hervor, dass für dieses Video circa 600000 Aufrufe an einem Tag stattfanden. Als Annahme soll dienen, dass sich die Zahl der erstellten Kommentare und die der Aufrufe über den Evaluierungszeitraum hinweg gleich verteilen. Ein sinnvoller Schätzwert hierfür wäre beispielsweise, dass 75 Prozent der Aufrufe innerhalb von 12 Stunden stattfinden, da sich der nordamerikanische Raum nach wie vor sehr dominant auf die Zahl der Aufrufe auswirkt. Geht man nun davon aus, dass ein Kommentar 100 Sekunden lang wirklich wahrnehmbar war (d), und 20 Prozent der Nutzer Kommentare lesen (e), ergibt sich als Schätzwert für die absolute Leserzahl 208. Würde man rein subjektiv erwarten, dass der eigene Beitrag wenigstens fünf Tage lang von anderen Nutzern gelesen wird, würde die YouTube-Kommentarliste diese Erwartung gerade einmal zu 0,03 Prozent erfüllen. Damit diese Erwartung dennoch erfüllt werden kann, bleibt für den Ersteller nur noch zu hoffen, dass entweder kein weiterer Beitrag erstellt wird oder man genug positive Bewertungen für die exklusive Darstellung unmittelbar nach dem Video bekommt – beides ist angesichts der enorm hohen Beitragszahlen äußerst unwahrscheinlich.

3 Bewertung

YouTube-Videos bringen eine enorme Menge weiterer Nutzerbeiträge hervor. Dennoch führt der hohe Flüchtigkeitsfaktor der verwendeten Kommentarliste dazu, dass der einzelne Beitrag von nur einem verschwindend kleinen Teil der Nutzergemeinde wahrgenommen wird. Offensichtlich eignen sich sequenzielle Listen nicht zur Darstellung einer großen Anzahl an Nutzerbeiträgen. Hierfür müssen neue Visualisierungsstrategien entwickelt werden, die in stärkerem Ausmaß auf die Eigentümlichkeiten von Onlinevideos eingehen.

Literaturverzeichnis

Website-Monitoring (2010). *YouTube Facts & Figures: Five Years of YouTube – A History of Memorable Moments.* From http://cdn.mashable.com/wp-content/uploads/2010/05/youtube-infographic-565.jpg

YouTube (2011). *Reference Guide: Data API Protocol. In YouTube APIs and Tools* http://code.google.com/intl/de/apis/youtube/2.0/reference.html

Siersdorfer, S., Chelaru, S., Nejdl, W., San Pedro, J. (2010). *How useful are your comments?Aanalyzing and predicting youtube comments and comment rating.* In Proceedings of the 19th international conference on World wide web, ACM Press New York

Nielsen J. (2010). *Scrolling and attentio.* In *Alertbox: Current Issues in Web Usability*, http://www.useit.com/alertbox/scrolling-attention.html (ISSN: 1548-5552)

The Guardian (2009). *Our top 10 funniest YouTube comments – what are yours?* From http://www.guardian.co.uk/technology/blog/2009/nov/03/youtube-funniest-comments

Kontaktinformationen

Dipl.-Inf. Peter Schultes
Universität Passau
Lehrstuhl Wirtschaftsinformatik II
Innstraße 43, D-94032 Passau

E-Mail: schult16@stud.uni-passau.de
WWW http://www.wiwi.uni-passau.de/lehner.html

Technik, Dienstleistungen und Senioren: (K)Ein Akzeptanzproblem?

Michael Prilla, Alexandra Frerichs

Lehrstuhl Informations- & Technikmanagement, Ruhr-Universität Bochum

Zusammenfassung

Der demografische Wandel macht die Entwicklung von Dienstleistungen und ihrer technischen Unterstützung für Ältere notwendig. Es wird angeführt, dass diese neue Technologien nicht akzeptieren oder in ihren Alltag integrieren. Untersuchungen dazu gründen jedoch häufig auf einfache Faktoren gängiger Akzeptanzmodelle. Daher sind nur wenige Merkmale der Technikakzeptanz bei Senioren bekannt, formative Ansätze zur Auswahl und nachhaltigen Integration von Technik in deren Alltag fehlen gänzlich. Dieser Beitrag zeigt anhand einer Studie, dass ältere Menschen entgegen der üblichen Meinung Technik nicht grundsätzlich ablehnen, sondern sogar gerne und häufig nutzen sowie neue Faktoren der Technikakzeptanz.

1 Einleitung: Technik zur Unterstützung von Senioren

Der demographische Wandel hat starke Auswirkungen auf soziale Strukturen, wie steigende Kosten für Gesundheit und Pflege und eine höhere Zahl der Haushalte mit Menschen über 70 Jahre. Dadurch entsteht soziale Isolation und die Unterstützung Älterer im Alltag durch Dienstleistungen wird immer wichtiger. Der Einsatz von IT bspw. zur Erleichterung von Kommunikation ist ein notwendiger Schritt zu einer finanzierbaren Umsetzung solcher Dienstleistungen (vgl. Koene et al. 2009). Häufig konzentrieren sich Lösungen jedoch auf individuelle Unterstützung im Alltag, Aspekte wie Kommunikation und gesellschaftliche Partizipation werden weitgehend ausgeblendet. Dadurch können Ressentiments wie der Eindruck, dass Technik die Kommunikation einschränkt, entstehen.

Erkenntnisse zu Einflussfaktoren auf die Technikakzeptanz Älterer, die über gängige Akzeptanzmodelle nach Davis et al. (1989) oder DeLone & McLean (1992) hinausgehen, sind rar (vgl. Keck & Römer 2010). Formative Ansätze zur Technikauswahl und Verstetigung von Technikakzeptanz bei Älteren fehlen gänzlich. Dieser Beitrag betrachtet nicht nur die Technik alleine, sondern das aus Technik und Dienstleistung bestehende sozio-technische System. Außerdem werden neue Faktoren zur Technikakzeptanz bei Älteren als auch einen Ansatz der Integration solcher Faktoren in die Entwicklung technisch unterstützter Dienstleistungen, basierend auf den Ergebnissen einer Studie, vorgestellt.

2 Technikakzeptanz bei Senioren

Häufig wird angeführt, dass die Technikaffinität von Senioren gering ist und daraus eine geringe Akzeptanz folgt. Für die Akzeptanz bei älteren Menschen sind nur wenige Untersuchungen bekannt, die jedoch zeigen, dass für diese Altersgruppe spezifische Faktoren zu berücksichtigen sind. So zeigen Chung et al. (2010), dass Ältere ein geringes Vertrauen in ihre Fähigkeit, ein technisches System zu bedienen, haben und ihre Selbstwirksamkeit bei Nutzung solcher Systeme gering einschätzen. Keck & Römer (2010) zeigen, dass sie besonders kritisch sind und hohe Ansprüche an die Zuverlässigkeit von Technik sowie den durch ihre Nutzung erreichbaren Mehrwert stellen. Insgesamt kann daher angenommen werden, dass eine Technologie bei Senioren besser akzeptiert wird, wenn sie in bekannte Abläufe integriert ist und weder eine Umstellung des Lebensstils erfordert noch als fremdes Artefakt wahrgenommen wird. Ebenso kann angenommen werden, dass Technologien für Ältere attraktiver sind, wenn sie nachvollziehbar zuverlässig funktionieren. Gleichwohl wird darauf hingewiesen, dass bei Senioren durchaus eine hohe Affinität zu Technik feststellbar ist. Vorhandene Arbeiten zeigen hierzu jedoch leidlich Einflussfaktoren auf, es fehlen Erkenntnisse zu Wechselwirkungen zwischen Technik und Dienstleistungen, die Akzeptanz im Kontext des erreichbaren Mehrwerts betrachten.

3 Studie: Akzeptanz von Pen&Paper-Technologie zur Bestellung von Dienstleistungen bei Senioren

Pen&Paper-Technologie ist eine digitale Schreibtechnologie, die aus einem digitalen Stift und einem kaum sichtbar gemustertem Papier besteht. Der Stift zeichnet Handschrift auf und sendet sie an einen Computer. Somit können Daten aus papierbasierten Prozessen aufwandslos in ein digitales Format überführt werden. Ein Vorteil dieser Technik liegt in ihrer intuitiven Nutzbarkeit, da diese häufig nicht als technisches Artefakt identifiziert wird und erfüllt somit viele Voraussetzungen für die Akzeptanz bei Senioren. Es kann daher angenommen werden, dass diese akzeptiert wird und eine Analyse ihrer Nutzung weitere Hinweise zur Technikakzeptanz liefert.

Die hier beschriebene Studie ist Teil eines Projekts[1], in dem Pen&Paper-Technologie zur Bestellung von Dienstleistungen durch Senioren eingesetzt wird (vgl. Prilla et al. 2011). Es entsteht ein sozio-technisches System, in dem Dienstleistungsprozesse und Technik aneinan-

[1] service4home wird unter dem Förderkennzeichen 01FC08008 vom BMBF gefördert. Mehr Informationen zum Projekt stehen unter http://service4home.net zur Verfügung.

der und hinsichtlich ihrer Akzeptanz bei der Zielgruppe angepasst werden mussten. Für den Einsatz dieses Systems wurde ein Testquartier in Bochum ausgewählt, in dem potentielle Nutzer, Dienstleister und unterstützende Akteure identifiziert und von Beginn an in die Entwicklung von Dienstleistung und Technik einbezogen wurden. Tabelle 1 gibt einen Überblick über die Phasen und das methodische Vorgehen dieser Studie.

Tabelle 1: Übersicht über die einzelnen Testphasen

Phase	Methodische Vorgehensweise
Potenzialanalyse (zu Beginn)	• Stichprobenumfang: 120 Haushalte (10% der Zielgruppe) • Alter der Befragten: ab 65 • Fragebogen und Kurzinterview • Inhalt: Bedarf, Haltung zu Technik und Pen&Paper-Technologie
Usability (Anfang 2010)	• Fünf Formulare mit jeweils zwei Durchläufen • 18 Testpersonen im Alter von 72 bis 89 Jahren • Beobachtung
Pre-Test (März bis August 2010)	• Erprobung der Technologie zur Bestellung eines Einkaufs mit Begleitung und Fahrdienst ohne Übertragung von Daten • Dokumentationsbögen und Befragung der Testpersonen • Fünf Testpersonen und 35 Bestellungen insgesamt
Pilotphase (seit Oktober 2010)	• Fünf Formulare zur Bestellung von über 20 Dienstleistungen inklusive Datenübermittlung durch den Stift • Dokumentationsbögen, Beobachtung und Interviews der Testpersonen • 4 Testpersonen und 67 Bestellungen insgesamt

Das Ergebnis der Potenzialanalyse deutet zunächst darauf hin, dass besonders bei den befragten Senioren eine geringe Technikaffinität vorhanden ist. Allerdings zeigte sich nach Erprobung der Pen&Paper-Technologie ein positiveres Bild als sie dazu befragt wurden, ob sie sich die Nutzung dieser Technologie für diesen Beispielfall vorstellen können. Dies bestätigt die Eignung von Pen&Paper-Technologie für ältere Nutzer und zeigt, dass Antworten auf allgemeine Fragen zur Technikaffinität nicht immer Rückschlüsse auf die Akzeptanz bestimmter Technologien zulassen. In der zweiten Phase deuten die Beobachtungen darauf hin, dass bei der Entwicklung von Technik für Senioren ihre Arbeits- und Denkmuster früh in die Entwicklung einbezogen werden müssen. Zudem zeigten sich, dass hier nicht die Technik, sondere ihre Konfiguration entlang vorhandener kognitiver Prozesse ein wichtiges Akzeptanzkriterium darstellt. Der Pre-Test zeigt, dass bei den Testern die reibungslose Nutzbarkeit des Dienstes im Vordergrund stand. Für technisch unterstützte Dienstleistungen scheint daher ihre Umsetzung und der dadurch erzielte Mehrwert ein wichtiger und Problemen der Techniknutzung zumindest gleichgestellter Einflussfaktor auf die Technikakzeptanz zu sein. In der Pilotphase resultierten die Probleme, unabhängig von ihrem Grund, zunächst in einem Vertrauensverlust gegenüber der Technik. So führten Testpersonen in der Folge Bestellungen häufig telefonisch aus. Dies zeigt die Bedeutung von Zuverlässigkeit für die Akzeptanz von Technik. Testperson 4 formulierte hierzu: *„Schlimm ist Technik nicht, wenn sie funktioniert“*.

4 Ergebnisse und Ausblick

Die Ergebnisse der Studie zeigen, dass der häufig angenommene Zusammenhang zwischen quantitativen Befragungen zur Technikaffinität und der praktischen Akzeptanz von Technik nicht immer gegeben ist. Daraus folgt, dass häufig gewählte Vorgehensweisen von Befragungen zur Technikaffinität oder der Nutzung allgemeiner Faktoren aus Akzeptanzmodellen bei Senioren ungeeignet sind und dass Antworten zur Technikaffinität die Akzeptanz konkreter Technologien nicht immer vorhersagen können. Nutzer sollten daher immer konkret zu einzusetzenden Technologien befragt werden, allgemeine Aspekte zur Affinität sollten – wenn überhaupt – ergänzend betrachtet werden. Ebenso zeigt sich, dass für Senioren besondere Rücksicht auf die Passung zu kognitiven Prozessen genommen werden muss, die Umsetzung der eigentlichen Dienstleistung und die Zuverlässigkeit von Technik eine große Rolle spielen. Es ist daher notwendig, diese Aspekte durch frühzeitige Integration der Zielgruppe in Entwicklungsprozesse aufzunehmen und sicherzustellen. Für die Akzeptanz des sozio-technischen Systems aus der Pen&Paper-Technologie und Dienstleistungen zeigt sich, dass sie nicht primär durch Aspekte der Technologie entsteht, sondern hauptsächlich durch die unterstützten Dienstleistungen und deren Mehrwert. Faktoren wie Zuverlässigkeit und Orientierung an vorhandenen Arbeits- und Denkmustern zeigen, dass Technik auch von älteren Nutzern gerne und häufig genutzt wird, wenn sie geeignet ausgewählt und eingesetzt wird. Dies geht über den von DeLone & McLean (2002) genannten Faktor der Dienstleistungsqualität hinaus, da hier Technik nicht zur eigentlichen Durchführung der Dienstleistung, sondern für den Zugang zu ihr verwendet wird. Aspekte ihrer Akzeptanz treten demnach in den Hintergrund, wenn die Dienstleistung als Ganzes akzeptiert wird. Bestätigt sich dies auch in anderen Studien, kann diese systemische Sicht bei der Herstellung und Erhaltung von Akzeptanz technisch unterstützter Dienstleistungen eine wichtige Rolle spielen.

Gleichwohl kann dieser Beitrag nicht alle Fragen zur Technikakzeptanz bei älteren beantworten. Weitere Schritte bestehen daher in der Identifikation weiterer Faktoren und der Verifikation der hier genannten Faktoren zur Akzeptanz und im Ausbau einer Vorgehensweise zu ihrer frühzeitigen Berücksichtigung.

Literaturverzeichnis

Chung, J. E., Park, N., Wang, H., Fulk, J. & McLaughlin, M. (2010). Age differences in perceptions of online community participation among non-users: An extension of the Technology Acceptance Model. *Computers in Human Behavior,* 26 (6), S. 1674–1684.

Davis, F. D., Bagozzi, R. P. & Warshaw, P. R. (1989). User acceptance of computer technology: a comparison of two theoretical models. *Management science*, S. 982-1003.

DeLone, W. H. & McLean, E. R. (1992). Information systems success: the quest for the dependent variable. *Information Systems Research,* 3 (1), S. 60–95.

DeLone, W. H. & McLean, E. R. (2002). Information systems success revisited. In *Proceedings of the 35th Annual Hawaii International Conference on System Sciences, 2002 (HICSS 2002).*

Keck, B. & Römer, M. (2010). Verbraucherorientierte Realisierung von AAL-Produkten und-Dienstleistungen: Schritte zur Förderung der Technikakzeptanz bei älteren Generationen. *AAL-Kongress 2010.*

Koene, P., Köbler, F., Leimeister, J. M. & Krcmar, H. (2009). Mobil50+ - Innovative NFC- und IT-basierte Dienstleistungen für mobiles Leben und Aktivität mit 50+. In Wandke, H., Kain, S. & Struve, D. (Hrsg.): *Proceedings of Mensch & Computer 2009.* Berlin, Germany.

Prilla, M., Rascher, I. & Skrotzki, R. (2011). Digitale Stift-Technologie zur Vermittlung von Dienstleistungen: Auswahl und Anpassung geeigneter Dienstleistungsprozesse. In *4. Deutscher AAL-Kongress.*

Kontaktinformationen

Michael Prilla
Alexandra Frerichs
Ruhr Universität Bochum
Lehrstuhl für Informations- und Technikmanagement
Universitätsstr. 150
44780 Bochum

E-Mail: michael.prilla@rub.de
alexandra.frerichs@rub.de
WWW http://imtm-iaw.ruhr-uni-bochum.de, http://service4home.net

Illusive, Ineffective, Inefficient, Ideal: Standardized Coordination Task Assessments of Awareness Support

Christoph Oemig, Tom Gross

Human-Computer Interaction Group, University of Bamberg, Germany

Abstract

Awareness support in cooperative systems provides users with mutual information on each others' presence and activities. Measuring its effectiveness is a complex task since people tend to forget quickly. Therefore, it becomes imperative to use a technique generating results while a user's awareness is still present. The Standardized Coordination Task Assessment measures response times and error rates visualizing the results in a four quadrant system distinguishing illusive, ineffective, inefficient, and ideal systems. This helps awareness support researchers and designers to drive their effort into the right direction already at early development stages.

1 Introduction

Awareness in cooperative systems provides users with mutual information on each others' presence and activities. It was shown long time ago that providing awareness has its merits – for instance, Dourish and Bellotti (1992) showed that awareness in group editors has positive effects on the coordination in work teams. Yet, it is still difficult to measure the effectiveness of awareness support (as it is to evaluate CSCW systems in general (Grudin 1988)). There are many measuring approaches in CSCW originating from various research areas like interviews, questionnaires (social psychology), ethnographic studies (sociology), conversation analysis (ethnomethodology) etc. (Ross et al. 1995). Some methods are more or less disruptive while others capture more or less universal behavior (McGrath 1993). However, only few regard awareness peculiarities: Not only being rather secondary to the original task, awareness is also ephemeral by nature. People tend to forget quickly. Having Ebbinghaus' (1885) forgetting curve in mind, it becomes quite obvious that there is only limited time for researchers to measure awareness in order to judge on the effectiveness of an awareness support system. They gain the greatest benefit conducting this assessment as early and often as possible in order to direct their research effort in the right direction. However, this approach sounds not feasible using field studies. This paper presents the *Standardized Coordi-*

nation Task Assessment for measuring awareness support effectiveness. We introduce its features and application. We also discuss early findings and point out future work.

2 Approach

The *Standardized Coordination Task Assessment (SCTA-4I)* grounds on the following hypothesis: if somebody is aware of something, then s/he can answer questions about it quickly and without error. As the name suggests the SCTA consists of a standardized task and a measurement approach that eventually yields a result depictable in the 4I (illusive, ineffective, inefficient, ideal) diagram (see Figure 1).

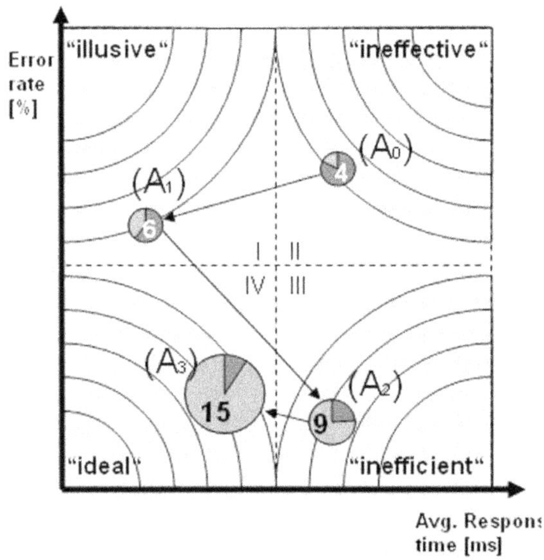

Figure 1: The 4I diagram. Error rate, average response time, performance, and coordination errors are shown in a single diagram. The system's initial version A_0 is developed to A_1, A_2, and finally A_3 (the most ideal).

The task itself merely involves the counting of letters. The letters have a random order and are displayed as document on the user's screen. The task has its roots in the research concerned with subliminal messages. Karremans et al. (2006) used the counting of Bs as primary task while displaying subliminal messages (the name and logo of an ice tea brand) and later investigating their impact. Opposed to Karremans et al.'s original task ours not only contains Bs but all letters of the alphabet in upper and lower case. These are to be counted by a team of at least two people. This is where the coordination effort comes into play (Karremans et al.'s task is performed by individuals not teams). The counting activity and coordination creates the mental load to be measured. Our measurement approach borrows freeze probes from the Situation Awareness Global Assessment Technique (SAGAT) (Endsley 1988). However, opposed to SAGAT we do not use predetermined situation awareness requirements. Three freeze probes (i.e. the halt of the task, blanking the screens and then probing the subjects for a short period of time) are used to quickly ask questions (e.g. "Who counted Cs?", "How many Ds?", "Were Es counted?", "Which of the following letters did your partner count?") concerning the counting task measuring the *response times*. Additionally, the number of errors in relation to the number of questions (*error rate*) is determined. In general, quick response times and low error rates are desirable indicating reasonable awareness support. Error rate and the average response time make up the x- and y axis in our (4I-) visualization. It is divided into four quadrants. Each quadrant has a label according to the contained system type. Quadrant I contains systems with high error rates and low response times since users present wrong answers quickly indicating *illusive* systems. Quadrant II encompasses systems with high error rates and high response time indicating *ineffective* systems since users cannot answer questions correctly even after thinking longer. Quadrant III contains systems with high response times but low error rates where users appear to need some time for thinking but finally come up with correct answers. Quadrant IV has correct answers provided quickly which is the characteristic of *ideal* systems. Besides the above measures, the overall *performance* and the number or *coordination errors* are recorded. The former is measured by limiting the task's duration. A test run ends after 15 minutes. The number of different letters counted during this time period indicates a team's performance. Coordination errors occur for instance when team members count the same letters. Again, high performance and a low number of coordination errors are desirable and indicate reasonable awareness support. In our visualization the tested system (A) is depicted as pie chart relating its coordination errors (dark-grey) to the number of letters counted (light-grey). The pie chart's radius conveys its performance (letters counted/15 min). An absolute value shows the number of letters counted.

3 Application

The SCTA-4I can be used by awareness support researchers and designers at early stages in iterative system development. We recommend setting up a starting point (A_0 in Figure 1) with an early version of the system to be developed or with similar already existing applications. Further assessments are done (A_1, A_2, and A_3 in Figure 1) while the system evolves in small steps. Placing the results in the 4I diagram visualizes the effort's direction. Research staff is relieved from the manual work these assessments would cause by our software that allows the setup and recording of assessment sessions, conducting freeze probes asking questions and documenting results.

4 Discussion

The SCTA-4I is simple, universally usable (e.g. compared to SAGAT) and concentrates especially on awareness support. The setup of the task is straight forward allowing heavy (re–)use at very low preparation cost (i.e. new tasks are created easily). Opposed to questionnaires it delivers quantitative data and a visualization that helps to direct further development steps. Awareness is measured when it is still available using freeze probes. However, as an experimental simulation it lacks the situatedness often needed in CSCW application assessment (Twidale et al. 1994). We think that this situatedness is not exactly needed at these early stages of development – it becomes mandatory at later stages using other methods. Since larger team sizes increase the coordination effort we recommend creating one 4I visualization per team size. The SCTA-4I currently focuses on the communication activity during the task. Future versions will include other areas of awareness information like location or presence. Another issue: exact quadrant border values have not been determined, yet (for instance, answering the question as to when a system starts to become illusive). Current borders exemplify different areas while the main goal remains to get closer to the lower left corner – the ideal. Therefore having a starting point set is of greater importance.

References

Dourish, P. & Bellotti, V. (1992). Awareness and Coordination in Shared Workspaces. In Proceedings of the Conference on Computer-Supported Cooperative Work - CSCW'92 (Oct. 31-Nov. 4, Toronto, Canada). ACM, N.Y.,. pp. 107-114.

Ebbinghaus, H. (1885). Memory: A contribution to experimental psychology. New York: Dover.

Endsley, M.R. (1988). Situation Awareness Global Assessment Technique (SAGAT). Proceedings of the National Aerospace and Electronics Conference. New York: IEEE. pp. 789-795

Grudin, J. (1988). Why CSCW Applications fail: Problems in the Design and Evaluation of Organisational Interfaces. In Proceedings of the Conference on Computer-Supported Cooperative Work - CSCW'88 (Sept. 26-28, Portland, OR). ACM, N.Y., pp. 85-93.

Karremans, J. C., Stroebe, W., & Claus, J. (2006). Beyond Vicary's fantasies: The impact of subliminal priming and brand choice. Journal of Experimental Social Psychology, 42, 792-798.

McGrath, J. (1993): Methods for the Study of Groups. In Baecker, R.M. (ed.): Groupware and Computer-Supported Cooperative Work. San Mateo, CA: Morgan Kaufmann. pp. 200-204

Ross, S., Ramage, M., Rogers, Y (1995). PETRA: Participatory Evaluation Through Redesign and Analysis. Interacting with Computers 7(4). pp. 335-360

Twidale, M., Randall, D., Bentley, R. (1994). Situated evaluation for cooperative systems. In Proceedings of the 1994 ACM Conference on Computer Supported Cooperative Work (Oct. 22-26, Chapel Hill, North Carolina, United States). ACM, N.Y., p.441-452,

Acknowledgements

We like to thank all people participating in the initial setup of the assessment and all reviewers for their valuable comments and suggestions on earlier versions of this work.

Contact Information

Prof. Dr. Tom Gross, E. tom.gross(at)uni-bamberg.de, T. (+49-951)863-3940

Christoph Oemig, M.Sc., coemig(at)acm.org

Ein Goal-basierter Ansatz für adaptive multimodale Systeme

Frank Honold, Felix Schüssel, Michael Weber [†]
Gregor Bertrand, Florian Nothdurft, Wolfgang Minker [‡]

Universität Ulm
[†] Institut für Medieninformatik, [‡] Institut für Informationstechnik

Zusammenfassung

Zukünftige adaptive und multimodale interaktive Systeme stellen besondere Anforderungen an die Modellierung der Interaktion sowie an die Systemarchitektur. Wir präsentieren ein modalitätsunabhängiges, flexibles und hierarchisches Dialogmodell, das mittels Dialog-Goals nicht nur eine dynamische Arbitrierung von Modalitäten, sondern auch eine Adaption des Dialogverlaufs zur Laufzeit ermöglicht. Abschließend stellen wir eine Architektur vor, welche die Realisierung eines solchen Dialogmodells durch ein adaptives Dialogmanagement und flexible Fusions- und Fissions-Komponenten erlaubt.

1 Einleitung

Bestehende Systeme sind oftmals für einen spezifischen Einsatzbereich konzipiert und beschränken sich in der Regel auf ein statisches UI mit einer rigiden Interaktionsabfolge. Angelehnt an Normans *Execution and Evaluation Cycle* (Norman 2002) lässt sich die Interaktion eines Menschen mit einem System in vier Phasen einteilen: *Decision*, *Action*, *Perception* und *Interpretation* (Dumas 2009). Zukünftige adaptive Systeme sollen es ermöglichen, diese Aufgaben flexibel im Dialog mit dem Benutzer zu realisieren. Der Dialog sollte dabei multimodal realisiert werden können, um mögliche Vorteile einer solchen Interaktion nutzbar zu machen (vgl. Oviatt 2006). Dies stellt besondere Anforderungen, gerade was die Modellierung des Dialogs und die für die Realisierung nötige Systemarchitektur betrifft.

2 Anforderungen an Dialog und System

Das Dialog-Modell für ein adaptives, multimodales System sollte verschiedene Anforderungen erfüllen. Einzelne Dialogakte (z.B. Äußerungen und Fragen) oder größere Dialoge (z.B. Flugbuchung, Hotelreservierung) sollen als Bestandteile eines Gesamtdialogs *hierarchisch strukturierbar* sein. So können einzelne Akte zu komplexeren Komponenten zusammengefasst und in einem Gesamtsystem als komplexer Dialog algorithmisch geplant werden. Um eine dynamische Integration unterschiedlicher Modalitäten für die System Ein- und Ausgabe zu unterstützen, wird ein *modalitätsunabhängiges Modell* der zu kommunizierenden Inhalte auf Dialogebene benötigt. Ein modellierter Dialog soll außerdem eine gewisse *Flexibilität hinsichtlich des Dialogverlaufs* erlauben, so dass bestimmte Dialogakte in ihrer zeitlichen Abfolge beliebig strukturierbar sind, solange sie sich nicht gegenseitig in ihrer Reihenfolge bedingen. Es sollte des Weiteren möglich sein, auf einfache Art und Weise einzelne kooperative Dialogfragmente (z.B. das Anzeigen einer zusätzlichen angeforderten Information) adhoc in einen bestehenden Dialog zu integrieren und so den *Dialog dynamisch zu erweitern.*

Die Realisierung eines solchen Dialogmodells erfordert eine Architektur, die nicht nur die Verwaltung des Modells bewerkstelligt, sondern dieses mittels *multimodaler Ein- und Ausgabemöglichkeiten* realisiert. Der Benutzer soll wahlfrei bezüglich seiner Eingabemöglichkeiten sein. Analog dazu, können systemseitig (je nach Benutzer, Kontext und Information) ein oder mehrere Ausgabemodalitäten in unterschiedlichen Kombinationen realisiert werden.

3 Modellierung der Dialog-Goal-Hierarchie

Die hierarchische Dialog-Modellierung des hier vorgestellten Ansatzes integriert diese Anforderungen in ein Modell (vgl. Abbildung 1). Dabei wird immer von einer Intention des Benutzers ausgegangen, die (theoretisch) durch beliebig viele Goals seitens des Systems realisiert werden kann. Diese Goals können über beliebig viele Hierarchiestufen mittels *Sub-Goals* verfeinert werden. Die unterste Ebene, also die Blätter des Dialogbaumes, entsprechen dann *modalitätsunabhängigen, kommunikativen Akten,* angelehnt an klassische Sprechakttheorie (Searle 1969, Jurafsky & Martin 2000, Harris 2005).

Ein Goal kann vertikal mehrere Sub-Goals referenzieren. Die horizontale Struktur kann durch so genannte *Next-Goal Links* vorgegeben werden, um eine Abfolge von Dialogschritten (eine Dialogstrategie) zu definieren. Zusätzlich kann jedes Goal als *system-initiative* oder *user-initiative* gekennzeichnet sein. Durch entsprechende Kennzeichnung der Goals kann so ein *mixed-initiative* Dialog modelliert werden. *Outputs* und *Inputs* dieser kommunikativen Akte definieren modalitätsunabhängig Aus- und Eingaben des Systems.

Jedem Goal können als Vorbedingung sogenannte *Guard*-Variablen, bzw. als Resultat sogenannte *Effect*-Variablen zugeschrieben werden, die festlegen, welche Variablen-Belegungen für die Aktivierung eines Goals gelten müssen, bzw. welche Variablen nach der Ausführung belegt werden. Dadurch wird u.a. die geforderte Flexibilität des Dialogverlaufs gewährleistet. Zusätzlich ermöglicht das Betrachten von *Guards* und benötigten *Effects* zur Laufzeit die Integration zusätzlicher Goals oder Hierarchien und somit die dynamische Erweiterbarkeit des Dialogs. Details und Beispiele zur Dialogmodellierung finden sich in (Bertrand 2011).

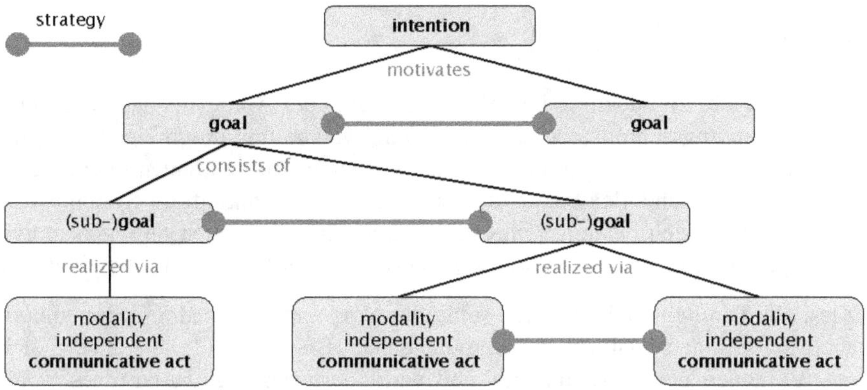

Abbildung 1: Konzept eines hierarchischen, Goal-basierten Dialogs. Realisierung siehe (Bertrand 2011)

4 Systemarchitektur

Die für die Realisierung eines so modellierten Dialogs notwendige Systemarchitektur (Abbildung 2) ist an die eingangs erwähnte Mensch-Computer Interaktionsschleife angelehnt. Der Ansatz lässt sich systemseitig in drei funktionale Bereiche einteilen. Das *Dialog Management* verwaltet das hierarchische Dialogmodell und steuert die zeitliche Abfolge der aus den Goals resultierenden kommunikativen Akte. Das *Interaction Management* nimmt die kommunikativen Akte entgegen, leitet daraus entsprechende multimodal realisierte Interaktionen ab und analysiert Benutzereingaben. Das *Device Management* ist für die Anbindung der Geräte sowie für die zeitlich geordnete Ein- und Ausgabe verantwortlich.

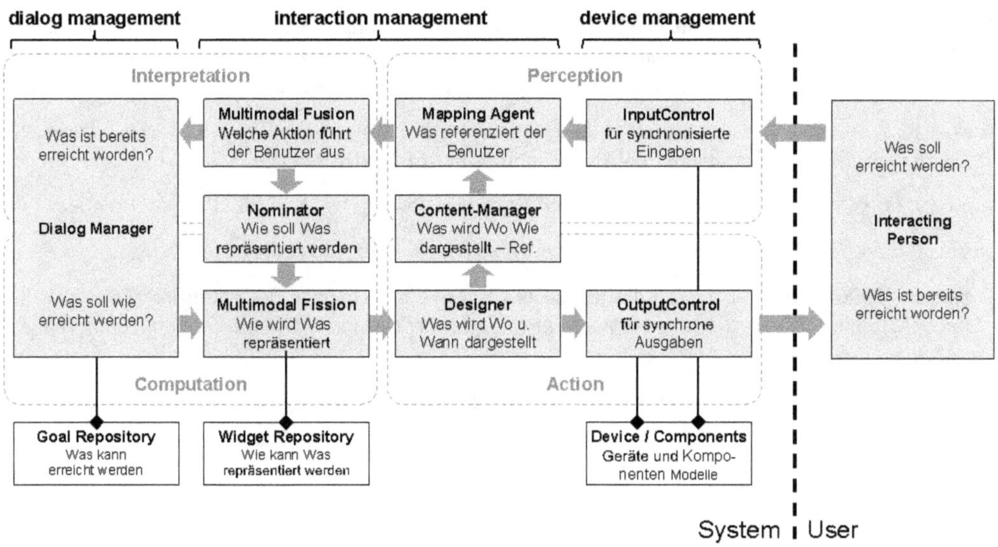

Abbildung 2: Architekturansatz für Goal-basierte adaptive multimodale Systeme

5 Schlussbemerkung

Lange Zeit folgte die Entwicklung interaktiver Systeme der Annahme, dass sich der Mensch an jedwede Benutzungsschnittstelle anpassen kann, welche ihm durch einen Designer allgemeingültig vorgegeben wurde. Mit dem hier vorgestellten Ansatz können Interaktionsdialoge modalitätsunabhängig und flexibel modelliert werden. Für zukünftige Systeme bietet dies den Vorteil, dass sie sich bezüglich ihrer Interaktionsmöglichkeiten an einen individuellen Benutzer adaptieren können, sowohl in ihrem Verhalten, als auch in ihrer Erscheinung.

Das vorgestellte Dialogmodell ist durch seine mit Vor- und Nachbedingungen annotierbaren Goals auch durch einen KI-Prozess bedingt planbar (Biundo 2011). Verändern sich bspw. bestimmte Variablen eines Weltmodells und verhindern das Aktivieren eines Goals durch einen nicht erfüllten Guard, so kann zur Laufzeit ein zusätzliches Goal aus einem vorhandenen Repository eingefügt werden, welches als Effect die entsprechende Guard-Variable ändert. Dies erlaubt es zur Laufzeit, den Dialogverlauf je nach Situation zu ändern, ohne ihn vollständig a priori modelliert zu haben. Aktuell ist das Dialogmodell komplett spezifiziert und es existiert eine Tool-Unterstützung zur Erstellung von Dialogen (Bertrand 2011). Die vorgestellte Systemarchitektur und die enthaltenen Komponenten befinden sich noch in der Konzeptphase.

Literaturverzeichnis

Bertrand, G., Nothdurft, F., Honold, F. & Schüssel, F. (2011). CALIGRAPHI – Creation of Adaptive Dialogues Using a Graphical Interface. *COMPSAC 2011: IEEE Computer Software and Applications Conference.*

Biundo, S., Bercher, P., Geier, T., Müller, F. & Schattenberg, B. (2011). Advanced user assistance based on AI planning. *Cognitive Systems Research.* Volume 12, Issues 3–4, S. 219–236.

Dumas, B., Lalanne, D. & Oviatt, S. (2009). Chapter 1: Multimodal Interfaces: A Survey of Principles, Models and Frameworks. *Human Machine Interaction – Research Results of the MMI Program. Lecture Notes in Computer Science 5440/2009.* Berlin: Springer-Verlag. S. 3-26.

Harris, R. A. (2005). *Voice interaction design: crafting the new conversational speech systems.* San Francisco: Morgan Kaufmann Publishers, an imprint of Elsevier Science.

Jurafsky, D. & Martin, J.H. (2000). *Speech and Language Processing.* London: Pearson-Prentice Hall.

Norman, D. A. (2002). *The Design of Everyday Things.* New York: Basic Books.

Oviatt, S. (2006). Human-centered design meets cognitive load theory: designing interfaces that help people think. *MULTIMEDIA '06: Proceedings of the 14th annual ACM international conference on Multimedia.* New York: ACM. S. 871-880.

Searle, J. R. (1969). *Speech Acts: An Essay in the Philosophy of Language.* Cambridge: Cambridge University Press

User Experience Monitoring: permanente Beobachtung geschäftskritischer Online-Prozesse

Juliane Hartmann

m-pathy (seto GmbH)

Zusammenfassung

Das Konzept der User Experience erfreut sich in Forschung und Praxis anhaltend großer Beliebtheit und ist in Online-Prozessen zu einem zentralen Baustein für den langfristigen Erfolg eines Webangebots geworden. User Experience Monitoring ermöglicht es – anders als es durch etablierte Tools oder bekannte Messinstrumente geschieht – die User Experience eines Online-Prozesses permanent zu überwachen. Dabei werden das Interaktionsverhalten und die subjektiven Bewertungen der Prozess-Nutzer kontinuierlich anhand von konkreten standardisierten und individuellen Kennzahlen gemessen und abgebildet. So wird es möglich, Veränderungen im Nutzungsverhalten genau nachzuvollziehen und den Erfolg von Website-Optimierungsmaßnahmen direkt zu kontrollieren. Geschäftskritische Prozesse (z.B. Buchungs-, Kauf- oder Registrierungsprozesse) können so um ein Vielfaches schneller und effizienter als bisher möglich visualisiert, analysiert und optimiert werden.

1 Hintergrund

Schlüsselkomponente für den langfristigen Erfolg eines Webangebots ist heute nicht mehr nur eine hohe Usability, sondern vor allem das positive Nutzungserlebnis der Websitebesucher im Sinne einer guten User Experience (vgl. Hassenzahl et. al. 2003; Gotthartsleitner et. al. 2009; DIN EN ISO 9241-210 2010). Eine Website, die Ihren Nutzern diese positive Erfahrung nicht bietet, wird erfahrungsgemäß hinter ihren Möglichkeiten zurückbleiben. Evaluationsmöglichkeiten und Messinstrumente für die User Experience (UX) eines Webangebots erfreuen sich daher großer Beliebtheit. In der Praxis existieren diverse etablierte Methoden mit deren Hilfe die Wahrnehmung der Website durch den Nutzer widergespiegelt werden soll (vgl. Laugwitz et. al. 2006). Diese Instrumente stoßen aber immer wieder an ihre Grenzen, denn je nach Einsatzszenario können sie nur einen Ausschnitt – nicht nur hinsichtlich einer bestimmten, limitierten Nutzergruppe, sondern auch hinsichtlich eines begrenzten Evaluationszeitraums – abbilden. In der Realität sind Websites aber zumeist dynamische Komplexe, die Erscheinungsbild und Funktionsumfang stetig ändern können.

Vor allem Verantwortliche geschäftskritischer Online-Prozesse (z.B. Buchungs-, Kauf- oder Registrierungsprozesse) sollten augenscheinlich ein großes Interesse daran haben, die User Experience ihres Prozesses kontinuierlich zu beobachten, um wenn nötig gezielt zu intervenieren, bevor sich negative Auswirkungen (z.B. Abwanderung potentieller Kunden, abfallende Conversion Rates) zeigen.

2 User Experience (UX) Monitoring

Heute existiert in der Praxis bereits eine schier unüberschaubare Menge verschiedenster Web Analyse Tools und Systeme, die die Möglichkeit bieten, jegliche Internetdaten zu messen, zu sammeln, zu analysieren und auszuwerten (Haller et. al. 2010). Typischerweise werden dabei spezifische Kennzahlen erhoben (z.B. Welche Seiten werden wie häufig und wie lange angesehen? Wie viele Nutzer brechen auf welcher Seite ab?), um die Nutzerschaft besser zu verstehen und um das Webangebot gezielt und präzise an Ihnen auszurichten (vgl. Hassler 2010). Neben klassischer Webanalyse haben sich auch Systeme zum sog. End-User-Experience-Monitoring etabliert, durch welche die Performance der Webanwendung über verschiedene Schichten (Client-Netzwerk-Server) hinweg bestimmt werden soll (vgl. Chu et. al. 2005). User Experience Monitoring hingegen geht konzeptionell in eine andere Richtung: Im Besonderen begründet es sich in der Motivation, die eigentliche User Experience als ein zunehmend zentrales Konzept für den Erfolg eines Webangebots permanent in Online-Prozessen beobachten zu können, da dies durch etablierte Tools (z.B. aus Webanalyse) oder auch mit etablierten Messinstrumenten (z.B. Benutzerfragebögen zum UX Konzept) bisher so noch nicht geschieht. Im Rahmen des UX Monitorings werden das Interaktionsverhalten der Websitebesucher und ihre subjektiven Meinungen in Form von standardisierten und individuellen Kennzahlen quantifiziert und in einem Dashboard visualisiert. So wird es möglich, Veränderungen hinsichtlich der User Experience permanent zu beobachten und operative Maßnahmen einer Erfolgskontrolle zu unterziehen. Die permanente Messung wird durch ein Alertingsystem unterstützt, das über wichtige Veränderungen informiert und es so ermöglicht, rechtzeitig auf z.B. Abwärtstrends in wichtigen Kennzahlen zu reagieren. Geschäftskritische Prozesse können so um ein Vielfaches schneller und effizienter als bisher möglich hinsichtlich der User Experience analysiert und optimiert werden.

Funktionsweise der Datenerhebung

Die spezifischen Kennzahlen werden global über eine webbasierte Mouse-Tracking-Technologie gewonnen. Damit die Interaktionen der Besucher (z.B. Klicks, Maus- und Scrollbewegungen) aufgezeichnet werden können und für die Weiterverarbeitung zur Verfügung stehen, muss ein Stück Javascript-Code in den Quelltext der Seite eingebunden werden. Diese methodische Herangehensweise begründet sich in der Ansicht, primär darauf zu achten, was Nutzer wirklich tun, nicht was sie sagen oder wie sie ihr Handeln begründen (Nielsen 2001; 2010). Die Beschränkung des User Experience Monitorings ausschließlich auf konkrete Online-Prozesse schließt sich dieser Überlegung an: Die non-reaktive Methode des Mouse-Trackings bietet zwar den Vorteil, Daten echter Websitebesucher in natürlicher Surfumgebung zu sammeln (Erlbeck 2011), die Intention eines Nutzers bleibt aber oft im Verborgenen. In konkreten Online-Prozessen hingegen können die Intention und damit eindeutig negativ ausgeprägte Kennzahlen, die einen Teil der User Experience anhand der gewonnenen Interaktionsdaten beschreiben, bestimmt werden: Verlässt ein Nutzer z.B. vor Abschluss des Kaufprozesses die Seite, so ist dies ein Abbruch und damit eindeutig negativ.

Interaktions- und befragungsspezifische Kennzahlen

Die im User Experience Monitoring permanent erhobenen Kennzahlen werden zum einen in objektiv beobachtbare Interaktionsdaten und zum anderen in subjektiv wiedergegebene Bewertungen der Nutzer, die über den User Experience Questionaire (UEQ) (Laugwitz et. al. 2006) gewonnen werden, klassifiziert. Dabei wird die Auslieferung des Fragebogens und die Aufnahmewahrscheinlichkeit der Interaktionsdaten individuell vorliegenden Gegebenheiten angepasst. Zu den interaktionsspezifischen Kennzahlen zählen:

1. Abbrüche: zeigen, wie viel Prozent der Besuche den Online-Prozess nicht erfolgreich beenden und vor einer definierten Schlussseite (z.B. einer Bestätigungsseite) abbrechen.

2. Fehlermeldungen: zeigen jenen prozentualen Anteil der Besuche, die im Prozess mindestens einmal einen Fehler aufweisen.

3. Guide Pattern: konnten von Griffiths und Chen (2007) als spezifische Mausbewegungsmuster identifiziert werden. Der Nutzer sucht mit kontinuierlichen Bewegungen der Maus die Seite angestrengt ab, was meist auf Orientierungsschwierigkeiten hindeutet. Die Kennzahl zeigt, bei wie viel Prozent der Besuche mindestens einmal im Prozess ein Guide Pattern identifiziert wurde.

4. Unnötige Seitenaufrufe: sind ein Maß der Effizienz. Es kann so der prozentuale Anteil der Besuche bestimmt werden, die mehr Seitenaufrufe zeigen, als notwendig sind, um den Prozess mit dem Aufruf einer vordefinierten Schlussseite (z.B. einer Bestätigungsseite) erfolgreich abzuschließen.

5. Abweichung von der Idealzeit: wird über mehrere Rechenschritte bestimmt: Die Idealzeit ist die gemittelte Zeit all jener Besuche, die den Online-Prozess „ideal" durchlaufen, d.h. die nicht abbrechen, keine Fehlermeldungen haben, keine problematischen Mausbewegungsmuster aufweisen und nicht mehr Seitenaufrufe zum erfolgreichen Abschluss des jeweiligen Prozesses als unbedingt notwendig benötigen. Die Kennzahl bildet dann den prozentualen Anteil der Besuche ab, die im Prozess länger benötigen und damit von der Idealzeit abweichen.

Aus langjähriger Projekterfahrung im Bereich von User Experience Analysen im Webumfeld und konkreten Beobachtungen der einzelnen Kennzahlen im Zeitverlauf hat sich gezeigt, dass die erhobenen interaktions- und befragungsspezifischen Kennzahlen einen wesentlichen Einfluss auf die wahrgenommene Qualität eines Prozesses haben und die User Experience der echten Nutzer zufriedenstellend abbilden können.

Visualisierungen im Dashboard und weiterführende Analysemöglichkeiten

Die Bereiche der Interaktions- und Befragungsdaten werden im Dashboard zu zwei Indizes zusammengefasst, die dann zu einem gesamten User Experience Index gruppiert werden, der es auf einen Blick ermöglicht zu sehen, wie es um die User Experience im jeweiligen Online-Prozess bestellt ist (s. Abb. 1). Gleichzeitig besteht im Dashboard die Möglichkeit, die Gründe für die von den Nutzern potentiell negativ wahrgenommenen Erlebnisse zu entdecken, in dem die Kennzahlen zunächst auf Prozessschrittebene angezeigt werden. Auf dieser Ebene kann dann weiter im Detail analysiert werden, z.B. auf Formularfeldebene im jeweiligen Prozessschritt. Auch Scrollingmaps, Heatmaps von Klicks und Mausbewegungen oder auch einzelne Sessions von Prozessbesuchern können genauer angesehen und so Gründe für z.B. eine hohe Anzahl an Abbrüchen, Fehlern, Guide Pattern oder negativen Bewertungen identifiziert werden. Je nach zu untersuchendem Online-Prozess können neben den interaktions- und befragungsspezifischen Kennzahlen weitere strategisch wichtige Kennzahlen zum Einsatz kommen, die jeder Nutzer des Monitoring Systems frei definieren und es so individualisieren kann. Diese prozessspezifischen Kennzahlen, z.B. Klicks oder Hovers auf bestimmten Sitebereichen (z.B. Aufruf einer Hilfe-Funktion), die Ladezeit oder auch weitere Daten aus dem Web-Controlling (z.B. stehengelassene Warenkörbe) werden in einem weiteren Bereich des Dashboards visualisiert und so einer permanenten Beobachtung zugänglich gemacht.

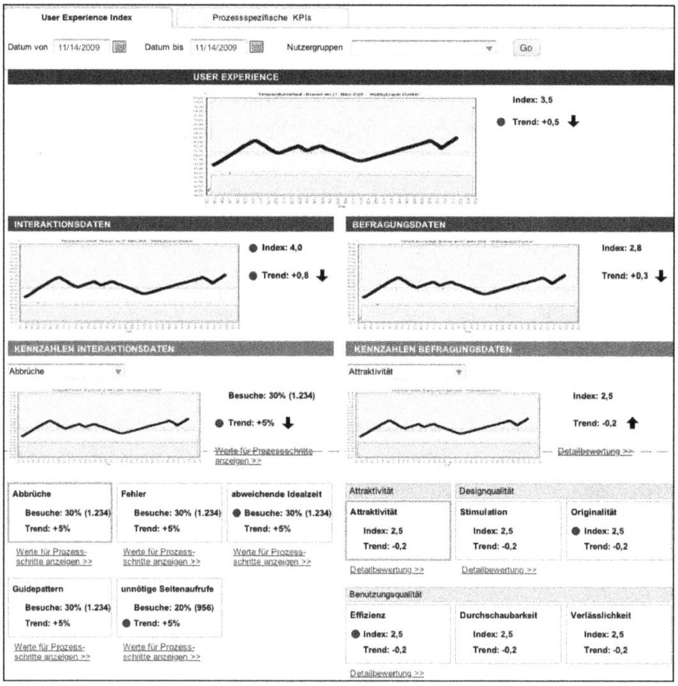

Abbildung 1: prototypische Ansicht des Dashboards 1

Literaturverzeichnis

Chu et. al. (2005): *Methods and apparatus for monitoring end-user experience in a distributed network.* U.S. Patent, November 29, 2005: http://www.freepatentsonline.com/6970924.html

DIN EN ISO 9241-210 (2010): *Ergonomie der Mensch-System-Interaktion - Teil 210: Prozess zur Gestaltung gebrauchstauglicher interaktiver Systeme.* Berlin: Beuth Verlag.

Erlbeck, H. (2011): Neue Möglichkeiten des Mousetrackings: Automatisierte Mustererkennung erleichtert die Usability-Analyse. *i-com,* 1/2011, S. 67 ff.

Gotthartsleitner, P., Eberle, P. & Stary, C. (2009): Zur Verschränkung von User Experience und Usability Engineering: Merkmale, Prinzipien und Vorgehensmodelle. Aus der Reihe: *Beiträge aus der Zeitschrift für Arbeitswissenschaft.* Band 25. München: Grin Verlag.

Griffiths, L. & Chen, Z. (2007): Investigating the Differences in Web Browsing Behaviour of Chinese and European Users Using Mouse Tracking. In: *Proceedings of the 2nd international conference on Usability and internationalization.* Berlin: Springer, S. 502-512.

Haller, H., Hartwig, M. & Liedtke, A. (2010): *Google Analytics & Co. Methoden der Webanalyse professionell anwenden.* München: Addison-Wesley Verlag.

Hassenzahl, M., Burmester, M. & Koller, F. (2003): AttrakDiff: Ein Fragebogen zur Messung wahrgenommener hedonischer und pragmatischer Qualität. In: J. Ziegler & G. Szwillus (Hrsg.): *Mensch & Computer 2003: Interaktion in Bewegung.* Stuttgart: Teubner. S. 187-196.

Hassler, M. (2010): *Web Analytics. Metriken auswerten, Besucherverhalten verstehen, Website optimieren.* 2., erweiterte Auflage. Heidelberg: mitp Verlag.

Laugwitz, B., Schrepp, M. & Held, T. (2006): Konstruktion eines Fragebogens zur Messung der User Experience von Softwareprodukten. In: A. M. Heinecke & H. Paul (Hrsg.): *Mensch & Computer 2006: Mensch und Computer im StrukturWandel.* München: Oldenbourg Verlag, S. 125-134.

Nielsen, J. (2001): *First Rule of Usability? Don't Listen to Users.* Jakob Nielsen's Alertbox, August 5, 2001: http://www.useit.com/alertbox/20010805.html

Nielsen, J. (2010): Interviewing Users. Jakob Nielsen's Alertbox, July 26, 2010: http://www.useit.com/alertbox/interviews.html

Kontaktinformationen

Für Fragen bezüglich des Beitrags wenden Sie sich an:

Juliane Hartmann
m-pathy (seto GmbH)
Buchenstraße 12
D-01097 Dresden

Tel.: +49 (0)351-50141516
E-Mail: juliane.hartmann@m-pathy.com
WWW http://www.m-pathy.com

Interaktionspräferenzen für Personas im öffentlichen Personenverkehr

Stephan Hörold[2], Romina Kühn[1], Cindy Mayas[2], Thomas Schlegel[1]

Juniorprofessur Software Engineering ubiquitärer Systeme, Technische Universität Dresden [1]
Fachgebiet Medienproduktion, Technische Universität Ilmenau [2]

Zusammenfassung

Für die Entwicklung von Informationsdiensten auf mobilen Endgeräten im Rahmen des öffentlichen Verkehrs spielt die Interaktion eine wesentliche Rolle. Basierend auf der Anwendung der Persona-Methode für den öffentlichen Personenverkehr werden Interaktionspräferenzen abgeleitet und somit in den Entwicklungsprozess eingebracht werden.

1 Einleitung

Immer mehr Verkehrsunternehmen bieten ihren Fahrgästen Informationsdienste für mobile Endgeräte an. Zur Beschreibung der heterogenen Nutzergruppe der Fahrgäste stehen bisher lediglich Nutzungsprofile für den öffentlichen Personenverkehr (ÖPV) oder für mobile Endgeräte zur Verfügung. Ziel der Untersuchung ist es, diese beiden Gebiete zusammenzuführen und anhand der Persona-Methode die Nutzerbeschreibung um Interaktionspräferenzen mit mobilen Endgeräten zu erweitern. Die Grundlage dafür bilden Personas, die im Forschungsprojekt IP-KOM-ÖV[1] entwickelt wurden.

2 Verhaltensvariablen von Personas im ÖPV

Als etabliertes Werkzeug der Anforderungsanalyse werden in der Persona-Methode prototypische Benutzer konstruiert, die unterschiedliche Ziele und Verhaltensweisen der realen Benutzer repräsentieren. Der Vorteil der Nutzerbeschreibung mittels Personas gegenüber der Definition von Nutzergruppen besteht vor allem in der lebensnahen Darstellung potentieller

---

[1] IP-KOM-ÖV: Internetprotokoll basierte Kommunikationsdienste im Öffentlichen Verkehr, gefördert durch das Bundesministerium für Wirtschaft und Technologie, Förderkennzeichen 19 P 10003O / 19 P 10003L.

Nutzer. Die Beschreibung erleichtert es den Projektmitarbeitern, sich in allen Phasen der Entwicklung den Nutzer vorzustellen und seine Bedürfnisse zu berücksichtigen (Nielsen 2002).

Die Vorgehensweise zur Modellierung der Personas orientiert sich am Persona Lifecycle (Pruitt & Adlin 2006). Auf Grundlage einer quantitativen Datenbasis aus Statistiken des Verbands Deutscher Verkehrsunternehmen (VDV) und des Verkehrsclubs Deutschland (VCD) wurden in einem ersten Schritt die zentralen Verhaltensvariablen nach Cooper (Cooper et al. 2007) analysiert. Zur Identifizierung der Verhaltensvariablen werden die von Cooper empfohlenen Variablentypen Aktivität, Motiv, Können und Fähigkeit für diese Fallstudie auf das Feld des ÖPV transformiert:

- Die *Aktivität* eines Fahrgasts des ÖPV ist im Wesentlichen von seiner Nutzungshäufigkeit (täglich/gelegentlich/selten/nie), der Regelmäßigkeit der genutzten Strecke und seiner Flexibilität bezüglich der Fahrzeit, der Routenwahl sowie des Verkehrsmittels abhängig (Boltze et al. 2005).
- Das *Motiv* eines Fahrgasts spiegelt sich im Nutzungskontext wider. Der VDV grenzt dabei zwischen Berufs- und Dienstreiseverkehr, Schul- und Ausbildungsverkehr, Freizeit- und Erledigungs- sowie Urlaubsverkehr ab (VDV 2010).
- Das *Können* eines Fahrgasts wird durch seine Orts- und Systemkenntnis charakterisiert (VDV 2010). Die Ortskenntnis eines Nutzers beeinflusst, wie ein Fahrgast seine Start- und Zielorte auswählt oder diese selbst definieren kann. Die Systemkenntnis erstreckt sich auf Tarife, Linien und Fahrpläne sowohl bezogen auf das Gesamtnetz als auch auf spezielle Stammstrecken.
- Die Nutzung des ÖPV wird zudem durch die *Fähigkeiten* der Fahrgäste eingeschränkt. Sowohl physische Einschränkungen wie Geh- oder Seheinschränkungen als auch externe Mobilitätseinschränkungen wie Gepäck oder Kinderwagen können die Wahl des Verkehrsmittels und der Route beeinflussen oder die Flexibilität des Fahrgastes verringern.

In sechs Experteninterviews mit Verantwortlichen und Mitarbeitern von Verkehrsunternehmen sowie zwei Fokusgruppen mit Fahrgästen wurden die Ausprägungen der Verhaltensvariablen validiert, typische Kombinationen identifiziert und zu Verhaltensmustern der Personas zusammengefasst. Anschließend wurden sieben Personas für den ÖPV abgeleitet. Die Beschreibung wird hier anhand der *Persona „Michael“* aus dem Projekt IP-KOM-ÖV vorgestellt. Die Persona „Michael“ repräsentiert einen prototypischen Berufspendler in München, dessen Verhaltensvariablen und demografische Daten in Abbildung 1 dargestellt sind.

Persönliche Informationen
Alter: 34 Jahre
Wohnort: München
Familienstand: ledig
Beruf: Unternehmensberater
Hobbys: Radfahren

ÖPNV Profil
Ortskenntnis: gute Ortskenntnis
Systemkenntnis: streckenbezogene Systemkenntnis
Nutzungsfrequenz: täglich zur Spitzenzeit
Nutzungskontext: Berufsverkehr
Beförderungsmittel: S-Bahn, Bus, Bahn

Abbildung 1: Auszug der Verhaltensvariablen und Daten der Persona „Michael“

Cooper empfiehlt diese Beschreibung der Verhaltensvariablen der Personas, um eine Alltagssituation mit charakteristischen Aufgaben in Form eines Fließtextes zu ergänzen, durch die die Beziehung zur Persona vertieft und die Vielschichtigkeit der Alltagssituation dargestellt werden kann (Cooper et al. 2007). Für die Persona „Michael" wurde auf Basis der Experteninterviews und Fokusgruppen eine solche Alltagssituation mit typischen Aufgaben im Kontext des ÖPV beschrieben und durch Ziele und Erwartungen der Persona erweitert.

3 Interaktionspräferenzen

Im Fokus des Projekts steht die Übermittlung von Fahrgastinformationen im öffentlichen Verkehr über mobile Endgeräte. Neben den beispielhaft dargestellten Verhaltensmustern für den ÖPV ist es daher von besonderer Bedeutung, die Beschreibung der Persona um ihre Anforderungen an die Interaktion und Visualisierung der mobilen Fahrgastinformationen zu ergänzen. Im Rahmen einiger Arbeiten (Keller et al. 2011) wurden bereits Visualisierungsmöglichkeiten für die Fahrplananzeige untersucht und bewertet. Zudem werden die Anforderungen von den typischen Alltagssituationen und charakteristischen Aufgaben der Persona beeinflusst. Basierend auf den Grundsätzen der Dialoggestaltung (DIN EN ISO 9241-110 2006) können daher aufgabenbezogene Anforderungen abgeleitet werden. Für die Persona „Michael" wird in Tabelle 1 ein Auszug dieser Methode dargestellt, deren Ergebnisse in einer qualitativen Nutzerbefragung mit 13 Probanden validiert wurden.

Grundsätze der Dialoggestaltung (ISO 9241-110, S.16)		**Präferenzen für die Persona „Michael"**
Aufgaben-angemessenheit	„Der Dialog sollte dem Benutzer solche Informationen anzeigen, die im Zusammenhang mit der erfolgreichen Erledigung der Arbeitsaufgabe stehen."	Bei auftretenden Störungen hat der Pendler hohen Bedarf an Informationen zu Dauer und entsprechenden Auswirkungen der Störung.
	„Die vom interaktiven System verlangten Dialogschritte sollten zum Arbeitsablauf passen."	Bei Störungen muss die Interaktion die schnelle Darstellung und Auswahl von alternativen Routen ermöglichen.
Individualisierbarkeit	„Das interaktive System sollte dem Benutzer dort, wo unterschiedliche Benutzerbelange typischerweise vorkommen, Techniken zur Anpassung an die charakteristischen Eigenschaften von Benutzern bereitstellen."	Da „Michael" die Fahrtzeit als Ruhezeit nutzen möchte, ist er nicht an ständigen Informationen interessiert. Die Anpassungsmöglichkeiten müssen diesen Umstand berücksichtigen.
	„Das interaktive System sollte es dem Benutzer erlauben, zwischen verschiedenen Formen der Darstellung zu wählen."	Je nach Profileinstellungen bzw. Interessenlage sollte die Möglichkeit bestehen, vertiefende Informationen z. B. Detailsichten, Verlinkungen etc. aufzurufen.

Tabelle 1: Auszug der Präferenzen des Pendlers (Persona „Michael")

Die Ergebnisse zeigen zudem, dass die dargestellten Interaktionspräferenzen stets vom Kontext, in der sich die Persona befindet, abhängig sind. Die Anforderungen eines Pendlers an die Interaktion mit Fahrgastinformationssystemen für störungsfreie Fahrten, Fahrten mit besonderen Ereignissen und gestörte Fahrten mit Alternativrouten unterscheiden sich im Grad ihrer Informationstiefe und ihrer Benachrichtigungsintensität. Die Erweiterung der Persona-Beschreibung mit diesen Interaktionspräferenzen schafft eine gute Ausgangsbasis zur Erstellung eines Interaktionskonzepts für Fahrgastinformationssysteme.

4 Ausblick

Erste Erfahrungen in der Kombination der Persona-Methode mit qualitativen Studien zu Interaktionspräferenzen an Berufspendlern haben gezeigt, dass es möglich ist, mit der dargestellten Methode die etablierte Nutzerbeschreibung zu verfeinern und kontextabhängig passgenaue Interaktionspräferenzen zu identifizieren. Die dargestellte Vorgehensweise ist im nächsten Schritt auf die verschiedenen Personas anzuwenden, um ein Interaktionskonzept zu entwickeln, das eine möglichst hohe Akzeptanz bei den Nutzern des ÖPV erhält.

Literaturverzeichnis

Boltze, M., Wolfermann, A. & Schäfer, P. (2005). *Leitfaden Verkehrstelematik: Hinweise zur Planung und Nutzung in Kommunen und Kreisen*. Darmstadt: BMVBS.

Cooper, A., Reimann, R. & Cronin, D. (2007). *About face 3: the essentials of interaction design. 2. Auflage*. Indianapolis. Ind.: Wiley.

DIN EN ISO 9241-110 (2006). *Ergonomie der Mensch-System-Interaktion – Teil 110: Grundsätze der Dialoggestaltung*. Berlin, Beuth.

Keller, C., Korzetz, M., Kühn, R. & Schlegel, T. (2011). *Nutzerorientierte Visualisierung von Fahrplaninformationen auf mobilen Geräten im öffentlichen Verkehr. (*Akzeptiert.)

Nielsen, L. (2002). *From user to character – an investigation into user-descriptions in scenarios.* In Proceedings of the 4th conference on Designing interactive systems: processes, practices, methods, and techniques (DIS '02) 99-104. New York: ACM.

Pruitt, J. & Adlin, T. (2006). *The persona lifecycle: keeping people in mind throughout product design.* Amsterdam: Elsevier.

Verband Deutscher Verkehrsunternehmen (2010). VDV-*Schrift 720 – Kundeninformationen über Abweichungen vom Regelfahrplan (Entwurf 02/10).*

Kontaktinformationen

Dipl.-Medieninf. Romina Kühn,
Juniorprofessur Software Engineering ubiquitärer Systeme, TU Dresden
01062 Dresden
E-Mail: Romina.Kuehn@tu-dresden.de

Dipl.-Ing. Stephan Hörold
Fachgebiet Medienproduktion,
TU Ilmenau
98693 Ilmenau
E-Mail: Stephan.Hoerold@tu-ilmenau.de

Entwicklungsumgebungen für Informatik-Anfänger

Sabine Terwelp, Markus Dahm

Fachbereich Medien, FH Düsseldorf

Zusammenfassung

Um Anfängern, insbesondere Kindern und Schülern, das Erlernen von „Programmieren" zu erleichtern, wird eine Reihe von speziellen Entwicklungsumgebungen (IDE) angeboten. Sie bilden die Brücke in die neue und abstrakte Welt des Programmierens. Der Lernerfolg hängt damit nicht unwesentlich davon ab, wie verständlich die IDE selber ist, wie wenig Hindernisse sie dem Erlernen in den Weg legt und wie gut wesentliche Programmier-Konzepte, insbesondere die der Objektorientierung, verdeutlicht werden. In einer Marktstudie wurden daher IDEs auf Ihre Lerntauglichkeit untersucht (Java Hamster, Greenfoot, Storytelling Alice, Scratch und Kara). Die Ergebnisse finden sich in diesem Beitrag. Aufbauend u.a. auf diesen Ergebnissen wird in der weiteren Forschung eine eigene IDE entwickelt.

1 Motivation

Programmier-Anfänger müssen zu Anfang auf vielerlei neuen Ebenen kognitive Leistungen erbringen: Die eher abstrakten Grundkonzepte des Programmierens, die Syntax der konkreten Programmiersprache und die Nutzung der Entwicklungsumgebung (IDE) müssen verstanden sein, bevor man sich dem Verstehen der gestellten Aufgabe sowie endlich dem eigentlichen Lernziel, nämlich der Lösung der Aufgabe in diesem Kontext widmen kann.

Um diese Vielzahl an neuen und ungewohnten Feldern nicht zu allzu großen Hindernissen anwachsen zu lassen, gibt es einige Entwicklungsumgebungen, die speziell für Programmieranfänger gedacht und gemacht sind. Ihnen ist gemeinsam, dass Sie nicht alle Möglichkeiten einer Programmiersprache mit allen verfügbaren Libraries und Features in einer professionellen Umgebung bieten, sondern nur einen kleinen Ausschnitt bieten. Fast immer wird an die Erfahrungen und die Lebenswelt der Anfänger angeknüpft, indem eine einfache grafische „Welt" dargestellt wird, in der wenige Objekte vorhanden sind und durch eigene Programmierung gesteuert werden können. Die IDEs unterscheiden sich u.a. durch die Art und Weise, wie Code definiert wird: in Anlehnung an bzw. Nutzung einer bestehenden Programmier- oder Scriptsprache (z.B. Java) mittels Text oder grafisch mit drag and drop. Außerdem gibt es prozedurale, Objekt- oder Automaten-orientierte IDEs.

2 Die untersuchten IDEs

Es wurden die IDEs Java Hamster, Greenfoot, Storytelling Alice, Scratch und Kara untersucht um ihre Tauglichkeit für die Lernunterstützung zu ermitteln (Terwelp 2011). Gemeinsam ist, dass sie für Programmier-Anfänger konzipiert wurden und die Programmierung von Objekten in einer grafischen 2D- bzw. 3D-Welt visualisiert wird.

2.1 Java Hamster und Greenfoot

Die IDE „Java Hamster" (Abb. 1) wurde für junge Programmieranfänger an der Universität Oldenburg entwickelt (JH 1998). Sie bietet ein Editor- und ein 2D-Simulations-Fenster, auf welchem ein „Hamster" mit Java-Code gesteuert werden kann.

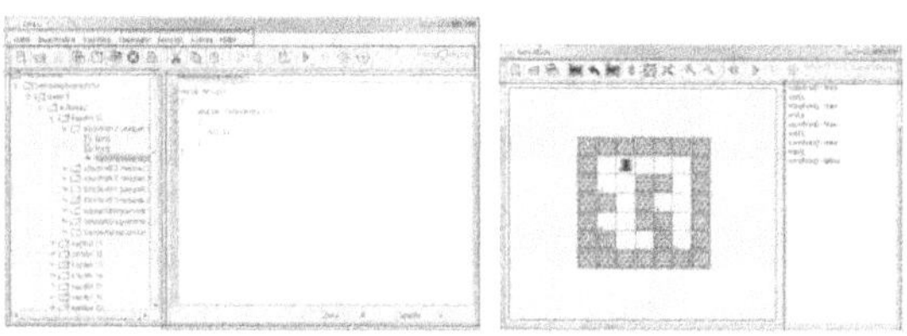

Abb. 1 – Java Hamster: Editor- und Simulations-Fenster

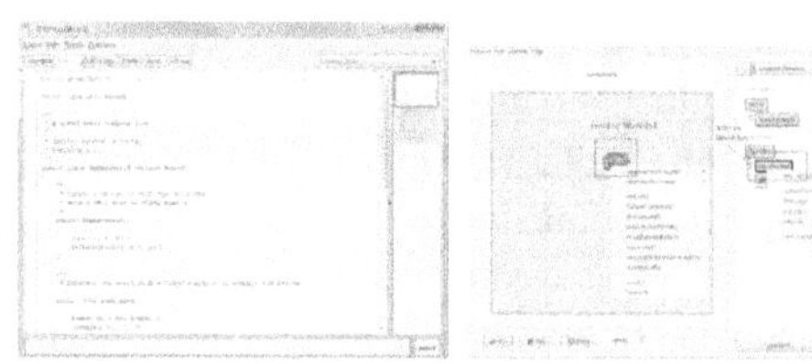

Abb. 2 – Greenfoot: Editor- und Welt-Fenster

Greenfoot (GF 2010) basiert auf der Java-IDE BlueJ und wurde um eine 2D-Welt erweitert, die der Simulation des Java-Hamsters sehr ähnlich ist (Abb. 2). Es werden Objekte in die Welt eingesetzt, die dann alleine oder miteinander agieren können. Die vorhandenen Methoden können angepasst oder ergänzt werden. Auch ganz neue Methoden können eingefügt und interaktiv aufgerufen werden. Java- bzw. Programmierkenntnisse sind nötig.

In beiden IDEs wird in Java-Syntax programmiert. Der Editor bietet jeweils Unterstützung mit einem Klassenbrowser und Syntax-Highlighting.

2.2 Scratch und Storytelling Alice

Sowohl Scratch (SC 2011) als auch Storytelling Alice (SA 2007) sind stark auf narrative Aspekte ausgerichtet. Ziel ist, „interaktive Geschichten, Animationen, Spiele, Musik-, und

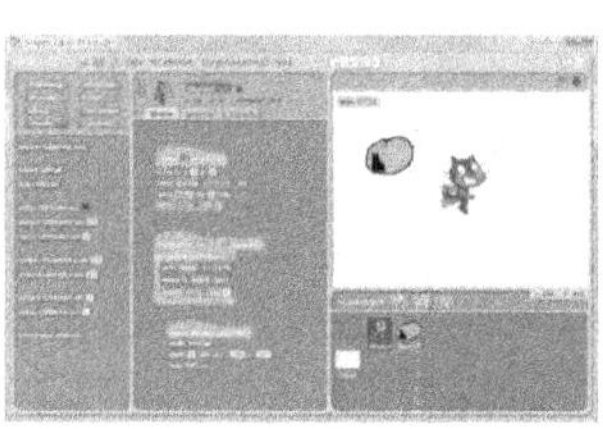

Abb. 3 – Scratch: IDE

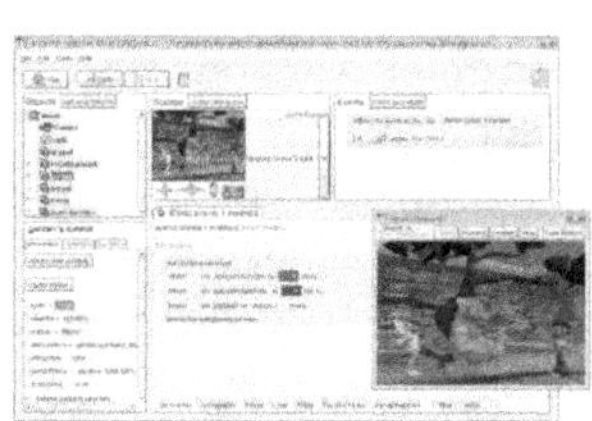

Abb 4 - Storytelling Alice: IDE

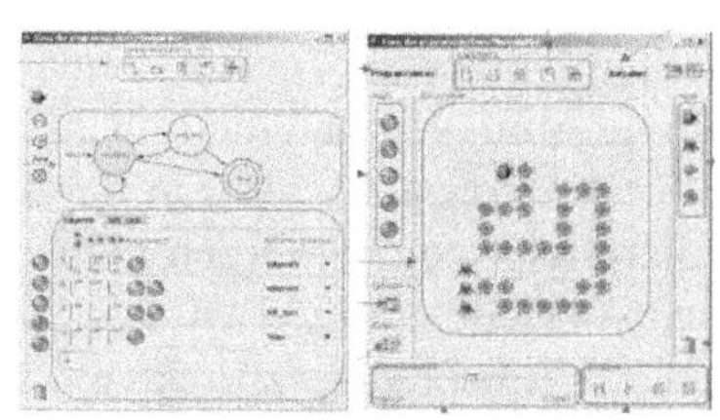

Abb. 5 – Kara Editor und Simulation

Kunstwerke zu erstellen“ (SC 2011). Es wird nicht durch Schreiben von Text programmiert, sondern durch blockweises Zusammenfügen von Bausteinen mittels drag and drop. Als Text geschriebener (z.B. Java-) Code kann nicht eingebunden werden. Scratch ist 2D-orientiert, Storytelling Alice stellt eine einfache 3D-Authoring-IDE zur Verfügung.

2.3 Kara

In Kara (KA 2006) werden Zustände und Übergangsbedingungen für endliche Automaten definiert (Abb. 5). Code oder Kommentar als Text zu schreiben ist nicht möglich. Dafür existieren Varianten wie javakara oder pythonkara, die Java-Hamster oder Greenfoot ähneln.

3 Bewertung und Ergebnisse

Diese IDEs wurde in folgenden Kategorien untersucht, die sich an den klassischen Themen und Richtlinien des Informatik-Unterrichts für Anfänger orientieren (z.B. NRW 2009, Hubwieser 2007, Frey 2004) und die Attraktivität und Gebrauchstauglichkeit einbeziehen.

1. Erläuterung von und Umgang mit Datentypen und Datenstrukturen
2. Erläuterung von und Umgang mit Kontrollstrukturen
3. Erläuterung von und Umgang mit Konzepten der Objektorientierten Programmierung
4. Attraktivität: Eigene Kreativität, mehrere Schwierigkeitsgrade, Unterrichtstauglichkeit
5. Gebrauchstauglichkeit: Installation, Erlernbarkeit, Übersichtlichkeit, Fehlerfindung

Für die Kategorien 1 bis 3 wurde überprüft, wie Programmieraufgaben ohne Vorkenntnisse bearbeitet werden. In der Tabelle unten sind gerundete Summen von mehreren gerundeten Einzelwertungen angegeben. Details zu allen Wertungen finden sich in (Terwelp 2011).

	max. Pkt.	Java Hamster	Greenfoot	Storytelling Alice	Scratch	Kara
Daten-Typen, Strukturen	*20*	7	7	19	20	5
Kontrollstrukturen	*20*	11	9	17	19	12
Objektorientierung	*20*	20	20	20	14	14
Attraktivität	*20*	11	13	16	17	14
Gebrauchstauglichkeit	*20*	12	15	18	19	16
Gesamtbewertung	*100*	61	64	89	88	61

Sowohl Storytelling Alice als auch Scratch sind gut geeignet, vor allem jungen Anfängern einen interessanten Einstieg in die Welt des Programmierens zu geben. Sie sind attraktiv und fördern die persönliche Kreativität. Man kann schnell und einfach mit ihnen spielerisch Programmierung ausprobieren und sofort erfolgreich Ergebnisse sehen. Mit diesen IDEs können

Grundprinzipien der Programmierung von Programmieranfängern gut alleine erarbeitet werden. Für einen Umstieg auf eine Text-orientierte Programmierung, wird jedoch keine Unterstützung, z.B. durch Code-Export oder Anleitung, angeboten.

Mit Java Hamster und Greenfoot können alle getesteten Aufgaben erfüllt werden. Jedoch bieten sie für Anfänger ohne Java-Kenntnisse und begleitenden Lehrer einige Hürden und Grenzen. Zudem ist ihre doch sehr simple Grafikausgabe zwar funktional, aber nicht (mehr) sehr attraktiv. Im speziellen Ansatz von Kara, endliche Automaten zu programmieren, gibt es für Anfänger zwar Hilfestellungen, die Kreativität ist aber eher eingeschränkt. Diese drei IDEs eignen sich gut als unterrichtsbegleitende Werkzeuge. Außerdem bieten Sie einen einfachen Übergang zur üblichen Text-orientierten Programmierung. Für den unbegleiteten Einsatz sind diese drei Tools für Anfänger eher nicht so gut geeignet.

Die Lernunterstützung besteht bei allen betrachteten IDEs aus meist sehr ausführlichen Dokumentationen, teilweise sehr guten Tutorials und teilweise nur sehr knappen integrierten Hinweisen zu den grundlegenden Konzepten der Nutzung der IDE.

4 Weitere Forschung

Was erstaunlicherweise keine der getesteten IDEs bietet (und auch umfangreichere IDEs eher rudimentär bieten), ist Hilfe auf dem Weg vom Problem zum Programm – obwohl dieser Weg sowohl theoretisch (Hubwieser 2007) als auch formal (NRW 2009) ein zentrales Lernthema ist. Weder in den IDEs noch in deren zusätzlichen Materialien wird auch nur ansatzweise eine strukturierte Vorgehensweise unterstützt. Auf dieses Feld konzentriert sich unsere weitere Forschung mit dem Ziel der Entwicklung und Evaluation einer IDE.

Literaturverzeichnis

Frey (2004). *Informatik 1 für Gymnasien – Objekte, Strukturen, Algorithmen*, Klett, Stuttgart

GF (2010). *Greenfoot* http://www.greenfoot.org

Hubwieser (2007). Didaktik *der Informatik*, Springer, Berlin

JH (2011) *Java Hamster.* http://www.java-hamster-modell.de

KA (2006) *Kara.* http://www.swisseduc.ch/informatik/karatojava/kara

NRW (2009) *Richtlinien Informatik NRW.* MSWWF NRW, SekI: Heft 3424, SekII: Heft 4725, 4725/1

SA (2007). *Storytelling Alice.* http://alice.org/kelleher/storytelling

SC(2011). *Scratch.* http://scratch.mit.edu

Terwelp (2011). *Tools für den Informatik-Unterricht in der Schule.* Bachelorarbeit, FH Düsseldorf

Kontaktinformationen

FH Düsseldorf, FB Medien, WWW: www.medien.fh-duesseldorf.de/dahm,
E-Mail: markus.dahm@fh-duesseldorf.de sabineterwelp@googlemail.com

Digitale Produktgestaltung durch die Strategische Design-Architektur

Roozbeh Faroughi, Arash Faroughi, Sarah Stevens

Universidad de Burgos, Fachhochschule Köln

Zusammenfassung

Die Entwicklung *erfolgreicher* digitaler Produkte stellt aufgrund der Globalität, sowie der fortschreitenden Informations- und Kommunikationstechnologien eine immer größere Herausforderung dar. Die zunehmende Gleichstellung der funktionalen und technologischen Qualität von Produkten bewirkt, dass sie austauschbar werden. Design als strategische Aktivität und als Medium für die Vermittlung von emotionalen und bedeutungsvollen Botschaften bietet Unternehmen die Chance, Produkte zu gestalten, die sich gegenüber der Konkurrenz langfristig differenzieren. Die *Strategische Design-Architektur* ist ein interdisziplinärer und systematischer Ansatz, um nachhaltige Erfolgspotenziale des Designs aus Sicht der Benutzer und des Unternehmens zu gestalten sowie sicherzustellen.

1 Einleitung

Die Rolle des Designs hat sich in den letzten Jahren gerade aus Sicht der Wirtschaft stark verändert. Sie wird immer mehr als ein Bestandteil des Managements und als ein strategischer Wettbewerbsfaktor gesehen (Hermann & Moeller 2006). Design bietet Unternehmen die Möglichkeit, *nachhaltige Wettbewerbsvorteile* zu erzielen (Roald 2006), wichtige *Differenzierungspotentiale* zu erschließen (Reese 2005) und sie zu Innovations- und Produktivitätsvorsprüngen zu führen (Wolf 2009). Don Norman beschrieb in seinem Essay *"Why Great Ideas Can Fail"*[1], dass eine reine Benutzerzentrierung heute nicht mehr ausreichend sei, um kommerziell erfolgreiche Design-Lösungen zu entwickeln. Großartige Design-Ideen können nur dann zum Erfolg führen, wenn sie sowohl die Benutzer- als auch die Unternehmensbedürfnisse befriedigen. Die Gestaltung müsse auf die Produkt- und die Unternehmensstrategien ausgerichtet sein. Design, das häufig als ein Problemlösungsansatz (Löwgren & Solterman 2004) beschrieben wird, ist heute *selbst* zum Problem geworden. Das Gestalten von digitalen Produkten stellt aufgrund der globalen Wirtschaft, der verzweigten Unterneh-

[1] Don Norman veröffentlichte sein Essay am 20.09.10 auf der Seite *„http://www.core77.com"*.

mensstrukturen und -verbindungen sowie der stetigen Steigerung der Ansprüche und Informiertheit der Benutzer eine zunehmende Herausforderung dar. Mit Blick auf *Morgen* und *Übermorgen* besteht nicht nur die Gefahr, dass digitale Produkte, sondern auch die Designmethodik und die Designer selbst in der Quantität von hohen Ansprüchen und Anforderungen untergehen. Um dieser Gefahr entgegenzutreten und um die Komplexität des Gestaltens von digitalen Produkten beherrschbar zu machen, stellt diese Arbeit einen neuen Design-Ansatz vor.

2 Strategische Design-Architektur

Design als eine strategische Aktivität wird bisher nur von wenigen Unternehmen bewusst und systematisch durchgeführt und es fehlt desweiteren an Methoden und Definitionen (Commission of the European Communities 2009). Die „Strategische Design-Architektur" (SDA) hat das Ziel, durch ihre systematische Sichtweise diesen Mangel zu beheben. Sie ist ein interdisziplinärer Ansatz, um nachhaltige Erfolgspotenziale des Designs aus Sicht der Benutzer und des Unternehmens zu gestalten sowie sicherzustellen. Ein Erfolgspotenzial ist für ein Unternehmen eine geschaffene Fähigkeit, nachhaltige Wettbewerbsvorteile zu erzielen oder aufrecht zu erhalten (Zäpfel 2000). Außerdem versucht die SDA, angelehnt an die Software-Architektur mithilfe der Modularisierung des Designs in unabhängige Verantwortungsbereiche die Komplexität zu reduzieren und beherrschbar zu machen. Die vorliegende Arbeit führt den strukturellen Aufbau der SDA in ihrer Statik ein und beschreibt wie folgt die Komponenten:

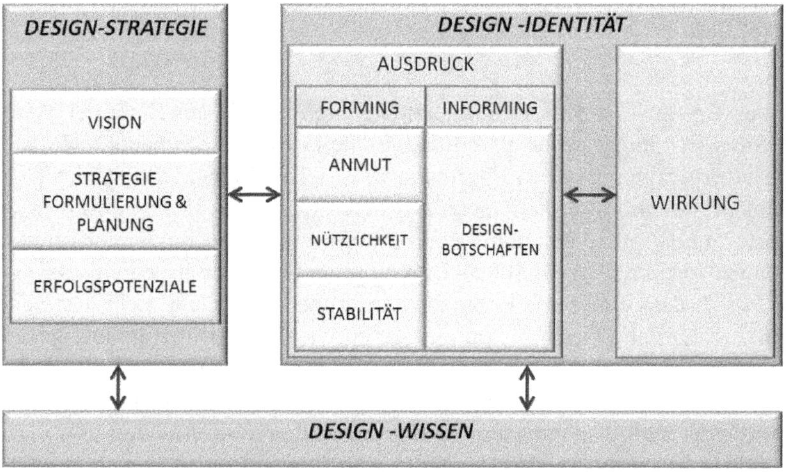

Abbildung 1: Strategische Design-Architektur

- Die **Design-Strategiekomponente** ist für die Analyse, Kontrolle und Sicherstellung von Erfolgspotenzialen des Designs verantwortlich. Design wird als eine strategische Aktivität verstanden, die sowohl die Sicht der Benutzer als auch der Unternehmen mit ihren Verbindungen und teilweise auch konkurrierenden Strategien mit berücksichtigt. Die Erfolgspotenziale des Designs werden durch die Identitäts- und Situationsanalyse bestimmt. Die Design-Strategie hat die Aufgabe, in der Gestaltung komplementäre Beziehungen zwischen den Strategien und Erfolgspotenzialen zu schaffen. Dabei gilt es, Design-Visionen zu bilden, um zu veranschaulichen, wie die Benutzer und das Unternehmen *morgen* und *übermorgen* stehen und wahrgenommen werden wollen. Um diese zu erreichen, werden mithilfe der Design-Strategie langfristige Pläne formuliert und in Gestaltungslösungen implementiert.

- Die **Design-Identitätskomponente** ist für die Konzeption und Evaluation von Design-Identitäten verantwortlich. Design bietet durch seine *identitätsstiftende* Wirkung sowohl Unternehmen als auch Benutzern die Möglichkeit, ihre individuelle Originalität zum Ausdruck zu bringen. Unternehmen können dadurch Produkte und Marken entwickeln, die unverwechselbare, neuartige und originelle Merkmale besitzen, um sich gegenüber Konkurrenzprodukten zu differenzieren. Benutzer möchten ihre Einzigartigkeit und Persönlichkeit vor allem über Dinge mitteilen. Die Aufgabe der Design-Identität liegt darin, Produkte zu gestalten, mit denen sich die Benutzer auch identifizieren und sich selbst darstellen können. Die Design-Identitätskomponente beschreibt das Zusammenspiel zwischen *Ausdruck* und *Wirkung*. Aufgrund dieser Wechselwirkung bietet sie eine reflektierte Auseinandersetzung mit der Gestaltung an. Während die Ausdruckskomponente definiert, welche Botschaften der Designer mit dem digitalen Produkt vermitteln möchte, beschreibt die Wirkungskomponente, wie es tatsächlich vom Benutzer wahrgenommen wird. Die Ausdruckskomponente teilt sich in *Forming*- und *Informing*-Bereich auf: Der Forming-Bereich repräsentiert die Formgebungsaktivität und besteht aus den drei Architekturprinzipien Anmut, Nützlichkeit und Stabilität[2]. Der Informing-Bereich hat die Aufgabe, explizit Design-Botschaften, die man durch die Ausdruckskomponente vermitteln möchte, zu formulieren.

- In der **Design-Wissenskomponente** wird das Wissen über den Benutzer und das Unternehmen als eine strategische Ressource und als Wettbewerbsfaktor betrachtet. Sie ist zuständig für die Strukturierung, Speicherung, Verteilung, Transformation sowie Visualisierung von Design-Wissen. Design-Wissen entsteht aus analytischen sowie synthetischen Prozessen und ist temporär, da die Gestaltung und der Einsatz des Produktes selbst den Nutzungskontext und damit die Bedingungen des Wissens verändern. Ein weiterer Verantwortungsbereich der Komponente ist das Erschaffen von neuem Wissen mit Hilfe von Innovationsmethoden wie zum Beispiel der Kreativitätstechniken.

2 *Anmut, Nützlichkeit* und *Stabilität* sind angelehnt an die Architekturprinzipien *venustas, utilitas, firmitas* des römischen Architekten Marcus Vitruvius Pollio (Pollio & Prestel 1959).

Für den Designer gilt es, die Veränderungen der Design-Identitäten und des Design-Wissens mit der Design-Strategie zu analysieren und zu kontrollieren, Erfolgspotenziale mit den wahrgenommenen Identitätsmerkmalen über die Zeit hinweg zu vergleichen und Design-Aktivitäten zu wählen, um gewünschte Merkmalswerte der Design-Identität zu erzielen.

3 Diskussion und Ausblick

Die in der Arbeit vorgestellte „Strategische Design-Architektur" ist ein länder- und disziplinübergreifender Forschungsschwerpunkt, der sich aus den Bereichen Mensch-Computer-Interaktion, Marketing, Wissensmanagement und Softwaretechnik zusammensetzt. Die Architektur wird durch drei Doktoranden erforscht und soll im Unternehmen in Form von Fallstudien erprobt und weiterentwickelt werden. Weiterhin soll ein Werkzeug für die Unterstützung der Strategischen Design Architektur implementiert werden.

Literaturverzeichnis

Commission of the European Communities (2009). *Design as a driver of user-centered innovation.* Brüssel: Commission Staff Working Document.

Hermann, C. & Moeller G. (2006). *Innovation – Marke – Design. Grundlagen einer neuen Corporate Governance.* Düsseldorf: Symposion Publishing GmbH.

Löwgren, J. & Stolterman, E. (2004). *Thoughtful interaction design. A design perspective on information technology.* USA: The MIT Press

Pollio, V., Prestel, J. (1959). *Zehn Bücher über Architektur.* Straßburg: Heitz

Reese, J. (2005). *Der Ingenieur und seine Designer: Entwurf technischer Produkte im Spannungsfeld zwischen Konstruktion und Design.* Heidelberg: Springer-Verlag.

Roald, J. E. (2006). *Design Leadership. Cross-pollinating design and management. 5th NordCode Seminar: "Connecting fields".* Oslo: School of Architecture and Design (AHO).

Wolf, Brigitte (2009). *Design & Innovation in KMUs.* Wuppertal: Bergische Universität Wuppertal. Lehrstuhl Designtheorie.

Zäpfel, Günther (2000). *Strategisches Produktions-Management. 2. Auflage.* München: Oldenbourg Wissenschaftsverlag GmbH.

Kontaktinformationen

Roozbeh Faroughi

E-Mail: roozbeh.faroughi@fh-koeln.de

n (Benutzer + Situationen) = 1 Gruppenkontext: ein System zur Generierung des Gruppenkontexts

Björn Joop, Jürgen Ziegler

Universität Duisburg-Essen

Zusammenfassung

Kontextadaptive Systeme passen sich der Situation des Benutzers an. Gruppenkontexte hingegen werden von solchen Systemen kaum ermittelt – und wenn dann nur auf Basis von Kontextmodellen, die entweder alle Benutzer eines Systems zusammen abbilden, oder implizieren, dass alle Benutzer sich in derselben Situation befinden. Diese Gruppenkontexte sind starr auf die vorgegebenen Gruppen zugeschnitten und lassen weder Rückschlüsse auf einzelne Benutzer, auf neue Gruppen oder auf persönliche Informationen anderer Gruppenmitglieder zu. Wir präsentieren eine generische Client-Server Architektur zur Verrechnung von personalisierten Benutzerprofilen und Situationen zur Generierung von Gruppenkontexten, die für weitere Systemadaptionen genutzt werden können.

1 Einleitung

Kontextadaptive Systeme werden in einer Reihe von Anwendungsfeldern erfolgreich eingesetzt. So verwendet Ubiquitous Computing mobile Geräte um sie lokationsabhängig anzupassen, während kontextbasierte Recommender Empfehlungen generieren, die auf die aktuellen Situation des Benutzers zugeschnitten sind. Die meisten Systeme beschränken sich bei der Einbeziehung von Kontext jedoch nur auf wenige Faktoren wie Zeit, Ort oder Ressourcen.

Wir verwenden das Kontextmodell von (Haake et al. 2010), welches mit dem Kontext-Verständnis von (Abowd & Dey 2004) übereinstimmt und jegliche Informationen, die bekannt und für die vorherrschende Situation von Bedeutung sind, als möglichen Kontext interpretiert. Das Modell basiert auf einem semantischen Modell der Anwendungsdomäne, welches in einen Zustandsgraphen abgebildet und mithilfe von Sensoren der aktuellen Situation angepasst wird. Der Kontext wird durch Fokusse berechnet und stellt eine Teilmenge des Graphen dar.

Die in (Haake et. al. 2010) vorgestellten Modelle und Szenarien sind jedoch auf kollaborative Arbeitssituationen ausgerichtet und verwalten nur einen Zustandsgraphen für alle Benutzer des Systems ohne auf Bildung des Zustandsgraphen einzugehen. Zudem zeigen die Szenarien, dass sich alle Benutzer des Systems in ein und derselben Situation befinden.

Wir gehen jedoch davon aus, dass die Benutzer eines Gruppenkontext-adaptiven Systems sich jeweils situativ unterscheiden. Jeder Benutzer besitzt somit einen personalisierten, an die beim Benutzer vorliegende Situation angepassten Zustandsgraphen, der für die Generierung des persönlichen Kontexts benutzt werden kann. Eine Verrechnung dieser Zustandsgraphen ermöglicht somit die Generierung eines Gruppenzustands zur Berechnung des Gruppenkontexts. Hiermit steht unser Ansatz im Kontrast zu üblichen Gruppenempfehlungssystemen (z.B. Baltrunas et al. 2010), die zwar Interessenprofile einzelner Benutzer aggregieren, dabei jedoch kontextuelle Informationen ignorieren.

2 Verrechnung von Zustandsgraphen

Zustandsgraphen unseres Systems enthalten fünf Informationstypen repräsentiert durch Aktivierungen an Knoten oder durch Kantengewichtungen:

1. Semantische Informationen aus dem Domänenmodell,
2. Allgemeine Präferenzen für Konzepte oder Informationen,
3. Situative Aktivierungen (z.B. Lokationsdaten erfasst durch Sensoren),
4. Situationsabhängige Vorlieben (üblicherweise in Form von „Wenn-Dann“-Beziehungen), und
5. Fokusse der Benutzer auf die Anwendungsdomäne.

Für die Verrechnung von einzelnen Benutzerzuständen zu einem Gruppenzustand müssen somit alle Aktivierungen und alle Gewichtungen der Benutzer zusammengeführt werden. Die Verrechnung von Interessenprofilen wird bereits erfolgreich für Gruppenempfehlungen verwendet (für eine allgemeine Übersicht s. z.B. Jameson & Smyth 2007). Die Verrechnungsstrategien orientieren sich an den von (Masthoff 2004) vorgestellten Ansätzen, unterscheiden sich jedoch insofern, dass sie sich nicht auf eine vollständig homogene Menge von Möglichkeiten für jeden Benutzer beziehen, sondern unterschiedliche Sichten für jeden Benutzer auf den im System gespeicherten Gesamtzustand kombinieren.

3 Systemarchitektur

In diesem Abschnitt präsentieren wir die Systemarchitektur einer generischen Client-Server Anwendung zur Generierung von Gruppenkontexten. Zentraler Aspekt dieses Systems ist ein *Group Context Server*, der über standardisierte Webinterfaces (WSDL & SOAP) Kommunikationsschnittstellen für Client-Anwendungen anbietet und es somit erlaubt, Zustandsgraphen zu modifizieren, dynamisch neue Gruppenzustände zu berechnen und Empfehlungen für Einzelbenutzer und Benutzergruppen anzufordern.

Der Group Context Server (vgl. Abbildung 1) besteht aus drei Hauptkomponenten: einem *State Manager*, einem *Merging Manager* und einem *Contextualisation Manager*. Der State Manager verwaltet alle Zustandsgraphen in einem *State Repository* (einer Graph-Datenbank), die einen globalen Zustandsgraph als Systemwissen enthält und benutzerspezifische Sichten in Form von personalisierten Zustandsgraphen auf das Systemwissen ermöglicht. Das Systemwissen und die persönlichen Zustandsgraphen können beliebig modifiziert werden.

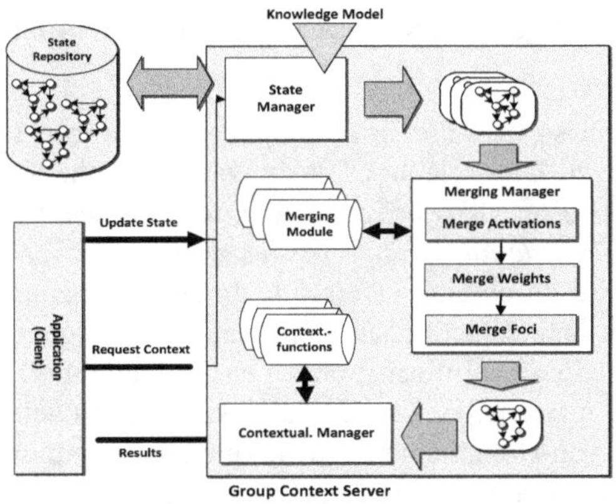

Abbildung 1: Architektur des Group Context Servers. Die kontextadaptive Client-Anwendung fordert einen neuen Gruppenkontext an: Die für die Gruppe benötigten Zustandsgraphen werden verrechnet und mithilfe von Kontextualisierungstechniken zu einem Kontext verrechnet. Das Ergebnis wird an den Client zurückgegeben.

Im Merging Manager werden alle Benutzerzustandsgraphen mithilfe von *Merging Modulen* verrechnet. Ein Merging Modul entspricht einer Verrechnungsfunktion $f: X \rightarrow x$ und lässt sich getrennt – je nach Kontextualisierungsziel - auf Kantengewichte, Aktivierungen und Fokusse der Zustandsgraphen zur Berechnung eines diskreten Wertes x anwenden. Das Resultat aller Verrechnungen ist ein Zustandsgraph, der den Interessen, Situationen und Fokussen der Gruppe entspricht.

Der Contextualisation Manager verwendet Module mit Kontextualisierungstechniken (bspw. Spreading Activation) um durch Fokusse den Kontext eines Zustandsgraphen zu ermitteln. Hierbei wird der Zustandsgraph auf die Elemente reduziert, die für diese Situation und die vorgegebenen Fokusse von Bedeutung sind. Der ermittelte Kontext wird dann der Anwendung übermittelt und kann dort für System- oder UI-Adaptionen weiterverarbeitet werden.

Der Kontextserver wurde prototypisch implementiert und zeigt bei ersten Belastungstests mit großen Zustandsgraphen (> 5.000 Knoten mit > 20.000 Kanten) eine guter Performance bei der Verrechnung von Zustandsgraphen mit anschließender Kontextualisierung.

4 Zusammenfassung

Gruppen-kontextadaptive Systeme sind bisher stark eingeschränkt. Dies liegt vor allem in der starren Modellierung der Gruppenkontextmodelle. Unserer Meinung nach bietet die Verrechnung von einzelnen Benutzermodellen eine Reihe von Verbesserungsmöglichkeiten für Gruppenmodelle: es lassen sich Kaltstartprobleme für neue Gruppenkonstellationen auflösen, Einzelbenutzerkontexte können vom gleichen System berechnet werden und es lassen sich unterschiedliche Verrechnungsstrategien in Abhängigkeit der Kontextualisierungsziele wählen.

Unser System ermöglicht sowohl die Ermittlung von Kontexten für Benutzergruppen, wie auch für einzelne Benutzer. Dies erlaubt es uns unterschiedliche Kontextualisierungsziele zu definieren, wie beispielsweise: „*Was würde er (ein anderer Benutzer) tun, wenn er in meiner Lage wäre?*“ oder „*Wie würde die Gruppe reagieren wenn sie nur die Informationen hätte, die ich habe?*“. Dies wird durch eine Überschneidung der einzelnen Benutzerzustände und durch Kombination von unterschiedlichen Verrechnungsstrategien zur Verrechnung der im Zustandsgraphen repräsentierten Informationstypen ermöglicht. Die Auswirkungen solcher Kombinationen werden in weiteren Arbeiten untersucht und evaluiert. Hierbei fokussieren wir auf die Empfehlung von Dokumenten und Dokumentteilen in explorativen, wissensintensiven Suchprozessen wie Literaturrecherchen für wissenschaftliches Arbeiten oder für journalistische Tätigkeiten. Ziel ist es hierbei den Wissenstransfer zwischen Mitarbeitern durch Wissens-Empfehlungen zu fördern.

Literaturverzeichnis

Baltrunas, L., Makcinskas, T., Ricci, F. (2010). *Group recommendations with rank aggregation and collaborative filtering*. Proceedings of the fourth ACM conference on Recommender systems.

Dey, A.K. & Abowd, G.D. (2000). *Towards a better understanding of context and contextawareness.* In: CHI 2000 Workshop on the What, Who, Where, When, and How of Context-Awareness.

Haake, J., Hussein, T., Joop, B., Lukosch, S., Veiel & D., Ziegler, J. (2010). *Modeling and exploiting context for adaptive collaboration.* International Journal of Cooperative Information Systems (IJ-CIS) 19, 2010.

Jameson, A. & Smyth, B. (2007). *Recommendation to Groups.* The Adaptive Web: Methods and Strategies of Web Personalization.

Masthoff, J. (2004). *Group Modeling: Selecting a Sequence of Television Items to Suit a Group of Viewers.* User Modeling and User-Adapted Interaction 14, 2004.

Neue Werkzeuge für die Experience Sampling Methode

Mirko Fetter, Tom Gross

Lehrstuhl für Mensch-Computer-Interaktion, Otto-Friedrich-Universität Bamberg

Zusammenfassung

Die Experience Sampling Methode (ESM) macht sich zunehmend als ein probates Instrument in der MCI-Forschung verdient. Aktuelle Werkzeuge zur Durchführung von ESM-Studien bringen aber noch diverse Herausforderungen für die Anwender mit sich. Wir beleuchten drei dieser Herausforderungen und zeigen Lösungswege auf, hin zu einem integrierten Werkzeug für die Erstellung, Durchführung und Auswertung von ESM-Studien.

1 Einleitung

Eine wiederkehrende Herausforderung für Designer interaktiver, kooperativer oder ubiquitärer Systeme ist die Untersuchung von Benutzeranforderungen sowie die spätere Evaluation der Systeme im Feld. Die aus der Sozialpsychologie entstammende Experience Sampling Methode (ESM) (Csikszentmihalyi & Larson 1987) erlaubt es, Erlebnisse von StudienteilnehmerInnen und ihre Eindrücke und Empfindungen in dem Moment zu erfassen, in dem sie entstehen. Im Bereich der Mensch-Computer-Interaktion wurde diese Studienmethode auf verschiedene Art und Weise aufgegriffen, an die Bedürfnisse der MCI- Forschung angepasst und weiterentwickelt (Consolvo *et al.* 2007). Die ursprüngliche Methodik, bei der die StudienteilnehmerInnen mit manueller Zeitnahme in regelmäßigen Abständen ihre Erfahrungen zu einer bestimmten Fragestellung niederschreiben, wurde verfeinert. Sie wird beispielsweise zur elektronischen Erfassung mit mobilen Endgeräten genauso verwendet wie für das kontext-basierte Experience Sampling (CAES Context-Aware Experience Sampling) (Intille *et al.* 2003), bei dem bestimmte, von Sensoren erfasste Ereignisse das Stellen unterschiedlicher Fragen auslösen. Trotz all dieser Entwicklungen, welche teilweise in Form von Werkzeugen auch wieder in die Sozialwissenschaften zurückfließen, bestehen für Studiendurchführende wie TeilnehmerInnnen von ESM-Studien immer noch diverse Herausforderungen. Im Folgenden beleuchten wir einige dieser Herausforderungen und zeigen Lösungswege auf, wie diese Herausforderungen mittels einer integrierten Suite von Werkzeugen überwunden werden können.

2 Herausforderungen

Die ESM erlaubt auf Grund ihres repetitiven Charakters, eine Fragestellung in-situ sehr präzise und detailliert zu untersuchen. Die sich ständig wiederholenden Fragen und die daraus resultierenden Unterbrechungen für die StudienteilnehmerInnen verlangen diesen in deren Alltag aber auch eine besondere Bereitschaft für die Studie ab. CAES erlaubt es, den optimalen Zeitpunkt für eine Fragestellung mittels Sensoren besser zu erkennen und somit die Gesamtzahl der präsentierten Fragen zu reduzieren und den Aufwand für die TeilnehmerInnen zu minimieren. Aktuelle Werkzeuge zur Erstellung von CAES-Studien unterstützen die Studiendurchführenden allerdings kaum bei der Spezifikation der Studie.

Zukünftige Werkzeuge sollten es allen Beteiligten an einer ESM- oder CAES-Studie — von der Erstellung über die Durchführung bis hin zur Auswertung — so einfach und angenehm wie möglich machen. Wir haben bei den wenigen aktuell verfügbaren Werkzeugen diesbezüglich drei Herausforderungen identifiziert:

- **Komplexes Setup**: Bei der Erstellung von CAES-Studien unterstützen aktuelle Werkzeuge die Studiendurchführenden wenig. Beispielsweise erfordert das My experience Toolkit von (Consolvo *et al.* 2007) mehrere Zeilen Java-ähnlichen Code zum Auslösen einer Frage auf Basis eines Sensorwertes und somit substantielle Programmierkenntnisse, selbst schon für einfachere Konfigurationen. Komplexere Konfigurationen, bei denen Fragen auf Basis von Werten unterschiedlicher Sensoren ausgelöst werden, sind so kaum zu bewerkstelligen.
- **Limitierung auf bestimmte Gerätetypen:** Die Beschränkung auf einzelne Betriebssysteme, Plattformen und damit Gerätetypen bringt die Herausforderung mit sich, dass StudienteilnehmerInnen ein solches Gerät zur Verfügung gestellt werden muss. Neben dem Kostenfaktor für die Durchführenden entsteht für die TeilnehmerInnen der Aufwand, ein weiteres Gerät mitzuführen. Für das CAES fehlt zudem die Möglichkeit, zusätzliche Kontextdaten vom primären Gerät zu erhalten oder diese gar über mehrere unterschiedliche von den TeilnehmerInnen benutzten Geräte zu aggregieren.
- **Fehlende Aufbereitung**: Aktuelle Systeme bieten kaum Unterstützung bei der Aufbereitung der gesammelten Daten für die Anwender. Dabei erlauben visuell aufbereitete Daten den Studiendurchführenden eine schnellen ersten Eindruck und bieten den TeilnehmerInnen einen zusätzlichen Anreiz, welches den Einsatzwillen bei der Studie deutlich erhöht (Hsieh *et al.* 2008).

Im Folgenden beschreiben wir auf Basis der oben angeführten Herausforderungen unsere Lösungsansätze und derzeitigen Entwicklungen hin zu einer integrierten Suite von Werkzeugen für die ESM und das CAES.

3 Werkzeuge für die Experience Sampling Methode

Die Suite besteht aus Komponenten zur geräteunabhängigen Aufnahme von Sensordaten, aus Komponenten zur geräteübergreifenden Präsentation von Fragen, aus Werkzeugen zur visuellen Konfiguration von Fragen und deren kontext-basierten Auslösern sowie aus Bausteinen zur visuellen Aufbereitung der gesammelten Daten. In ihrem Zusammenspiel erlauben diese Komponenten, die obigen Herausforderungen zu lösen.

Zur Verringerung der Komplexität beim Setup von CAES-Studien setzt die Suite auf die Verwendung des Paradigmas des visuellen Programmierens. Der CAESSA Visual Editor (Fetter *et al.* 2011) erlaubt es den Studiendurchführenden, unterschiedliche Sensoren und Bedingungen durch Ziehen-und-Fallenlassen visuell miteinander zu verknüpfen (vgl. Abb. 1a), welche dann beim Eintreffen eines bestimmten Zustandes die Präsentation einer Frage auslösen. Ebenfalls lassen sich mittels einer grafischen Benutzeroberfläche Parameter wie die Erfassungsrate einzelner Sensoren im Detail festlegen (vgl. Abb. 1b). Auf diese Weise reduziert sich die Komplexität bei der Erstellung, auch von deutlich verflochteneren CAES-Konfigurationen und ist somit auch für programmier-unerfahrene Anwender zu meistern.

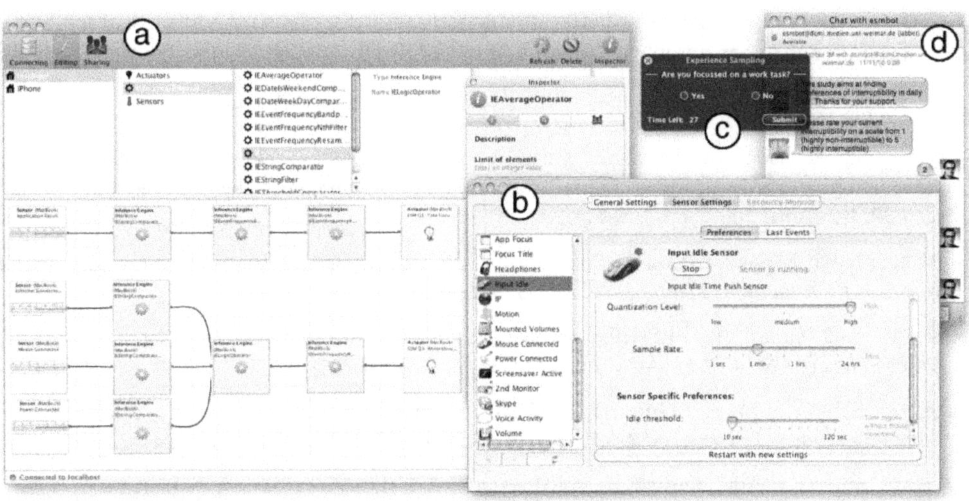

Abbildung 1: Überblick über die derzeitigen Werkzeuge (CAESSA Visual Editor (a) und CAESSA Sensor Daemon GUI (b)) und die Fragepräsentation (Dialogfenster auf dem Personal Computer (c) oder via Instant Messaging (d)).

Durch die Nutzung unterschiedlicher Modalitäten für die Präsentation der Fragen (vgl. Abb. 1c und 1d) verbessert die fertige Suite auch die Möglichkeiten zur geräteübergreifenden bzw. geräteunabhängigen Verwendung. So eröffnet die Nutzung von Instant Messaging (IM) als Medium für die Präsentation von ESM-Fragen (Fetter & Gross 2011) die Möglichkeit, jedes Gerät, für das ein IM-Client existiert, für die Studie zu nutzen. Die TeilnehmerInnen können auf ihre eigenen Geräte zurückgreifen, um an einer Studie teilzunehmen. Neben den bereits implementierten Komponenten zur Erfassung von Daten auf Laptop-Computern mittels

30 Hard- und Softwaresensoren besteht die Möglichkeit der Erweiterung. Die verteilte Plattformarchitektur der Suite ist ausgerichtet auf eine einfache Integration von neuen Komponenten, etwa zur Erfassung von Sensordaten auf verschiedenen Mobiltelefontypen. Die Suite unterstützt die Anwender auch durch die visuelle Aufbereitung der gesammelten Daten. So gestattet der CAESSA Visual Editor, einzelne Sensor- und ESM-Daten der verschiedenen TeilnehmerInnen in Echtzeit darzustellen. Dies erlaubt es den Studiendurchführenden u.U., in eine laufende Studie einzugreifen und einzelne Parameter zu optimieren. Weiterhin werden mittels eines Funktionsplotters im Hintergrund grafische Darstellungen der ESM-Daten der TeilnehmerInnen über die gesamte Studiendauer erstellt.

4 Ausblick und Resümee

In diesem Beitrag haben wir drei Herausforderungen für Anwender derzeitiger ESM-Werkzeuge beleuchtet und anhand eigener, aktuellen Entwicklungen Lösungswege hin zu einer integrierten Suite aufgezeigt. Momentan werden einzelne Komponenten in die Suite integriert. Die Qualität der fertigen Suite sowie ihrer einzelnen Komponenten müssen Tests hinsichtlich der Validität der erfassten Daten, der Robustheit und der Bedienbarkeit zeigen. Erste erfolgreiche Einsätze von Teilkomponenten wie der Sensordatenerfassung über die Dauer mehrerer Wochen sprechen jedoch bereits für die Robustheit des bisherigen Systems.

Literaturverzeichnis

Consolvo, S., Harrison, B., Smith, I., Chen, M.Y., Everitt, K., Froehlich, J. and Landay, J.A. Conducting In Situ Evaluations for and With Ubiquitous Computing Technologies. *Int. Journal of HCI 22*, 1-2 (April 2007). pp. 103-118.

Csikszentmihalyi, M. and Larson, R. Validity and Reliability of the Experience-Sampling Method. *Journal of Nervous and Mental Disease 175*, 9 (Sept. 1987). pp. 526-536.

Fetter, M. and Gross, T. PRIMIExperience: Experience Sampling via Instant Messaging. In *Proceedings of CSCW 2011*. ACM Press, 2011. pp. 629-632.

Fetter, M., Schirmer, M. and Gross, T. CAESSA: Visual Authoring of Context-Aware Experience Sampling Studies. In *Extended Abstracts of CHI 2011*. ACM Press, 2011. pp. 2341-2346.

Hsieh, G., Li, I., Dey, A.K., Forlizzi, J. and Hudson, S.E. Using Visualizations to Increase Compliance in Experience Sampling. In *Proceedings of UbiComp 2008*. ACM Press, 2008. pp. 164-167.

Intille, S.S., Rondoni, J., Kukla, C., Ancona, I. and Bao, L. A Context-Aware Experience Sampling Tool. In *Extended Abstracts of CHI 2003*. ACM Press, 2003. pp. 972-973.

Danksagung

Wir danken den Mitgliedern des Cooperative Media Lab.

Kontaktinformationen

Prof. Dr. Tom Gross, tom.gross(at)uni-bamberg.de, T. 0951/863-394

Mit Societyware arbeiten: Erweiterte Unterstützung von Online-Petitionen

Torben Wiedenhöfer[1], Volkmar Pipek[2]

Institut für Wirtschaftsinformatik, Universität Siegen[1]
CSCW in Organisationen/Kooperationssysteme, Universität Siegen[2]

Zusammenfassung

Durch die zunehmende Verbreitung des Computers und des Internets, erschließen sich auch neue Formen und Kanäle für politische Information, Deliberation und Partizipation (Mambrey 2004). Der Modellversuch „Öffentliche Petitionen“ war ein Schritt der Bundesregierung mit dem Ziel, den Bürger stärker in den politischen Prozess zu integrieren. Bei der Untersuchung von Nutzungspraxen und -kontexte einreichender Bürger, identifizierten wir Unterstützungsbereiche und Nutzungspraxen, die bei der idealisierten Betrachtung eines Petitionsprozesses nicht deutlich werden und bei der Fortentwicklung von Systemen zur Organisation der Zivilgesellschaft allgemein (Societyware) berücksichtigt werden sollten.

1 Einleitung

Mit Societyware bezeichnen wir eine Gruppe von Anwendungen und Informationssystemen, deren Rolle im Rahmen der Prozessorganisation der Zivilgesellschaft und des demokratischen Systems ein besonderes öffentliches Interesse begründet (Grimm et al. 2008). Die Initiative zur Entwicklung solcher Systeme geht häufig von staatlichen Organisationen aus. Dabei ist die Entwicklung in der Regel von Annahmen über Rollen und Prozesse geprägt, wie sie den Akteuren in diesen Organisationen nahe liegen. Diese müssen nicht zwangsweise praxisfern sein, aber es ist eben dieses besondere öffentliche Interesse, welches eigentlich verlangt, dass diese Annahmen empirisch überprüft werden. Design und Weiterentwicklung von Societyware-Anwendungen verlangen nach Entwicklungsansätzen, die in besonderem Maße für ein gleichberechtigtes Einbringen von Benutzerperspektiven und – kreativität und Entwicklerkompetenzen und –kreativität sorgen.

In diesem Beitrag befassen wir uns mit Petitionssystemen und versuchen anhand von Sekundäranalysen, Nutzungsdaten eines Pilotprojektes und einer ergänzenden qualitativen Studie mit Petenten herauszuarbeiten, welche Aspekte der Petitionserstellung und -betreuung aus Petentensicht nach einer besonderen Würdigung verlangen.

2 E-Petitionen als Beispiel für Societyware

Im Petitionsprozess (bis 10/2008) des deutschen Bundestages gibt es zwei Arten von Petitionen. Erstens, die klassische, nicht-öffentliche Petition (n-öP) und zweitens, die öffentliche Petition (öP). Grundsätzlich unterscheiden sich die beiden Arten darin, dass die öP nach Prüfung auf der Petitionswebseite veröffentlicht wird. Jeder Bürger hat daraufhin die Möglichkeit innerhalb von 6 Wochen die Petition mitzuzeichnen und zu diskutieren. Bei der n-öP entfällt dieser Schritt. Auch fällt die Prüfungszeit bei der öP länger aus, da aufgrund der Transparenz der Petition eine sorgfältigere Überprüfung der Zuständigkeit notwendig ist. Bei positiver Begutachtung gehen beide Petitionen in die parlamentarische Prüfung. Im Prüfverfahren werden die Mitzeichnungen ausgewertet, die Diskussionsforen jedoch nicht. Jedoch ist es gängige Praxis der Berichterstatter des Petitionsausschusses bei wichtigen und populären öP die Diskussionsforen mit zu überprüfen. Über Petitionen wird entweder gebündelt oder einzeln im Petitionsausschuss abgestimmt. Bei öP kommt es immer zu Einzelabstimmungen, oder bei Petitionen die 50.000 oder mehr Mitzeichnungen aufweisen. Die Petenten einer solchen Petition können auch zu einer öffentlichen Ausschusssitzung geladen werden.

2.1 Ergebnisse der Empirische Studie

Zwei Studien (Malina, Macintosh, & Davenport, 2001)(Whyte & Renton, 2005) zum schottischen Petitionssystem ergaben, dass im Wesentlichen Bürger in abgelegenen Gebieten sich stärker involviert fühlten, Diskussionsforen einen wichtigen Input für Petenten und Unterstützer bedeuten und kombinierte Online-/Offline-Marketingstrategien am wirksamsten sind. Unsere Untersuchung des Petitionssystems des Deutschen Bundestages wurde im Zeitraum 10/2006 und 07/2007 vorgenommen. Durchgeführt wurde eine Sekundäranalyse und Analysen der Anwendungskontexte auf Bürgerseite (3 Probanden), sowie auf Verwaltungsseite (2 Sachbearbeiter des Petitionsausschusssekretariats). Zur Analyse des Nutzungskontextes und der Usability des Petitionssystems wurden nach DIN-EN-ISO 13407,szenarienbasierte Walkthroughs und semi-strukturierte Interviews durchgeführt. Die drei Probanden wiesen folgende Charakteristiken auf: Proband I (PI): Computererfahren und öP-Erfahren; Proband II (PII): Computererfahren und Petitionsunerfahren und Proband III (PIII): Computerunerfahren und klassische Petitionserfahren.

2.1.1 Anwendungskontextanalyse Bürgerseite

Als zentrale *Gründe* für das Einreichen der Petitionen wurde zum einen die Möglichkeit genannt, eine für die gesamte Gesellschaft relevante Problematik anzusprechen (PI,II), zum anderen Aufmerksamkeit auf ein Einzelschicksal zu lenken (PIII). Dabei wurde als besonders wichtig angesehen, dass möglichst viele Bürger von der Petition erfahren und mitzeichnen (PI,II), da so ein möglichst großer Druck auf die Gesetzgeber ausgeübt werden könne. Bei der Analyse der *Arbeitspraktiken* lies sich bei allen Probanden drei Hauptaktivitäten erkennen – *Suchen von Informationen zum Petitionsthema und zu Petitionen; Petition erstellen; Petition einreichen.* Hinzu kam bei PI die aktive Teilnahme am Diskussionsforum, als auch der persönliche Kontakt mit ebenfalls betroffenen Bürgern. Auch verlief der Erstellungsprozess bei allen gemeinschaftlich. Wurde bei PI+III die Petition zusammen mit Familienmitgliedern mittels MS Word (PI) bzw. handschriftlich (PIII) geschrieben, sieht PII die Erstellung grundsätzlich als kollaborative Arbeit an, da „politische Themen zu komplex sind".

2.1.2 Logfile Analyse

Die Analyse der Seitenaufrufe (vgl. (Riehm, Coenen, & Lindner, 2009)) zeigt, dass schon seit Beginn des Modelversuchs ein hoher Zuspruch existierte. Dabei wurden die Petitionstextseite, als auch die Mitzeichnungsliste, im Gegensatz zu Diskussionsform oder die Postkarte (Promotioninstrument), am meisten aufgerufen. Bei der Herkunft der Besucher fällt ebenfalls auf, dass diese häufig über Webseiten von Interessensverbänden (z.B. Attac.de oder Heise.de) auf die Petitionsseite gelangten.

3 Ganzheitliche Unterstützung von Societyware

Abgeleitet aus den Erkenntnissen der Vorstudien, der Anwendungskontext-, sowie der Logfile-Analyse, sehen wir insbesondere folgende Unterstützungsbereiche und Herangehensweisen für Societyware.

Wie bei allen Probanden (PI-III) zu sehen war, gestaltete sich der Erstellungsprozess einer Petition i.d.R. kooperativ. So liegt ein wesentlicher Bedarf darin, *Kollaborationspraktiken besser zu unterstützten*. Neben der besseren Unterstützung der gemeinsamen Bearbeitung eines Petitionsdokumentes (z.B. durch WIKI-Systeme (PII)), wurde durch PII die Nützlichkeit einer Diskussionsunterstützung für die Ausarbeitung eines Petitionsthemas z.B. durch Foren- oder Blogsysteme, geäußert. Hinzu kommt, dass die gemeinsame Erstellung von ToDo-Listen zur Koordination ebenfalls berücksichtigt werden sollte. Nach dem Vergleich zwischen Prozessen auf der Bürger-, sowie Verwaltungsseite halten wir eine bessere Integration der Begründungen bei einer abgelehnten Petition für wichtig, da diese zur Wiederverwendung von Petitionen oder zur Petitionsüberarbeitung beitragen.

Wie bei den Gründen zur Einreichung (vgl. Abs. 2.1.1), als auch in den Vorstudien zu sehen ist, spielt die *Bekanntmachung* eine zentrale Rolle. Je populärer eine Petition ist, desto höher die Wahrscheinlichkeit für Mitzeichner, desto aussichtreicher kann die Petition werden. Dies wird nicht hinreichend unterstützt (vgl. Abs. 2.1.2). Dies kann gesteigert werden durch eine bessere Anbindung an politische Portale (z.B. mitmischen.de), an Interessensverbänden (z.B. attac.de) oder an sozialen Netzwerken wie z.B. Facebook. Auch sehen wir Medienanstalten als weiteren Kanal, um mehr Mitzeichner zu gewinnen.

Die Möglichkeit über eine Petition diskutieren zu können, wurde nicht nur von den Probanden in allen Studien als sehr wertvoll erachtet. Tatsächlich ist die Nachvollziehbarkeit von Argumentationen bei größeren Diskussionen für potentielle Mitzeichner, als auch für Abgeordnete, schwierig und aufwendig. So besteht die Notwendigkeit für *Analyse- und Auswertungsfunktionen von Diskussionsforen*, damit die Beiträge mit in den Beurteilungs- und Beschlussprozess integriert werden können. Zudem sollten die Auswertungsprozesse und -

ergebnisse allen Seiten zur Verfügung stehen und die Festlegung von Analysekriterien könnte demokratisiert und technisch unterstützt werden.

Insbesondere in den Vorstudien wurde das Potential deutlich, durch webbasierte Systeme auch körperlich oder geographisch *eingeschränkten Personenkreisen*, den Zugang zur politischen Beteiligung zu ermöglichen. Zudem sehen wir Bedarf und Möglichkeiten durch computergestützte Systeme auch Personen mit Sprachdefiziten (z.B. Bürger mit Migrationshintergrund) z.B. durch Formulierungshilfen oder Vorlagen, besser zu integrieren.

Nach der Darstellung der einzelnen Bereiche, schließen wir aus unseren Untersuchungen, dass es wichtig ist, den *gesamten Petitionsprozess* in der Gestaltung von Petitionssystemen zu betrachten. So sollte der Petent neben den existieren Möglichkeiten (vgl. Abschnitt 2), auch bei der Informationsrecherche, bei der Ausarbeitung, sowie bei der Bekanntmachung unterstützt werden. Hinzukommen auch Rückfrage-, als auch Überarbeitungsroutinen im Petitionserstellungsprozess. Wichtig ist auch die Beziehung zwischen Petenten und Abgeordneten zu berücksichtigen, da ein beidseitiges Interesse besteht. Für Petenten ist es wichtig schon frühzeitig Abgeordnete für das Thema zu gewinnen. Für Abgeordnete wichtig, für sich interessante Petitionen und Meinungen frühzeitig zu erkennen.

4 Zusammenfassung

Das besondere öffentliche Interesse, welches Anwendungen aus dem Bereich der Societyware entgegen gebracht wird, verlangt danach, dass sich in deren Weiterentwicklung in besonderem Maße um Interessen und Arbeitsweisen der Bürger gekümmert wird. Wir haben herausgestellt, wie Arbeitsweisen der Petenten unterstützt werden sollten, um Online-Petitionssysteme im Bürgersinne weiter zu entwickeln. Diese Weiterentwicklungsprozesse sollten sich an Methoden halten, die Entwickler und Benutzer auf gleicher Augenhöhe behandeln und unterstützen (z.B. Infrastrukturieren nach Pipek und Wulf 2009).

Literaturverzeichnis

Grimm, R., Helbach, P., Mambrey, P. and Pipek, V., Elektronische Wahlen, elektronische Teilhabe, Societyware – Beherrschbare Systeme? Wünschenswerte Systeme? . in Informatik 2008 - Beherrschbare Systeme - dank Informatik, (2008), Springer, Berlin, 403-404.

Malina, A., Macintosh, A., & Davenport, E. (2001). E-petitioner: a monitoring and evaluation report. Edinburgh: International Teledemocracy Centre, Napier University, (March), 1-60.

Peter Mambrey, »Networked ICT to Foster e-Democracy?«, in: Electronic Government, hg. von Roland Traunmüller, 2004, Berlin, Heidelberg, New York: Springer, S. 31-35

Riehm, U., Coenen, C., & Lindner, R. (2009). Buergerbeteiligung durch E-Petitionen: Analysen von Kontinuitaet und Wandel im Petitionswesen. edition sigma.

Pipek, V. & Wulf, V. (2009) Infrastructuring: towards an integrated perspective on the design and use of information technology. Journal of Association for Information Systems, vol. 10, p. 447–473.

Whyte, A., & Renton, A. (2005). e-Petitioning in Kingston and Bristol: Evaluation of e-Petitioning in the Local e-Democracy National Project. *City*, (March), 1-56.

Bewegungsverfolgung für Präventions- und Rehabilitationsübungen: Evaluation des Kinect-Sensors und eines markerbasierten Systems

Andreas Wendleder*, Anne Grohnert*,
Stefan Klose**,Michael John**, Janka Siewert**

Technische Universität Berlin *
Fraunhofer Institut für Rechnerarchitektur und Softwaretechnik **

Zusammenfassung

Mit den Projekten Tivitrain und Reha@Home soll eine multimediale und motivierende Übungsplattform für gesundheitliche Prävention und Rehabilitation aufgebaut werden. Hierfür werden insbesondere Ansätze aus dem Serious Gaming mit einer medizinisch validen Bewegungsanalyse kombiniert. Als erster Schritt für die Auswahl der nötigen Sensorik wurde die Eignung und Präzision von marktüblichen Bewegungsverfolgungssystemen untersucht. Hierbei kamen jeweils ein markerbasiertes und ein markerloses System zum Einsatz. Zwei Übungen aus der Rehabilitation wurden simultan aufgenommen und miteinander verglichen. Basierend auf den Ergebnissen sollen in einem zweiten Schritt Verbesserungsvorschläge gegeben werden, wie solche Systeme an die qualitativ hohen Anforderungen von Ärzten und Therapeuten angepasst werden können.

1 Bewegungsverfolgung für gesundheitliche Prävention und Rehabilitation

Ein altersgerechtes Kraft- und Koordinationstraining wird im Alltag ständig benötigt, um einen Schutz für das gesamte Bewegungssystem zu bilden. Ein vorrangiges Prinzip des präventiven Gesundheitssports ist die Regelmäßigkeit seiner Realisierung sowie generell die Aufrechterhaltung eines aktiven Lebensstils. Kraft-, Koordinations- und Konditionstraining können helfen, die Bewegungs- und Funktionseinschränkung von älteren Arbeitnehmern und Menschen zu mindern (M. Kohli et al., 2000).Um die Patienten – nach der stationären Reha – langfristig an gesundheitssportliche Aktivitäten zu binden und sie zur Durchführung ergänzender Heimtrainigsprogramme zu bewegen, müssen spezielle Motivationsstrategien entwickelt werden (Pahmeier, 1999). Ein interaktives Übungsszenario, das im gesamten familiären Umfeld aktiv und spielerisch genutzt werden kann, könnte hier sehr erfolgreich sein.

Die Projekte TiviTrain[1] und Reha@Home[2] sollen dazu beitragen, diese Lücke zu schließen, indem die valide Erfassung und Ausführung von Bewegungsübungen im häuslichen Umfeld mittels innovativer Informations- und Kommunikationstechnik, Sensorik und Motivationsmethodik so unterstützt wird, dass ein nachhaltiger, medizinischen Kriterien genügender Übungserfolg gewährleistet wird. Für diesen Zweck ist es notwendig, bestehende Systeme und Sensoren hinsichtlich ihrer Qualität zu bewerten, um Wissen darüber zu erlangen, welche Komponenten und Eigenschaften verbessert werden müssen.

2 Anforderungen an die Bewegungsverfolgung aus therapeutischer Sicht

Rehabilitationsübungen sind in der Regel repetitive Bewegungen, die langsam und kontrolliert durchgeführt werden. Für die therapeutische Bewertung ist es notwendig, dass die Bewegungen begutachtet und bewertet werden. Während eines stationären oder ambulanten Klinikaufenthaltes erfolgt dies durch einen Therapeuten oder Arzt. Zur Erhöhung der Nachhaltigkeit ist es unerlässlich die Übungen auch nach dem stationären Aufenthalt im heimischen Umfeld mit einer gleichbleibend hohen Ausführungsqualität durchzuführen.

Im Folgenden werden die Anforderungen hinsichtlich der zu erzielenden Genauigkeit für die computergestützte Bewegungserfassung und -analyse beschrieben. Dafür werden zuerst die Bewegungen beschrieben, um davon ausgehend wichtige, zu berücksichtigende Bewegungsparameter abzuleiten. Die Bewegungsabläufe sind wie folgt charakterisiert:

Flankendehnung

Bei der Flankendehung wird zuerst die Grundstellung eingenommen. Der Übende steht dabei im schulterbreiten Stand (1-2 schulterbreit), beide Arme liegen locker seitlich an den Oberschenkeln an. Danach wird ein Arm seitlich über den Kopf geführt wobei der Oberkörper in die Richtung gekippt wird, in die sich der Arm bewegt. Zu erkennende Fehlstellungen sind: Hohlkreuz, Rundrücken, Überstreckung der Halswirbelsäule, Rotation und Abknicken der Wirbelsäule, Fußstellung geringer als hüftbreit, Füße werden vom Boden abgehoben, falscher Arm wird über den Kopf geführt, Arm wird auf dem Kopf abgelegt.

---

[1] siehe http://www.swt.tu-berlin.de/menue/forschung/projekte/tivitrain/

[2] http://www.first.fraunhofer.de/en/news/press_releases/rehahome_das_rehabilitationsprogramm_fuer_zuhause/

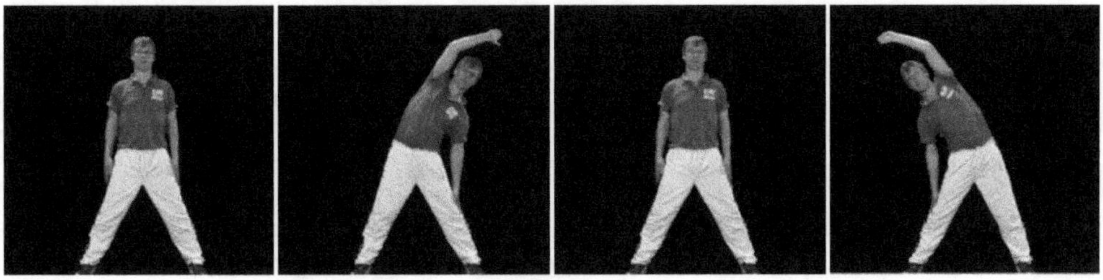

Abb. 1 Bewegungsamplitude bei der Flankendehnung

Dynamische Brückenstellung

Die dynamische Brückenstellung beginnt, indem sich der Patient auf den Rücken legt, die Knie anwinkelt und die Handflächen und Fußflächen auf den Boden auflegt. Danach wird die Hüfte angehoben, bis Schultern, Hüfte und Knie eine Gerade bilden. Die Position wird circa fünf Sekunden gehalten. Danach wird die Hüfte wieder in die Ausgangsstellung abgesenkt. Mögliche Fehlstellungen sind: nicht symmetrische Grundstellung, Hohlkreuzbildung, keine angewinkelten Beine, Hüfte zu wenig oder zu stark gehoben, zu langes Verharren in der Brückenstellung.

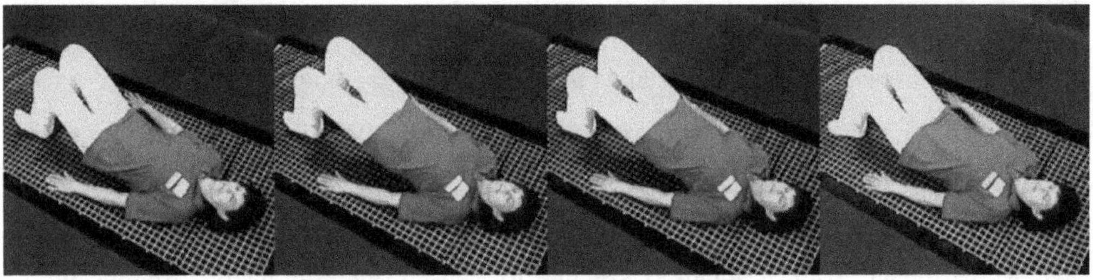

Abb. 2 Hüftanhebung bei dynamischer Brückenstellung

3 Evaluation der Bewegungsverfolgung

Die Gemeinsamkeit von markerlosen und markerbasierten Verfahren liegt in ihrer Aufgabe 3D-Bewegungsabläufe zu erfassen. Bei markerbasierten Verfahren wird ein IR-Kamerasystem aufgebaut, wobei je nach Komplexität der zu erfassenden Szene mindestens 6 Kameras um das Capturing Volume herum angeordnet sind. Am Probanden werden reflektierende Marker befestigt. Bekannte Systeme sind Imagemotion, das Vicon System sowie das hier verwendete Optitrack System.

Bei markerlosen Systemen erfolgt die Aufnahme mit einer oder mehreren RGB- oder Tiefenkameras. Um Bewegungen verfolgen zu können, muss im ersten Schritt der Mensch aus seiner Umgebung extrahiert werden. Aus dem Farbbild bzw. der Tiefenkarte kann dies über die Erkennung der Kontur und/oder Textur erfolgen (Viola & Jones, 2001; Wu & Nevatia, 2005; Gao et al., 2009; Zhu et al., 2010, Beleznai & Bischof, 2009). Anhand der 3D-

Punktwolke kann ein Skelett-Modell mit Hilfe geodätischer Abstände von Extrempunkten wie Hand, Fuß und Kopf gefunden (Plagemann et al., 2010; Ganapathi et al., 2010) oder anhand einer selbstorganisierenden Karte erstellt werden (Hacer et al., 2009). Für die hier beschriebene Evaluation der optischen Verfahren zur Bewegungsanalyse wurden jeweils ein markerloses und ein markerbasiertes Verfahren eingesetzt.

Das verwendete markerbasierte Motion-Capturing-System der Firma Optitrack besteht aus 6 Infrarotkameras vom Typ FLEX:V100R2, die in einem Kreis angeordnet sind. Der Proband trägt einen schwarzen enganliegenden Anzug, an dem 34 Marker angebracht sind. Die Kameras senden Infrarotstrahlen aus, die von den Markern reflektiert werden. Die Reflexionen sind für mehrere IR-Kameras sichtbar. Ist das System korrekt kalibriert, werden aus den aufgezeichneten Daten 3D-Positionen für alle Marker bestimmt. Aus diesen 3D-Punkten und unter Berücksichtigung eines biomechanischen Modells, kann in der Software Arena ein Skelett zusammengesetzt werden.

Als markerloses System kam die Kinect von PrimeSense und Microsoft zum Einsatz. Die Echtzeit-3D-Skeletterkennung der Kinect basiert auf Triangulation. Dazu sendet der Projektor ein für das menschliche Auge unsichtbares Infrarotpunktmuster aus. Die auf die Szene auftreffenden Punkte werden mit der Infrarotkamera erfasst. Das mittels Kinect erkannte Skelett besteht aus 15 Punkten (Kopf, Hals, Schultern, Ellenbogen, Hände, Torso (Bauchnabel), Hüfte, Knie und Füße). Zur Initialisierung des Skelettes muss der Nutzer die sogenannte Psi-Pose einnehmen. Nach erfolgreicher Initialisierung wird das erkannte Skelett in Echtzeit aktualisiert. Eine gleichzeitige Erkennung mehrerer Nutzer ist möglich.

Bei den Messungen sollte Robustheit und Genauigkeit der Bewegungsverfolgung für Rehabilitations-Übungen bestimmt werden. Dazu wurden mit beiden Systemen die Skelettanimationen beider Systeme mit einer Abtastrate von 30 Hz aufgezeichnet. Somit können die eingangs erwähnten Fehlstellungen und das Übungstempo (Geschwindigkeit der Extremitäten, Verharren an Umkehrpunkten) erkannt werden. Dafür wurden die Marker für das Optitrack System an der Versuchsperson angebracht und die Testperson vermessen.

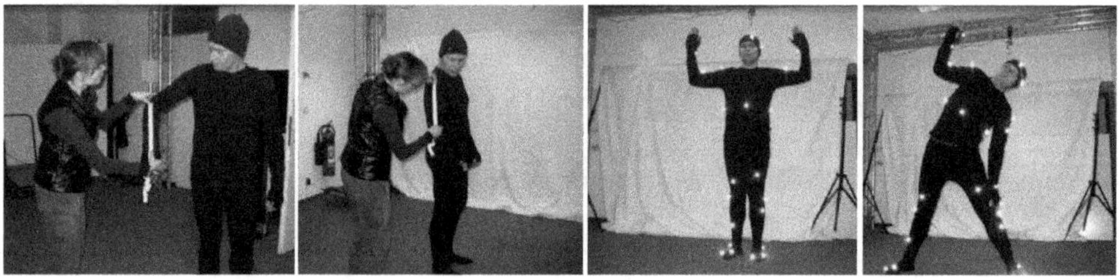

Abb. 3 Vermessene Versuchsperson mit angebrachten Markern

Anschließend wurden die beschriebenen Übungen durchgeführt und simultan mit beiden Systemen aufgezeichnet. Die Skelettdaten des markerbasierten Verfahrens wurden im BVH-Format exportiert und zur weiteren Analyse mittels eines Skriptes in Blender3D importiert. Die Kinect-Daten wurden mit Hilfe einer selbstgeschriebenen Software aufgenommen, bearbeitet und einem Blender3D-kompatiblen Format gespeichert. In Blender wurden die beiden

Animationen visualisiert, so dass ein Physiotherapeut sofort erkennen kann, ob die Übungen richtig ausgeführt wurden.

Um die Datensätze der Systeme vergleichen zu können, wurde eine Software geschrieben, die beide Skelettanimationen normalisiert, Ausreißer entdeckt und korrigiert, sowie die Abweichungen beider Skelette zueinander berechnet. Anhand der Anzahl der Ausreißer und deren Abweichungen kann anschließend ein Rückschluss über die ursprünglich durchgeführte Bewegung getroffen werden. Somit kann auch bestimmt werden, welches der beiden Systeme die besseren Ergebnisse lieferte.

4 Ergebnisse der Vergleichsmessungen

Die angestellten Messungen zeigten, dass weniger die Genauigkeit, als vielmehr die Robustheit der Messung der kritische Punkt für die Erstellung von 3D-Skelettanimationen darstellt. Abgesehen von einzelnen Ausreißern aufgrund verdeckter Marker, stimmten beide Systeme gut überein, das heißt, dass die Abweichungen 5 cm nicht überschritten. Obwohl die Erfassung der Marker und ihre Umrechnung in 3D-Koordinaten zumeist hervorragend funktionierten, gab es bei der Zuordnung dieser Punkte zu korrespondierenden Skelett-Segmenten erhebliche Probleme. Sobald Marker für einige Frames nicht sichtbar waren, positionierte die Software die noch erkannten Marker fehlerhaft. Dies führte zu unerwarteten Verrenkungen in der Darstellung. Die markerlose Lösung der Kinect ist hier um einiges robuster, so dass das Skelett auch bei unzureichender Datenlage weiterhin plausibel dargestellt werden kann.

Bei der bodennahen Übung wurden die Grenzen beider Systeme erreicht, da entweder zu viele Marker verdeckt wurden bzw. die Positionen der Marker auf eine stehende Stellung optimiert sind.

Beim markerlosen System wirkt sich die geringe Auflösung des Tiefenbildes negativ aus. Ein im Raum stehender Mensch ist aufgrund des großen Abstandes zu den Wänden sehr gut separierbar. Durch den geringen Tiefenunterschied zwischen Mensch und Boden, verschmelzen Testperson und Boden miteinander, so dass das erzeugte Skelett fehlerbehaftet ist.

Vor- und Nachteile der beiden Systeme:

	Kinect	Optitrack
Vorteile	Einfache Einrichtung, sehr gutes Preis-Leistungsverhältnis	Hohe Genauigkeit, schlechteres Preis-Leistungsverhältnis
Nachteile	Keine hohe Präzision der Messung	Hoher Einrichtungsaufwand aufgrund der Kalibrierung

5 Zusammenfassung und Ausblick

In diesem Paper wurden ein markerloses und ein markerbasiertes Motion-Capturing-System verglichen. Es wurden eine im Stehen und eine in Bodennähe durchzuführende Übung betrachtet.

Zusammenfassend kann gesagt werden, dass die Skeletterkennung der Kinect einen großen Verbesserungsschritt in der markerlosen Erfassung von Bewegungen darstellt. Bis auf die erwähnten Probleme bei der Erfassung von bodennahen Übungen ist die Erkennungsrate hervorragend für die vorgestellten Rehabilitationsübungen geeignet.

Die markerbasierte Lösung bedingt einen höheren Einrichtungsaufwand, erfasst die Testperson allerdings auch sehr gut. Bei der Zuordnung von Markern zu korrespondierenden Skelettsegmenten traten allerdings teilweise Probleme auf. Hier wäre eine Optimierung der Software wünschenswert, so dass Ausreißer entdeckt und korrigiert werden.

In der Zukunft sollen auch weitere – insbesondere im Sitzen durchzuführende – Rehabilitationsübungen sowohl mit den beiden vorgestellten Systemen als auch mit weiterer körpernaher Inertialsensorik analysiert werden.

Literaturverzeichnis

Beleznai, C. & Bischof, H. Fast Human Detection in Crowded Scenes by Contour Integration and Local Shape Estimation. In CVPR'09, 2009.

Ganapathi, V., Plagemann, C., Koller, D. & Thrun, S. Real time motion capture using a single time-of-flight camera. In CVPR'10, 2010

Gao, W., Ai, H. & Lao, S. Adaptive Contour Features in oriented granular space for human detection and Segmentation. In CVPR'09, 2009.

Hacer, M., Böhme, M., Martinetz, T. & Barth, E. Self-Organizing Maps for Pose Estimation with a Time-of-Flight Camera. In Dynamic 3D Imaging – Workshop in Conjunction with DAGM, volume 5724 of Lecture Notes in Computer Science, pages 142 – 153, 2009.

Kohli, M., Künemund, H., Motel, A. & Szydlik, M. Grunddaten zur Lebenssituation der 40-85-jährigen deutschen Bevölkerung. Ergebnisse des Alters-Survey. Berlin: Weißensee-Verlag, 2000.

Pahmeier, I. Barrieren vor und Bindung an gesundheitssportliche Aktivität. Eine Rahmenkonzeption und empirische Untersuchung zu Merkmalen für Abbruch und Bindung im Gesundheitssport unter Berücksichtigung der sportbezogenen Selbstwirksamkeit. Habilitation. Universität Bayreuth, 1999.

Plagemann, C., Ganapathi, V., Koller, D. & Thrun, S. Real-time Identification and Localization of Body Parts from Depth Images. In ICRA'10, 2010.

Viola, P. & Jones, M. Rapid Object Detection Using a Boosted Cascade of Simple Features. In Proc. IEEE Conference on Computer Vision and Pattern Recognition, 2001.

Wu, B. & Nevatia, R. Detection of Multiple, Partially Occluded Humans in a Single Image by Bayesian Combination of Edgelet Part Detectors. In CVPR'05, 2005.

Zhu, Y., Dariush, B. & Fujimura, K. Kinematic self retargeting: A framework for human pose estimation. In Journal Computer Vision and Image Understanding, vol. 114, pp. 1362 – 1375, 2010.

Entertainment Interfaces

Preface

Within the past years the market of entertainment products has seen an overwhelming growth and has become an important part of the creative industries. This steady growth is not only based upon the changing demographics of users of interactive entertainment. One important reason is the diversification of interactive entertainment products converting more and more casual users into active consumers. The motion-sensitive controllers of the Nintendo Wii game console, the music instruments of Guitar Hero and Rock Band, and also products like Microsoft's Kinect or Sony's Playstation Move offer innovative and user-friendly interfaces to attract new target groups. Computer- and videogames are not the only area the diversification changes: In the course of the growing media convergence new entertainment products evolve between the different fields of the creative industries. Interactive audio books, innovative toys and building blocks, game-based learning and serious games, virtual and augmented realities, and artistic installations and products give a first idea of the potential of this area.

For the second time the track Entertainment Interfaces offers researchers, developers and designers a platform to present innovative ideas in the area of interactive entertainment with a focus on interaction in games and other entertainment products and to discuss design challenges and the evaluation of entertainment interfaces. The aims of the track are to strengthen the awareness of the relevance of user-friendly and innovative interfaces for entertainment applications in the research community and in the public, to encourage the research activities and the education in this field, and to foster the knowledge transfer between researchers and developers. The interdisciplinary background of the Entertainment Interfaces track brings together researchers from the areas of computer science, psychology, design and engineering sciences as well as contributions from developers and designers working in the field of interactive entertainment.

We like to thank Maximilian Eibl and his team for their excellent support of this year's Entertainment Interfaces track and all authors who contribute to the track with their papers, demonstrations, poster or workshop submissions. After a great kick-off at last year's Mensch & Computer in Duisburg we are very pleased to see the growing interest in the topics of our track and look forward to interesting presentations and exciting discussions in Chemnitz!

Maic Masuch, Matthias Rauterberg, Jörg Niesenhaus

Exergaming for Elderly: Analyzing Player Experience and Performance

Kathrin M. Gerling, Jonas Schild, Maic Masuch

Entertainment Computing Group, University of Duisburg-Essen

Abstract

Although research results suggest that playing physically exerting games has a positive impact on senior citizens' overall well-being, commercially available products are rarely designed with senior users in mind. In this paper, we present an evaluation including Nintendo Wii Fit balance games and our own interaction prototype *SilverBalance* aimed to examine the accessibility and overall feasibility of the Nintendo Balance Board as input device among elderly players. In this context, we compared the gaming performance of active senior citizens and members of a full-care nursing home who require extensive care and are dependent on assistive devices when walking. While the results show that age-related impairments do have an impact on the use of video games among frail elderly in terms of player performance, they also suggest that the individual enjoyment of engaging in games is not affected by age and may therefore represent a promising opportunity for future game design efforts.

1 Introduction

Recent results of case studies exploring the use of digital games among elderly persons suggest a variety of positive effects on the well-being of senior citizens (Jung et al. 2009; Pigford 2010; Rosenberg et al. 2010). Yet, only few games are designed for the growing target audience of persons aged 50 and older, and it is suggested that many commercially available entertainment systems are not suitable for frail elderly (Gerling et al. 2010; Gerling & Masuch 2011). This is especially important in the context of exertion game design: Age-related changes such as cognitive impairments, decrements in motor skills as well as posture and balance and the impact of chronic diseases severely influences the use of digital games among senior citizens (Birren & Schaie 2011; Czaja & Lee 2008; Gamberini et al. 2006) and may be problematic in terms of engaging with physically challenging games.

Wii Fit, the release title for the Wii balance board (Nintendo 2010), features numerous yoga and muscle workouts and a variety of mini games such as skiing, snowboarding or rope walking which aim to improve the player's balance. Preliminary research results suggest that engaging with Wii Fit and similar games may positively influence the well-being of elderly persons (Rosenberg et al. 2010), but also mention certain negative aspects regarding usability and accessibility such as the risk of injury or general game design issues (Hanneton & Varenne 2009; Pigford 2010). However, because available research strongly focuses on user experience and emotional well-being, little data exploring the accessibility of exertion games among elderly players is available.

In this paper, we aim to examine the suitability of commercially available exergames using the example of Wii Fit. The focus of the study lies on adult players, particularly examining differences between active and frail elderly persons. Furthermore, the accessibility and usability of Wii Fit is compared to the research tool *SilverBalance*, which was developed based on design considerations for the design of exertion games addressing frail elderly.

2 Related Work

The issue of game development for elderly persons has been addressed by previous academic work. During the 1980s, Weisman (1983) examined the use of digital games among institutionalized elderly and suggests the implementation of clear visuals and generally adjustable games for elderly audiences. This idea is supported by Ijsselsteijn et al. (2007), who recommend the creation of visually adjustable games which provide multimodal feedback. Additionally, Flores et al. (2008) have addressed the design of games for rehabilitation and highlight the importance of therapy-appropriate interaction paradigms as well as adequate cognitive challenges. Besides addressing the design of usable and accessible game mechanics, De Schutter and Vanden Abeele (2008) highlight the importance of meaningful play among elderly audiences, who are strongly interested in benefitting from play on a personal level, e.g. by educating themselves instead of engaging in play for mere entertainment. Additionally, research has examined the acceptance of digital games among senior citizens as well as the impact of playing games on elderly persons. Preliminary results of gaming sessions in nursing homes report a general interest in engaging with digital games (Ulbrecht et al. 2010). Furthermore, studies presenting exertion games to elderly persons report positive effects on their overall well-being (Jung et al. 2009) and a reduction of the risk of depression among institutionalized elderly (Rosenberg et al. 2010). Also, commercially available digital games with exertive elements have successfully been applied in physical therapy to reduce the risk of falls (Pigford 2010).

In terms of creating physically exerting games, research has mainly focused on providing design recommendations for younger audiences. Sinclair et al. (2007) present an analysis of commercially available exergames and highlight the importance of enjoyable game elements as motivational factors to foster physical activity among children and teenagers. Mueller and Agamanolis (2007) highlight the potential of exertion games in fighting obesity, providing entertainment software and augmenting regular sport experiences. An approach towards providing adjustable exergames to address individual user needs is presented by Göbel et al. (2010), who implement biofeedback to adjust in-game challenge to the player's skills. Regarding the design of exertion games for elderly players, little research is available, and first pilot studies rather focus on adult players in general. It is suggested that exertion games for frail elderly players should account for different interaction paradigms allowing the player to engage in play while sitting or standing to account for physical limitations. Furthermore, quick movements should be avoided to reduce the risk of injury, and games should feature an adjustable level of difficulty. Finally, it is recommended to focus on simple interaction mechanisms to account for the lack of gaming experience among the target audience (Gerling et al. 2010).

3 SilverBalance

SilverBalance was designed to assess basic interaction and game design for senior players using the Nintendo Balance Board. The game prototype features two balance tasks and a minimalistic, focused visualization of game play as suggested by previous work (Gerling et al. 2010). Our preliminary focus group test showed that two specific considerations in the design process help to ensure accessibility for an elderly audience:

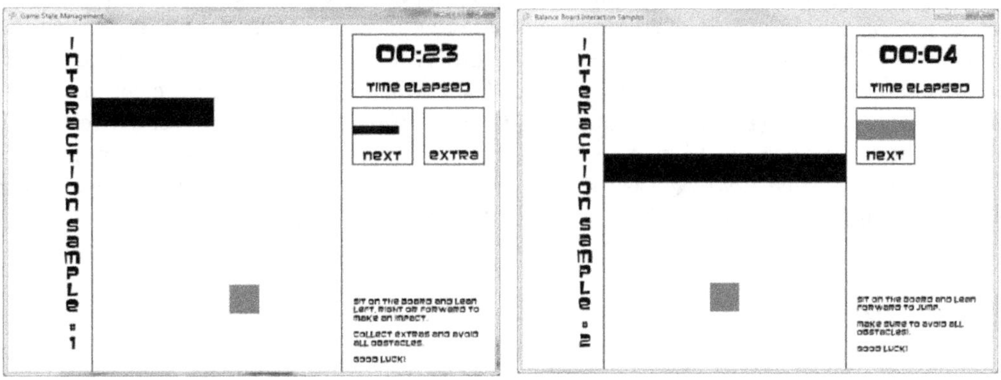

Figure 1: Balance Task #1: Jump, Balance Task #2: Avoid

First, a simplistic design of the graphical user interface accounts for reduced visual and cognitive abilities and allows a user to focus on game play instead of being distracted by animations or other graphical effects. Second, the sensor configuration of *SilverBalance* supports navigation in two positions as players may decide whether they want to engage in play while sitting with their feet placed on the board or standing. Thereby, different physical abilities are accounted for. In the following, we present the two game tasks of *SilverBalance*, Jump and Avoid. The core objective in both tasks is to avoid obstacles through body activity. Once a task is completed, the player receives feedback regarding the individual performance which is quantified through high scores for avoided obstacles and the overall playing time.

3.1 SilverBalance Task #1: Avoid

SilverBalance Task #1 requires the player to avoid obstacles which slowly move from the top of the screen down to the bottom where the red player icon is located (cf. fig. 1). Obstacle alignment to either sides of the screen is random, and each obstacle slowly proceeds to the bottom of the game area during the course of play. The player icon is controlled by executing force on the left or right area of the Balance Board. Additionally, two bonus items are included which affect the player's status for a period of ten seconds. If a yellow bonus is collected, player speed is reduced and the player needs to plan ahead in order to avoid obstacles. If the player picks up a green bonus item, shifting his/her weight to the left will cause the virtual player representation to move to the right and vice versa. Thereby, we try to introduce small cognitive challenges which may be integrated into more complex game mechanics at a later point. The goal of the Avoid-task is to hold on avoiding obstacles as long as possible while their speed continuously increases with every turn.

3.2 SilverBalance Task #2: Jump

In the second balance task, the obstacles stretch across the whole width of the game area and have to be avoided by jumping over them. The player enters the jump state by putting pressure onto the upper area of the Balance Board. It has to be held at a constant pressure level on as long as an obstacle is overlapping with the red player icon. As the obstacles differ in thickness, the player has to sustain pressure for different duration times. The required weight shift is intended to correspond with the induced shift when getting up from a chair, hence we expect players to be familiar with the physical activity required to transition between both game states. Therefore, we try to ease an entry into play for users without prior gaming experience. As with *SilverBalance* Task #1, speed gradually increases during the course of the game until the user fails to avoid collision and the player icon touches an obstacle.

4 Wii Fit

Wii Fit is the release title for the Wii Balance Board designed by Nintendo (2010). The game features numerous yoga and muscle workouts and a variety of mini games such as skiing or rope walking which aim to improve the player's balance.

Wii Fit Balance Games

Based on the aforementioned features of *SilverBalance*, two Wii Fit balance games implementing similar interaction paradigms were selected for further evaluation. Wii Fit slalom skiing offers a downhill skiing track on which different obstacles have to be passed. The interaction paradigm associated with this game mechanic requires the player to shift his weight on the balance board left or right in order to move to the left or to the right and pass obstacles. Furthermore, the player may lean forward to speed up and backwards to slow down. Thus, the interface implementation is comparable to the interaction paradigm introduced in *SilverBalance* task #1. To measure player performance, the total completion time as well as the number of missed obstacles are tracked. Wii Fit ski jumping requires the player to speed up on a jump by leaning forward while squatting down and then to stretch his legs to take a jump. Likewise, *SilverBalance* task #2 offers the player the possibility of putting pressure on the upper sensors of the board by leaning forward, but is not required to squat first. Player performance is measured by providing information on the length of each jump.

Generally speaking, the majority of games features input paradigms closely related to the actions displayed within the game so that the player can simply imitate real movements, e.g. swinging from side to side when skiing or carefully stepping on the rope. While this may be advantageous in terms of intuitive input, we found that a basic requirement of these games is that the player is safely standing on the board and is able to move freely within the radius of an arm's length. This may be problematic for an elderly audience with regards to their physical limitations. Furthermore, some of the games require fast responses at a generally high game pacing. This may lead to quick, uncoordinated reactions with wide shifts of the player's center of gravity. Additionally, previous research results suggest that elderly players quickly immerse in Wii Fit and are easily distracted by the action on the screen (Hanneton & Varenne 2009). Thus, their attention shifts from their movements and safety to in-game action which may further increase the risk of injury.

5 Evaluation

The goal of the evaluation was to collect formal data of seniors from two different age groups regarding three key aspects: The Game Experience Questionnaire (GEQ) (Ijsselsteijn et al.) should give a general first impression on the experience of seniors with exergames. Second, we specifically asked them about safety and usability experiences with the balance board, comparing Wii Fit and *SilverBalance*. Finally, we also collected performance data during play to include objective information regarding the players' achievements.

5.1 Participants and Procedure

The evaluation was realized in two units. First, the game was presented to senior citizens without major impairments in a lab setting (Group 1). Second, the game was tested among members of a full-care nursing home (Group 2). In total, 16 persons participated in the evaluation. The average age within group 1 was 58 (Range: 54 to 65), the average age within group 2 was 82 (Range: 67 to 91). All of the subjects within group 2 suffered from age-related decrements in motor skills and were dependent on assistive devices when walking. None of the participants were avid gamers, or had prior experience playing exergames.

At the beginning of the evaluation, all participants received a short briefing regarding their tasks and the structure of the study. Then they were asked to fill in the first part of the questionnaire which included personal details. Additionally, it was verified that none of the participants suffered from diseases which would put them in danger when participating in exertion games. This step was followed by the first playing session during which the subjects were invited to play Wii Fit slalom skiing (WF_Slalom) and ski jumping (WF_SkiJump). Each game was repeated three times. Afterwards the second part of the questionnaire was answered. Finally, the participants played each *SilverBalance* task (SB_Avoid, SB_Jump) three times and filled in the last part of the questionnaire.

5.2 Game Experience Questionnaire (GEQ)

The GEQ was included in our evaluation in order to gain insight into personal experiences and feelings of the participants regarding their perception of the Wii Fit balance games. It measures seven dimensions aiming to examine the individual user experience, which are each represented by six 5-level Likert-scale items (0 = completely disagree to 4 = absolutely agree). Unfortunately, the group of frail elderly persons was unable to answer this part of the questionnaire due to its length and the impact of age-related decrements. Therefore, the GEQ was only included in the questionnaire for the group of active senior citizens. Thus, only a limited number of subjects (N=9) participated in the more extensive version of the evaluation. Figure 2 shows the results which suggest a positive gaming experience due to the high scores for *positive affect* (M=2.72, SD=0.28) and low values for *negative affect* (M=0.31, SD=0.25) and *tension* (M=0.70, SD=0.95). The remaining values for *challenge* as well as *immersion* and *flow* are at average levels while the level of perceived competence is low (M=1.20, SD=0.27).

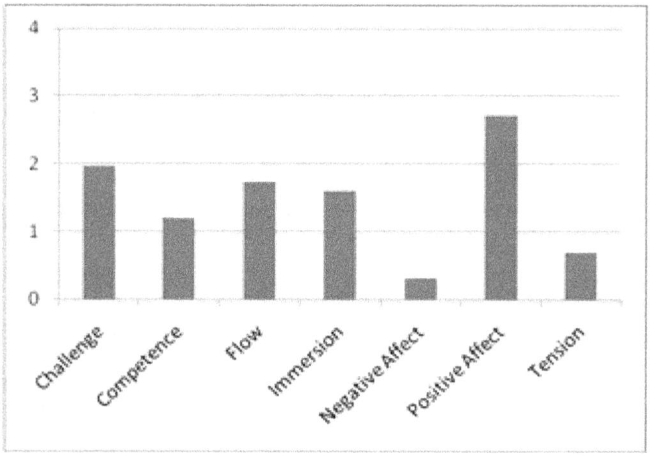

Figure 2: Mean results of the Game Experience Questionnaire (GEQ).

5.3 Quantitative Evaluation

The questionnaire consists of a set of ten 5-level Likert-scale items (0 = completely disagree to 4 = absolutely agree, 2 = neutral) for each of the two games (WF=Wii Fit, SB=*SilverBalance*). Table 1 provides an overview of the questionnaire, table 2 gives the descriptive results in arithmetic mean (*M*), median (*MD*), and standard deviation (*SD*) for each game among the two groups. The small group sizes (N_{Gr1}=9; N_{Gr2}=7) did not allow for assuming normal distributions. We thus applied a non-parametric Mann-Whitney *U* test to analyze significance (exact sig., 2*1-tailed) of these results.

All groups agreed ($MD \geq 3$) on having fun to use the board ($Q1_{WF}$) with both games. The small differences between the groups for Wii Fit and *SilverBalance* (for each MD_{Gr1}=3;

MD_{Gr2}=4) were neither significant for WF (U = 16.0, p = .114) nor for SB (U = 21.0, p = .299). Despite Q1 and Q7, using the balance board with the Wii Fit game (WF-condition) was rated significantly different for all items between the two groups: Group 2 disagrees with unproblematic usage, while group 1 gives a neutral rating ($Q2_{WF}$: MD_{Gr1} = 2, MD_{Gr2} = 1, U = 5.0, $p \leq .01$). Similarly in comparison to group 2, group 1 could more easily keep their balance ($Q3_{WF}$: MD_{Gr1} = 3, MD_{Gr2} = 1, U = 10.0, $p \leq .05$), they rated the design more positively ($Q4_{WF}$: MD_{Gr1} = 3, MD_{Gr2} = 2, U = 8.0, $p \leq .05$). They stated no problems with being afraid to fall off the board ($Q5_{WF}$: MD_{Gr1} = 0, MD_{Gr2} = 3, U = 0.0, $p \leq .01$) and did not require grabbing a hold of something, completely opposed to group 2 ($Q6_{WF}$: MD_{Gr1} = 0, MD_{Gr2} = 4, U = 0.0, $p \leq .01$). Both groups did not see much help given by the board to quickly react to play situations ($Q7_{WF}$: MD_{Gr1} = 2, MD_{Gr2} = 1, U = 16.5, p =.114). Albeit, the difficulty of play was judged indifferently, as only group 2 agreed on having problems with the game speed ($Q8_{WF}$: MD_{Gr1} = 1, MD_{Gr2} = 3, U = 7.0, $p \leq .01$) and with performing movements ($Q9_{WF}$: MD_{Gr1} = 1, MD_{Gr2} = 3, U = 7.5, $p \leq .01$). They also felt less safe while using the board than group 1 ($Q10_{WF}$: MD_{Gr1} = 3, MD_{Gr2} = 1, U = 7.0, $p \leq .01$).

Q1:	It was fun to use the board.
Q2:	Usage of the board was possible without problems at any time.
Q3:	I never lost my balance while using the board.
Q4:	The form and design of the board are optimal for me.
Q5:	I was afraid to tumble or to fall off the board.
Q6:	I required balance support while standing on the board.
Q7:	Thanks to the board, I could quickly react to all play situations.
Q8:	I feel that the game was going too fast for me.
Q9:	Some of the movements were difficult to perform.
Q10:	I felt safe using the board.

Table 1: Questionnaire items.

In comparison to these findings on Wii Fit, both groups only show marginal differences with judging *SilverBalance* using the same board, none of which are statistically significant. The board was fun to use while playing *SilverBalance* ($Q1_{SB}$: MD_{Gr1} = 3, MD_{Gr2} = 4) and unproblematic to use ($Q2_{SB}$: MD_{Gr1} = 4, MD_{Gr2} = 4). Both groups reportedly never lost balance ($Q3_{SB}$: MD_{Gr1} = 4, MD_{Gr2} = 4) and rated the design as rather optimal ($Q4_{SB}$: MD_{Gr1} = 3, MD_{Gr2} = 3). They were not afraid to tumble ($Q5_{SB}$: MD_{Gr1} = 0, MD_{Gr2} = 0) and did not require balance support, despite all members of group 2 either using a rollator or a wheelchair ($Q6_{SB}$: MD_{Gr1} = 0, MD_{Gr2} = 1). The board was regarded as supportive in quickly reacting to the game ($Q7_{SB}$: MD_{Gr1} = 3, MD_{Gr2} = 3). The game was neither too fast ($Q8_{SB}$: MD_{Gr1} = 0, MD_{Gr2} = 1) nor were the requested movements too difficult ($Q9_{SB}$: MD_{Gr1} = 0, MD_{Gr2} = 0). Both groups felt safe while using the board ($Q10_{SB}$: MD_{Gr1} = 4, MD_{Gr2} = 3).

Looking at the different ratings for the two games within each group, group 1 rates the following items significantly different: $Q2_{G1}$ (MD_{WF} = 2, MD_{SB} = 4 , U = 18.5, $p \leq .05$), $Q7_{G1}$ (MD_{WF} = 2, MD_{SB} = 3, U = 17.5, $p \leq .01$), $Q8_{G1}$ (MD_{WF} = 1, MD_{SB} = 0, U = 17.0, $p \leq .05$), and $Q9_{G1}$ (MD_{WF} = 1, MD_{SB} = 0, U = 18.5, $p \leq .05$). Group 2 rates all items despite Q1 significantly different for the two games: $Q2_{G2}$ (MD_{WF} = 1, MD_{SB} = 4 , U = 0.0, $p \leq .01$), $Q3_{G2}$

($MD_{WF} = 1$, $MD_{SB} = 4$, $U = 0.0$, $p \leq .01$), $Q4_{G2}$ ($MD_{WF} = 2$, $MD_{SB} = 3$, $U = 5.0$, $p \leq .05$), $Q5_{G2}$ ($MD_{WF} = 3$, $MD_{SB} = 0$, $U = 0.0$, $p \leq .01$), $Q6_{G2}$ ($MD_{WF} = 4$, $MD_{SB} = 1$, $U = 0.5$, $p \leq .01$), $Q7_{G2}$ ($MD_{WF} = 1$, $MD_{SB} = 3$, $U = 1.5$, $p \leq .01$), $Q8_{G2}$ ($MD_{WF} = 3$, $MD_{SB} = 1$, $U = 1.0$, $p \leq .01$), $Q9_{G2}$ ($MD_{WF} = 3$, $MD_{SB} = 0$, $U = 0.0$, $p \leq .01$), and $Q10_{G1}$ ($MD_{WF} = 1$, $MD_{SB} = 3$, $U = 2.0$, $p \leq .01$).

	WF_Gr1			WF_Gr2			SB_Gr1			SB_Gr2		
	M	MD	SD	M	MD	SD	M	MD	SD	M	MD	SD
Q1	2.89	3	0.78	3.57	4	0.53	3.22	3	0.83	3.71	4	0.49
Q2	2.67	2	0.87	1.00	1	0.82	3.56	4	0.73	3.57	4	0.53
Q3	2.33	3	1.22	0.86	1	0.69	3.22	4	1.30	3.57	4	0.53
Q4	2.89	3	0.60	1.57	2	0.98	3.33	3	0.50	3.00	3	0.58
Q5	0.00	0	0.00	3.14	3	0.69	0.22	0	0.67	0.00	0	0.00
Q6	0.00	0	0.00	3.71	4	0.76	0.33	0	1.00	0.71	1	0.76
Q7	2.00	2	0.71	1.29	1	0.76	3.33	3	0.71	3.29	3	0.76
Q8	1.67	1	0.87	3.14	3	0.69	0.67	0	0.87	1.29	1	0.49
Q9	1.56	1	1.13	3.29	3	0.76	0.67	0	1.41	0.14	0	0.38
Q10	2.78	3	0.67	1.14	1	1.07	3.44	4	0.73	3.43	3	0.53

Table 2: Descriptive questionnaire results.

For each game, we measured different factors of performance. We asked the participants to perform three trials for each game (Wii Fit and *SilverBalance*). Wii Fit consisted of two tasks, WF_SkiJump and WF_Slalom. We had to drop WF_SkiJump as only two participants of group 2 were able to play the game. Maximum points can be reached by achieving shortest duration times and least missing goals. In WF_Slalom group 1 members in average finished the track in 42.17 sec in average while missing 7.7 goals. Group 2 took 45.17 sec in average and missed 11.2 goals. If we regard group 1 as baseline, group 2 achieves 93% of time performance and 69% in hitting goals. We equally combine these two factors in a total performance of 82% for WF_Slalom. *SilverBalance* also consisted of two tasks: SB_Avoid and SB_Jump. SB_Avoid features the same functionality as WF_Slalom but different objectives: the goal is to play for the longest time without hitting an obstacle plus the number of passed obstacles. In average group 2 (88.76 sec, 15.7 obstacles) shows a combined performance of 47% (52% time, 41% goals) compared to group 1 (169.59 sec, 38.6 obstacles). SB_Jump also takes the maximum duration time without failing to jump and counts the number of passed obstacles. Here group 2 (64.43 sec, 24.7 obstacles) reaches 61% (78% time, 44% obstacles) of group 1 (82.37 sec, 24.6 obstacles).

In summary, we found differences in performance for all games indicating a worse performance of group 2 compared to group 1. The results indicate a larger performance gap between the two groups for *SilverBalance* tasks than for WF_Slalom, although the small number of samples does not allow for a comprehensive statistical comparison. To conclude, such a gap in performance occurs despite given differences in gameplay and balancing between all tasks.

5.4 Discussion of Results

The results of the GEQ indicate a positive game experience with exertion games in general that is affected by a perceived low competence during play. Possible reasons could be a lack of gaming experience and thus a longer learning period, and the necessity to follow one's own movements rather than focusing on on-screen action. The results are only valid for the mobile senior group, as GEQ testing with frail elderly was not possible. An appropriate version of the GEQ for special user groups should be developed in the future. This would allow for multiple testing sessions in order to evaluate Wii Fit and *SilverBalance*.

The questionnaire with questions related to exertion aspects on the Balance Board addressed this issue with both groups. The results show different ratings between the two groups for Wii Fit. In contrast to group 1, group 2 clearly had problems in handling the game. However, both groups were equally positive on SB. Group 1 judged *SilverBalance* to be less problematic to use and indicated a better perceived support through the balance board in mastering game situations. They did not feel overstrained concerning speed and body movements. Group 2 judged all items except for Q1 more positively for *SilverBalance* than for Wii Fit: They felt safer, perceived better game control, and were less afraid while using the board. Regarding the playing performance, both games evoked differences between the groups. In average, group 1 played faster and less error-prone than group 2. In contrast to the more positive perception of playing *SilverBalance* compared to Wii Fit, *SilverBalance* tasks show even more severe differences in performance between the two groups as Wii Fit. In summary, the two groups judge their own efficacy independent of the final performance.

General observations during the evaluation show that elderly players need additional feedback in order to learn how to interact with the game. During the gaming sessions, comments such as "*It is all my fault!*" or "*I am too old and slow to win that game!*" were frequently made by frail elderly players. This suggests that they tend to attribute failure intrinsically rather than blaming the game, which may cause difficulties regarding their perceived self and ultimately affect their perception of digital games. Furthermore, the reduced graphical style and simplicity seem to add to perceived safety in bodily exertion on the balance board. Reduced and structured information onscreen potentially allows for an increased focus on body movements. Also, the results suggest that *SilverBalance* is more accessible to persons who have lost the ability of walking independently as the possibility of sitting down during play facilitates the playing process while the execution of physical input remains possible.

6 Conclusion and Future Work

While active senior citizens may still be able to engage in commercially available exertion games, the evaluation results suggest that differences in mobility and physical abilities affect the use of exertion games among frail elderly persons. In this context, the safety of players is crucial to reduce the risk of injury and to allow seniors to engage in play according to their individual physical ability. Hence, it is necessary to develop games particularly addressing elderly target audiences, as commercially available solutions only partially address this need.

Also, the evaluation results suggest large differences between the performance of active and frail elderly persons. This emphasizes the need for different gaming concepts depending on the agility of the particular target audience instead of merely addressing a 50+ demographic. In this context, further research with a focus on the impact of age-related changes on different structural elements of games should be carried out. Such studies have to overcome certain challenges in evaluating elderly people: Shorter attention spans, the acceptance of repeated measures designs, the adaptability to facility schedules, and addressing a heterogeneous group of seniors with a broad variety of abilities and gaming literacy.

Future work includes the creation of a game concept particularly addressing frail elderly persons. It is planned that the concept optimizes both interaction paradigms and general gameplay for an elderly audience with a focus on physical and cognitive limitations of frail senior citizens living in full-care nursing homes. Furthermore, it is planned to introduce a user-centered design process featuring an elderly focus group to ensure an early adjustment of the game to its target audience and to further explore the possibility of designing physical activity encouraging games for frail elderly players.

References

Birren, J.E. & Schaie, K.W. (2001). *Handbook of the Psychology of Aging.* San Diego, CA, USA: Academic Press.

Boschmann, L.R. (2010). Exergames for Adult Users: A Preliminary Pilot Study. *Proceedings of FutuRePlay 2010*, Vancouver, BC, Canada.

Czaja, S. J., & Lee, C. C. (2008). Information Technology and Older Adults. In *The Human Computer Interaction Handbook*, A. Sears & J. A. Jacko, Eds. New York, New York, USA: Lawrence Erlbaum Associates.

Flores, E., Tobon, G., Cavallaro, E., Cavallaro, F. I., Perry, J. C., & Keller, T. (2008). Improving patient motivation in game development for motor deficit rehabilitation. *Proceedings of the 2008 International Conference on Advances in Computer Entertainment Technology.* DOI= http://doi.acm.org/10.1145/1501750.1501839.

Gamberini, L., Alcaniz, M., Barresi, G., Fabregat, M., Ibanez, F. & Prontu, L.. (2006). Cognition, technology and games for the elderly: An introduction to ELDERGAMES Project. *PsychNology Journal*, 4(3): 285-308. DOI= 10.1007/s101110050006.

Gerling, K.M., Schild, J., Masuch, M. 2010. Exergame Design for Elderly Users: The Case Study of SilverBalance. *Proceedings of the 2010 International Conference on Advances in Computer Entertainment Technology*, Taipei, Taiwan.

Gerling, K.M. & Masuch, M. (2011). When Gaming is not Suitable for Everyone: Playtesting Wii Games with Frail Elderly. *Proceedings of the 1st Workshop on Game Accessibility: Xtreme Interaction Design,* Bordeaux, France.

Göbel, S., Hardy, S., Wendel, V., Mehm, F., & Steinmetz, R. (2010). Serious Games for Health – Personalized Exergames. *Proceedings of MM '10*, Firenze, Italy.

Hanneton, S. & Varenne, A. (2009). Coaching the Wii: evaluation of a physical training experiment assisted by a video game. IEEE *International Workshop on Haptic Audio Visual Environments and Games*, 2009. DOI=10.1109/HAVE.2009.5356134.

Ijsselsteijn, W.A., de Kort, Y.A.W., & Poels, K. (unpublished). *The Game Experience Questionnaire: Development of a self-report measure to assess the psychological impact of digital games.*

Ijsselsteijn, W., Nap, H.H. & de Kort, Y. (2007). Digital Game Design for Elderly Users. *Proceedings of FuturePlay 2007*, Toronto, Canada.

Jung, Y., Li, K.J., Janissa, N.S., Gladys, W.L.C. & Lee, K.M. (2009). Games for a Better Life: Effects of Playing Wii Games on the Well-Being of Seniors in a Long-Term Care Facility. *Proceedings of the Sixth Australasian Conference on Interactive Entertainment*, Sydney, Australia.

Mueller, F. and Agamanolis, S. (2007). Exertion Interfaces. *CHI '07 Extended Abstracts on Human Factors in Computing Systems*, San Jose, CA, USA.

Nintendo of Europe, (2010). *Wii Fit Balance Board.* Available at http://www.nintendo.de/NOE/de_DE/games/wii/wii_fit_2841.html, last access: 29.06.2010.

Pigford, T. (2010). Feasibility and Benefit of Using the Nintendo Wii Fit for Balance Rehabilitation in an Elderly Patient Experiencing Recurrent Falls. *Journal of Student Physical Therapy Research*, 2(1), 12-20.

Rosenberg, D., Depp, C. A., Vahia, I.V., Reichstadt, J., Palmer, B. W., Kerr, J., Norman, G. & Jeste, D. V. (2010). Exergames for Subsyndromal Depression in Older Adults: A Pilot Study of a Novel Intervention. *American Journal of Geriatric Psychiatry*, 18(3), 221-226.

De Schutter, B. & Vanden Abeele, V. (2008). Meaningful Play in Elderly Life. *Proceedings of the 58th Annual Conference of the International Communication Association*, Montreal, Canada.

Sinclair, J., Hingston, P. & Masek, M. (2007). Considerations for the design of exergames. *Proceedings of the 5th Inter-national Conference on Computer Graphics and Interactive Techniques in Australia and Southeast Asia*, Perth, Australia.

Ulbrecht, G., Wagner, D. & Gräßel, E. (2010). *Pilotstudie zur möglichen Wirksamkeit von Sportspielen an der Wii-Konsole bei Pflegeheimbewohnerinnen und –bewohnern.* Available at http://www.diakoniebayern.de/uploads/media/Wii_Forschungsbericht_Kurzfassung_01.pdf, last access: 08.06.2010.

Weisman, S. (1983). Computer Games for the Frail Elderly. *Gerontologist*, 23(4), 361-363.

Contact Information

Kathrin Gerling, M.Sc.
Entertainment Computing Group
University of Duisburg-Essen
Forsthausweg 2
D-47057 Duisburg

E-Mail: {kathrin.gerling, jonas.schild, maic.masuch}@uni-due.de
WWW http://medieninformatik.uni-due.de

GameDNA: Towards Game Notation for Discourse and Player Actions

Christof van Nimwegen, Herre van Oostendorp[1], Michael Bas[2],
Joost Modderman[3]

Department of Information and Computing Sciences, Utrecht University [1]
Ranj serious games [2]
GITP Research [3]

Abstract

In the current game practice there is a need for richer game grammars or ways of notation. Existing methods are not sufficiently able to accommodate the players' mental states and actions during the game; we need better ways to visualize cognitive aspects within the player and the game events. In this project a Serious Game Studio, a Computer Science department and an HRD consultancy firm cooperate on a living case-study, a serious game to measure "Compliance" for job assessment in order to uncover individual traits (here: Compliance) in a structural manner. This paper describes the first concepts and progress of GameDNA (Game Discourse Notation and Analysis), a method to notate, analyze and visualize cognitive actions of players and interactive aspects during play.

1 Introduction

Well designed serious games captivate and engage players for a specific purpose, e.g. learning material or training on specific situations. They provide engaging environments despite their non-entertainment purpose. Players endeavor in higher order cognitive skills such as decision making, information-handling, acting in organizational problems, and can take risks, explore options, learn from their actions, and receive feedback. A trend today is the use of serious games to uncover individual personality traits of people, for example in job assessments. A game with the goal of assessment involves uncovering personal traits, skills and capabilities (or deficiencies) present in people. Personality tests have been in use for a long time for employee selection, team building or training, such as paper tests, interviews, or computerized versions of these, but there are disadvantages, e.g. the fact that it is often too easy to give socially desirable answers. Accommodating assessment in a game could provide a richer, less predictable and more immersive context. Players might act more natural and intuitive than when holding a pen and, thus contributing to the validity of measurements.

In the design and development of games, be it in the creative process, development phase or in communication between teams, the notation, visualization, analysis and description of the game and its structure is important. There are many ways to describe games, some more formal than others, such as structure diagrams, rule sets, state transition diagrams, storyboards, game mechanics visualizations, flowcharts, or Use Case diagrams. However, during the last years, from various sources the need for richer and more formalized game grammars or notations becomes prevalent. One well known advocate for a better design vocabulary for games is Church (1999), who mentioned the need for "Formal Abstract Design Tools". He promotes a vocabulary that could "dissect a game into its components, and attempt to understand how these parts balance and fit together". This then could improve our understanding of and proficiency with game creation. Also from the industry, Kreimeier (2002) stated that "Game design, like any other profession, requires a formal means to document, discuss, and plan". This should facilitate understanding within development teams, communication between developers and stakeholders. Likewise, Cook (2006) acknowledged "the primitive state of game design notation" and stated that "the lack of a well defined language of game design is crippling". He mentions that in order to create a more advanced system of game play notation it could be beneficial to look at other disciplines such as musical notation. As an anology, he stated "How would you create a symphony if written music did not exist? Game design exists in a similar state". In order to develop serious games, the multidisciplinary aspect and the inevitable presence of several domain experts call for one shared language, with which the game can be properly mapped. Regarding the desirability of a player's representation, also Taylor (2006) recognizes that "despite the immense activity within the player community their invisibility or omission from the structural and organizational aspects of games is one of the more distressing things we often see within design talk". Taylor comments that symbolic notations games, including turn taking and other mechanics, generally lack a representation of the player. This fits with the raison d'être of this project: the observation that game analysis methods, design tools, grammars, notations and visualizations are not sufficiently able to accommodate the mental actions that such games should provoke. A major deficit is that although the methods as they exist and are used are often extremely rich and detailed, a clear division between the type of player actions and what instigates them is lacking, too implicit or unclear. In the case of serious games for assessment, a story can be at the core, and the player has to act in it, decide on actions, and show his insight and the way he would act or react. Players have to make choices, based on the information in the game. The content and information flow have to be carefully weighted, set up and designed in order to measure what one wants to measure. We are in need of an adequate view on global, but also on more specific levels to see which information is provided, where and how discourse takes place between system and player, and how the discourse is developing. From the above, we identify two main important levels which are needed to accommodate features for the type of serious games we focus on:

1. The story line showing at which points discourse and mental actions take place
2. A detailed level visualizing local loops of discourse and mental actions precisely

The current project involves the development of a notation and grammar aiming at exactly these mental issues in serious games. Game designers could benefit from a set of components and information elements as a "toolbox" to create interventions in the game at specific events and indicate what this mentally means for the player. Important at this moment is to put the player, and the mental process he/she endeavors central along with the flow of information, and to not focus only on the underlying game logic and rules. Earlier in this project first steps were taken by Wouters et. Al. (2009), who coined it "Game Discourse Analysis" (GDA). They describe the game story in terms of discourse components (e.g. actions, events, internal elements), the relations between components and how components may trigger schemas of action in specific situations. In this follow-up project, Ranj, a serious game studio, a university computer science department and GITP, an HRD consultancy firm team up in a living case-study. From here on, we refer to our method as "GameDNA" (Game Discourse Notation and Analysis). GDA as it once started will be further elaborated in parallel with the development of a serious game to assess "Compliance"; in how far do people act in accordance with established guidelines or legislation.

2 Existing Methods for Game Notation

Game designers can have their own preferences in flowcharts (Figure 2), diagrams, notations and visualizations, and sometimes do a lot by "gut feeling". For example, an intuitive way of depicting that "something yet unknown must happen" by a player who must make a choice can be seen in Figure 1. This specific designer added a "cloud" (as part of a drafty doodle). It is a fragment from documentation of an actual project at Ranj showing branching between scenes. The thought-cloud is not a "choice" in a game rule system, but a point in the game where the player has to think and decide. Here it is shown, but often this is not done, omitted because it is either seen as not necessary or just implicitly assumed.

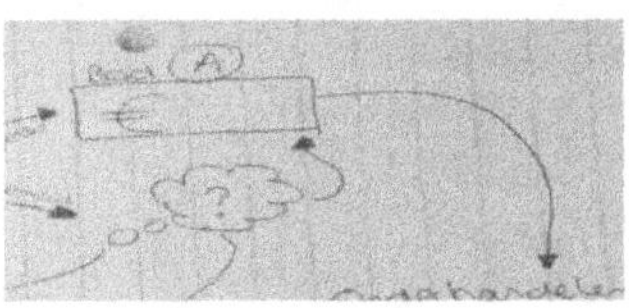

Figure 1: Thinking cloud indicating "decision"

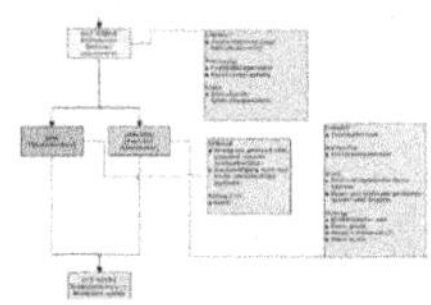

Figure 2: Fragment of story flowchart from Ranj

In various many domains such as architecture, human computer interaction, E-learning and software engineering, design patterns can be used as a tool to transfer knowledge. Also for computer games design patterns, descriptions of relevant recurring interactions have been developed. Pioneers from the field such as the earlier mentioned Church (1999) and Kreimeier (2002) proposed to adopt pattern formalism for game design. These patterns are reusable solutions to solve recurring problems. Much cited work has been carried out by Björk and Holopainen (2005). They identified and described a large number of patterns in game design, meant to help game designers to analyze games, understand games, and the patterns could also serve as inspiration for yet to be developed games. At a higher level, MDA (Mechanics, Dynamics & Aesthetics) has been influential (Hunicke et. al, 2004). It breaks down the design process and connects higher goals of the game with low-level components. But just as with game design patterns, it does not provide the detail we require to identify where and how mental activities in a game take place. Koster (2005) elaborated on the concept of "ludemes" proposed a visual notation to diagram the way a game functions using ludemes on an atomic level in order to be able to analyze what makes a game "fun". Other attempts attend to game mechanics and their corresponding feedback mechanisms, such as Cook (2007). His diagrams indeed *do* reflect the player and the information in the game. Grünvogel (2005) proposed the use of a mathematical model (Abstract State Machines) to precisely describe games as systems of objects whose state is changed by the players and other game objects. The problem with this is that game designers without deep knowledge of this notation have problems expressing their designs. It is important, therefore, to provide a designer-friendly representation of the game specification concepts. The mentioned methods are all valuable in their own right, however, regarding their scope they are (rightfully of course) geared at "fun". They do not adhere to our issue: clearly and correctly identify, accommodate and visualize *mental* actions a player is facing, in an explicit way. In the next section we present the test case we are working around.

3 The Test Case: Compliance

GITP, the domain expert in this project is a consultancy firm in the area of Human Resource Management and Development with the goal of enhancing individual and organizational effectiveness by assessing people and organizations. GITP is already active with novel ways to measure individual differences with games, and a new area they explore is "compliance", the tendency of an individual to agree with a proposal/instruction from another person (in an organization), even if this individual does not believe it, only to satisfy the other person or to avoid conflicts (Gudjonsson, 1989). The potential of narratives in interactive games and immediate feedback on actions make computer games promising for assessing compliance, which is a hot topic after global crises in financial services.

4 Methodology

Way of Working in the Project

This project, starting from the need for adequate notation echoed in industry and literature benefits from the fact that it is multidisciplinary and that we work around a real case (an assessment game for compliance). It poses an excellent opportunity; domain experts provide input regarding measuring psychological constructs, and GameDNA provides input for the translation from domain expertise driven requirements and what the game designer in turn does with it. Several psychological constructs are operationalized into a robust content model. Next to literature research, the computer science department has a researcher working physically in the game studio. On a regular base there are workshop-like sessions to uncover how game designers conceptualize, describe, and visualize the games they design and build.

5 GameDNA: The Requirements

5.1 2-level Approach

GameDNA should accommodate different, but corresponding levels. One first and higher level is the one that is close to the broad "story line" and identifies the major points in the game where mental dilemmas or problems occur for the player, and the second level is more detailed and exactly describes at which points mental activity from the player is desired.

5.2 The First GameDNA Level

This level refers to the narrative level with its main story elements. From film and drama analysis, there are many examples of story plots, often of them inspired by the now ancient Freytag Pyramid, a diagram with 5 parts (exposition, rising action, climax, falling action, and dénouement). Stein and Glen (1979) mention story elements, such as Setting, Initiating Event, Internal Response, Attempt, Consequence and Reaction. Story events of a rather linear game could be accommodated in a Freytag Pyramid (see Figure 4). It gives an overview of the very elements that define the story. In our game context, we are looking for the points in the game that define the story, narrowed down to the most crucial points where important mental action occur (often situations in which the player faces a conflict).

5.3 Our Example: De Nacht van….

As an example we will look at a game by Ranj called "De nacht van…" (in English; "The night of) to provide insight in working at the local government for higher educated staff. The player has to organize a cultural festival, faces decisions and must provide input by choosing predefined answers regarding what he/she would you do or say (see Figure 3).

Figure 3: Screenshots from "De Nacht van..." (in the 2nd image showing three clickable answer options). http://www.denachtvan.nl.

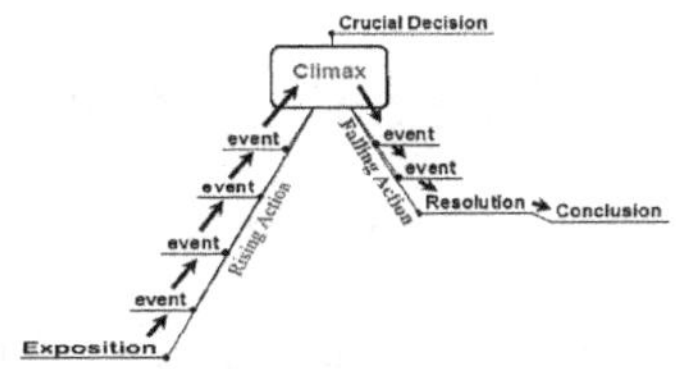

Figure 4: Game events in Freytag Pyramid

This game engine will also be used in this project. "De nacht van…" has a bold storyline, in which mental action from the player is desired. This is a simplified description of the course of events in the game (story-components that one way or the other will always feature):

1. General Introduction (audio-video) introducing the game, explanation that YOU are the person responsible for organizing a cultural event in the certain city
2. Staging of characters: The mayor, city council, building department, festival organizer and the neighborhood committee. All stakeholders have to be taken into account

No matter how the game is played, the following crises will emerge:

3. There is a problem with the terrain on which the festival is meant to take place
4. The current city council is replaced by a new one (less friendly)
5. At another festival a stage collapsed, assurance is needed that this will not happen here
6. The neighborhood committee's problem: worry that neighborhood life will be disturbed

The player has to act, take decisions on the above issues. After this the game reaches its end

7. Based on the player's choices and actions a verdict is made about the performance

Roughly diagrammed, the first (story) level could look like Figure 5 (the rising line indicating accumulating complexity of the problems): Much more branching and detail is possible, but we do *not* want a rule or state diagram here, the relevant bold story elements.

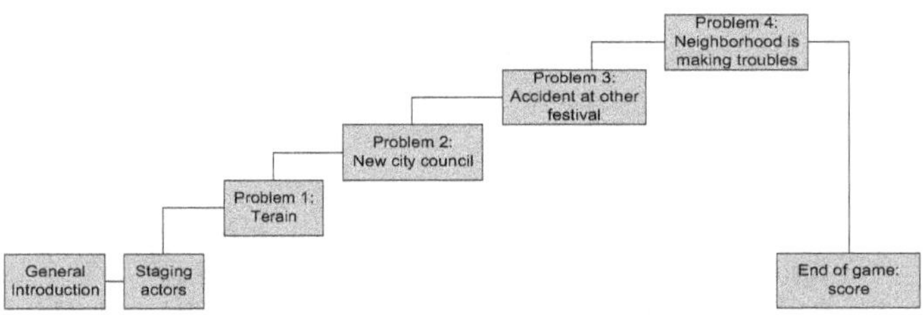

Figure 5: GameDNA Level 1 components

Figure 6: Screenshot from Tetris

5.4 The Second GameDNA Level

The second level contains more specific information about the discourse taking place between the system and the player and the corresponding mental actions. To come up with adequate components, and inspired by what we saw in the game design practice at the participating game studio so far, we decided to take a step back and start with the intuitive notions of what it is that happens in a game by firstly distinguishing between actions by the *system* and actions by the *player*. As an example, we will take the classical game of Tetris (Figure 6). What is it that actually happens in Tetris distinguishing different types of actions?

Player

- Perceptual action: see blocks appear (the system feeds this), see outcome of actions and score after completed lines or at level-end, or game over
- Mental action: Think and decide, where should *this* block go? Rotate, and if so, how?
- Physical Action: Physically perform the action(s) decided on with keyboard or joystick

System

- System action: React according to rules, show action result/feedback of player actions

If we would diagram Tetris using these components, using a legend corresponding with the above categories, it would come down to what can be seen in Figure 7.

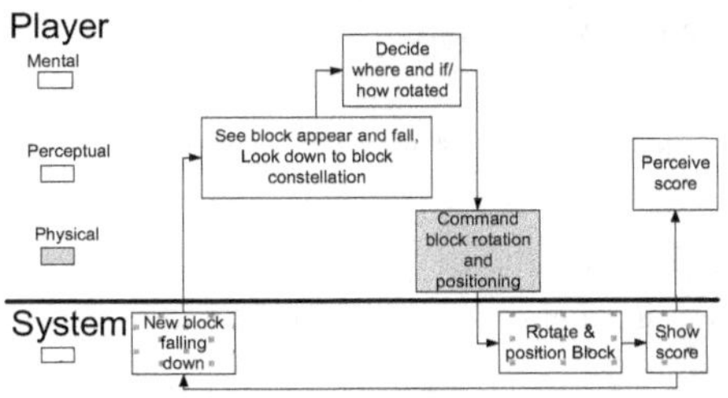

Figure 7: Tetris modeled in second level GameDNA

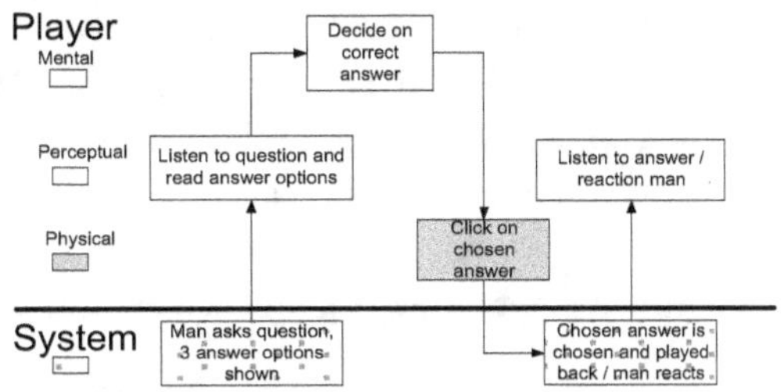

Figure 8: Scene from "De Nacht van" in GameDNA

We divided the actions in Tetris in smaller parts to pinpoint *where* mental action takes place (white block, Figure 7), and where perception action is required. These are the components we start from, the "mental actions" being the most important ones, the focus is not on the underlying rules. By no means we claim exhaustiveness here, there are other micro loops at play, e.g. during reading, a mental action in itself. But here the division is drawn differently; an action is regarded as purely "perceptual" if it consists of absorbing information by the system. A players' action is labeled "mental" from the moment on that contemplation is required, and when a decision has to be made actively. Tetris has no rich narrative, it is a repetition of problem solving loops. "De nacht van…" *does* have a clear narrative. The game has seen several conceptual rounds in its development, including post-it's on walls, pencil-doodles, flowcharts etc.. However, the mental actions of players have not been explicitly accommodated anywhere. Let us attempt to see if the components so far can accommodate the flow in the game. We take a small sequence, in the first level it takes place at the third block from the 7 blocks shown in Figure 5: *"There is a problem with the terrain on which the festival is meant to take place"*. On the second level the following happens:

1. System: plays video of construction supervisor explaining problems, ends with question
2. Player perceptual: takes in this info, ending with question and display of 3 answers
3. Player Mental : ponders question, decides his answer
4. Player physical : clicks his chosen answer
5. System : play (audio) the chosen answer
6. Player perceptual : listen to system

This is diagrammed in Figure 8. Here, there is a clear story moment, a point where the player has to perform a mental action instigated by the system, in other words: to provide input to the game. We decompose nodes in flowcharts in smaller components, and the following components are used for the second layer, a looped model to describe the events. We use the 3 types of player actions and system actions under the following assumptions:

1. SYSTEM ACTION >> PERCEPTUAL ACTION. System actions must be perceived. System events therefore ***always trigger*** perceptual action. System actions and perceptual actions follow each other *immediately* or are *parallel* (e.g. a player listening to audio).
2. PERCEPTUAL ACTION >> MENTAL ACTION. A perceptual action (taking in information) ***always triggers*** a mental action regarding the information, the player's contemplation on the action. This mental action is initiated by the system.
3. MENTAL ACTION >> PHYSICAL ACTION. A mental action can trigger another perceptual action (e.g. deciding to re-read the question) but is meant to, and will ***always trigger*** a physical action at some point.
4. PHYSICAL ACTION >> SYSTEM ACTION. Closing the loop again, a physical action from a player ***always triggers*** a system action (system shows answer, next video, etc.)

We looped these actions in Figure 9. We added two extra components at the bottom in grey. The left one, "system internal action", refers to for example a running time clock causing a system event to occur (e.g. "game over"). The right one refers to an issue that will receive attention further on: a voluntary mental action resulting in a physical action (in turn triggering a system event). In "De nacht van…" this could be deciding to grab the Smartphone when *not* instigated by the system, but from the player's own instigation. Combined, the two-level notation should accommodate the higher order storyline elements (level 1, Figure 10) and the local flow of discourse and mental actions (level 2, Figure 10).

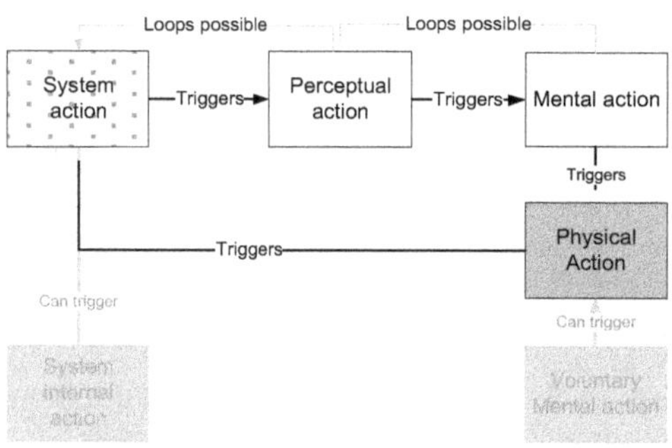

Figure 9: GameDNA Level 2 components model so far

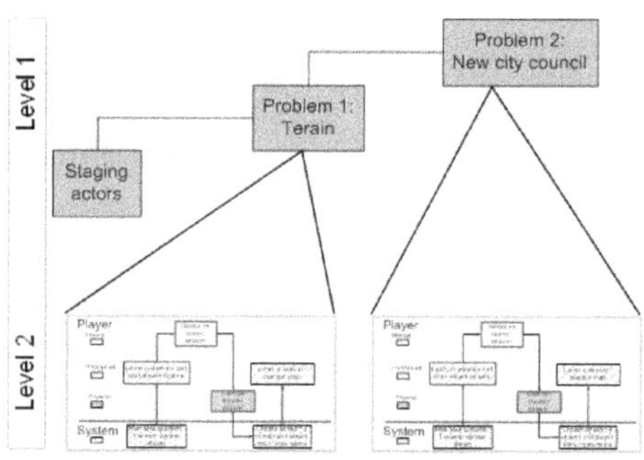

Figure 10: Combining two GameDNA levels

5.5 Visualization

Besides further elaboration on the "atoms" of mental/discourse activity and their relations, considerable effort must be dedicated to the issue of visualization of GameDNA. It should provide a means of clearly showing what happens in the flow of a game, and a clear overview in a language that communicates structural features comprehensively. The key might be providing the options to "show" or "hide" complexity. It might be that a view on game flow for a creative director does not suffice for the development team which has to think in rules, decision trees and software components needed. Hence, the message is: design for flexibility. One can think of layered views, collapsible structures, detail that is modifiable as in a Google map, 3D visualizations, and others. Dormans (2008) regards games as complex state machines: interactive devices that can be in many different states. He developed "Machinations" to model and "run" a dynamical visualization of a game, to "provide the game designer with a gestalt of his design", making the descriptions less abstract and textual. Although difficult to concretize at this point, a notation that is "runnable" is an issue we will look at to make GameDNA extremely rich to express game aspects. We need a way to show the two levels we identify (Figure 12), and a way to connect them. How this will be done, in levels, (3D) layers, expandable views, and other choices one could think of will be elaborated on further on in the project.

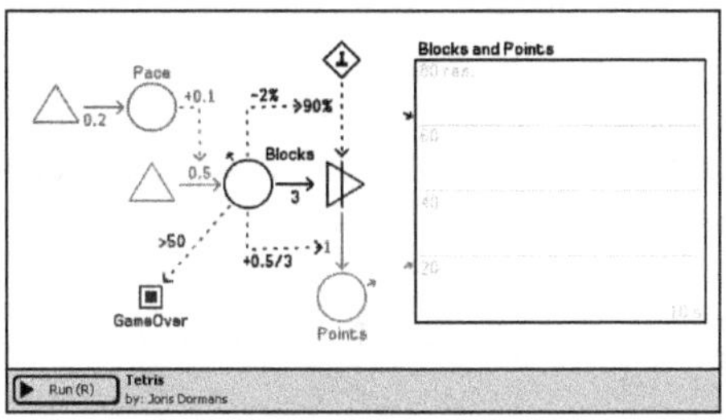

Figure 11: Dorman's Machinations tool (www. jorisdormans.nl/machinations/wiki/index.php?title=Tetris)

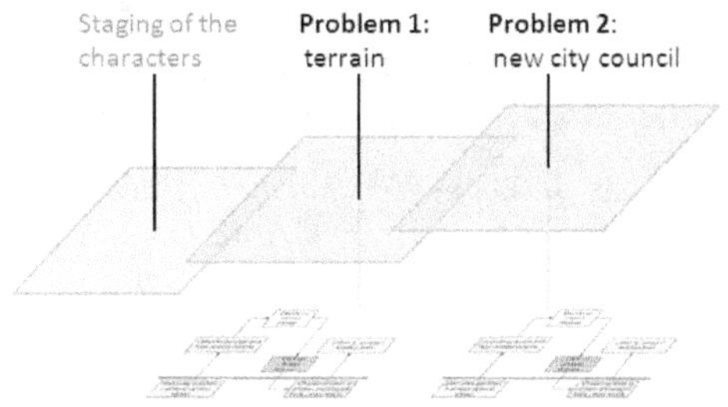

Figure 12: Two layered 3D visualization of GameDNA

6 Conclusions and Future Work

GameDNA's components and concepts to model mental actions and discourse so far seem adequate and solid as building blocks to start with. Both game designers in the project and the HRD consultancy firm agree that it can accommodate mental actions and discourse for the type of game we envision. In further development, an issue to take in account is "meta processes". The mental action components on the levels we identify here encompass rather "local" game events. 1st level events in the game story as in Figure 10 are often connected and influence each other. By doing a mental action at point "x", and then at point "y" a player might formulate a "meta strategy" of how is act throughout the game. Regarding the exhaustiveness required, besides the basic components we identify there might be extensions and/or annotations that are important enough to be accommodated. For example, if a piece of discourse is being shown, e.g. a player that has to take a decision, it might be interesting to also be able to specify *on the basis of which kind* of information this should happen (specific information the player has just learned, or common sense knowledge)? One could also think in distinguishing moral decisions from organizational or managerial decisions. Then the question is whether these distinctions deserve only an annotation or whether they must be separate components in their own right. We will investigate these issues with both GameDNA and the compliance game as providers of input. Regarding the multidisciplinary purpose of GameDNA the "usability" of the notation including the exact labeling, details of the graphics must be such that they are easy to grasp across disciplines. This requires co-design from different disciplines and validation inside, *and* outside the project.

Acknowledgments

This research has been supported by the GATE project, funded by The Netherlands Organization for Scientific Research and the Netherlands Information And Communication Technology (ICT) Research and Innovation Authority (ICT Regie).

References

Björk, S. & Holopainen, J. (2005) *Patterns in Game Design.* Boston: Charles River Media.

Church, D. (1999). Formal Abstract Design Tools. Retrieved January 05, 2011 from http://www.gamasutra.com/view/feature/3357/formal_abstract_design_tools.php

Cook, D. (2007). The Chemistry Of Game Design. http://www.gamasutra.com/view/feature/1524/the_chemistry_of_game_design.php

Dormans, J. (2009) *"Machinations: Elemental Feedback Patterns for Game Design" in Joseph Saur & Margaret Loper (eds)* GAME-ON-NA 2009: 5th International North American Conference on Intelligent Games and Simulation, *pp. 33-40.*

Grünvogel, S. M. "Formal Models and Game Design" (2005). *Game Studies: The International Journal of Computer Game Research*, vol. 5, Issue 1, October 2005.

Gudjonsson, G. H. (1989). Compliance in an interrogation situation: A new scale. *Personality and Individual Differences, 10,* 535-540.

Hunicke, R., LeBlanc, M. (2004). MDA: A Formal Approach to Game Design and Game Research. *In: Game Developers Conference*, 24th – 27th March, San Jose

Koster, R (2005). A Theory of Fun for Game Design. Paraglyph Press, Scottsdale, AZ.

Kreimeier, B. (2002). The Case For Game Design Patterns. *Gamasutra.* Retrieved January 05, 2011, from www.gamasutra.com/features/20020313/kreimeier_01.htm

Stein, N. & Glenn, C. (1979). An analysis of story comprehension in elementary school children. In R. D. Freedle (Ed.), *Advances in discourse processes: Vol. 2. New directions in discourse processing* (pp. 53-119). Norwood, NJ: Albex.

Taylor, T.L. (2006). Beyond Management: Considering Participatory Design and Governance in Player Culture", *First Monday*, October 2006.

Wouters P., Spek, E.D. van der & Oostendorp, H. van (2009). *Game Development: The Marriage between Task Analysis and Game Discourse Analysis.* Paper presented at the 13th Biennial Conference of the European Association for Research on Learning and Instruction (EARLI), Amsterdam, The Netherlands

Contact Information

Dr. Christof van Nimwegen
Dr. Herre van Oostendorp
PO Box 80.089, 3508TB
Utrecht, The Netherlands
{christof, herre}@cs.uu.nl

Michael Bas
Ranj serious games Lloydstraat 21m, 3024EA, Rotterdam,
The Netherlands
bas@ranj.nl

Joost Modderman
GITP Research
Oostmaaslaan 53, 3063AN,
Rotterdam, The Netherlands
joost.modderman@gitp.nl

Modell und Bewertung der emotionalen Wirkung von virtuellen interaktiven Umgebungen

Matthias Haringer, Steffi Beckhaus

interactive media · virtual environments, Universität Hamburg

Zusammenfassung

Dieser Artikel stellt eine Theorie und ein Modell zur Beschreibung und Bewertung der emotionalen Wirkung von einzelnen Ausdrucksmöglichkeiten in einer virtuellen Umgebung (VE) vor, das im interaktiven Entertainment Kontext anwendbar ist. Ausdrucksmöglichkeiten sind in diesem Zusammenhang alle Veränderungen in einer virtuellen Welt oder einem Virtual Reality (VR) System, die auch eine spürbare Veränderung für den Benutzer zur Folge haben. Beispiele reichen von der Veränderung der Lichtfarbe und der Helligkeit einer Szene über die Färbung von Objekten, den Einsatz von Geräuschen und Musik bis hin zur Änderung des Navigations- und Interaktionsverhaltens. Aufbauend auf einem System, das eine Vielzahl von Ausdrucksmöglichkeiten dynamisch in Echtzeit verändern kann, soll hier die emotionale Wirkung dieser Veränderungen auf einen Benutzer untersucht werden. Dazu wird in diesem Artikel zunächst ein emotionales Wirkungsmodell unter Berücksichtigung der Beurteilung von Ausdrucksmöglichkeiten, Evaluation emotionaler Wirkung und Vorgabe einer Wirkung entwickelt. Dieses Modell, basierend auf Stimmungen und Emotionen, wird mit einer Referenzstudie verglichen, und erste Wirkungseinordnungen werden durch eine weitere Studie erstellt.

1 Einleitung

Kommunikation hat nach von Thun (von Thun, 1981) vier Komponenten: Die Sachseite (Fakten), die Selbstkundgabe (Informationen über den Sender), die Appellseite (Aufruf des Senders an den Empfänger) und die Beziehungsseite (Beziehung von Sender und Empfänger). Die Beziehungsseite beschreibt dabei auch die emotionale Komponente einer Nachricht. Diese emotionale Komponente ist für Unterhaltungs- und Lernmedien sehr wichtig: „Emotion charakterisiert das primäre Erlebnis von Musik […] und Film […]“ (Cohen, 2001, S. 266). Freeman (Freeman, 2004) stellt dies auch für Musik in Computerspielen und als Ziel von Computerspielen im Allgemeinen fest.

Virtuelle Umgebungen sind ein Medium, das auf technische Weise (Immersion) und benutzerbasierte Weise (Präsenz) versucht, den Benutzer durch fortgeschrittene Technologie und detaillierte virtuelle Inhalte in eine virtuelle Welt eintauchen zu lassen. Ein Besuch in einer virtuellen Welt kann genauso ein Erlebnis sein wie beispielsweise ein Besuch auf einem Jahrmarkt. Dazu muss dem Benutzer der Besuch in dieser Welt glaubhaft erscheinen und ihn so umfangreich wie möglich ansprechen. Das gilt für die Sinne des Menschen, es geht aber auch um das Benutzerinteresse und die emotionale Wirkung. Manche Sachen auf dem Jahrmarkt sind abstoßend, manche anziehend, man lacht, man fühlt mit, man ist aufgeregt und alles ist voller Geräusche und Gerüche. Man kann also sagen, dass ein Erlebnis durch die Mannigfaltigkeit an Sinneseindrücken und Emotionen entsteht. Auch Filme, Theaterstücke und Literatur sind Erlebnisse, da sie uns unter anderem auch emotional in ihren Bann ziehen.

In diesem Artikel betrachten wir die emotionale Wirkung virtueller Umgebungen. Dabei soll das Augenmerk nicht auf charakterbasierten sondern auf die umgebungsbasierten Möglichkeiten des Mediums gelegt werden. Unter *(emotionaler) Wirkung* wird in unsrer Arbeit die emotionale Veränderung in einem Menschen bezeichnet, die durch eine Veränderung in der virtuellen Welt hervorgerufen wird. Bewertet man diese, im Folgenden als *Ausdrucksmöglichkeiten* bezeichneten Veränderungen und ihr Zusammenspiel, kann ein Autor oder ein die interaktive Anwendung begleitender Moderator (Entertainment-Jockey (EJ)) die Wirkkomponente der Kommunikation vom VR-System zum Benutzer beeinflussen und somit interessantere und tiefere Erlebnisse in VEs ermöglichen.

In (Haringer & Beckhaus, 2010) wurde von den Autoren ein qualitatives interaktives System (QIE) vorgestellt, das für virtuelle Welten mittels einer einheitlichen Schnittstelle viele der angesprochenen Ausdrucksmöglichkeiten dynamisch zur Laufzeit benutzen kann. Das System nutzt einen vereinheitlichten und von der technischen Implementierung abgekoppelten Zugriff auf Ausdrucksmöglichkeiten aller Art. Die Beispiele reichen von Farben, Materialeigenschaften und Post-Processing, über Soundeffekte, Navigationsverhalten und haptischem Feedback, bis zur Manipulation von Beleuchtung oder Temperatur des (realen) Raumes.

Das Ziel unseres größeren Forschungsvorhabens ist es, die jeweilige emotionale Wirkung dieser Ausdrucksmöglichkeiten differenzierter zu beschreiben und einzuordnen, um sie später dann gezielt zur Wirkungserzeugung einsetzen zu können. Um das zu bewerkstelligen, muss eine Methode gefunden werden, die jeweilige Wirkung einzelner oder kombinierter Maßnahmen zu messen und in geeigneter Form zu beschreiben. Eine solche Methode erlaubt Messungen für repräsentative Personengruppen und die Bildung einer mittleren Wirkung für die verschiedenen Ausdrucksmöglichkeiten. Dies wird als Einordnung von Ausdrucksmöglichkeiten bezeichnet.

Dieser Artikel befasst sich im Weiteren mit Grundlagen für eine solche Einordnung. Wir stellen dazu kurz Arbeiten vor, die sich mit der Erzeugung von Emotionen befassen. Unter Berücksichtigung der Anforderungen von VEs und Spielen stellen wir dann ein umfangreiches *emotionales Wirkungsmodell* auf. Dabei berücksichtigen wir insbesondere auch den zeitlichen Charakter von Wirkungen. Mit diesem Modell wollen wir die Erzeugung von emotionalen Inhalten sowohl für uns und für Autoren von Entertainment und Edutainment Anwendungen greifbarer machen. In den abschließend beschriebenen Studien wird das Modell überprüft und erste Einordnungen von Ausdrucksmöglichkeiten durchgeführt.

2 Die emotionale Wirkung

Um ein Modell aufstellen zu können, das emotionale Wirkung erfassen und beschreiben kann, wird zunächst untersucht, wie Emotionen erzeugt und bewertet werden können. Dazu werden zunächst einige theoretische Arbeiten vorgestellt.

2.1 Auslösung von Emotionen

Die Emotionsanalyse und das Anregen von Emotionen sind in VEs noch wenig erforscht. (El-Nasr, 2006) hat die Erzeugung von Spannung durch Beleuchtung in virtuellen Umgebungen untersucht. Einen Überblick der aktuellen Forschung über das Auslösen und Evaluieren von Emotionen im Allgemeinen kann man bei (Coan & Allen, 2007) finden. Beim Zusammenwirken von Emotionen mit dem Ziel Erlebnissen zu formen ist am meisten wissenschaftliche Literatur beim Medium Film vorhanden. Wichtige Vertreter neuerer kognitiver Ansätze zur Filmtheorie sind (Grodal, 1997) und (Smith, 2003). Da Smiths Theorie als einzige nicht hauptsächlich charakterbasiert ist und die hier vorgestellten Ausdrucksmöglichkeiten als Cues im Sinne von Smith betrachtet werden können, ist dieser Ansatz sehr interessant für diese Arbeit und eignet sich unserer Meinung auch für die Bildung von Stimmungen für VE. Smiths Theorie wird deshalb weiter unten genauer vorgestellt.

2.2 Emotionsmodelle

Emotionen prägnant und verarbeitbar zu beschreiben und einzuordnen ist seit langem eine Herausforderung. Zwei der vielen vorhandenen Ansätze werden im Folgenden kurz beschrieben. Diese dienen später in Kombination zur Bildung unseres Wirkmodells.

Diskrete Emotionsmodelle basieren meist auf Emotionstheorien, die Basisemotionen voraussetzen. Aus diesen Basisemotionen können alle anderen Emotionen gebildet werden. Die Anzahl und Art der Basisemotionen kann sich je nach Theorie von 2 bis 10 unterscheiden. Das ausgefeilteste Modell betreffend des Zusammenhangs der Basisemotionen, der Kombination der Basisemotionen und der Emotionsraumdefinition, ist von (Plutchik, 1980) und wird deshalb als repräsentatives diskretes Emotionsmodell ausgewählt.

Dimensionale Modelle zur Darstellung von Emotionen basieren auf einer Einteilung des Emotionsraums, die sich nicht aus einer Emotionstheorie, sondern aus der Auswertung von Studien zur Einordnung emotionaler Begriffe ergab. Die Dimensionen ergeben sich aus der Faktorenanalyse dieser Begriffe. Der Vorteil des dimensionalen Emotionsmodells ist die einfache Beschreibung jeder Emotion mit einem Wertetupel. Die bekanntesten bipolaren Dimensionen sind die Valenz, die Erregung und die Dominanz (Russell, 1980).

Die vorgestellten Emotionsmodelle sind Möglichkeiten eine einzelne Emotion darzustellen. Will man die Entwicklung von Emotionen und länger andauernden Stimmungen für ein Medium betrachten, muss man zeitliche Modelle betrachten. Wir schlagen dazu die Mood-Cue Theorie von Smith vor, da sie die Verbindung von einzelnen Emotionen, hervorgerufen durch kleine Veränderungen in einer VE, zu einer Gesamtwirkung beschreiben kann.

2.3 Mood-Cue Theorie

Die Mood-Cue Theorie (Smith, 2003) besagt, dass das Ziel eines Filmes ist, Stimmung zu erzeugen. Eine Stimmung wird durch die Koordination sogenannter Cues eines bestimmten Typs aufgebaut und aufrechterhalten. Stimmung ist ein zeitlich ausgedehnter emotionaler Zustand (Frijda, 1993) der eine Voreingenommenheit für das emotionale Empfinden darstellt. Eine bestimmte Stimmung regt bestimmte Emotionen an und unterdrückt andere und stellt somit eine Art Emotionsfilter dar. Ist man in einer bestimmten Stimmung, werden also bestimmte Emotionen leichter ausgelöst und man ist, nach Smith, für diese Emotionen empfänglicher. Der große Vorteil von Stimmungen ist dabei, dass sie sich bei einer Vielzahl von Menschen viel ähnlicher verhalten als normale (kürzere) Emotionen es tun.

Smith begründet seine Mood-Cue Theorie auf der Wechselwirkung zwischen Emotionen und Stimmungen. Um eine Stimmung aufzubauen werden seiner Meinung nach gelegentliche kurze Emotionsmomente notwendig. Diese Emotionsmomente müssen mit einer gewissen Periodizität auftreten, um die Stimmung aufrecht zu erhalten. Diese gegenseitige Unterstützung kurzer Emotionen zur Bildung und Aufrechterhaltung einer Stimmung einerseits und die Verstärkung der Wirkung der kurzen Emotionsmomente und damit des verstärkten Emotionserlebnisses andererseits, ist die Basis von Smiths Theorie. Die Cues sind die kleinste Einheit emotionshervorrufender Ereignisse und können beispielsweise aus Gesichtsausdrücken, Stimmausdruck, Kostümen, Musik und Licht bestehen. Cues sind einzeln betrachtet eher subtil in ihrem Charakter und ein Teil der Empfänger wird sie vermutlich nicht wahrnehmen. Deshalb ist eine redundante Benutzung von Cues verschiedener Art vorteilhaft, um möglichst alle Betrachter zu erreichen. Cues werden nach Smith in Filme eingestreut, um eine bestimmte Stimmung zu erzeugen und halten.

Bündeln sich sehr viele verschiedene Cues in einem engen zeitlichen Intervall spricht Smith von einem Emotionsmarker. Dieser Marker nutzt die erzeugte Stimmung aus um einen spürbaren emotionalen Effekt zu erzeugen. Die Emotionsmarker sollen also im Gegensatz zu den einzelnen Cues bewusst wahrnehmbare intensive Emotionserlebnisse zur Folge haben.

Smith schlägt seine Theorie für die Analyse von Filmen vor. Der Wert der Theorie für diese Arbeit ist die Anwendung dieses Ansatzes für VE. Die Auswahl und die Abstimmung der Cues aufeinander, zu der Umgebung und zur Narration sind jedoch bei interaktiven Medien erschwert, da die zeitliche Abfolge nicht festlegbar ist. Cues als kleine emotional wirksame Einheiten können unabhängig von der Handlung sein und sind deshalb oft beliebig einsetzbar. Eine zeitliche Cue Koordination zum Aufbau von Stimmungen und die Häufung von Cues zum Bilden einer Emotionsmarke ist auf diese Weise auch für interaktive Inhalte möglich. Abbildung 1 b) zeigt den Einsatz verschiedener Cues (z.B. visuell, auditiv) für eine VE-Szene. Der Emotionsmarker wird durch die Bündelung von Cues erreicht und der narrative Marker versinnbildlicht eine Wendung in der Erzählung. Die Cues verstärken die Stimmung vereinzelt, die Marker in entsprechend stärkerer Form.

Im nächsten Abschnitt wird ein emotionales Wirkungsmodell für VE mit der Mood-Cue Theorie als wichtigem Baustein vorgestellt.

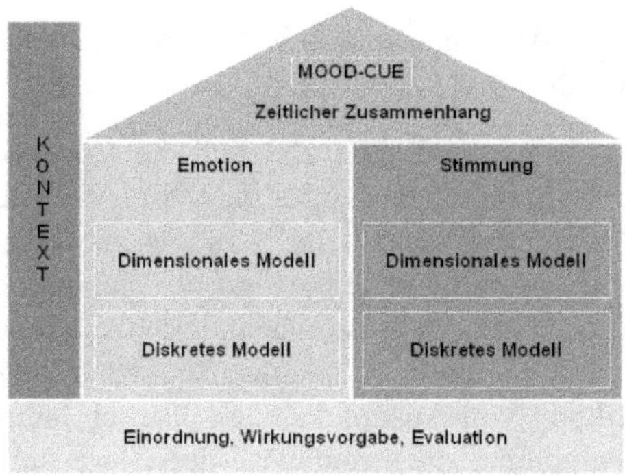

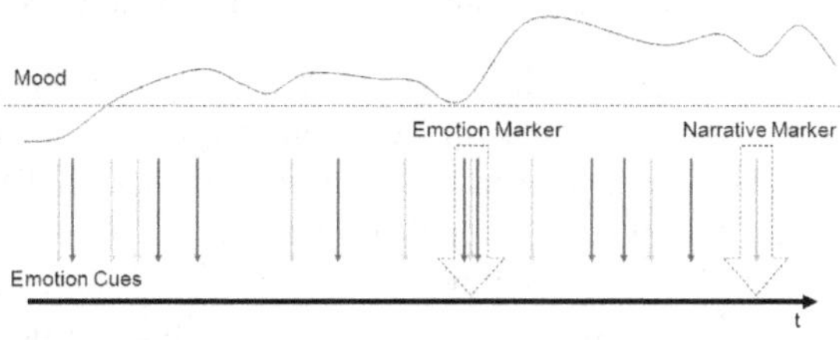

Abbildung 1: a) emotionales Wirkungsmodel; b) Anwendung von Smiths Theorie für virtuelle Umgebungen

3 Emotionales Wirkungsmodell

Wir schlagen vor, die emotionale Wirkung wie folgt zu systematisieren: Wir unterscheiden zwischen Stimmungen (allgemein, längere Dauer) und Emotionen (speziell, kurz). Beide Phänomene sind sowohl im dimensionalen Modell, als auch im diskreten Modell beschreibbar. Die Verbindung einzelner Stimmungen und Emotionen wird über die Mood-Cue Theorie beschrieben. Dabei werden Stimmungen und Emotionen in geeigneter Weise kombiniert, um wiederum Stimmungen und Emotionen zu erzeugen, zu verändern oder aufrechtzuerhalten. Abbildung 1a) zeigt diesen Zusammenhang. Der Kontext, vor dem eine Ausdrucksmöglichkeit bewertet wird, spielt oft auch eine große Rolle bei der Wirkung. Dies ist durch die Kontextsäule angedeutet. Das Modell setzt sich aus folgenden Hauptpunkten zusammen: 1. Ausdrucksmöglichkeiten werden dimensional und diskret bewertet und eventuell mit einem Kontext verknüpft. 2. Der momentane Zielemotionszustand wird durch eine Stimmung oder eine Emotion ausgedrückt. 3. Die Stimmung wird mittels des Einsatzes von Ausdrucksmöglichkeiten nach der Mood-Cue Methode realisiert. 4. Die emotionalen Wirkungen werden mittels eines dimensionalen und eines diskreten Emotionsmodells beschrieben. Wir diskutieren im Folgenden die Herleitung dieses Ansatzes.

Entwicklung eines emotionalen Wirkungsmodelles

Dieser Abschnitt diskutiert nach welchen Anforderungen das emotionale Wirkungsmodell für VE-Systeme entwickelt wurde. Unter emotionalem Wirkungsmodell wird an dieser Stelle die Repräsentation der emotionalen Daten an den einzelnen Stellen im System und deren Zusammenhang verstanden. Die Repräsentationen der einzelnen Stellen sollten alle mit dem Gesamtmodell vereinbar sein.

Folgende Annahmen liegen dem Aufbau des Wirkmodells zugrunde: Emotionen und Stimmungen können in virtuellen Umgebungen durch den Einsatz von Ausdrucksmöglichkeiten unterstützt werden. Jede Ausdrucksmöglichkeit hat eine inhärente Wirkung die für sich allein oder zur zeitlich strukturierten Stimmungsbildung eingesetzt werden kann. Auch der Kontext hat eine Wirkung, die zusammen mit der Wirkung der Ausdrucksmöglichkeiten die Gesamtwirkung der momentanen Szene auf den Benutzer ergibt.

Sowohl das Beschreiben der Wirkung von Ausdrucksmöglichkeiten als auch die Vorgabe einer Wirkung muss in irgendeiner Form definiert und aufeinander abgestimmt werden. Die verschiedenen Anforderungen verlangen zum Teil eine unterschiedliche Herangehensweise: Für die Bewertung der Wirkung von einzelnen Ausdrucksmöglichkeiten sind beispielsweise andere Maßstäbe vonnöten als bei der zeitlichen Anordnung der Ausdrucksmöglichkeiten zu einer Gesamtwirkung oder der Modellierung des emotionalen Zustands des Benutzers. Das emotionale Wirkungsmodell sollte deshalb die Wirkung von Ausdrucksmöglichkeiten beurteilen, eine gewünschte Wirkungsveränderung formulieren, die Ergebnisse der Bewertung einordnen und das zeitliche Zusammenwirken der Ausdrucksmöglichkeiten zur Bildung einer Stimmung beschreiben können.

Im Folgenden wird für jede Aufgabe ein oder mehrere passende Emotionsmodelle ausgewählt und daraus das Gesamtmodell gebildet. Das Entwerfen von zusammengesetzten Emotionsmodellen, die auf mehrere Emotionstheorien und Emotionsräume aufbauen, ist dabei nicht neu (Sloboda, 2001; Schröder, 2008).

3.1 Bewertung der Wirkung von Ausdrucksmöglichkeiten

Die Anforderungen dieses Teils an das emotionale Wirkungsmodell sind, dass einzelne Ausdrucksmöglichkeiten, Ausdrucksmöglichkeiten in einem bestimmten Kontext und Ausdrucksmöglichkeiten für einen bestimmten Benutzer in einer bestimmten Situation berücksichtigt werden können. Betrachtet man die inhärente Wirkung von einzelnen Ausdrucksmöglichkeiten, kann man manche Ausdrucksmöglichkeiten eher einer oder mehreren diskreten Emotionen zuordnen, manche andere eher den Achsen des dimensionalen Emotionsmodells. Für jeden Effekt passt eine andere Kombination besser. Ein Gewitter bedingt beispielsweise bei vielen Benutzern leichte Angst (diskrete Emotion). Die Farbe Rot könnte man als anregend und etwas dominant beschreiben (dimensionale Emotionen). Nutzt man die jeweils anderen Modelle auch, sind die Ausdrucksmöglichkeiten besser vergleichbar und man gewinnt durch die doppelte Bewertung auch an Aussagekraft. Für obiges Beispiel könnte man für das Gewitter eine Erregung, etwas negative Valenz und mittlere Dominanz im dimensionalen Emotionsmodell und für die Farbe Rot leichte Erwartung, Ärger und Freude als mögliche diskrete Emotionen hinzufügen.

3.2 Wirkungsvorgabe

Für die Zielvorgabe ist das Verwenden eines dimensionalen oder diskreten Emotionsmodells stark von Vorteil, da diese mit den Einordnungen der Ausdrucksmöglichkeiten direkt vergleichbar wären. Dazu ein Beispiel: Gibt man eine Wirkung über das dimensionale Modell vor könnte diese Vorgabe eine Erregung über 60% und eine Valenz von unter 30% sein. Bei diskreten Emotionsmodellen könnte eine Vorgabe beispielsweise Angst über 20% sein. Gibt es an dieser Stelle in der virtuellen Welt Ausdrucksmöglichkeiten die bezüglich der Wirkung (und des Kontexts) passen, also beispielsweise Erregung 70%, Valenz 25% oder Angst 30%, können diese für den Moderator oder einen Automatismus als passend vorausgewählt werden. Man muss beachten, dass das Umrechnen von dimensionalen in diskrete Emotionsmodelle nicht generell möglich ist. Dadurch kann eine nur dimensional bewertete Ausdrucksmöglichkeit nicht durch eine Vorgabe im diskreten Emotionsmodell gefunden werden.

3.3 Evaluationsmethoden

Eine sehr wichtige Anforderung bei der Bildung des Emotionsmodells ist die Möglichkeit des Abgleichs mit vorhandenen Evaluationsmethoden. Die Einordnung der Ausdrucksmöglichkeiten soll über diese Evaluationsmethoden erfolgen, deshalb ist ein möglichst direkter und verlustfreier Weg in das gewählte Emotionsmodell sehr wichtig. Zum Auswerten von Ausdrucksmöglichkeiten werden schnelle Evaluationsverfahren benötigt. Selbstberichte dieser Art legen meist diskrete oder dimensionale Emotionsmodelle zugrunde. Die biophysiologischen Evaluationsmethoden ermöglichen meist nur eine sehr grobe Einordnung in ein zweidimensionales Valenz-Erregungs Modell. Hautleitwert und Puls können beispielsweise auf die Erregungsachse abgebildet werden, während Gesichts-EMG am Cygomaticus Major und Corrugator Muskel mit Einschränkungen auf die Valenz abgebildet werden können.

3.4 Zeitlicher Zusammenhang

Die Mood-Cue Theorie von Smith und ihre Anwendung auf virtuelle Umgebungen wurde bereits skizziert. Der zeitliche Zusammenhang von Ausdrucksmöglichkeiten soll durch den Einsatz dieser Theorie erklärt werden. Das Mood Cue Modell beschreibt die Bildung von Stimmung aus einzelnen Elementen mit inhärenter Emotionaler Wirkung. Diese Wirkung wird durch die einzelnen Cues und Emotionsmarker ausgelöst. Die interaktive Anwendung zur Erzeugung von Stimmungen könnte folgendermaßen aussehen. Mehrere der relevanten Ausdrucksmöglichkeiten werden in dem durch Smith beschriebenen Zeitmuster angewandt. Da die Ausdrucksmöglichkeiten nicht von jedem Benutzer gesehen werden können, können sie wie die Cues bei Smith redundant angewendet werden. Dadurch entsteht eine Stimmung die sich wiederum auf die Emotionswahrnehmung auswirkt. Für diese Arbeit werden alle Ausdrucksmöglichkeiten als Cues betrachtet.

4 Evaluation

Im Folgenden werden die verwendeten Evaluationsmethoden vorgestellt und abschließend zwei bereits durchgeführte Studien vorgestellt. Eine zukünftige Studie zur Evaluation des Mood-Cue Ansatzes wird dann auf die Ergebnisse der bisherigen Studien aufsetzen und ist der nächste Schritt in unserer Forschung. Das Eingangs kurz vorgestellte QIE-System kann mittels dynamisch zugreifbarer und zuweisbarer Ausdrucksmöglichkeiten Cues nach Smith erzeugen. Diesem System wird ein Cue-Scheduler hinzugefügt, der die Koordination der Cues steuert. Wird mit einer Wirkungsvorgabe eine Stimmung vorgegeben, werden passende Ausdrucksmöglichkeiten ausgewählt und in der Intensität angepasst. Ein Moderator kann die

Aufgabe des Schedulers mit übernehmen, das heißt nicht nur eine Stimmung vorgeben sondern intuitiv, von Zeit zu Zeit, Cues und Emotionsmarker erzeugen.

4.1 Evaluationsmethodik

Um die Ausdrucksmöglichkeiten einzuordnen, wurden Puls, Hautleitwert und Atmung aufgezeichnet und folgende zwei Selbstberichtmethoden angewendet:

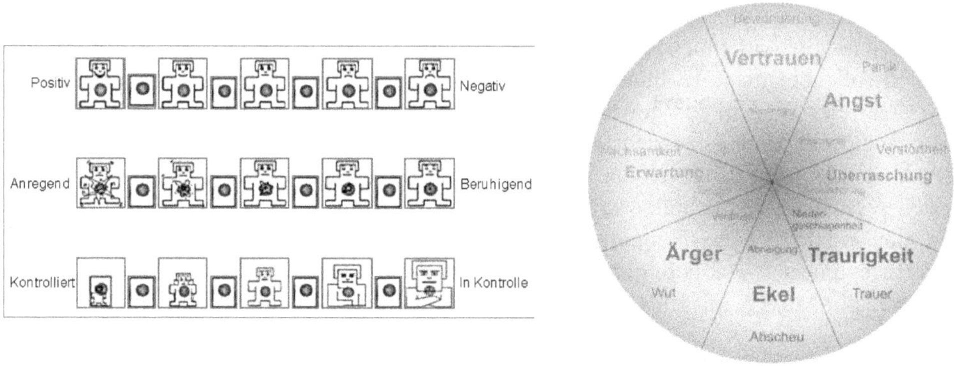

Abbildung 2: Links: Self Assessment Manikin Rechts: Visuelle Repräsentationen von Plutchiks Emotionsmodell.

Das *Self Assessment Manikin (SAM)* (Bradley & Lang, 1994) ist eine Selbstbewertungsmethode, die für die emotionale Einordnung von Bildern entwickelt wurde. Das Bewertungssystem basiert auf den drei Dimensionen des dimensionalen Emotionsmodell von Russel (Russell, 1980). Es werden bei SAM die Dimensionen Valenz, Erregung und Dominanz erhoben. Die drei Neun-Punkte Skalen sind durch Männchen an den Positionen eins, drei, fünf, sieben und neun illustriert (siehe Abbildung 2 links). Die SAM Bewertungsmethode wurde zur Evaluation im dimensionalen Emotionsmodell für diese Arbeit ausgewählt, weil sie bei ähnlicher Qualität wie bei Adjektivlisten schneller durchzuführen ist.

Als zweite Methode kommt die *Plutchik Emotion Circle (PEC)* Methode zum Einsatz. Plutchiks Emotionstheorie basiert auf acht Grundemotionen. Ähnlich wie bei Farbtheorien definiert er entgegengesetzte Emotionen. In seiner Theorie ordnet Plutchik diese Emotionen in einem Kreis zu in dem die entgegengesetzten Emotionen einander gegenüber liegen (Plutchik, 1980). Die Emotionen werden weiterhin jeweils einer Farbe zugeordnet und werden in drei Stufen der Stärke unterschieden. Der von uns angepasste Plutchikkreis ist in Abbildung 2 rechts zu sehen.

4.2 IAPS Vergleichsstudie

In einer ersten Studie wird zunächst ein Vergleich mit einer bekannten Studie gezogen, um die bei uns eingesetzten Evaluationsansätze verifizieren zu können. Weitere Ziele der Studie waren die Überprüfung des SAM Bewertungssystems im verwendeten Laborsetup, sowie der

Erzeugung von Referenzdaten für die PEC-Bewertung. Die originale International Affective Picture System (IAPS) Studie (Lang, Bradley, & Cuthbert, 2006) untersucht die affektive Wirkung von Photographien. In der bei uns durchgeführten Studie soll durch die Wiederbewertung bereits bewerteter Photographien eine Vergleichbarkeit der leicht veränderten Versuchsbedingungen zur originalen Studie hergestellt werden. Zu den Veränderungen gehört eine Touchscreenbewertung, die zusätzliche PEC Evaluationsmethode und die Erhebung der biophysiologischen Daten. Die Studie wurde für 52 Bilder mit 24 Personen durchgeführt.

Der Vergleich der Studien wurde folgendermaßen durchgeführt: Alle SAM Auswertungen der IAPS Bilder der 1. Studie wurden mit der originalen IAPS Studie verglichen. Die zu beweisende Hypothese ist hier, ob beide Studien als gleich anzusehen sind. Es wurden zunächst einzelne t-Tests für jedes Bild und jeweils für Valenz, Erregung und Dominanz durchgeführt. Von 25 vergleichbaren Bildern waren bei der Valenz 18, bei der Erregung 15 und bei der Dominanz 24 nicht signifikant verschieden. Ein Äquivalenztest ergab signifikante Äquivalenz bei Dominanz und eine starke Tendenz zur Äquivalenz für Valenz und Erregung. Zusammen mit der hochsignifikanten Korrelation von Valenz, Erregung und Dominanz zwischen den beiden Studien ist dies genug Evidenz um die Vergleichbarkeit der Studien als gegeben anzusehen. Es folgt, dass das Laborsetup die Aussagekraft der SAM Bewertung nicht beeinflusst und die gemessenen Werte mit denen von IAPS vergleichbar sind.

4.3 Studie zur Einordnung der Ausdrucksmöglichkeiten

Ziel der zweiten Studie ist es festzustellen, welche Ausdrucksmöglichkeiten innerhalb der virtuellen Umgebung welche Wirkung haben. Die Untersuchung soll zeigen, ob die Ausdrucksmöglichkeiten bei vielen Benutzern eine ähnliche Wirkung haben, ob man bestimmte Benutzergruppen identifizieren kann die eine ähnliche emotionale Wirkung wahrnehmen oder ob die Wirkung so individuell ist, dass eine Wirkungseinordnung der Ausdrucksmöglichkeiten nur wenig Nutzen bringt. Der Grundablauf der Studie ist folgendermaßen: Die Benutzer bewegen sich auf einem vorgegebenen Pfad durch eine Szene. An durch Wegsteine markierten Stellen wird die momentane Wirkung der Szene bewertet. Beim Daraufzubewegen auf die Wegsteine wird die aktuelle Szene in eine neue Ausdrucksmöglichkeitenkonfiguration überführt. Jeder Wegstein ist also mit einem oder mehreren Effekten verknüpft. Am Bewertungsbildschirm werden ebenfalls wie bei dem ersten Experiment erst die SAM und dann die PEC Bewertung durchgeführt. Die Einordnung wurde mit 34 Personen durchgeführt und es wurden 30 Ausdrucksmöglichkeiten aus den Bereichen Einfärbung der Szene, Navigationsverhalten, Sound, Musik, Wetter, Tages- und Jahreszeiten und nichtphotorealistische Effekte bewertet. Drei Beispiele eingeordneter Ausdrucksmöglichkeiten sind (Skalen: dimensional 1-9; diskret 0-1; Standardabweichung in Klammern):

	Valenz	Erregung	Dominanz	Diskrete Emotionen
Sommervögel	8,15 (1,13)	3,85 (2,40)	6,93 (2,32)	Vertrauen 0,48 Erwartung 0,25; Freude 0,51;
Zittern der Navigation	4,11 (2,20)	7,14 (1,53)	2,52 (1,90);	Angst 0,23; Überraschung 0,34; Ekel 0,12; Ärger 0,10; Erwartung 0,27;
NPR-Bloom	4,74 (2,31)	5,59 (1,82)	4,56 (2,22);	Überraschung 0,30; Erwartung 0,27;

90% aller Ausdrucksmöglichkeitenpaare waren signifikant unterschiedlich voneinander. Der emotionale Bereich war außer für Ekel und Ärger ähnlich der stark emotionalen Inhalte der IAPS Studie. Dies bestätigt das große Potential der Ausdrucksmöglichkeiten von VE.

5 Zusammenfassung und Ausblick

Wir haben Theorien für die Bewertung von Ausdrucksmöglichkeiten in VE vorgestellt. Darauf aufbauend wurde ein emotionales Wirkungsmodell aufgestellt das den Anforderungen der Wirkungsbewertung, Wirkungsvorgabe und Wirkungsevaluation gerecht wird. Dieses Emotionsmodell ist die Vorlage für die Bewertung und Wirkungsvorgabe im QIE System und die Basis für die Einordnung der Effekte durch Studien. Die Bewertungsmethoden wurden mit der IAPS Studie abgeglichen und zahlreiche Ausdrucksmöglichkeiten unter Benutzung des vorgestellten Wirkungsmodells bereits erfolgreich eingeordnet.

Das Bewerten und Vorgeben der emotionalen Wirkung ist ein erster Schritt in Richtung eines geschlossenen Mensch-Maschine Wirkungskreislaufs. Die Einbindung einer Online-Emotionserkennungsmethode wäre dabei der nächste Schritt. Die zuverlässige stetige Echtzeiterkennung der Benutzeremotion in der Qualität des hier vorgestellten dimensionalen und diskreten Modells ist jedoch noch eine große Herausforderung. Wir haben dazu erste konzeptionelle Vorschläge gemacht (Haringer & Beckhaus, 2008). Weitere zukünftige Arbeiten sind eine Validierung der Stimmungserzeugung über die vorgestellte und in das aufgestellte Modell integrierte Mood-Cue Methode und die Durchführung weiterer Einordnungsstudien.

Literaturverzeichnis

Bradley, M. M., & Lang, P. J. (1994). Measuring emotion: The self-assessment manikin and the semantic differential. Journal of Behavioral Therapy and Experimental Psychiatry , 25, 49-59.

Coan, J. A., & Allen, J. J. (2007). Handbook of Emotion Elicitation and Assessment. Oxf. Univ. Press.

Cohen, A. J. (2001). Music as a source of emotion in film. In Music and Emotion, Theory and Research (S. 249-272). Oxford University Press.

El-Nasr, M. S. (2006). Projecting tension in virtual environments through lighting. Proceedings of the International Conference on Advances in Computer Entertainment Technology. Article 63. ACM.

Freeman, D. (2004). Creating Emotion in Games. New Riders Publishing.

Frijda, N. H. (1993). Moods, emotion episodes, and emotions. In M. Lewis, & J. M. Haviland-Jones, Handbook of Emotions (S. 381-403). Guilford Press.

Grodal, T. (1997). Moving Pictures: A New Theory of Film Generes, Feelings and Cognition. Oxford University Press.

Haringer, M., & Beckhaus, S. (2010). Effect Based Scene Manipulation for Multimodal VR Systems. Proceedings of the IEEE Virtual Reality Conference 2010, (S. 43-46).

Haringer, M., & Beckhaus, S. (2008). Framework for the measurement of affect in interactive experiences and games. Proceedings of the CHI'08 Workshop "Evaluating UX in Games" .

Lang, P. J., Bradley, M. M., & Cuthbert, B. N. (2006). International affective picture system (IAPS): Affective ratings of pictures and instruction manual. University of Florida.

Plutchik, R. (1980). A general psychoevolutionary theory of emotion. In R. Plutchik, & H. Kellerman, Emotion: Theory, research and experience (Bd. 1, S. 3-33). Academic Press.

Russell, J. A. (1980). A circumplex model of affect. Journal of Personality and Social Psychology , 39, 1161-1178.

Schröder, M. (2008). Elements of an EmotionML 1.0 W3C Incubator Group Report 20. November 2008. http://www.w3.org/2005/Incubator/emotion/XGR-emotionml/, zuletzt besucht März 2011 .

Sloboda, J. A. (2001). Psychological perspectives on music and emotion. In P. N. Juslin, & J. A. Sloboda, Music and emotion, theory and research (S. 71-104). Oxford University Press.

Smith, G. M. (2003). Film Structure and the Emotion System. Cambridge University Press.

von Thun, S. (1981). Miteinander reden 1 - Störungen und Klärungen. Rowohlt Tb.

Towards a Game-based Programming Learning Environment for Kids

Ralf Schmidt, Maic Masuch, Julia Othlinghaus

Entertainment Computing Group, Faculty of Engineering, University Duisburg-Essen

Abstract

In this paper we describe our vision of an engaging, game-based programming learning environment for novice learners aged 10 to 13. We aim to support class teaching situations until pupils reach an advanced level of knowledge, allowing for a smooth transition to general purpose languages. As a first hands-on approach, the prototype "Plumps" is presented, which features scenarios with goal-based didactics as well as selected aspects of a comprehensive game-based motivational concept. We further discuss the positive and constructive feedback of an informal evaluation carried out among 21 secondary school children to assess the general acceptance. Finally, we conclude with a reflection and discuss next steps towards a further multidisciplinary research and development.

1 Introduction

Information technology and digital media tend to accompany and dominate our everyday life with an increasing level of speed. It is therefore important to develop a solid body of information-technology literacy across all ages to foster a responsible and beneficial use of technology as well as enabling people to participate in the development. In fact, for today`s kids, computer literacy is crucial. Accessing, processing, and evaluating information has become a basic qualification and common knowledge (Horz 2004, Reichert 2001) and also grown to an important success factor for school and later work-life. But only small numbers actually acquire a deeper knowledge beyond the use of common applications, like word processors for homework, (Krotz & Hasebrink 2003) or leisure activities like chat, browsing or gaming.

To learn the fundamentals of software development is probably the best way of acquiring knowledge about the internal processes of a computer and principles of information processing through software. It also enables creating solutions for specific problems in commercial (e.g. mobile apps) or non commercial contexts, which can be highly satisfying, motivating and even sometimes economically rewarding. Furthermore, an increasing knowledge about software development is accompanied by related important competences, such as mathematics, logical- and problem orientated thinking (Kurland 1984).

In this paper we describe our vision of and first steps towards an engaging game-based programming learning environment (PLE) for young children aged 10 to 13 years, with little or no prior knowledge in this field. We especially aim at supporting class teaching situations. The task demands strong collaboration of several disciplines such as computer science and HCI as well as didactics and psychology. Preliminary to setting up such a multidisciplinary team, we developed a first prototype to create a solid base for discussion and further research. Our overall goal is to create an environment that allows learners an easy change-over to later programming in general purpose languages (GPL) in the long term.

2 Related Work

A number of PLEs for beginners and especially children have been realized over the past decades. Among related PLEs, such as Greenfoot, Squeak Etoys or BlueJ, we investigate four representatives in a little more detail as they are more strongly related to our approach. The PLEs are classified into five different categories defined by (Powers et al. 2006). For a comprehensive overview and a more detailed categorization of PLE refer to (Kelleher & Pausch 2005).

Visual programming tools aim to avoid textual syntax problems, by only allowing certain combinations of visual programming building blocks, determined by their shape and color and an overall reduced complexity. *Scratch* is a typical and very successful example. Resnick et al. (2009) name the three exemplary main principles of the software: A "Lego-block" approach to programming where false combinations are avoided by the shapes of the blocks. Moreover it is meaningful to its users by easy personalization attributes and a tight connection to the Scratch website, which features social activities. The goal of scratch is explicitly not to prepare kids for GPLs. Resnick et al. state that with Scratch, the MIT Life Long Kindergarten Group will keep a low level and wide approach and suggests that children with a deeper interest in programming need to move on to other languages.

Boles' *Java Hamster Modell* (Boles 2008) is a typical *tiered language approach* with elements from visual and narrative tools. It represents one example of a number of environments. Learners use a given small set of commands (mini language) to control some kind of 2D-character in a squared game board (mini-world). Typical tasks consist of pick-up and drop actions, combined with movement and evasion of obstacles. This kind of tools still represent a high abstraction level compared to GPLs but require the actual typing of program code along with a basic insight of syntax and semantic as a special characteristic. Therefore, depending on the tasks given, the learning curve can be steep. The motivational factors for beginners are low beside the visualization of the game board because the UI is relatively complex and the often quite technical feedback hard to understand. However, when acquainted with the environment, the Java Hamster Modell reveals itself as a powerful and extendable tool.

Kara was developed by ETH Zürich to allow learners an easy start by using elements from visual programming. It is an example for *flow model tools*, which focus on visualization of algorithms and program flow. Programs are created by combining commands and adding attributes which are then represented by a ladybug in a 2D playground. The visualization of program flow as finite state machines supports comprehension. With Java Kara the developers offer advanced learners to change-over to actual object orientated Java programming while still visualizing a programs behavior using ladybug and playground. The idea to keep learners in their known environment with visual representation offers a relatively low-contrast while giving an idea of the power of GPLs.

Lego Mindstorms© represents a class of tools that embodies behavior and states of a program in tangible real life artifacts. With Mindstorms©, a construction block kit containing programmable motors and sensors, which can be combined with other non-interactive blocks, allows to construct a wide variety of objects. To control the programmable buildings blocks, learners use a corresponding PLE. The integration and control of artificial objects is considered to be extremely motivating to kids and fundamentally reflects the idea of Papert`s "objects-to-think-with" (Papert 1993). Lego Mindstorms© is used in schools, but only in quite structured and prepared lessons as the system is quite complex for beginners (Powers et al. 2006).

Narrative tools are authoring environments that use programming to visualize stories or parts of stories. To create and tell the stories is, besides the aesthetical aspect the main motivational factor. One well known example of a narrative tool is *Alice 3D*, developed by Pausch et al. at Carnegie Mellon University.

In the next chapters we briefly present an overview of our theoretical base and conclusions for the prototype concept.

2.1 Visual vs. Tiered Language Tools

Our overall goal is to create an engaging environment that prepares users adequately for later coding in more powerful GPLs. Therefore, a discussion about the optimal category or category mix is necessary. The most controversial topic is about a visual vs. text-based approach. Research done on the topic, such as by Schiffer (1996) and Hundhausen et al. (2002), lead to the assumptions that at a beginner's level visual programming tools, with their more appealing look and feel and (failsafe) drag and drop interfaces, can help to avoid early frustration in the field of programming compared to a more complex text syntax and code editors. A text based approach would need a strong motivational concept and an easy-entry design to compensate. On the other hand, with a visual approach, the complexity and depth of a programming task is relatively limited compared to text based approaches because of the smaller information density. Overview is lost quickly in larger visual code representations. More research is needed towards the question which mental model, build up during the interaction with the tool-types, is easier to transform to actual GPL programming. For example, (Hundhausen et al. 2002) deprived any additional value by the mere visualization of algorithms alone. The feature would only support students if constructed in terms of constructionism.

2.2 Didactics and Motivational Aspects

The fundamental ideas of constructionism were chosen as an underlying concept for our approach. The theory considers learners to be *active constructers* of knowledge within an open and flexible environment. By the creation of such real or virtual *objects,* that are ideally *meaningful* to the learner, the process of learning can be rendered more successful (Papert 1993). Based on constructionism and corresponding didactical concepts, media didactics include further theories on how the conception of media-supported learning could be realized (Kerres 2001). Klein emphasizes, that a sound didactic design is crucial for the success of a learning environment and should be backed up by a deep knowledge about the target group and context as well as clear defined goals (Klein 2000).

That knowledge is also crucial for the "motivational design", by which an environment should offer an appealing easy-entry as well as long term motivational factors. In general, children perceive the process of learning itself as fun. They naturally seek challenges and eagerly adopt new knowledge. Learning environments of any kind should seek to support that intrinsic motivation and natural eagerness as much as possible. They should respect the learners need for autonomy, encourage to experiment and provide chances to broaden the knowledge by offering different approaches to tasks with slowly increasing challenges. That progress should be made visible by short and positive feedback cycles (Grubert 2009).

Another way to foster motivation is to personalize an environment by allowing adaptation of the environment and its content. Where applicable, user generated content is a promising way to individualize an environment autonomously, which often renders it more meaningful to the user. In comparison, many relationships between the abovementioned opportunities and goals of learning environments and the principles and mechanics of games can be found (Wölke 2009). Charsky (2010) examined these similarities by drawing connections between the characteristics of constructivism learning theory and those of serious games, which can be considered as a special form of game-based learning environments. For Charsky, goal-based scenarios consist of seven relevant components: learning objectives, cover story, mission, scenarios, role, resources and feedback. Those characteristics, as Charsky states, can also be found in serious games or game-based learning environments. For example, the learner's current task can be defined by a given scenario and linked to goals that support the overall mission and fit to the cover-story. Whether goals, resources and feedback should be carried out by an instructor or not is in dispute. However, if designed carefully, the instructor's role may also be covered and audited by one or more non-player characters. We extend this notion by assuming that – to a certain degree – in a game-based learning environment, this role also can be fulfilled by a carefully designed task and feedback system.

2.3 Target Group

For our PLE the target group is children between 10 and 13 years of age as cognitive research shows that deeper and more complex knowledge evolves not until 11 years of age (Schwill 2001). Typically, those pupils attend school classes five to seven in western countries and usually do have a relatively broad access to computers (Feierabend et al. 2010).

Also, the use of a computer is highly ranked in the domain of interest (most kids would miss it the second-most right after TV). When asked about, communicating, browsing the internet and gaming are the most referred activities. These results might give a hint why the popularity of the computer is tightly bound to the notion of fun. However, regarding computer literacy, findings suggest that the target group possesses only very limited knowledge about how computers actually work. However, they had a positive interest in programming, even when most of them could not explain the term (Sheehan 2005).

2.4 Classroom Context

With our PLE, we aim to support classroom teaching but do not abandon the concept of individual learning at an own pace. For the use in classrooms, an appropriate IT infrastructure is needed. With D21, a long term technology initiative of the German government, approx. 90% of German schools can offer their pupils a general access to computers. Also, with 80%, most teachers favor the use of computers in classrooms but are in the need of support regarding how to integrate the technology easily and effectively in class (TNS Infratest 2011). Considering computer science as school subject however, more experienced teachers and computer classrooms are common. Therefore, a lot of schools offer their pupils basic text-based programming (as an elective course) and preparation for the ECDL (European Computer Driving License) certificate. Still, in Germany teachers only seldom integrate game-based approaches into their lessons as the use of games or serious games is not widely accepted and a matter of intense discussion. A number of initiatives contribute to the discussion by offering information and ideas for teachers about the use of computer games in schools (Felicia 2009, LfM NRW 2010).

3 Concept

Taking the aforementioned findings into account, we decided to pursue a tired language approach, enhanced by visual elements, a clear and supportive GUI, smart coding features and a sound motivational design. Regarding didactics we aim to support goal-based scenarios in general, but stay open towards other concepts, such as problem-based learning, which would demand group features. Our first steps towards such an environment concentrated on the following main goals:

1. Children should gain a basic understanding of programming as such, through a simplified tiered language approach.
2. First implementations of game elements should support the learner`s motivation and provide an easy entry.
3. The environment in principle should be highly scalable to reflect the learner’s abilities.
4. The basic didactical concept is based on constructionist learning theory principles and follows a goal-based scenario approach.

The prototype should be used to gather first feedback from the target group by conducting informal interview sessions. To quickly gain first results, we used *Solist*, a development framework to create micro world PLEs similar to the Java Hamster Modell. The framework is Java-based and aims to allow e.g. teachers without a deeper knowledge in the Java-JDK to create their own micro worlds, so called theater plays. Solist consists of a graphical IDE, a fixed Java class library and the so called Theater-API, which allows the individual creation of micro worlds within fixed bounds. Because of its predefined structure, the use of Solist allowed us to implement a prototype including assets and a first lesson in less than one man month. On the other hand, many compromises had to be made as the API only offers few possibilities to adapt the predefined structure, especially the UI and interaction design.

3.1 Didactical & Motivational Concept

For our prototype Plumps we implemented a number of goal-based scenarios, corresponding to suggestions by Charsky (2010):

Learning objectives, structure of learning material & scenarios: Plumps provides eight consecutive learning sections like first steps in controlling the player character or the creation of individual procedures and conditional statements. For each section it allocates learning material like instructions, explanations and examples to give an idea of the topic and how to use it. Up to three exercises, accompanied by a concrete definition of tasks, scenarios and hints about how to find the solution provides the novice learner with structure and guidance throughout the exercises. All tasks can be solved by using a visual command window or actual writing code. A very simple mini-language was developed, with commands related to the environment and cover story. By its given features, the Solist environment also allows more experienced learners (or the instructor) to construct their own levels and goals from scratch and solve them with friends by using the editor.

Cover story and role: As we aim for pupils from 10 to 13 years of age, a very simple story was developed and represented in the graphical assets of the environment. As a synopsis, an evil professor has kidnapped Mimi the mouse and her friends to conduct unpleasant experiments with them. Now Mimi and the others have to find and collect magic stars in the professor's house, which were arranged by a fairy, to gain freedom. With each level, the learner can rescue one player character by solving the given tasks.

Resources: There are two in-game resources the player has to take care of. First, a specific score needs to be reached by collecting assets within a level, representing the food for the player character. Furthermore, the number of lines of code a learner is allowed to write is restricted in order to motivate the usage of control structures.

Feedback & motivational factors: By default, the Solist environment allows a direct visual feedback of written code through the virtual playground. An alternative step-by-step program execution allows comprehending the connection between written commands and the reactions of the player character in detail. With the score for feeding food-assets as well as win/lose messages, learners get further, very simple feedback to their progress. We did not implement a more complex feedback system for the first prototype as we rather concentrated suppressing and changing the standard feedback messages of Solist, as these are not suitable for the novice learner.

3.2 GUI Concept

The Graphical user interface of Plumps is rather basic as the concept of the Solist framework does not feature changes to the default look. The GUI consists of two main areas: A source code editor and a simulation area (playing field). Children can use the editor to write programs and view results in the simulation area. The introductory tutorial, learning material and exercises are realized as separate windows that mainly contain text and images. Tutorials, tasks and feedback are also represented in extra windows.

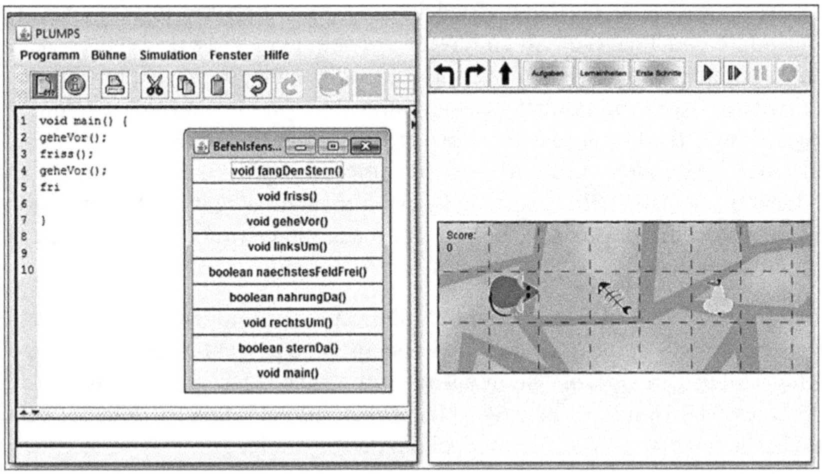

Figure 1: Code editor, visual command window and virtual playground

3.3 Informal Target Group Interviews

With regard to a user centered approach, we gathered feedback from the target group during two informal interview sessions. Our goal was to evaluate our target group information and to get early feedback about the general acceptance of the environment. With the representation of some simple tasks we tried to get an idea about the intensity of syntactical and semantical problems.

The prototype was presented to 21 children (ten boys and eleven girls) with 13 to 14 years of age. The interviews took place in groups of five pupils each (boys and girls separated) and a gender-mixed group of eleven at two secondary schools in Duisburg. The smaller groups were interviewed for about 30 minutes while it took about 70 minutes to cover the agenda with the gender-mixed group. The children had little or no programming experience. We did not interview members of the lower age of our target group for our first feedback round as we assumed a higher ability to reflect upon the design decisions by the older participants. This fact must be kept in mind when reviewing the following results.

The interviews started with a short introduction and questions about general computer access and computer literacy. We then tried to motivate the purpose of programming by stressing the influence software has on everybody`s private and work life. We tried to constitute programming as a possible appealing and creative activity that enables to independently solve technical based problems. Then the prototype was introduced along with three tasks. The sessions ended with a lively and open discussion as well as a control question about what the pupils learned.

In general, the answers regarding computer access and computer literacy coincided with our research findings as all interviewees used the computer regularly but had only little knowledge about functions or internal components. In comparison, we found that the girls group in general was significantly less interested in the topic compared to the boys or the mixed group. During the practical part, all children were able to quickly understand the meaning of the available commands (e.g. void forward();) as well as the given task to capture the yellow star. Two different ways of solution, visual command window and writing code were introduced. As a result, the children again did very well and got rather excited about their unknown abilities. They were partly able to construct new procedures within the PLE after a short explanation, which resulted in a vivid experimentation session. Surprisingly only little syntax problems occurred, probably because of the simplicity of commands and the supporting visual command window.

During the discussions, children throughout all groups encouraged the close integration of a cover story along with the levels, tasks and also graphic assets but criticized the chosen one as much too childish in nature. The intensity of the subsequent discussion leads to the conclusion that personalization of the environment is quite important to children. This might be connected to the general need for individualism during adolescence. Diverse statements were given regarding the didactical concept, structure, level of difficulty and integration of lecture material and tasks. Some interviewees specifically asked for a strong structure while others stressed the importance of a more open environment, which enables free experimenting and playing. The short interview situation did not allow us to draw any relation between the different statements and the context of the learners. Graphics and UI questions resulted in rather expected statements: Good graphics are important to children. It can be assumed that the more frequent computer users are obviously used to appealing representations from current games and other media. The "unprofessional" graphics of Plumps therefore was rated from "too simple" and "formal" to "trashy". Furthermore, there was a general agreement upon the need for an as-simple-as-possible interface. The current one did allow the children to easily learn the compile, execute and restart buttons but expectedly failed to clarify the meanings of all Buttons/UI objects visible. Surprisingly, the current text form of story and instructions did not seem to bother children. Some suggested voice playback, though.

When asked how to improve motivation, all interviewees strongly recommended a constantly rising challenge. Furthermore, clarification about relevance outside school was pointed out. Game elements, such as the use of a game metaphor or diverse reward systems (points and leader boards), were considered as very motivating to a majority of pupils, as were possibilities for individualization and user generated content. However, the groups largely agreed that the PLE should not be too much of a game as this would confuse its focal purpose ("we shall learn with it"). As a last remarkable suggestion, the need for competitive and cooperative elements, meaning aspects of social learning, was suggested by the mixed group and resulted in a broad acceptance.

Before closing the interview sessions, group members should try to express what they had learned during the session, which led to quite different results. The girls group was not able to summarize the contents and intention of the session correctly while the boys group did somewhat better. The best feedback was given by the mixed group which might result from different reasons such as size of the group and the twice as long session. Also, the differences likely resulted from the different proficiency levels of the groups, as all in all the mixed group worked more disciplined, more engaged and came up with better overall results, too. Of course, our findings need to be re-assessed by a formal evaluation across all ages of the target group.

4 Conclusions

To sum it all up, we conclude that our first iteration towards the user centered design of a PLE for children was successful. The research results and assumptions regarding the didactical concept and motivational factors seem to be correct and motivate the continuing development towards a playful, tired language PLE for classroom situations. The majority of our focus group acquired basic knowledge about the topic of programming. The well-dosed integration of playfulness and game-based elements in a learning environment seems to work out as we have hoped for but of course needs to be formally validated. But even with the interview sessions being quite informal and far less conclusive than a formal evaluation, we received a lot of transparent and helpful feedback. It was very motivating and encouraging to see pupils building up new knowledge of a complete new topic in very short time. However, it will be challenging to maintain the initial excitement throughout a number of sessions by balancing the integration of motivational game elements and user generated content while not changing the environment itself into a game. This could lead to misconceptions about the nature of programming. Another challenge is the development of a concept that allows an easy transition from the scalable learning environment to a general purpose language, which is one of our main goals.

5 Outlook

Further research in basically all areas is necessary towards the development of the next prototype. In order to structure the next steps we identified three main areas for our future work. First, we will concentrate on the development and integration of a long-term motivational concept with a focus on rewarding game elements, integration of user generated content and a simplified but supportive GUI with appealing graphics. Along with these improvements, we will develop a concept for a formal evaluation to assess our efforts.

Second, we will focus on an elaborate overall didactical concept. Scope, depth, integration and representation of instructional material will be discussed in close partnerships with computer science teachers as well as other experts.

In a third area, we will work towards an optimal integration of the PLE into class room situations and the curriculum. Currently, we seek to integrate a de-briefing functionality for teachers and learners to reflect a solved task. Also, the idea of a teachers interface for an easy integration of new lessons is being discussed. When considering the classroom being a multi-user environment, more ideas such as pair-programming features or the support of problem-based learning concepts, corresponding with social interaction features, come up.

Acknowledgements

We would like to thank the teachers and pupils of the interview groups of Mercartor Gymnasium and Fermann Gymnasium Duisburg for their great support. Also, we very much thank Dietrich Boles for his friendly support and sharing experiences.

References

Boles, D. (2008). Spielend Programmieren Gelernt mit dem Java-Hamster-Modell. Wiesbaden: B.G. Teubner Verlag.

Charsky D. (2010). Making a Connection: Game Genre, Game Characteristics and Teaching structures. In Van Eck, R. (Ed.): Gaming and Cognition, Theories and Practices from the Learning Sciences, USA: IGI Global. 189-212.

Feierabend, S. Karg, U. Rathgeb, T. (Eds.) (2010). KIM-Studie 2010. Medienpädagogischer Forschungsbund Südwest. http://www.mpfs.de.

Felicia, P., (2009). Teachers Handbook on how to use digital games in schools. European Schoolnet and ISFE.

Grubert, F. (2009). Wie Kinder lernen. Saarbrücken: VDM Verlag.

Horz, H. (2004). Lernen mit Computern. Münster: Waxmann Verlag.

Hundhausen, C.D., Douglas, S.A., Stasko, J.T. (2002). A Meta-Study of Algorithm Visualization Effectiviness. In Journal of Visual Languages and Computing,13. 259-290.

Kelleher, C. Pausch, R. (2005). Lowering the barriers to Programming: A Taxonomy of Programming Environments and Languages for Novice Programmers. In ACM Computing Surveys, Vol. 37, No.2. New York. 83-137.

Kerres M. (2001). Multimediale und telemediale Lernumgebungen. Konzeption und Entwicklung. München: Oldenbourg Wissenschaftsverlag.

Klein, B. (2000). Didaktisches Design hypermedialer Lernumgebungen. Die adaptive Lernumgebung „incops“ zur Einführung in die Kognitionspsychologie. Marburg: Tectum Verlag.

Krotz, F., Hasebrink, U. (2003). Medienkompetenz von Kindern und Jugendlichen für die Informationsgesellschaft und ihre Bedingungen in Japan und Deutschland. Hamburg: Arbeitspapiere des Hans-Bredow-Instituts Nr.15.

Landesanstalt für Medien NRW (2010). *Computerspiele und virtuelle Welten als Reflexionsgegenstand von Unterricht.* Düsseldorf: LFM.

Papert, S. Mindstorms (1984). *Children, Computers and Powerful Ideas, 2nd Edition.* USA: Basic Books.

Pea, R.D. Kurland, D. (1984). *On the cognitive effects of Learning Computer Programming.* In: *New Ideas in Psychology Vol.2.* Amsterdam: Elsevier Ltd. 137-168.

Powers et al. (2006). *Tools for teaching introductory programming: What works?* In: *Proceedings of the 37th SIGCSE Technical Symposium on Computer Science Education.* USA: ACM. 560-561.

Reichert, R. Hartmann, W. Nievergelt (2001). *Kara, finite state machines and the case for programming as part of general education.* In: *Proceedings of the 2001 IEEE Symposia on Human-Centric Computing Languages and Environments.* Italy: Stresa. 135-141.

Resnick et al. (2009). *Scratch: Programming for All*, In: *Communications of the ACM.* Vol. 52 No.11, 2009, 60-67.

Schwill, A (2001). *Ab wann kann man mit Kindern Informatik machen? Eine Studie über informatische Fähigkeiten von Kindern.* In: Keil-Slawik, R. Magenheim, J. (Eds.): *INFO '01 Informatikunterricht und Medienbildung.* Gesellschaft für Informatik. 13-30.

Sheehan, R.J. (2005). *The Icicle Programming Environment for Children.* Doctoral Thesis. USA: University of Auckland

TNS Infratest (2011). *Bildungsstudie: Digitale Medien, Initiative D21.* Sonderstudie im Rahmen des (N)Onliner Atlas 2011. Cornelsen Verlag GmbH, Texas Instruments GmbH, Initiative D21 e.V.

Wölke, S. (2009). *Spielen und Lernen – das Lernspiel als Widerspruch in sich?!* München: Grin Verlag.

Contact Information

Dipl.-Medieninf. Ralf Schmidt
Universität Duisburg-Essen
Entertainment Computing Group
Fakultät Ingenieurwissenschaften
Forsthausweg 2
D-47057 Duisburg

Tel.: +49 (0)203 379-2440
E-Mail: ralf.schmidt@uni-due.de
WWW http://medieninformatik.uni-due.de

Designing for Social Interaction in Collaborative Games on Large Multi-Touch Displays

Marc Herrlich, Benjamin Walther-Franks, Daniel Weidner, Rainer Malaka

Research Group Digital Media, TZI, University of Bremen

Abstract

Although computer games enable people from all around the world to play games together and can provide very immersive virtual environments, most computer games are still played in a separate fashion quite contrary to the social events that physical games are. Large interactive surfaces can bridge this gap, bringing together the best of both worlds: highly social activity and colorful, dynamic game worlds. With this paper we contribute to research on gaming on large multi-touch displays. Based on game mechanics successfully brought to small multi-touch devices, we developed our own game introducing features and gestures specifically designed for large surface and multi-player gameplay with special regard for the social interaction among players. We provide insights on the social protocol of collaborative multi-player gaming on large interactive displays by studying people playing our game. Our results suggest that communication and social interaction does not just happen by itself but must be designed into the game, taking into account the specifics of multi-touch interaction, such as non-verbal communication possibilities between players.

1 Introduction

Playing games is often a highly social activity, giving us a good excuse for spending time chatting and relaxing with our friends. With the rise of the computer and the internet, games have conquered a new domain and today it is quite normal to play together or against other people from around the world. Despite the possibility of voice chat, webcams or even sharing the same room, classical video games still bind each player in front of their screen and keyboard, creating a layer of separation. While this is fun and rewarding in itself, it is certainly less of a social experience than playing a round of "foosball" with your friends.

Large interactive surfaces such as multi-touch tables have the potential to bridge this gap between traditional physical games and computer games. They provide rich and parallel input, many devices also recognize markers or objects, while at the same time they retain the main strength of computer games, i.e. displaying a dynamic, immersive, and colorful world, and relieving the player from the hassle of manually keeping track of the rules and the state of the game world. Multi-touch on mobile devices is nowadays well established and games are among the most successful and numerous applications on modern smart phones. Large interactive surfaces are already approaching the mainstream, increasing interest in multi-touch games specifically designed to take advantage of their interaction potential. But designing games that really exploit the social interaction between players is not an easy task. Surprisingly, not much systematic research has been done in this area, and no guidelines or specialized game design theory exist in this field.

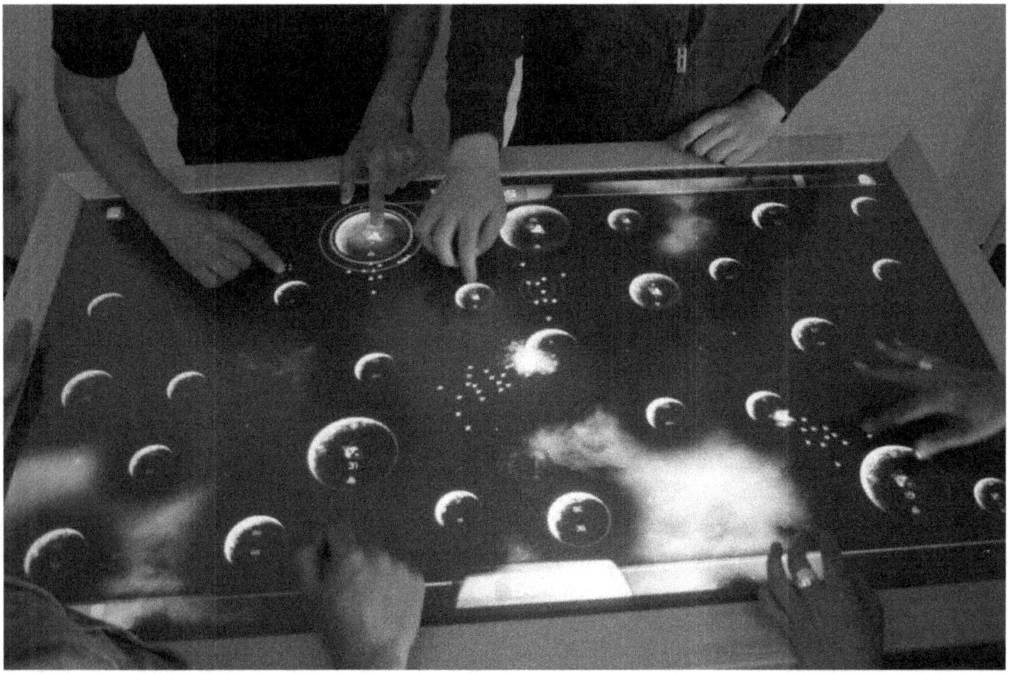

Figure 1: Our game prototype has a collaborative and competitive aspect, designed to study social aspects in gaming on large multi-touch screens.

We designed and implemented a game prototype based on the highly successful casual game *Galcon*[1] and included mechanics and gestures specifically geared to take advantage of large multi-touch screens and to increase social interaction in a two to four player scenario (figure 1). The main contribution of this paper is the report we give on the social protocol during game play observed in a first study done with our system and the implications for future

1 http://www.galcon.com

work in this area. We also provide insights gained through a structured, moderated discussion with our test players on pros and cons of a collaborative multi-touch gaming environment. Our results suggest that communication and social interaction does not automatically emerge but can and should be designed into the game, taking into account the specifics of multi-touch interaction, such as non-verbal communication possibilities between players.

2 Related Work

2.1 Territorality in Collaborative Workspaces

Scott et al. observed certain territorial behaviors among participants taking part in two complimentary studies focusing on playful tasks (Scott et al. 2004). They found that a group of players interacting on a table surface to solve a collaborative instruction subconsciously subdivide the individual workspace into three regions of interaction dedicated to different actions: A *personal* region in front of every individual player to prepare and arrange thoughts in order to share them with the group, a fixed and sharable *group* region between the players to share some contributions, and a *storage* region used as a stack for ideas and materials prepared for subsequent actions. According to their conclusions this phenomenon is motivated by social norms and the overall cultural context.

2.2 Tabletop Gaming

Magerkurth et al. created a framework for interactive tabletop games called STARS (Magerkurth et al. 2004). By creating several games within this framework the researchers gained insights into group dynamics and their influence on the overall game experience. They observed that players react very sensitively to mappings of game board components onto the virtual domain. An element like rolling the dices helps players to regulate the pace and connote influence on the resulting numbers. Magerkurth et al. therefore suggest taking carefully into account which elements extract advantages from a virtual modulation. Tse et al. modified two commercial games of different genres and implemented a multi-touch interaction combined with speech control (Tse et al. 2007). Although no user tests were performed the authors describe the interaction as very efficient and intuitive. The complement of speech commands thereby helps to coordinate with fellow players without the need of a discrete and direct cooperation.

3 Designing a Co-Located Multiplayer Game

In order to elaborate the influence of game design elements on social interaction in collaborative games we developed a prototype game based on *Galcon* (figure 1). It is a fast-paced strategy game for up to four players split into two teams. A close collaboration, good management of resources and a strategic line of action are the key for a team to succeed within this game. We chose casual games as these are easily accessible, while still offering an appealing challenge and long-term motivation. They are thus well suited for a study which does not require prior knowledge from participants. *Galcon* is further qualified as it allows multiple interaction points which can involve many participants simultaneously and takes full advantage of the multi-touch technology, rather than games relying upon an ego-perspective or a single character.

3.1 Game Controls

During the conceptual design of the game's interaction we defined the following major requirements in order to assist the overall game concept:

- The interaction gestures had to be *accessible* and *consistent* in order to reduce the number of commands a player has to remember. This should help to focus on the gameplay itself as well as on the collaborative team play.
- The user's action on the surface should be easily *distinguishable* throughout the performed gesture. We adapted this guideline from the concept of speech commands introduced by Tse et al. in order to support a non-verbal communication between the participants (Tse et al. 2007).
- No user detection (hardware limitation)

We decided on the following three interaction gestures with the presented guidelines in mind: single-fleet selection and moving, multi-fleet selection and moving, planet protection. The single fleet selection is adapted from the original game, while multi-fleet selection had to be redesigned, as inputs on our hardware are not assigned to users. While the original Galcon lacks any defensive controls we wanted to introduce this to our game to enrich the social interaction. Given below we will describe these game controls in detail.

3.1.1 Single-Fleet Selection

This control is implemented in a drag and drop manner. The player selects a planet while constantly keeping touch to the surface with his finger. After hovering over a destination planet the player can release the finger from the surface to command an armada of space ships from the selected start to this end point (figure 2). The single selection gesture can be applied to any object in the game world. Most users should already be familiar with this control paradigm. Consequently, this gesture follows the concepts of accessibility and consistence.

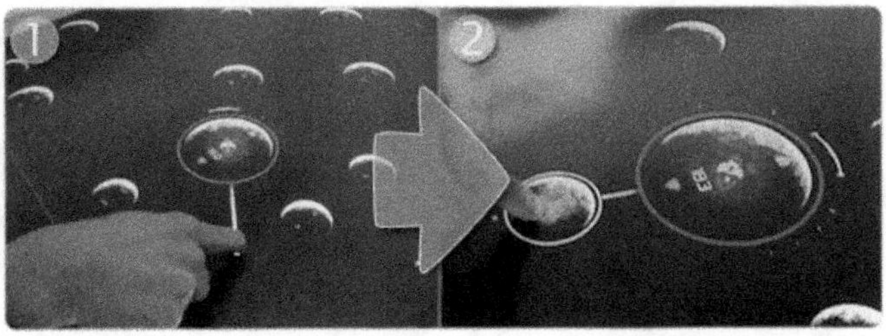

Figure 2: Choosing a destination planet with a single selection gesture at the tables surface

3.1.2 Multi-Fleet Selection

A user needs to touch a conquered planet first by pressing two fingers close to each other on the surface. Now he is able to span a selection circle by moving the fingers in opposite directions. Every allied planet in this circle gets selected at the moment the player releases his fingers from the surface. Now he can command space units from all selected plants with a single fleet gesture directed from one of the currently active planets (figure 3). The implementation of this gesture enables a new strategical element related to a maximum radius dependent on the planet's size. Furthermore, the gesture stays distinguishable from all remaining gestures.

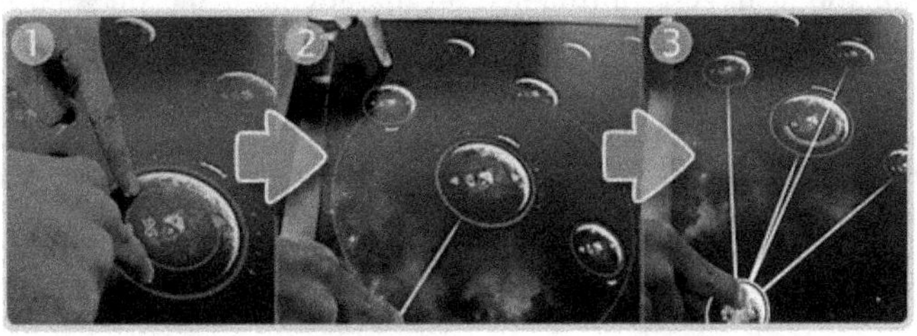

Figure 3: Connecting planets to an alliance with a multi-selection gesture

3.1.3 Shield

By pushing the finger on a region next to the desired planet, a player can draw a shield. Now he can span a protection angle around the axis of the planet, just limited by the shield energy every team has at one's disposal (figure 4). One player per team can easily activate the shield drawing functionality with a button in his or her screen corner. The hidden agenda of this concept being to motivate team cooperation in order to protect an attacked planet successfully. All gestures are complemented by visual elements in the game so the player can decide on his own on which information he wants to concentrate.

Figure 4: Drawing a shield to protect a planet from damage through attacks

3.2 Social Aspects

We constitute the following aspects of our game to have an influence on social behavior during gameplay. Some of these were design choices, some are inherent to the setup. Expanding the game design to two vs. two player *tag-team* gives us the opportunity to introduce competitive as well as cooperative objectives. As a result we had the chance to have a closer look at a potential difference in behavior. An interdependence in goal, reward, resource and roleplay is a theoretical basis to motivate cooperation between the members of a team (Johnson & Johnson 1995). The *spatial proximity* is comparable to the situation at a classical board game and should thereby contribute to an awareness of a special group feeling. *Missing user detection* might have an influence on the attention the players pay on the surface interaction (Magerkurth et al. 2004). The *fast-paced* character of the game leads to an excessive demand and could result in a closer cooperation as well.

4 User Tests

We performed a user study with our prototype in order to investigate elements of design for highly interactive strategy games on large horizontal multi-touch surfaces with special focus on the motivation of social collaboration between players. The results of this paper should therefore contribute some new ideas for emerging projects dealing with system compatible multi-player design as well.

4.1 Design

In order to collect meaningful information about the impact of our game decisions we employed two complementing approaches: a structured user test session with video analysis and a subsequent moderated focus group discussion. We analyzed in total more than two hours of video with the criteria we had in mind during the conceptual design. In the focus group discussions we concentrated on the personal impressions of players from the test sessions while touching upon peculiarities in our observations.

4.2 Participants

Eight participants between twenty and thirty years of age took part in our study. Most of them were students with an interest in computer games, and none of them had much experience with multi-touch technology. While nobody reported to be an excessive player, all participants know and play casual games as short-term entertainment.

4.3 System

Our prototype runs on a multi-touch table with a sensitive surface of 130cm in width and 80cm in depth. The game is rendered in full-HD resolution and thereby facilitates an ideal combination of readability and playing surface. The system relies on diffuse illumination in order to detect blobs on the surface. The detection is managed by the ReacTIVision framework which provides information about the detected fingers via the TUIO protocol (Kaltenbrunner & Bencina 2007). The game itself is written with the XNA framework in C# and handles the events received from the network port.

5 Results

The following paragraph summarizes the results of our evaluation. We combined our observations with statements made during the group discussions in order to offer insights on the impact of our design criteria.

The concept to bring together opponent teams on the same surface was perceived as innovative and remarkable component. With a growing game experience players intuitively examined how other participants were interacting with the game's controls. Nonetheless, this was not an automatic effect, the players had to interrupt their own actions to get aware of the current constellations. Players referred to this "passive collaboration" where the participants cooperate through the interaction with the system itself as efficient and effective. An observation therefore outperforms the alphanumeric displays as source of information. Furthermore, participants preferred this type of communication since it does not interrupt a teammate in his/her performance.

Additionally, we recognized a territorial behavior among our test candidates while playing our game. Predominantly every single player was operating within a limited personal region trying to keep the enclosed planets under control. Players opposing each other hereby got into a natural conflict for these resources. In most cases a desire for an interregional collaboration just emerged when the personal region got into danger or was already lost (Scott et al. 2004). Contrarily, we could not recognize any influence of the game pace on these characteristics.

The mandatory collaboration we introduced throughout the protection functionality effectively forced cooperation between team-mates. Successful defensive maneuvers consequently lead to emotional comments and regularly resulted in taunt for the opponents. We faced a similar behavior during game breaks which offered the teams the chance to discuss successful actions or to celebrate a current predominance.

6 Discussion

Even though our group composition is not representative for casual gamers in general, the results offer an overall impression of the variety of influences affecting the collaborative game experience. By having a closer look at the impact of our interaction gestures, we recognize that personality and cultural context play a subliminal role. Some of the players hesitated to interact in a certain region in order to avoid conflicts with their neighbors. Since we have no influence on these elements, we have to take them into account very carefully. Nonetheless, our experiences showed that this inhibition threshold declines within a short amount of time within an informal atmosphere.

In order to encourage a higher social interaction we would even recommend introducing further design elements to extend the need of this interregional collaboration between players. Our observations indicate that a well designed interdependence between players might not only result in a closer cooperation but more importantly in an enhanced entertainment if the players can overcome the described obstacles. We would also assign the concept of special abilities a high potential in the motivation of social interaction. Unfortunately, we can base this estimation just on the results of the discussion since more than half of our protection commands failed in-game due to insufficient implementation. Nonetheless, we would recommend putting this concept even further by giving the players the chance to choose from a range of abilities. Comparable to a massive multiplayer online roleplay game such interdependence in abilities or resources will result in a closer cooperation as well (Johnson & Johnson 1995).

Admittedly, our user test revealed some problems the platform is facing in the case of simultaneous multiplayer interaction. The lack of private control was not referred as distracting, but still it is a serious problem from the perspective of a game designer. Whereas it might not play a role with regard to the casual character of our prototype it does for most other game concepts. In the context of our investigation we could not come up with concepts offering both, rich collaborative multiplayer interaction as well as strategic private gameplay elements.

7 Lessons Learned

We summarize our findings as follows:

A simultaneous interaction on the same surface is an effective and efficient way of nonverbal communication. Nonetheless it takes time and does not automatically result in extensive teamwork. The observation itself outperforms alphanumerical in-game displays.

Territorial behavior as observed by Scott et al. applies to our setup (Scott et al. 2004) as well. Players have to overcome a natural barrier in order to profit from the entertaining effects of collaboration, especially in a foreign environment.

The overall game experience takes advantage of interregional and interdependent game design elements. Assigning roleplay throughout the game concept is a good alternative to motivate teamwork, at least in a strategy game.

8 Conclusion and Future Work

In this paper we discussed a prototype game specifically designed to take advantage of large multi-touch screens and its features designed to further social interaction between players. We presented the results of a user test conducted with our game and provided insights on social protocol and player experience gained by analyzing video material and a structured, moderated discussion with our test players. Our findings support existing theories on territoriality and non-verbal communication as well as offering new insights on control design and collaborative and competitive player interaction. In the future we want to take these lessons into account, specifically focusing more on private and public spaces and on game elements designed to "break the ice" between players. Our study showed that nonverbal communication is an essential advantage of multi-touch gaming environments and already worked quite well in our case study, nonetheless, this should also be taken into account even more in future iterations.

References

Johnson, D. W. & Johnson, R. T. (1995). *Positive Interdependence: Key to Effective Cooperation.* In *Interaction in Cooperative Groups: The Theoretical Anatomy of Group Learning.* Cambridge University Press.

Kaltenbrunner, M. & Bencina, R. (2007). *reacTIVision: a computer-vision framework for table-based tangible interaction.* In *Proc. TEI'07.* ACM . 69–74.

Magerkurth, C., Memisoglu, M., Engelke, T. & Streitz, N. (2004). *Towards the next generation of tabletop gaming experiences.* In *Proc. GI'04.* Canadian Human-Computer Communications Society.

Scott, S. D., Sheelagh, M., Carpendale, T. & Inkpen, K. M. (2004). *Territoriality in collaborative tabletop workspaces.* In *Proc. CSCW'04.* ACM.

Tse, E., Greenberg, S., Shen, C. & Forlines, C. (2007). *Multimodal multiplayer tabletop gaming.* Computers in Entertainment (CIE) 5(2).

Contact Information

Marc Herrlich, University of Bremen, Email: mh@tzi.de

Ludi: A Plug & Play Interface for Preschool Kids to Create Digital Games

Frank Hegel

Cognitive Interaction Technology | Center of Excellence (CIT-EC)
Sozirob Project, Bielefeld University

Abstract

This short paper presents the conceptual interface design of 'Ludi'. Ludi enables preschool children at the age of five to create their own digital games. By creating games with Ludi, children do not have to learn sophisticated instructions to create games because Ludi enables kids to create games easily by plug and play.

1 Introduction

Up to now, many electronic toys for preschool kids have been developed. On the one hand, most of the commercial toys are almost limited to follow a specific interactive path again and again. For instance, today's interactive books come with a kind of 'magic pen' that works like a mouse pointer. With such a magic pen kids can point the pen to a 'word' and the word will then be pronounced by an electronic speech production. However, the usage of such toys is limited to a specific interaction pattern. Consequently, playing with these kind of toys does probably not enhance the kid's creativity.

On the other hand, computers systems in general are less limited regarding creativity. Indeed, the most creative act to create games with computers is probably programming your own games. Subsequently, if someone is able to program a computer system in any language she will be able to program whatever she is able to realize – including computer games. Unfortunately, kids at the age of four to five are usually not able to program their own computer games. Additionally, parents and kindergartens understandably often dislike using computers to enhance the kid's creativity. This way, without learning any programming language, the conceptualization of Ludi enables kids to create their own digital content easily by plug and play.

After briefly outlining some inspiring related work in Section 2, the key aspects of the Ludi's conceptual design are introduced in Section 3. The following Section 4 presents an example how to create a classical game Pong by using Ludi. Finally, the last Section 5 concludes this article and gives an outlook to future work.

2 Related Work

According to Papert [1980], learning is focussing on how each child understands and creates its own reality. Tools are helpful in the sense that they are able to facilitate the understanding of facts. Consequently, he co-developed Logo, a programming language for educational use, where children among other things are able to control a virtual turtle to realize visual patterns. With regard to Logo, Papert found that children, for instance, create particularly an alternative understanding of geometry when creating visual patterns using Logo.

With regard to create own content by 'programming' another system of interest is the programmable robotics kit LEGO Mindstorms [e.g., Bagnall 2007]. This enables children to build their own interactive robots. Specifically, kids have to program the RCX-brick (Robotics Command System) by using visual programming languages like RCX-Code or ROBO-LAB which is based on LabView [see www.ni.com/academic/mindstorms]. With these easy to learn languages, school kids have the capabilities to control different actuators and sensorsthat are connected to the RCX brick. Kids are using these RCX bricks to build everything from robotic creatures to interactive kinetic sculptures, and, in the process, partially learning about engineering and design. Unfortunately, the use of Mindstorms is too complex for kids at the age of three or four, because they need to be literacy.

3 Concept

Basically, Ludi is a tool for preschool kids to create digital games. It consists of a central unit, several connectors, different input devices, output devices, and property rings (see Fig. 1). Input and output devices are paired with red rings by means of cables. This is important due to the fact that a cable visually indicates a physical connection between two entities.

Generally, Ludi's central unit has a display and five sockets evenly distributed around the central unit. Kids are able to activate the unit by plugging connectors into the sockets. Subsequently, altogether five connectors simultaneously can be plugged into the central unit.

Most important, each of the connectors carries a virtual object. From this it follows that if a connector is plugged into one of Ludi's sockets (see Fig. 2) a specific virtual object appears visually on Ludi's display. To illustrate, a virtual box within a connector appears immediately on the display as a box when a kid plugged the connector into a socket. Consequently, if there are five connectors plugged into Ludi's sockets, in total five virtual objects appear on the display.

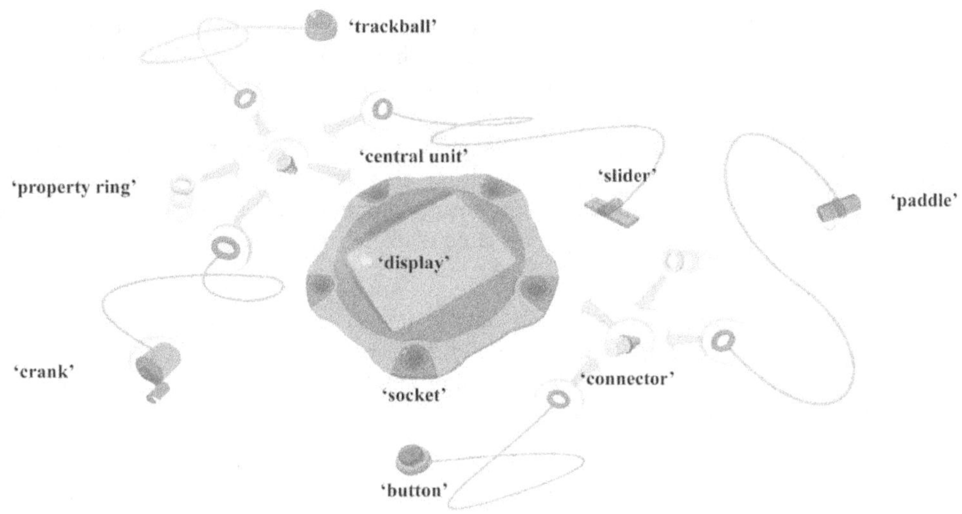

Figure 1: Schema of Ludi: Central unit, connectors, and input devices

Different objects like boxes, balls, flowers, triangles, magnets, suns, clouds were conceptualized to play a role when creating games with Ludi. Per default all the virtual objects are inanimate until a kid connects an input controller or a property ring to a connector in the central unit. For instance, an input controller with a crank (see Fig. 2, right) enables a kid to turn an object. A controller with a slider enables to move an object up and down or left and right. Importantly, only if an object is connected to an external controller it has a face (e.g., see Fig. 4) in order to indicate that the specific object is controlled by a human.

Figure 2: Product design of Ludi

Furthermore, property rings, for instance, possessing the property 'move' animate an object. Other property rings resize an object on the display or, for example, make the object virtual 'heavier'. Several additional properties to exchange speed, colors, and so on are conceivable, but not considered yet. Additionally, kids can only connect up to two entities (property rings, input or output devices) at maximum to one connector.

Importantly, all visible objects on the display relate to each other. This way, virtual objects have virtual physicalities interacting with each other. To substantiate, objects have virtual weights, materialities, surface conditions, intrinsic motivations, and much more. Consequently, each object can influence another by its specific properties: a ball bounces back when bumping into a box, a sun blends another object but will itself be covered by clouds, and so on. Therefore, manipulating virtual objects by using input devices has real consequences for all other visible objects. To illustrate, when using a crank to turn a flower as fast as possible the action accordingly produces wind and, hence, the light objects will be blown away to the display's edge. This is an important semiotic principle when designing plays or computer games. Something that does not indicate something else should not be there, because something that does not have any specific meaning results in incomprehensibility of the computer game [e.g., Salen & Zimmerman 2003]. The same is likely to be true for creating games with Ludi.

Due to the fact that creating games should not be limited to a display, output devices like propellers or external lights might enable the ability to transform output information of virtual objects to output devices. Altogether, by using input and output devices in combination kids can spatially extend their games.

To summarize, considering the conceptualization of Ludi, kids have the capabilities to create their games and to define their rules of play simply by manipulating objects by means of external devices and property rings. Thereby, developing ideas with Ludi is a kind of reflective conversation with objects of a specific situation.

The conceptualized system of rules in order to build digital games generally resembles the creative process of designing: seeing, moving, and seeing again [Schön & Wiggins 1992]. First, there principally is a situation. Second, a kid adds or removes objects, properties, or external devices. Third, due to the move a kid appreciates the action and sees the new situation. With such an appreciation the kid should be guided to understand Ludi's individual parts to create a whole game from its individual parts.

4 An Example: Creating Pong

Pong was the first commercial arcade video games developed by Atari in the early. It is a sports game that principally represents a virtual ping pong. The rules are simple: two players each control a paddle by moving it vertically across the left and right side of the screen. Players use paddles to hit a ball back and forth.

Figure 3: Paper prototpe of Pong created with Ludi

In order to explain how to create games with Ludi, Pong is a prototypical example due to its simplicity. To create Pong, kids only have to plug three connectors into the central unit's sockets – two boxes and one ball (see Fig. 3). In addition to the virtual objects, kids have to connect an input device like a slider to move each box up and down or left and right. Finally, the kids have to add a property ring to animate the ball. That is all kids have to do to create an abstracted and simplified version of the videogame Pong.

Moreover, there are several options to modify the classical game Pong easily (see Fig. 4). For instance, kids can replace a box by using a flower and thereby one player can blow the ball away instead of hitting the ball with a box. This way, also two kids can use flowers instead of boxes to play. To increase the level of difficulty, kids can also use two or even three animated balls instead of one. Another option is that one kid plays Pong on its own and uses a virtual magnet that influences extremely the ball's path. Obviously, there are many options to modify existing games like Pong and even to invent completely new games just by replacing objects or specific controllers – or by exchanging the object's properties. As mentioned above in the previous section, that is seeing a situation, modifying, and seeing again what kind of effect the modification has to improve a game.

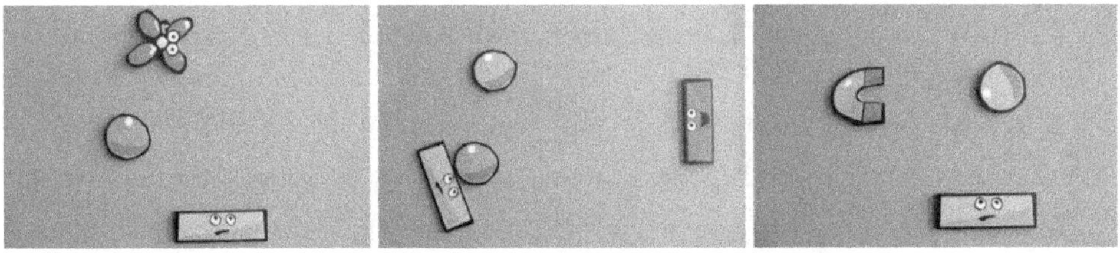

Figure 4: Ideas to simply modify the game Pong

5 Conclusion & Future Work

Up to now, Ludi is a design concept. This enables preschool kids to invent and realize their own digital games easily by plug and play. To create different games, kids simply have to insert up to five connectors into Ludi's central unit to activate virtual objects on Ludi's display. The virtual objects interact with each other and they can be controlled by external control devices. In addition, virtual objects can be manipulated by using different property rings to modify the virtual object's properties. To summarize, implementing digital games by using Ludi is combining virtual objects, external manipulators to control objects, and properties to modify objects.

Ludi is work in progress and regarding future work, the next steps are paper prototyping and an implementation of the concept. By using paper prototypes I want to interview preschool kids at the age of four to five what they expect such virtual objects in specific situations to do and how they would interact with the presented conceptual system. It is likely that the quality games invented with Ludi mainly depend on the object types and their relations to each other. Additionally, paper prototyping enables me to evaluate different screen designs and how many as well as what kind of virtual objects should be presented to motivate kids creating own games.

After a paper prototyping I am going to implement the concept to evaluate the principal ideas and the interaction with the system. As a result, I want to receive information whether pre-school kids actually start or not to invent their own digital games by using Ludi. Moreover, an implementation and an initial usability test enables me to better understand the limitations of this conceptual design.

Acknowledgements

This work has been funded by the German Research Foundation within the Excellence Cluster Cognitive Interaction Technology (CITEC). Additionally, this work has partially been funded by the German Aerospace Center (DLR) with funds from the Federal Ministry of Economics and Technology on the basis of a decision of the German Bundestag under grant number 50 RA 1023.

References

Bagnall, B (2007). Maximum LEGO NXT: Building Robots with Java Brains. Variant Press, USA.

Papert, S. (1980). Mindstorms: Children, Computer and Powerful Ideas. Basic Books, New York, USA.

Salen, K. & Zimmerman, E. (2003). Rules of Play: Game Design Fundamentals. The MIT Press, USA.

Schön, D.A. & Wiggins, G. (1992). Kinds of seeing in designing. Journal of Creativity And Management 1(2), pp. 68-74.

Contact Information

Frank Hegel
Technical Faculty, Bielefeld University
Universitätsstraße 21–23
33615 Bielefeld (Germany)
E-Mail: fhegel@techfak.uni-bielefeld.de

Merobrixx – Mental Rotation Bricks: A Serious Game for Cognitive Training

Matthias Klauser[1], Frank P. Schulte[2], Jörg Niesenhaus[1], Manuel Grundmann[1], Jürgen Ziegler[1]

Interactive Systems and Interaction Design, University of Duisburg-Essen [1]
General Psychology: Cognition, University of Duisburg-Essen [2]

Abstract

In this paper we introduce the prototype of a cognitive training environment called "Merobrixx". Merobrixx is a serious game for players of all ages, including children and elderly people, based on traditional mental rotation training methods. Players interact with the game by means of a Tangible User Interface (TUI), which consists of three-dimensional objects made of LEGO bricks. A first evaluation of the system confirms that the user's performance in the game is positively related to his or her general mental rotation ability. Based on these findings further research regarding the conditions for a long term training effect is planned.

1 Motivation

With the Merobrixx system, we developed a *serious game* by combining the motivational aspects of a digital game with a serious mental skills training environment. A serious game is a type of videogame whose primary purpose goes beyond pure entertainment by e.g. teaching knowledge or training skills. An advantage of serious games compared to conventional forms of education is the higher intrinsic motivation to use the system (Prensky 2003) and a positive emotional experience (Gee 2007, Bormann et al. 2008). Despite the considerable amount and variety of available serious games, only a few studies have been conducted to measure the games' degree of efficiency in achieving the implied added value beyond the entertainment (Kato 2010). Merobrixx uses a Tangible User Interface (TUI) to allow users to naturally interact with the system as means to improve the access of the game for casual gamers. Merobrixx's TUI consists of several different three-dimensional geometrical objects. The presentation of real world objects should enrich the interaction experience and the manipulation task of the user (Ishii 2008). Thereby, the transformation of the real objects into virtual objects should be easier to understand and more direct than the more abstract forms of human-system-interaction like a joystick, a mouse or a complex gamepad. Furthermore, the inhibition threshold of less experienced users (e.g. casual gamers) should be lower than the threshold of a traditional interface (Jung et al. 2005). Besides affecting the game design, the geometric forms should also increase the training effect of the environment by controlling the virtual forms manually with real world forms. Therefore Merobrixx uses a manual training approach for the mental rotation skill incorporated in a virtual training environment.

2 Related Work

The ability to mentally rotate objects is a cognitive process which allows humans to mentally rotate two- or three-dimensional objects in order to recognize similar forms. This skill is known to be essential for orientation, movement and handling objects (cf. Valentijn et al. 2005; Peters et al. 2006). Although it is possible to train the mental rotation skill (Wexler et al. 1998), several problems have to be addressed in mental rotation training: Wiedenbauer (2007) indicated that it might take a long time until improvements occur. To avoid frustration, the environment and the motivation of the training is important.

To create such a training environment which motivates the user and trains spatial cognitive skills, Merobrixx takes the results of Wiedenbauer and Samsudin and Ismail (2004) into account and extends their idea of motivating training through the inclusion of game elements.

3 Merobrixx - the Game

In order to create an entertaining game with the ability to train mental rotation skills we used the concept of the Chinese puzzle game Tangram as a base. We extended the normal tangram game with additional rules about interactive and modern concepts. At first, we transferred the geometric forms of the tangram game into three-dimensional objects to generate an appropriate TUI for our game. The player's task within the game is to rebuild a displayed picture with the three-dimensional objects as fast as possible. The player's task within the game is to compare different displayed pictures with the three-dimensional objects as fast as possible. Figure 1 shows an example of the Merobrixx brick objects which are made of LEGO bricks. The construction of the bricks follows certain rules to make sure that each object has a similar format and complexity. Also, the resulting objects are similar to those used in the psychological MRT-A test (Peters et al. 1995), which is a standard test of mental rotation performance.

To use the brick objects as a TUI for our training environment it is necessary to track their position and rotation in space. Each brick object has a fiducial marker on each side which can be tracked by a normal webcam. A LC display is placed flat onto a table to act as an interactive game board. The markers of the brick objects are tracked by a standard webcam positioned on top of a mechanical arm. With the camera above the game board registering the brick the user placed on the board, we can display the tracked brick object's silhouette on the board - like holding the brick object under a lamp. This setup should make it easy for the users to understand the visual tracking mechanism, the purpose of the markers and thereby the overall concept of the game itself. When the user starts the game a target silhouette of a brick object is displayed on the screen. The user's objective is to find the right combination of brick objects which together would cast the shown silhouette (figure 1 shows an example of the target silhouette in this mode). The camera tracks the upside marker of each brick object and provides the direct feedback about his choice. Due to the six different silhouettes of each brick object and the interaction of two or more brick objects the level of complexity is scalable.

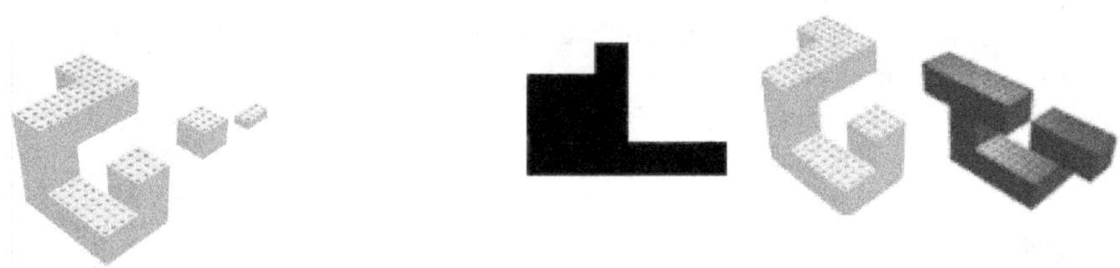

Figure 1: Example of a Merobrixx object (l), example task (r): Which of the two objects on the right would cast the shadow on the left?

A prerequisite to deploy a game as a training tool is that it's use involves those psychological processes which are intended to be trained. In the case of Merobrixx, the process in question is the ability to mentally rotate objects in 3D space. Stransky and colleagues for example have shown that performance in this task is variable between individuals and that the underlying cognitive process can in fact be trained: The effect of the training of the ability to rotate objects in three-dimensional space was still evident after one week, and seemed to be transferable to other tasks, too (Stransky et al. 2010). To evaluate the training possibilities of Merobrixx, we implemented a reduced evaluation mode into the game in which only one shadow of on brick object is displayed at a time. In this mode, the player's task is to find the right brick objects which fit to the displayed shadow in time. This allowed us to conduct an evaluation study early in the development process to assess if it is feasible to use Merobrixx as a game to train it's users in the mental rotation of objects in three dimensional space.

4 An Early Evaluation

We conducted a laboratory experiment in which scores in Merobrixx as well as performance in a standardized test of mental rotation skills were assessed. It was hypothesized that the Merobrixx score should be positively related to the test score. Also, to use a game as a training tool, it seems necessary that game difficulty can be adjusted to the user's needs (Ahissar

& Hochstein 1997). Therefore it was also tested if the difficulty of Merobrixx could be varied by allowing or disallowing the user to physically rotate the objects before deciding how the object has to be rotated to solve the task. Although the physical rotation process is supposed to be based on the mental rotation process, the possibility to manually rotate the object at least into a more favourable position before mentally rotating the object should make the task easier. Thus it was hypothesized that users should perform better in Merobrixx when they were allowed to manually rotate brick objects compared to when they were forced to mentally rotate the objects before touching them. Twenty-four healthy adults participated in this experiment (mean age: 26.21 years, *SD*=8.53 years, 12 male). Participants were sitting in front of the Merobrixx game board and played 42 rounds in evaluation mode. In each round, they were shown a shadow of a Merobrixx brick object on the game board (fig. 2, left side). The participant's task was to decide which of four brick objects (placed next to the game board) was the object whose shadow was shown, and to place it in correct orientation on the game board. Each round had to be completed within 15 seconds. The percentage of correct answers given within time was registered.

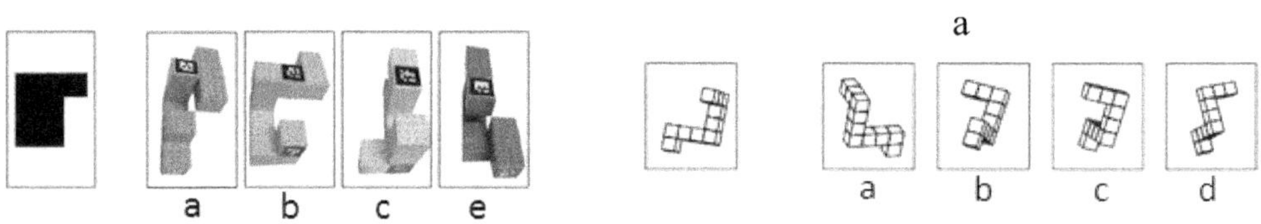

Figure 2: Tasks in Merobrixx (left) and MRT-A (right): Which of the objects on the respective right side casts the shadow (Merobrixx)/is identical to the object (MRT-A) on the left? (Answers: b for Merobrixx, a and c for MRT-A).

Each participant also filled out version A of the Redrawn Mental Rotation Test (MRT-A; Peters et al. 1995, cf. fig. 2, right side); by registering how many tasks in the MRT-A the participants started to solve the percentage of the participant's correct answers was computed. The order of playing Merobrixx and filling out the MRT-A was balanced. Thirteen of the players were allowed to physically rotate the objects while trying to find an answer to the Merobrixx tasks, the remaining players had to mentally rotate the objects.
The two groups of participants did not differ with respect to age ($t(22) = -.27$; $p = .77$), gender ($x^2(1) = .168$, $p = .68$) or score in the MRT-A ($t(22) = 1.45$, $p = .16$). The participant's mean percentage of correct answers in the MRT-A was 67.66% ($SD = 15.78\%$), while they solved an average of 51.74% ($SD = 12.59\%$) of the Merobrixx tasks. We found a significant positive relationship between the percentage of correct answers in Merobrixx and the percentage of corrects answers in the MRT-A, $r = .46$, $p < .05$. An ANCOVA of the participant's percentage of correct answers in Merobrixx with the participant's percentage of correct answers in the MRT-A as covariate revealed that the covariate was significantly related to the Merobrixx score, $F(1,19) = 7.83$, $p < .05$, $r = .54$. The sequence of Merobrixx and MRT-A did not play a significant role ($F(1,19) = .30$, $p = .59$, partial $\eta^2 = .06$). The effect of the type of rotation allowed on the Merobrixx score failed to reach a significant level ($F(1,19) = 3.91$, p (two-tailed) = .06, partial $\eta^2 = .171$).

Player's performance is obviously influenced by his or her ability to mentally rotate objects in three-dimensional space as the relationship between the Merobrixx score and the performance score in the established MRT test shows. The fact that this relationship is of moderate size (Cohen 1988) is understandable: Although successfully playing Merobrixx seems to rely on mental rotation skills, the game is in many other aspects not comparable to a standardized psychological test. The relationship found between performance in Merobrixx and mental rotation performance is a necessary prerequisite to further investigate if Merobrixx can be used as a tool to train users in their ability to mentally rotate objects. Further studies must show if indeed a learning effect can be found and if this learning might be transferable to domains other than finding the correct brick object to a projected silhouette. With respect to Merobrixx's game design, on a first glimpse it does not help to allow or disallow players to touch the brick objects before they have decided which object is the correct answer to the given task as this did not make a significant difference in the user's performance. However, the effect of this modification of the gameplay only just so failed to reach statistical significance and its effect size is moderate (Cohen 1965). Therefore it still seems promising to look into the use of aspects of the tangible interface for balancing the game. Furthermore, other aspects of Merobrixx gameplay (e.g. time to complete a round) could be modified to alter its difficulty to ensure that players are sufficiently challenged.

5 Future Work on the System

For the future, the system setup and the game itself should be updated to enhance the system structure and training ability. The tracking method of the system should be updated in further versions. Due to the dependence of the visual tracking on the environmental settings, the forms will feature build-in sensors, which measure the position and rotation. With this method we plan to improve the flexibility and accuracy of the system. In addition, the system setup will get smaller and less unnatural, because we can exclude the mechanical arm with the camera. Also, graphics and game mechanics should be improved as the goal of the early prototype was to prove the general use of spatial cognitive skills during the game. In further experiments, the long-term training ability of the system should be evaluated.

References

Ahissar, M. & Hochstein, S. (1997). Task difficulty and the specificity of perceptual learning. *Nature*, *387*, 401-406.

Bormann, M., Heyligers, K., Kerres, M. & Niesenhaus, J. (2008). Spielend Lernen! Spielend Lernen? Eine empirische Annäherung an die Möglichkeiten einer Synthese von Spielen und Lernen. In Seehusen, S., Herczeg, M., Fischer, S., Kindsmüller, M. & Lucke, U. (Hrsg.). *Proceedings der Tagungen Mensch & Computer 2008, DeLFI 2008 und Cognitive Design 2008*. Berlin, Logos.

Cohen, J. (1965). Some statistical issues in psychological research. In B. B. Wolman (Ed.). *Handbook of clinical psychology* (pp. 95-121). New York: McGraw-Hill.

Cohen, J. (1988). *Statistical power analysis for the social sciences.* Hillsdale: Lawrence Erlbaum Associates.

Gee, J.P. (2007). *What Video Games Have to Teach Us About Learning and Literacy*. Palgrave MacMillan.

Ishii, H. (2008). Tangible User Interfaces. In Sears, A. & Jacko, J.A. (Eds.). *The human-computer interaction handbook. Fundamentals, evolving technologies, and emerging applications*. Erlbaum, New York, S. 469–487.

Jung, B., Schrader, A. & Carlson, D. (2005). Tangible Interfaces for Pervasive Gaming. In *Proceedings of DiGRA Conference: Changing Views – Worlds in Play*, 2005.

Kato, M.P. (2010). Video Games in Health Care: Closing the Gap. *Review of General Psychology*, *14*, 113–121.

Peters, M., Laeng, B., Latham, K., Jackson, M., Zaiyouna, R. & Richardson, C. (1995). A redrawn Vandenberg and Kuse Mental Rotations Test: Different versions and factors that affect performance. *Brain and Cognition*, *28*, 39-58.

Peters, M., Lehmann, W., Takahira,S., Takeuchi, Y. & Jordan, K. (2006). Mental rotation test performance in four cross-cultural samples (n = 3367): overall sex differences and the role of academic program in performance. *Cortex*, *42*, 1005-1014.

Prensky, M. (2003). Digital Game-Based Learning. *ACM Computers in Entertainment*, *1*, 1-4.

Samsudin, K. A. & Ismail, A. (2004). The Improvement of Mental Rotation through Computer Based Multimedia Tutor. *Malaysian Online Journal of Instructional Technology*, *1*, 24–34.

Stransky, D., Wilcox, L. M. & Dubrowski, A. (2010). Mental rotation: Cross-task training and generalization. *Journal of Experimental Psychology: Applied*, *16*, 349-360.

Valentijn, S. A. M., Van Hooren, S. A. H., Bosma, H., Touw, D. M., Jolles, J. & Van Boxtel, M. P. J., (2005). The effects of two types of memory training on subjective and objective memory performance in healthy individuals aged 55 years and older: a randomised controlled trial. *Patient Education and Counseling*, *57*, 106-114.

Wexler, M., Kosslyn S.M. & Berthoz, A. (1998). Motor processes in mental rotation. *Cognition*, *68*, 77-94

Wiedenbauer G., Schmid J. & Jansen-Osmann, P. (2007). Manual training of mental rotation. *European journal of cognitive psychology*, *19*, 17–36.

WuppDi! – Supporting Physiotherapy of Parkinson´s Disease Patients via Motion-based Gaming

Oliver Assad, Robert Hermann, Damian Lilla, Björn Mellies, Ronald Meyer, Liron Shevach, Sandra Siegel, Melanie Springer, Saranat Tiemkeo, Jens Voges, Jan Wieferich, Marc Herrlich, Markus Krause, Rainer Malaka

Digital Media, TZI, University of Bremen

Abstract

The Parkinson's disease is a neurodegenerative disorder with a range of symptoms such as slowness, rigidity, resting tremor (trembling), and an impairment of postural balance leading to disturbance of gait and falling. Continuous exercises are an effective strategy to maintain the patient's movement abilities, slowing down the progression of the disease. Self-directed exercises in addition to supervised physiotherapy sessions are not only beneficial, but necessary. This paper presents an approach to support Parkinson's disease patients in their daily exercises using the playful context of different motion-based digital games adapted from physiotherapy.

1 Introduction

Parkinson's disease (PD) is a degenerative disorder that affects the nervous system (Goodwin et al., 2008). Symptoms such as immobility (freezing of movements, low movement speed and amplitude), resting tremors, uncoordinated movements and concentration problems are usually associated with the disease, heavily influencing the patients' quality of life (Morris, 2000).

Exercises and training are useful to slow down the degenerative process, with a chance of bringing back lost skills (Goodwin et al., 2008; Faherty et al., 2005). In general PD affects elderly people. Surveys show that in average one out of 1000 people over the age of 65 and one out of 100 people over the age of 75 are suffering from it.

Besides medication, physiotherapy is the most important part in slowing down the progression of the disease and helping patients to stay agile (Deane et al., 2001). However, in order to improve their abilities, the patients also need to invest time and effort to exercise at home. A problem is that not every patient has the motivation to do so. In this case people can use exergames to motivate themselves for regular training at home in order to complement collaborative training and professional physiotherapy.

One existing commercial and very popular example of using games for complementary training is the Nintendo Wii console (Yim & Graham, 2007). Another example is the Playstation EyeToy. Both are in general easy to handle and cheap to purchase. Yavuzer et al. (Yavuzer et al., 2008) showed in their studies that the integration of the EyeToy into daily exercises could help to make them more enjoyable, resulting in raising the patients' motivation. Also, in the field of stroke rehabilitation, patients can improve their physical fitness with simple motion-based games (Kiili & Merilampi, 2010). However, the existing commercial and non-commercial games are not necessarily considering the PD patients' abilities. Therefore these games are limited in many terms for usage in therapy.

WuppDi is a collection of five motion-based mini-games, aiming to motivate PD patients to exercise at home. The WuppDi collection was developed in close collaboration with the patients. Therefore the focus lies on the integration of the following three main aspects: movement, coordination of movement and the improvement of concentration. To ensure that the design and development of these aspects meet the needs and abilities of the PD patients, a close contact with subject matter experts was established and data and suggestions were gathered during frequent evaluation sessions.

2 Related Work

For more than two decades the gaming industry introduced new interaction technologies beyond conventional input methods (e.g. mouse and keyboard). They offer possibilities of interaction that can be used to assess the player's motor as well as cognitive activity (e.g. capacity of memory) and to facilitate the augmentation of physical and cognitive tasks in the context of games (Krichevets et al., 1995).

Traditional rehabilitation approaches have the disadvantage that the patient has to be motivated to perform repetitive exercises. But those are indispensable to achieve the goal of the physiotherapy by means of the repetition of different task-specific exercises (Burke et al., 2009).

Thus, several researchers anticipated that games have a motivational impact due to their entertaining capabilities (Burke et al., 2009; Flores et al., 2008). Most notably the WiiMote device enabled physical interaction. It was assessed as suitable therapy device for the elderly (Jung et al., 2009). Furthermore, the Wii platform offers a variety of motion-based games with different requirements of motor control and visual spatial demands (Deutsch et al., 2008), which might not be suitable for rehabilitation purposes in the application area of PD.

Additionally, the EyeToy platform offers a low-cost gaming environment that is adaptable for rehabilitation purposes. In contrast to the WiiMote the EyeToy is based on video capture technology without the requirement of a handheld device that needs to be learned first. According to this a study revealed that ten healthy elderly (Age: 59-80) found the platform easy to operate and enjoyable (Rand et al., 2004).

An individual case-study showed that a variety of commercial motion-based games (The EyeToy: Play 2 games bundle) have a positive effect on the rehabilitation of post-stroke patients, but games not intended for therapeutic use have limitations in terms of accessibility, i.e. they could be too difficult to be performed even at their lowest levels (Flynn et al., 2007).

Figure 1: The Frog Prince game

3 Field Tests and Participatory Design

From an early state on, a regular meeting with the PD patients was involved in the design process of the WuppDi game in order to meet their requirements. A participatory process was followed in which field tests were performed under uncontrolled conditions with a various number of patients. Therefore a contact with the Bremen regional group of the "Deutsche Parkinson Vereinigung" (German Parkinson Association) was established. They organize regular group therapy meetings for their members, whereby the participation in such sessions offered the possibility to identify tailored game mechanics.

In an initial session commercial off-the-shelf games that feature motion-based interaction were evaluated with the target group (e.g. Wii, EyeToy). The outcome of first observations was that on the one hand the patient´s were attracted to those games based on physical interaction. On the other hand these tests revealed the fact that the games are not necessarily suitable for the target group.

The problems were in general related to the fast gameplay speed, visual overload, too complicated game-design and the need for a very fast response time. Nonetheless some aspects of game design were identified which facilitated the design process of WuppDi.

Figure 2: The Cinderella game

4 Concept and Design

WuppDi is a collection of five mini-games that were adapted from five different fairy tales. The games are named after their fairy tale counterparts, which are *Der Froschkoenig* (English: The Frog Prince), *Aschenputtel* (Cinderella), *Die Sterntaler* (The Star Money), *Ali Baba* and *Die Bremer Stadtmusikanten* (Town Musicians of Bremen).

In the following section, some important aspects that were considered in the design process of WuppDi will be discussed.

Simplicity: Due to their age, a lot of people in the target group are reserved about new technology and not very proficient in using computers or gaming systems. Some also have problems with their memory and to remember instructions. Therefore, WuppDi was designed with a simple interface that is easy to use even without the attendance of a consulting expert.

Familiarity: The overall theme of fairy tales was chosen to break the barrier of the technology use mentioned earlier by introducing a familiar theme. Yet, since it could be played at home, elderly people could also play it with their younger grandchildren whom are familiar with the theme as well.

Rhythm: Observing physiotherapy sessions it was noticed that music and rhythm immediately motivated patients to start moving. Research has shown that using auditory cueing has positive carryover effects (Lim et al., 2005; del Olmo et al., 2006; Rubinstein et al., 2002). In some of the games the gameplay is aligned to the rhythm of the background music. Players can reach a higher score when they stay in the rhythm.

Feedback: In several field tests it was observed that multiple ways of feedback are beneficial to support the players' perception of their progress. Therefore a combination of visual and auditory feedback was included in the WuppDi games. It is also important to give the player a positive feeling while playing, which in turn supports the motivation. Hence, constant positive feedback and rewards were supplemented.

Variety: Since PD patients undergo different symptoms and are in different states of the disease, it is impossible to design a single game that suits every patient's needs. Thus, WuppDi features several mini-games with different levels.

5 Game Mechanics

Besides motion training as the most prominent aspect the games feature concentration and coordination training as well. The game mechanics are to a certain extend based on input gathered from the already mentioned physiotherapy and field test sessions.

Figure 3: The Ali Baba game

5.1 Movement

In the game mechanics, movement of the player is the most important element. The ability to do controlled movements is what most of the Parkinson's patients are lacking in various degrees. Therefore, the movement patterns that the player needs to do are built upon observations from physiotherapy sessions.

It was figured out that large amplitude movements are beneficial for the patients (Farley & Koshland, 2005). Consequently they were enhanced in the WuppDi games. To illustrate, in the single player game *Froschkoenig* the player's goal is to steer a frog avatar through a pond and collect rewarding items (Figure 1) In order to do so, the player has to emulate swimming movements (i.e. moving one hand to steer in a specific direction, or moving both hands simultaneously to swim forward).

Another example is the *Aschenputtel* game. This mini-game, which is playable by up to three players, encourages the player to imitate movements displayed by a 3d character according to music rhythm. To mirror the movements of the avatar correctly appearing notes have to be hit. Hereby a bonus is possible when the notes are touched in the predetermined rhythm (Figure 2).

5.2 Concentration

Since PD is usually affecting elderly people, concentration- and mind-training was also implemented in the WuppDi collection.

The *Ali Baba* game is developed for this aspect (Figure 3). To open a door and find a hidden treasure the player has to remember a colour sequence. This sequence is displayed by glowing coloured buttons. In order to open the door step by step the player has to memorize the sequence and press the buttons in the same way that was shown before. By every round the sequence is getting longer and thus more difficult.

5.3 Coordination

Besides motion training in general, WuppDi also consider training accuracy and coordination.

Figure 4: The Star Money game

This could clearly be illustrated through the example of *Sterntaler*. In this game it is possible to play with one or two players in different game modes. In the first mode the player has to perform horizontal arm movements to collect falling star coins (Figure 4). In the second mode the player has to move his hands according to a path of star figures that appears on the screen. Paths are generated randomly and appear in ellipsoid shapes. The last mode combines both game modes. Here one player has to move his arms according to the path of stars, while the other player has to catch the falling star coins.

Figure 5: The Town Musicians of Bremen game

The game *Die Bremer Stadtmusikanten* focuses on the coordination between both hands by assigning tasks to be done successively with one hand after the other. The voices of the town musicians are trapped in bubbles, which are moving across the screen. The objective is to first stop the bubbles with a net steered by the left hand and then destroy the bubbles with a needle controlled by the right hand. By freeing the voices the player gives the ability to sing back to musicians. Therefore are wide movements with both hands is necessary (Fig. 5).

6 Discussion

The WuppDi game collection addresses the purpose to provide a game environment for Parkinson´s patients to support their self-directed exercises complementary to physiotherapy. A replacement of physiotherapy was not considered as the games don´t offer the possibility of intervention as in case of supervised therapy.

Instead of that the objective of the game design was the enrichment of the games with auditory and visual cues to assure proper motion sequences adopted from physiotherapy exercises.

During the initial phase of user testing, video-capture technology based on available hardware was identified as an intuitive input method useable for the PD patients. In addition, this available hardware offers the advantage of home-based use due to its low cost.

However, one limitation is that unintended movements could not be excluded completely (e.g. the player chooses an uncomfortable position in order to adapt to the game). In consideration of the fact that PD varies in progression and symptoms individually, several aspects could hinder the patients in terms of user interaction. For example, coordination deficits might limit the affected person to fulfil precise movement exercises (e.g. hand-eye coordination). Thus, auditory cues (e.g. rhythm) were applied to generate additional stimuli. Further limitations affect the capability to perform large amplitude movements due to rigidity or a decreased range of movement.

Those potential limitations of the target group are essential in terms of the level of difficulty and the challenge within the game. Firstly, the challenge is an important aspect in terms of motivation. Secondly the games' goals have to be accomplishable, demands should not outbalance the users capabilities to prevent frustrations. To do so appropriate levels of difficulty are necessary, capabilities of the unimpaired are not a proper measure in this case. Furthermore the feedback design should prevent further potential frustrations. Therefore the users achievements are accentuated.

Finally, another beneficial aspect of the WuppDi games collection applies to the symptom of the freeze phenomena. Motion freezing is reported as an episodically reduction of the patients movement capabilities for a limited span of time (Nieuwboer et al., 2007). This phenomenon might be induced by stress. A study already addressed to this issue concluded that the intensity of freezes could be reduced through regular training. In theory, suitable exercises might be helpful in that case to overcome the freezes. This was also anticipated as a beneficial outcome / purpose of our games by the Parkinson patients' involved in our design process.

7 Conclusion and Future Work

This paper presented a collection of motion-based games that are designed to be an extension to existing physiotherapy addressing PD. The WuppDi collection contains five mini-games, which are meant to be played at the patients' homes. A simple webcam is used to detect the motion-input. Thus, a portable system is provided that can be deployed on most of the existing hardware.

In preliminary user tests it was determined that the games attract elderly people and can be used as a motivational factor to encourage training at home. The games address different capabilities, namely motion-, concentration- and coordination-training. They provide a set of various exercises realized in different tasks that are presented in the common theme of fairy tales.

Up so far the games were not evaluated under controlled conditions. Currently an evaluation based on questionnaires and video analysis is being conducted. A subsequent long-term study of daily use is still an open request to prove the efficiency of the games and their validity in terms of physiotherapy.

In terms of adaptability and the degree of difficulty the games currently only provide predefinitions, it could be anticipated that with user-specific movement measurements an individual tailored game play could be achieved.

Furthermore the use of webcam-based technology might not be appropriate to generate a meaningful feedback channel on the quality of the users performed motions. This technological limitation might be solved by adaptation of advanced time-of-flight or structured light approaches. These provide user interaction in spatial depth and therefore accurate tracking of the user and his movements performed (e.g. skeleton tracking, full-body tracking).

References

Burke, J.W., McNeill, M.D.J., Charles, D.K., Morrow, P.J., Crosbie, J.H. & McDonough, S.M. (2009) Optimising engagement for stroke rehabilitation using serious games. The Visual Computer, 25 (12), pp.1085-1099.

Deane, K.H.O., Jones, D., Playford, E.D., Ben-Shlomo, Y. & Clarke, C.E. (2001) Physiotherapy versus placebo or no intervention in Parkinson's disease (Cochrane Review). The Cochrane Database of Systematic Reviews, (3).

Deutsch, J.E., Borbely, M., Filler, J., Huhn, K. & Guarrera-Bowlby, P. (2008) Use of a low-cost, commercially available gaming console (Wii) for rehabilitation of an adolescent with cerebral palsy. Physical Therapy, 88 (10), p.1196.

Faherty, C.J., Raviie Shepherd, K., Herasimtschuk, A. & Smeyne, R.J. (2005) Environmental enrichment in adulthood eliminates neuronal death in experimental Parkinsonism. Molecular brain research, 134 (1), pp.170–179.

Flores, E., Tobon, G., Cavallaro, E., Cavallaro, F.I., Perry, J.C. & Keller, T. (2008) Improving patient motivation in game development for motor deficit rehabilitation. In: Proceedings of the 2008 International Conference on Advances in Computer Entertainment Technology. ACE '08. New York, NY, USA, ACM, pp.381–384.

Flynn, S., Palma, P. & Bender, A. (2007) Feasibility of using the Sony PlayStation 2 gaming platform for an individual poststroke: a case report. Journal of neurologic physical therapy, 31 (4), p.180.

Goodwin, V.A., Richards, S.H., Taylor, R.S., Taylor, A.H. & Campbell, J.L. (2008) The effectiveness of exercise interventions for people with Parkinson's disease: A systematic review and meta-analysis. Movement Disorders, 23 (5), pp.631-640.

Jung, Y., Li, K.J., Janissa, N.S., Gladys, W.L.C. & Lee, K.M. (2009) Games for a better life: effects of playing Wii games on the well-being of seniors in a long-term care facility. In: Proceedings of the Sixth Australasian Conference on Interactive Entertainment. pp.1–6.

Kiili, K. & Merilampi, S. (2010) Developing engaging exergames with simple motion detection. In: Proceedings of the 14th International Academic MindTrek Conference: Envisioning Future Media Environments. pp.103–110.

Krichevets, A.N., Sirotkina, E.B., Yevsevicheva, I.V. & Zeldin, L.M. (1995) Computer games as a means of movement rehabilitation. Disability & Rehabilitation, 17 (2), pp.100–105.

Lim, I., van Wegen, E., de Goede, C., Deutekom, M., Nieuwboer, A., Willems, A., Jones, D., Rochester, L. & Kwakkel, G. (2005) Effects of external rhythmical cueing on gait in patients with Parkinson's disease: a systematic review. Clinical Rehabilitation, 19 (7), pp.695-713.

Morris, M.E. (2000) Movement disorders in people with Parkinson disease: a model for physical therapy. Physical Therapy, 80 (6), p.578.

Nieuwboer, A., Kwakkel, G., Rochester, L., Jones, D., Van Wegen, E., Willems, A.M., Chavret, F., Hetherington, V., Baker, K. & Lim, I. (2007) Cueing training in the home improves gait-related mobility in Parkinson's disease: the RESCUE trial. Journal of Neurology, Neurosurgery & Psychiatry, 78 (2), p.134.

del Olmo, M.F., Arias, P., Furio, M.C., Pozo, M.A. & Cudeiro, J. (2006) Evaluation of the effect of training using auditory stimulation on rhythmic movement in Parkinsonian patients–a combined motor and [18F]-FDG PET study. Parkinsonism & related disorders, 12 (3), pp.155–164.

Rand, D., Kizony, R. & Weiss, P.L. (2004) Virtual reality rehabilitation for all: Vivid GX versus Sony PlayStation II EyeToy. In: 5th Intl. Conf. On Disability, Virtual Environments and Assoc. Technologies. pp.87–94.

Rubinstein, T.C., Giladi, N. & Hausdorff, J.M. (2002) The power of cueing to circumvent dopamine deficits: A review of physical therapy treatment of gait disturbances in Parkinson's disease. Movement Disorders, 17 (6), pp.1148-1160.

Yavuzer, G., Senel, A., Atay, M.B. & Stam, H.J. (2008) "Playstation eyetoy games" improve upper extremity-related motor functioning in subacute stroke: a randomized controlled clinical trial. Eur J Phys Rehabil Med, 44, pp.237–244.

Yim, J. & Graham, T.C. (2007) Using games to increase exercise motivation. In: Proceedings of the 2007 conference on Future Play. pp.166–173.

Acknowledgments

This work was supported by the Bremen regional group of the "Deutsche Parkinson Vereinigung e.V." and associated physiotherapists. We would like to thank them for their encouragement and constant feedback.

Contact Information

Research Group Digital Media, University of Bremen, Email: sg10all@tzi.de

Smartphones as Drumsticks

Peter Barth, Henning Groß, Richard Petri

Hochschule RheinMain
University of Applied Sciences, Wiesbaden

Abstract

We present a mobile application using two smartphones as drumsticks. Based on accelerometer data the type of the beat (left, middle, or right) is derived. Because acceleration sensors are device specific, a device-specific support vector machine on each device is used to detect beats and type of beats. To attain good recognition on a variety of devices more quickly, the training process is simplified and backed by a server. For the sound generation the two devices are connected and a configurable drum sound for each beat on either device is played on one of the devices.

1 Introduction

Input devices such as the Nintendo Wii or the Playstation Move controllers revolutionized the game console market (LaViola et al. 2010). They established gestures as an easy to understand and easy to use human-machine interaction method. This paved the way for widespread adoption of computer games even to consumers without traditional computer literacy. In addition, smartphones have entered the life of consumers with over a billion mobile devices sold in 2010 and an increasing share of smartphones or phones with smartphone features (Gartner 2011). One of these features are integrated high frequency accelerometers (Essl & Rohs 2009). Based on the motion sensor data, gestures can be used as an alternative input method for games and entertainment on smartphones or industrial applications (de Souza et al. 2010). Accelerometers in smartphones have found first usage in remote control applications such as ShakerRacer (ShakerRacer 2007) and NiiMe (NiiMe 2008). While ShakerRacer uses the acceleration sensor data of a smartphone to steer a radio controlled car, NiiMe uses this data to steer an industrial robot or work as a game controller for computer games.

Related work in the field of gesture recognition with acceleration data was done by (Schlömer et al. 2008) which describes the recognition of gestures performed with a Wii-controller using Hidden-Markov-Models (HMM) and a Bayes classifier. An older but important work on gesture recognition using accelerometer data was done in 2000 by (Mäntylä et al. 2000) using HMM and Self-Organizing-Maps (SOM). (Kia Ng. 2002) and (Sawada 1997) explored gestural interaction for music-making.

Figure 1: User playing drums with smartphones

In this paper we present a mobile application, which lets users play a virtual drum kit consisting of up to six different drums played by two Android devices as shown in figure 1. To this end, two devices are connected via Bluetooth, whereas only one device produces the sound. The decisions if and which gesture, meaning whether and which beat, has occurred are made on each device individually, based on trained support vector machines (SVM) adjusted for device specific behavior. Data for *device specific detection* can be recorded and shared with the help of a server-based training environment and loaded without changing the application. Hereinafter, we focus on the *detection* of the beats and only sketch sound generation. The mobile application has been made available on the Android Market and has been used for a *demonstration* captured as video, which is briefly explained before the conclusion.

2 Beat Detection

The main challenge of this mobile application is the recognition of the beats. It is has to be decided, whether there is a beat and which beat it is. We differentiate among three different possible beats, which for the right hand may represent the snare, the hihat, and the floor tom. It would be nice to differentiate among six different beats and thus accounting for crash and toms as well. In addition different strengths of the beats, such as soft, middle or hard, would help to make a more immersive experience. In principle, this could be accomplished with the presented architecture. However, experiments show that then recognition rates drop significantly and it becomes more difficult to accommodate for different devices. Thus, we concentrate on three different types of beat per drumstick and just one possible intensity (beat or no beat).

Figure 2: Device position while holding

To determine these beats, we examined raw sensor data of different devices while holding them in different positions and performing many similar beats successively. The user holds the device flat in her or his right hand, with the display pointing away from the palm, as illustrated in figure 2. A "middle" beat is performed by quickly stroking the device off the cuff around the z-axis (see figure 3). The "left" beat is a similar movement along the direction, which the display is facing, along the positive z-axis, and the "right" beat a movement in the opposite direction.

The detection of different beats based on accelerometers is bound to device specific sensor data and individual execution of beats by users. We illustrate device specific sensor data by having one person perform the same middle beat – within the limits of human accuracy – with four different devices in figure 4. The figure shows clearly, that the devices emit sensor data at different sampling rates. Table 1 lists the effective sampling rates of different Android Smartphones. Although the shapes of the associated curves backed by the input data points are similar, the actual absolute values as well as the relative peeks differ significantly.

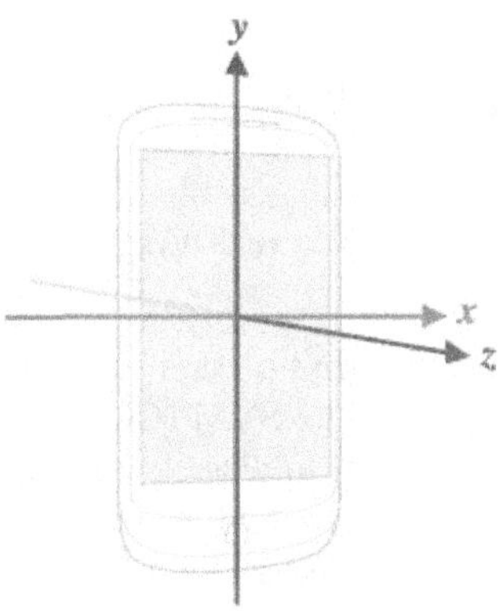

Figure 3: The Android default orientation for sensor data

To recognize a beat, we use a typical sensor pipeline architecture as shown in figure 5. Initially, the sensor data is captured from the hardware sensor. We start by smoothing the data. For each acceleration data point the weighted average of twice the current data, once the previous and once the next data point is computed. Then, the input data (x, y, and z separately) is normalized. Furthermore, we do not use the absolute value of the acceleration sensors, but the relative changes of the acceleration data, the slopes. Thus, the difference quotients of each point and its predecessor in the input stream are computed. Finally, the input data is scaled to always be between -1 (steepest descent) and 1 (steepest rise). The final scaling factor is computed based on one complete set of training data and thus device and training data specific. The training data must include extreme values in order for the final application to produce sensible results. As the shape of the curves constitutes the differentiating features of different beats a single value is not sufficient for recognition. In figure 3 we see that the main peeks at the left of the graphs – the beats – can be fully captured with around 10 consecutive values. Therefore, each individual input data tuple consists of 30 float values, which are the 10 most recent different quotients for each of the three axes (x, y, and z shown in figure 3). The actual recognition is then left to an artificial intelligence tool. As soon as a drum beat is recognized, the playing of a corresponding sound is triggered.

Device	Rate (Hz)
Samsung SPH-M900	118
Sony Ericsson U20i	94
Sony Ericsson E15i	71
HTC Desire HD	70
LGE LS670	68
HTC Desire	50
HTC Nexus One	27
LGE LG-P500	15
HTC Bee	9
Samsung SPH-M910	7
LGE Ally	5

Table 1: Effective sampling rates of different Android Devices

The chosen AI-method for gesture recognition is a support vector machine (SVM), which is good at recognizing "similar shapes". The SVM (Chang and Lin 2011), which runs directly on the device, needs a pre-trained model to classify the tuples. The model is generated on a standard PC with data gathered and transmitted to the PC in a training phase. The collection of data can be done by each user of the mobile application. In that phase the user performs the gestures, while the device records the sensor data. After the raw sensor data – the sensor pipeline is not used at all in that phase – is transferred to the PC, the raw data can be processed. There is some tooling, that allows to estimate a useful classification and only requires to mark when the actual beat has occurred.

Figure 4: Comparison of acceleration sensor data of a middle beat. Left to right: HTC Desire, LG Vortex, Samsung Galaxy S and HTC T-Mobile G1

As shown in figure 4 a stroke can be detected by a high slope between two extremal values on the most significant axis. The marker for each stroke is set to the nearest point before the first extremal value. The tooling uses four points ahead and five points after the marker to create a tuple for classification. The five trailing points cause a small delay during detection, since sampling points after a performed gesture are used.

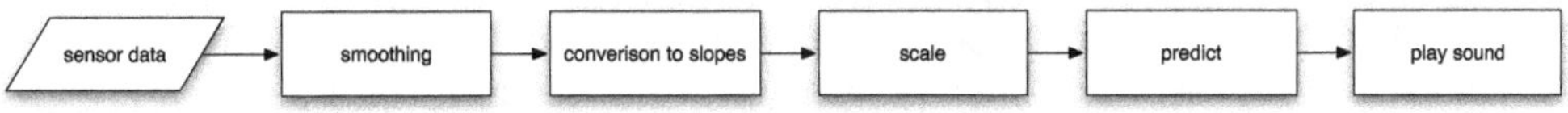

Figure 5: Sensor pipeline

For each of the possible beats relevant tuples are gathered and manually classified. To do this, the user is headed through a wizard, which collects this data as demonstrated in a video available in the online resources. This enables us to classify any tuple of slopes as one of the possible beats or, most of the time, no beat. In particular the "no beat" classification needs also several sample tuples. The interactive training tooling also helps this. It is sufficient to mark relevant tuples that should go as "no beat" into the sample set. Using the collected tuples as positively or negatively marked tuples for training, a model is computed and then deployed to classify a stream of tuples continuously. Using a sliding window may trigger duplicate detections since the shape of two consecutive curves is similar. To avoid duplicate detections, we temporarily disable the classification.

The generated models incorporate the characteristics of specific devices, such as the frequency of the data, but also the characteristics specific to the person's execution of the beats. While users instinctively adopt their drumming behavior to "what works", this cannot be said from the hardware sensors. Thus, at least hardware-specific models need to be deployed to achieve better recognition rates. To gather the data for generating these models we use a community module collecting data from any smartphone where the mobile application is installed. The user is entering a training phase and is advised to perform the three different drumbeats in sync to a metronome, which is haptically emulated using vibration. The raw sensor data is captured while the user performs the training. This data is then sent to a server. There, it can be reviewed and processed to a specific model for this hardware profile. This step is obviously manual and cannot be done by a user. Afterwards the whole community is able to download, use, and rate the models on their devices.

3 Sound Generation

Sound generation for an application simulating a virtual drum kit has to be responsive and efficient. Without a quick response to the beat, there is a lag between the actual beat and the sound. Based on the SVM, the recognition itself is very fast and there is only a systematic lag based on the delay of using a few additional input vectors to better recognize the turning point. However, sound generation itself is computationally demanding and needs to occur spontaneous and quickly as soon as the event is triggered. Moreover, multiple sounds need to be played simultaneously, as the next beat may happen while the first is still playing.

To accommodate for the need to play multiple sounds quickly a thread pool pattern is used. A thread in this pool, waits for the trigger to play a specific sound and then handles the playback. The Android API conveniently incorporates an implementation of such a "sound pool". It is located on just one of the devices and plays the sounds associated with the gestures. Emitting the sound only on one device ensures a homogeneous experience. For example, a snare can be played with both smart phones and the sound is identical, as it should be. In addition delays that may occur are homogenous, which results in better playability. Furthermore, it is possible to record a session for later playback without additional effort.

To achieve sound generation on just one device, both devices are connected via Bluetooth serial connection. The latency is minimal (single digit millisecond) and thus below human recognition and an order of magnitude smaller than the systematic delay introduced by incorporating additional tuples after the actual beat. The architecture uses a classical master/slave idiom, where the sound-emitting device is the master. To minimize traffic, the slave device simply sends a sound identifier that instructs the master device to play a specific sound. Obviously, a smartphone can also be used without Bluetooth connection to emulate a single drumstick.

4 Demo

We demonstrate the application using two scenarios. In the first scenario, we just use one smartphone as one drumstick to make the three different beats. A user is able to perform a simple rhythm by using the middle beat twice (snare) and the left beat (hihat) or right beat (cymbal) in between. A demo is performed on a Samsung Galaxy S device. The other scenario is using two devices connected via Bluetooth. Both devices use different sounds for the beats. First, a simple rhythm is played. Then a new foot-mounted device is integrated to play another rhythm. Note, that as the devices are held differently – with different extremities – different training sets need to and have been used. A demo is performed on two Samsung Galaxy S devices and a HTC Desire device.

The application has been published on the Android Market. Within the first month there have been more than 10,000 downloads with more than 3,000 active installations. After about 6 months there are more than 30,000 downloads with more than 6,000 installations. The community module has attracted more than a hundred users, who have submitted training data sets. Of the training data sets, more than 20 trained models have been generated, published, and rated.

5 Conclusion

This project provides a virtual drum kit, which employs acceleration data to recognize different beats. Recognition is done with a support vector machine accommodating for different devices by using different training sets. Immersive behavior is achieved by using two devices emulating two drumsticks but concentrating homogeneous sound emission on one device.

Accuracy depends on the hardware used. There is at best erratic success on unknown devices. Thus, training sets need to be manually fine tuned on different sensor types. The architecture and method itself is not limited to only three gestures and one strength of beat. In the future, allowing for e.g. six types and thus including another virtual row of instruments is possible. In addition, different strengths, such as soft, middle, and strong can be included. The modifications to the application will be minor. The main changes are in the training sets for the devices. It may be necessary to then train different sequences of beats as the characteristics of the curves change depending on the last used beat.

References

Chang C. and Lin C. (2011) *LIBSVM: A library for support vector machines.* ACM Transactions on Intelligent Systems and Technology Volume 2 Issue 3, 27:1 - 27:27. Software available at http://www.csie.ntu.edu.tw/~cjlin/libsvm

Drumsticks for Android. Retrieved May 2011, from *http://www.youtube.com/watch?v=ZK474N21d-Y*

Drumsticks for Android with three Devices. Retrieved May 2011, from *http://www.youtube .com/watch?v=Z1q8_Uryuuo*

Gathering data for a new Android Drumsticks TrainingSet. Retrieved May 2011, from *http://www.youtube.com/watch?v=Wks4x9XuZps*

Gartner Group (2011). *Market Share Analysis: Mobile Devices, Worldwide, 4Q10 and 2010.*

Essl G. and Rohs M. (2009). *Interactivity for mobile music-making.* Org.Sound 14, 2, 197-207.

Kia Ng. (2002). *Interactive Gesture Music performance interface.* In Proceedings of the 2002 conference on New interfaces for musical expression (NIME '02), Eoin Brazil (Ed.). National University of Singapore, Singapore, Singapore, 1-2.

LaViola,Jr., Joseph J., and Marks, R. L. (2010). *An introduction to 3D spatial interaction with video game motion controllers.* ACM SIGGRAPH 2010 Courses, SIGGRAPH '10.

Mäntylä, V., Mäntyjärvi, J., Seppänen, T., Tuulari, E. (2000). *Hand gesture recognition of a mobile device user.* IEEE International Conference on Multimedia and Expo ICME2000 Proceedings Latest Advances in the Fast Changing World of Multimedia.

NiiMe (2008). Retrieved May 2011, from http://www.niime.com/

Sawada, H. and Hashimoto, S. (1997). *Gesture recognition using an acceleration sensor and its application to musical performance control.* Electronics and Communications in Japan (Part III: Fundamental Electronic Science).

Schlömer, T., Poppinga, B., Henze, N., Boll, S. (2008). *Gesture recognition with a Wii controller.* Proceedings of the 2nd international conference on Tangible and embedded interaction, New York, NY, USA: ACM

ShakerRacer (2007). Retrieved May 2011, from http://symbianresources.com/projects/shakerracer/ShakerRacer.pdf

de Souza, M., Carvalho, D., Barth, P., Ramos, J., Comunello, E., von Wangenheim, A. (2010). *Using Acceleration Data from Smartphones to Interact with 3D Medical Data*, 23rd SIBGRAPI - Conference on Graphics, Patterns and Images

Contact Information

Peter Barth, Henning Groß, Richard Petri
Hochschule RheinMain
University of Applied Sciences RheinMain

Unter den Eichen 5
D-65195 Wiesbaden

Tidy City: A Location-based Game for City Exploration Based on User-created Content

Richard Wetzel[1], Lisa Blum[1], Feng Feng[1], Leif Oppermann[1], Michael Straeubig[2]

Collaborative Virtual and Augmented Environments, Fraunhofer FIT [1]
i3Games [2]

Abstract

Tidy City is a mobile location-based game concept that is easy to appropriate. The game has been designed with simplicity in mind so that everyone can implement their own designs within the given structure and share it online. The system comprises a game-client for Android devices and a pair of dedicated authoring tools that combine in-situ mobile use with browser-based desktop use. This paper briefly describes the reasoning behind this approach, the game design and mobile client implementation, and then describes the two integrated authoring tools in more detail. The complete set of *Tidy City* tools and the game-client are available free of charge for non-commercial purposes at http://totem.fit.fraunhofer.de/tidycity.

1 Introduction

Location-based games and, more broadly spoken, mixed reality experiences have been around for at least a decade, which is when the artificial degradation of GPS has been disabled and its real public use began. Although GPS is not the only enabling technology, it must be seen as a driving force behind such experiences. Based on the announcement of the public availability of this positioning technology by US president Clinton on 01 May 2000, the game *Geocaching* (Cameron & Ulmer 2004) was proposed on the same day on an Internet newsgroup. Conceptually, the game is as simple as a mixed reality experience can be. It has very simple rules (coordinates of secret caches are published on the Internet, GPS devices are used to find them, objects are traded from the caches) and low technical requirements (Internet and any GPS device), yet it can result in very compelling player experiences. Studies have shown that there is more to Geocaching than the core treasure hunting activity, i.e. social interaction between participants (both in-situ and online), the practice of building up achievements over time, providing reasons for planning a trip and getting out, and content creation activities all contribute to the overall experience (O'Hara 2008). The secret of the success of *Geocaching* arguably lies in the simplicity of its core mechanism, the freedom it leaves to its players, and its effortless staging concept. Since its inception *Geocaching* has been played by millions of people all over the world and is still very popular today. Contrasting this broadly successful minimalistic design are many more elaborate designs, such as *Can You See Me Now?* (Benford et al., 2006) or *Time Warp* (Wetzel et al., 2010). Mixed reality experiences like these are much more technical and demand a much higher effort for staging; often requiring more staff than players to run.

The question of how best to author mixed reality experiences accompanied their development from the beginning and resulted in different approaches. One common way, which is especially found in early works, is to come from a technical perspective, concentrate on building the system, and have the content be integrated by the technical people (Feiner et al., 1997), usually based on the grounds that the job would be best suited to them. This techno-centric approach is contrasted by the use of dedicated authoring tools, which liberate the authors from the engineers, while trading in some design flexibility for ease of use through pre-defined structures, and requiring these tools to be built in the first place (Hull et al., 2004, Naismith et al., 2005).

With *Tidy City* we present a complete set of authoring tools for complementary mobile and desktop use (Weal et al., 2007), and an accompanying mobile application for playing the game.

2 Game Design

Tidy City was inspired by the work of the Swiss artist Urs Wehrli and his project *Kunst Aufräumen* (*Tidy-up Art*) that represented the notion of (dis-)order and tidyness in a playful way. In the game, players encounter elements of the city scattered seemingly-random around the area. It is their task now to first collect these elements and then return them to their original position: Players have to tidy-up the city. The elements in question however are not easily identified and are therefore named "riddles". Each riddle consists of a name, difficulty, category, picture and a descriptive text. It is now up to the player to interpret all information correctly to deduce the original identity and position of the riddle. This can often also be done by just walking through the game area with eyes open and paying close attention to the real environment. Harder riddles require more thoughts by the players, and perhaps further research or questioning of fellow citizen.

Figure 1 (left) shows an example for a riddle in Cologne, Germany. The accompanying descriptive text reads: "Love is a bridge, and Niklas and Verena are no exception." The player might find this riddle in front of the Cologne Cathedral, and now has to figure out where it really belongs. In this case the riddle can be solved by walking over the Hohenzollernbrücke (Hohenzollern bridge) where hundreds of couples have sworn their love by attaching a lock to the fence and throwing the key into the river Rhine. This tradition started in 2008 and has become quite popular since then, as also illustrated in Figure 1 (right).

Figure 1: Example for riddle image displayed to the player (left) and correct real world location (right)

Riddles are always grouped together as "missions" that can be played independently and which are created by different users. The game itself is played without a time limit and therefore allows for casual exploration of the city.

Motivation

The development of the game design for *Tidy City* has been influenced by a reductive method called "minimally playable games" (Straeubig 2008). It is based on the observation that game designs are sometimes overly complex and combine a large range of different game mechanics that are all seemingly crucial for the success of the game. This not only requires meticulous balancing in later stages of game creation, but complicates the development process in general as well at making the game less approachable to new and/or inexperienced players. The approach consists of taking games or game categories and reducing their core mechanics to the point where the game would lose its specific character. An example would be a jigsaw puzzle with three (some argue: two) parts.

The initial concept for the location based game *Tidy City* also included rather complicated game mechanics and features, e.g. a market place where players could exchange riddles with each other for a certain price, or an augmented reality view as made popular by current AR browsers. Applying the reduction method however resulted in a single minimal interaction, based on the well-known principle from adventure and role playing games: "pick up an item and bring it to its place".

In the context of a mixed reality experience, the sole remaining decision then is to distribute the game elements between the real and the virtual realm (see Figure 2). Basically this constitutes a full description of the game.

The urge to add more complexity to *Tidy City* has been resisted by the development team for a number of reasons:

- It enables us to identify and validate essential interactions suited for location based games.
- It simplifies the game creation aspect that is core to the TOTEM project (of which *Tidy City* is a showcase).
- It opens the audience range and allows for casual and lateral gameplay.
- It lets game creators and players concentrate on the content that identifies the "correct" location of the place.
- It enables the player to focus on the physical surroundings instead of ongoing activity on the screen of the device.

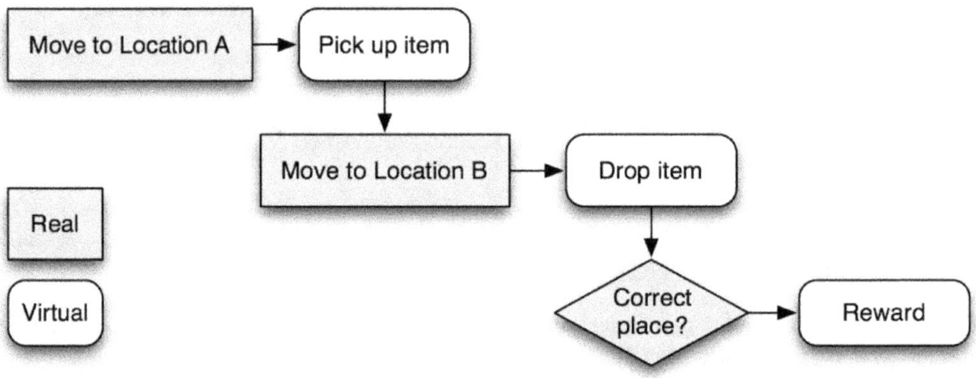

Figure 2: Basic interactions in relation to reality and virtuality

This last argument is especially worthy of discussion in the field of location based games, where reduction of complexity in the game facilitates drawing the player's attention to the physical environment. In *Tidy City*, the world takes the center stage as the game board and the mechanism just serves to discover its richness. Moreover, just like with *Geocaching*, the technological aspects of the overall experience are "backgrounded" (O'Hara 2008) and do not hinder the social interaction between participants. *Tidy City* is thus particularly well suited for being played in groups of people.

3 Game Client

Tidy City can be played on mobile phones running Android 2.1 and up. When starting the game, the player first need to register an account and can then have a look at the available missions. These are presented on a map so that the player can quickly see if and what type of missions are available in the vicinity. After the selection, the mission is downloaded to the mobile phone which includes all images that are part of the riddles. The players can then start the mission and are transported to a map view that shows the borders of the playing area as well as all currently unsolved riddles and the current position of the player.

By tapping on the riddle icons on the map, the player gets some more information about the specific riddle. While being far away, only the name, category and difficulty are displayed. When the player is in close range, an image and a descriptive text are displayed and the riddle can be added to the inventory. From there, the player can access the riddle again to make an attempt at solving it. If standing at the correct position, the player is rewarded with points and can also see the solution image and description. A typical game flow is illustrated in Figure 3.

While playing the game, the player can also check his current score and progress on the statistics view as well as the scores of all other players who are playing the same mission or have done so before.

Figure 3: Player walking to find a riddle (upper left), picking up a riddle (upper right), walking to find the correct location (lower left) and solving the riddle (lower right)

4 Authoring

The creation of a *Tidy City* mission incorporates an integrated two-step process which is supported by adequate tools for mobile and desktop use. The *Tidy City Scout* allows exploring interesting places directly on-site, the Web Authoring Tool helps authors to refine their mission and let them take time to polish the mission's riddles at home. In the following sections we describe each tool in more detail.

4.1 Tidy City Scout

Like the *Tidy City* game client the *Tidy City Scout* runs under Android 2.1. The *Scout's* purpose is the assistance in exploring the mission area and letting the author mark interesting places while walking around. For this, the tool makes use of the mobile phone's built-in sensors such as the GPS module and the camera. On-site the user can add new riddle items with title and notes and take riddle and solution photos for the new items (see Figure 4).

Figure 4: Overview of all created riddles (left) and edit view of one specific riddle (right) in Tidy City Scout

The GPS positions for riddle and solution are set by simple button clicks and can directly be monitored in the map view of the user interface. The *Scout* also assists the user in keeping track of the completeness of the created riddle items. Each important form element contains a red dot that changes to a green color if a value was set. Thus, the user can easily get feedback on what is missing to create the item.

An overview of the spatial distribution of all the riddles and solutions is given by the map overview page. Corresponding riddle and solution are visualized in the same color but with different marks and can therefore easily be recognized. This helps the author to disperse the riddle and solution locations equally balanced over the entire mission area. Having finished all the riddle items, the author can upload them to an account in the *Tidy City* Web Authoring Tool, where all values can still be changed during the second step.

4.2 Web Authoring Tool

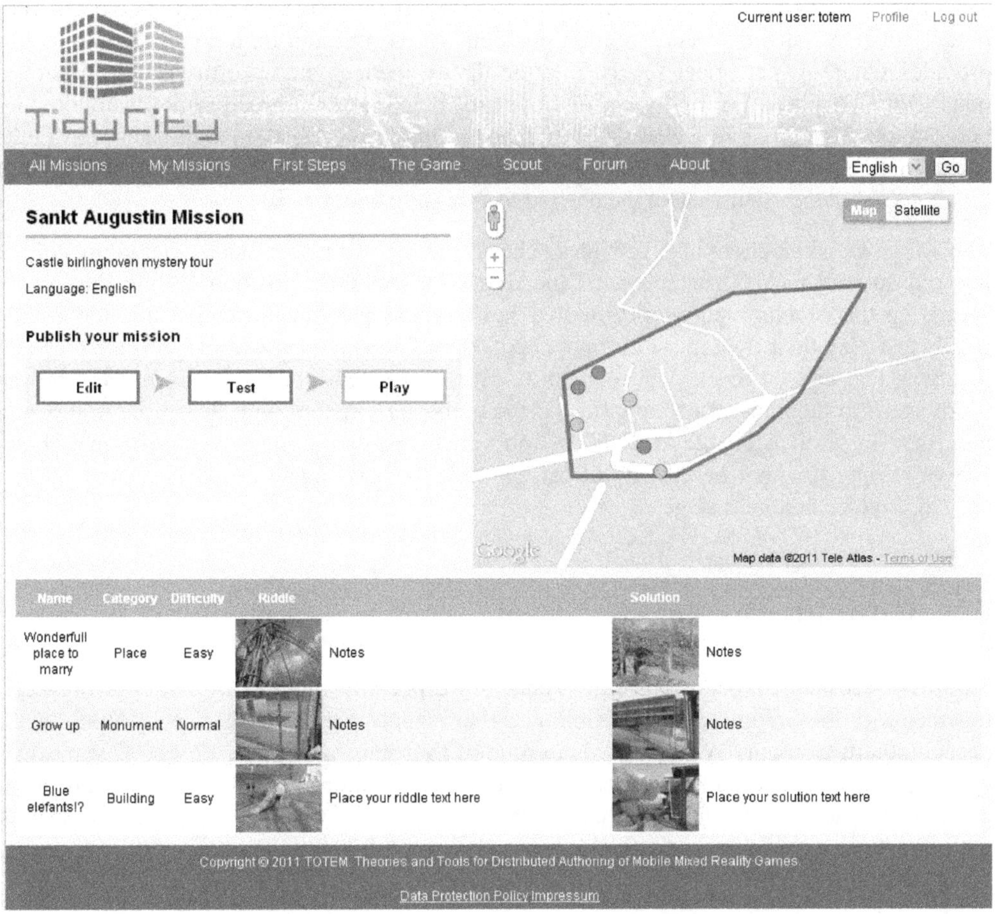

Figure 5: Overview of a mission in the web-based authoring tool

The Web Authoring Tool is a website used to create new missions, finalize the riddle items created by the *Scout* and manage the access state of the mission. The author starts by creating a new mission and sets the relevant information such as mission name, language, description and the borders for the mission area.

Riddle items that were uploaded with the *Scout* can easily be imported into the mission and from there can be edited further. As typing longer texts on mobile devices can be cumbersome and tedious, the Web Authoring Tool here provides a comfortable way to rephrase riddle and solution information and recheck your positions and photos. The riddle and solution positions can be adjusted by intuitive drag-and-drop actions in the edit mode. If the *Scout* was not used, it is also possible to create new riddle items directly and assign positions and images manually.

The mission overview (see Figure 5) shows all riddle items in a clearly laid out list and additionally displays all riddle and solution positions of the mission on a common map. It also provides a state management for the mission that influences the visibility of the mission to other *Tidy City* players. Initially all missions are "inactive" and therefore not visible to anybody in the *Tidy City* game client. Transferring a mission to "test" mode makes it available for the user account of the corresponding mission author. The author can therefore login to the *Tidy City* game client, select the desired test mission and play it.

The *Tidy City* game client also provides "cheat" settings for test missions that allow collecting and solving riddles regardless of the user's current GPS position. While this greatly speeds up the development workflow it is nevertheless recommended that mission authors finally test-play their own missions under actual conditions to check if all items are placed in locations that can be reached by players (e.g. in areas with good GPS coverage) and that make sense in the context of the game. If the author is satisfied with the mission, it can be published by a click on the "active" button which makes the game visible to everybody. Active missions cannot be edited but can be reset to "test" again to edit aspects that were only discovered at a later stage.

5 Conclusion

Tidy City has been staged at several events. An especially noteworthy one was organized together with the Zeitungsverlag Waiblingen (Newspaper publishing Company Waiblingen) near Stuttgart, Germany. We met with a group of four kids aged 10 to 12 who first played a simple pre-prepared mission and then started to use the authoring tools under our guidance to create their own scenario for their hometown. Their mission was then staged as an event by the newspaper on two weekends in March, and a total of 20 local families played the game during that time.

While a detailed evaluation of these events is still being prepared, our experiences so far have led to the following conclusions:

- The simplistic game mechanics allow people of all ages and backgrounds to quickly grasp the concept of the game.
- For the same reason, people have an easy understanding of how to create new missions and riddles.
- Using a mobile authoring tool inspires people to explore their surroundings and makes the mission creation a fun and engaging activity.
- *Tidy City* is well suited to being played in small teams and allows for social interaction between participants.

The game concept is flexible enough to support a wide variety of different types of riddles and thus each mission can have a unique atmosphere and cater for different target audiences, e.g. tourists that want to explore famous sights, history students interested in architectural landmarks, families wanting to spend time together, etc.. One interesting feature to further increase the possible applications of *Tidy City* is the inclusion of other ways to track the player's location (e.g. Wi-Fi triangulation, NFC) so that the game can also be played when GPS is not available, especially indoors.

Acknowledgements

Tidy City was developed as part of the German-French research project *TOTEM - Theories and Tools for Distributed Authoring of Mobile Mixed Reality Games* (http://www.totem-games.org). The work was supported by the Programme Inter Carnot Fraunhofer from BMBF and ANR (Grant 01SF0804). We would like to thank our project partners from Telecom & Management SudParis for their support and collaboration. *Tidy City* makes use of the *COSMOS* context management framework (Conan et al 2007).

References

Benford, S., Crabtree, A., Flintham, M., Drozd, A., Anastasi, R., Paxton, M., Tandavanitj, N., Adams, M. & Row-Farr, J., *Can You See Me Now?*, ACM Transactions on Computer Human Interaction, 13, 2006

Cameron, L. & Ulmer, D., *The Geocaching Handbook*, Globe Pequot Press, 2004

Conan, D., Rouvoy, R., Seinturier, L., *Scalable Processing of Context Information with COSMOS*, DAIS, 2007

Feiner, S., MacIntyre, B., Höllerer, T. & Webster, A., *A Touring Machine: Prototyping 3D Mobile Augmented Reality Systems for Exploring the Urban Environment*, International Symposium on Wearable Computing, Cambridge, Massachusetts, 1997

Hull, R., Clayton, B., Melamed, T., *Rapid Authoring of Mediascapes*, Ubicomp, Nottingham, England, Springer, 2004

Naismith, L., Sharples, M., Ting, J., *Evaluation of CAERUS: A Context Aware Mobile Guide*, mLearn, Cape Town, South Africa, 2005

O'Hara, K., *Understanding Geocaching Practices and Motivations*, CHI, Florence, Italy 2008

Straeubig, M. *Minimal spielbare Spiele als Denkanstoß und als Methode, Spiele Entwickeln* 2008. Pro Business Verlag, Berlin, 2008

Weal, M. J., Hornecker, E., Cruickshank, D. G., Michaelidis, D. T., Millard, D. E., Halloran, J., Roure, D. C. D., Fitzpatrick, G., *Requirements for In-Situ Authoring of Location Based Experiences*, MobileHCI, Helsinki, Finland, 2006

Wetzel, R., Blum, L., McCall, R., Oppermann, L., ten Broeke, S., Szalavári, Z., *IPCity Deliverable D8.4: Final Prototype of TimeWarp application* [Online] [verified 10.06.2011], 2010, http://bit.ly/timewarpcologne2010

Contact Information

Richard Wetzel
Fraunhofer FIT
Collaborative Virtual and Augmented Environments
Schloss Birlinghoven
53754 Sankt Augustin, Germany

Tel.: +49 (0)2241 14-2148
E-Mail: richard.wetzel@fit.fraunhofer.de
WWW http://www.fit.fraunhofer.de/cvae

Autoren

Autoren

www.ingramcontent.com/pod-product-compliance
Lightning Source LLC
LaVergne TN
LVHW082343011026
849160LV00025B/1594
* 9 7 8 3 4 8 6 7 1 2 3 5 3 *